Direito Administrativo:
Transformações e Tendências

Direito Administrativo: Transformações e Tendências

2014

Organização:
Thiago Marrara

DIREITO ADMINISTRATIVO:
TRANSFORMAÇÕES E TENDÊNCIAS
© Almedina, 2014

Organizador: Thiago Marrara
Diagramação: Edições Almedina, S.A.
Design de Capa: FBA.

ISBN: 978-856-31-8265-4

Dados Internacionais de Catalogação na Publicação (CIP)
(Câmara Brasileira do Livro, SP, Brasil)

Marrara, Thiago
Direito administrativo : transformações e
tendências / Thiago Marrara. – 1. ed. –
São Paulo : Almedina, 2014.
Bibliografia.

ISBN 978-85-63182-65-4

1. Direito administrativo 2. Direito
administrativo - Brasil I. Título.

14-06811   CDU-35

Índices para catálogo sistemático:

1. Direito administrativo 35

Este livro segue as regras do novo Acordo Ortográfico da Língua Portuguesa (1990).

Todos os direitos reservados. Nenhuma parte deste livro, protegido por copyright, pode ser reproduzida, armazenada ou transmitida de alguma forma ou por algum meio, seja eletrônico ou mecânico, inclusive fotocópia, gravação ou qualquer sistema de armazenagem de informações, sem a permissão expressa e por escrito da editora.

Julho, 2014

Editora: Almedina Brasil
Rua Maria Paula, 122, Cj. 207/209 | Bela Vista | 01319-000 São Paulo | Brasil
editora@almedina.com.br
www.almedina.com.br

NOTAS BIOGRÁFICAS

THIAGO MARRARA (ORGANIZADOR)
Professor de direito administrativo da USP (FDRP). Doutor pelo Instituto de Direito Público e Política da Universidade de Munique (LMU). Editor-chefe da Revista Digital de Direito Administrativo (RDDA). Coordenador do grupo de pesquisa de direito administrativo da FDRP (GDA) e do Seminário de Pesquisa de Direito Administrativo (SPDA). Consultor jurídico. Autor e coordenador de obras na área de direito administrativo e urbanístico, incluindo "bens públicos, domínio urbano, infraestruturas", "princípios de direito administrativo" (org.); "processo administrativo: Lei 9.784/99 comentada" (com Irene Nohara); "Direito e Administração Pública: estudos em homenagem a Maria Sylvia Zanella Di Pietro" (coordenação com Floriano de Azevedo Marques Neto, Fernando Dias Menezes de Almeida e Irene Nohara). marrara@usp.br

ALEXANDRE SANTOS DE ARAGÃO
Professor-Adjunto de Direito Administrativo da Universidade do Estado do Rio de Janeiro – UERJ. Mestre em Direito Público pela Universidade do Estado do Rio de Janeiro. Doutor em Direito do Estado pela Universidade de São Paulo. Procurador do Estado do Rio de Janeiro. Advogado.

BERNARDO STROBEL GUIMARÃES
Mestre e Doutor em Direito Administrativo pela Faculdade de Direito da Universidade de São Paulo. Professor da Pontifícia Universidade Católica do Paraná – PUCPR e advogado em Curitiba/PR.

CARLOS ARI SUNDFELD
Professor Fundador da Escola de Direito de São Paulo da Fundação Getúlio Vargas (Direito GV), na graduação, mestrado acadêmico e pós-graduação lato-sensu. Doutor e Mestre em Direito Público pela PUC/SP. Presidente da Sociedade Brasileira de Direito Público – SBDP. Autor, entre outros, de "Direito Administrativo para Céticos" (editora Malheiros).

DANIEL WUNDER HACHEM
Professor do Departamento de Direito Público da Universidade Federal do Paraná e do Programa de Mestrado e Doutorado em Direito da Pontifícia Universidade Católica do Paraná. Doutor e Mestre em Direito do Estado pela Universidade Federal do Paraná. Coordenador do Curso de Especialização em Direito Administrativo do Instituto Bacellar. Membro do Foro Iberoamericano de Direito Administrativo. Coordenador Executivo, pelo Brasil, da Rede Docente Eurolatinoamericana de Direito Administrativo. Membro do NINC – Núcleo de Investigações Constitucionais da UFPR. Advogado.

EGON BOCKMANN MOREIRA
Professor da Faculdade de Direito da UFPR (graduação, mestrado e doutorado). Professor visitante na Faculdade de Direito de Lisboa (2011). Professor convidado do Centro de Estudos de Direito Público e Regulação – CEDIPRE, da Faculdade de Direito de Coimbra (2012). Professor visitante nas Universidades de Nankai e JiLin, China (2012). Diretor da *Revista de Contratos Públicos – RCP*. Advogado.

FRÉDÉRIC COLIN
«Maître de conférences» de direito público habilitado a conduzir pesquisas de direito administrativo na Universidade de Aix-Marselha, França, junto ao «Centre de Recherches Administratives» (CRA). Autor de inúmeras obras de direito administrativo e direito público francês.

GUSTAVO JUST
Professor adjunto da Faculdade de Direito da Universidade Federal do Pernambuco (UFPE). Doutor em direito pela Universidade de Paris 10.

HIDEMBERG ALVES DA FROTA
Especialista (Pós-Graduado) em Direito Público: Constitucional e Administrativo pelo Centro Universitário de Ensino Superior do Amazonas (CIESA). Assessor de Procurador de Justiça. Agente Técnico-Jurídico do Ministério Público do Estado do Amazonas. Autor da obra "O princípio tridimensional da proporcionalidade no Direito Administrativo: um estudo à luz da Principiologia do Direito Constitucional e Administrativo, bem como da jurisprudência brasileira e estrangeira" (Rio de Janeiro: GZ, 2009). E-mail: alvesdafrota@gmail.com.

IRENE PATRÍCIA NOHARA
Livre-Docente, Doutora e Mestre em Direito do Estado pela Faculdade de Direito da Universidade de São Paulo (USP), pela qual se graduou. Professora Pesquisadora do Programa de Mestrado em Direito da Universidade Nove de Julho (Uninove), sendo

NOTAS BIOGRÁFICAS

responsável pela disciplina *(Re)Pensar o Papel do Estado e o Modelo Gerencial*. Advogada. Conferencista. Professora Convidada de Especializações e Capacitações na área do Direito Administrativo.

JOSÉ DOS SANTOS CARVALHO FILHO
Mestre em direito (UFRJ). Professor de direito administrativo. Membro do Instituto Brasileiro de Direito Administrativo (IBDA). Membro do Instituto de Direito Administrativo do Estado do Rio de Janeiro (IDAERJ). Membro do Instituto dos Advogados Brasileiros (IAB). Procurador de Justiça do Estado do Rio de Janeiro (aposentado). Ex-consultor jurídico do Ministério Público do Estado do Rio de Janeiro.

LUCIANE MOESSA DE SOUZA
Graduada (1995) e Mestre (2000) em Direito do Estado pela Universidade Federal do Paraná. Doutora (2010) em Direito, Estado e Sociedade pela Universidade Federal de Santa Catarina, tendo sido Visiting Scholar na Universidade do Texas (campus de Austin). Procuradora do Banco Central do Brasil desde 2007. Autora das obras "Normas constitucionais não-regulamentadas: instrumentos processuais" (Editora Revista dos Tribunais), "Meios consensuais de solução de conflitos envolvendo entes públicos: negociação, mediação e conciliação na esfera administrativa e judicial" (Editora Fórum), "Mediação de conflitos coletivos: a aplicação dos meios consensuais à solução de controvérsias que envolvem políticas públicas de concretização de direitos fundamentais" (Editora Fórum) e co-coordenadora das obras "Mediação de conflitos: novo paradigma de acesso à justiça" e "Advocacia de Estado: questões institucionais para a construção de um Estado de Justiça", também publicadas pela Editora Fórum. Instrutora em Resolução Consensual de Conflitos Coletivos envolvendo Políticas Públicas.

LUIS MANUEL FONSECA PIRES
Doutor e Mestre em Direito Administrativo pela PUC-SP. Professor de Direito Administrativo da PUC-SP. Juiz de Direito no Estado de São Paulo. Autor, dentre outras obras e publicações, de Controle Judicial da Discricionariedade Administrativa. Dos conceitos jurídicos indeterminados às políticas públicas, 2ª ed., editora Fórum (finalista do Prêmio Jabuti 2009 pela editora Campus-Elsevier), e O Estado Social e Democrático e o Serviço Público. Um breve ensaio sobre liberdade, igualdade e fraternidade, 2ª ed., editora Fórum, e Limitações administrativas à liberdade e à propriedade, editora Quartier Latin. Coautor do livro Um diálogo sobre a justiça: a justiça arquetípica e a justiça deôntica, editora Fórum.

LUIZA FERREIRA CAMPOS

Professora assistente de direito da Universidade Estadual da Bahia – UNEB. Mestre em direito pela Universidade Federal do Pernambuco (UFPE).

MARTA NUNES DA COSTA

Professora Visitante no Departamento de Filosofia, da UFSC. Doutorada pela New School for Social Research. Teve um projeto de pesquisa financiado pela Fundação da Ciência e Tecnologia, em Portugal, intitulado 'Redefinindo a Democracia para o século XXI' (2011-2013) Nos últimos anos tem desenvolvido pesquisa no âmbito das teorias da democracia, filosofia do direito e mecanismos participativos.

RAFAEL VALIM

Mestre e Doutorando em Direito Administrativo pela Pontifícia Universidade Católica de São Paulo (PUC-SP). Professor do Curso de Especialização em Direito Administrativo da PUC-SP. Professor do Mestrado em Direito Administrativo da Economia da Universidade Nacional de Cuyo – Mendoza/Argentina. Presidente do Instituto Brasileiro de Estudos Jurídicos da Infraestrutura (IBEJI). Secretário da Comissão Especial de Direito da Infraestrutura do Conselho Federal da OAB. Diretor Executivo da Red Iberoamericana de Contratación Pública – Espanha. Diretor da Revista Brasileira de Infraestrutura – RBINF. Advogado.

SAULO LINDORFER PIVETTA

Bacharel em Direito pela Universidade Federal do Paraná. Mestre em Direito do Estado pelo Programa de Pós-graduação em Direito da Universidade Federal do Paraná. Professor de Direito Constitucional na Faculdade de Direito da UniBrasil (Faculdades Integradas do Brasil). Professor do curso de especialização em Direito Administrativo do Instituto de Direito Romeu Felipe Bacellar. Professor orientador na Escola da Magistratura Federal do Paraná. Membro do NINC – Núcleo de Investigações Constitucionais em Teorias da Justiça, Democracia e Intervenção, do Programa de Pós-Graduação em Direito da Universidade Federal do Paraná. Analista de Controle (Área Jurídica) no Tribunal de Contas do Estado do Paraná e advogado.

SÉRGIO GUERRA

Pós-doutor em Administração Pública (FGV/EBAPE). Doutor e mestre em direito. Professor Titular de Direito Administrativo da Fundação Getúlio Vargas (FGV) do Rio de Janeiro, onde ocupa o cargo de Vice-Diretor de Ensino, Pesquisa e Pós-Graduação. Editor da Revista de Direito Administrativo (RDA).

NOTAS BIOGRÁFICAS

VASCO PEREIRA DA SILVA
Professor Catedrático da Faculdade de Direito da Universidade de Lisboa e da Universidade Católica Portuguesa.

WALLACE PAIVA MARTINS JUNIOR
Mestre e doutor em direito do Estado pela Faculdade de Direito da Universidade de São Paulo (FD/USP). Professor de direito administrativo (Unisantos) e promotor de justiça do Estado de São Paulo.

PREFÁCIO

MARIA SYLVIA ZANELLA DI PIETRO

O direito administrativo vem passando por grandes transformações.

E isto vem ocorrendo por diferentes fatores.

A *globalização* aproxima os vários sistemas de direito, propiciando a expansão do conhecimento.

O *neoliberalismo* traz de volta velhos princípios do Estado de Direito Liberal e, como consequência, reforça os princípios da ordem econômica, como liberdade de iniciativa e livre competição.

O movimento a favor da *centralidade da pessoa humana* realça os direitos fundamentais, essenciais à dignidade da pessoa humana e altera, no Brasil, a forma de interpretar os dispositivos constitucionais consagradores de direitos sociais: antes considerados como normas meramente programáticas, a depender de leis e medidas administrativas, hoje são vistos com um mínimo de efetividade que decorre da própria Constituição, levando ao controle judicial das políticas públicas.

A *constitucionalização do direito*, em especial do direito administrativo, com a introdução dos princípios da Administração Pública na Constituição, provocou considerável ampliação do princípio da legalidade e, paralelamente, a redução da discricionariedade administrativa e ampliação do controle judicial sobre aspectos do ato administrativos, antes considerados livres de apreciação pelos órgãos de controle.

O *crescimento e expansão do direito comunitário europeu*, em que se misturam características do sistema de base romanística e do sistema do *common law*, vai influenciando o direito de outros países, inclusive da América Latina, como é o caso do Brasil.

Já tive oportunidade de escrever sobre as transformações do direito administrativo, em diferentes oportunidades, dentre elas ao apresentar a introdução da obra coletiva *Supremacia do Interesse Público e outros temas relevantes do direito administrativo* (publicado pela Editora Atlas, em 2010). O título do artigo era: *Existe um novo direito administrativo?*

Naquela oportunidade, realcei a evolução pela qual vem passando o direito administrativo desde as suas origens. Nem seria possível conceber a ideia de que, em mais de dois séculos de existência desse ramo do direito público, não tivessem surgido novos institutos, teorias e princípios, e que institutos, teorias e princípios antigos não sofressem qualquer tipo de alteração. Mas também não há dúvida de que algumas tendências que vêm sendo apontadas pela doutrina merecem maior reflexão, seja porque ainda não constituem realidade no direito brasileiro, seja porque partem de premissas não muito corretas.

Para mencionar apenas algumas das novas tendências do direito administrativo, podemos mencionar:

a) O alargamento do princípio da legalidade, pela adoção dos princípios do Estado Democrático de Direito, trazendo como consequência a maior limitação à discricionariedade administrativa e a ampliação do controle judicial; esse alargamento constitui decorrência da chamada constitucionalização do direito administrativo, em especial dos princípios da Administração Pública.

b) Como consequência da constitucionalização dos princípios, a mudança da forma de controle judicial sobre os atos administrativos.

c) Crescimento da ideia de democracia participativa, com a previsão, no direito positivo, de inúmeros instrumentos de participação do cidadão no controle e na gestão de atividades da Administração Pública; paralelamente, a defesa da transparência na gestão pública, com o consequente recrudescimento das formas de controle em todas as modalidades: judicial, político, financeiro e orçamentário, além do controle social.

d) Processualização da atividade administrativa, especialmente em decorrência da adoção do princípio do devido processo legal.

e) Instauração da chamada Administração Pública Gerencial, que envolve maior discricionariedade para as autoridades administrativas, substituição do controle formal pelo controle de resultados, autonomia administrativa, financeira e orçamentária.

PREFÁCIO

f) Crise na noção de serviço público, pela tendência verificada no direito europeu continental de transformar serviços públicos exclusivos do Estado em atividades privadas abertas à livre iniciativa; trata-se da chamada "liberalização" de serviços públicos, que vem acompanhada de perto pelo movimento de privatização e desestatização; nos países em que essa liberalização não é possível, como no Brasil (porque esbarra em normas constitucionais), instaura-se a competição na prestação de serviços públicos.

g) Movimento de agencificação, com a outorga de função regulatória às agências reguladoras, chamadas de autoridades administrativas independentes em alguns países do sistema europeu continental; com isso, surgiram controvérsias sobre os limites da atividade de regulação por órgãos e entidades da Administração Pública.

h) Adoção do princípio da subsidiariedade, com as seguintes consequências: privatização de empresas estatais, privatização de atividades antes consideradas serviços públicos, ampliação da atividade de fomento, ampliação das formas de parceria do setor público com o setor privado, crescimento do chamado terceiro setor, também chamado de setor público não estatal (que fica a meio caminho entre o público e o privado).

i) Fuga do direito administrativo, com o crescimento da utilização de institutos de direito privado, que acabam sujeitando-se também a normas de direito público, com ampliação do chamado direito privado administrativo.

j) Ampliação da consensualidade nas relações entre Administração Pública e cidadão, como meio de fuga à unilateralidade das decisões administrativas.

Por tudo isso, fiquei honrada ao receber do Professor Doutor Thiago Marrara, da Faculdade de Direito de Ribeirão Preto, da Universidade de São Paulo, o convite para escrever o prefácio de obra coletiva, por ele organizada, abrangendo temas da maior atualidade e interesse no direito administrativo, com a participação de autores nacionais e estrangeiros, amplamente conhecidos por sua cultura e competência.

A evolução do direito administrativo é inevitável e, ao longo dos anos, tem dado margem à publicação de alguns trabalhos, alguns mais recentes, outros mais antigos, a demonstrar que as transformações não cessam.

DIREITO ADMINISTRATIVO: TRANSFORMAÇÕES E TENDÊNCIAS

O direito administrativo mal tinha nascido e já Leon Duguit escrevia o seu conhecido trabalho sobre *Les transformations du droit public*, de 1913. Podem-se citar ainda os trabalhos de Jean-Louis de Corail, sobre *La crise de la notion juridique de service public en droit administratif français*, de 1954; Fernando Garrido Falla, sobre *Las transformaciones del regimen administrativo*, de 1962; a obra coletiva organizada por Massimo Severo Giannini, sob o título *Le trasformazioni del diritto amministrativo*, de 1995; os livros da jurista portuguesa, Maria João Estorninho, sobre *Requiem pelo contrato administrativo*, de 1990, e *Fuga para o direito privado*, de 1999. No direito brasileiro, podem ser mencionadas as obras de Odete Medauar, com a tese sobre *Direito administrativo em evolução*, de 1991; de Diogo de Figueiredo Moreira Neto, com *Mutações do direito administrativo*, de 2000, e *Mutações do direito público*, de 2006; a obra coletiva organizada por Floriano de Azevedo Marques e Alexandre Santos de Aragão, sobre o *Direito administrativo e seus novos paradigmas*, de 2008. Isto para mencionar apenas alguns autores e obras.

A todas essas obras acrescenta-se agora a obra coletiva que tenho a satisfação de prefaciar. Os temas nela tratados demonstram que o direito administrativo não parou de evoluir.

O livro é dividido em seis partes, todas elas tratando de temais atuais do direito administrativo, a saber: I – transformações e tendências do direito administrativo; II – globalização do direito administrativo; III – privatização, regulação e agencificação; IV – processualização, democratização e burocratização; V – direito administrativo, inclusão e direitos fundamentais; e VI – contratualização e consensualização da função administrativa.

A obra certamente ocupará relevante espaço no mundo jurídico, porque leva ao conhecimento e à reflexão sobre temas dos mais atuais do direito administrativo, tratados por autores de nomeada, do direito brasileiro e do direito estrangeiro.

PARTE I

TRANSFORMAÇÕES E TENDÊNCIAS DO DIREITO ADMINISTRATIVO

DIREITO ADMINISTRATIVO BRASILEIRO: TRANSFORMAÇÕES E TENDÊNCIAS

THIAGO MARRARA

1. O direito administrativo brasileiro em quatro fases

O direito administrativo atual é confuso, desorganizado, muitas vezes contraditório em seus mandamentos e, por isso, instável e imprevisível para além do aceitável. E tudo isso resulta de um movimento de intensa transição que, para ser compreendido, demanda breves considerações a respeito do caminho evolutivo desse ramo do direito.

Ainda que simplificadamente, a investigação do direito administrativo de acordo com suas diversas fases sugere que se fale basicamente de quatro momentos históricos diversos: o da fragmentação, o da efetiva formação, o da consolidação e o da transição.

A fase da fragmentação representa o período que se inicia com a chegada dos colonizadores portugueses ao território brasileiro e prossegue até o início do século XIX. O que a caracteriza é a mera existência de normas esparsas a respeito do que hoje se costuma denominar "direito administrativo". A imagem que a ilustra é a de um quebra-cabeça desmontado. As peças estavam ali, mas não reunidas logicamente por força de uma operação intelectual.

Tais peças encontravam-se nas três Ordenações do Reino de Portugal que se seguiram ao longo dos séculos, em atos normativos da metrópole sobre a gestão da colônia e no direito local. As Ordenações, especificamente, continham normas sobre bens públicos, gestão do patrimônio estatal, restrições à propriedade e à liberdade, funções administrativas e agentes públicos entre outros assuntos. Não havia, todavia, uma organização dessas normas em um corpo sistematizado e reconhecido pela doutrina jurídica. Em outras palavras, existiam normas jurídicas sobre a estruturação do Poder Público, suas atividades e seu patrimônio, mas não um ramo doutrinário que lhes conferisse lógica e estudasse profundamente suas funções e inter-relações.

À fragmentação típica da fase colonial se opuseram, no início do século XIX, inúmeros fatores relevantes e que incentivaram a efetiva formação do direito administrativo no Brasil. É verdade que o direito administrativo dependia do desenvolvimento do Estado de Direito, da legalidade em sentido racional, bem como do constitucionalismo e da consagração de direitos fundamentais. No entanto, seria incorreto confundir a realidade europeia com a brasileira para nela se buscarem os motivos preponderantes para o surgimento do nosso direito administrativo. Há justificativas de natureza político-organizacional e também acadêmica que são peculiares ao contexto brasileiro e que jamais poderiam ser colocadas em segundo plano.

Do ponto de vista político e organizacional, antes mesmo da outorga da Constituição Imperial, o fator mais relevante foi a chegada da família real e a transferência da Corte Portuguesa ao Brasil, com a instalação de sua capital no Rio de Janeiro. A operação, motivada pela ameaça de invasão de Portugal por Napoleão, deslocou aproximadamente 15 mil pessoas da metrópole à colônia e representou não apenas a mudança formal da sede governamental, mas, como esperado, a criação de todo um aparato institucional administrativo mais sólido e complexo para sustentar o funcionamento do novo Reino.[1] Não por outra razão, entre 1808 e 1820, fundaram-se no país o Banco do Brasil, a Imprensa Régia, a Academia Real Militar, escolas de medicina, fábricas de pólvora e ferro, uma Academia de Belas-Artes, a Biblioteca Real, o Museu Nacional e o Jardim Botânico, entre outras coisas.

O segundo fator político, quase duas décadas mais tarde, consistiu na outorga da primeira constituição brasileira por Dom Pedro I. Na Carta Constitucional de 1824 – que viria a ser a mais longeva dentre todas as já editadas no Brasil e uma das primeiras em termos mundiais a incluir uma declaração de direitos (art. 179) – afloravam inúmeras normas de

---

[1] Segundo Boris Fausto, "todo um aparelho burocrático vinha para a Colônia: ministros, conselheiros, juízes da Corte Suprema, funcionários do Tesouro, patentes do exército e da marinha, membros do alto clero. Seguiam também o tesouro real, os arquivos do governo, uma máquina impressora e várias bibliotecas que seriam a base da Biblioteca Nacional do Rio de Janeiro". FAUSTO, Boris. *História do Brasil*, 10ª ed. São Paulo: Edusp, 2002, p. 121.

direito administrativo que abordavam, por exemplo, aspectos do controle da Administração, da ação estatal, notadamente em matéria de poder de polícia, e da organização administrativa. As primeiras previam, sobretudo, o controle da Administração pelo Legislativo no tocante a despesas, organização do orçamento, administração de bens e empregos públicos (art. 15), bem como o controle posterior sobre a gestão administrativa em geral (art. 37). As segundas apareciam, por exemplo, no tratamento da intervenção estatal na propriedade particular,[2] do poder de polícia em restrição à liberdade de indústria e comércio,[3] assim como no apontamento de princípios gerais como o da legalidade e da isonomia.[4] As terceiras, por sua vez, tratavam, entre outras coisas, das funções dos Ministros de Estado (art. 131 e 132), inclusive prevendo o que seria o embrião dos crimes de responsabilidade (art. 133), e da organização e funcionamento do Conselho de Estado,[5] então extinto pelo Ato Adicional de 1834 e reinstalado em

---

[2] Art. 179, inciso XXII: "É garantido o Direito de Propriedade em toda a sua plenitude. Se o bem publico legalmente verificado exigir o uso, e emprego da Propriedade do Cidadão, será elle préviamente indemnisado do valor della. A Lei marcará os casos, em que terá logar esta única excepção, e dará as regras para se determinar a indemnisação".

[3] Nos termos do art. 179, inciso XXIV: "Nenhum genero de trabalho, de cultura, industria, ou commercio póde ser prohibido, uma vez que não se opponha aos costumes publicos, á segurança, e saude dos Cidadãos".

[4] Art. 179, inciso I: "nenhum Cidadão póde ser obrigado a fazer, ou deixar de fazer alguma cousa, senão em virtude da Lei" e inciso XIII "a Lei será igual para todos, quer proteja, quer castigue, e recompensará em proporção dos merecimentos de cada um".

[5] O Conselho de Estado foi disciplinado pelos artigos 137 a 144 da Constituição Imperial nos seguintes termos: "Art. 137. Haverá um Conselho de Estado, composto de Conselheiros vitalicios, nomeados pelo Imperador. Art. 138. O seu numero não excederá a dez. Art. 139. Não são comprehendidos neste numero os Ministros de Estado, nem estes serão reputados Conselheiros de Estado, sem especial nomeação do Imperador para este Cargo. Art. 140. Para ser Conselheiro de Estado requerem-se as mesmas qualidades, que devem concorrer para ser Senador. Art. 141. Os Conselheiros de Estado, antes de tomarem posse, prestarão juramento nas mãos do Imperador de: manter a Religião Catholica Apostolica Romana; observar a Constituição, e às Leis; ser fieis ao Imperador; aconselha-lo segundo suas consciencias, atendendo sómente ao bem da Nação. Art. 142. Os Conselheiros serão ouvidos em todos os negocios graves, e medidas geraes da publica Administração; principalmente sobre a declaração da Guerra, ajustes de paz, negociações com as Nações Estrangeiras, assim como em todas as occasiões, em que o Imperador se proponha exercer qualquer das atribuições proprias do Poder Moderador, indicadas no Art. 101, á excepção da VI. Art. 143. São responsaveis os Conselheiros de Estado pelos conselhos, que derem, oppostos ás Leis, e ao interesse do

1841. Embora esse Conselho tenha exercido apenas funções consultivas, sem jamais ter firmado uma tradição de efetiva solução de conflitos,[6] sua existência por si só revelava o reconhecimento, no Brasil, de uma distinção entre relações jurídico-administrativas e relações de direito privado em geral.

Além desse conjunto substancial de normas de natureza jurídico-administrativo na Carta Constitucional da época, a legislação infraconstitucional se expandiu substancialmente durante o período imperial. Ao bloco normativo efetivamente brasileiro que então se formava somavam-se ainda as regras remanescentes da legislação portuguesa pré-imperial. Afinal, como anota Di Pietro, a despeito da Constituição de 1824, as Ordenações Filipinas continuaram a valer no Brasil, superando temporalmente sua vigência em Portugal, já que lá elas foram revogadas em 1867 e aqui, por força do Decreto Imperial de 20 de outubro de 1823, permaneceram em vigor em tudo aquilo que a legislação pátria não as tinha revogado.[7]

As mudanças significativas da época ultrapassavam, porém, o campo político-institucional. Movimentos científico-acadêmicos também marcam o período de formação do direito administrativo e aqui já se nota, pela forte influência estrangeira, uma manifestação do que hoje se chama de "globalização". Não foi por outra influência, senão a dos franceses e dos portugueses que se inseriu no Brasil a ciência do direito administrativo. Como reflexo da criação de cadeiras de direito administrativo na Europa, consagra-se em 1854 o ensino da disciplina nas duas Faculdades de Direito brasileiras então em funcionamento. Alguns anos mais tarde, mais precisamente em 1857, publica-se em Recife a primeira obra de direito administrativo pátrio e novamente sob os ares globalizantes. Trata-se de dois volumes de Vicente Pereira do Rego publicados sob o título "elementos de direito administrativo brasileiro comparado com o direito francês, segundo

---

Estado, manifestamente dolosos; Art. 144. O Principe Imperial, logo que tiver dezoito annos completos, será de Direito do Conselho de Estado: os demais Principes da Casa Imperial, para entrarem no Conselho de Estado ficam dependentes da nomeação do Imperador. Estes, e o Principe Imperial não entram no numero marcado no Art. 138".

[6] Cf. MEDAUAR, Odete. *Direito administrativo em evolução*. São Paulo: Revista dos Tribunais, 1992, p. 61.

[7] Cf. DI PIETRO, Maria Sylvia Zanella. 500 anos de direito administrativo brasileiro. *Revista Eletrônica de Direito do Estado*, n. 5, 2006, p. 4.

DIREITO ADMINISTRATIVO BRASILEIRO: TRANSFORMAÇÕES E TENDÊNCIAS

o método de Pradier-Fodéré".[8] Com isso, da década de 1850 em diante, o direito administrativo floresce por força não somente do incremento da Administração Pública pátria, senão também da cristalização de uma ciência jurídica da administração pública inspirada nas lições acadêmicas da Europa continental.

A etapa de efetiva criação do direito administrativo, iniciada em 1808, prolonga-se até a edição da primeira Constituição Republicana em 1891. O marco temporal de encerramento da segunda fase não é aleatório. Neste ano, sob a forte influência norte-americana, a nova Constituição alteraria muitas características basilares do Estado brasileiro, alterações cujos efeitos, salvo algumas exceções, perduram até os dias de hoje. Presidencialismo, estrutura federativa bipartite, republicanismo, unicidade de jurisdição e consequente extinção do Conselho de Estado são apenas alguns exemplos da enorme transformação constitucional. E isso certamente não deixaria de produzir efeitos sobre a Administração Pública e sua disciplina jurídica, que, a partir de então, passava da fase de formação à de consolidação.

Entendida como aprofundamento do direito administrativo tanto em termos legislativos quanto acadêmicos, a fase de consolidação não foi, contudo, influenciada unicamente pela transformação do modelo constitucional e da estrutura de Estado. Ela se desenvolveu por força de mais três movimentos paralelos. O primeiro deles designa a progressiva proliferação, a partir do final do século XIX, de obras doutrinárias preocupadas com a compreensão teórica das funções administrativas. É desse terceiro período do direito administrativo brasileiro a doutrina de Mario Masagão, Themístocles Brandão Cavalcante, Ruy Cirne Lima, Hely Lopes Meirelles, José Cretella Júnior, Manoel de Oliveira Franco Sobrinho, Caio Tácito, Oswaldo Aranha Bandeira de Mello dentre tantos outros.

O segundo movimento designa a multiplicação de diplomas legislativos, mormente durante dois períodos históricos localizados entre o final do século XIX e o final do século XX, ambos marcados pelo fortalecimento do Estado e pelo autoritarismo. A razão da ampliação normativa nesses dois períodos não é de difícil compreensão: em períodos autoritários, reduz-se a divergência e o dissenso, de modo que o processo legislativo se torna mais fácil e rápido. Desse modo e também por um desejo

---

[8] Cf. FROTA, Hidemberg Alves. A controvérsia em torno da primeira obra latino-americana de direito administrativo. *Jus Navigandi*, n. 2958, 2011, edição digital.

de modernizar o Estado Brasileiro, é patente a evolução da disciplina jurídica da Administração Pública no período de Vargas (com inúmeros códigos especiais, legislação de tombamento e desapropriação, criação de empresas estatais, intensa preocupação com a gestão de recursos humanos, inserção de estratégias burocráticas diversas etc.) e no período militar entre 1964 e 1985 (com a edição de diplomas acerca da desapropriação, da organização administrativa e reforma do Estado, da improbidade administrativa, dos bens públicos etc.). Não há dúvidas de que, nesse longo período que abrange ambos períodos ditatoriais, são editadas normas sobre os mais diferentes tipos de atividade administrativa, bem como sobre organização administrativa e normas especializadas de processo administrativo.

Mas a evolução do período de formação do direito administrativo não se restringiu ao campo acadêmico e legislativo. A unicidade de jurisdição trazida no final do século XIX, por exemplo, foi o impulso fundamental ao fortalecimento do papel dos juízes para a construção de um direito administrativo realmente nacional, com características e institutos próprios derivados dos problemas oriundos da interação, em nosso contexto socioeconômico e cultural, do Poder Público com a sociedade. Ao se permitir que os juízes passassem a deliberar sobre conflitos envolvendo a Administração Pública, abriram-se as portas para que o Judiciário pensasse a realidade administrativa brasileira e, ainda que de modo tímido, criasse reflexões e institutos próprios. O embrião do ativismo judicial em políticas públicas remonta, pois, a consagração da unicidade de jurisdição no final do século XIX.

Por conta da evolução constitucional e dos fatores paralelos mencionados, até 1988, o direito administrativo pátrio se consolidou em praticamente todos os aspectos. Aprofundou-se a doutrina, consagrou-se um corpo administrativo baseado em uma lógica burocrática, ampliou-se o direto positivo e construiu-se farta jurisprudência sobre a matéria. Todavia, as tensões e as dificuldades da Administração Pública não foram completamente superadas. Mesmo com a evolução gerencial obtida mediante o emprego crescente de técnicas burocráticas a partir da década de 1930, o patrimonialismo e a corrupção não cederam por completo. Não fosse isso, a própria burocracia, criada para adaptar a Administração a um Estado de fundamento racional, originou novos problemas, que passaram a conviver com aqueles que provinham da administração personalista. Ao longo dos anos, não obstante se notassem ganhos em termos de profissionalização e de procedimentalização da ação estatal, fortaleceu-se uma Administração Pública extremamente autocentrada, reduzidamente preocupada com o atendimento dos interesses da coletividade e com a efetiva concretização de interesses públicos primários e, pior, nada imune à corrupção e ao patrimonialismo que a estratégia burocrática deveria exterminar.

A isso se adicionaram novos e vultosos gastos estatais, endividamento público, falência de alguns serviços sociais e assistenciais, déficit de infraestrutura essencial ao desenvolvimento socioeconômico e outras dificuldades que, unidas, alimentaram as forças necessárias para a deflagração, no Brasil pós-1988, da quarta fase do direito administrativo pátrio.

2. A quarta fase: um direito administrativo em transição

A quarta fase do direito administrativo, que agora se vivencia, inicia-se em meados da década de 1980 e prossegue até hoje. É a fase da (tentativa de) renovação, da transformação de certos institutos, das reflexões e dos embates doutrinários sobre os rumos da ciência jus-administrativa e seus princípios.

O primeiro fator a evidenciar essa nova fase é a "revolução normativa" que se opera a partir de 1990. São desse período a Lei de Improbidade, a Lei dos Servidores Civis da União, a Lei de Licitações, a Lei de Concessões, as inúmeras leis criadoras de agências reguladoras e disciplinadoras de serviços públicos específicos (desde energia a serviços públicos de transporte aéreo de passageiros), a Lei das OS, a Lei das OSCIP, a Lei de Processo Administrativo Federal, a Lei do Pregão, a Lei das PPP, a Lei dos Consórcios Públicos e a Lei de Acesso à Informação. Isso sem contar os inúmeros diplomas sobre bens públicos (*e.g.* águas, florestas, portos, bens da União etc.), direito ambiental e direito urbanístico (*e.g.* Estatuto da Cidade, Lei de Saneamento Básico, Lei de Resíduos Sólidos, Lei de Cooperação Federativa Ambiental etc.).

Não há como fechar os olhos à realidade. A evolução legislativa é tremenda. Embora seja verdade que o poder normativo da Administração Pública tenha-se fortalecido e que as técnicas de deslegalização tenham ganhado força, tal fato não é necessariamente antagônico à referida reconstrução geral do direito positivo. Em outras palavras: o movimento de deslegalização pós-90 não impede que se fale de um movimento simultâneo de intensa legalização – acima evidenciado. Isso permite dizer que o direito

DIREITO ADMINISTRATIVO: TRANSFORMAÇÕES E TENDÊNCIAS

administrativo brasileiro, na quarta fase, é re-legislado e igualmente flexibilizado pelo emprego da deslegalização[9] em alguns campos.

E, em realidade, o problema maior para a ciência do direito administrativo parece residir menos na deslegalização e mais na sua "ampla renovação positiva". A criação de novas normas e princípios gera dificuldades inúmeras. A renovação vem acompanhada de crises, de disputas e de muitas dúvidas sobre os rumos desse ramo jurídico. Tais dificuldades guardam relação com, ao menos, dois fatores básicos e fortemente relacionados: o primeiro se relaciona à estruturação normativa do direito administrativo e o segundo, à vinculação das normas administrativas a certas concepções de gestão pública.

O fator estrutural diz respeito à ausência de uma codificação administrativa e, mesmo, à sua inviabilidade legal no cenário brasileiro. O direito da Administração Pública é necessariamente fragmentado em estruturas federativas. Diferentemente do que ocorre na França, mesmo que se desejasse, seria praticamente impossível unificar o direito administrativo nacional. As normas sobre servidores não se sujeitariam facilmente a isso, assim como muitas normas procedimentais e outras relativas à gestão dos bens estatais. A federalização tripartite do país afasta toda e qualquer tentativa de se discutir uma unificação ou consolidação minimamente abrangente. O máximo que ela permite são sistematizações normativas parciais, como a que se realizou mediante a edição de diplomas regentes do processo administrativo em perspectiva intersetorial. Enquanto houver federalismo – e queiramos que ele sobreviva por muito tempo –, sistematizações mais intensas serão impossíveis.

Essa constatação suscita inevitavelmente um problema: as normas são construídas e reconstruídas em um processo aleatório, imperfeito, lacunoso e frequentemente contraditório. O caráter necessariamente esparso do direito administrativo, em um contexto com inúmeras fontes normativas

---

[9] "Llamamos deslegalización a la operación que efectúa una Ley que, sin entrar en la regulación material de un tema, hasta entonces regulado por Ley anterior, abre dicho tema a la disponibilidad de la postestad reglamentaria de la Administración... Una Ley de deslegalización opera como *contrarius actus* de la Ley anterior de regulación material, pero no para innovar directamente esta regulación, sino para degradar formalmente el rango de la misma de modo que pueda ser modificada en adelante por simples Reglamentos". GARCÍA DE ENTERRÍA, Eduardo / FERNÁNDEZ, Tomás-Ramón. *Curso de derecho administrativo I,* 14ª ed. Madrid: Thomson/Civitas, 2008, p. 280.

nos mais diversos níveis políticos, gera a convivência de leis de diferentes hierarquias, diferentes períodos, formatadas segundo diversas técnicas e estilos legislativos, o que torna o sistema naturalmente complexo.

A característica fragmentária e complexa do direito positivo administrativo não representa, contudo, grande novidade. Melhor dizendo: o problema atual não reside exatamente nesse primeiro fator considerado de maneira isolada. Está, sim, na sua conjugação com outro: a renovação dos modelos de gestão pública e sua influência sobre o direito positivo e a doutrina. E a fase de transição que ora vivemos com isso guarda estreita relação.

Este é o momento em que vários modelos de gestão pública convivem, de sorte a suscitar conflitos jurídicos incontáveis. Dizendo de outro modo: o patrimonialismo, embora crescentemente combatido – inclusive com o apoio mais recente do Judiciário –, ainda sobrevive e convive com inúmeras técnicas e leis concebidas sob a lógica burocrática. A isso se soma uma plêiade de políticas, leis e instrumentos legais que se proliferam a partir de 1995 com a adoção de um modelo gerencialista. Este, porém, dadas as mudanças político-partidárias, não é capaz de realizar totalmente sua aspiração inicial, qual seja: aprimorar o modelo burocrático e afastar certas concepções/institutos que não se mostraram bem sucedidos em sua aplicação – dentre os quais, a desconfiança extrema em relação à autoridade pública, bem como a formalidade excessiva de muitos procedimentos, como o de compras e de seleção e gestão de pessoal.

A quarta fase do direito administrativo representa, pois, a transição. Não se sabe quando ou onde será substituída por um período de estabilidade; nem quais princípios sobreviverão à guerra de ideologias e de concepções a respeito do papel do direito no aprimoramento da gestão pública; nem mesmo quais leis e institutos jurídicos efetivamente lograrão se firmar como referências.

Diante de um objeto em transição, eventuais previsões tornam-se arriscadas e isso afasta a futurologia desse ensaio. Sem prejuízo, o exame do que vem ocorrendo desde 1990 permite a visualização de alguns eventos marcantes e outros intensamente repetidos. Por conseguinte, deles se podem extrair alguns movimentos ou tendências gerais para o direito administrativo. Aqui entram em jogo, por exemplo: a globalização, a regionalização e a federalização; a privatização e seus movimentos compensatórios (*i.e.* a regulação e a agencificação); a consensualização e a contratualização; a democratização e a processualização; a desburocratização e a automação.

Essas tendências não são as únicas, nem tampouco as definitivas. Umas delas são desejadas, festejadas ou criticadas pela doutrina, outras sequer pedradas recebem; umas são mais perceptíveis no Brasil, outras menos. E dificilmente cabe afirmar quais delas terão mais força para modificar o direito administrativo e lhe dar nova forma e conteúdo. O momento é de observação, de acompanhamento e – por que não dizer? – de embate científico acerca de "que" e "como" transformar a disciplina jurídica de uma Administração Pública que, como a brasileira, é demandada, continuamente, a se tornar mais democrática, menos corrupta e mais eficaz diante do brutal volume de recursos que consome.

3. Globalização, regionalização e federalização

Se há uma tendência indubitavelmente antiga no direito administrativo, esta é a sua globalização! O direito administrativo na América Latina, na Ásia, na Oceania e em inúmeros outros países do globo foi, já há muitas décadas, fortemente influenciado pelas diretrizes dos modelos europeu continenal, anglo-americano ou soviético.[10] Sem escapar, o direito administrativo brasileiro também nasceu globalizado. Evidência disso, no plano do direito positivo, é a inserção no nosso sistema de um Conselho de Estado (extinto com a unificação da jurisdição), bem como dos conceitos de serviço público, de ato administrativo, de autarquias, de razoabilidade, de boa administração, de regulação e de agências reguladoras, de parcerias público-privadas etc.[11] Já no plano acadêmico, não há melhor exemplo que a obra inaugural de Pereira do Rego, explicitamente escrita sob a influência da globalização acadêmica do século XIX.

Embora, portanto, o fenômeno em questão não seja nada recente para a ciência jurídico-administrativa, fato é que ele se fortalece e intensifica nas últimas décadas. Indubitavelmente, isso guarda profunda relação com fatores de ordens diversas. Dentre os econômicos mais comumente lembrados, destaquem-se: 1) a pressão, do mercado e também de alguns

---

[10] A respeito das distinções entre o modelo europeu continental, o angloamericano e o soviético no direito administrativo, cf. RIVERO, Jean. *Curso de direito administrativo comparado.* São Paulo: Revista dos Tribunais, 1995, p. 35 e seguintes.

[11] Bem adiciona Gabardo que "a construção do direito administrativo brasileiro, assim como do direito constitucional, foi bastante influenciada pela doutrina estrangeira. Não por 'uma única doutrina estrangeira', e sim por um conjunto de orientações, por vezes contraditórias". GABARDO, Emerson. *Interesse público e subsidiariedade*, Belo Horizonte: Fórum, 2009, p. 252.

DIREITO ADMINISTRATIVO BRASILEIRO: TRANSFORMAÇÕES E TENDÊNCIAS

Estados, pela criação de "espaços de fluxos"[12] com abrangência transnacional, sobretudo para viabilizar a circulação econômica de bens, serviços e fatores de produção por territórios mais amplos e, por conseguinte, para fortalecer o comércio internacional, o aproveitamento de vantagens econômicas relativas de cada nação etc. e 2) o interesse estatal na geração de previsibilidade e estabilidade jurídica como condição fundamental para a atração de capitais e investimentos, estrangeiros principalmente, vistos como condição para o crescimento econômico. Ambos os fatores sugerem, de um lado, a padronização do direito no plano transnacional no intuito de se reduzirem assimetrias regulatórias entre países distintos e, a duas, a criação de entidades estatais de controle do mercado que ajam de modo mais técnico, mais autônomo e mais imune aos humores políticos. Os fatores econômicos forçam a globalização do direito para reduzir custos e simultaneamente para obter mais segurança e estabilidade em favor de uma ação econômica que não deseja se restringir às fronteiras de um ou outro Estado soberano.

Mas os motivos da globalização jurídica não são apenas econômicos. Fatores políticos e culturais também estão em jogo e dentre eles merecem registro: 1) a preocupação dos Estados em compatibilizarem seus ordenamentos jurídicos e em facilitarem a atuação em rede de suas entidades e órgãos, de sorte a responder ao movimento de formação de redes sociais com escopo econômico até redes de ação criminosa e 2) pelo enfoque cultural, a crescente troca de informações, de conhecimento científico e técnico entre pesquisadores e juristas de diversas nações, o que facilita a entrada mais frequente e veloz de inovações estrangeiras (presumivelmente bem-sucedidas) na doutrina e no ordenamento jurídico pátrio.

Não fosse isso, em determinadas regiões, a globalização de regras e institutos administrativos é fomentada por um fator político-institucional: a regionalização. Diante desse fenômeno, o agrupamento efetivo dos países envolvidos, a depender da profundidade da interação regional desejada, demanda muito mais que a abertura de fronteiras ao fluxo de pessoas, mercadorias e serviços. Para que a formação de macrorregiões transnacionais ocorra adequadamente, as estruturas e serviços estatais precisam ser

---

[12] A respeito do imperativo da fluidez na sociedade contemporânea e o consequente desejo pela criação de espaços de fluxos, cf. SANTOS, Milton. *A natureza do espaço: técnica e tempo, razão e emoção*. São Paulo: EDUSP, 2002, p. 274.

DIREITO ADMINISTRATIVO: TRANSFORMAÇÕES E TENDÊNCIAS

minimamente estandardizados com o objetivo de garantir o atendimento aos direitos dos cidadãos regionais de acordo com parâmetros mínimos. Sendo assim, o direito administrativo, por mais que não esteja expressamente sob a competência de organizações regionais, acabam sofrendo interferência profunda, ainda que indireta.

Tomemos a União Europeia por ilustração. Ali se vislumbra a preocupação com a adoção de um conceito padrão de serviços estatais de interesse geral, a extensão das garantias da boa administração (incluindo motivação, duração razoável do processo etc.), a garantia de padrões adequados de atendimento dos cidadãos. A padronização do direito administrativo por força da regionalização não se restringe, porém, ao campo dos conceitos. A efetiva integração depende de medidas organizacionais e procedimentais, razão pela qual ganham força técnicas como a do "balcão único", do "processo administrativo eletrônico" e das autorizações fictícias. Não por outra razão, Friedrich Schoch sustenta que todos os pilares fundamentais do direito administrativo geral (desde a teoria das fontes à da responsabilidade) são atingidos pela europeização.[13] Em maior ou menor medida, os efeitos da regionalização sobre o direito administrativo na Europa reflete o que certamente ocorreria com o direito administrativo brasileiro caso a integração dos países do cone sul efetivamente se intensificasse.

Observe-se, ainda, que o movimento regionalizante, quando acompanhado de estruturas institucionalizadas em larga escala, suscita outra interessante tendência para os países que se aglutinam e transferem parcialmente o exercício de suas tarefas soberanas a instituições supranacionais, a saber: a federalização. Com ela, desponta a necessidade de se pensar e se formatar o direito administrativo para uma estrutura governamental composta por diferentes níveis políticos. Nesse particular, a regionalização se aproxima da problemática existente em países como os EUA, a Rússia ou a Alemanha.

---

[13] Segundo o autor, a europeização atinge: 1) a organização administrativa; 2) a teoria das fontes do direito e das formas de ação administrativa; 3) o conceito de direito público subjetivo; 4) a relação de vinculação da Administração à Lei; 5) o processo administrativo; 6) a proteção da confiança no direito administrativo; 7) o controle judicial da Administração e 8) a proteção do direito secundário pela responsabilização do Estado. Cf. SCHOCH, Friedrich. Die Europäisierung des Allgemeinen Verwaltungsrechts. In *Die Wissenschaft vom Verwaltungsecht* – Werkstattgespräch aus Anlaß des 60. Geburtstages von Prof. Dr. Eberhard Schmidt-Aßmann. Berlim: Duncker und Humblot, 1999, p. 137.

No Brasil, especificamente, apesar de serem extremamente relevantes as implicações do federalismo tripartite adotado em 1988, nota-se que a doutrina e a legislação insistem em ignorá-las. Veja-se o que ocorre com o direito administrativo estadual. Até hoje, praticamente inexistem estudos pormenorizados sobre o assunto, nem tampouco a respeito de suas inovações e suas relações com a administração pública em outras esferas. No campo legislativo, a situação é semelhante, mas felizmente apresenta sinais de mudança. Notam-se iniciativas mais comuns a partir da década de 1990 com o objetivo de integrar a administração pública das três esferas políticas. Isso se vislumbra com a construção de vários sistemas administrativos federados responsáveis pela execução de políticas públicas setoriais (*e.g.* SISNAMA, SNDC, SINGREH etc.), bem como com a edição de leis específicas de cooperação e coordenação, tal como a referente ao exercício da administração ambiental (LC n. 140/2011).

Em síntese, seja em razão de estruturas federativas internas já consolidadas, seja por força do surgimento de estruturas macrorregionais, em que o Estado soberano convive com organizações supranacionais que cuidam de assuntos internos, é preciso lidar com a tendência federalizante que envolve tanto a multiplicação das fontes criadoras de normas quanto a coexistência de variados centros decisórios em diferentes níveis políticos (multipolaridade). Como o Brasil sofre a incidência dos dois fatores apontados (subdivisão política interna e inserção em movimentos de integração), a federalização exige redobrada atenção da ciência jurídica nacional. Entre outras coisas, cumpre verificar como os níveis políticos devem interagir na criação do direito administrativo; como entidades, órgãos e administradores públicos devem coordenar suas tarefas e cooperar para que suas ações sejam eficazes e não autodestrutivas; quais mecanismos revelam-se mais adequados para tanto e como o planejamento – como instrumento essencial da Administração Pública – é capaz de colaborar com o gerenciamento da crescente complexidade político-administrativa.[14]

---

[14] O planejamento, infelizmente, tem sido esquecido como objeto do direito administrativo. A preocupação doutrinária com o assunto é baixa. Diante disso, mostra-se extremamente oportuna a iniciativa da comissão de juristas responsável pelo anteprojeto de renovação da organização administrativa brasileira ao resgatar essa técnica de gestão. Em detalhes sobre as normas do anteprojeto já nos manifestamos alhures. Cf. A atividade de planejamento na Administração Pública: o papel e o conteúdo das normas previstas no anteprojeto da Nova Lei de Organização Administrativa. *Revista Brasileira de Direito Público*, v. 34, 2011.

4. A "privatização" do direito, da gestão pública e seus movimentos compensatórios

Os movimentos de reforma da Administração Pública nas últimas décadas, que não se restringem ao Brasil, desenvolveram-se principalmente sob o argumento da necessidade de superação de efeitos nocivos do modelo burocrático, embora nem sempre tenham objetivado substitui-lo por completo. E dentre esses efeitos indesejados encontra-se o alto grau de rigidez da administração – por ilustração, em termos de contratação pública ou de pessoal –, a inflexibilidade em matéria de controle e inovação e as amarras diversas que, não raro, dificultam a ação rápida e eficiente do Poder Público. É nesse contexto que muitos princípios, institutos e concepções começam a ser questionados.

Em que medida os poderes e as sujeições do direito administrativo se aplicam às mais variadas ações do Estado? Quais critérios determinam a incidência do regime jurídico administrativo? A chamada privatização do direito administrativo relaciona-se com tais indagações e envolve, basicamente, uma crítica à ideia de que, onde haja Estado, deve-se manifestar o regime de direito administrativo com todas as suas prerrogativas e sujeições. Essa crítica atinge, por exemplo, a teoria dos contratos da Administração Pública. A cada dia surgem novas espécies de acordos e contratos e nem todos parecem adequados a um regime extremamente publicístico. Os módulos contratuais são diversos e diversos devem ser seus regimes jurídicos.[15] O mesmo vale para os bens do Estado, já que nem todos eles estão vinculados a serviços públicos ou ao uso comum do povo e há bens estatais que não são bens públicos e, de outra parte, bens privados que aos públicos se assemelham. Tal constatação impõe a formatação de regimes jurídicos diferenciados e pautados na função pública do bem, não somente em sua titularidade (visão subjetivista).[16] Enfim, a ideia se estende à responsabilidade civil do Estado pelos mesmos motivos. Seria a responsabilidade objetiva adequada a toda e qualquer situação em que há ação estatal

---

[15] Cf. a tese de MENEZES DE ALMEIDA, Fernando Dias. *Contrato administrativo*. São Paulo: Manole, 2013.

[16] Criticamente sobre o critério personalista na análise dos bens públicos e privados, cf. a tese de MARQUES NETO, Floriano de Azevedo. *Bens públicos, função social e exploração econômica: o regime jurídico das utilidades públicas*. Belo Horizonte: Fórum, 2009 e para uma proposta de escala de regimes jurídicos, cf. MARRARA, Thiago. *Bens públicos, domínio urbano, infraestrutura*. Belo Horizonte: Fórum, 2007, capítulo II.

DIREITO ADMINISTRATIVO BRASILEIRO: TRANSFORMAÇÕES E TENDÊNCIAS

ou somente nas atividades públicas típicas? Um particular, concessionário de serviço público, por exemplo, sujeitar-se-ia à responsabilidade objetiva exclusivamente nas relações com os usuários do serviço ou em qualquer tipo de relação jurídica de que participe?

Da teoria dos contratos, passando pelos bens até a responsabilidade do Estado, vários argumentos têm levado ao questionamento dos limites do direito administrativo e ao reconhecimento de que nem sempre onde há Administração Pública deve haver direito administrativo. Nesse sentido, falar de privatização do direito administrativo não significa desejar a sua morte. Significa, tão somente, agregar a uma visão subjetivista (baseada na presença do Estado) a perspectiva funcionalista (baseada na função exercida pelo Estado). Afinal, é questionável se o regime jurídico administrativo realmente se mostra necessário na presença de atividades não vinculadas diretamente à promoção de interesses públicos primários. É por essa via que fluem novas reflexões sobre a entrada do direito privado no âmbito da administração pública.

Se a ciência jurídica passou longo tempo a construir a autonomia do direito administrativo e seus pilares estruturais, hoje, parte dela intenta aparar algumas arestas, impedindo que o regime de poderes e sujeições estatais seja indevidamente utilizado. Nesse contexto desponta o movimento de privatização, o qual, porém, não deve ser visto como uma "fuga para o direito privado". Os fenômenos diferem. Fugir do direito administrativo significa tentar evitar indevidamente sua aplicação aos casos concretos. Não raro, é isso o que ocorre no dia-a-dia da Administração. Longe de querer buscar o aprimoramento do direito administrativo – debatido entre os teóricos –, o gestor público muitas vezes objetiva se afastar de suas amarras (*i.e.* sujeições) sem qualquer consideração acerca da função que exerce o regime publicístico que deveria incidir no caso concreto. É esse desvio prático no uso do direito administrativo que suja a discussão. Confundem-se as tentativas, de boa-fé, da doutrina administrativista na separação de regimes jurídicos em consonância com uma lógica funcionalista com as práticas nem sempre ingênuas daqueles agentes que desejam afastar ilegalmente as normas jus-administrativas que regem suas condutas. A confusão entre movimentos teóricos e legislativos (deontologia) e manobras práticas (ontologia) contamina o debate e, entre outras coisas, prejudica a reflexão eficaz a respeito dos institutos e princípios jus-administrativos – como o da supremacia do interesse público.

DIREITO ADMINISTRATIVO: TRANSFORMAÇÕES E TENDÊNCIAS

Referida discussão não esgota a temática da privatização. Não é somente o direito que se "privatiza". Vislumbra-se simultaneamente uma privatização da gestão de serviços, atividades e bens estatais, a qual também encontra explicação no desejo de solucionar certas dificuldades do modelo burocrático e, simultaneamente, superar crises fiscais. Nesse sentido, ela se justifica pela "necessidade" de redução de custos estatais e pelo intuito de fortalecer a concorrência entre particulares na expectativa de obter os benefícios tradicionalmente esperados de mercados competitivos (*e.g.* aumento de inovação, incremento tecnológico, queda de preço, estímulos à produtividade e a instalação de infraestrutura), além de beneficiar o cidadão mediante um esperado (mas nem sempre verificado) aumento na qualidade dos serviços.

Com base nesses motivos, entende-se por que o impacto da privatização de empresas e de serviços públicos foi fortíssimo durante e após a reforma da Administração operada ao longo da década de 1990. É verdade que, alguns anos mais tarde, no início da década de 2000, houve uma mudança de perspectiva a respeito da gestão pública no governo federal brasileiro, apontando-se para uma estratégia menos liberalizante. Ocorre que ela não perdurou. Assim, nos últimos anos, sentiu-se a retomada de medidas privatizantes e o incremento da regulação e de seus fenômenos correlatos. Isso explica a menção da privatização, da regulação e da agencificação como tendências ainda dignas de reflexão.

Compreendida em sentido amplo, a privatização da gestão pública geralmente se designa como desestatização, fenômeno que se manifesta em quatro frentes principais: 1) a "flexibilização" de monopólios estatais artificialmente criados; 2) a venda ou a alienação de controle de empresas estatais; 3) a transferência da execução de serviços públicos (monopolizados de caráter comercial ou industrial) aos particulares, abrindo-se espaço para a chamada execução indireta e 4) a utilização crescente de formas de parceria na prestação de serviços sociais, tais como saúde e assistência. Algumas dessas manifestações estão consagradas claramente como técnicas privatizantes pela lei, outras não recebem o mesmo rótulo, mas o merecem por analogia.

Ocorre que a privatização de entidades estatais que intervinham na economia por participação (*i.e.* Estado entra em competição com particulares) ou por absorção (*i.e.* legislador cria monopólios estatais), bem como a transferência da execução de serviços públicos à gestão privada não poderiam redundar no abandono de interesses públicos primários consagrados constitucionalmente e que ao Estado cumpre concretizar. Não por outro motivo, a desestatização não andaria desacompanhada. A ela somaram-se movimentos compensatórios. Embora o Estado se retirasse do mercado e limitasse a gestão direta de serviços públicos a poucos setores, não abriria mão – pois nem poderia – dos interesses públicos que lhe cabe gerir. Em resposta ao movimento em questão, fortaleceu-se, pois, a intervenção indireta do Estado na economia. Regulação e agencificação entraram em cena.

A regulação, propriamente dita, consolida-se como noção categorial. Abrange técnicas capazes de promover o equilíbrio de mercados específicos, os quais abrangem quer segmentos de atividades privadas (como planos de saúde, telefonia celular, internet, produção de medicamentos etc.), quer bens de interesse econômico (sobretudo grandes infraestruturas logísticas, de transporte ou energéticas) ou serviços públicos privatizados. Exatamente por essa multiplicidade de atividades, agentes e bens que se sujeitam à regulação, não há um conteúdo pronto e acabado que a defina. Uma vez compreendida teleologicamente como técnica de ajuste de mercado em favor de seu bom funcionamento, a regulação adota "armas" variadas. De acordo com a configuração do objeto regulado e com os objetivos da entidade regulatória, ela se desenvolve em sentido restritivo das atividades de mercado (por meio de fiscalização, sanção, condicionamento da liberdade particular por atos de autorização ou licença) ou em sentido prestativo (por meio de serviços informacionais e educativos, fomento, solução de conflitos etc.). Diante disso, é incorreto contrapor regulação a outros meios clássicos de ação estatal, como o poder de polícia, o serviço público ou o fomento. Qualquer um desses meios de ação pode ser empregado com finalidade regulatória.

A agencificação, por sua vez, indica o movimento de multiplicação de entidades, geralmente autárquicas, que realizam os ajustes de mercado com base em ferramentas previstas em lei. Trata-se de um movimento que vem a reboque da regulação e com o objetivo de a ela conferir mais tecnicidade, eficiência e eficácia, bem como proteção contra intervenções políticas. Não foi à toa que o número de agências federais se multiplicou a partir de 1995, época na qual se intensificaram a privatização e a edição de leis regentes de serviços públicos e de atividades econômicas diversas. E nem se diga que a tendência se esgotou com o término da gestão do Presidente Fernando Henrique Cardoso. Durante a gestão PT, embora os movimentos de regulação e agencificação tenham se tornado mais lentos, ambos continuam a avançar. Exemplos disso se vislumbram nas privatizações de rodovias, linhas férreas, aeroportos e na criação de novas agências, como a ANAC em 2005 e, agora em fase de discussão, a Agência Nacional de Recursos Minerais em substituição ao DNPM (Projeto de Lei n. 903/2007).[17]

É indubitável, portanto, que privatização, regulação e agencificação persistem como tendências do direito administrativo hodierno. Tormentoso é avaliar, neste momento, se e como elas definitivamente transformarão, diante das periódicas variações governamentais, a organização administrativa do Estado, suas formas de ação e seu grau de eficiência, economicidade e eficácia no atendimento de necessidades coletivas.[18]

5. Democratização e processualização

Democratização e processualização são fenômenos que se manifestam de modo semelhante, embora suas causas sejam distintas. A democratização da Administração se impõe como consequência lógica dentro de um Estado com fundamento racional. Se o Estado não é obra divina, nem o império do mais forte, então surge como escolha dos cidadãos para zelar por valores gerais e executar tarefas que eles, isoladamente, não seriam capazes de manejar quer por falta de interesse direto, quer por prescindirem da força necessária para tanto.

Sob esse pressuposto lógico, a democratização constitui característica natural do Estado racional. Ela demanda sua permeabilidade constante aos anseios da coletividade que o sustenta ideológica e financeiramente. Ocorre que tal permeabilidade de longe não se dá mais apenas por mecanismos clássicos de representação na esfera legislativa e na cúpula do Executivo. Há vários problemas que levaram a modificações nesse cenário. O modelo representativo sofre intensa influência de interesses grupais e particularísticos que nem sempre se identificam com os dos eleitores; a representação

---

[17] A respeito de novas instituições regulatórias sob as mais diversas formas, cf., entre outros, GUERRA, Sérgio. *Agências reguladoras: da organização administrativa piramidal à governança em rede.* Belo Horizonte: Fórum, 2012, p. 135 e seguintes.

[18] Note-se, com isso, que os efeitos potenciais da adoção de um modelo de Estado regulador não são apenas de ordem econômica e social. Eles são também jurídicos, ou seja, a regulação deve impactar, entre outras coisas, a compreensão da organização das entidades estatais, das formas clássicas de ação administrativa (*i.e.* polícia e serviço público) e do controle da Administração.

é parcamente controlada ao longo de sua duração; os interesses representados, no processo legislativo e no jogo de composições que o caracteriza, sofrem forte distorção e não necessariamente as políticas públicas elaboradas no Legislativo são exatamente simétricas ao socialmente esperado; interesses públicos relevantes e dependentes de tutela são muitas vezes colocados de lado, por exemplo, pela falta de força política (ou econômica e cultural) de determinados grupos sociais.

Há, pois, imperfeições na representação política e para se evitá-las ou ao menos mitigar seus efeitos nocivos, buscam-se técnicas várias de participação popular que sejam capazes de imprimir mais legitimidade à ação estatal. Embora tais mecanismos sejam empregados no próprio Legislativo e, por vezes, no Judiciário, é no Executivo, como Poder que executa por excelência políticas públicas, que eles encontram terreno mais fértil.

Os mecanismos de participação sujeitam-se a inúmeras classificações. Há mecanismos constantes, como a de alunos em conselhos de Universidades Públicas, e outros de uso pontual, como uma audiência pública para discussão de um edital de licitação preparatória da celebração de contratos de alto valor. Há os obrigatórios e os facultativos. E existem mecanismos orgânicos, que viabilizam a participação dos cidadãos em órgão público, sobretudo com função decisória, e os procedimentais, que abrem espaço para o diálogo com a sociedade geralmente na fase instrutória do processo administrativo, tal como se vislumbra em certas audiências e consultas públicas.

Principalmente os mecanismos de participação procedimental ganharam extrema relevância no direito brasileiro em razão da edição da LPA federal ao final da década de 1990. É nesse momento que a democratização se alia à processualização.

Com efeito, procedimentos preparatórios de decisão dentro da Administração Pública sempre existiram. Daí que procedimentos e expedientes de gestão não representam novidades. O que há de novo, hoje, não é a sequencia de atos que precede uma decisão do Poder Público, mas sim sua disciplina jurídica. De modo crescente, o direito passou a exigir, em incontáveis situações, que a tradicional sequencia de atos preparatórios se transformasse em um caminho decisório transparente e acompanhado de diversas garantias. Eis o verdadeiro processo administrativo, como etapa de preparação decisória marcada pelo espírito democrático. A processualização, nesse contexto, representa um movimento de crescente qualificação de procedimentos decisórios fechados e não disciplinados por processos juridicamente formatados e plenamente compatíveis com um Estado Democrático de Direito.

Não é apenas com a democratização que está associada a tendência de transformação de muitos procedimentos tradicionais em verdadeiros processos jurídicos – desde concursos públicos, passando por processos sancionadores até atingir processos de planejamento de infraestruturas. O processo torna o caminho decisório da Administração mais transparente, mais previsível, mais aberto à defesa de direitos e, por isso, permeável aos interesses da coletividade e, sobretudo, dos indivíduos diretamente atingidos por uma decisão estatal. Ele instrumentaliza, portanto, o ideal do Estado de Direito. Fora isso, a processualização guarda relação com a legitimação do Estado e com a concretização de uma gestão eficiente. Ao tornar sua decisão e suas razões de decidir mais transparentes, ao absorver argumentos, dados e interesses dos cidadãos, a Administração processualizada tende a ganhar aceitação e compreensão. E mais: na medida em que o Estado colete mais dados e informações para decidir, a tendência é que sua decisão seja mais bem fundamentada e capaz de atingir os resultados públicos esperados. Daí a relação da processualização com a eficácia ou efetividade da ação pública.[19]

Todos esses efeitos benéficos são, porém, tendenciais! Isso significa que, em um ou outro caso concreto, eles eventualmente não serão produzidos. Dizendo de outro modo: os benefícios narrados não podem ser tomados como certos e definitivos. Mas o problema não se esgota aí. É preciso registrar que, além de seus benefícios serem potenciais, os mecanismos participativos são ainda capazes de distorcer o processo decisório. Encará-los como perfeitos é, pois, um equívoco.

A democratização e a processualização são movimentos altamente custosos. Custam tempo, custam recursos financeiros, custam preparação técnica, mudanças de hábitos e de culturas organizacionais. E tais custos não recaem apenas sobre o Estado; eles são divididos com o particular, desestimulando a participação de todos na mesma medida. Do Estado, especificamente, exige-se mais diálogo, mais transparência, mais cau-

---

[19] A esse respeito, cf., entre outros, MOREIRA NETO, Diogo de Figueiredo. *Quatro paradigmas do direito administrativo pós-moderno: legitimidade, finalidade, eficiência, resultados.* Belo Horizonte: Fórum, 2008, p. 120.

tela no processo decisório e paciência no iter de elaboração da decisão. E do particular, demanda-se mais conhecimento, mais interesse político, mais altruísmo, bem como conhecimento e certas condições socioeconômicas.

Em outras palavras, para que a participação tenha resultados minimamente adequados, demanda-se: 1) o verdadeiro desejo da autoridade pública em democratizar sua decisão; 2) a capacidade técnica de qualquer cidadão para participar; 3) a cobertura, pelo Estado ou pelo particular, dos custos financeiros da participação; 4) o manejo do interesse de manifestação de grande contingente de interessados; 5) a atenção para os riscos de captura dos mecanismos de participação por representantes de grupos econômicos ou políticos poderosos e, por conseguinte, a sobreposição dos interesses de grupos ou indivíduos aos interesses da coletividade. Todos esses fatores geram o risco de que a participação real seja transformada em simbólica e que, portanto, a democratização efetiva transmute-se em demagogia. É exatamente por isso que os mecanismos de participação e de democratização devem ser sempre examinados de modo crítico e, sobretudo, de acordo com realidades concretas – tal como já demonstrou Chevalier em relação ao contexto francês.[20] Idealizar acriticamente tais mecanismos pode simplesmente significar substituir os vícios da democracia representativa clássica por outros tão ou mais prejudiciais à atuação legítima da Administração Pública.

6. O renascimento da igualdade e o "direito administrativo inclusivo"

Dentre os movimentos que marcam a transformação do direito administrativo atual, uns são bem visíveis, outros nem tanto. E dentre os movimentos praticamente ignorados pela doutrina brasileira está o renascimento da igualdade dentro da Administração Pública e o que se pode chamar de "direito administrativo inclusivo".

Por "direito administrativo inclusivo" entenda-se a emergência do uso de institutos do direito administrativo com finalidades discriminatórias, ou melhor, com o objetivo de promover a igualdade material. O exemplo mais debatido a respeito são as cotas no ensino público superior. Tem-se aqui uma estratégia de tratamento discriminatório de cidadãos interessados em usufruírem um serviço público de natureza social e cuja finalidade

---

[20] CHEVALIER, Jacques. *Science administrative*, 4ª ed. Paris: PUF, 2007, p. 441.

DIREITO ADMINISTRATIVO: TRANSFORMAÇÕES E TENDÊNCIAS

última consiste em combater barreiras de acesso (*i.e.* processos seletivos e custos de preparação), de sorte a beneficiar determinados grupos vulneráveis.[21]

Embora as cotas, inicialmente consagradas por decisão do STF e atualmente previstas na Lei n. 12.177/2012, sempre tenham sido objeto de extensa discussão jornalística e acadêmica, elas estão longe de esgotar o rol de mecanismos inclusivos na gestão da máquina estatal e de suas políticas públicas. Dizendo de outro modo: ainda que seja o mecanismo mais visto, conhecido e debatido, sobretudo por atingir diretamente os interesses das classes dominantes no Brasil, a discriminação nos procedimentos de seleção de alunos para serviços públicos educacionais é apenas uma de muitas estratégias inclusivas que estão sendo crescentemente empregadas pela Administração Pública.

Há mecanismos inclusivos nos mais diferentes campos do direito administrativo. Todos eles trazem uma preocupação com a consagração da igualdade material e não apenas quando se trata de executar serviços públicos sociais. Dada sua multiplicidade, convém classificar tais mecanismos em, pelo menos, cinco diferentes grupos, a saber:

- 1) *Mecanismos de contratação inclusiva*, de acordo com os quais determinados grupos de indivíduos e empresas são beneficiados em procedimentos de contratação, tal como se verifica em relação a microempresas ou a entidades de cunho assistencial.
- 2) *Mecanismos de inclusão na gestão de recursos humanos*, por exemplo, mediante a reserva de vagas para deficientes em concursos públicos para preenchimento de cargos e contratação de empregados;
- 3) *Mecanismos processuais inclusivos*, tais como os que determinam a aceleração do processo administrativo federal que tenha como interessados pessoas deficientes, portadoras de doenças graves ou idosos (art. 69-A da Lei n. 9.784/1999).[22]

---

[21] A respeito das várias explicações e causas, cf. MARRARA, Thiago / GASIOLA, Gustavo Gil. Ações afirmativas e diversidade na pós-graduação. *Inclusão Social*, v. 5, 2011, p. 20 e seguintes.

[22] Em detalhes sobre os mecanismos de aceleração processual na LPA federal, cf. NOHARA, Irene Patrícia / MARRARA, Thiago. *Processo administrativo: Lei 9.784/99 comentada.* São Paulo: Atlas, 2009, comentários ao art. 69-A.

- 4) *Mecanismos inclusivos na gestão de serviços públicos econômicos*, dentre os quais a diferenciação tarifária na prestação de serviços de telefonia fixa ou de distribuição de energia.[23]
- 5) *Mecanismos inclusivos na gestão de serviços públicos sociais*, como as cotas na seleção de alunos do ensino superior público em favor de egressos de escolas públicas ou membros de certa etnias, bem como políticas setoriais de saúde destinadas a grupos humanos específicos, como mulheres, homens, indígenas etc.

Embora, como evidenciado, os mecanismos de inclusão previstos no direito administrativo venham se multiplicando desde a década de 1990, o mesmo não se pode dizer a respeito da atenção dos administrativistas sobre o tema. Com a exceção da obra clássica de Celso Antônio Bandeira de Mello acerca do princípio da igualdade no direito administrativo,[24] praticamente não se produziram nos últimos 20 anos muitos estudos sobre o tema. O princípio da igualdade é um princípio esquecido no direito administrativo. A quantidade de doutrina sobre o assunto não espelha a relevância que a igualdade material adquiriu recentemente, nem tampouco o número de mecanismos inclusivos inseridos na legislação. Daí o motivo pelo qual se mostra necessário concentrar esforços científicos sobre o tema; esforços que resgatem a vinculação do direito administrativo com o direito constitucional e a ciência política no intuito de se examinarem os impactos e a relevância dos mecanismos inclusivos para a gestão pública brasileira e seu dever de atuar de modo aderente à realidade nacional para concretizar os objetivos básicos do Estado (art. 3º, CF), sobretudo o de redução de desigualdades indesejadas nas suas mais diferentes formas.

7. Consensualização e contratualização

Em contraste com o descaso que marca o exame científico da administração pública inclusiva, não são raros os estudos atuais que abordam o fenô-

---

[23] A respeito do telefone social, cf. MARQUES NETO, Floriano de Azevedo. As políticas de universalização, legalidade e isonomia: o caso telefone social. *Revista de Direito Público da Economia*, v. 14, 2006, p. 75 e seguintes.

[24] BANDEIRA DE MELLO, Celso Antônio. *O conteúdo jurídico do princípio da igualdade*, 3ª ed. São Paulo: Malheiros, 2011.

DIREITO ADMINISTRATIVO: TRANSFORMAÇÕES E TENDÊNCIAS

meno da consensualização da Administração Pública. Por ocasião, não há como deixar de se manifestar sobre algumas afirmações taxativas e certos desvios conceituais frequentemente encontrados a respeito do assunto.

A primeira consideração relevante se dirige à terminologia empregada. Consentimento, consenso, consensualidade e consensualização são quatro conceitos diversos. Consentimento é aceitação; consenso é aceitação recíproca pelas partes envolvidas ou o acordo sobre um determinado objeto que interessa a mais de um sujeito; a consensualidade, por sua vez, representa o grau de consenso na gestão pública e a consensualização, finalmente, o movimento de busca de consenso e de promoção da consensualidade por novas técnicas administrativas. Diante desse breve panorama, não há que se confundir consensualidade, como resultado, com consensualização, aqui correspondente a um fenômeno de intensificação da criação e do uso de mecanismos de gestão que valorizam o consentimento da sociedade ou do cidadão no processo de elaboração de decisões administrativas.

O reconhecimento do conceito de consensualização administrativa permite, então, alguns aprofundamentos teóricos. Em primeiro lugar, os instrumentos pró-consensuais não se confundem necessariamente com instrumentos contratuais. Daí que contratualização e consensualização não se identificam como fenômenos. Há mecanismos pró-consensuais de caráter orgânico (como a participação de cidadãos em conselhos, conferências públicas etc.), mecanismos de caráter procedimental, obrigatórios ou não (como as audiências e consultas públicas) e mecanismos de caráter contratual (como os contratos de gestão, os convênios etc.).

As conclusões que se extraem das considerações terminológicas iniciais e da tipologia básica acima delineada são as seguintes: 1) a contratualização como movimento de multiplicação de acordos e contratos no direito administrativo fortalece a consensualização, mas dela difere substancialmente; 2) a consensualização estimula a busca do consenso, mas não se confunde com o consenso nem com a consensualidade e 3) a consensualização não representa um modelo de substituição da administração unilateral ou coercitiva. As duas últimas conclusões, por serem menos autoexplicativas, pedem comentários adicionais.

Consensualização não representa consenso. Sob a perspectiva jurídica, consensualização designa a criação de mecanismos que viabilizem o consenso na gestão pública. O consenso, porém, é um resultado eventual, não necessário. Veja-se o caso das audiências e das consultas públicas. Não há dúvidas que tais instrumentos de participação popular em processos administrativos abrem espaço para a administração dialógica. No entanto, audiências e consultas estão longe de serem mecanismos de necessária aproximação de vontades. Elas podem ocasionar mais dissensos e mais conflitos. Uma coisa é utilizar um mecanismo pró-consensual; outra coisa é acreditar – erroneamente – que disso necessariamente derivará o consenso na gestão pública. Os benefícios dos mecanismos pró-consensuais para a concretização da consensualidade são, portanto, potenciais. O que se pretende afirmar é que nem todos os mecanismos produzem os mesmos efeitos e que nem todos os efeitos desejados serão necessariamente produzidos na prática.[25]

Outro ponto que exige comentários se refere à relação entre "administração unilateral" e "administração consensual". Não raramente a consensualização é "vendida" como um modelo mágico capaz de criar uma forma avançada de administração pública em que os interesses sociais seriam plenamente respeitados ou, ao menos, compatibilizados com os interesses estatais. Nessa linha, destaca-se frequentemente que o modelo de consenso substituiria o de ação unilateral do Estado. Há, porém, dois erros quanto ao conteúdo dessa crença.

A uma, como dito, os mecanismos pró-consensuais são diversos e nem todos eles assumem a forma de acordo ou contrato. Consensualização e contratualização são movimentos que se cruzam, mas não se confundem. É possível buscar consenso por acordo, mas também por meio de outros mecanismos dialógicos (orgânicos ou procedimentais). E quando se fala de busca do consenso por participação no processo decisório, naturalmente não faz qualquer sentido dizer que a consensualização afasta obrigatoriamente a unilateralidade da decisão administrativa. É possível que os diversos interesses envolvidos em determinada decisão sejam resolvidos em um órgão colegiado do qual participem vários segmentos da sociedade e do Estado e que a decisão consensual seja expedida por ato administrativo colegiado. Aqui a unilateralidade convive com a consensualização.

A duas, há situações em que a ação do Poder Público pela via unilateral, coercitiva e autoexecutória configura o estímulo fundamental para a

---

[25] Criticamente a respeito da participação popular, cf. CHEVALIER, Jacques. *Science administrative*, 4ª ed. Paris: PUF, 2007, p. 441.

busca do acordo. Em outras palavras, em muitos cenários, certamente não haveria desejo do particular em negociar um acordo com a Administração caso ele não se sentisse ameaçado pelo risco do uso unilateral da força estatal. Isso se vislumbra muito facilmente na área regulatória. A existência do poder sancionatório de caráter unilateral, garantido a muitas agências reguladoras, e seu uso eficiente diante de infrações cometidas são os fatores que estimulam, na prática, os agentes regulados a se valerem de eventuais acordos de compromisso de cessação da conduta infracional. Se não houvesse risco de sanção, certamente não haveria, para o particular, vantagem em se celebrar, com o Estado, um compromisso de ajustamento. Aqui, novamente, a administração unilateral convive e – mais que isso – reforça a administração consensual. Unilateralidade e consensualização não se excluem, mas se fortalecem nesses casos.

Ora, essas e outras reflexões lançam algumas inquietações que necessitam de averiguação nessa fase de transição do direito administrativo. Em que medida os mecanismos consensuais são realmente mais céleres, eficientes, favoráveis à legitimação estatal e à estabilidade das decisões administrativas? Em quais situações esses mecanismos devem ser empregados e como o emprego será compatibilizado com o regime jurídico administrativo? Quando se mostra mais adequado o uso da via unilateral autoritária, o uso da via unilateral integrada a acordos e o uso da via consensual substitutiva da decisão unilateral? A consensualização, enfim, deve ser regra na ação pública ou exceção dependente de expressa previsão legal?[26]

8. Desburocratização e novas tecnologias na gestão pública

Como muitos dos movimentos e tendências debatidos até o momento, a desburocratização também guarda uma relação intensa com o discurso da reforma do aparelho do Estado, consagrada no Brasil em 1995. Naquele momento, reformar o Estado era preciso por dois motivos básicos: 1) seus elevados custos de financiamento e 2) sua ineficiência e exagerada autorreferenciabilidade. Nesse contexto, desburocratizar significa facilitar procedimentos e processos, tornar a administração mais flexível, ampliar os

---

[26] A respeito da problemática, sobretudo com foco nos mecanismos de consensualização com caráter contratual, cf. KIRKBY, Mark Bobela-Mota. *Contratos sobre o exercício de poderes públicos: o exercício da contratualização do poder administrativo de decisão unilateral.* Coimbra: Coimbra Editora, p. 53 e seguintes.

DIREITO ADMINISTRATIVO BRASILEIRO: TRANSFORMAÇÕES E TENDÊNCIAS

poderes do administrador público ao mesmo tempo em que se incrementa a "confiança" do legislador nas suas condutas. Desburocratizar é construir uma Administração Pública mais ágil e eficiente. Isso pressupõe que procedimentos e processos administrativos sejam racionalmente conduzidos; que o custo-benefício da ação pública seja razoável (economicidade) e que as decisões administrativas, seja qual for seu conteúdo, sejam capazes de atingir os resultados que delas se espera em termos de concretização de interesses públicos primários (eficácia ou efetividade). Por isso, a reforma do Estado com base na lógica do *New Public Management* não pode ser pensada sem estratégias desburocratizantes.[27]

Do ponto de vista meramente administrativo, como já se adiantou, resta saber se a desejada superação dos efeitos nocivos do modelo burocrático é ou não proporcional à emergência de novos problemas e, eventualmente, de novas formas de patrimonialismo. Já do ponto de vista jurídico, a indagação principal consiste em descobrir que tipo de direito administrativo surgirá depois de tantas inovações.

Não bastasse isso, é preciso lançar luz sobre o papel das novas tecnologias nesse movimento de pretenso aprimoramento da gestão pública. Embora elas configurem um fenômeno sociológico muito mais antigo que as tentativas recentes de reforma do Estado e delas independentes, não há dúvidas que a utilização de tecnologias pela Administração Pública desponta como uma arma para combater inúmeras deficiências na execução das tarefas estatais em benefício dos serviços administrativos internos, bem como do atendimento das necessidades sociais. Tecnologias de informação e de comunicação, por exemplo, viabilizam a ampliação do contato entre as entidades públicas e barateiam a tramitação de processos administrativos; tecnologias de transporte permitem, por sua vez, novas formas de interação social e a expansão de serviços públicos; tecnologias de saúde aprimoram a capacidade estatal de zelar pela vida e assim por diante. Não há um tipo de relação administrativa que não sofra o impacto do progresso técnico. Relações jurídicas intra-administrativas, relações jurídicas inter-administrativas e relações entre o Estado e os cidadãos sujeitam-se crescentemente à suas influências.

---

[27] Sobre as características do *"New Public Manegement"* (NPM), cf. Hood, Christopher. A public management for all seasons? *Public Administration* v. 69, n. 1, 1991, p. 3-19

DIREITO ADMINISTRATIVO: TRANSFORMAÇÕES E TENDÊNCIAS

Ocorre, porém, que a ciência do direito administrativo brasileiro, mais uma vez, fecha os olhos à realidade. Se, em outros países, observam-se pre-ocupações acadêmicas com a temática há inúmeras décadas, tal como se vis-lumbra com a tese de doutorado de Luhman, de 1969,[28] aqui as obras sobre o assunto são raridade. Tal lacuna necessita ser celeremente preenchida. Afinal, nesse momento de transição, mostra-se imprescindível examinar como a tendência tecnologizante da gestão pública se concilia ou entra em choque com o direito administrativo e como essa relação entre direito e técnica deverá ser absorvida juridicamente. Não fosse isso, é preciso que o direito lide não apenas como os efeitos benéficos das novas tecnologias aplicadas à gestão, mas principalmente com os riscos e eventuais efeitos negativos, como o aumento da fragilidade no manuseio, pelo Estado, de dados pessoais dos cidadãos,[29] os riscos da automatização dos atos admi-nistrativos e de administração à luz do princípio da isonomia, bem como os problemas de substituição paulatina do exercício humano de tarefas públicas por mecanismos de execução indireta. Essas são apenas algumas questões imagináveis diante de tantas novidades aplicadas aos diferentes campos de atuação do Poder Público.

9. Um futuro incerto para o direito administrativo

Diante de tantos fenômenos e tendências, seria indevido formular, aqui, previsões sobre o futuro. Como se sustentou, o momento é de transição. Há vários fenômenos intensos que influenciam o regramento jurídico da Administração e suas tarefas clássicas, daí não se vislumbrar um caminho certo para o direito administrativo. O balanço que se oferece, portanto, é inconcluso em dois sentidos.

---

[28] LUHMANN, Niklas. *Recht und Automation in der öffentlichen Verwaltung*, 2ª ed. Berlim: Dun-ckler & Humblot, 1997.

[29] Segundo Schmidt-Aßmann, "die Kommunikationsmuster des Verwaltungsrechts haben sich ferner unter dem Einfluß neuer Kommunikationstechniken geändert. Das Datenscht-zrecht des bisherigen Konzepts nimmt jedoch nur einen begrenzten Teil dieser Problematik auf. Ein noch zu entwickelndes Verwaltungsinformationsrecht muß sehr viel breiter anset-zen...". SCHMIDT-AßMANN, Eberhard. Einige Überlegungen zum Thema: Die Wissenschaft vom Verwaltungsrecht. In *Die Wissenschaft vom Verwaltungsecht* – Werkstattgespräch aus Anlaß des 60. Geburtstages von Prof. Dr. Eberhard Schmidt-Aßmann. Berlim: Duncker und Humblot, 1999, p. 183.

É inconcluso por descrever uma história não terminada. O direito administrativo brasileiro foi construído, consolidou-se e agora se sujeita a inúmeros movimentos cujas durações são de difícil previsão. Não se sabe quando ele deixará de sofrer alterações profundas e encontrará um momento de calmaria, de relativa estabilidade. Trata-se de um processo de transformação não finalizado.

Mas não é só isso: o inconcluso denota ainda um movimento não decidido, ou melhor, cujos resultados não são plenamente avistáveis. As transformações brevemente examinadas, e outras aqui omitidas, não revelam com exatidão a que fim se chegará e que direito administrativo teremos.

Embora não seja possível afirmar quando as transformações cessarão e as marcas definitivas que elas imprimirão sobre o direito administrativo, esse ensaio buscou, ao menos, demonstrar que é possível relacionar tais transformações com tendências delimitadas e mapear parcialmente a problemática que cada uma delas suscita. E a mensagem que resta, a partir dessa pequena sistematização, é que a dita fragilidade e instabilidade que caracterizam o direito administrativo em transição demandam discussões científicas de muito fôlego, paciência e desapego. Demandam abertura intelectual para se ouvirem coisas novas, para se repensarem institutos antigos, para se derrubarem pilares e se criarem novas estruturas em seu lugar – sempre que preciso. A ciência do direito administrativo necessita, pois, menos de vaidosas erudições e mais de sinceras reflexões. Afinal, como oportunamente registra Schoch, a reflexão crítica é o elemento central de qualquer ciência jurídica.[30]

Nesse contexto, uma advertência é imprescindível: além de ousadia e abertura intelectual às novidades, o administrativista não deve ser pretensioso ao ponto de supor que todos os problemas de funcionamento da Administração Pública sejam um mero reflexo das deficiências do direito que a rege. Não deve acreditar, portanto, que basta modificar o direito administrativo para consertar os defeitos da Administração Pública. A situação é mais complexa. É preciso recordar que o direito é apenas um dos vários fatores que direcionam o agir do Poder Público e seus agentes.

---

[30] SCHOCH, Friedrich. Die Europäisierung des Allgemeinen Verwaltungsrechts In: *Die Wissenschaft vom Verwaltungsecht* – Werkstattgespräch aus Anlaß des 60. Geburtstages von Prof. Dr. Eberhard Schmidt-Aßmann. Berlin: Duncker und Humblot, 1999, p.138.

DIREITO ADMINISTRATIVO: TRANSFORMAÇÕES E TENDÊNCIAS

Para além dele, como bem lembra Trute, existem estímulos políticos, econômicos, administrativos, morais etc.[31]

Por conseguinte, anota Schmidt-Aßmann que a Administração Pública deve ser vista como um objetivo multidisciplinar.[32] Por essa perspectiva, é preciso ter consciência da existência de várias ciências que a estudam, das quais duas são sobremaneira relevantes: a ciência do direito (*i.e.* do direito administrativo) e a ciência da administração (*i.e.* gestão pública). A gestão pública condiciona o direito administrativo e vice-versa, de modo que uma estratégia de gestão ou uma estratégia jurídica podem se tornar inúteis caso as esferas não sejam bem compreendidas em suas influências recíprocas. O que se está a dizer é que, não obstante os especialistas em direito administrativo frequentemente ignorem a ciência da administração pública em seus escritos e reflexões, existe uma inexorável inter-relação entre essas duas esferas no quotidiano do Poder Público. Um novo direito administrativo, portanto, não deve ser cultivado com meros nutrientes jurídicos.

[31] "Das Verwaltungsrecht determiniert also vor allem den Akteur Verwaltung, der freilich nach Maßgabe von Recht konstituiert wird, aber nicht allein nach Maßgabe rechtlicher Kriterien arbeitet". TRUTE, Die Wissenschaft vom Verwaltungsrecht: einige Leitmotive zum Werkstattgespräch. In: *Die Wissenschaft vom Verwaltungsecht* – Werkstattgespräch aus Anlaß des 60. Geburtstages von Prof. Dr. Eberhard Schmidt-Aßmann. Berlim: Duncker und Humblot, 1999, p. 16.

[32] E tal constatação naturalmente impede que se limite a Administração Pública à ciência do direito. "Die Verwaltung ist ein *multidisziplinärer* Forschungsgegenstand, ohne daß sich daraus besondere Rangzuweisungen der beteiligten Fachdisziplinen ergeben". SCHMIDT-AßMANN, Eberhard. Einige Überlegungen zum Thema: Die Wissenschaft vom Verwaltungsrecht. In *Die Wissenschaft vom Verwaltungsecht* – Werkstattgespräch aus Anlaß des 60. Geburtstages von Prof. Dr. Eberhard Schmidt-Aßmann. Berlim: Duncker und Humblot, 1999, p. 179.

UM DIREITO MAIS QUE ADMINISTRATIVO

CARLOS ARI SUNDFELD

1. Introdução

Este ensaio analisa e compara leis que, embora bem distintas, têm em comum o fato de tratarem e situarem as figuras básicas do *interesse público* e da *autoridade*, formando um painel representativo de concepções legislativas sobre três problemas centrais: *construção do interesse público, tratamento da autoridade pública* e *papéis da Administração Pública, do Judiciário e do Ministério Público*. As leis são estas: Lei do Tombamento, de 1937; Lei de Desapropriação, de 1941; Lei da Intervenção Econômica, de 1962; Lei da Ação Civil Pública, de 1985; Código de Defesa do Consumidor, de 1990; Lei da Improbidade, de 1992; Lei do Mandado de Segurança, de 2009.

O interessante desse exercício é que ele ajuda a comparar as concepções dessas leis com aquelas que, segundo o senso mais comum, formariam a base clássica do direito administrativo (e que, também pelo senso comum, seriam ainda atuais e abrangentes).

Diz o senso comum sobre direito administrativo que:

a) a construção do interesse público é tarefa da Administração Pública, a partir de referências legais;

b) para tanto, os administradores públicos encarnam os poderes de autoridade pública; e

c) o Judiciário controla a ação da Administração e dos administradores públicos, e usa nisso as referências legais.

Nas leis analisadas neste ensaio surgem nuances ou transformações, que devem ser levadas em conta na compreensão do estado atual do direito do mundo público – que vem se tornando *um direito mais que administrativo*.

DIREITO ADMINISTRATIVO: TRANSFORMAÇÕES E TENDÊNCIAS

Em resumo, são estas as mudanças:

a) as leis vêm atribuindo ao Judiciário a tarefa de, em concorrência com a Administração, ou em substituição a ela, construir o interesse público;

b) o Ministério Público, as associações representativas e os administrados, como autores de ações judiciais, embora despidos de autoridade, têm, na construção judicial do interesse público, iniciativa comparável – em termos qualitativos, embora não em termos quantitativos – à dos agentes administrativos, incumbidos da construção do interesse público na esfera da Administração Pública;

c) para aumentar a força do controle de atos e comportamentos de agentes administrativos pelo Judiciário (e pelo Ministério Público), as leis procuram de alguma maneira enfraquecer a autoridade administrativa.

2. Lendo Leis de Outro Modo

Além de considerar o conteúdo dos dispositivos legais e discutir racionalmente seu sentido, o que normalmente fazemos nos exercícios jurídicos, é interessante também atentar para o estilo das leis: a linguagem, o recorte, a construção de figuras, cenas e personagens. Este ensaio explora um tipo diferente de leitura de textos normativos: a leitura quase literária, que é um possível instrumento do próprio jurista, inclusive na atuação profissional, pois ajuda a entender como as normas são realmente percebidas por quem se envolve na atividade jurídica.

As leis objeto do ensaio, além de disporem sobre autoridade e interesse público, têm em comum a característica combativa. São leis de luta, servem como armas, como ficará claro no desenrolar da narrativa. Leis de luta precisam seduzir, mobilizando, atraindo alianças, enfrentando o inimigo; precisam dar muita munição para a guerra. Leis assim não funcionam se não mexem com o espírito das pessoas, os sentimentos, as emoções. Não basta ditar regras, falar à razão; é preciso lidar com a fantasia. Para isso, o estilo legislativo é decisivo.

Por que umas leis são mais felizes que outras, têm mais amigos, são mais lembradas, discutidas e mais usadas? Este ensaio explora uma hipótese instigante: a fantasia é ingrediente do sucesso normativo. Para moti-

UM DIREITO MAIS QUE ADMINISTRATIVO

var, em muitos textos legais há bem mais que frio conteúdo normativo; há alimento para a imaginação e emoções.

O lado sentimental é assumido claramente em preâmbulos ou considerandos (que alguns diplomas têm), os quais não são normas, mas influem em sua aplicação. Preâmbulos criam clima, atiçam o espírito do leitor.

Há um preâmbulo na Constituição brasileira de 1988. O texto é meio chato. Tirado o excesso, fica assim: "Nós, representantes do povo brasileiro, reunidos em Assembleia Nacional Constituinte para instituir um Estado Democrático... promulgamos, sob a proteção de Deus, a seguinte Constituição da República Federativa do Brasil". A personalização humaniza: "nós promulgamos", ao invés de "a Assembleia promulga". Há uma cena montada, uma festa: "reunidos, promulgamos". Há sujeitos, uma relação complexa: "nós", "o povo", "Deus". Está lá a missão: "instituir um Estado Democrático". Arrematando, a ação de entregar a obra, "a seguinte Constituição", o final feliz.[1]

Não só nos preâmbulos os sentimentos do leitor são convocados. Normas não são descrições da realidade. Elas desenham e põem em movimento um mundo que não existe. São ficções. Basta lê-las, então, com olhos literários. Por trás do palavreado técnico, começam a surgir personagens, contextos, cenas, enredos.[2] Isso faz a mágica de certas normas ou diplomas.

---

[1] Compare com um extrato do preâmbulo do Ato Institucional nº 5, editado em 1968 pela ditadura militar brasileira: "... CONSIDERANDO que, assim, se torna imperiosa a adoção de medidas que impeçam sejam frustrados os ideais superiores da Revolução, preservando a ordem, a segurança, a tranquilidade, o desenvolvimento econômico e cultural e a harmonia política e social do País comprometidos por processos subversivos e de guerra revolucionária; CONSIDERANDO que todos esses fatos perturbadores da ordem são contrários aos ideais e à consolidação do Movimento de março de 1964, obrigando os que por ele se responsabilizaram e juraram defendê-lo, a adotarem as providências necessárias, que evitem sua destruição; Resolve editar o seguinte ATO INSTITUCIONAL ...". E então, leitor? Sentiu o "Movimento" do monstro sem rosto, seus "ideais superiores", avançando, chegando, com suas "medidas" e "providências"? Você ouviu uma festa, como no preâmbulo de 1988, ou um avanço com tanques, as esteiras rolando; um ataque, com explosão final?

[2] Façamos um teste com uma norma qualquer. Como esta, relativa às sessões deliberativas do conselho diretor da agência reguladora das telecomunicações, a ANATEL: "Quando a publicidade puder colocar em risco a segurança do País, ou violar segredo protegido ou a intimidade de alguém, os registros correspondentes serão mantidos em sigilo" (lei 9.472, de 1997, art. 21, § 1º). É possível imaginar. A cena vem situada no tempo: "quando...". Os conselheiros estão deliberando, numa bancada, papéis pela mesa. Há movimento, publicidade.

Normas podem apelar à *emoção*: "a casa é o asilo inviolável do indivíduo, ninguém nela podendo penetrar sem consentimento do morador, salvo em caso de flagrante delito ou desastre, ou para prestar socorro, ou durante o dia, por determinação judicial".[3] O trecho nada tem de burocrático. Emprega expressões eloquentes ("asilo inviolável"), agressivas ("penetrar"), dramáticas ("desastre", "socorro"). Cria cenas de tensão ("penetrar sem consentimento", "flagrante delito ou desastre"), as situa no tempo ("durante o dia").

Há normas com recursos para inspirar *solidariedade*: "às presidiárias serão asseguradas condições para que possam permanecer com seus filhos durante o período de amamentação".[4] O achado literário é o "possam permanecer com seus filhos", que descreve o sonho básico de qualquer mãe em qualquer situação e idade, afastando a carga social negativa do termo "presidiárias". Passando de presidiárias a mães, mesmo elas podem ter um "período de amamentação". O preceito omite habilmente o termo "direito", evitando qualquer associação com a ideia de "privilégio" para presidiárias, estigmatizadas socialmente. Assim, seduz.

Como se vê, há nas normas artifícios de estilo mexendo nos sentimentos e fantasias do leitor. Esses recursos não são, no campo do Direito, curiosidade marginal; são parte consciente do projeto normativo.

As leis que este ensaio analisa se consolidaram como instrumentos bem sucedidos de luta no mundo público brasileiro justamente por serem capazes de sensibilizar, mobilizar, agregar. Precisamos entender como elas fazem isso, como acionam o botão de fantasia das pessoas. Ademais, precisamos saber que projetos estavam por trás dessas leis, fazendo-as lidar de modos diversos – e inovadores, em certos casos – com as ideias de interesse público e de autoridade.

Com isso, podemos ter, do direito público brasileiro, um painel mais realista e atual, e podemos pensar nas insuficiências.

De repente, suspense ("puder..."). Algo está por acontecer. Todos franzem a testa, nervosos, graves: a segurança do País. O conselheiro arregala a vista; um segredo. Outro sorri malicioso, vira os olhos; uma intimidade. Colocar em risco? Violar? A frase vai num crescendo, com ritmo, até o ápice (o termo "alguém"). Aí, uma pausa dramática. E o desfecho, rápido: as portas são fechadas, a cena perde o som, os documentos vão para um cofre, a chave gira; o sigilo. Manter...

[3] CF, art. 5º, XI.

[4] CF, art. 5º, L.

UM DIREITO MAIS QUE ADMINISTRATIVO

3. O Interesse Público nas Mãos da Administração

Os textos normativos – Constituição, leis, regulamentos – são material de trabalho de profissionais e estudantes do Direito. A leitura não é lá totalmente saborosa. Na sequência de capítulos, artigos, parágrafos, incisos, alíneas – enfim, no conjunto –, os textos são meio pedregosos, pouco fluentes, com asperezas. Há temas também penosos, detalhes em excesso.

Em matéria legal, ler é carregar pedra, chatear-se, sempre? Nem tanto. Muitas normas desenham figuras expressivas, fascinantes. Os trechos, os fragmentos menores, costumam ser claros, e a forma em geral é culta, as obras elegantes.

Leia isto: "Constitui o patrimônio histórico e artístico nacional o conjunto dos bens móveis e imóveis existentes no país e cuja conservação seja de interesse público, quer por sua vinculação a fatos memoráveis da história do Brasil, quer por seu excepcional valor arqueológico ou etnográfico, bibliográfico ou artístico".[5]

É bela a ideia de "patrimônio nacional", coletivo, não egoísta. É poético o patrimônio ser apenas "histórico", "artístico", imaterial; algo saído do patrimônio físico, mas diferente dele. Isso hoje pode parecer comum, mas a lei é de 1937: um conceito inovador.

O texto é enxuto, nada está sobrando. O sentido geral é límpido. Os termos têm nitidez boa ("histórico", "artístico", "móveis, "imóveis", "conservação", "arqueológico", "etnográfico", "bibliográfico"). O verbo está bem posto; tente, leitor, mudá-lo de lugar, ou de tempo, e você sentirá como tudo se complica. Os adjetivos são marcantes ("excepcional valor") e úteis (não basta o fato ser da história, tem de ser "memorável"). Há leveza na construção do conceito, com três vírgulas e um só ponto, mesmo sendo grande o número de elementos: o patrimônio é um conjunto; o conjunto é de bens de dois tipos; os bens são do país; os bens precisam ao menos uma de várias características; os bens devem ser conservados; o interesse público é o motivo da conservação.

Neste ensaio, talvez surpreendentemente, tento mostrar também que a experiência com textos normativos pode sim ser esteticamente interessante, rica. O requisito é um leitor com imaginação, que se sinta estimulado a buscar nos textos algo além de soluções imediatas e pontuais de

---

[5] Trata-se do art. 1º da Lei Nacional de Tombamento – LT, isto é, do decreto-lei 25, de 1937, que "organiza a proteção do patrimônio histórico e artístico nacional", ainda em vigor.

problemas práticos. Não é a mais incrível das literaturas, certo. Mas pode seduzir. A construção normativa busca a sedução – muito mais do que se imagina.

Isso nos reconduz à Lei do Tombamento. Todos a conhecemos, no mundo público. Mais do que isso: ela é parte forte de nossas referências simbólicas.

Você já levou seu cãozinho ao passeio do parque e reparou em quem cruza e percebe o animal? Uns olham alheios – e vão. Outros radiografam: entendem – mas vão. Aí vem uma pessoa, sorrindo, seu passo se encurta, os olhos se alargam, balançam os cantos, amigos, ficando. Só esta tem a fantasia do cão.

De algumas leis, os administrativistas temos a fantasia. A Lei do Tombamento é uma: fala à nossa imaginação, atrai, sensibiliza. Nos identificamos, sentimo-nos amigos, passeamos com ela. Não é dessas abandonadas no quintal, latindo sem comida.

O que a lei criou de relevo foi o tombamento, para proteger o que chamou de "patrimônio histórico e artístico". Tomba-se por ato de autoridade pública – ato administrativo –, mudando o regime jurídico do bem escolhido, restringindo os direitos do proprietário, impondo-lhe deveres. É medida severa de interferência estatal na propriedade dos outros, exemplo perfeito da natureza interventiva do direito administrativo.

Como a Lei do Tombamento conseguiu atiçar tanto olhar amigo, virar referência e viver por tantos anos, resistindo a tanta mudança (de Constituições, de leis, de ideias, de militâncias, de tempos)? O que ela tem de especial?

Não é fácil a resposta. Mas, na hipótese deste ensaio, ela pode estar também no estilo da lei, no modo como foi habilmente escrita, com sutileza e economia, disfarçando a autoridade e regulando seduzindo.

Como vimos, a lei, logo na primeira cena, usa de elegância para definir patrimônio histórico e artístico, e dizer que a conservação é "de interesse público". Pronto. O administrativista foi fisgado, os olhos amigos se cruzaram: – *ah! sim... o interesse público!* Afinal, para a alma de todos nós, o bom direito administrativo é o *direito do interesse público*.

Só minutos após é que a lei vai tratar do tombamento em si, da medida de autoridade, do poder, da interferência, da restrição de direitos. Enfim, daquilo que os outros dizem que nosso direito é, nós não negamos, mas tentamos minimizar: *direito da autoridade*.

UM DIREITO MAIS QUE ADMINISTRATIVO

Mas é exatamente neste momento que vem um achado notável de forma: a lei não define tombamento, nem chama atenção para o ato de autoridade; ao contrário, quase o esconde. O que ela faz é ir logo tratando, com naturalidade, do regime dos bens tombados, dos efeitos do tombamento, disfarçando assim o ato de autoridade. O disfarce é delicioso: o ato administrativo de tombamento – com sua carga de deliberação e autoridade – é ocultado pela lei na simpática descrição de "inscrição do bem no livro do Tombo"[6]. O ato masculino de autoridade vira, assim, feminina inscrição.

Só bem depois, quando se chegou longe, o leitor já envolvido, achando tudo meio natural, é que a lei apresenta as restrições duras mesmo do tombamento. "As coisas tombadas não poderão, em caso nenhum, ser destruídas, demolidas ou mutiladas, nem, sem prévia autorização especial [do órgão público competente], ser reparadas, pintadas ou restauradas".[7] E ainda: "Sem prévia autorização [do órgão público competente], não se poderá, na vizinhança da coisa tombada, fazer construção que impeça ou reduza a visibilidade, nem nela colocar anúncios ou cartazes, sob pena de ser mandada destruir a obra ou retirar o objeto".[8]

Aqui, mais uma vez, se disfarça bem o extenso poder de autoridade, tratando como discreta "autorização" (o feminino, outra vez) o ato administrativo que vai definir concretamente o quão profunda é a restrição de direitos, do proprietário e dos seus vizinhos.

Uma perfeita apropriação, pela lei, da figura que os juristas criaram para o seu direito administrativo: o interesse público na frente, sedutor e magnífico, e os poderes de autoridade administrativa por detrás, firmes mas discretos.

Não é por acaso que a Lei do Tombamento resista viva há tantos anos. Nossos olhos amigos vêm nela a fantasia do direito administrativo. Por isso, queremos protegê-la, conservá-la – como que tombada, verdadeiro patrimônio histórico.

Pois bem. Toda essa sedução foi decisiva para a lei servir de arma em um embate, uma luta dura, em campos de batalha que vão se sucedendo no tempo: a luta contra os proprietários dos bens escolhidos, caso a caso, para entrar no "patrimônio histórico e artístico nacional". A Lei do Tomba-

---

[6] LT, art. 4º, 9º. e 10.

[7] LT, art. 17.

[8] LT, art. 18.

DIREITO ADMINISTRATIVO: TRANSFORMAÇÕES E TENDÊNCIAS

mento é lei de luta, arma nas mãos de autoridades administrativas especiais que tentam subjugar os proprietários, arrancando-lhes poderes e faculdades de que até então dispunham. O tombamento é arma numa espécie de guerra de conquista.

4. A Autoridade Administrativa na Justiça

Desde o início da República (Constituição de 1891), por influência norte-americana, adotamos no Brasil o sistema de jurisdição una, cabendo ao Judiciário julgar as ações sobre as questões administrativas, como ocorre também em outros países latino-americanos.

Mas jamais editamos lei geral com código específico para essas ações judiciais (que, em outros locais, inclusive da América Latina, são chamadas de contencioso-administrativas). Isso provavelmente decorreu da tendência brasileira de não chamar muita atenção para os privilégios da Administração em Juízo, embora eles existam.

O direito processual comum (o direito dos processos judiciais civis), junto com as leis sobre ações específicas (mandado de segurança, ação popular, execução fiscal, etc.), é que regula os processos judiciais envolvendo a Administração.

Algumas dessas leis objetivam assegurar, ao Poder Público e a suas autoridades, tratamento especial da Justiça, com pleno acatamento de sua majestade. A Lei de Desapropriação[9] é o caso. Seu desenho arquitetônico foi concebido para, junto com o conteúdo legal, realçar o poder da Administração; não para nublá-lo ou ocultá-lo, para firmá-lo.

Tudo fica claro já na primeira cena, nas Disposições Preliminares da lei. Ela começa falando alto: "Mediante declaração de utilidade pública, *todos os bens* poderão ser desapropriados pela União, pelos Estados, Municípios, Distrito Federal".[10] Todos os bens! Não é pouco. A seguir, a lei enumera longamente casos de utilidade pública.[11] Em outras palavras: o poder é abrangente. Para logo dizer que o poder de declarar a utilidade pública é do Executivo[12] e que "ao Judiciário é vedado, no processo de desapropria-

---

[9] Decreto-lei 3.365, de 1941 – LD, que "dispõe sobre desapropriação por utilidade pública".
[10] LD, art. 2º, *caput*.
[11] LD, art. 5º.
[12] LD, art. 6º.

ção, decidir se se verificam ou não os casos de utilidade pública".[13] Ademais, sem qualquer ordem judicial, desde logo "ficam as autoridades administrativas autorizadas a penetrar nos prédios" para vistorias, até com "auxílio de força policial".[14] O administrador é largo, o juiz estreito.

Só depois que, por esse modo, a cena está perfeitamente montada, com sua majestade a Administração instalada no trono, a lei iniciará o outro capítulo, tratando agora do processo judicial de desapropriação (processo esse necessário para executar a medida, em caso de discordância do expropriado).

Nessa altura, pela disposição das coisas, já ficou claro o papel meramente coadjuvante que a lei deu ao juiz – e a lei insistirá nisso em seguida, ao dizer, p.ex., que, se o Poder Público "alegar urgência" e fizer um depósito prévio, "o juiz mandará imiti-lo provisoriamente na posse dos bens".[15] A norma parece indicar um juiz que apenas executa atos da Administração.

Até o fim, a lei irá repetindo a tônica de total proeminência do Poder Público. Estabelecendo p.ex., que "a contestação [do desapropriado na ação de desapropriação] só poderá versar sobre vício do processo judicial ou impugnação do preço; qualquer outra questão deverá ser decidida por ação direta".[16] E ainda: "Os bens expropriados, uma vez incorporados à Fazenda Pública, não podem ser objeto de reivindicação, ainda que fundada em nulidade do processo de desapropriação. Qualquer ação, julgada procedente, resolver-se-á em perdas e danos."[17]

Como se vê, o conteúdo das normas, os recursos de estilo da Lei de Desapropriação, tudo tem orientação de reforço à autoridade administrativa. A lei fez da desapropriação – como antes se fizera com o tombamento – uma arma no embate da Administração com o proprietário dos bens cobiçados.

O Direito sempre protegeu – protege ainda – a propriedade de modo bem forte e muito especial. O proprietário, rei em seu domínio; para desalojar o rei e tomar o reino, só a guerra. Daí se haver fabricado para a desapro-

---

[13] LD, art. 9º.

[14] LD, art. 7º.

[15] LD, art. 15. Como bem observa o prof. Henrique Motta Pinto, é interessante que este artigo, embora reduzindo o juiz a um quase executor de decisão anterior da Administração (a alegação de urgência, para fins de imissão), não se esquece de dizer que o juiz tem autoridade sobre o expropriado, isto é, que o juiz manda ("o juiz mandará imiti-lo").

[16] LD, art. 20.

[17] LD, art. 35.

DIREITO ADMINISTRATIVO: TRANSFORMAÇÕES E TENDÊNCIAS

priação uma lei de luta. Até a poderosa Administração e suas autoridades pareceram precisar de reforço; a lei tomou providências.

Os exemplos que vimos até aqui, das Leis do Tombamento e da Desapropriação, estão perfeitamente alinhados com o senso comum sobre direito administrativo, segundo o qual a Administração Pública é quem constrói o interesse público (definindo, p.ex., que bens serão protegidos pelo tombamento), o que justifica o exercício de poderes especiais pelas autoridades administrativas (como o de declarar a utilidade pública de bens a serem desapropriados ou o de declarar a urgência da desapropriação).

Mas a situação é diversa em duas outras leis: a Lei do Mandado de Segurança[18] e a Lei da Improbidade.[19] À primeira vista, leis algo insípidas, tratando de formalidades, de tramitações judiciais. Mas há nelas algo especial, que vai além, com valor simbólico.

Quem cuida das coisas públicas encarna e exerce autoridade, com os poderes correspondentes. Essa ideia tem sido, em todos os tempos, prevista pelas normas. Mas, no direito público contemporâneo, passou a existir um local onde a autoridade pode perder a majestade: a Justiça. Daí se valorizar tanto o controle judicial na defesa eficaz dos direitos das pessoas e também no combate aos abusos contra as coisas públicas.

---

[18] Lei 12.016, de 2009 – LMS, que "disciplina o mandado de segurança individual e coletivo e dá outras providências". Embora seja uma lei recente, seu conteúdo é fruto da história legislativa e jurisprudencial do tema, não havendo muitas diferenças estruturais em relação à lei anterior, que era de 1951. Diplomas normativos que viram emblemáticos das várias áreas do direito, inclusive do direito público, tendem a ser pouco autorais, não se destacando (normalmente) pelo inusitado, pela originalidade da criação. Eles se ligam a tradições, repetindo dos antecessores a estrutura, a terminologia, frases inteiras. São fruto de mutação parecida à de obras literárias antigas que ficam clássicas, vão sofrendo modernizações e traduções, atendendo à necessidade e gosto de públicos modernos. O exemplo inevitável é As Mil e Uma Noites, já na origem colagem de textos, desdobrado depois, pelos tempos, em versões, de infinitos tipos e línguas; mesmos personagens e enredos, essência comum, alterados para durar. O que eles têm de novo, em geral, é acréscimo e variação. A Constituição brasileira de 1988, p.ex., embora normalmente seja estudada pelo ângulo das novidades que introduziu, em boa parte é edição revista, adaptada, corrigida e aumentada de textos anteriores, que se substituíram regularmente, com semelhanças (Constituições de 1824, 1891, 1934, 1937, 1946, 1967 e 1969).

[19] Lei 8.429, de 1992 – LI, que "dispõe sobre as sanções aplicáveis aos agentes públicos nos casos de enriquecimento ilícito no exercício de mandato, cargo, emprego ou função na administração pública direta, indireta ou fundacional e dá outras providências".

O especial das Leis do Mandado de Segurança e da Improbidade é o modo como foram concebidas, nesse objetivo de reforçar a atuação judicial. Ambas as leis são muito expressivas, porque desconstroem a majestade da própria autoridade administrativa, fragilizando-a, para sentá-la no banco dos réus. Nessas leis, a autoridade não é nada. E o impacto dessas leis se deve muito à capacidade de, com recursos de estilo, mexerem com a imaginação dos leitores, suprimindo a majestade do poder.

Como assim?

Se alguém quer atacar judicialmente ato estatal usando um meio comum, a ação é proposta contra o próprio Estado. Mas a coisa é diferente se a ação for o mandado de segurança: ela é contra o ato em si, e indiretamente contra a autoridade. Portanto, um ataque bem diverso: ao invés de afrontar-se o Estado, contesta-se a pessoa da autoridade, combatendo seu ato.[20] Diz a lei: "Conceder-se-á mandado de segurança ... sempre que, ilegalmente ou com abuso de poder, qualquer pessoa ... sofrer violação ... *por parte de autoridade...*".[21] A fórmula não é fortuita: na descrição da lei, a violação é obra da pessoa da autoridade, não do Estado.

Bem a propósito, a autoridade responsável pelo ato será tratada pela lei com esta designação depreciativa: "autoridade coatora".[22] Não como "autoridade competente" ou "responsável", nem mesmo como "requerida" ou "acusada", mas como alguém que coage; "autoridade coatora", nada menos que isso.

Despida assim de sua majestade, a própria autoridade é quem deve responder pessoalmente ao juiz,[23] aparecendo diminuída frente a ele, que lhe dá ordens diretas.[24] E, se a ordem judicial não é executada tal e qual pela autoridade, esta é perseguida penalmente, por "crime de desobediência".[25] Uma autoridade sem qualquer majestade.

---

[20] O estilo forense habitual para a petição de impetração é este: "fulano das tantas vem impetrar mandado de segurança contra o ato tal, praticado pela autoridade qual...".

[21] LMS, art. 1º, *caput.*

[22] LMS, art. 2º e outros.

[23] LMS, art. art. 7º, I.

[24] LMS, art. 7º, III e 13, *caput.*

[25] LMS, art. 26.

DIREITO ADMINISTRATIVO: TRANSFORMAÇÕES E TENDÊNCIAS

Vamos agora à outra, a Lei da Improbidade. A ação de improbidade é meio para combater judicialmente "atos de improbidade praticados por qualquer agente público".[26]

A lei inicia com singelo dispositivo, de aparência óbvia, impondo diretamente deveres aos agentes públicos. Eis o texto: "Os agentes públicos de qualquer nível ou hierarquia são obrigados a velar pela estrita observância dos princípios de legalidade, impessoalidade, moralidade e publicidade no trato dos assuntos que lhes são afetos".[27]

À primeira vista, simples repetição de dispositivo da Constituição.[28] Mas há um truque. A norma constitucional havia falado de princípios da *Administração Pública*, ser abstrato e complexo, sem especificar o significado preciso de cada um deles (o que é "imoralidade"?), tampouco as consequências de sua não observância (o que acontece em cada caso se a entidade Administração Pública não segue a "moralidade" ou a "impessoalidade"?).

Já a Lei da Improbidade criou dever individual, para cada agente público – para logo mais puni-lo pessoalmente. E não apenas o dever de obedecer diretamente aos princípios, e sim o de "velar pela estrita observância" de todos eles (quer dizer: o agente tem de vigiar e, ainda, influir nos outros agentes). A linguagem é forte, expressiva, intimidadora. Impõem-se deveres graves para o agente público. Deveres amplos, só que indeterminados; e que têm de ser cumpridos *estritamente*.

Mas como cumprir dever tão colossal? O que significa, na prática, velar pela observância *estrita* da moralidade, algo aberto e amplo – ou mesmo da legalidade? A lei não quis saber. Ela não quis, portanto, delimitar exatamente deveres para facilitar seu cumprimento. Quis deixá-los pastosos, difíceis de definir e identificar. Qual a razão? É para alguém, depois, poder dizer ao agente: não cumpriu, não cumpriu!

O que vale destacar aqui é o impacto desse dispositivo na arquitetura geral da Lei da Improbidade. A lei dá dever tão impressionante ao agente

---

[26] LI, art. 1º, *caput*.

[27] LI, art. 3º.

[28] Art. 37, *caput*, em sua redação atual: *"A administração pública direta e indireta de qualquer dos Poderes da União, dos Estados, do Distrito Federal e dos Municípios obedecerá aos princípios de legalidade, impessoalidade, moralidade, publicidade e eficiência...".* A eficiência não estava no texto da norma constitucional à época da Lei da Improbidade, pois foi introduzida pela Emenda Constitucional 19/98.

público apenas para, em seguida, punir, punir, punir (improbidade, improbidade, improbidade!).

O agente não é tratado como autoridade, nem se fala em prerrogativas ou proteções em virtude das peculiaridades da função. O agente está só. Além disso, a lei não o trata como gestor, alguém com meios limitados e muitos obstáculos para, na vida prática, realizar objetivos públicos. Para a lei, ele é devedor, e pronto: a dívida é a estrita observância de uns princípios. Dever que o fragiliza: em primeiro lugar, por sua extensão; ainda, pela imensa dificuldade de mostrar em cada caso – ônus sempre dele, agente – que conseguiu cumpri-lo. Em suma, o agente está só e está fraco.

E o que vem depois no texto da Lei da Improbidade?

Em seu núcleo, ela se limita a enumerar os pecados da improbidade, em três artigos muito longos, cujo texto é menos para especificar e precisar que para apanhar e abranger. São como deixas para o improviso, dedo em riste, em cena de acusação, cheia de ira santa. Pode-se cometer improbidade por "enriquecimento ilícito", por "prejuízo ao erário" ou por violação dos "princípios da Administração Pública".[29] Os preceitos que explicam esses conceitos são, em boa parte, vagos e abertos.

O texto legal não se preocupa muito com circunstâncias da gestão administrativa, com exceções, excludentes ou atenuantes. Só quer incluir o máximo de condutas na fórmula "improbidade" (assim, pela extensão ou vagueza dos termos, se o agente não cometeu um pecado, há de ter cometido algum outro). Por fim, vem a lista das penas: conjunto terrível, sem muita gradação, incluindo perda de bens e da função pública, suspensão de direitos políticos, multa, ressarcimento, etc.[30]

Em suma, na Lei da Improbidade, para a autoridade, nenhuma simpatia, nenhuma solidariedade, nenhuma condescendência, nenhuma majestade. É a autoridade finalmente ali, no banco dos réus, com seus pecados, ameaçada pelo fogo. Essa é a imagem criada pela lei, que se concentrou em desenhar esta cena, e (quase) nada mais.

A imagem é estupenda, pela banalidade. A visão e o sonho do homem comum colocados em letra de lei. Para o popular, nas ruas, a autoridade pode tudo, sabe tudo, capaz de tudo, responsável por tudo (o que explica o preceito da Lei da Improbidade dando ao agente o infinito dever de zelar

[29] LI, 9º a 11.
[30] LI, art. 12.

por princípios). Como, apesar disso, o mundo jamais funciona como deve, a culpa é naturalmente da autoridade (e é isso que afinal dizem as linhas e linhas de tipos de improbidade escritas na lei, para responsabilizar a autoridade). Por isso, a vingança é necessária, dura e cruel (aí vêm as penas da Lei da Improbidade).

Em suma, lei lugar comum. O homem comum a entende e ama.

Só faltava a tropa. A lei não se esqueceu dela. O autor por excelência da ação de improbidade – não o único possível, o mais viável – é o Ministério Público,[31] que a lei põe no centro de todos os acontecimentos de investigação e perseguição, verdadeiro herói vingador, com todos os instrumentos e possibilidades, sem matizes ou limitações.[32]

A intensa judicialização em torno das questões públicas, que em tantos países é fenômeno do século XX, aqui no Brasil esteve, no início, muito dependente do mandado de segurança, campeão da defesa individual de direitos. A ele vieram se juntar, nos últimos anos, a ação civil pública (referida mais adiante neste ensaio) e, após, a ação de improbidade, ambas instrumentos formidáveis para o Ministério Público fustigar autoridades. É o sólido tripé de ações que, com surpreendente facilidade, têm não só colocado o Estado e as autoridades no banco dos réus, como estimulado juízes a interferir sempre mais e mais na gestão pública.

O uso crescente dessas ações tem a ver, certo, com o conteúdo do regime que a lei lhes deu, estimulando e facilitando o ingresso em juízo, e aumentando os poderes do juiz. Tem a ver igualmente com fenômenos políticos mais gerais.

Mas não só isso.

O prestígio dessas ações judiciais, e o modo como são usadas, deve-se também à arquitetura das leis específicas. É bem mais forte a lei totalmente concentrada em "punir abusos", como a Lei da Improbidade, do que simples capítulo em lei mais genérica e dosada (como, p.ex., na Lei dos Servidores Federais[33]). O prestígio se deve, igualmente, ao modo expressivo como as personagens são caracterizadas (a autoridade coatora no mandado de segurança). Deve-se, ainda, à linguagem legal de valor altamente

---

[31] LI, art. 17.

[32] LI, arts. 14 a 17, art. 22.

[33] Lei 8.112, de 1990, que "dispõe sobre o Regime Jurídico dos Servidores Públicos Civis da União, das autarquias e das fundações públicas federais", arts. 116 a 182.

simbólico. O termo *improbidade*, p.ex., tão forte, faz da acusação a porta do inferno. Sem esses recursos de estilo, as leis não seriam as mesmas, nem teriam o mesmo apelo.

A Lei do Mandado de Segurança é lei de luta dos particulares, enfrentando "abusos" contra seus "direitos"; arma para embate contra autoridades, no campo de batalha da Justiça. A lei é para isso. A arquitetura legal, a construção de personagens e a linguagem expressiva atiçaram a fantasia. E a lei ficou bem feita: é capaz de animar a resistência, influir nos juízes, pressionar autoridades.

A Lei da Improbidade é lei de luta do Ministério Público, nos "abusos" contra a "coisa pública". A lei é para isto: para atacar, na Justiça, quem lida com a coisa pública. Tudo nela é para mobilizar promotores, seduzir juízes e a opinião pública, assustar autoridades. Lei bem armada, cheia de imaginação.

O que importa agora destacar é que embora, para o senso comum sobre direito administrativo, seja perfeitamente natural a existência de controle judicial de legalidade sobre a ação administrativa, ele não registra, como deveria, a tendência radical de algumas leis (Mandado de Segurança e Improbidade), de diminuir os agentes administrativos, com o consequente fortalecimento dos juízes (em alguma medida também do Ministério Público). Para essas leis, ao contrário de outras (as do Tombamento e da Desapropriação) a construção do interesse público exige justamente a fragilização dos administradores – e, em certo sentido, da Administração – e a outorga, a agentes externos a ela, da função de construir o interesse público.

5. O Interesse Público nas Mãos da Justiça

Minha tese é que o senso comum subestima o papel desses agentes não administrativos (juízes e promotores), ao descrevê-los apenas como controladores. Algumas leis parecem querer mais, pois procuram aparelhar esses agentes para serem ativos, presentes, fortes e, assim, disputarem com os administradores a realização do interesse público. Para essas leis, o direito do interesse público não deve ser um simples direito administrativo (no sentido de direito da Administração), e sim um direito mais que administrativo.

Vimos as Leis do Tombamento e da Desapropriação e o modo como elas resolveram a defesa dos interesses públicos, pondo-os nas mãos da Administração. Pois outra lei, bem posterior, embora com propósitos parecidos, optou por meio diverso. Refiro-me à Lei da Ação Civil Pública.[34]

O que o conteúdo legal trouxe de novo, comparado à Lei do Tombamento e outras parecidas?

Uma explosiva diferença. Na Lei do Tombamento, o interesse público é assunto da esfera administrativa, isto é, da Administração Pública, agindo por atos e processos administrativos. Claro que, como vimos, esses atos podem ser controlados pelo Judiciário, e o mandado de segurança é meio para isso. (O esquema é: a Administração cuida do interesse público e o Judiciário controla a Administração.)

A Lei da Ação Civil Pública fez uma revolução, discreta em sua origem. Criou instrumentos para o Judiciário disputar de verdade com a Administração o papel que ela desempenhava no cuidado do interesse público.

A fórmula é simples. A lei enumera um largo leque de interesses públicos a proteger com a ação civil pública: "meio ambiente", "consumidor", "bens e direitos de valor artístico, estético, histórico, turístico e paisagístico", "qualquer outro interesse difuso ou coletivo", "ordem econômica", "economia popular", "ordem urbanística".[35]

A seguir, a lei prevê que tanto o Ministério Público (ele, de novo, cada vez mais importante) como outros sujeitos (as associações representativas, p.ex.), podem, em nome da sociedade, propor ação civil pública,[36] pedindo que o juiz tome decisões, urgentes ou não, em favor desses interesses indicados pela lei.

Aqui, os poderes do juiz são bem amplos. Ele pode impor "condenação em dinheiro", ou "obrigação de fazer ou não fazer",[37] determinando "o cumprimento da atividade devida ou a cessação da atividade nociva, sob pena de execução específica, ou de cominação e multa diária".[38] O juiz

---

[34] Lei 7.347, de 1985 – LACP, que "disciplina a ação civil pública de responsabilidade por danos causados ao meio ambiente, ao consumidor, a bens e direitos de valor artístico, estético, histórico, turístico, e paisagístico, e dá outras providências".

[35] Essa lista é a atualmente vigente, com modificações feitas ao art. 1º da LACP por leis posteriores.

[36] LACP, art. 5º.

[37] LACP, art. 3º.

[38] LACP, art. 11.

UM DIREITO MAIS QUE ADMINISTRATIVO

pode também adotar medidas para "evitar o dano",[39] concedendo "mandado liminar, com ou sem justificação prévia".[40]

A beneficiária dessas decisões será a sociedade em geral (isto é, as decisões terão efeitos "erga omnes").[41] Serão rés da ação todas as pessoas e entidades, estatais ou não, que devam cumprir as decisões tomadas pelo juiz em nome desses interesses públicos.

Comparado com o esquema anterior, ele agora é mais ou menos assim: o Ministério Público e o Judiciário cuidam do interesse público e, quando for o caso, a Administração executa as decisões.

A Lei da Ação Civil Pública é curta,[42] relativamente trivial, com aparência de simples apanhado de regras de processo civil (quem propõe a ação, o que pode pedir, como é a decisão, seus efeitos, e pouco mais). Mas ela mudou o direito e a gestão pública de forma impressionante. A partir dela, a Justiça foi sendo intensamente acionada para discutir demandas de políticas públicas, para todo tipo de pressão contra órgãos públicos ou contra particulares, para medidas interventivas variadas, indenizações, e assim por diante.

O foro judicial se politizou, a Administração e o Legislativo perderam claramente o monopólio do interesse público. Mais um capítulo da instigante judicialização da vida.

Quanto ao estilo, a lei é discreta e singela, algo decisivo na estratégia de aprovação e na sua posterior consolidação. Mas uma dúvida intriga. Como, a partir da lei, os membros do Ministério Público[43] foram levados a propor tantas ações civis públicas, em tantos assuntos diferentes, transformando--as, assim, em instrumento fundamental da vida pública brasileira?

Atente para este artigo da Lei da Ação Civil Pública, aparentemente banal, sobre burocracias:

"Art. 9º Se o órgão do Ministério Público, esgotadas todas as diligências, se convencer da inexistência de fundamento para a propositura da ação civil,

---

[39] LACP, art. 4º.

[40] LACP, art. 12, *caput*.

[41] LACP, art. 16.

[42] 23 artigos.

[43] Promotores de justiça nos Ministérios Públicos Estaduais e procuradores da república no Ministério Público Federal. A seguir, por mera facilidade, falo apenas em promotores.

DIREITO ADMINISTRATIVO: TRANSFORMAÇÕES E TENDÊNCIAS

promoverá o arquivamento dos autos do inquérito civil ou das peças informativas, fazendo-o fundamentadamente.

§ 1º Os autos do inquérito civil ou das peças de informação arquivadas serão remetidas, sob pena de incorrer em falta grave, no prazo de 3 (três) dias, ao Conselho Superior do Ministério Público.

§ 2º Até que, em sessão do Conselho Superior do Ministério Público, seja homologada ou rejeitada a promoção de arquivamento, poderão as associações legitimadas apresentar razões escritas ou documentos, que serão juntados aos autos do inquérito ou anexados às peças de informação.

§ 3º A promoção de arquivamento será submetida a exame e deliberação do Conselho Superior do Ministério Público, conforme dispuser o seu regimento.

§ 4º Deixando o Conselho Superior de homologar a promoção de arquivamento, designará, desde logo, outro órgão do Ministério Público para o ajuizamento da ação."

Lido com sensibilidade, o texto da lei envolve. Há enredo, cenas em sequência (são cinco, no *caput* e nos 4 parágrafos), suspense (perceba no § 2º: "até que..."; será que sim, será que não?).

A tensão é exasperante. A primeira personagem é um promotor no limite. Ele parece ter esgotado todas as diligências. O drama é este, pessoal: há um promotor que se convenceu de algo. O texto podia ter dito: "se, esgotadas as diligências, não existir fundamento para a propositura". Faria referência a situação objetiva, aceitaria como verdadeiro – ao menos natural – o juízo do sujeito. Mas não. A lei é clara: foi ele, o promotor, quem se convenceu. Ele está sozinho, a lei não está com ele. Surge a intriga: o que o convenceu?

O verbo esgotar, nesse trecho, é notável, pois refere a totalidade das providências que tomou, mas também sugere um sujeito esgotado, exaurido. Há ambiguidade ainda em "diligências": são "providências", mas ao fundo fica ecoando o adjetivo "diligente" (o promotor deve ser diligente, diligente, muito diligente). Tanto em "esgotar", como em "diligências", há mera sugestão, tênue, de que é do sujeito que se está falando. O efeito é colocar sutilmente em xeque o comportamento do promotor. Estava esgotado, e por isso desistiu? Foi mesmo diligente? É um vilão?

A lei é muito severa com o promotor. Ela onera: "promoverá o arquivamento ... fazendo-o *fundamentadamente*". Ela desautoriza: – *Arquivou? Pois "desarquive" e, em 3 dias, remeta à autoridade mais alta*. Ela ameaça: "falta grave"! Ela humilha: o sujeito é mero "órgão", e em minúscula; o mais alto tem nome próprio, em maiúscula: Conselho Superior do Ministério Público.

A lei põe o vilão frente a três inimigos. O primeiro é um crítico, a associação (de consumidores, ambientalistas, etc.), que o pode atacar a qualquer tempo, até o momento final. O segundo é um censor, o Conselho Superior, que o submete "a exame", para resolver se a decisão será "homologada ou rejeitada" ("rejeitar" é verbo duro, que acusa; ao contrário de "homologar", que é neutro, passivo). O último inimigo é o concorrente, o herói substituto, o promotor confiável, designado "desde logo" (a urgência de um herói); ajuizando a ação, ele repara o mal do vilão.

Note que a solução legal – a mensagem em si da norma – já estimulava promotores a propor o máximo de ações: quem ajuizar não tem ônus, não faz falta grave, não é censurado; quem não ajuizar corre riscos. Só que o redator da lei achou insuficiente o estímulo racional. E então, com recursos literários, mexeu nos sentimentos: impulso, temor, indignação, vergonha, heroísmo. Construiu peça literária, um miniconto. Essa solução ficcional botou fogo nos membros do Ministério Público; daí veio o incêndio da judicialização.

A Lei da Ação Civil Pública é mais uma no quebra-cabeça de leis de luta. Ela não surgiu para definir, precisar, delimitar os interesses públicos. Nela, não há normas com essas exatidões (que ficaram ou para outras leis e normas – ou diretamente para a decisão do juiz, dependendo da disposição que ele tenha para criar direito novo). A lei nasceu para por armas na defesa desses interesses, para equilibrar forças, para reforçar o ataque. É lei de luta. Nisso se esgota.

É fascinante comparar a Lei da Ação Civil Pública com outras (como a Lei do Tombamento), que dão competências para a Administração realizar o interesse público. São projetos normativos completamente diferentes, derivados de visões diversas sobre o modo de tomar decisões públicas, sobre a participação dos atores sociais, sobre os estímulos para o equilíbrio de interesses, etc. A comparação mostra o mundo jurídico em efervescência, mudando radicalmente; enfim, mostra o surgimento de um direito mais que administrativo.

A comparação de outras duas leis serve para mostrar o mesmo movimento de transformação.

A Lei de Intervenção Econômica, do período populista, de 1962, anuncia, logo em sua ementa, o objetivo de "assegurar a livre distribuição de produtos necessários ao consumo do povo".[44] (A Administração, o Poder, defendendo a liberdade do povo.) A lei confere à Administração uma série longa e impressionante de competências interventivas sobre o mercado e as empresas, e a seguir descreve com minúcia os possíveis comportamentos ruins desses sujeitos, ameaçando puni-los. Discurso político: uma grande causa (o povo), a ação do herói (a Administração), as baixezas do vilão (o mercado).

Mas são bem outras a forma e a linguagem do Código de Defesa do Consumidor, de 1990.[45] O texto, extenso, vai conferindo direitos e mais direitos aos consumidores, e impondo deveres e limitações aos fornecedores; menciona, rápido, sanções administrativas e penais; e arremata disciplinando demoradamente as ações judiciais para a defesa do consumidor em Juízo (ações essas que, no geral, são justamente ações civis públicas, com associações ou Ministério Público substituindo os consumidores).

Ao contrário da Lei de Intervenção, em que há "povo" como motivo da ação, mas não como sujeito dela (o sujeito é a Administração), no Código há pessoas concretas, "consumidores", sujeitos eles próprios de direitos. No estilo da Lei de Intervenção, as empresas não são propriamente sujeitos de deveres, mas autoras de infrações; no Código, são uma coisa e outra. Na Lei de Intervenção, o Poder Público (a Administração) é que é tudo. No Código do Consumidor, ele existe, mas é coadjuvante: agora há, sobretudo, direitos explícitos para as pessoas; há credores e devedores. E os direitos serão concretizados mesmo é com luta, na Justiça. Não são concessões da autoridade administrativa.

Duas leis, duas obras bem diferentes, embora sobre mesma temática de base: luta no mundo da economia. Diferem a *personagem principal* (a Administração Pública, na Lei de Intervenção; o consumidor, no Código); *a ação* (na Lei, a Administração intervém, salva e pune; no Código, consumidores organizados lutam judicialmente com os fornecedores e melhoram sua vida) e a linguagem (na Lei, há "povo" e "intervenção"; no Código,

---

[44] Lei Delegada 4, de 1962, que "dispõe sobre a intervenção no domínio econômico para assegurar a livre distribuição de produtos necessários ao consumo do povo".

[45] Lei 8.078, de 1990, que "dispõe sobre a proteção do consumidor e dá outras providências".

há "direitos do consumidor" e "defesa em Juízo"). Ambas leis de luta, ambas as lutas no mesmo campo – mas os contendores e as armas não são idênticos.

No quebra-cabeça de obras influentes no mundo público da economia no século XX, devem estar as duas leis: a Lei de Intervenção Econômica, símbolo da Administração interventora, e o Código de Defesa do Consumidor, marco da era dos direitos e da judicialização. O relevo dessas obras tem a ver, claro, com seu conteúdo normativo, mas também com o impacto de seu estilo. As personagens estão bem construídas, o sentido da ação é nítido, a linguagem compatível. Ambas atiçam a fantasia, seduzem, inspiram. Isso fez dessas leis obras bem sucedidas de projetos normativos diferentes.

6. Conclusão: um Direito mais que Administrativo

O senso comum sobre direito administrativo, a que me referi no início deste ensaio, está hoje em relativo descompasso com leis influentes, muito especialmente a Lei da Ação Civil Pública e o Código do Consumidor. Os exemplos legais mostram transformação profunda no Direito, um novo papel para a Justiça – e para seu parceiro, o Ministério Público. Estão de algum modo estremecidos a Administração Pública e o seu tradicional direito administrativo.

É preciso pensar no futuro. Não só no futuro do conhecimento jurídico sobre o mundo público, coisa de juristas, como no futuro da própria legislação, coisa da política. Será que algo deve mudar nas teorias que utilizamos no direito administrativo, muito especialmente sobre construção do interesse público, exercício da autoridade e papéis dos Poderes do Estado? Existem insuficiências na legislação atual, por haver introduzido inovações estruturais sem chegar ao ponto de equilíbrio?

Discutir essas questões é fundamental para o desenvolvimento jurídico, e de fato os especialistas têm se debruçado crescentemente sobre elas. Este ensaio não pode entrar a fundo nisso, pois sua contribuição era apenas a de pesquisar a legislação, para saber se ela estaria ou não avançando por caminhos ainda não registrados plenamente por nosso senso comum jurídico-administrativo.

De qualquer modo, como conclusão, registro cinco impressões que, a meu ver, devem ser levadas em conta na discussão sobre a necessidade de renovação teórica ou de melhoria legislativa:

DIREITO ADMINISTRATIVO: TRANSFORMAÇÕES E TENDÊNCIAS

a) estão em crise, porque leis de alto impacto parecem tê-las abandonado, as ideias elaboradas historicamente, a partir do princípio de Separação dos Poderes (Legislativo, Executivo, Judiciário), para determinar o modo e limite da atuação judicial nas questões públicas;

b) em virtude dessas tendências legislativas, o direito do interesse público não pode mais ser entendido como o direito apenas da Administração Pública (direito administrativo), devendo ser objeto de disciplina mais ampla, que aborde a construção do interesse público também na esfera judicial (um direito mais que administrativo, um amplo direito público);

c) do mesmo modo que o direito administrativo histórico procurou impedir a ineficiência e o arbítrio administrativos, o novo direito público teria de ser capaz de regular consistentemente a construção do interesse público nos processos judiciais, impedindo o arbítrio e a ineficiência dos órgãos e agentes judiciais;

d) do mesmo modo que, para coibir possíveis abusos (contra os direitos individuais e as coisas públicas), as leis fazem os agentes administrativos ser tratados na Justiça sem qualquer majestade – e mesmo com desconfiança –, o novo direito público teria de possuir elementos suficientes para coibir os abusos de iniciativa das pessoas e órgãos que, por serem legitimados a provocar o Judiciário (ex.: Ministério Público), se tornaram agentes da construção do interesse público;

e) todavia, as leis que fizeram dos processos judiciais um novo foro da construção do interesse público não mostraram especial cuidado em criar sistema capaz de, em relação às questões públicas, coibir o arbítrio e a ineficiência judiciais e o abuso de iniciativa dos autores das ações. É hora de melhorar isso.

Caso o leitor queira conhecer uma proposta diferente de melhoria legislativa inspirada pelo diagnóstico aqui apresentado, sugiro a leitura do capítulo "Uma nova lei para aumentar a qualidade jurídica das decisões públicas e de seu controle", no livro *Contratações públicas e seu controle*[46]. A proposta, apresentada por mim e pelo prof. Floriano de Azevedo Marques Neto, é de incluir nove artigos na "Lei de Introdução às Normas do Direito Bra-

---

[46] Carlos Ari Sundfeld (organizador), S.Paulo, Malheiros, 2013, pp. 277 e ss.

sileiro" (antiga Lei de Introdução ao Código Civil), com o declarado propósito de tratar de segurança jurídica e eficiência na aplicação do direito público. Em linhas muito gerais, os artigos tratam do seguinte: de impor o dever de medir consequências nas decisões públicas, de fazer a realidade administrativa ser considerada na interpretação e na aplicação do direito, da transição jurídica nas decisões públicas, dos compromissos na aplicação do direito público, da ação de declaração *erga omnes* de validade administrativa, da segurança jurídica na revisão de validade, da regularização de situação administrativa inválida, da responsabilidade e segurança jurídica dos agentes públicos, do dever geral de a Administração fazer consulta pública para atos normativos e da compensação de malefícios do processo. Essa simples enunciação não é suficiente, claro, para se ter ideia do conteúdo das normas sugeridas e de sua justificativa. Portanto, leia o nosso texto e vamos debater.

TRANSFORMAÇÃO E EFETIVIDADE DO DIREITO ADMINISTRATIVO

JOSÉ DOS SANTOS CARVALHO FILHO

1. Introdução

É inegável a evolução do Direito Administrativo nos últimos tempos. Quem se dedicou à disciplina há duas ou três décadas é obrigado a reconhecer a mudança que sofreram alguns paradigmas da matéria, para adequação aos variados e sucessivos modelos políticos, econômicos e sociais, o que – diga-se de passagem – bem reflete o processo de ajustamento do Direito à dinâmica social.

Estado, Direito e sociedade são fatores indissociáveis, que se entrelaçam pelos vários elementos de sua fisionomia social. A sociedade, como grupamento humano, precedeu a todos, mas foi o Estado que estabeleceu as amarras de contenção para o grupo social, a fim de evitar que colisões individuais pudessem por em risco a própria existência do grupo. O Direito trouxe o quadro organizado de normas reguladoras, objeto de sujeição por parte de todos os integrantes da coletividade e do próprio Estado, daí advindo o denominado *Estado de Direito*.

Por outro lado, como bem registra Dalmo Dallari, o Direito e a Política também se plasmam numa unidade da qual se torna difícil separar um da outra. Como sociedade política, e alvitrando fins políticos, o Estado participa dessa natureza, coabitando com a jurídica. *"Este é o aspecto mais difícil e mais fascinante do estudo do Estado, pois introduz o estudioso numa problemática extremamente rica, dinâmica e polêmica"*, o que retrata uma verdade de conteúdo lógico. [1]

---

[1] Dalmo de Abreu Dallari, *Elementos de Teoria Geral do Estado*, Saraiva, 30ª ed., 2011, pág. 129.

DIREITO ADMINISTRATIVO: TRANSFORMAÇÕES E TENDÊNCIAS

É nesse contexto que desenvolveremos o presente estudo – breve estudo – em que apontaremos algumas reflexões que nos movem, e também a muitos especialistas, concernentes ao processo de transformação do Direito Administrativo para chegar a metas consideradas como de densa efetividade de suas normas. Aliás, não custa salientar que as transformações só se revestem de plausibilidade se os novos parâmetros vierem a oferecer resultados, tidos estes como as soluções demandadas pela sociedade.

2. Desafios do Regime Federativo

A federação é a forma do Estado brasileiro. Caracteriza-se ela como um dos princípios fundamentais da república. Na Constituição, o art. 1º refere-se à República *Federativa* do Brasil, constituída por Estados, Municípios e Distrito Federal. No art. 18, o Constituinte reiterou a menção à República *Federativa* do Brasil.

Uma das principais características do regime federativo é, sem dúvida, a descentralização político-administrativa das entidades integrantes e, por via de consequência, a autonomia assegurada às pessoas federativas. O citado art. 18 da Constituição consigna expressamente essa garantia: ao referir-se aos entes da federação, afirma serem *"todos autônomos, nos termos desta Constituição"*. A autonomia é marcada por dois aspectos fundamentais: um deles reside na permissão de que os membros da federação tenham órgãos governamentais próprios e o outro consiste na outorga que se lhes atribui, de um conjunto de competências exclusivas. [2]

Contudo, a autonomia, como marcante garantia dos entes federativos, e dotada das garantias derivadas de auto-organização, autogoverno e autoadministração, não representa uma liberdade sem limites, e nem seria admissível que assim o fosse, sob pena de instalar-se o caos geral. A garantia há de ser exercida *nos termos* da Constituição, como assinala o art. 18, o que significa dizer que se trata de uma garantia *limitada* e *condicionada*, estando, pois, sujeita a controle de constitucionalidade. [3]

Em relação ao primeiro desses aspectos, cumpre anotar que o fato de cada ente federativo ter seus próprios órgãos e sua própria organização administrativa atrela esse regime, inevitavelmente, aos dogmas do Direito

---

[2] José Afonso da Silva, *Curso de Direito Constitucional Positivo,* Malheiros, 29ª ed., 2002, pág. 100.

[3] Guilherme Peña de Moraes, *Curso de Direito Constitucional,* Atlas, 4ª ed., 2012, pág. 332.

72

Administrativo. Por tal motivo, não é nenhuma heresia afirmar que, ao lado de um Direito Administrativo geral, vicejam vários ramos do Direito Administrativo de caráter especial. Essa dispersão de postulados e normas espelha, como reconhecido pela maioria dos estudiosos, uma das grandes dificuldades no estudo da matéria.

Levando-se em conta tais elementos, será imperioso reconhecer que a transformação do Direito Administrativo, com vistas à sua efetividade, pressupõe o legítimo e adequado exercício dos paradigmas relacionados ao regime federativo. Todos compreendemos as dificuldades que cercam a execução legítima e democrática do regime, mas urge avançar significativamente para que se desvende o grande segredo da federação, vale dizer, a *atuação individual* dos entes amoldada à *atuação coletiva* de todos eles.

O termo *federação* provém do vocábulo latino *"foedus"*, que significa *aliança, associação*. Por ser descentralizado política e administrativamente, o regime federativo somente se desenvolve com real eficácia se as pessoas integrantes participarem alvitrando a meta que, de resto, é a única para todas elas: o interesse público. Não é à toa que os constitucionalistas e cientistas políticos remarcam a *cooperação* como o fator primordial da moderna federação. A doutrina alude ao *federalismo cooperativo* ou *de cooperação*, para retratar a necessidade do associativismo político e administrativo de todos os membros do regime. Averba Celso Ribeiro Bastos que, *"ao lado da descentralização do poder, a federação apresenta outra faceta muito importante: regra geral, ela implica na existência de um fenômeno associativo ou de agrupamento de Estados preexistentes".* [4]

A vigente Constituição, em mais de uma passagem, prega a cooperação entre as pessoas federativas. No art. 23, parágrafo único, por exemplo, foi prevista a edição de leis complementares veiculadoras de normas para a *"**cooperação** entre a União e os Estados, o Distrito Federal e os Municípios"* (grifamos), para equilibrar o desenvolvimento e o bem-estar em âmbito nacional. Está claríssimo o objetivo do Constituinte: é a cooperação que propiciará o processo de evolução da sociedade em todos os seus vetores. Enfim, é o pêndulo conciliador entre a descentralização e a cooperação.

O art. 241, com o texto introduzido pela E.C. 19/98, prevê a celebração de consórcios públicos e convênios de cooperação entre as pessoas federativas, visando à gestão associada de serviços públicos e à transferência

---

[4] CELSO RIBEIRO BASTOS, *Curso de Direito Constitucional*, Saraiva, 11ª ed., 1989, pág. 247.

total ou parcial de encargos, serviços, pessoal e bens essenciais à continuidade dos serviços transferidos. Tais instrumentos – de há muito existentes, convenhamos – foram mencionados como reforço da ideia de que a cooperação entre as entidades é fundamental na federação para o desenvolvimento político, social, econômico e administrativo, como já tivemos a oportunidade de registrar. [5]

A Constituição, como se pode inferir desses axiomas, alvitrou um federalismo dotado de relações intergovernamentais, dentro das quais se promove a busca do compartilhamento de tarefas, de modo que nenhum ente se sobreponha ao outro, mas, ao contrário, que sua união traduza um amálgama em que sobressaia apenas *o governo*, e não *o governo federal, o estadual* ou *o municipal*. Cumpre, portanto, avançar na transição entre a descentralização federativa e o federalismo cooperativo, realçando-se o fator *integração*, que consiste na unificação das atividades de todos os membros. [6]

Diante desses lineamentos do regime federativo, será lícito indagar: em que ponto se situam a transformação e a efetividade do Direito Administrativo ?

A resposta é facilmente imaginável. A transformação ocorrerá no momento em que se concretizar uma real integração entre os membros da federação pátria, afastando de vez seu isolamento, partidarismo e capricho, e não raras vezes a busca de interesses individualizados e escusos, em favor do atendimento às demandas da sociedade. Além disso, a integração permitirá a observância dos postulados e princípios administrativos consolidados na Constituição, fato impossível de suceder com o isolacionismo dos entes da federação.

Numa reflexão sobre as posturas da União, Estados, Distrito Federal e Municípios, fica a impressão de que cada um desses entes se arroga um poder *soberano*, esquecendo-se de que sua autonomia, traduzida na liberdade de ação e de decisão, é limitada e condicionada aos paradigmas estabelecidos na Constituição. Urge que a autonomia não seja um poder sujeito

---

[5] José Dos Santos Carvalho Filho, *Manual de Direito Administrativo*, Atlas, 25ª ed., 2012, pág. 351.

[6] Andreas Krell, *Consórcios Públicos e Convênios de Cooperação entre os Entes Federativos*, em *Comentários à Constituição Federal de 1988*, ob .colet. org. por Paulo Bonavides *et alii*, Gen-Forense, 2009, pág. 2.458.

a brios e caprichos, e sim a garantia de que, no âmbito das respectivas competências, a gestão pública deve considerar o global, e não o parcial.

Está aí, pois, o grande desafio da nossa federação. Transformando-se os projetos e ações a cargo dos membros federados, funda transformação recairá, por via de consequência, no Direito Administrativo, eliminando-se as falhas hoje existentes relativas à observância de princípios administrativos, à probidade das condutas de administradores, à gestão no que concerne aos serviços públicos, à eficiência necessária à profissionalização dos agentes públicos, e tantas outras ações reguladas pelo Direito Administrativo.

A efetividade advirá naturalmente como efeito dessa transformação. Com a integração e cooperação dos entes federativos, é lícito augurar que as ações estatais obterão resultados mais eficazes, assim considerados aqueles direcionados à única destinatária das atividades do Estado: a sociedade.

3. O Estado e o Ativismo Judicial

A antiga teoria da separação de poderes – antiga, mas, com uma ou outra peculiaridade, ainda admitida em vários ordenamentos constitucionais modernos – nasceu das ideias de Montesquieu expostas em seu clássico *"De l'esprit des lois"*, no século XVIII, nas quais repudiava a concentração de poderes nas mãos de um só governante. É bem verdade que, na visão da maioria dos cientistas políticos, o poder é uno e indivisível, mas o pragmatismo do exercício do poder reclama, ao menos, uma certa distribuição das funções estatais, visando, inclusive, à sua própria organização.[7]

Sem maior aprofundamento na análise da teoria da separação de poderes, tem-se como certo que, com maior propriedade, deveria ser denominada de teoria da *separação de funções*.[8] Com efeito, a linha teórica adotada por seus idealizadores levou em consideração primeiramente a definição das funções do Estado e apenas a partir de tal premissa é que se conceberam os poderes, aqui entendidos como as estruturas básicas do Estado. Em outras palavras, haverá tantos poderes quantas sejam as funções primordiais do Estado.

Na vigente Constituição, a adoção da teoria encontra-se consagrada no art. 2º, em que se lê: *"São Poderes da União, independentes e harmônicos entre si,*

---

[7] A. Machado Paupério, *Teoria Geral do Estado,* Forense, 8ª ed., 1983, pág. 241.

[8] A. Machado Paupério, ob. cit., pág. 242.

o Legislativo, o Executivo e o Judiciário". Como bem observa Manoel Gonçalves Ferreira Filho, esse dogma integra o chamado *núcleo irredutível*, e isso porque, em face do art. 60, § 4º, III, sequer será objeto de deliberação a proposta de emenda que tenha por fim aboli-la.[9]

O aspecto central interpretativo da teoria da separação de poderes reside em ser atribuída a cada Poder uma determinada função, sendo esta, em linha de princípio, indelegável a Poder diverso. Portanto, cada Poder tem a seu cargo uma *função típica*. Não obstante, está longe de ser absoluta essa distribuição, pois que, em algumas passagens do texto constitucional, são abertas exceções para o fim de permitir que o Poder desempenhe função que, originalmente, não lhe pertenceria. Formam elas as denominadas *funções atípicas*.

O ativismo judicial, movimento que a cada dia mais se acentua, representa a possibilidade de o Judiciário proferir sentenças que condenem o Estado ao cumprimento de obrigações de fazer. Como regra, tais decisões são firmadas em processos coletivos, com destaque para a ação civil pública, regulada pela Lei nº 7.347/85, instrumento destinado à proteção de interesses difusos e coletivos. Não tem sido incomum que o autor da ação, habitualmente o Ministério Público, formule pretensões prestacionais contra órgãos públicos, as quais, acolhidas pelo julgador, ensejam as decisões mandamentais positivas, visando a um *"facere"*.

Do ponto de vista do direito positivo, tanto esse tipo de pretensão, como a sentença que a acolhe, são juridicamente possíveis ante os termos do art. 3º daquela lei – *"A ação civil poderá ter por objeto a condenação em dinheiro ou o cumprimento de obrigação de fazer ou não fazer"*. Sobre esse aspecto, averba Rodolfo de Camargo Mancuso que a vocação postulatória nessa ação é a de obter a *prestação específica do objeto*, o que se justifica plenamente ante a convicção de que indenizações, em muitos casos, não substitui o cumprimento da obrigação.[10]

Quando o réu na ação é pessoa física ou jurídica de direito privado, a sentença determinativa sempre deverá ser cumprida, só não o sendo quando esse cumprimento for impossível jurídica ou materialmente. Mas a regra é que a obrigação contida na sentença seja devidamente cumprida. Surge,

---

[9] Manoel Gonçalves Ferreira Filho, *Comentários à Constituição Brasileira de 1988*, Saraiva, vol. 1, 1990, pág. 19.

[10] Rodolfo de Camargo Mancuso, *Ação Civil Pública*, RT, 6ª ed., 1999, pág. 205.

porém, a crise no momento executório desse tipo de *"decisum"* quando o réu sujeito ao cumprimento é um órgão ou uma pessoa pública, ou seja, quando o réu é o Estado.

Ao tempo do individualismo processual, não havia espaço para decisões determinativas (ou mandamentais) dirigidas a órgãos públicos. Predominava o entendimento de que semelhantes decisões espelhariam ofensa ao princípio da separação de Poderes, com indevida ingerência do Poder Judiciário no Executivo, fato inadmissível diante dos parâmetros clássicos inscritos na Constituição. A exceção corria apenas por conta de mandados de segurança, cuja sentença poderia impor *à autoridade coatora* uma obrigação de fazer.

Com o advento dos instrumentos de proteção dos interesses difusos e coletivos – entre eles sobressai, sem dúvida, a ação civil pública –, associado esse fato à mais recente interpretação, introduzida pelo movimento pós-positivista, de aplicação e eficácia dos princípios constitucionais, anteriormente de cunho mais teórico, passaram alguns estudiosos a simpatizar com o ativismo judicial, que, a despeito de refletir inevitável ingerência de um Poder no outro, tem sido justificado pela necessidade de observância e aplicabilidade daqueles dogmas constitucionais.

O fundamento dessa posição consiste em que os direitos fundamentais a prestações não se reduziriam a prestações materiais sociais, mas, ao contrário, compreenderiam os direitos fundamentais de proteção, esta retratada por medidas ativas visando à execução pelo Estado de uma obrigação de fazer com embasamento constitucional. [11] Por outro lado, justificar-se-ia o poder de exigibilidade contra o Estado para empregar-se o método de máxima efetividade normativa, incluindo-se aí a aplicabilidade efetiva dos princípios constitucionais. [12]

Não há como se contestar, realmente, a necessidade de serem adotadas medidas pelas quais se possa compelir o Estado ao cumprimento de determinados deveres prestacionais. Mas o ativismo judicial não prosperou gratuitamente, ou seja, não se desenvolveu sem a existência de certos motivos determinantes. Um deles, não o único, mas decerto um dos mais

---

[11] Dirley da Cunha Junior, *Controle Judicial das Omissões do Poder Público*, Saraiva, 2004, pág. 282.

[12] Marcos Maselli Gouvêa, *O Controle Judicial das Omissões Administrativas*, Forense, 2003, pág. 39.

DIREITO ADMINISTRATIVO: TRANSFORMAÇÕES E TENDÊNCIAS

importantes, foi a evidente demonstração de ineficiência e desídia que assolou a Administração Pública nos últimos decênios. As demandas sociais não tiveram a devida retribuição por parte do Estado. Este não acompanhou, como lhe cabia, os propósitos alvejados pela sociedade à medida que se estendia a economia de massa e a globalização das relações políticas e sociais.

O que a realidade tem mostrado é justamente que, não ocupando os espaços que lhe são reservados, a Administração Pública se vem resignando com a invasão levada a efeito por decisões determinativas proferidas pelos órgãos jurisdicionais. A jurisprudência oferece variados exemplos dessa ingerência. O STF, para exemplificar, determinou ao Município de Florianópolis a execução de programa de atendimento a crianças e adolescentes vítimas de violência, abuso e exploração sexual, invocando como fundamento o art. 227 da Constituição. [13] Entretanto, o Tribunal de Justiça de Santa Catarina havia rejeitado a pretensão, ante o argumento de que normas programáticas haveriam de ser executadas sob critérios discricionários da Administração, bem como das condições de possibilidade, isto é, da reserva do possível. O STF, porém, seguiu linha diversa de argumentação e reformou o acórdão catarinense.

Não obstante, vários outros pedidos prestacionais têm sido rejeitados por órgãos jurisdicionais. Para exemplificar, foi julgado improcedente o pedido formulado pelo Ministério Público em ação civil pública, no sentido de que o juiz compelisse o Poder Executivo municipal a incluir determinada verba em orçamento. [14] Da mesma forma, indeferiu-se pedido determinativo para a contratação de pessoal temporário por Município. [15] Outra pretensão rejeitada foi a deduzida pelo Ministério Público, também em ação civil pública, para que o Estado fosse obrigado a construir mais estabelecimentos prisionais. [16]

É óbvio que cada intérprete, de acordo com sua visão e ideologia, oferecerá uma justificativa para considerar possível, ou não, o pedido prestacional dirigido a órgãos públicos. Nota-se no cenário jurídico uma evidente

[13] RE 482.611, Rel. Min. Celso de Mello, em 23.03.2010.

[14] TJ-RJ, 7ª Câm.Cív., Ap.Cív. nº 14.814/2003, Rel. Des. Caetano Fonseca Costa, publ. em 19.12.2003.

[15] TJ-RJ, 15ª C.Cív., Ag. Instr. nº 6990/2003, Rel. Des. Marilene Melo Alves, publ. em 07.10.2003.

[16] TJ-RJ, 5ª C.Cív., Ap.Cív. nº 19.777/2003, Rel. Des. Humberto Manes, publ. em 03.12.2003.

TRANSFORMAÇÃO E EFETIVIDADE DO DIREITO ADMINISTRATIVO

insegurança por parte de membros do Ministério Público e outros autores legitimados para a propositura da ação civil pública, bem como por parte dos julgadores e das próprias autoridades públicas, os quais hesitam em considerar, neste ou naquele tipo de pretensão, um pedido juridicamente possível ante o princípio da separação de Poderes. Por outro lado, emerge uma inevitável e perigosa inobservância do princípio da segurança jurídica, hoje claramente reclamado por toda a sociedade.

Tem-se observado, muito embora de forma dissimulada, que o ativismo judicial, quanto mais radical, mais denuncia modernidade e socialização, e, não raras vezes, os partidários dessa teoria espiolham, com certo desdém, os simpatizantes da posição que preserva a separação de Poderes, adjetivados como pertencentes ao arcaísmo e ao modelo conservador. Contudo, seria bom invocar a sabedoria romana: *"in medio, virtus"*. Tanto é perigoso ampliar a ingerência do Judiciário nos misteres próprios da Administração Pública, quanto é inconveniente que nunca haja mandamentos determinativos aos órgãos públicos, quando estes se mostrarem omissos ou desidiosos no cumprimento de seu dever.

Onde estaria o ponto de maior densidade nessa crise de interpretação e aplicação do ativismo judicial? Certamente ele se aloja num fator básico: *os limites demarcatórios* entre a possibilidade ou a impossibilidade jurídica do pedido e da decisão judicial. O que tem causado grande perplexidade quanto ao ativismo judicial é exatamente o desconhecimento geral dos limites dentro dos quais a ingerência do Judiciário se mostra admissível e aqueles a partir dos quais o pedido e a decisão ofenderiam o sistema da separação de Poderes e funções.

A discussão não é meramente teórica e a perplexidade é encontrada em várias passagens. Há algum tempo, o Ministério Público federal ajuizou ação civil pública contra a União, Estado e Município do Rio de Janeiro, na qual pedia que o Judiciário determinasse aos réus que tomassem providências para defender a imagem da cidade, arranhada, à ocasião, pelos chamados *"arrastões"*, furtos em grupo, de grande repercussão negativa. A ação – logo se vê – estava longe de ter o pedido possível juridicamente, parecendo, antes, resultado de um impulso emocional, do que uma medida de efetiva proteção a interesses difusos da coletividade.

A imprensa vislumbrou evidente absurdo na ação. Um dos jornais, em breve editorial, assim se expressou: *"Em resumo: o Ministério Público quer obrigar os governantes a governarem. É uma causa nobre, sem dúvida. Mas numa democracia a tarefa de cobrar providências dos governantes eleitos é, primordialmente, tarefa dos eleitores – com a arma do voto".*[17] Apesar do absurdo, a alguns pareceria possível a pretensão, decerto invocando que teria fundamento em algum princípio constitucional – talvez a dignidade da pessoa humana, ou a liberdade de ir e vir, ou ainda o direito à segurança. Enfim, a verdade é que, quando o quer, o intérprete sempre rebusca determinado princípio, e um deles há de irradiar, ainda que tibiamente, algum espectro de conexão com a pretensão.

Com esses lineamentos, seria de indagar qual a transformação a que está sujeito o Direito Administrativo na hipótese. Em nosso entender, a transformação passa pela definição efetiva sobre o que pode e o que não pode ser postulado no Judiciário, quando se trata de pedido prestacional formulado contra órgãos estatais. Ainda há profunda hesitação entre os operadores de direito, dando a impressão de que cada conflito é dirimido pela vontade subjetiva do operador jurídico.

A efetividade emanará dessa transformação. Não pode haver um padrão desejável de resultados sem que haja a definição relativamente a conflitos sociais, sobretudo quando as dúvidas repousam justamente na perigosa e delicada intervenção de um Poder sobre atividades do outro, em flagrante desrespeito ao dogma da separação insculpido na Constituição.

4. Ética na Sociedade e na Administração

O Direito Administrativo deve merecer muitos pontos de transformação no que concerne ao padrão ético dos administradores públicos, ressalvadas, quanto a estes, honrosas exceções. Diuturnamente, são noticiados escândalos envolvendo autoridades públicas, muitas vezes de alto escalão, em detrimento dos valores protegidos pela Administração Pública. Esses fatos criam, no seio da sociedade, um sentimento de descrença nas instituições, numa demonstração de ampla indiferença quanto aos destinos governamentais.

A grande dificuldade a ser enfrentada diz respeito ao fato de que o padrão ético dos administradores constitui o reflexo dos próprios padrões adotados na sociedade. Desse modo, é a própria sociedade que precisa repensar seus valores e passar por fundo processo de transformação, de modo a expungir ou atenuar as mazelas dela provenientes. Em palavras

---

[17] Jornal *O Globo*, de 25.06.2005, pág. 25.

mais simples, cumpre que se elimine a *lei da vantagem*, em que as pessoas buscam apenas os seus interesses, sem considerar os interesses gerais da coletividade. É preciso dar cabo do famoso *jeitinho* brasileiro, que nada mais é do que uma forma tácita de aceitação de procedimentos ilegais ou imorais.

A Constituição – é forçoso reconhecer – envidou esforços para incluir em seu quadro normativo a proteção da ética e da moralidade. Em diversas passagens se encontra essa tentativa. A maior expressão, porém, é a que contém a relação dos princípios administrativos; com efeito, o art. 37, *caput*, da Constituição, consigna expressamente o princípio da moralidade administrativa. Como subprincípio, o art. 37, § 4º, comina uma série de sanções aos responsáveis pela prática de atos de improbidade administrativa, como a suspensão de direitos políticos, a perda da função pública, a indisponibilidade dos bens e o ressarcimento ao erário. Em complemento, outorgou ao Ministério Público legitimidade para a propositura de ação civil pública em defesa de interesses difusos e coletivos (art. 129, III). Além dessas, outras normas tratam, direta ou indiretamente, da questão.

Como se pode verificar, normas não faltam. Apesar disso, não tem havido avanços significativos no enfrentamento dos atos de improbidade. O grande destaque nessa guerra foi o julgamento do denominado *"mensalão"*, no qual foram condenados vários indivíduos que transitaram pelos mais altos escalões do poder político, o que, de certo modo, lavou a alma dos integrantes da sociedade. Não deve haver ilusões, entretanto. Trata-se apenas de um grão de areia no oceano, insuficiente para refletir de forma global nos padrões ético-sociais. O enfrentamento ainda precisará de muitos outros instrumentos e comportamentos para que tenha real eficácia.

Os estudiosos de Direito Administrativo e de Ciência Política têm ressaltado os efeitos deletérios da improbidade social, sobretudo na Administração Pública e na área política. José Renato Nalini inicia estudo apregoando que *"a sensação de que a corrupção é inextirpável contamina a discussão política".* [18] A indignação do autor irradia a qualificação do *status* social e governamental de verdadeira *barbárie*, não sendo esta causada por

---

[18] José Renato Nalini, *Corrupção como sintoma da barbárie contemporânea*, em *Corrupção, Ética e Moralidade administrativa*, ob. colet. org. por Luís Manuel Fonseca Pires e outros, Forum, 2008, pág. 141.

DIREITO ADMINISTRATIVO: TRANSFORMAÇÕES E TENDÊNCIAS

agentes externos, mas reside na consciência do ser humano.[19] Ao concluir, vaticina decisivamente: *"Não haverá futuro para o Brasil se a omissão e o conformismo não forem substituídos pela combatividade, pela luta sem tréguas, pela eterna vigilância".*[20] A premência no processo de transformação, pois, não é ideologia de caráter individual ou subjetivo. Na verdade, é um anseio e uma perspectiva que envolve todo o meio social.

De nossa parte, já consignamos ser possível vislumbrar dois tipos de relação no combate à improbidade. Primeiramente, a relação de moralidade há de prevalecer tanto no elo que vincula a Administração aos administrados, quanto no vínculo interno, que espelha a interação entre os agentes administrativos. Observamos, no entanto, que *"somente quando os administradores estiverem realmente imbuídos de espírito público é que o princípio será efetivamente observado".*[21] Essa é uma realidade da qual não se pode afastar: urge uma profunda mudança de mentalidade para que os administradores se convençam de que sua atividade é desempenhada em prol do interesse público, não sendo admissível confundir o público com o privado, como habitualmente se verifica no seio da Administração.

A improbidade na Administração nem sempre atinge bens patrimoniais. Há inúmeros valores imateriais protegidos pela ética administrativa.[22] Por isso mesmo, é amplo o espectro de possibilidades de condutas ofensivas à ética na Administração. A Lei nº 8.429/92 – é oportuno destacar – apresenta várias relações de atos de improbidade, incluindo-se entre eles os que violam princípios administrativos (art. 11), muitos dos quais não têm caráter patrimonial. É que a improbidade extrapola esse conceito objetivo e estende-se a desvios éticos subjetivos, aproximados aos círculos ligados à moral. Para o efeito da ética, todavia, é irrelevante a diferença.

O princípio da moralidade administrativa, como já averbou respeitável doutrinador, não determina que as normas éticas sejam objeto de *ponderação*. Ao contrário, contém uma *determinação* dirigida à Administração para que se conduza com probidade e honestidade, quer no âmbito das circunstâncias fáticas, quer dentro das circunstâncias jurídicas. Significa

---

[19] Ob. cit., pág. 143.
[20] Ob. cit., pág. 159.
[21] Nosso *Manual de Direito Administrativo* cit., pág. 21.
[22] A observação é de PEDRO ROBERTO DECOMAIN, *Improbidade Administrativa*, Dialética, 2007, pág. 26.

que à Administração não cabe ponderar até que ponto deve ser honesta; deve sê-lo por imposição. Na verdade, o princípio não disciplina diretamente a conduta, mas sim a produção normativa.[23]

Com toda a certeza, a ética na Administração marcará uma grande transformação no Direito Administrativo, na medida em que reduzirá ou eliminará a vulneração de outras regras e princípios. De fato, afastando toda a improbidade que, usualmente, permeia os comportamentos administrativos, maior respeito haverá a outros valores, como os que se inserem nos princípios da legalidade, da impessoalidade e da eficiência. A realidade tem mostrado, com forte colorido, que a imoralidade acaba por gerar efeitos ofensivos à legalidade, à impessoalidade, à finalidade e à eficiência.

Por conseguinte, é possível extrair a ilação de que a transformação, nesse aspecto, do Direito Administrativo renderá ensejo à efetividade jurídica, e isso porque afetará a própria eficácia dos demais valores que devem recair sobre a Administração Pública.

5. O Estado e o Controle Social

O Estado moderno não prescinde do controle. Não mais se concebe, em dias atuais, que os governantes tenham carta branca para dirigir os destinos das coletividades. A excessiva liberdade conferida a antigos governantes resultou em conhecidas arbitrariedades e, o que é mais grave, sem que elas sofressem qualquer tipo de inibição. Todavia, como bem lembra Dalmo Dallari, a despeito de extremamente difícil fixar as linhas limítrofes do poder, uma de suas marcas é o *poder social*, vale dizer, o poder é um fenômeno social.[24]

O vínculo entre o poder e o grupo social impõe que a este deva incumbir o estabelecimento de amarras para conter o exercício daquele, de modo que a atividade, supostamente favorável à sociedade, não seja caracterizada como abuso de poder. Não custa acentuar que o sistema republicano tem o controle como principal requisito, pois que, tratando-se de *res publica*, não pode ela ficar à mercê de descompassos e desatinos por parte de quem quer que seja. A coisa pública não é evidentemente a coisa privada; assim,

---

[23] RICARDO MARCONDES MARTINS, *Princípio da Moralidade Administrativa* em *Corrupção, Ética e Moralidade Administrativa* cit., pág. 322.

[24] DALMO DE ABREU DALLARI, ob. cit., pág. 44.

DIREITO ADMINISTRATIVO: TRANSFORMAÇÕES E TENDÊNCIAS

não pode ser de ninguém especificamente, mas sim de toda a sociedade, esta a verdadeira dona do poder estatal.

O dualismo representado pelo controle em conexão com a responsabilidade dita a face democrática do Estado. Emana daí que o necessário equilíbrio de forças entre os poderes estatais provém da Constituição. É sobejamente conhecido o sistema de freios e contrapesos – *checks and balances* – adotado para o controle recíproco entre as estruturas primordiais da república, e, por meio dele, localizam-se, no texto constitucional, várias passagens que retratam funções atípicas, exercidas por um Poder apesar de materialmente incumbir a outro. Afinal, não há como relegar a afirmação de que *"o controle é inerente ao Estado de Direito Democrático"*.[25]

Mais modernamente, contudo, tem sido realçado o *controle social*, que espelha uma forma especifica de fiscalização, inteiramente alinhada com o regime democrático que inspira todos os instrumentos do Estado. Sobre o assunto, já tivemos a oportunidade de afirmar que *"modernamente as normas jurídicas, tanto constitucionais como legais, têm contemplado a possibilidade de ser exercido controle do Poder Público, em qualquer de suas funções, por segmentos oriundos da sociedade"*.[26] Cuida-se de uma forma de *controle exógeno*, sendo executado por controladores externos aos órgãos governamentais.

A despeito da já conhecida previsão do controle social sobre a função legislativa, conforme o permite o art. 61, § 2º, da Constituição, por meio da iniciativa popular, é preciso desenvolver esse tipo de controle sobre a função administrativa, empregando os mesmos dogmas democráticos que inspiraram o controle legislativo. Embora não obrigue o legislador, a iniciativa popular é o direito do povo de interferir no campo da produção normativa. Nas palavras de Pinto Ferreira, *"a iniciativa popular projeta um plano ou orientação governamental"*.[27] O mesmo objetivo terá o controle social se e quando for desempenhado para que a sociedade civil interfira nos projetos da Administração Pública.

Esse importante instrumento de controle vem avançando mais e mais em normas do direito positivado, numa flagrante exortação a que se transformem os padrões tradicionais (e nem sempre eficazes) do controle admi-

---

[25] É a correta conclusão de Luciano Ferraz, *Controle da Administração Pública*, Mandamentos, 1999, pág. 76.

[26] Nosso *Manual de Direito Administrativo* cit., pág. 938.

[27] Pinto Ferreira, *Comentários à Constituição Brasileira*, Saraiva, 3º vol., 1992, pág. 267.

nistrativo. O art. 37, § 3º, da Constituição, por exemplo, registra o controle social, com a previsão de lei que venha a disciplinar as formas de *"participação do usuário na administração pública direta e indireta"*. O art. 198 também contempla o controle social, consignando que as ações e serviços públicos de saúde devem ser organizados, entre outras diretrizes, com a da *participação da comunidade*. Observe-se que tais mandamentos não foram inseridos gratuitamente no texto constitucional. Ao contrário, foram impulsionados pelas células que impulsionam a vontade social e a busca de mecanismos democráticos de controle.

A legislação infraconstitucional também denuncia o avanço do controle social. O Estatuto da Cidade (Lei nº 10.257/2001) prevê a *gestão democrática* da cidade como uma das finalidades da política urbana e reclama a participação das comunidades na projeção, execução e acompanhamento dos planos de desenvolvimento urbano. [28] A Lei nº 11.445/2007, a seu turno, inclui, entre os princípios que regem o saneamento básico, o *controle social*, assim definido como o conjunto de mecanismos que asseguram à sociedade informações e participação na formulação, planejamento e avaliação dos serviços de saneamento básico. [29] Na lei que regula a política nacional de mobilidade urbana (Lei nº 12.587/2012), consagrou-se, na mesma linha, a participação da sociedade por meio de órgãos colegiados, em que, lado a lado, participam representantes do governo e da comunidade. [30] A Lei nº 9.784/99, que regula o processo administrativo federal, adotou mecanismos de controle social, como a consulta pública e a audiência pública.[31]

O controle social pode ser desempenhado por mais de um modo. Pode ser admitido o *controle natural*, assim considerado como aquele exercido diretamente pela sociedade por meio de entidades representativas, como associações, fundações e outras pessoas do terceiro setor, bem como o *controle institucional*, realizado por órgãos governamentais voltados à defesa de interesses sociais, difusos e coletivos, como o Ministério Público, a Defensoria Pública, as ouvidorias, os Procons e outros da mesma categoria.

A nosso ver, o processo evolutivo do controle social permite antever positiva transformação do Direito Administrativo, com a possibilidade

---

[28] Art. 2º, II.
[29] Art. 2º, X.
[30] Art. 15.
[31] Arts. 31 e 32.

DIREITO ADMINISTRATIVO: TRANSFORMAÇÕES E TENDÊNCIAS

concreta da atividade fiscalizatória executada pela própria sociedade de maneira democrática, o que poderá evitar ou mitigar alguns desmandos frequentemente cometidos por agentes públicos afastados da consciência norteadora de sua conduta, que deveria direcionar-se exclusivamente em favor das coletividades.

Diante do direito já positivado com as referidas previsões, torna-se imperiosa a concretização das respectivas normas pela implementação efetiva dos instrumentos próprios do controle social. Anotamos, em outra oportunidade, que se trata de um *processo,* em que cada etapa indica uma ampliação do sistema. A propósito, advertimos: *"Urge, entretanto, que o Poder Público reduza cada vez mais sua postura de imposição vertical, admitindo a cogestão comunitária das atividades de interesse coletivo, e que a sociedade também se organize para realçar a expressão de sua vontade e a indicação de suas demandas, fazendo-se ouvir e respeitar no âmbito dos poderes estatais".*[32] Outros estudiosos, da mesma forma, têm incentivado essa transformação.[33]

Essa almejada transformação implicará, sem dúvida, maior efetividade no que toca à eficiência e à democratização da atividade administrativa. Quanto à eficiência, haverá maior oportunidade para que a Administração Pública possa auscultar a fonte real das demandas, no caso as comunidades, até porque são elas o alvo das ações de interesse público. No concernente à democratização, o controle social propiciará uma aproximação entre governo e sociedade, dando margem a que a voz popular seja ouvida por aqueles que representam os interesses gerais. Por outro lado, relega-se a postura isolada e estanque dos órgãos públicos, inidôneos, por isso, para conhecer e atender aos reclamos dos indivíduos.

O controle social, com efeito, representa um grande desafio para o futuro do Direito Administrativo no processo de democratização que o vem inspirando a cada dia, numa demonstração que pertence ao passado o histórico de despotismo e arbitrariedades oriundos de governos anteriores. A tarefa de desenvolver tal controle decerto não será fácil. Durante mais de século, a Administração resolveu seus problemas sozinha e, assim, não está habituada a auscultar o sentimento e os reclamos do grupo social, havidos, em geral, como método de interferência descabida. Na verdade, não o é. Revela-se apenas um meio regular de fiscalização que constitui direito da coletividade – última destinatária das atividades estatais.

[32] Nosso *Manual* cit., pág. 939.
[33] Fabricio Motta, *Função Normativa da Administração Pública*, Del Rey, 2007, págs. 247/256.

6. Conclusões

Obviamente, esses poucos aspectos apontados como relevantes para a transformação e efetividade do Direito Administrativo moderno não são os únicos que podem dar sua contribuição. Há um grande número de fatores, atualmente vigorantes, que têm idoneidade para fazê-lo.

Destacamos, entretanto, os fatores relacionados ao regime federativo, ao ativismo judicial, à ética na Administração e ao controle social, não somente para incluí-los como exemplos dentre vários outros, mas também por força de sua relevância no atual cenário do Direito Administrativo. São fatores que, de resto, repontam no processo evolutivo da matéria e que devem ser alvo de todos os esforços para conferir-se maior efetividade às relações entre o Estado e os administrados.

Para ter efetividade, o Direito Administrativo desafia as transformações que advêm da evolução social. Impõe-se-lhe observar as tendências que visam à melhoria do Estado e à forma como encara os reclamos da sociedade. Para isso, deve afastar-se a velha noção de superioridade do Estado ante os cidadãos e de poder absoluto sobre os indivíduos. O regime democrático rechaça veementemente esse vetusto comportamento. Os tempos modernos demandam uma atuação estatal com sentido democrático, em que as populações não subjazem ao Estado, mas, contrariamente, o acompanham numa unidade que retrata a permanente busca do interesse público.

Não é fácil a transformação que decorra da necessidade de mudar posturas e arraigadas posições do passado. Mas a credibilidade do Direito Administrativo pressupõe a própria credibilidade da Administração Pública, e essa é a meta que todo o grupo social almeja.

Afinal, é preciso não incidir nos equívocos do passado. Melhor é corrigi-los e percorrer novos caminhos, ainda que sujeito a outros equívocos. Por tal motivo, valem aqui as palavras de Bertrand Russell: *"Por que repetir os velhos erros, se há tantos erros novos para cometer?"*

TRANSFORMAÇÕES DO DISCURSO ADMINISTRATIVISTA: A ASSIMILAÇÃO DAS FORMAS ARGUMENTATIVAS "PÓS-POSITIVISTAS" E AS TENTATIVAS DE REDEFINIÇÃO DE INSTITUTOS-CHAVE DO DIREITO ADMINISTRATIVO

LUIZA FERREIRA CAMPOS E GUSTAVO JUST

1. Introdução: a transformação do direito administrativo e os diferentes níveis do discurso jurídico

As reflexões dos juristas sobre as transformações pelas quais passou ou vem passando o seu próprio objeto de estudo – seja um ordenamento jurídico como um todo, seja, como no caso do tema que inspira este volume coletivo, uma parte dele – costumam se concentrar numa dinâmica situada num plano normativo (ou, mais genericamente, decisório). Sucessivas inovações legislativas ou constitucionais (ou ambas) afetando aspectos centrais da disciplina, o surgimento de novos temas que se tornam objeto de regulação, reorientações mais ou menos profundas da jurisprudência (antecipando ou refletindo essas modificações propriamente "normativas") – em geral é esse conjunto de coisas que inspira a ideia de que este ou aquele ramo do direito se encontra "em transformação" e de que essa transformação precisa ser estudada.

Mas esse diagnóstico também pode ser motivado pela constatação de que algo mudou ou está mudando no plano do *discurso* dos juristas. Essa afirmação pressupõe, naturalmente, que aquilo que é direito num determinado Estado depende, em alguma medida, daquilo que os juristas dizem sobre esse direito, e também da forma como o dizem. Modelos teóricos filiados a tradições muito diferentes se propõem a explicar como o discurso dos juristas é, em uma boa medida, constitutivo do direito. Mas nem é preciso recorrer agora a essas explicações mais abstratas: a história do próprio direito administrativo revela de maneira exemplar um aspecto bem concreto dessa interação, dessa dialética entre as formas organizacionais (as instituições, os textos normativos) e o pensamento interpretativo que se refere a essas formas e, com isso, lhes dá sentido e lhes confere uma existência concreta. No contexto da dinâmica da sociedade industrial, a impossibilidade de enquadrar juridicamente a ação estatal numa codificação ou mesmo numa legislação abrangente e duradoura fez com que a formação de um "sistema" do direito administrativo fosse fruto (à maneira de um *Juristenrecht*) da construção, a partir do final do século XIX, de uma cultura conceitual largamente dependente da obra da cultura jurídica publicista. O direito administrativo do tipo europeu-continental não teria sido o que foi, ou o que vem sendo, sem os conceitos de interesse público, personalidade jurídica do Estado, serviço público, ato administrativo, órgão público, poder de polícia, responsabilidade do Estado etc., e nenhum desses conceitos é, substancialmente, obra da legislação, e sim de décadas de trabalho da doutrina em interação com a jurisdição especializada como a do Conselho de Estado francês.

O presente estudo propõe justamente alguns elementos de compreensão das transformações recentes do direito administrativo brasileiro como resultado de transformações ocorridas no plano do discurso da doutrina administrativista. Para que o sentido da análise proposta fique mais claro algumas explicações são necessárias.

Em primeiro lugar, o discurso da doutrina é compreendido aqui como um discurso operacional: sua razão de ser consiste no fornecimento das premissas conceituais, teóricas, terminológicas, procedimentais necessárias à aplicação do direito administrativo, e está materializado em cursos, manuais, ensaios, artigos de periódicos, conferências etc. Em segundo lugar, é essencial para a argumentação que se segue a ideia de que o discurso operacional se desdobra em dois aspectos. O primeiro é *aquilo que se diz sobre o conteúdo do direito positivo*: sobre os contornos de um determinado instituto, sobre a interpretação de determinada norma, sobre o significado de determinado conceito, sobre as relações entre as diferentes fontes do direito administrativo etc. O segundo consiste nas *formas argumentativas gerais*, que são reconhecíveis nos diferentes momentos de descrição do direito positivo e que conferem, ao menos idealmente, uniformidade e consistência a essa descrição como um todo. Assim, o discurso operacional do direito administrativo não se caracteriza apenas por aquilo que a doutrina diz, por exemplo, sobre o princípio da legalidade ou sobre o conceito de interesse público, mas também pela estrutura argumentativa adotada no momento de discorrer sobre esses temas.

Postas essas premissas, as análises que se seguem partem de dois postulados gerais. O primeiro é o de que a descrição do direito positivo pode variar, e com frequência varia, de acordo com a estrutura a estrutura argumentativa adotada. A dogmática do princípio da legalidade, por exemplo, dificilmente será a mesma para um autor expressamente filiado a um positivismo analítico tardio e para um autor que se declare "neoconstitucionalista". É possível, porém, que em alguns casos as diferenças sejam mais aparentes do que reais, e que em outros elas afetem substancialmente o regime jurídico dos institutos descritos ou o alcance das normas interpretadas.

O segundo postulado é o de que o discurso operacional, agora visto como um todo, é, por sua vez, afetado por um plano mais abstrato do discurso jurídico: o discurso teórico que aqui chamaremos de "prescritivo". O que queremos designar com essa expressão é aquilo que em alguns contextos já se chamou de "metodologia jurídica", isto é, aquele componente da teoria do direito que se preocupa com a formulação de modelos gerais de raciocínio, argumentação e interpretação a serem adotados pelos juristas praticantes para que o seu saber dogmático e a sua prática decisória satisfaçam as exigências, historicamente variáveis, mas sempre presentes, de objetividade, universalidade, racionalidade. Esse plano discursivo, por sua vez, incorpora, na medida em que possam assumir um certo sentido operacional, elementos, digamos, extra-metodológicos formulados num nível teórico ainda mais abstrato: concepções gerais sobre o direito ou os seus elementos, sobre as fontes, sobre o estatuto epistemológico do saber dos juristas, sobre a legitimidade do poder exercido por meio do direito etc. (noções essas que expressam, finalmente, a projeção mais ou menos direta e linear de ideias filosóficas gerais sobre o discurso teórico dos juristas).

Assumidos tais postulados gerais, vamos explorar uma conjectura mais concreta que se desdobra em dois pontos que serão abordados nos tópicos seguintes:

a. Uma parte considerável da doutrina administrativa vem, desde o começo da década passada, absorvendo as formas argumentativas (e também algumas das premissas conceituais mais gerais) preconizadas pelo discurso teórico prescritivo que se tem genericamente chamado de pós-positivismo;

b. Essa assimilação tem tido reflexos visíveis no tratamento dogmático de alguns institutos-chave do direito administrativo.

2. A assimilação dos modelos argumentativos "pós-positivistas" pela doutrina administrativista brasileira: um rápido panorama
2.1. A *nova vulgata* metodológica

Uma ambição capital do mundo dos juristas é a de apresentar a aplicação do direito como uma atividade em alguma medida objetiva, racional, impessoal, publicamente controlável, não arbitrária. O que dá respaldo a essa espécie de retórica da objetividade[1] constitutiva do universo do direito é a existência de um conjunto historicamente variável (e em parte cumulativo), mais ou menos coerente, ou pelo menos não aleatório, de formas argumentativas gerais, isto é, de modelos de organização e justificação das decisões interpretativas. Nessa perspectiva, um dos aspectos mais interessantes (e ainda pouco analisado) da história recente da cultura jurídica brasileira é o processo de rápida assimilação de um conjunto de ideias metodológicas relativamente coeso e adotado pelos publicistas (mas não apenas por eles) de uma forma amplamente generalizada (na verdade, tendentemente unânime), e que parece cumprir de maneira eficaz a função de dar forma à retórica da objetividade.

Essa espécie de *nova vulgata* metodológica do direito público pode ser resumida em postulados hoje bem familiares a todo jurista praticante brasileiro:

a. O direito público se compreende e se aplica em função da Constituição. Independentemente da medida maior ou menor em que as regras de direito público estejam inseridas no sistema constitucional, a Constituição se impõe à cultura e à práxis do publicista por ter sempre o triplo sentido de ser o parâmetro último de validade do direito positivo, de fornecer critérios de interpretação para os casos controvertidos, e de impor valores e objetivos a serem concretizados.

---

[1] Na sociologia de Pierre Bourdieu a formação e a manutenção de uma "retórica da autonomia, da neutralidade e da universalidade" são apontadas como parte da lógica de constituição e de funcionamento do "campo jurídico"; o efeito de neutralização e de universalização assim obtido confere à decisão judicial "a eficácia simbólica que toda ação exerce quando, uma vez ignorada no que tem de arbitrário, é reconhecida como legítima". (Ver: BOURDIEU, Pierre, "La force du droit. Eléments pour une sociologie du champ juridique", *Actes de la recherche en sciences sociales*, nº 64, septembre 1986, p. 3-19, 1986).

b. O sistema constitucional, por sua vez, segundo se postula, tem na garantia dos direitos fundamentais o núcleo de sua própria compreensão. Em outras palavras, a Constituição é, mais do que qualquer outra coisa, a consagração jurídico-política dos direitos fundamentais.

c. Esse sistema de garantia de direitos fundamentais é axiologicamente plural, e por isso permanentemente sujeito ao conflito, e nada no texto constitucional justifica que se estabeleça uma prevalência abstrata ou *a priori* de um princípio sobre outro.

d. Os direitos fundamentais têm predominantemente a estrutura normativa de princípios, sendo que a noção de princípio aqui é invariavelmente, em linhas gerais, a de princípios como "mandamento de otimização".

e. Em consequência, o conflito entre os interesses em jogo se resolve pela prevalência de um princípio sobre o outro, prevalência que não traduz uma superioridade inata a um dos princípios, e sim uma relação concreta e circunstancial, determinada ao cabo de um "juízo de ponderação". Esse juízo de ponderação se orienta segundo o objetivo geral da máxima realização possível dos interesses em jogo e se desenvolve por sucessivas aplicações do "teste da proporcionalidade", que consiste em indagar se a solução cogitada é suficiente e necessária para a satisfação do interesse jurídico que se pretende fazer prevalecer, e se o grau de benefício do interesse protegido é proporcional ao sacrifício do interesse a ser preterido.

Assim, praticamente toda grande questão de direito público pode ser em parte reconduzida a uma questão constitucional, cuja solução irá mobilizar as diretrizes hermenêuticas do "neoconstitucionalismo", subordinada por sua vez à dupla preocupação de servir à causa da normatividade da constituição e de observar a sua estrutura principiológica. Embora diferentes matrizes teóricas possam ser reconhecidas por trás dessa metódica, aquela que está mais diretamente relacionada com o seu núcleo "operacional" (que aqui chamaremos de "constitucionalismo ponderativo"[2]) é

---

[2] A respeito dessa expressão ver: CAMPOS, Luiza Ferreira, Reformulação do discurso dogmático do direito administrativo: análise a partir da incidência do discurso teórico prescritivo "pós-positivista". Dissertação de mestrado. Recife: Universidade Federal de Pernambuco, 2010.

DIREITO ADMINISTRATIVO: TRANSFORMAÇÕES E TENDÊNCIAS

sem dúvida a teoria do discurso jurídico racional, isto é, a tradução, para a teoria do direito, dos postulados da racionalidade comunicacional extraídos do argumento pragmático-transcendental[3].

2.2. Sua recepção pelos publicistas brasileiros
2.2.1. Uma vinculação explícita entre os planos discursivos

Se, como dissemos antes, as formas argumentativas gerais presentes no discurso operacional da dogmática jurídica refletem os modelos preconizados pelo discurso teórico prescritivo, esse reflexo raramente se dá de forma tão explícita e consciente como vem ocorrendo com o discurso publicista brasileiro emergente (que cronologicamente podemos situar, muito *grosso modo*, na última década e meia).[4] É sintomático que nesse contexto se recorra, além da terminologia própria da teoria do discurso racional, ao rótulo genérico de "pós-positivismo". Pouco útil, porque cheia de ambiguidades, como instrumento de análise de posições ou correntes teóricas[5], essa expressão veicula, contudo, uma carga axiológica muito significativa quando é empregada para reivindicar filiação à metódica descrita acima e aos postulados teóricos mais gerais aos quais ela está associada: sugere-se que esse conjunto de ideias opera a superação, no plano da concepção geral do direito, da antítese entre juspositivismo e jusnaturalismo e, no plano da racionalidade e da controlabilidade das decisões, das insuficiências do positivismo normativista. A adoção dessa forma de organizar a argumentação parece realmente ser quase sempre acompanhada do sentimento de que assim procedendo se atende a um imperativo de objetividade, de racionalidade, de certeza.[6]

---

[3] Essa matriz é preservada inclusive por aqueles que preconizam uma flexibilização do primado principiológico em favor de uma revalorização das "regras", numa espécie de crítica interna ao modelo argumentativo de Alexy, cujas premissas gerais são implicitamente acatadas e, dessa forma, cristalizadas.

[4] Entre nós o precedente mais relevante é certamente o de uma certa tradição do direito tributário, iniciada na década de 1960 por José Souto Maior Borges e depois prolongada, dentre outros, por Paulo de Barros Carvalho, que procurava fundamentar cuidadosamente a cientificidade e a originalidade de sua obra dogmática em versões avançadas do normativismo kelseniano, como a de Lourival Vilanova.

[5] Ver a respeito: TRAVESSONI, Alexandre, "Pós-positivismo jurídico", in: TRAVESSONI, Alexandre (org.), *Dicionário de Teoria e Filosofia do Direito*, São Paulo: LTr, 2011, p. 319-323.

[6] Esse sentimento às vezes é manifestado com entusiasmo – por exemplo, quando um importante administrativista declara que o recurso metódico ao princípio da proporcionalidade

2.2.2. O impacto da promulgação da Constituição

Na perspectiva da reconstituição desse processo de reformulação do discurso operacional do direito público, a promulgação da Constituição de 1988 é um evento capital. Embora a aproximação explícita e consciente com os *Leitmotiven* pós-positivistas seja mais recente, o estabelecimento da nova constitucional veio impulsionar um movimento mais geral de renovação que já estava em curso na doutrina publicista em geral, e na do direito administrativo em particular.

Alguns artigos publicados na década de 1980[7] já revelavam uma preocupação crescente com a adequação do direito administrativo ao Estado de Direito intervencionista e garantidor de direitos de segunda e primeira dimensões. No final do regime militar implantado em 1964, e com a expectativa de uma nova e iminente Constituição garantidora de direitos e liberdades, inspirada nos textos constitucionais mais recentes e vanguardistas como os de Portugal e Espanha, países recentemente saídos de regimes ditatoriais, já se começava a falar numa "revisão e ampliação dos institutos de Direito Administrativo"[8], visando a torná-lo apto a operacionalizar e concretizar os futuros comandos normativos constitucionais.

A doutrina também começa a se posicionar contra uma certa visão do direito administrativo, decorrente de um alegado erro de algumas formulações doutrinárias que, diante da existência de prerrogativas do Estado em face dos administrados, julgava tratar-se de um direito do Estado, voltado para o exercício não arbitrário do poder: para a sua limitação, certo, mas, ainda assim, dedicado essencialmente ao poder. Falava-se em abandonar a concepção do direito administrativo como

---

permite "encontrar o ponto arquimediano de justa ponderação entre interesses individuais e metas coletivas" (BINENBOJM, Gustavo, "Da Supremacia do Interesse Público ao Dever de Proporcionalidade: um novo paradigma para o direito administrativo", In: SARMENTO, Daniel (org). Interesses Públicos versus Interesses Privados: desconstruindo o Princípio de Supremacia do Interesse Público. Rio de Janeiro: Editora Lumen Juris, 2007, p. 117-169).

[7] SOUZA, Junia Verna Ferreira de. "Forma e formalidade do ato administrativo como garantia do administrado", Revista de Direito Público, São Paulo, n. 81, p. 151-163, jan./mar.1987.

[8] TÁCITO, Caio. "Bases constitucionais do Direito Administrativo". Revista de Direito Público, São Paulo, n. 81, p. 151-163, jan./mar.1987, p. 16. Neste artigo, o jurista anuncia a tendência de que a futura Constituição viria a contemplar a existência de direitos coletivos e difusos e sustenta a preparação do Direito Administrativo, como "braço operante do Estado Intervencionista", para propiciar o atendimento desses direitos e a realização dos valores constitucionais correlatos.

DIREITO ADMINISTRATIVO: TRANSFORMAÇÕES E TENDÊNCIAS

um ramo do direito aglutinador de 'poderes' desfrutáveis pelo Estado em sua feição administrativa, ao invés de ser considerado como efetivamente é, ou seja, como um conjunto de limitações aos poderes do Estado ou, muito mais acertadamente, como um conjunto de deveres da Administração em face dos administrados[9].

Quatro foram os pilares para a construção dessa nova feição do direito administrativo, mais intervencionista do que liberal: a ideia de "poder--dever", a ênfase no processo administrativo e ampliação do seu campo de abrangência, a expansão do controle jurisdicional da Administração Pública e, permeando e fundamentando os três pontos anteriores, a centralidade dos princípios da Administração Pública implicitamente ou explicitamente dispostos no texto da Constituição de 1988.

Sobre esse último ponto, a obra do professor Celso Antônio Bandeira de Mello é bastante paradigmática. Em nota introdutória à 2ª edição de seu "Elementos de Direito Administrativo", publicado em 1991, o jurista destaca as alterações empreendidas no conteúdo da obra em comparação à 1ª edição da mesma, cuja 1ª triagem data de 1980. A promulgação da Constituição de 1988, a proclamação do Estado Democrático de Direito e a atenção pormenorizada dedicada à regulação da Administração Pública por parte da CF/88 constituíam as principais causas das referidas alterações. A mudança mais perceptível consistiu na inserção de um novo capítulo. Nas palavras do autor, "pareceu-me bem (...) incluir um capítulo novo. Versa sobre os princípios constitucionais do direito administrativo brasileiro, questão a meu ver imprescindível para a correta intelecção dos vários institutos deste ramo jurídico"[10].

Na edição anterior à Constituição de 1988, no primeiro capítulo, dedicado ao estudo do regime jurídico administrativo, Bandeira de Mello já esboçava um elenco assistemático de princípios informadores do regime administrativo, todos desdobramentos dos dois princípios centrais e condicionantes daquele: a supremacia do interesse público sobre o privado e a indisponibilidade dos interesses públicos[11]. Faltava, na opinião do jurista,

[9] MELLO, Celso Antônio Bandeira de. *Curso de Direito Administrativo*. São Paulo: Malheiros, 2006, p. 42.

[10] Id. *Elementos de Direito Administrativo*. São Paulo: Revista dos Tribunais, 1991, p. 5.

[11] MELLO, Celso Antônio Bandeira de. *Elementos de Direito Administrativo*. São Paulo: Revista dos Tribunais, 1986, p. 5.

TRANSFORMAÇÕES DO DISCURSO ADMINISTRATIVISTA

dispensar a devida atenção ao "importantíssimo problema da fixação dos princípios fundamentais do direito administrativo"[12], sendo missão da doutrina o preenchimento tal lacuna.

Na segunda edição são acrescidos, entre os subprincípios decorrentes da indisponibilidade e supremacia do interesse público, os princípios da finalidade, da razoabilidade, da proporcionalidade, da motivação e da responsabilidade do Estado, na condição de decorrências do princípio da legalidade, e ainda o da publicidade e do controle jurisdicional dos atos administrativos[13]. O princípio da razoabilidade já é apresentado como meio para delimitar a discricionariedade administrativa, limitando a liberdade do administrador e possibilitando o controle da validade do ato administrativo pelo Judiciário. Bandeira de Mello explica que

> um ato administrativo afrontoso à razoabilidade não é apenas censurável perante a Ciência da Administração. É também inválido (...) por ser inválido é cabível sua fulminação pelo Poder Judiciário (...) não haverá nisto invasão do 'mérito' do ato, isto é do campo da discricionariedade administrativa, pois discrição é margem de liberdade para atender o sentido da lei[14].

De forma semelhante, o princípio da proporcionalidade é apresentado como instrumento de controle jurisdicional da validade dos atos administrativos. Note-se que os princípios da razoabilidade e da proporcionalidade aparecem no texto sem vinculação expressa a nenhuma matriz teórica ou filosófica, enquanto que os princípios da publicidade e do controle jurisdicional são de assumida inspiração no texto constitucional.

A elaboração de uma lista de princípios do direito administrativo, com sede constitucional, foi sendo empreendida, progressivamente, pelos demais doutrinadores, tornando-se, em pouco tempo, unanimidade no discurso operacional. Maria Sylvia Zanella Di Pietro denomina-os de "princípios da administração pública"[15], Carvalho Filho de "princípios constitucionais"[16]. Todavia, eles permaneciam restritos aos princípios relacionados de forma mais direta e explícita à matéria administrativa e

[12] Id. Ibid., p. 32.
[13] Id. *Elementos de Direito Administrativo*. São Paulo: Revista dos Tribunais, 1991, p. 27.
[14] Id. *Elementos de Direito Administrativo*. São Paulo: Revista dos Tribunais, 1991, p. 31.
[15] DI PIETRO, Maria Sylvia Zanella. *Direito administrativo*. São Paulo: Atlas, 2006, p. 80.
[16] CARVALHO FILHO, José dos Santos. *Manual de Direito Administrativo*. Rio de Janeiro: Lumen Juris, 2009, p. 18.

mantidos na condição de guia, de norte orientador da compreensão da disciplina. É dizer, apenas parte da carga principiológica da Constituição era absorvida pelo discurso operacional do direito administrativo e em termos característicos do modelo positivista: princípio concebido como valor informativo e orientador, e não essencialmente normativo. Assim, a afirmação dos princípios constitucionais administrativos para o discurso operacional tradicional estabeleceria "ditames genéricos para o entendimento e interpretação do Direito Administrativo"[17]. Mesmo assim, a ênfase a elementos como publicidade, moralidade já começava a alterar as feições do direito administrativo.prosseguindo nesse sentido de limitação da atuação da Administração Pública de acordo com parâmetros compatíveis com o Estado democrático e promovedor de bem estar social, passou-se também a reformular a noção de poderes e prerrogativas estatais, insinuando-se um conceito de Estado que encontra sua razão de ser na proteção dos cidadãos e na promoção do bem individual e coletivo. É com esta inspiração que Celso Antônio Bandeira de Mello formula a ideia de *dever-poder*, em substituição à de poder ou, ainda, de poder-dever, tendo como objetivo enfatizar a posição do administrador de subordinado e não de soberano, de servidor submetido à vontade do verdadeiro titular do poder, o povo, a coletividade. Investida na função administrativa, a Administração Pública tem o dever de bem desempenhá-la, nos termos fixados pela lei, podendo, para isso, valer-se de prerrogativas para atender o fim legal, o interesse público. Assim, embora a ideia de deveres recíprocos entre Administração e administrados não fosse uma inovação[18], a ênfase dada no dever e não no poder reflete o anseio por menos arbitrariedade, abuso e desvio de finalidade, é dizer, por uma Administração nos termos fixados pela Constituição de 1988.

2.2.3. Primeiros sinais de vinculação do direito administrativo a uma principiologia constitucional unitária

Juarez Freitas, em obra publicada em 1995, fornece sinais de um movimento em direção a uma "decifração renovada" do Direito Administra-

---

[17] MELLO, Celso Antônio Bandeira de. *Curso de Direito Administrativo*. São Paulo: Malheiros, 2006, p. 83.

[18] RIBAS, Antônio Joaquim. *Direito Administrativo Brasileiro*. Ministério da Justiça – Serviço de documentação, 1968, p. 29.

TRANSFORMAÇÕES DO DISCURSO ADMINISTRATIVISTA

tivo. O autor fala de uma urgência de se repensar, de modo profundo, os conceitos de Direito Administrativo, já que mudam em ritmo vertiginoso, as próprias funções do Estado contemporâneo, o qual, como se acentua, deve rumar para uma fase mais promocional do que repressiva.[19]

Em outro momento, tratando especificamente das noções de vinculação e discricionariedade, defende a necessidade de repensá-las como "tarefa oportuna e inadiável, com o fito de adequar tais categorias às contemporâneas compreensões filosóficas do Direito"[20], sem todavia esclarecer quais concepções filosóficas seriam essas. Nesse ponto o autor mantém o arcabouço referencial de seu trabalho ligado à tradicional dogmática do direito administrativo, seja internamente – seu principal referencial é Celso Antônio Bandeira de Mello –, seja externamente: com exceção do capítulo em que aborda a questão do Estado Mínimo, adota exclusivamente, como bibliografia, autores administrativistas da cultura europeia.

A obra consiste numa reunião de textos que versam sobre assuntos diversos como contratos administrativos, desapropriação, licitação, poder de polícia e controle judicial dos atos administrativos. O ponto de comunhão entre todos esses temas e que materializa a intenção do autor de renovar o direito administrativo é a vinculação essencial aos princípios constitucionais dos institutos, conceitos e práticas administrativistas. Segundo Freitas, todo agir da Administração Pública passa a estar subordinado aos princípios constitucionais. Apesar de não tratar, nem mesmo *obter dictum*, de questões como natureza, eficácia, normatividade e ponderação dos princípios, não há dúvida de que o autor se direciona para uma concepção de vinculação da atuação da Administração Pública à ordem principiológica constitucional como um todo.

Assim, ao falar em princípios constitucionais, Freitas não estaria fazendo referência a "princípios gerais do direito", nem aos princípios do direito administrativo e nem somente aos princípios constitucionais da Administração Pública, mas sim aos princípios constitucionais de forma ampla. É dizer, o direito administrativo não mais seria informado apenas pelos princípios identificáveis na parte do texto constitucional destinada à regulação da Administração Pública, mas a toda a carga principiológica da Constituição. Trata-se, todavia, de um passo nessa direção e não de posição con-

[19] FREITAS, Juarez. *Estudos de Direito Administrativo*. São Paulo: Malheiros, 1995, p. 59.
[20] Id. *Ibid*, p. 126.

solidada, tanto que também é adotada a nomenclatura mais tradicional de "princípios constitutivos do sistema jurídico"[21].

É importante lembrar que na década de 1990 o discurso operacional do direito administrativo estava, de um modo geral, muito mais absorvido pela compreensão e sistematização de maciças e relevantes alterações normativas, implementadas através de emendas constitucionais e diplomas legislativos. A conjuntura político-econômica no Brasil, na última década do século passado, foi marcada pelo neoliberalismo. A ideia de um Estado mínimo, um Estado Empresário, ganhava ressonância e era materializada através da preparação do sistema jurídico para a implementação de um amplo programa de privatização. Sob a influência de modelos e idéias neoliberais e atendendo a recomendações do Consenso de Washington, dá-se início, ainda no governo de Fernando Collor de Mello, ao processo de privatização[22], marcadamente com a promulgação da Lei n. 8.031 de 1990, que criou o Programa Nacional de Desestatização e outros diplomas normativos que se seguiram. Esse arcabouço infraconstitucional, somado às Emendas a que se submeteu a Constituição Federal, como as de número 6, 7, 8 e 9, todas de 1995, destinava-se a possibilitar juridicamente e regular o processo de desestatização da economia. Abertura da economia nacional para o capital estrangeiro, extinção ou flexibilização de monopólios estatais ligados a áreas de telecomunicações, petróleo, siderurgia e exploração mineral do subsolo foram medidas que só se tornaram possíveis após a publicação das mencionadas emendas constitucionais.

Essas alterações nas feições do Estado desdobraram-se em uma vasta e significativa produção legislativa. A Lei n. 8.987/1995 que dispõe sobre o regime de concessão e permissão, a Lei n. 9.790/1999 que cria e regulamenta as Organizações da Sociedade Civil de Interesse Público, todas as leis instituidoras de Agências Reguladoras e as leis que dispõem, já em 2004 e 2005, respectivamente, sobre parceria público-privada e consórcios públicos são reflexos da adoção de um modelo estatal empresarial e neoliberal. O discurso operacional do direito administrativo tinha, então, uma

---

[21] FREITAS, Juarez. *Estudos de Direito Administrativo*. São Paulo: Malheiros, 1995, p. 135.

[22] Ver: SAURIN, Valter; PEREIRA, Breno Augusto D. "O programa nacional de desestatização: aspectos relevantes da política de privatização", Revista de Ciências da Administração, n. 0, ago. 1998, p. 45. Disponível em: http://www.periodicos.ufsc.br/index.php/adm/article/view File/7986/7374. Acesso em: 14 dez. 2009.

ampla gama de novos conceitos e novos institutos, introduzidos pela via legislativa, aos quais precisava se dedicar. Se for considerada a promulgação de leis estruturantes de aspectos fundamentais do direito administrativo como a Lei n. 8.112/90 (servidores públicos), a Lei n. 8.666/93 (licitações e contratos da Administração), Lei n. 9.784/99 (processo administrativo), é possível concluir que mais da metade do conteúdo dos cursos de direito administrativo brasileiro é fruto do trabalho dos doutrinadores das últimas duas décadas. É compreensível a falta de espaço e oportunidade para a elaboração de estudos que repensassem o direito administrativo à luz dos novos modelos teóricos gerais.

Finda a década de 1990, com a desaceleração do processo de reforma da Administração Pública, por um lado, e com a hegemonização do discurso neoconstitucionalista, por outro, o discurso operacional administrativista pôde se dedicar com muito mais intensidade à sua adequação aos fundamentos do modelo teórico emergente.

2.2.4. A influência do neoconstitucionalismo da Universidade Estadual do Rio de Janeiro

As primeiras manifestações de reformulação do discurso dogmático doutrinário mais conscientes acerca de sua filiação teórica vieram de juristas ligados à Universidade Estadual do Rio de Janeiro (UERJ). O Programa de Pós-Graduação em Direito Público, ali implementado na década de 1990, gerou e congregou uma vasta atividade acadêmica dedicada ao estudo do constitucionalismo do Pós-guerra, da jurisdição constitucional, das novas teorias da interpretação constitucional, da teoria dos princípios e da teoria dos direitos fundamentais. Como resultado, verificou-se uma ampla produção dedicada ao estudo, aprofundamento e divulgação do neoconstitucionalismo e, paralelamente, da constitucionalização do direito, que hoje goza de ampla aceitação no discurso jurídico brasileiro em geral.

A obra de Luís Roberto Barroso[23] é central para esse movimento e ponto de partida para outros juristas dedicados a um dos dois campos temáticos mencionados e que compartilham os mesmos referenciais teóricos e filosóficos. Como reconhece o próprio Barroso em prefácio ao livro de Gus-

---

[23] BARROSO, Luís Roberto. "Fundamentos teóricos e filosóficos do novo direito constitucional brasileiro: pós modernicadade, teoria crítica e pós-positivismo". Revista Diálogo Jurídico, Salvador, n. 6, 2001.

tavo Binenbojm, *Uma teoria do direito administrativo: direitos fundamentais, democracia e constitucionalização*[24], (tese de doutoramento do autor, desenvolvida sob a orientação do próprio Barroso) a dedicação ao campo da constitucionalização do direito administrativo deveu-se, em grande parte, à sugestão do próprio orientador, quando ainda professor da graduação. "O direito administrativo brasileiro não tinha vivido o mesmo movimento de renovação pelo qual passara o direito constitucional após a Constituição de 1988"[25], advertira-o então. Não por acaso, outros juristas provenientes do Programa de Pós-Graduação da UERJ vêm se dedicando à temática, como pode ser verificado na obra *Interesses Públicos versus Interesses Privados*[26], organizada por Daniel Sarmento e composta por artigos de autoria de Alexandre Santos Aragão, Barroso e Binenbojm.

Como se percebe, a produção doutrinária voltada para a constitucionalização do direito administrativo nada tem de ocasional ou fortuita. Ao contrário, trata-se de movimento voltado para a "crítica *estrutural* ao arcabouço teórico da disciplina"[27], que intenta contribuir tanto para uma maior consistência do ponto de vista teórico, quanto para uma maior eficiência do ponto de vista pragmático.

3. As tentativas de redefinição de institutos-chave do direito administrativo

Nos tópicos seguintes será examinado o impacto, sobre o tratamento dogmático do princípio da legalidade e do conceito de interesse público, da incorporação, pelo discurso doutrinário emergente, das formas argumentativas e das premissas conceituais preconizadas pelo discurso teórico pós-positivista. A estratégia adotada é comparativa, e consiste em confrontar, relativamente a cada tópico, a doutrina tradicional e a emergente. Além de deixar mais claro o sentido das transformações, a análise comparativa permite também avaliar em que casos a interferência das estruturas argu-

---

[24] BINENBOJM, Gustavo. Uma teoria do direito administrativo: direitos fundamentais, democracia e constitucionalização. Rio de Janeiro, Renovar, 2008.

[25] BARROSO, Luís Roberto. "Prefácio: a caminho de um direito administrativo constitucional". In: BINENBOJM, Gustavo. *Uma teoria do direito administrativo.* Rio de Janeiro: Renovar, 2008.

[26] SARMENTO, Daniel (org). Interesses Públicos versus Interesses Privados. Rio de Janeiro: Lumen Juris, 2007.

[27] BINENBOJM, Gustavo. *Uma teoria do direito administrativo.* Rio de Janeiro: Renovar, 2008, p. 1.

TRANSFORMAÇÕES DO DISCURSO ADMINISTRATIVISTA

mentativas na descrição do direito positivo terá sido mais aparente do que real, e em que situações ela terá afetado de forma substancial o conteúdo normativo dos institutos.[28]

3.1. O princípio da legalidade

O princípio da legalidade teve durante muito tempo um sentido muito estável na doutrina administrativista brasileira, que o adotou inclusive como um dos principais marcos de distinção entre o direito privado e o direito administrativo. Formulado desde as primeiras manifestações em sede de direito administrativo, fundou-se na oposição ao regime absolutista e na adoção do ideal de separação dos poderes. Constituía, então, requisito indispensável para a concretização do Estado de Direito, no qual o Poder Executivo deveria estar submetido à lei promulgada pelo Poder Legislativo. Assim, em suas primeiras versões, o princípio da legalidade era visto essencialmente como anteparo contra o "arbítrio da vontade pessoal do monarca" e como meio de obtenção de "certeza jurídica e limitação do poder"[29], associando-se, portanto, a um outro princípio, o da segurança jurídica.

A versão adotada pelo discurso operacional no Brasil, majoritariamente, era, e de certa forma ainda é, bastante estrita, correspondendo à afirmação de que o particular pode fazer tudo o que não estiver vedado pela lei, enquanto que o administrador deve agir apenas nos termos prescritos pela lei. Trata-se de axioma proclamado de forma incondicional[30] e cor-

---

[28] Para uma análise bem mais completa do tema, abrangendo não apenas o princípio da legalidade e o interesse público, mas também o processo administrativo, a discricionariedade e o poder de polícia, ver: CAMPOS, Luiza Ferreira, Reformulação do discurso dogmático do direito administrativo: análise a partir da incidência do discurso teórico prescritivo "pós-positivista". Dissertação de mestrado. Recife: Universidade Federal de Pernambuco, 2010, 136 p.

[29] MEDAUAR, Odete. O Direito Administrativo em evolução. São Paulo: Revista dos Tribunais, 1992, p. 142.

[30] "O princípio da legalidade é o da completa submissão da Administração às leis. Esta deve tão somente obedecê-las, cumpri-las, pô-las em prática. Daí que a atividade de todos os seus agentes (...) só pode ser a de dóceis, reverentes obsequiosos cumpridores das disposições gerais fixadas pelo Poder Legislativo, pois esta é a posição que lhes compete no Direito brasileiro". MELLO, Celso Antônio Bandeira de. Curso de Direito Administrativo, *Curso de Direito Administrativo*. São Paulo: Malheiros, 2006, p. 90. No mesmo sentido: GASPARINI, Diogenes. *Direito Administrativo*. São Paulo: Saraiva, 2009, p. 07.

DIREITO ADMINISTRATIVO: TRANSFORMAÇÕES E TENDÊNCIAS

responde à adoção da teoria da vinculação positiva à lei (*positive Bindung*[31]), teoria inserida, notadamente, na tradição positivista normativista[32]. Nesse contexto, o ato administrativo é concebido como integrante da pirâmide normativa, sendo sua produção determinada, ainda que relativamente, pelos diplomas normativos de hierarquia superior. A inviabilidade fática e lógica de realização estrita de tal princípio, uma vez que ordenamento jurídico nenhum poderia regular à exaustão todos os atos a serem praticados pela Administração Pública, raramente é problematizada, de forma que a discricionariedade administrativa e o princípio da legalidade em sua versão mais extremada convivem em aparente harmonia no discurso operacional tradicional[33].

As primeiras manifestações destacando a ausência de condições de realização do princípio em questão, nos moldes propostos, datam, no Brasil, do final da década de 1980. Nesse primeiro período, a constatação da titularidade de "poderes incontroláveis" pela Administração Pública e de "zonas livres" nas quais o controle jurisdicional não podia atuar, bem como do deslocamento da predominância do legislativo para o executivo e a utilização da lei como instrumento de atuação social do Estado levava à necessidade de reformulação do princípio da legalidade[34]. Inspirada na alteração do direito francês, com a promulgação da Constituição de 1958 que previa a divisão do direito administrativo em dois campos, um sub-

---

[31] BINENBOJM, Gustavo. *Uma teoria do direito administrativo*. Rio de Janeiro: Renovar, 2008, p. 140.

[32] A identificação da obra de Adolf Merkl como expressão máxima do positivismo normativista kelseniano é pacífica entre os administrativistas. Oswaldo Bandeira de Mello já identificava a obra do austríaco como a mais destacada aplicação da Teoria Pura do Direito no âmbito do direito administrativo, ressaltando a ênfase dada na perspectiva metodológica. MELLO, Oswaldo Aranha Bandeira de. *Princípios Gerais de Direito Administrativo*. Rio de Janeiro: Forense, 1969, p. 84.

[33] Celso Antônio Bandeira de Mello, por exemplo, compatibiliza a exigência de subsunção entre lei e atividade administrativa com discricionariedade com base no "quadro dotado de objetividade" formado pela lei e dentro do qual se movem os sujeitos de direito". Assim, a discricionariedade só é possível dentro dos limites da legalidade, o administrador continua, pretensamente, atuando conforme os mandados legais, muito embora eles não estejam expressos na lei, mas apenas inferidos. MELLO, Celso Antônio Bandeira de. *Curso de Direito Administrativo*. São Paulo: Malheiros, 2006, p. 905.

[34] MEDAUAR, Odete. *O Direito Administrativo em evolução*. São Paulo: Revista dos Tribunais, 1992, p. 144.

metido à lei e outro ao regulamento autônomo, e das subseqüentes manifestações do Conselho de Estado francês que reconhecia a subordinação da atuação normativa do executivo aos princípios gerais do direito, Odete Medauar conclui pela ampliação do princípio da legalidade. Este passava a "assentar-se em bases valorativas, 'amarrando' a Administração não somente à lei votada pelo Legislativo, mas aos preceitos fundamentais que norteiam todo o ordenamento"[35]. Em sentido semelhante, o princípio da legalidade passou a ser identificado, na versão atualizada da Hely Lopes Meirelles, como aquele que subordina o administrador à lei, às exigências do bem comum e aos princípios administrativos, do Direito e da Moral, com alusão ao art. 2º da Lei 9.784/99 que submete a Administração à Lei e ao Direito.

Assim, embora o resultado seja a vinculação da Administração ao ordenamento como um todo e, em especial aos princípios inerentes ao Estado Democrático de Direito, a ideia de "poderes incontroláveis" e de "zonas livres" de controle jurisdicional é aceita com bastante tranquilidade. Ademais, não há a propositura de parâmetros e procedimentos que substituam a anterior vinculação estrita à lei. Sabe-se, apenas, que ela é irrealizável e que, diante da adoção expressa do princípio da legalidade pela Constituição de 1988, este deve ser lido como determinação de vinculação da atividade administrativa ao ordenamento como um todo e, em especial, aos ditames constitucionais. Trata-se, portanto, de manifestação típica do período em que prevalecia a postura de crítica ao discurso vigente, mas pouco propositiva. Nota-se que a incidência do discurso pós-positivista é inserida de forma incompleta. As teorias prescritivas não são, ainda, de domínio dos administrativistas do período. Sabe-se, apenas, que a carga axiológica constitucional deve assumir papel mais relevante na regulação da atividade administrativa, mas não se sabe (ou não se teve a preocupação de expor) de que forma isto se dá, ou seja, quais "procedimentos" devem ser utilizados para tanto. Verifica-se que a inserção dessa alteração na concepção do princípio da legalidade dá-se por via da produção doutrinária e jurisprudencial francesa, resquício do hábito dos administrativistas brasileiros, dada a tradição do direito francês.

---

[35] MEDAUAR, Odete. *Ibid.*, p. 145. Aponta, ainda, para alterações, em sentido semelhante, nas constituições portuguesa e espanhola ("sujeição plena da Administração à lei e ao Direito") e na jurisprudência alemã.

Assim, a repercussão dessas manifestações foi limitada. O espectro da insegurança jurídica e a falta de uma elaboração mais robusta que fundamentasse tal posicionamento mantiveram essa concepção isolada no discurso operacional, de forma semelhante ao que ocorreu com as primeiras manifestações de crítica à metodologia positivista no âmbito da interpretação jurídica, apontadas como atentatórias à segurança jurídica.

Somente a partir do aprofundamento nas bases teóricas e filosóficas do "pós-positivismo" pelo discurso jurídico brasileiro é que a crítica ao princípio da legalidade ganhou maior densidade e foi complementada por um conteúdo propositivo de caráter um pouco mais sistemático. A obra de Gustavo Binenbojm é bastante ilustrativa desse panorama, por aprofundar a crítica ao princípio da legalidade enquanto vinculação positiva à lei e por propor sua substituição por um novo princípio, o da *juridicidade administrativa*.

Na concepção de Binenbojm, a insustentabilidade do princípio da legalidade, nos moldes delineados pela doutrina tradicional, decorre, em especial, da derrocada da lei em seu sentido liberal clássico. A inflação legislativa, a constatação de que a lei pode veicular mandamentos injustos, a emergência da constituição como principal expressão da "vontade geral do povo" e a permissão de que atos normativos, distintos da lei[36], possam regular a atuação administrativa, em atenção à necessidade de velocidade e eficiência da Administração Pública, são os fatores apontados como causas da "crise da lei formal". Seria equivocado, portanto, estabelecer a vinculação da atividade administrativa somente à lei. Mais apropriado seria identificar a subordinação da Administração a um "bloco de legalidade", é dizer, ao "ordenamento como um todo sistêmico"[37], ideia que encontra expressão no "princípio da juridicidade administrativa" de Merkl que, segundo Binenbojm, influenciou o estabelecimento da vinculação dos Poderes Executivo e Judiciário à lei e ao direito, na redação da Lei Fundamental de Bonn, que, em suas palavras, "marca a superação do positivismo legalista"[38].

---

[36] Binenbojm faz referência a medidas provisórias, leis delegadas e regulamentos autônomos (quando não implica em aumento de despesa, nem criação ou extinção de órgãos públicos). BINENBOJM, Gustavo. *Uma teoria do direito administrativo*. Rio de Janeiro: Renovar, 2008, p. 133.

[37] *Id. Ibid.*, p. 141.

[38] *Id. Ibid.*, p. 141.

TRANSFORMAÇÕES DO DISCURSO ADMINISTRATIVISTA

Até aqui nota-se pouca diferença em relação ao discurso operacional "crítico" anterior, com exceção, apenas, da justificativa de ordem valorativa que aponta a lei como possível veiculadora de injustiça. No entanto, Binenbojm adiciona um elemento crucial: a constitucionalização do direito administrativo, que carrega consigo todos os elementos ligados à teoria dos direitos fundamentais e à teoria dos princípios. Sustenta, então, a adoção do princípio da juridicidade administrativa, do qual o princípio da legalidade é apenas uma parte. A Administração Pública encontrar-se-ia subordinada à lei, aos regulamentos[39] e, em especial à Constituição. Esta última, além de servir de base para a produção dos demais diplomas normativos do sistema jurídico, é considerada fonte autônoma do direito administrativo, nos moldes característicos do neoconstitucionalismo. Assim, defende o jurista que a aplicação direta das normas constitucionais, em especial, dos princípios, abriria espaço para uma maior inserção da carga axiológica constitucional no âmbito da Administração Pública e, ainda, possibilitaria a "atividade administrativa *contra legem*"[40], é dizer, o reconhecimento da validade de atos da Administração Pública praticados em desconformidade com a lei, mas em perfeita harmonia com a Constituição.

Todavia, apesar da expansão do campo normativo e da relativa desvinculação entre atividade administrativa e lei, a proposta de reformulação do princípio da legalidade não perde seu caráter operacional por duas razões: a reafirmação do princípio da segurança jurídica, agora em termos "pós-positivistas", e o cuidado de submeter a tese a certas precauções de ordem metodológicas.

Assim, por um lado, a contestação ao primado estrito da lei, invocando a crise da legalidade, é conduzida em nome da manutenção da coerência do sistema jurídico, do respeito aos valores constitucionais e, mais que isso, da não violação ao princípio da segurança jurídica. Este último é agora apresentado não sob a roupagem de princípio geral do direito, formalista e dis-

---

[39] Os regulamentos autônomos são apresentados, por Binenbojm, como importante expressão do fenômeno de deslegalização do direito administrativo, por encontrarem fundamento direto na Constituição e não na lei. BINENBOJM, Gustavo. *Uma teoria do direito administrativo*. Rio de Janeiro: Renovar, 2008, p. 171.

[40] Binenbojm refere-se, exemplificativamente, à lei administrativa inconstitucional, sustentando a tese de que essa deve ser não aplicada pela Administração, independentemente de prévia manifestação do Judiciário sobre sua inconstitucionalidade, na condição de intérprete e executora da Constituição. Id. Ibid., p. 174.

tante dos preceitos humanísticos e sociais, característico, segundo postula o autor, do modelo positivista do direito moderno, mas sim como verdadeiro princípio constitucional, implícito à cláusula do Estado Democrático de Direito e ao sistema de direitos fundamentais. Binenbojm recorre, destacadamente, ao direito alemão e à noção de "princípio da proteção da confiança" reconhecida pelo Tribunal Constitucional Federal alemão, fazendo referência a Karl Larenz e Gustav Radbruch para identificá-lo como requisito para qualificação de um ordenamento como justo[41]. Dessa forma a desconsideração da lei não é caracterizada como expressão do caos, da arbitrariedade e da insegurança jurídica; ao contrário, é justamente a possibilidade de aplicar direta e imediatamente as normas constitucionais na regulação da atividade administrativa e, portanto, a expressão da própria segurança jurídica. Inverte-se desse modo a lógica até então dominante, trazendo o argumento que era contrário à deslegalização para a sua base de justificação.

Em segundo lugar, essa operação de deslegalização precisa de parâmetros metodológicos claros e manejáveis pelos intérpretes e aplicadores do direito, sob pena de ser afastada por ser tida por irracional e incompatível com a adoção de padrões confiáveis. Para contornar esse empecilho, Binenbojm classifica o problema como um conflito normativo, mais precisamente como um conflito entre princípios constitucionais e, adotando os pressupostos conceituais de Robert Alexy e Ronald Dworkin acerca da distinção entre regras e princípios, com o auxílio da obra de Humberto Ávila[42], indica a adoção da "ponderação proporcional entre princípios conflitantes" como mecanismo capaz de conduzir a uma solução "otimizada".

A forma de concretizar satisfatoriamente a Constituição Federal, no âmbito da Administração, envolveria, assim, operações de ponderação entre o princípio da legalidade e o princípio da segurança jurídica ou outros princípios como o da eficiência. Binenbojm fornece, então, um quadro de posturas que o intérprete-aplicador deve adotar diante de atos eivados de ilegalidade, considerando as circunstâncias do caso concreto. Assim, atos não geradores de benefício para os administrados devem ser invalidados retroativamente. Já os atos geradores de benefício aos administrados devem ser convalidados, obrigatoriamente, quando houver previsão legal

[41] Id. Ibid., p. 178.
[42] BINENBOJM, Gustavo. *Uma teoria do direito administrativo*. Rio de Janeiro: Renovar, 2008, p. 187.

TRANSFORMAÇÕES DO DISCURSO ADMINISTRATIVISTA

ou quando for possível do ponto de vista lógico. Caso a convalidação não seja possível, ainda assim os atos geradores de benefício devem ser convalidados se já decorrido o prazo decadencial para invalidação ou se, diante do caso concreto, for verificado que a violação da confiança do administrado de boa-fé for mais prejudicial do que a lesividade social da ilegalidade[43].

Ao que parece essas conclusões são as mesmas a que chega o discurso operacional tradicional, ainda que os fundamentos discursivos não sejam os mesmos: no lugar do princípio da juridicidade administrativa, o princípio da legalidade; ao invés de princípios constitucionais, o interesse público; num caso, o princípio da segurança jurídica, no outro o da proteção da confiança[44]. Segundo Celso Antônio Bandeira de Mello, ilustrativamente, a Administração tem o dever de convalidar o ato quando este for suscetível de convalidação e quando ainda não houver impugnação pelo interessado. Já quando o ato for insuscetível de convalidação, a Administração deverá invalidá-lo, salvo quando o ato já estiver estabilizado, o que ocorre em duas hipóteses: quando findo o prazo prescricional para a invalidação ou quando o ato viciado for

> ampliativo da esfera jurídica dos administrados e dele decorrerem sucessivas relações jurídicas que criaram para sujeitos de boa-fé, situação que encontra amparo em norma protetora de interesses hierarquicamente superiores ou mais amplos do que os residentes na norma violada, de tal sorte que a desconstituição do ato geraria agravos maiores aos interesses protegidos na ordem jurídica do que os resultantes do ato censurável.[45]

---

[43] *Id. Ibid.*, p. 188, 189.

[44] A conexão entre princípio da legalidade, interesse público, princípio da segurança jurídica e ainda proteção do administrado de boa-fé pode ser facilmente inferida na seguinte passagem da obra de Celso Antônio Bandeira de Mello: "Não brigam com o princípio da legalidade, antes, atendem-lhe ao espírito, as soluções que se inspirem na tranquilização das relações que não comprometem insuprimivelmente o interesse público, conquanto tenham sido produzidas de maneira inválida. É que a convalidação é uma forma de convalidação da legalidade ferida". E ainda, na mesma obra: "Ora, tanto se recompõe a legalidade fulminando um ato viciado, quanto convalidando-o. É de notar que esta última providência tem, ainda, em seu abono o princípio da segurança jurídica, cujo relevo é desnecessário encarecer. (...) Acresce que também o princípio da boa-fé (...) concorre em prol da convalidação, para evitar gravames ao administrado de boa-fé". MELLO, Celso Antônio Bandeira de. *Curso de Direito Administrativo*. São Paulo: Malheiros, 2006, p. 441, 444.

[45] Id. Ibid., p. 444.

DIREITO ADMINISTRATIVO: TRANSFORMAÇÕES E TENDÊNCIAS

Assim, mesmo sem fazer qualquer referência à ponderação de interesses, nota-se que Bandeira de Mello propõe um juízo de razoabilidade, uma análise ponderativa, quando afirma que a desconstituição do ato geraria mais agravos do que a sua manutenção. Percebe-se, portanto, como a razoabilidade e a ponderação constituem artifícios comuns que não deixaram de ser aplicados pelo discurso jurídico tradicional. A diferença, aqui, reside na utilização de tais mecanismos como argumentos de justificação e legitimação do próprio discurso, o que não ocorria no discurso tradicional, visto que nele eram adotados outros recursos legitimadores.

Embora não sejam possíveis conclusões muito taxativas sobre o tema, dado o caráter ainda inacabado das transformações analisadas, o impacto normativo concreto da reformulação do princípio da legalidade, proposta pela doutrina emergente, pode ser menor do que parecia: no material examinado, o único exemplo trazido pelo representante do discurso operacional de influência pós-positivista não modifica os parâmetros da atuação concreta da Administração e do seu controle jurisdicional.

3.2. O interesse público

A noção de interesse público é uma das matrizes clássicas do direito administrativo elaboradas já no século XIX. No Brasil o conceito de interesse público permeava de forma esparsa os primeiros estudos publicistas. É possível identificar menção ao tema em uma das primeiras obras publicadas sobre o direito administrativo no país. Em *Ensaio sobre o Direito Administrativo*, de 1862, o Visconde de Uruguai caracterizava o poder administrativo como aquele que "aplica o interesse geral a casos especiais" e que se vê, muitas vezes, na necessidade de "sacrificar o interesse particular" do cidadão e o próprio interesse estatal em nome do geral[46]. Apesar de não haver qualquer consideração ao que seria esse interesse, como o administrador poderia identificá-lo e em que termos se daria o sacrifício dos interesses particulares, o autor trazia a crítica, de inspiração francesa, à conjuntura anterior destituída de controle da fixação do interesse público pela vontade soberana. Enquanto no absolutismo nenhuma "autoridade ia ou podia ir de encontro ao que o Governo julgasse de interesse público"[47], no Estado

[46] URUGUAI, Paulino José Soares de Souza, Visconde de. *Ensaio sobre o Direito Administrativo*. Brasília: Ministério da Justiça, 1997, p. 56.
[47] Id. *Idem*, p. 92.

TRANSFORMAÇÕES DO DISCURSO ADMINISTRATIVISTA

Moderno essa função deveria ficar, mais acertadamente, a cargo das "boas instituições administrativas"[48].

O aprofundamento de ideais democráticos e a necessidade de empreender um controle mais objetivo e eficaz à Administração conduzem a uma progressiva centralidade do conceito de interesse público no discurso operacional administrativista pátrio. Essa tendência ganhou sua forma mais bem acabada na obra de Celso Antônio Bandeira de Mello. Como já mencionado, Bandeira de Mello atribuiu aos princípios da supremacia e indisponibilidade do interesse público a condição de pilares centrais do regime jurídico administrativo, visando a distanciar o direito administrativo da concepção atrelada à noção de poder e a aproximá-lo da noção de dever, de sujeição à lei e aos direitos dos administrados.

Dedica-se, assim, à caracterização do conceito de interesse público aproximando-o de uma feição coletiva, publicista, pessoal e cidadã. O interesse público que goza de supremacia não seria o interesse secundário do Estado, na tradicional classificação italiana, isto é, o seu interesse individual, privado, e sim o interesse primário, o interesse público propriamente dito. Também não seria o interesse da maioria, uma mera soma de interesses individuais. Para manter a capacidade de fundamentação da atuação estatal e de norte para o regime jurídico administrativo, o conceito de interesse público deveria estar atrelado tanto à coletividade quanto ao indivíduo pessoalmente considerado. Assim, ao mesmo tempo em que o interesse público é conceituado como o interesse do "próprio conjunto social", do todo, ele também é "a dimensão pública dos interesses de cada indivíduo enquanto partícipe da Sociedade"[49]

Entretanto, a ideia de um interesse do conjunto social como algo homogêneo e unitário é pouco plausível diante da complexidade social e do caráter de singularidade que marca o ser humano. Para contornar esse impasse, Bandeira de Mello lança mão de um enfoque político: interesse público é o interesse que cada indivíduo do conjunto social possui inspirado pela ideia de que compõe uma sociedade, é dizer, de que é cidadão. Assim, nessa operação retórica, o interesse público é do interesse de todos e de cada um, pois todos e cada um devem possuir a consciência de

---

[48] Id. *Idem*, p. 13.
[49] MELLO, Celso Antônio Bandeira de. Curso de Direito Administrativo, *Curso de Direito Administrativo*. São Paulo: Malheiros, 2006, p. 49.

que formam uma comunidade social e política que possui interesses mais importantes e prementes do que os interesses individuais que não coincidem com o interesse público. Interesse público seria, portanto, o interesse que cada um possui quando pensa não em si mesmo, mas em todos, um interesse não egoístico, nas palavras de Bandeira de Mello, "resultante do conjunto dos interesses que os indivíduos pessoalmente têm quando considerados em sua qualidade de membros da Sociedade e pelo simples fato de o serem"[50].

Assim, para o autor afigura-se imperiosa a conclusão pela supremacia do interesse público sobre o privado. Quando o indivíduo age como integrante de um organismo político social, seu interesse coincide com o interesse público e merece a total proteção estatal. Já quando atua de forma privada, seu interesse diverge do interesse público, devendo este último prevalecer como condição da sobrevivência da sociedade e de cada integrante.

É no princípio da supremacia do interesse público que Bandeira de Mello localiza o fundamento legitimador da posição de privilégio e de supremacia do Estado em suas relações com os administrados. É a condição de guardião do interesse público, no exercício da função administrativa, que justifica, portanto, a previsão de privilégios – como a presunção de veracidade dos atos administrativos, de prazos judiciais dilatados e de prazos prescricionais diferenciados – e a relação de verticalidade mantida com o particular, o que possibilita, por exemplo, a constituição de obrigações de forma unilateral.

Esse panorama logrou certa unanimidade no direito administrativo brasileiro – a noção de interesse público parecia, então, inquestionável. Apenas a partir de meados da década passada, vozes começaram a emergir na doutrina administrativista empreendendo críticas ao princípio da supremacia do interesse público sobre o privado e, em muitos casos, defendendo a sua "desconstrução". O grupo de juristas ligados à Universidade Estadual do Rio de Janeiro e Marçal Justen Filho são os nomes de maior destaque que podem ser identificados entre aqueles que apontam incompatibilidades entre a noção de supremacia do interesse público e o Estado Democrático de Direito proclamado pela Constituição de 1988.

É importante registrar, contudo, que críticas à noção de interesse público podem ser identificadas em período consideravelmente anterior,

---

[50] Id. Ibid. p. 51.

especialmente na doutrina administrativa estrangeira. Odete Medauar, em obra datada de 1992, já elencava críticas e tendências de críticas à concepção tradicional de interesse público. Administrativistas, principalmente italianos e espanhóis, mas também norte-americanos, apontavam, nas décadas de 1970 e 1980, o descompasso entre o mito do interesse geral e a realidade, a heterogeneidade do interesse público em uma sociedade complexa e o não monopólio do interesse público pelo Estado. A impossibilidade de rigidez na prefixação do interesse público, por não haver um padrão de comparação estável e a idéia de preservação de interesses individuais, e não de sacrifício destes em face do interesse público, já começavam a ser levantadas, embora apenas ecos chegassem ao Brasil. A seguinte passagem da obra de Medauar antecipa tendência que só iria se materializar, no contexto nacional, uma década depois (note-se, de passagem, a referência expressa à ponderação dos interesses, embora sem aprofundamento do tema):

> tende a modificar também o entendimento de sacrifício de um interesse em benefício de outro, ou de primazia de um sobre outro interesse. Cogita-se hoje da função atribuída à Administração de *ponderação dos interesses* em confronto; o princípio é o da não sacrificabilidade 'a priori' de nenhum interesse; o objetivo dessa função está na busca do estatuto da compatibilidade entre os interesses[51].

É somente a partir do início da década passada que a crítica ao princípio da supremacia e ao próprio conceito de interesse público começa a penetrar, consideravelmente, no discurso operacional do direito administrativo brasileiro. Todavia, essa incidência não advém da influência da produção administrativista europeia, como tradicionalmente ocorria nesse discurso, mas sim como reflexo da "constitucionalização do direito" e da influência do discurso "pós-positivista".

Os argumentos utilizados para "desconstruir" o mencionado princípio são, de modo geral, quatro: o que denuncia o *caráter mítico da noção de interesse público*, o que aponta para a *impossibilidade de uma concepção unitária de interesse público*, o que reclama por um *fundamento mais adequado para as decisões administrativas* e o que reclama por um *método* que seja capaz de orientar a atuação da Administração. Seguindo a ideia de que o direito

---

[51] MEDAUAR, Odete. *O Direito Administrativo em evolução*. São Paulo: Revista dos Tribunais, 1992, p. 183, (grifo nosso).

administrativo não se prestou a limitar o poder, como até então havia sido propagado, mas sim a mantê-lo sob uma nova roupagem de submissão à lei, o interesse público é considerado como conceito que contribui para a sustentação de tal falácia. Tratar-se-ia de um conceito capaz de simular uma feição do direito administrativo como ramo jurídico garantidor de direitos do administrado, e não do poder do administrador. Essa corrente denuncia, assim, a contribuição do conceito de interesse público para a manutenção de um direito administrativo autoritário e voltado para a garantia dos interesses estatais e dos governantes apenas disfarçados, argumentativamente, de interesses públicos. Alexandre Aragão menciona uma "genérica e mítica invocação do 'interesse público'"[52]. Já Gustavo Binenbojm alude ao conceito de interesse público como argumento utilizado para a quebra da isonomia entre Administração e cidadão, tributário do "pecado original" do direito administrativo – seu nascimento voltado para garantir os poderes do primeiro e não os direitos do administrado[53].

O segundo argumento favorável à desconstrução do princípio da supremacia do interesse público é o que se opõe à ideia de uma concepção unitária de interesse público. A crítica, aqui, começa a ser mais direcionada ao princípio e não ao conceito. A referência ao interesse público para motivar um ato ou decisão administrativa não seria necessariamente perniciosa. O problema é que, diante da fluidez semântica, inerente à noção de interesse público e da complexidade social, não "atentar para a existência de uma multiplicidade de interesses públicos, é submeter-se a um discurso político perverso e dissimulador"[54].

Ademais,

o reconhecimento da centralidade do sistema de direitos fundamentais instituído pela Constituição e a estrutura pluralista e maleável dos princípios

---

[52] ARAGÃO, Alexandre Santos. "A supremacia do interesse público no advento do Estado de Direito e na Hermenêutica do Direito Público Contemporâneo". In: SARMENTO, Daniel (Org). *Interesses Públicos versus Interesses Privados*. Rio de Janeiro: Editora Lumen Juris, 2007, p. 4.
[53] BINENBOJM, Gustavo. *Da Supremacia do Interesse Público ao Dever de Proporcionalidade: um novo paradigma para o direito administrativo*. In: SARMENTO, Daniel (Org). Ibid., p. 123, 124.
[54] MENDES, Conrad Hübner *apud* ARAGÃO, Alexandre Santos. "A supremacia do interesse público no advento do Estado de Direito e na Hermenêutica do Direito Público Contemporâneo". In: SARMENTO, Daniel (Org). *Interesses Públicos versus Interesses Privados*. Rio de Janeiro: Editora Lumen Juris, 2007, p. 8.

TRANSFORMAÇÕES DO DISCURSO ADMINISTRATIVISTA

constitucionais inviabiliza a determinação *a priori* de uma regra de supremacia absoluta dos interesses coletivos sobre os interesses individuais ou dos interesses públicos sobre os privados[55].

Não há, portanto, um único interesse público, mas vários, que podem estar, inclusive, em conflito entre si[56]. Não há que se falar, assim, em parâmetros fixos de interesse público que serviriam como referência para toda e qualquer situação, é dizer, não há uma pré-fixação do conteúdo do interesse público. Adotar o axioma de que o interesse público deve sempre prevalecer sobre o privado é passar ao largo do fato de que há uma pluralidade de interesses expressos em argumentos retóricos que irão atuar na fixação desse alegado interesse público. Sem atentar para tal fato, essa fixação será feita de forma desregulada, ficando a cargo de interesse subjetivos dos administradores e dos mandos e desmandos do poder. O princípio da supremacia, ao supostamente proteger o interesse público, acaba por deixar o administrador livre para atuar conforme seus desejos, acobertado pelo manto sagrado do público e do coletivo.

Haveria, portanto, e este é o terceiro argumento a favor da desconstrução, uma incompatibilidade entre o Estado Democrático de Direito e o princípio da supremacia do interesse público. O princípio da supremacia perde sua capacidade de lastrear a atuação do administrador após a demonstração de que este princípio não é capaz de fornecer fundamento consistente para as decisões administrativas, pois, em verdade, ele é o "refúgio" que a Administração utiliza para "evitar o controle ou desfazimento de atos"[57].

Se antes, ao adotar determinado ato, bastava ao administrador alegar fazê-lo em nome do interesse público, hoje tal fundamentação mostra-se como insuficiente e maculada pela manipulação do poder diante da revelação do caráter mítico do conceito de interesse público e do princípio de sua supremacia. Trata-se, portanto, da busca por um fundamento mais adequado para essas decisões, é dizer, o discurso sobre a desconstrução do princípio da supremacia é movido, também, por uma questão de reposição

---

[55] BINENBOJM, Gustavo. *Uma teoria do direito administrativo*. Rio de Janeiro: Renovar, 2008, p. 31.

[56] JUSTEN FILHO, Marçal. *Curso de Direito Administrativo*. São Paulo: Saraiva, 2008, p. 61.

[57] JUSTEN FILHO, Marçal. *Curso de Direito Administrativo*. São Paulo: Saraiva, 2008, p. 54.

de legitimidade. Em quais fundamentos as decisões administrativas podem ser amparadas no contexto de Estado Democrático de Direito de forma credível, capaz de inspirar confiança e respeito? Essa é uma das perguntas que movem o discurso operacional do direito administrativo de inspiração "pós-positivista". A Constituição, com sua ordem axiológica transcrita nos princípios e com os direitos fundamentais, passa a ser o alicerce e o parâmetro para a atuação da Administração. É nela que o administrador deve buscar identificar quais interesses deve proteger e como deve agir.

A discussão da forma como o administrador deve conduzir suas ações e decisões, tendo como referência direta a ordem constitucional, já diz respeito ao quarto e último argumento a favor da desconstrução. Enquanto que no anterior contexto de hegemonia do princípio da supremacia do interesse público bastava identificar qual a conduta ou decisão melhor atenderia à genérica noção de interesse público, no contexto do Estado Democrático de Direito, diante de uma pluralidade axiológica e argumentativa, impõe-se à Administração um maior rigor e uma maior controlabilidade na sua atuação. Não basta afirmar que a Administração está sob a autoridade da lei, como era o caso nos primeiros momentos do Estado Moderno. Não basta declarar sua compatibilidade com o interesse público, é preciso demonstrá-lo.

Tal como se dá com a atividade jurisdicional que é, cada vez mais, objeto de teorias que concebem sua limitação e controlabilidade racionais, a atividade administrativa do Estado também é alvo, contemporaneamente, de uma pretensão de controle metodológico. Do desvelamento da existência de inúmeros interesses que permeiam a atuação do Estado, abrigados secretamente no conceito de interesse público, emerge a necessidade de prescrever uma postura mais clara e regrada para o administrador, como modo de possibilitar sua legitimidade e manutenção consentida. Nas palavras de Alexandre Aragão, "a existência de uma pluralidade de argumentos nas questões mais relevantes de direito público" implica uma "necessidade de uma metodologia adequada para limitar a subjetividade do julgador e do administrador na aplicação de um Direito Público" [58].

---

[58] ARAGÃO, Alexandre Santos. "A supremacia do interesse público no advento do Estado de Direito e na Hermenêutica do Direito Público Contemporâneo". In: SARMENTO, Daniel (org). *Interesses Públicos versus Interesses Privados: desconstruindo o Princípio de Supremacia do Interesse Público*. Rio de Janeiro: Editora Lumen Juris, 2007, p. 2, 3.

TRANSFORMAÇÕES DO DISCURSO ADMINISTRATIVISTA

Impõe-se, assim, uma "racionalização dos processos de definição do interesse público prevalente"[59], alcançável através da procedimentalização progressiva da Administração e da adoção da técnica da ponderação de interesses. O modelo de ponderação e as noções de razoabilidade e proporcionalidade são então absorvidos pelo discurso operacional como critérios de racionalidade. Abandonando o formalismo do interesse público absoluto, adota-se a noção de um interesse público identificável em consonância com as peculiaridades do caso concreto e com os valores constitucionais. A filiação ao ideário "pós-positivista" é expressa e inconfundível.

A doutrina tradicional, por sua vez, não se manteve inerte diante dos ataques empreendidos. Alice Gonzalez Borges, em artigo intitulado "Supremacia do interesse público: desconstrução ou reconstrução?", é uma das primeiras a fazer frente a este discurso capitaneado por "uma plêiade de jovens e conceituados juristas – animados, força é que se diga, pela mais cristalina e louvável das intenções"[60].

A jurista defende, no texto datado de 2006, que o princípio da supremacia do interesse público não deve ser banido, mas sim reformulado. Ao tentar fazê-lo, ela conjuga elementos tanto do discurso tradicional como do discurso prescritivo "pós-positivista". O fato de se tratar de um conceito indeterminado e plurissignificativo não implica, segundo Alice Gonzalez, uma insuperável manipulação retórica, a serviço de interesses pessoais dos administradores. Para a autora, trata-se de conceito fundamental ao direito administrativo que deve ser melhor definido para possibilitar a sua utilização em conformidade os parâmetros democráticos fixados pela Constituição Federal. O interesse público que deve gozar de supremacia, isto é, aquele que é digno de supremacia, é o primário – da clássica distinção da doutrina italiana. É dizer, não é o interesse da Administração Pública, do ente estatal (interesse secundário), mas sim aquele do qual "participam e compartilham um tal número de pessoas, componentes de uma determinada sociedade, que o mesmo passa a ser também identificado como interesse de todo o grupo, como um querer valorativo

---

[59] BINENBOJM, Gustavo. *Uma teoria do direito administrativo*. Rio de Janeiro, Renovar, 2008, 32.

[60] BORGES, Alice Gonzalez. "Supremacia do interesse público: desconstrução ou reconstrução?" *Revista de Direito do Estado*, n. 3, jul./set. 2006, p. 137.

DIREITO ADMINISTRATIVO: TRANSFORMAÇÕES E TENDÊNCIAS

predominante da comunidade"[61]. Mas esse recurso a elementos discursivos tradicionais não é considerado suficiente para a reconstrução do princípio em questão. Nas palavras da própria autora, "é justamente nas preciosas lições dos jovens juristas que se propõem a radicalmente desconstruir o princípio da supremacia que iremos encontrar bases para a construção de sua verdadeira concepção"[62]. Identifica, então, a Constituição como fonte primacial dos interesses públicos, posicionando-se favoravelmente à sua conexão com o princípio da dignidade da pessoa humana e com os direitos fundamentais. Também reconhece que, diante da multiplicidade e da conflitualidade inerentes aos interesses públicos, a identificação do "melhor interesse público" passa pela adoção de técnicas de ponderação de interesse.

A autora concorda, portanto, com dois dos argumentos adotados por aqueles que defendem a desconstrução do princípio da supremacia, quais sejam: o argumento da impossibilidade de concepção unitária do interesse público e aquele que reclama por um método capaz de informar e controlar a atividade administrativa. Discorda, todavia, do argumento de que o princípio da supremacia do interesse público não fornece fundamentação adequada às decisões e atuação da Administração Pública. Esse princípio deve continuar valendo, mas reformulado como princípio da *supremacia do melhor interesse público*, é dizer, daquele que é aferido por meio da ponderação entre interesses legítimos, constitucionalmente previstos.

Por meio do recurso ao princípio da proporcionalidade, seria possível identificar, por exemplo, qual o melhor interesse público no caso concreto: o interesse individual ou o coletivo. Ambos constituem expressão do interesse público, ambos merecem proteção por disposição constitucional, mas deve prevalecer aquele que a análise proporcional indique ser o mais indicado. O interesse público continua, portanto, gozando de supremacia, mas a sua identificação é problematizada. Adotados os referidos cuidados, o princípio da supremacia do interesse público retoma sua capacidade de legitimação e fundamentação da atuação administrativa, pois afasta eventual margem de autonomia do administrador para impor escolhas individuais.

---

[61] BORGES, Alice Gonzalez. "Supremacia do interesse público: desconstrução ou reconstrução?" *Revista de Direito do Estado*, n. 3, jul./set. 2006, p. 144.
[62] Id. Ibid., p.149.

TRANSFORMAÇÕES DO DISCURSO ADMINISTRATIVISTA

Da análise das obras tanto daqueles que sustentam a desconstrução, quanto da obra de Alice Gonzalez, que defende a reconstrução, conclui-se que todos chegam a conclusões comuns, embora adotando algumas premissas diferentes. Os primeiros concebem o princípio da supremacia do interesse público como um princípio jurídico que preconiza "a prevalência *a priori* de interesses da coletividade sobre os interesses individuais", incompatível, portanto, com o Estado Democrático de Direito, devendo prevalecer o interesse constitucionalmente protegido e aquele considerado mais importante diante do caso concreto, o que deve ser aferido através da ponderação. A segunda, por sua vez, sustenta que essa atitude ponderativa não deve substituir o princípio da supremacia, mas sim antecipar-lhe necessariamente, pois é através dela que se identifica o interesse público, individual ou coletivo, que deve prevalecer. É possível que nesse caso se esteja dizendo a mesma coisa com palavras diferentes.

De forma diversa, no entanto, posiciona-se Celso Antônio Bandeira de Mello. Tendo sido sua obra adotada como o principal exemplo de construção doutrinária do princípio da supremacia do interesse público a ser desconstruída, o jurista, em livro publicado em 2009, reitera sua posição, dedicando-se a esclarecer os equívocos na compreensão do assunto. Bandeira de Mello inicia por negar a existência de antagonismo entre interesse público e interesse das partes. Diferentemente do conteúdo da conclusão dos adeptos da desconstrução, o autor afirma que o interesse público não se contrapõe ao interesse individual. Ao revés, o interesse público resulta do "conjunto de interesses que os indivíduos pessoalmente têm quando considerados em sua qualidade de membros da sociedade"[63]. Não haveria, portanto, antagonismo algum, e a ideia de supremacia do interesse público não implicaria prejuízo dos interesses particulares, pois só devem ser afastados os interesses individuais que destoam do interesse público.

Assim, exemplificativamente, na concepção de Bandeira de Mello, a imposição de justa indenização em caso de desapropriação não significa a preponderância de um interesse individual fundamental sobre o interesse público, mas sim expressão do próprio interesse público consubstanciado na Constituição Federal ao instituir que só dessa forma serão aceitas desapropriações.

---

[63] MELLO, Celso Antônio Bandeira de. *Grandes Temas de Direito Administrativo*. São Paulo: Malheiros, 2009, p. 183.

Aqui não se trata de qualquer retificação feita pelo autor diante das críticas. Como visto acima, Bandeira de Mello não sustentava uma oposição entre interesse público e interesses individuais; ele apenas reitera a sua própria posição. Aplica-se à sua obra, portanto, a crítica à "concepção unitária de interesse público, que abarcaria, em seu bojo, tanto uma dimensão individual como coletiva"[64]. No entanto, não se aplica a crítica que identifica o princípio da supremacia como aquele que preconiza "a prevalência *a priori* de interesses da coletividade sobre interesses individuais"[65]. Essas duas críticas formam o segundo argumento a favor da desconstrução: o da impossibilidade de uma concepção unitária do interesse público.

Diferentemente de Alice Gonzalez Borges, Bandeira de Mello não reconhece esse argumento e, consequentemente, também não adere ao argumento que propugna pela adoção de métodos "pós-positivistas". O jurista em questão continua atrelado à visão unitária do interesse público. Bandeira de Mello concebe a estrutura do conceito de interesse público como de categoria "lógico-jurídica", é dizer, um conceito dado *a priori* que mantém seu conteúdo invariável independentemente do tipo de ordenamento em que esteja inserido. Já a identificação dos interesses públicos específicos que merecem proteção em determinada sociedade obedece a conceitos "jurídico-positivos", ou seja, são conceitos dados *a posteriori* cujo conteúdo decorre de cada ordenamento jurídico.

A Constituição Federal, as leis e os órgãos administrativos (dentro dos limites da discricionariedade) dizem o que é e o que não é interesse público. Não há o que se problematizar, uma vez que se parte, implicitamente, da noção de ordenamento coerente e completo e de aplicação silogística. Bandeira de Mello encerra o capítulo dedicado ao tema concluindo que

> Encarada a questão – monopólio estatal do petróleo – de um ângulo político, sociológico, social ou patriótico, poderá assistir razão aos primeiros – favoráveis – e sem-razão completa aos segundos – desfavoráveis; mas do ponto de vista jurídico será de interesse público a solução que haja sido adotada pela Constituição ou pelas leis quando editadas em consonância com as diretrizes da Lei Maior.

---

[64] BINENBOJM, Gustavo. *Uma teoria do direito administrativo.* Rio de Janeiro, Renovar, 2008, p. 30.

[65] *Id. Ibid.*, p. 30.

TRANSFORMAÇÕES DO DISCURSO ADMINISTRATIVISTA

Percebe-se como o elemento jurídico se encontra isolado dos demais campos. A solução de um caso concreto resolve-se com a aplicação da norma identificável no direito posto, sem qualquer necessidade de recorrer a elementos extra-jurídicos ou valorativos. É possível inferir, portanto, que o autor permanece perfilhado a uma concepção juspositivista do direito, não só em sentido amplo, como também em sentido estrito, conforme nomenclatura de Noberto Bobbio[66], uma vez que não considera possível nem necessária a introdução, no interior do raciocínio jurídico, de uma argumentação moral. É dizer, a concepção de direito que alicerça a construção do princípio da superioridade do interesse público na obra de Bandeira de Mello é a de um conjunto de normas imperativas, postas pelo legislador ou constituinte, que formam um ordenamento coerente e que deve ser aplicado de forma silogística. As hipóteses consagradas de interesse público encontram-se no direito posto, cabendo ao intérprete, administrador ou juiz, identificar, no caso concreto, qual o interesse fático que corresponde àquele pré-estabelecido.

Por outro lado, o potencial inovador, em termos propriamente normativos, da concepção de interesse público forjada a partir de pressupostos "pós-positivista", nem sempre parece muito claro. Defendida a desconstrução do princípio da supremacia do interesse público, propõe-se, em substituição, um novo modelo de atuação para a Administração Pública que consiste na centralização dos direitos fundamentais e no dever de ponderação dos interesses em jogo, não importando se coletivos ou individuais, se públicos ou privados. Cabe perguntar, a esta altura, se a atividade de ponderação visa a identificar o "interesse público prevalente"[67] ou o interesse que corresponde a um direito fundamental, não importando se público ou privado[68]?

Esse ponto não parece suficientemente esclarecido nos textos que integram o discurso operacional administrativista "pós-positivista". Prevalecendo a primeira concepção, é forçoso concluir que não há diferença alguma entre a solução proposta pela corrente da "desconstrução" e a solução da corrente da "reconstrução". Já a diferença entre a corrente da

---

[66] BOBBIO, Noberto. *O positivismo jurídico: lições de filosofia do direito.* São Paulo, Ícone, 2005.

[67] BINENBOJM, Gustavo. *Uma teoria do direito administrativo.* Rio de Janeiro, Renovar, 2008, p. 32.

[68] *Id. Ibid.,* p. 31.

DIREITO ADMINISTRATIVO: TRANSFORMAÇÕES E TENDÊNCIAS

"desconstrução" e a concepção de Bandeira de Mello, por sua vez, estaria restrita à metodologia eleita para informar os meios para a identificação desse interesse público prevalecente: se lógico/mecanicista ou "pós-positivista". Prevalecendo a segunda concepção, talvez seja o caso de se indagar se a própria distinção entre interesse público e interesse privado ainda poderia ser coerentemente sustentada.

4. Considerações finais

Ao final desse trabalho, seria imprudente oferecer uma resposta conclusiva à questão de saber até que ponto a adoção, pela doutrina emergente, de estruturas argumentativas pós-positivistas afeta, ou pode vir a afetar, de modo substancial o alcance normativo dos institutos centrais do direito administrativo. Por um lado, a análise aqui empreendida é muito parcial; por outro, a transformação discursiva que aqui se tentou retratar corresponde a um processo ainda em andamento.

Seja como for, não convém subestimar os efeitos dessa reformulação no plano dos mecanismos de legitimação discurso operacional e do próprio direito administrativo como um todo, na medida em que os ajusta a parâmetros argumentativos atualizados. Afinal, a assimilação de conceitos e formas argumentativas do discurso teórico prescritivo pelo discurso operacional não pode ser visto como um dado natural, como um passo na trajetória evolutiva da tradição jurídica ocidental rumo ao seu aprimoramento. A capacidade de reflexão a respeito do próprio discurso é indispensável e permanente.

A eficácia do discurso operacional depende de sua capacidade de despertar a convicção dentre os membros da sociedade de que o ordenamento jurídico vigente é passível de ser aplicado de forma racional e justa. A substituição de construções discursivas desgastadas por outras de força pacificadora renovada constitui um trabalho de reposição de legitimidade e de manutenção de potência. Acompanhamos hoje uma renovação discursiva que projeta um panorama harmonioso, diluindo tensões, esvaziando o real e pacificando as consciências através do recurso a novas fórmulas: proporcionalidade, razoabilidade e direitos fundamentais. A complexidade inerente ao processo de regulação social, tendo em vista seu caráter histórico e político, continua apartada do discurso jurídico.

L'ÉVOLUTION DES INVARIANTS OU LES PARADOXES DU DROIT ADMINISTRATIF FRANÇAIS

FRÉDÉRIC COLIN

> Si une transformation s'opère dans les principes, dans les sociétés et les hommes ce qui était bon hier est périmé et caduc aujourd'hui.
>
> François René de Chateaubriand,
> Mémoires d'outre-tombe

Le droit administratif français résulte d'un long mouvement d'affranchissement vis-à-vis du droit privé. La construction progressive de la juridiction administrative à partir de la Révolution française, a conduit à la consécration de l'application d'un droit dérogatoire au droit commun à l'action des administrations publiques. Le droit administratif, droit du service public et de l'intérêt général, ne cesse depuis l'origine de subir des évolutions et transformations, mais qui toutes suivent des lignes directrices fortes, en relation directe avec le principe d'adaptation aux exigences de l'intérêt général, qui sous-tend l'ensemble des solutions du droit administratif. Plus largement, les transformations du droit public constituent une réflexion sans cesse renouvelée, et la doctrine s'est régulièrement penchée sur la question[1].

---

[1] Pour un article classique de référence : L. Duguit, *Les transformations du droit public*, Paris, 1913, p. XIX ; réed. Paris, La mémoire du droit, 1999. Les formulations sont variables, mais l'idée reste la même dans la doctrine contemporaine. Cf. Curapp, *Le droit administratif en mutation*, PUF, 1993 ; *L'Administration dans son droit: genèse et mutation du droit administratif français*, ouv. collectif, Publi Sud, 1985 ; M. Conan, B. Thomas-Tual (dir.), Les transformations du droit public, éd. La mémoire du droit, 2010.

Les principaux changements contemporains dans les tendances du droit administratif français gravitent donc invariablement autour des grandes notions fondatrices, tant organiques que matérielles. Ainsi, la place de l'Etat, la frontière entre droit public et droit privé sont des références incontournables pour comprendre l'évolution du droit administratif[2].

La question même de la définition de la transformation est délicate à définir. L'étymologie nous enseigne qu'il s'agit d'un changement complet de caractère ou de manière d'être, d'une modification qui tend à donner une autre forme à quelque chose, pour le rendre différent. Le terme est donc fort, et impose de différencier la transformation de la simple évolution, qui, elle, ne remet pas en cause l'essence même du changement opéré, mais sous-entend un processus continu mettant en œuvre des passages progressifs d'un état à un autre. Mais sur quel critère exact se fonder ? Comment, en d'autres termes, séparer l'accessoire du principal, la modification de la stabilité ?

Les grands auteurs français du droit public se sont tous posé la question, et y ont trouvé, chacun en leur temps, des pistes de réflexion. Ainsi, Léon Duguit a bien montré que « la notion du service public vient remplacer celle de souveraineté (...) La notion de service public devient la notion fondamentale du droit public moderne », ce qui implique, en cascade, la nécessité de moderniser notamment la notion de légalité, d'acte administratif, de responsabilité administrative[3]... Charles Eisenmann, plus tard, a lui aussi souligné l' « immensité des transformations qu'a subies le droit administratif »[4]. Le Doyen Vedel, a pour sa part montré l'influence éminente des bases constitutionnelles du droit administratif[5].

Il paraît donc incontournable de circonscrire les transformations que le droit administratif connait. Il faut à cet effet se poser la question de la spécificité de ce début de XXIe siècle en la matière. Le droit administratif n'est plus un droit en élaboration, et on ne peut plus affirmer que « Là, rien ne ressemble à ce qui a précédé ; presque tout est de date récente »[6] :

---

[2] S. Cassese, « Les transformations du droit administratif du XIXe au XXIe siècle », *Droit administratif*, 2002, n° 10, p. 6-9.

[3] L. Duguit, *Les transformations du droit public*, op. cit., p. XIX.

[4] Ch. Eisenmann, *Cours de droit administratif (1951-1952)*, t. I, Paris, 1952, pp. 142-143.

[5] G. Vedel, *Les bases constitutionnelles du droit administratif*, EDCE 1954, pp. 21-53.

[6] A. De Tocqueville, *Œuvres complètes*, t. 9 : Études économiques, politiques et littéraires, Rapport sur le livre de M. Macarel, Paris, 1864-1866, p. 60.

le droit administratif est conceptuellement abouti. Envisager quelles sont ses transformations interroge donc sur sa capacité à se réformer pour se perfectionner. Ses transformations sont donc plus circonscrites que par le passé. Ce qui ne signifie pas qu'il n'évolue plus. Ses transformations ont cependant changé de nature : elles deviennent plus spécifiques, plus ponctuelles, plus encadrées qu'auparavant. Les grandes théories doctrinales se raréfient, au bénéfice de contributions plus techniques, moins amples. Il n'est pas possible de disserter sur les transformations du droit administratif sans poser, même de manière rapide et sans doute victime d'une part de subjectivité, les bases du droit administratif classique, afin de pouvoir déterminer quelles peuvent être ses transformations actuelles.

Le droit administratif est toujours présenté comme un droit inégalitaire : l'administration, puisqu'elle agit dans l'intérêt général, doit pouvoir imposer sa volonté aux administrés, en utilisant au besoin des moyens juridiques dérogeant au droit commun, bénéficiant donc de prérogatives de puissance publique. C'est d'ailleurs la signature de l'acte administratif unilatéral, élaboré et mis en application sans que son destinataire n'en soit juridiquement l'auteur. Ce n'est pas que l'on juge que l'administré n'ait pas des intérêts légitimes à défendre, mais on fait naturellement le choix de lui préférer les intérêts de la collectivité publique. La relation à la modernité impose d'ailleurs un questionnement continuel du critère de la puissance publique comme mode d'identification du droit administratif[7].

Le droit administratif contemporain se modifie en tout état de cause en profondeur. Il se transforme à notre sens dans deux dimensions. Il doit aujourd'hui plus que jamais composer avec d'autres branches du droit qui lui impriment des modifications essentielles. Par ailleurs, il s'oriente vers la consécration d'un équilibre des contributions juridiques réciproques de l'administration et des administrés, ces derniers bénéficiant d'un renforcement continu de leurs garanties.

I. L'imbrication

Bien qu'il se pense comme un droit autonome, le droit administratif n'a jamais été totalement isolé. S'il s'est construit « en creux », faute de pouvoir appliquer le droit privé aux administrations publiques, il a toujours

---

[7] En ce sens, F. Béroujon, Evolution du droit administratif : avancée vers la modernité ou retour aux Temps modernes ?, RFDA 2008, p. 249 s.

entretenu des liens forts avec les autres branches du droit. Mais c'était sans le revendiquer. Désormais, la philosophie même du droit administratif change, et on peut affirmer qu'il collabore de plus en plus étroitement avec d'autres branches du droit, public comme privé, que l'on doit considérer comme s'imbriquant les uns dans les autres.

A) La combinaison des droits

Une nouvelle dynamique s'est mise en place depuis les années 1990, et se renforce actuellement : différents droits sont mis à contribution pour trouver des solutions juridiques applicables aux personnes publiques. Le droit administratif se trouve inévitablement influencé par ce mouvement de fond. De nombreux contentieux font donc désormais appel à une pluralité de droits applicables : le « monopole » du droit administratif en tant que seul droit applicable à l'administration, qui n'a sans doute jamais été complet, est sans équivoque aujourd'hui terminé. Cela conduit à une redéfinition du champ d'application du droit administratif.

1) La « privatisation » du droit administratif ?

Certains ont pu voir une « privatisation »[8], ou à tout le moins une « banalisation »[9] du droit administratif, dans la mesure où de nombreuses branches du droit privé s'appliquent désormais à l'administration publique (ou aux organismes de droit privé chargés de missions d'intérêt général). Ces dernières années marquent en effet une augmentation sensible des nouvelles branches du droit privé applicables à l'administration.

Paradoxalement peut-être, c'est le juge administratif lui-même qui aura ouvert la brèche voici un siècle de cela, lorsqu'il a adopté à la suite du Tribunal des conflits la catégorie des « services publics industriels et commerciaux »[10], soumis au droit privé dans leurs relations avec les usagers et dans leur fonctionnement, par opposition aux services publics administratifs, en principe totalement soumis au droit administratif.

---

8 P. ex., N. Albert, « La privatisation du droit administratif le rend-t-elle plus performant ? », in N. Albert (dir.), *Performance et droit administratif,* Actes du colloque de Tours, 29-30 janvier 2009, Lexisnexis-Litec, coll. « Colloques et débats », 2010, p.53.

9 J.-B. Auby, « Le mouvement de banalisation du droit des personnes publiques et ses limites », in *Mélanges Jean-Marie Auby*, Dalloz, 1992, p. 3.

10 Trib. confl., 22 janvier 1921, *Société commerciale de l'Ouest africain*, Sirey 1924.III.54, Dalloz 1921.III.1, concl. Matter (décision dite « Bac d'Eloka »).

La fin du XXe siècle va connaître une nouvelle étape, essentielle. C'est d'ailleurs le juge administratif lui-même qui va opérer des revirements de jurisprudence essentiels, afin de conserver la « mainmise » qu'il a développée sur le contrôle de l'activité administrative, faute de quoi le juge judiciaire se serait substitué à lui. Ce mécanisme est particulièrement évident dans le domaine du droit de la concurrence, avec l'application des règles du Code de commerce français prohibant les ententes et abus de position dominante aux administrations publiques[11], bien que le droit commercial soit l'archétype du droit auquel échappaient traditionnellement les personnes publiques. La surprise a d'ailleurs été grande lorsque le Conseil d'Etat a appliqué pour la première fois le droit de la concurrence à un domaine que l'on pensait par essence exclu de l'application des règles du Code de commerce, à savoir les actes de police administrative, qui, rappelons-le, ont pour but de prévenir des atteintes à l'ordre public[12]. A priori, toute « rencontre » entre cette fonction régalienne et le droit des ententes et abus de position dominante semblait écartée ; mais le principe de réalité s'est imposé ici à la juridiction administrative. La même solution a été étendue à certains actes de gestion du domaine public[13].

Cette tendance à l'imbrication, au « partage » des droits, avec un droit administratif qui emprunte aux autres branches du droit certains de leurs raisonnements, se développe nettement depuis une quinzaine d'années. Ainsi, le juge administratif a poussé son raisonnement au maximum et, contrairement à sa position originelle, a admis dans son principe même l'intervention économique du service public, mais à condition de respecter les règles juridiques du Marché telles qu'issues du droit privé : l'intervention économique de la puissance publique est considérée aujourd'hui comme légale, à conditions toutefois qu'elle ne se réalise pas « suivant des modalités telles qu'en raison de la situation particulière dans laquelle se trouverait cette personne publique par rapport aux autres opérateurs agissant sur le même marché, elle fausserait le libre jeu de la concurrence sur

---

[11] CE, 3 novembre 1997, *Société Million et Marais, Sté Yonne funéraire, Sté Intermarbre*, Rec. Lebon, p. 406; voir aussi CE, Sect., 22 novembre 2000, *Société L & P Publicité SARL*, Rec. Lebon, p. 525.

[12] CE, Avis, 22 novembre 2000, *Société L et P Publicité*, Rec. Lebon p. 526 ; *RFDA* 2001, p. 872, concl. S. Austry.

[13] CE, Sect., 26 mars 1999, *Société Hertz et Société EDA*, Rec. Lebon p. 96.

celui-ci »[14]. Cette insertion dans la sphère économique accompagne donc une « dilution » nouvelle du service public, susceptible de développer son action dans tous les domaines, mais en contrepartie d'un rehaussement de la prérogative puissance publique, désormais au cœur de l'identification de l'application du droit administratif : c'est le cas en matière de responsabilité notamment[15].

D'autres branches du droit privé sont par ailleurs assez récemment devenues largement applicables aux personnes publiques et à leur action. Ainsi, le droit pénal a évolué pour consacrer un renforcement des incriminations pénales vis-à-vis des agents publics, que ce soit pour s'assurer de leur impartialité (p. ex. en matière de « pantouflage », c'est-à-dire plus simplement de passage dans le secteur privé[16]), ou pour sanctionner les délits qu'ils peuvent commettre, même de manière non intentionnelle (art. 221-6 C. pén. : un agent public peut être considéré comme ayant commis un délit sans intention de le commettre, en cas d'imprudence, de négligence, ou de manquement à une obligation de prudence ou de sécurité prévue par la loi ou le règlement qui conduit à une mise en danger délibérée de la personne d'autrui).

Le droit de la consommation, droit par essence rattaché au droit privé, peut désormais s'appliquer aux actes d'organisation du service public, à condition d'établir une relation de type contractuel, c'est-à-dire pour les services publics industriels et commerciaux[17].

Même le droit des assurances a été contre toute attente appliqué aux actes administratifs unilatéraux afin de garantir les assurés du bénéfice de leur assurance[18].

Enfin, on peut indiquer que l'application des dispositions du code de la propriété intellectuelle aux personnes publiques commence à faire l'objet d'une réflexion en jurisprudence[19].

---

[14] CE, ass., 31 mai 2006, *Ordre des avocats au barreau de Paris*.

[15] CE, 21 décembre 2007, *Lipietz et autres*, RFDA 2008, p. 80, concl. E. Prada-Bordenave.

[16] CE, Ass., 6 décembre 1996, *Société Lambda*, RFDA 1997, p. 173, concl. D. Piveteau.

[17] CE, Sect., 11 juill. 2001, *Société des eaux du Nord* ; CE, 13 mars 2002, Union fédérale des consommateurs.

[18] CE, 29 décembre 2000, *Consorts Beule et autres*, Rec. Lebon, p. 656.

[19] Trib. Confl., 2 mai 2011, 2 mai 2011, *Société industrielle d'équipements urbains dirigée contre la société Frameto et la commune de Ouistreham*, req. n° C3770.

Mais il faut noter que cette « progression » des droits privés dans l'action publique ne remet pas en cause le fondement même de cette dernière, toujours soumise dans son essence même au droit public (la dichotomie entre ces deux branches n'étant pas appelée à disparaître de sitôt). C'est donc à un *métissage* que nous assistons, dans lequel il faut voir une nouvelle liberté de réflexion et de nouvelles opportunité d'affirmation pour le droit administratif, droit « naturel » de l'administration.

2) L'internationalisation des solutions

Il s'agit ici essentiellement d'évoquer en quelques mots seulement l'européanisation du droit administratif (que l'on peut aussi lire en liaison avec une « administrativisation » des droits européens). Le contrôle de conventionalité, qui fait du juge national, y compris le juge administratif, le juge de l'application du Traité sur le Fonctionnement de l'Union Européenne (TFUE), ou de la Convention européenne de Sauvegarde des Droits de l'Homme (Conv. EDH), interroge le droit administratif, tant dans sa facette organique que matérielle. Elle fait évoluer en profondeur la procédure administrative non contentieuse (c'est-à-dire les règles d'élaboration des décisions exécutoires : notamment par des progrès en matière de motivation des décisions administratives, d'élargissement du principe du contradictoire), sur les principes fondateurs de notions jusque-là « isolées » dans le droit administratif national (contrat administratif, responsabilité), sur la procédure juridictionnelle administrative elle-même (accès au juge ; intégration du principe du procès équitable)[20].

L'influence de ces droits « européens » intégrés est aujourd'hui quotidienne[21]. Elle implique surtout, au-delà des modifications à chaque fois ponctuelles des solutions données, une modification des principes mêmes du droit administratif, qui a intégré ces dernières années des raisonnements nouveaux, des procédures innovantes (p. ex. en matière de garanties à apporter à l'occasion de sanctions administratives). Bien entendu,

---

[20] G. Marcou, Le droit administratif entre l'ordre juridique national et l'intégration européenne en France, in *Les mutations du droit de l'administration en Europe. Pluralisme et convergence*, Collection "Logiques Juridiques", 1995, pp. 63-99 ; J. Sirinelli, *Les transformations du droit administratif par le droit de l'union européenne : Une contribution à l'étude du droit administratif européen*, LGDJ, bibl. Droit public, 2011.

[21] J.-Cl. Bonichot, « Le droit communautaire et le droit administratif français », *AJDA nº spécial, 1996, p. 19.*

le droit administratif français contribue aussi, en sens inverse, à la fécondation du droit européen (p. ex. contribution à une théorie du service d'intérêt général).

Cette influence européenne conduit inévitablement à ouvrir le droit administratif à des méthodes, notions et concepts nouveaux. La communication avec les systèmes juridiques européens existe depuis longtemps, mais les méthodes de travail accélérant la diffusion des sources juridiques, c'est-à-dire à une ouverture toute nouvelle à laquelle on assiste. La juridiction administrative développe encore plus son action internationale ; les administrations publiques françaises n'ont jamais autant échangé avec les administrations étrangères, notamment en matière de « bonne pratiques ». Le droit administratif national sort renforcé de ces échanges, et y trouve une vitalité inédite. On peut parler de « fécondation » croisée des droits, sans devoir voir dans le phénomène une inéluctable harmonisation vers un droit unique (cf. infra).

3) L'articulation nouvelle avec le droit constitutionnel

Depuis la contribution du doyen Vedel (préc.), la question des relations, étroites, entre droit constitutionnel et droit administratif a fait l'objet de nombreuses études. On évoquera simplement ici la consécration de la question prioritaire de constitutionnalité (QPC), qui est actuellement en passe de consacrer une nouvelle révolution du droit administratif, par l'instauration de nouvelles relations entre juridiction administrative et Conseil constitutionnel, et par une modification profonde de la conception que se faisait la juridiction administrative de sa place vis-à-vis de la loi. La QPC a permis d'ajouter au contrôle de constitutionnalité a priori consacré par la Constitution de 1958, de la compétence exclusive du Conseil constitutionnel, un contrôle diffus même s'il est limité, au bénéfice des juridictions ordinaires. La révision constitutionnelle du 23 juillet 2008, appliquée par deux lois du 10 décembre 2009, a ainsi créé un nouvel article 61-1 dans la Constitution, en vertu duquel tout justiciable peut soutenir, depuis le 1er mars 2010, à l'occasion d'une instance devant une juridiction administrative, « qu'une disposition législative porte atteinte aux droits et libertés que la Constitution garantit ». Une juridiction administrative du fond saisie d'une telle QPC statue sans délai par une décision motivée sur la transmission de la QPC au Conseil d'Etat. Il est procédé à cette transmission si les trois conditions suivantes sont remplies : la disposition contestée doit être applicable au litige ou à la procédure, ou constituer le fondement des poursuites ; elle ne doit pas déjà avoir été déclarée conforme à la Constitution dans les motifs et le dispositif d'une décision du Conseil constitutionnel, sauf changement des circonstances ; enfin la question ne doit pas être dépourvue de caractère sérieux. Dans un délai de trois mois à compter de la réception de la transmission de la question, le Conseil d'Etat se prononce sur le renvoi ou non de la QPC au Conseil constitutionnel. Il est procédé à ce renvoi dès lors que les conditions susvisées sont remplies et que la question est nouvelle ou présente un caractère sérieux. Le Conseil constitutionnel statue dans un délai de trois mois à compter de sa saisine. Une disposition déclarée inconstitutionnelle à l'issue d'une QPC ne peut être promulguée ni mise en application, et est abrogée à compter de la publication de la décision du Conseil constitutionnel ou d'une date ultérieure fixée par cette décision. Le Conseil constitutionnel détermine les conditions et limites dans lesquelles les effets que la disposition a produits sont susceptibles d'être remis en cause. Sa décision s'impose à toutes les autorités administratives et juridictionnelles.

Il s'agit d'une véritable révolution du contentieux administratif, qui ouvre de nouveaux horizons aux justiciables, jusqu'alors totalement désarmés face à des actes administratifs appliquant des lois qu'ils considéraient comme inconstitutionnelles (hors contrôle de conventionalité, précité). On peut illustrer l'intérêt évident de la QPC par quelques exemples récents et emblématiques, concernant le droit administratif. Ainsi, le principe constitutionnel de laïcité justifie la transmission d'une QPC[22] ; des dispositions législatives du Code de défense permettant la saisie d'armes ou de munitions par l'administration, sans indemnisation préalable de leur propriétaire, ont été jugées comme portant atteinte au droit de propriété[23].

Grâce à sa mission de filtrage des QPC, le juge administratif est ainsi devenu lui aussi un contributeur essentiel de la constitutionnalisation du droit administratif. Et la relation qu'il entretient à la loi évolue inéluctablement, conduisant sans doute à une forme de désacralisation, par le contrôle indirect que le juge administratif est habilité à mener dans son opération de sélection des QPC. Le droit administratif se transforme donc

---

[22] CE, 19 décembre 2012, *Association pour la promotion et l'expansion de la laïcité (APPEL)*.
[23] CE, 17 octobre 2011, *M. Jean-Pierre A.*, req. nº 351402.

actuellement, sans doute sans le savoir, dans sa relation à la légitimation démocratique : rattaché à l'action de l'administration publique, elle-même sous l'autorité du pouvoir exécutif en France, il s'affranchit sans doute, au moins intellectuellement, de la relation de dépendance unilatérale au pouvoir législatif[24].

B) La dissémination institutionnelle

Le droit administratif n'a pu qu'assister impuissant à la multiplication des catégories de personnes juridiques auxquelles les pouvoirs publics ont soit octroyé la qualification (explicite ou implicite) de personne publique, soit accordé la personnalité juridique de droit privé à des structures chargées de mission de service public, ou tout au moins d'intérêt général.

On connaissait la classification traditionnelle des personnes publiques, rassemblée autour de l'Etat, des collectivités territoriales, des établissements publics. Des critiques récurrentes ont pu se développer en ce qui concerne la complexité certaine de leurs relations juridiques : notamment sur la difficile complémentarité entre déconcentration et décentralisation. Depuis les années 1980, on est passé d'un modèle centralisé, de type centrifuge où les décisions sont prises essentiellement au niveau étatique central, à un modèle centripète où l'Etat se défait de compétences pour les déléguer de plus en plus à des « opérateurs » sous sa tutelle, ou aux collectivités territoriales. Cette politique est réputée lui permettre de se recentrer sur son « cœur de métier », à savoir l'élaboration de politiques nationales, effaçant sans doute son rôle de pure direction (dans le sens hiérarchique) pour ouvrir des relations plus partenariales.

---

[24] Le contrôle de conventionalité peut aussi s'interpréter comme un mécanisme d'affranchissement du juge national par rapport au pouvoir législatif, puisqu'il peut écarter l'application de la loi interne à un litige (sans toutefois pouvoir l'invalider ; cf. pour la formulation contemporaine de la position du juge administratif : CE, ass., 11 avril 2012, *Groupe d'Information et de Soutien des Immigrés – GISTI, et Fédération des associations pour la promotion et l'insertion par le logement – FAPIL).* Dans ce contrôle, le juge administratif s'est aussi clairement libéré de l'influence de l'administration active, qui par le biais du Ministère des affaires étrangères, était par le passé « juge et partie » dans le litige. Ainsi, un revirement de jurisprudence d'importance a mis fin à une jurisprudence, dénoncée notamment par la Cour européenne des droits de l'Homme, par laquelle le juge administratif se refusait à contrôler si la condition de réciprocité de l'application d'un traité (conditionnant son applicabilité en droit interne, en vertu de l'article 55 de la Constitution), était remplie : cf. CE, ass., 9 juillet 2010, *Mme Cheriet-Benseghir.*

L'ÉVOLUTION DES INVARIANTS OU LES PARADOXES DU DROIT ADMINISTRATIF FRANÇAIS

La trop grande quantité de personnes publiques a aussi souvent été décriée : plus de 50000 établissements publics si on cumule les établissements publics industriels et commerciaux et les établissements publics administratifs, tant nationaux que locaux ; plus de 36700 communes... Cet « émiettement » est critiqué car il rend parfois illusoire la détention de certaines prérogatives juridiques (y compris de droit public), qui ne peuvent pas être mises en œuvre faute de moyens financiers ou humains. Il rend aussi très difficile un contrôle effectif des organismes de tutelle ou de contrôle, souvent débordés par l'ampleur de la tâche.

Et pourtant, le législateur n'a eu de cesse, sans doute pour des motifs louables, de diversifier encore les personnes juridiques appelées à mettre en œuvre le droit administratif.

1) Les autorités administratives indépendantes et la régulation

Le mouvement a commencé à la fin des années 1970 avec le début de la création de la catégorie des *autorités administratives indépendantes* (p. ex. en 1973 avec la création du Médiateur de la République, devenu avec la révision constitutionnelle de 2008, le Défenseur des droits), organes administratifs hors hiérarchie dotés de pouvoirs de régulation dans des secteurs pour lesquels on ne souhaite plus une action directe, de type réglementaire, de l'Etat, souvent dans des domaines économiques ou dans lesquels on souhaite mieux garantir les droits des administrés (p. ex. liberté de communication). Mais avec le temps, on observe une sédimentation du phénomène : on en compte désormais plus d'une quarantaine. De plus, à l'image des poupées « gigogne » s'emboîtant l'une dans l'autre, on a créé une deuxième catégorie au sein des autorités administratives indépendantes, à savoirs les « autorités publiques indépendantes », qui se distinguent des premières en ce qu'elles ont été dotées, pour encore plus d'indépendance (notamment financière), de la personnalité juridique.

Le développement de ces instances de « régulation », dotées de pouvoir variés mais parfois non contraignants (à la différence des administrations classiques), participe clairement d'un renouvellement contemporain du droit administratif, dont l'application s'entrecroise à cette occasion avec différentes branches du droit privé.

2) Les établissements publics

Cette dernière décennie a été celle du renforcement des établissements publics de coopération intercommunale (EPCI). Au-delà de la figure classique et bien connue du syndicat de communes, le législateur a souhaité approfondir une coopération intercommunale « de projet ». Il a à cet effet créé une nouvelle catégorie juridique : les établissements publics de coopération intercommunale (EPCI), établissements territoriaux dotés à titre dérogatoire d'une fiscalité propre, bénéficiant de transferts automatiques de compétence des communes membres, et organisés en fonction de la population rassemblée, autour des : communautés de communes, communautés d'agglomération, et communautés urbaines. La réforme des collectivités territoriales de décembre 2010 crée un nouvel établissement, la métropole ; elle rend par ailleurs encore plus *floue* la frontière entre établissement public et collectivité territoriale, puisqu'elle prévoit qu'une partie des représentants à l'assemblée délibérante des EPCI doit, à l'avenir, être directement élue par les habitants, faculté en principe réservées aux collectivités territoriales. En tout état de cause, la multiplication des EPCI contribue à une complexification de la carte administrative locale.

3) Les personnes publiques « sui generis »

Le législateur a créé de toutes pièces, dans les années 1980, une nouvelle catégorie de personnes publiques, à savoir les groupements d'intérêt public, « personnes publiques soumises à un régime spécifique »[25], dont le régime juridique vient d'être l'objet d'une refonte en 2010.

Le droit administratif a reconnu l'existence, en parallèle, de plusieurs personnes publiques uniques en leur genre, dites « sui generis », non intégrables aux catégories existantes, que cela résulte de leur organisation ou de leurs compétences. Il en est ainsi de la Banque de France[26], de l'Institut universitaire de France et des cinq « Académies » – à savoir l'Académie française, l'Académie des inscriptions et belles-lettres, l'Académie des sciences, l'Académie des beaux-arts et l'Académie des sciences morales et politiques (nommés explicitement « personnes morales de droit public

---

[25] Trib. confl., 14 février 2000, *GIP Habitat et interventions sociales pour les mal-logés et les sans--abris c/ Mme Verdier.*

[26] CE, 22 mars 2000, *Syndicat national autonome du personnel de la Banque de France.*

à statut particulier » dans la loi du 18 avril 2006 de programme pour la recherche).

Ces personnes publiques spécifiques contribuent à alimenter la transformation du droit administratif vers toujours plus de différenciation institutionnelle, et vers une complexification du système ; il se révèle ainsi très délicat de distinguer clairement les groupements d'intérêt public de la catégorie des établissements publics.

4) La création de personnes privées chargées de mission d'intérêt général

Cela fait bien longtemps que les personnes privées sont associées par les pouvoirs publics à l'accomplissement de missions d'intérêt général. Dès l'Ancien Régime, la monarchie a ainsi pu faire financer certains grands travaux par de grands entrepreneurs privés. Mais ces dernières années, on observe un changement de philosophie de ce mécanisme : il s'agit dorénavant plutôt d'optimiser l'action publique grâce au recours de solutions de droit privé. Plusieurs novations ont pris corps ces dernières années, permettant la création législative de structures de droit privé, pourtant dans l'unique perspective de mener à bien des actions d'intérêt général. Il s'agit de bénéficier d'une meilleure souplesse de gestion, par le recours à des techniques de droit privé (comptabilité p. ex.), ou de bénéficier d'exceptions aux obligations tirées du droit de l'Union européenne, et ainsi d'échapper à des contraintes de transparence et de mise en concurrence relatives à la passation de marchés publics ou de délégations de service public. C'est par exemple le bénéfice attendu de contrats dits « in house », conclus entre une personne publique et, pour faire simple, l'un de ses démembrements (conçus comme leur « prolongement administratif »). C'est à cette logique que répond la création récente des Sociétés publiques locales (SPL), par la loi du 28 mai 2010. Elles sont soumises notamment aux règles applicables aux sociétés anonymes, et peuvent n'être composées que de deux actionnaires. Elles peuvent intervenir dans le cadre des compétences qui sont attribuées par la loi aux collectivités territoriales. On retrouve donc ici encore une imbrication consubstantielle entre droit privé et droit administratif (mais qui s'accompagne pour l'instant d'une mise en œuvre timide de ces nouvelles sociétés sur le terrain, par crainte de l'inconnu de la part des personnes publiques pourtant susceptible de bénéficier de la création des SPL).

Un élargissement de la perspective conduit assez naturellement à considérer que l'on se trouve dans une phase d' « atomisation » des règles de droit administratif applicables à ces différentes personnes juridiques. Que ce soit sur le plan institutionnel (organisation des personnes juridiques) ou matériel (missions poursuivies), les règles du droit administratif sont en effet de plus en plus *complexes*, et tendent à particulariser les situations de chacun : usager, administré, ou agent public. Prenons l'exemple des dernières réformes du droit administratif spécial que constitue le droit de la fonction publique. La dernière loi en date, la loi du 12 mars 2012 (relative à l'accès à l'emploi titulaire et à l'amélioration des conditions d'emploi des agents contractuels dans la fonction publique, à la lutte contre les discriminations et portant diverses dispositions relatives à la fonction publique) prévoit la transformation à grande échelle (sous conditions bien entendu) des contractuels en contrat à durée déterminée (CDD), en contractuels bénéficiaire de contrat à durée indéterminée (CDI). Il s'agit d'évidence d'une réforme favorable pour les intéressés, mais qui peut sans doute être critiquée dans la mesure où elle met à mal la conception classique selon laquelle ce sont des fonctionnaires titulaires et non des agents contractuels qui doivent composer majoritairement la fonction publique. Au passage, cette loi crée donc une nouvelle catégorie d'agent public : le bénéficiaire d'un CDI, ce qui conduit à particulariser sa situation, et à complexifier les règles de gestion des ressources humaines. Cette réforme contredit aussi partiellement la jurisprudence passée, et contribue au phénomène de mainmise du législateur sur le droit administratif.

Pour prendre un peu de recul sur la question, il faut garder à l'esprit la cohérence globale du système lors de la confection des règles de droit administratif, et s'assurer que « derrière l'étonnante complexité, se lisent, si l'on y regarde bien, les recettes des ordonnancements à venir »[27].

II. La normalisation, ou la gestion des contradictions

Le droit administratif se trouve aujourd'hui au cœur des évolutions sociales. Il doit composer avec une accélération des mutations qui met en jeu l'intervention toujours plus poussée du législateur, ce qui paraît inéluctable dans un régime parlementaire. Il doit encore faire un examen de

---

27 J.-B. Auby, « La bataille de San Romano. Réflexions sur les évolutions récentes du droit administratif », *AJDA* 2001, p. 912.

conscience, afin de s'interroger sur la place qu'il faut faire à l'administré dans les relations avec les administrations.

A) Le recul du caractère jurisprudentiel

Il faut comprendre ce développement non pas comme un recul du contrôle du juge, qui en réalité tend à augmenter, mais comme un changement de nature de la production normative du droit administratif. Alors que la jurisprudence administrative a bâti, par le passé, les grandes théories consubstantielles du droit administratif (service public, police administrative, recours pour excès de pouvoir...), elle est passée aujourd'hui à une autre étape : celle de la consolidation, de la précision des notions à appliquer. C'est le législateur qui a pris le relais et élabore, comme l'habilite l'article 34 de la Constitution (qui décrit le domaine de la loi), les règles et les principes fondamentaux dans le système juridique dans son entier.

1) La « légifération » du droit administratif

On nous pardonnera ce néologisme, qui nous semble le mieux à même d'évoquer le phénomène contemporain de « reprise » par le Parlement de la production normative de droit administratif, alors que celui-ci s'était construit, de manière classique, sur la jurisprudence. On observe ainsi deux phénomènes concomitants, très nets depuis une quinzaine d'années : la consolidation dans des textes législatifs de solutions dégagées par la jurisprudence ; et la codification complète de différentes branches du droit administratif[28]. Sachant que le législateur va dans certains cas se ranger derrière la jurisprudence (p. ex. lorsqu'il décide de poser les règles d'abrogation des actes administratifs), qu'il va simplement transcrire ; et qu'au contraire, dans d'autres cas, il va s'en éloigner, voire la contredire (voir la consécration des CDI dans la fonction publique, évoqués plus haut).

Les législations qui interviennent depuis plus d'une dizaine d'années maintenant utilisent par ailleurs un vocabulaire nouveau, représentatif du rehaussement de la place de l' « administré », parfois renommé « citoyen »,

---

[28] En ce sens, notamment : E. Schmidt-Assmann, « Principes de base d'une réforme du droit administratif », *RFDA* 2008, p. 427.

ce qui signifie clairement que le législateur souhaite lui reconnaître des droits nouveaux[29].

Mais le temps du débat parlementaire est de plus en plus contraint, et on observe une accélération des législations mettant en jeu le droit administratif, sans doute préjudiciable à l'efficacité souhaitée. Le juge administratif est à l'évidence lui aussi tenu et contraint par le temps, mais il présente l'avantage d'être spécialisés dans son domaine de compétence ; ce qui lui confère des automatismes de raisonnement, ainsi qu'une rapidité accrue, et sans doute une vision d'ensemble que l'intervenant ponctuel qu'est le législateur aura des difficultés à agglomérer dans un texte. L'exemple des dernières lois de *simplification du droit*, notamment dédiées aux simplifications administratives, est symptomatique du phénomène[30]. Plusieurs lois se sont succédé à brève échéance en la matière, à tel point que certains ont dénoncé le fait que certaines de ces lois n'avaient même pas encore fait l'objet de décrets d'applications que d'autres lois intervenaient dans le même domaine, voire les modifiaient ! Comble de l'ironie, certaines de ces lois de simplification sont parfois critiquées au motif (réel) qu'elles complexifient le droit administratif ! Enfin, cette avalanche législative peut conduire à une critique que l'on pouvait faire à l'encontre du caractère jurisprudentiel du droit administratif (soumis à revirement de jurisprudence), à savoir que le droit administratif risque, avec la multiplication et l'accélération des lois, de souffrir d'un défaut de sécurité juridique. Le droit administratif doit en effet, comme les autres branches du droit, être doté d'une stabilité suffisante dans le temps.

2) Le changement de nature de la jurisprudence administrative

Le recours pour excès de pouvoir, « pierre angulaire » du droit administratif, fait l'objet d'évolutions profondes ces dernières années. Il s'agit, rappelons-le, du recours contentieux par lequel un requérant demande à une juridiction administrative l'annulation d'un acte administratif en raison de son illégalité. C'est donc ce qu'on appelle un recours « objectif » qui vise à purger l'ordre juridique administratif de ses incohérences.

---

[29] P. ex. loi du 12 avril 2000 relative aux droits de citoyens dans leurs relations avec les administrations.

[30] P. ex., loi n⁰ 2012-387 du 22 mars 2012 relative à la simplification du droit et l'allégement des démarches administratives. Déjà, la loi du 17 mai 2011 était relative à l'amélioration de la qualité du droit.

Le mouvement d'approfondissement du contrôle juridictionnel sur l'administration active[31], et de professionnalisation des acteurs du système juridique, conduit à faire du juge non plus un créateur de règles, mais un « régulateur » du droit administratif. Au sommet de la hiérarchie, le Conseil d'Etat, sans doute plus qu'avant, doit être regardé comme en recherche d'équilibre entre les droits et obligations réciproques de l'administration publique et des administrés. L'approfondissement du droit à l'accès au juge, appliqué à la juridiction administrative, conduit à une reconfiguration de celle-ci, afin d'en améliorer toujours l'impartialité et les garanties du justiciables (p. ex. changement de l'appellation du « commissaire du gouvernement » en « rapporteur public »).

La jurisprudence devient par ailleurs de plus en plus complexe, ce qui a conduit à un allongement considérable des arrêts. Alors que les « grands » arrêts du début du siècle dernier ne représentaient souvent qu'une page, le moindre arrêt contemporain du Conseil d'Etat en fait plusieurs, et certains arrêts récents ressemblent par leur longueur à des arrêts de la Cour européenne des droits de l'Homme[32]... C'est sans doute l'une des raisons qui ont conduit la Haute juridiction à modifier récemment la forme de ses décisions, en numérotant désormais ses considérants, pour faciliter le repérage des parties essentielles de son raisonnement. Le Conseil d'Etat envisage même, depuis peu, d'approfondir la motivation de ses décisions, pour en améliorer la compréhension[33]. Sans aller jusqu'à adopter la règle du « précédent », le Conseil réfléchit aussi à la possibilité de mentionner de façon expresse dans ses décisions la jurisprudence d'autres juridictions ayant contribué à son analyse. Des modifications de forme sont aussi envisagées : abandon de la phrase unique et du « considérant » lui-même.

Ce phénomène de complexification est aussi la conséquence du caractère toujours plus précis des textes législatifs, ce qui entraîne des raison-

---

[31] Que l'on peut illustrer notamment par le passage, dans plusieurs domaines, d'un contrôle minimum à un contrôle normal, ne serait-ce que ponctuel : p. ex., CE, 23 juillet 2012, *Syndicat CFDT des affaires étrangères* (nomination d'agents au « tour extérieur »).

[32] Cette question peut paraître anecdotique, mais on peut l'illustrer par la décision récent, et importante en droit public économique qu'est la décision du CE, ass., 21 décembre 2012, *Société Groupe Canal Plus et société Vivendi Universal*, qui comprend 66 considérants, ce qui représente presque 60000 caractères...

[33] Conseil d'Etat, *Rapport du Groupe de travail sur la rédaction des décisions de la juridiction administrative*, avril 2012.

nements plus détaillés, qui doivent souvent mettre en perspective et en cohérence de nombreux textes[34].

Le juge administratif acquiert aussi vraisemblablement, depuis quelques années, par l'effet de ce changement des textes, une dimension plus « professionnelle », et son contrôle sur l'administration tend à se renforcer.

B) La recherche d'une « démocratie administrative »

L'administration bénéficie toujours, juridiquement, de prérogatives exorbitantes du droit commun afin de mener à bien l'essentiel de ses missions, qu'elle doit pouvoir, au besoin, imposer sans le consentement des administrés. Les grands auteurs classiques du droit public ont contribué à asseoir cette conception, affirmant notamment que « ces règles juridiques spéciales, ces théories juridiques spéciales, les procédés du droit public, se ramènent à cette idée essentielle : l'intérêt particulier doit s'incliner devant l'intérêt général »[35]. Mais l'évolution de la société contemporaine ne peut plus se contenter de mécanismes purement autoritaires, ou en tout cas non transparents. Un régime moins dérogatoire se met donc progressivement en place, qui donne plus d'influence à l'administré[36]. L'administration publique se trouve aussi de plus en plus souvent à devoir mettre en œuvre ses compétences dans une situation de compétence liée par le droit administratif, alors qu'elle était probablement, par le passé, plus souvent dans une situation de pouvoir discrétionnaire. Dans cette perspective, là encore, le droit administratif se transforme, dans son équilibre interne, en un droit de plus en plus contraignant pour l'administration (il évolue encore plus vers un droit « de procédure »).

1) La contractualisation

Là encore, le recours au contrat n'a jamais été ignoré des personnes publiques ; simplement, pendant longtemps, il était considéré comme une solution juridique subsidiaire par rapport à l'acte unilatéral, modèle théorique de l'acte administratif. Mais le droit administratif contemporain a dégagé, indéniablement, beaucoup de solutions nouvelles, qu'elles soient

---

[34] Cf. F. Colin, « Droit et complexité », *Revue de la Recherche Juridique*, nº 1 / 2012, pp. 99 s.; J.-M. Pontier, « Le droit administratif et la complexité », *AJDA* 2000, p. 187 s.

[35] G. Jèze, *Les principes généraux du droit administratif*, Giard éd., tome 2, 3e éd., 1930, p. 3.

36 F. Melleray, « L'exorbitance du droit administratif en question(s) », *AJDA* 2003, p. 1961 s.

légales ou jurisprudentielles, concernant préférentiellement, et valorisant le développement du contrat administratif[37]. Il n'est pas question ici de s'intéresser aux modalités souvent très techniques offertes par le biais de contrats innovants aux personnes publiques pour valoriser leur action (p. ex. les baux emphytéotiques administratifs, les contrats de partenariat, contrats entre Etat et collectivités territoriales), mais d'évoquer brièvement les causes et conséquences du recours au contrat par l'administration. C'est dans cette perspective que l'on peut évoquer une période, actuellement, de contractualisation de l'action administrative. Cette dynamique répond à une volonté de souplesse d'action (le contrat prend le relais de l'acte unilatéral), à une meilleure prise en compte de l'interlocuteur de l'administration, à la possibilité de se défaire de la gestion de fonctions non essentielles même si elles contribuent à l'action administrative, au développement de communications juridiques apaisées entre personnes publiques ; à l'intégration de modes de gestion moderne (par la fixation au sein du contrat d'objectifs à remplir, par l'introduction d'une meilleure flexibilité de l'action publique). La contractualisation est supposée introduire de la cohérence dans l'action publique, et renforcer la confiance réciproque des acteurs entre eux. C'est essentiellement dans l'incorporation de la volonté de la personne en relation juridique avec l'administration que le contrat évolue en ce moment, du fait du contrôle du juge administratif. Ce dernier a en effet consacré la liberté contractuelle, et l'a incarnée récemment par le principe de loyauté des relations contractuelles[38].

La contractualisation en cours présente cependant des risques nouveaux, notamment en ce qui concerne la difficulté de garantir un contrôle efficace de la passation et de l'exécution des contrats, et l'instabilité juridique qui peut naître de la généralisation de la méthode contractuelle. Pour illustrer ce phénomène, et comme on l'a déjà évoqué, la généralisation du contrat dans la fonction publique risque de créer rapidement une fonction publique à « deux vitesses », avec les fonctionnaires d'un côté, et les contractuels de l'autre, avec les risques de tensions (et de développe-

---

[37] V. notamment P.-H. Vallée, « Le problème de la qualification juridique de l'action administrative négociée : un défi aux catégories classiques du droit ? », *Les Cahiers du droit*, vol. 49, nº 2, 2008, p.175 s.

[38] CE, ass., 28 décembre 2009, *Commune de Béziers*, CE, 12 janvier 2011, *M. Manoukian* ; CE, 4 mai 2011, *Communauté de communes du Queyras* ; CE, sect., 21 mars 2011, Commune de Béziers II.

ment du contentieux) que cela implique. Le contrat peut aussi être instrumentalisé sans doute plus facilement que l'acte unilatéral, puisqu'il est justement basé sur l'expression de volontés qui, si elles se réunissent dans un acte juridique commun, ne sont pas pour autant dirigées exactement vers le même objectif[39].

En tout état de cause, la contractualisation a diffusé dans l'ensemble de la superstructure administrative, et est devenue une piste de réflexion centrale pour les politiques de modernisation administrative menées par les différents gouvernements[40].

2) La participation

Le droit administratif contemporain s'oriente vers un caractère éminemment participatif : on évoque régulièrement aujourd'hui la mise en place d'une « démocratie participative », voire d'une « démocratie administrative »[41]. Alors que naguère, l'expression de la volonté des administrés n'était pas toujours intégrée dans la prise de décision, ou alors par le prisme classique des organes consultatifs, on valorise désormais une véritable « participation » du public. Ce dernier est d'ailleurs demandeur en la matière, conscient du facteur de démocratisation que représente la participation[42]. Le succès croissant des procédures permettant aux citoyens de s'exprimer lors des procédures administratives est d'ailleurs le reflet du changement des mentalités et de la volonté d'implication des citoyens dans la gestion des grands dossiers concernant leur territoire (p. ex. enquêtes administratives préalables aux projets d'urbanisme). Cela prend des formes variées, mais dont le but est d'associer directement le destinataire de l'acte à la procédure. La création d'organes dédiés, comme la Commission nationale du débat public (dans le domaine de l'environnement ou de l'urbanisme), ou les commissions administratives paritaires (compétentes pour

---

[39] P. ex. intérêt général pour l'administration face à la conservation d'une marge commerciale pour l'entreprise ayant signé le contrat.

[40] Le gouvernement actuel met en place, après la « Révision générale des politiques publiques (RGPP) du gouvernement précédent, une politique de « modernisation de l'action publique » (MAP). Voir auparavant : Délégation Interministérielle à la Réforme de l'Etat, Guide méthodologique sur la contractualisation dans le cadre du contrôle de gestion, 2000.

[41] P. ex., J. Chevallier, « De l'administration démocratique à la démocratie administrative », RFAP 2011/1-2, nº 137-138, pp. 217-227.

[42] F. Colin, Ch. Debbasch, *Administration publique*, 6ᵉ éd., Economica, 2005, p. 141.

donner des avis en matière d'élaboration de décisions individuelles dans la fonction publique) en est la meilleure preuve. Le droit de la fonction publique est lui aussi familier avec le principe de participation des travailleurs à l'élaboration des règles professionnelles dans le secteur public : les commissions administratives paritaires, comme leur nom l'indique, mettent à égalité les représentants du personnel et ceux de l'administration, pour formuler des avis relatifs aux questions individuelles concernant la carrière des agents publics.

Le développement de la participation peut conduire à s'interroger sur la méthode de conception de l'intérêt général, qui doit devenir partagée, sans pour autant devoir être individualisée. Elle doit contribuer à l'amélioration de la qualité de la décision administrative, et à sa meilleure acceptation. Elle présente ainsi des facteurs de risque, que le droit administratif contemporain ne règle peut-être pas encore bien : elle renforce dans certains cas l'existence de groupes de pression ; elle peut conduire dans d'autres cas à remettre en cause l'exercice du principe hiérarchique, et enfin, elle peut avoir pour effet de diluer les responsabilités.

Le rehaussement de la place de l'administré au sein des dispositifs du droit administratif se manifeste enfin, à notre sens, par le fait que le juge est « concurrencé » par l'essor de la mise en place et le perfectionnement des recours administratifs préalables au contentieux administratif ; ainsi que par la généralisation des dispositifs de médiation qui se sont mis en place. La médiation administrative prend aujourd'hui deux voies : interne (un agent de l'administration, placé en principe hors hiérarchie, est habilité par l'institution à agir pour trouver des solutions aux différends avec les « usagers »), ou externe (on renvoie ici à la mise en place récente, en 2011, du Défenseur des Droits, dont les pouvoirs ont été renforcés par rapport aux institutions qu'il fusionne en son sein). Elle présente l'intérêt d'éviter de nombreux contentieux, de rapprocher les administrés de l'administration, et d'offrir aux institutions administratives des solutions de souplesse.

Conclusion

Le principe d'adaptation constitue l'une des « grandes lois » du service public. L'administration publique connait, dans cette perspective, une suite ininterrompue de réformes tant structurelles que conjoncturelles, qui se traduisent inévitablement en droit administratif. Ce dernier est mis à contribution pour participer à la modernisation de l'administration, qui nécessite de nouvelles modalités d'intervention de la puissance publique.

L'impératif d'efficacité, et l'attente des citoyens pour une administration plus réactive, conduisent donc à des transformations tous azimuts du droit administratif. En cela, le juriste spécialisé en droit administratif, pour pouvoir contribuer à une meilleure compréhension du droit administratif, doit être en capacité d'en détecter les notions émergentes, en voie de formation.

Le droit administratif contemporain doit donc faire face à une revendication forte de reconnaissance des individualités, qui tend à contester la suprématie de la puissance publique et des moyens juridiques exprimant l'intérêt général.

Enfin, la recherche d'une meilleure « gouvernance » publique conduit le droit administratif à s'interroger sur la nécessité de développer des règles juridiques qui ne restent pas théoriques, mais qui soient pleinement opératoires sur le terrain, et qui fassent plus de place aux attentes des citoyens. La préoccupation de l'efficacité normative est essentielle à un droit administratif pleinement intégré à la société contemporaine.

On laissera la conclusion de cette brève contribution au poète, trop peu souvent convié dans les considérations juridiques : « C'est ainsi que les transformations sociales s'opèrent un peu différemment de l'imagination première que s'en font les grands esprits prophétiques, toujours les voyant d'une manière un peu utopique, que vient corriger la réalité »[43].

---

[43] Louis Aragon, *La Semaine sainte*, Gallimard, 1958.

PARTE II
GLOBALIZAÇÃO DO DIREITO ADMINISTRATIVO

DIREITO ADMINISTRATIVO PORTUGUÊS E EUROPEU NO DIVÃ DA PSICANÁLISE

VASCO PEREIRA DA SILVA

O Direito Administrativo português – como, de resto, sucede também com os demais Direitos Administrativos europeus – encontra-se bastante necessitado de "psicanálise cultural"[1]. Nascido «em circunstâncias e condições muito especiais, o Direito Administrativo teve uma "infância difícil", causadora de traumas profundos de que o legislador, a doutrina e a jurisprudência têm tido alguma dificuldade em se libertar. Tais traumas, nos piores momentos, chegaram mesmo a provocar graves crises de esquizofrenia, mas também, nos melhores momentos, não deixaram de manifestar-se de forma inconsciente na "psicopatologia da vida quotidiana" do Direito Administrativo»[2]. Importa, por isso, submetê-lo a sessões de psicanálise cultural, de modo a permitir a rememoração dos factos traumáticos, sentando-o nos divãs da História e da Europa, «a fim de permitir atingir a catarse, auxiliando o Direito Administrativo a enfrentar saudavelmente as realidades do presente»[3].

Nesta nossa breve sessão de psicanálise cultural, vamos deter-nos na análise do ato e do contrato administrativos. Pois, é preciso começar por analisar todas as transformações sofridas pelo ato administrativo (outrora "conceito central" do Direito Administrativo e, hoje ainda, importante) ao longo dos tempos, tanto nos planos jurídicos interno como europeu. Para,

---

[1] VASCO PEREIRA DA SILVA, «O Contencioso Administrativo no Divã da Psicanálise – Ensaio sobre as Ações no Novo Processo Administrativo», Almedina, Coimbra, 2005.

[2] VASCO PEREIRA DA SILVA, «O Contencioso A. no D. da P. – E. sobre as A. no N. P. A.», cit., p. 6

[3] Vide VASCO PEREIRA DA SILVA, «O Contencioso A. no D. da P. – E. sobre as A. no N. P. A.», cit., p. 6.

DIREITO ADMINISTRATIVO: TRANSFORMAÇÕES E TENDÊNCIAS

de seguida, nos ocuparmos da contratação administrativa, a qual de forma de atuação "suspeita" e de àmbito limitado, se tem vindo a transformar e a generalizar, cada vez mais, em nossos dias.

1. O Direito Administrativo no "divã" da psicanálise. Da "infância difícil" aos modernos "traumas" do Direito Administrativo

Qual "infância difícil", fonte de "traumas" para uma vida inteira, os acontecimentos históricos que rodearam o surgimento e desenvolvimento do Direito Administrativo permitem explicar muitos dos problemas com que ele atualmente se defronta. Daí a necessidade de descer às "profundezas do inconsciente", "mergulhando" na história do Direito Administrativo, de modo a perceber como ele nasceu, cresceu e se desenvolveu ao longo dos tempos. Ao olhar para a história do Direito Administrativo, num exercício de psicanálise cultural, avultam, desde logo, duas principais "experiências traumáticas": a da sua ligação originária a um modelo de Contencioso dependente da Administração e a das circunstâncias que estão na base da afirmação da sua própria autonomia enquanto ramo de direito.

O primeiro desses "acontecimentos traumáticos" decorre do surgimento do Contencioso Administrativo, na Revolução francesa, concebido como "privilégio de foro" da Administração, destinado a garantir a defesa dos poderes públicos e não a assegurar a proteção dos direitos dos particulares. O princípio da separação de poderes, tal como então foi entendido, levou à criação de um «juiz doméstico», para usar a feliz expressão de NIGRO[4], de um "juiz de trazer por casa", pois se atribuía aos órgãos da Administração a tarefa de se julgarem a si próprios. Assim, em nome da separação de poderes, o que se instaurou foi um sistema assente na «confusão entre a função de administrar e a de julgar» (DEBBASCH / RICCI[5]), na promiscuidade entre o poder administrativo e o poder judicial. E foi esse modelo de contencioso administrativo que, por intermédio da atuação dos respetivos órgãos, foi elaborando o Direito Administrativo.

O segundo "acontecimento traumático" prende-se com as circunstâncias em que foi afirmada a autonomia do Direito Administrativo, verificando-se também aqui uma maior preocupação com a garantia da

---

[4] MARIO NIGRO, «Trasformazioni dell' Amministrazioni e Tutela Giurisdizionale Diferenziata», in «Rivista di Diritto e Procedura Civile», março de 1980, nº 1, páginas 20 e 21.

[5] DEBBASCH / RICCI, «Contentieux Administratif», 8ª edição, Dalloz, Paris, 2001, página 4.

Administração do que com a proteção dos particulares. Na verdade, aquela que é considerada a "primeira sentença" do Direito Administrativo, consagrando a sua autonomia enquanto ramo da ciência jurídica, data de 1873, foi proferida pelo Tribunal de Conflitos francês, e é uma triste decisão, não apenas pelo caso a que se refere como pelo seu próprio conteúdo[6].

O caso era relativo a uma criança de cinco anos, Agnès Blanco, que tinha sido atropelada por um vagão de um serviço público (de tabaco), não tendo os seus pais conseguido obter a devida indemnização, nem do Tribunal de Bordéus, nem do Conselho de Estado, porque ambos se declararam incompetentes para decidir uma questão em que intervinha a Administração e que, como tal, ambos entendiam que não era diretamente regulada pelo Código Civil. Chamado a pronunciar-se, o Tribunal de Conflitos vem dizer que a competência para decidir cabia à ordem administrativa, deste modo resolvendo o conflito de jurisdições. Mas, simultaneamente, vai considerar, por estar em causa um serviço público, que a indemnização a ser atribuída não se poderia regular pelas normas aplicáveis às relações entre particulares. Antes haveria que criar um "direito especial" para a Administração, que tomasse em consideração o seu "estatuto de privilégio".

Como se vê, a afirmação da autonomia do Direito Administrativo surge para justificar a necessidade de limitar a responsabilidade da Administração perante uma criança de cinco anos, atropelada por um vagão de um serviço público. O que não é apenas um «episódio triste» (SABINO CASSESE)[7], como é também um "triste começo" para o Direito Administrativo, cujo nascimento fica associado a uma história de negação dos direitos dos particulares. Por muito que se quisesse, era difícil imaginar um começo mais "traumático" para o Direito Administrativo!...

Esta e outras "experiências traumáticas", que marcaram a "infância difícil" do Processo e do Direito Administrativo, estão na génese de muitos dos seus atuais "complexos". Daí a importância da análise histórica para a "psicanálise cultural" do Direito Administrativo, ao funcionar como uma espécie de técnica de "catarse", que possibilita a cura do paciente mediante a rememoração dos acontecimentos traumáticos. Impõe-se,

---

[6] Vide o «Acórdão Blanco» em LONG / WEIL / BRAIBANT / DELVOLVÉ, «Les Grands Arrêts de la Jurisprudence Administrative», 9ª edição, Sirey, Paris, 1990, página 15.

[7] SABINO CASSESE, «Le Basi del Diritto Amministrativo», 5ª edição (3ª reimpressão), Garzanti, Milano, 2004, página 16.

por isso, proceder a uma apreciação mais detalhada dos referidos acontecimentos traumáticos.

Há, assim, que analisar tanto o Direito como o Contencioso Administrativo, pois que ambos se encontram indissociavelmente ligados, tanto em termos históricos como na atualidade. O Contencioso Administrativo surge na Revolução Francesa e é marcado por uma espécie de "pecado original" de ligação da Administração à Justiça. Retomando uma metáfora, em que tenho vindo a insistir há já alguns anos[8], é possível distinguir três fases principais na evolução do contencioso administrativo, as quais podem também ser associadas a três momentos distintos da evolução do Estado, a saber:

1 – a fase do "pecado original", correspondente ao período do seu nascimento e que vai apresentando distintas configurações até chegar ao sistema da "justiça delegada", sendo esta última modalidade que se vai impor como paradigma do modelo de Estado liberal. Em Portugal, esta "fase do pecado original" do Contencioso Administrativo vai ter uma duração mais longa do que noutros países europeus, já que vai durar desde a instauração do liberalismo político (com os célebres decretos de Mouzinho da Silveira de 1836, que proíbem os tribunais comuns de julgar a Administração) até à Constituição de 1976;

2 – a fase do "batismo", ou da plena jurisdicionalização do contencioso administrativo, prenunciada na transição dos séculos XIX para o XX, e cujo apogeu vai ficar associado ao modelo de Estado Social. Batismo este que, em Portugal, só se produz verdadeiramente com a Constituição de 1976, que integra os tribunais administrativos no poder judicial, embora no quadro de uma jurisdição autónoma (artigos 202º, 209º e 212º da Constituição);

3 – a fase do "crisma" ou da "confirmação", caracterizada pela reafirmação da natureza jurisdicional do Contencioso Administrativo, mas

---

[8] Vide Vasco Pereira da Silva, «A Natureza Jurídica do Recurso Direto de Anulação», Almedina, Coimbra, 1985; «O Recurso Direto de Anulação – Uma Ação Chamada Recurso», Cognitio, Lisboa, 1987; «Para um Contencioso Administrativo dos Particulares – Esboço de uma Teoria Subjetivista do Recurso Direto de Anulação», Almedina, Coimbra, 1989; «Em Busca do Ato Administrativo Perdido», Almedina, Coimbra, 1996.

DIREITO ADMINISTRATIVO PORTUGUÊS E EUROPEU NO DIVÃ DA PSICANÁLISE

acompanhada agora pela acentuação da respetiva dimensão subjetiva, destinada à proteção plena e efetiva dos direitos dos particulares, que corresponde à atual situação da Justiça Administrativa no Estado Pós-social, em que vivemos. Fase que pode ser dividida em dois períodos: o da constitucionalização (que tem os seus primórdios com a Lei Fundamental alemã, de 1949 – ainda em pleno modelo de Estado Social –, mas que se vai desenvolver e expandir pelos demais países europeus, atingindo o seu apogeu, com o Estado Pós-social, já nas décadas de 70 e de 80 do século XX), em que se generaliza a elevação a nível constitucional, seja por ação do legislador constituinte, seja pela ação da jurisprudência (nomeadamente constitucional), dessa dupla dimensão jurisdicional e subjetiva, que a legislação ordinária procura concretizar; e o da europeização (relativo, em especial, aos finais do século XX e inícios do século XXI), que decorre do surgimento de um Direito Europeu do Contencioso Administrativo que, para além da sua importância e eficácia próprias, se tem vindo a refletir também na aproximação da Justiça Administrativa dos países membros, no sentido do aperfeiçoamento dos meios processuais, tanto a nível principal como cautelar.

Isto dito, é tempo de sentar agora o Direito Administrativo no Divã da Europa e dar a devida atenção ao fenómeno da europeização. Verifica-se, em nossos dias, um fenómeno de crescente europeização do Direito Administrativo, que decorre de duas realidades: por um lado, há cada vez mais fontes jurídicas europeias relevantes em matéria de Direito e de Processo Administrativos (v.g. matérias como a dos serviços públicos, da contratação administrativa, das providências cautelares encontram-se reguladas em normas comunitárias); por outro lado, assiste-se a uma intensificação da integração jurídica horizontal, que resulta nomeadamente da adoção de políticas comuns, do efeito unificador da jurisprudência europeia, e da perspetiva comparatista adotada pela legislação e pela doutrina nacionais, o que tem como consequência a aproximação das legislações dos diferentes países da Comunidade. Veja-se, a título de exemplo, «aquilo que se passou, em praticamente todos os países europeus, nos finais do século XX e inícios do século XXI, com as reformas do Contencioso Administrativo, que "espalharam por toda a Europa" um Processo Administrativo que supera divergências históricas entre modelos antagónicos [a saber: francês, germânico e anglo-saxónico] e converge para um "modelo comum europeu" (sem que isso signifique a perda de individualidade própria de cada um dos sistemas nacionais)[9].

Assiste-se, assim, ao desaparecimento da ligação necessária do Direito Administrativo ao Estado, tão característica dos primórdios do nosso ramo de direito, não só do ponto de vista interno como, agora também, do europeu e mesmo do internacional[10]. Pois, do ponto de vista interno, para além da atividade administrativa já, de há muito, ter deixado de ser meramente estadual, passando a ser realizada por uma multiplicidade de entidades, de natureza pública e privada (ao ponto de se poder dizer, como NIGRO[11], que em vez de "Administração" se deve passar a usar a expressão "administrações", utilizando o plural), assiste-se também agora, do ponto de vista externo, ao surgimento de uma dimensão internacional de realização da função administrativa (nomeadamente, no âmbito de organizações internacionais), que leva a falar num Direito Administrativo Global, assente na ideia de "governança" ("governance")[12].

Mas é, sobretudo, no domínio do Direito Europeu, que se realiza esta dimensão transfronteiriça do Direito Administrativo, posto que só ao nível da União Europeia (e diferentemente do que sucede no âmbito interna-

---

[9] VASCO PEREIRA DA SILVA, «O Contencioso A. no D. da P. – E. sobre as A. no N. P. A.», cit., pp. 114 e 115 (sobre o objeto e o alcance das referidas reformas do Contencioso Administrativo em França, Alemanha, Espanha, Itália e Reino Unido, vide pp. 115 e ss.)

[10] Neste sentido, vide entre outros SABINO CASSESE, «Diritto Amministrativo Comunitario e Diritti Amministrativi Nazionali», in CHITI / GRECO (coordenação) «Trattato di Diritto Amministrativo Europeo», Giuffrè, Milano, 1997, páginas 3 e seguintes; «Le Basi Costituzionali», in SABINO CASSESE, «Trattato di Diritto Amministrativo – Dirittto Amministrativo Generale», vol. I, Giuffrè, Milano, 2000, páginas 159 e seguintes; «Trattato di Diritto Amministrativo – Diritto Amministrativo Generale», volumes I e II, Giuffrè, Milano, 2000; MARIO CHITI, «Diritto Amministrativo Europeo», Giuffrè, Milano, 1999; «Monismo o Dualismo in Diritto Amministrativo: Vero o Falso Dilemma?», in «Rivista Trimestrale di Diritto Amministrativo», nº 2, 2000, páginas 301 e seguintes; MARIO CHITI / GUIDO GRECO, «Trattato di Diritto Amministrativo Europeo», Giuffrè, Milano, 1997.

[11] MARIO NIGRO, «Trasformazioni dell' Amministrazioni e Tutela Giurisdizionale Diferenziata», in «Rivista di Diritto e Procedura Civile», março de 1980, nº 1, página 22.

[12] DOUGLAS LEWIS, «Law and Governance», Cavendish, London / Sydney, 2001; ARNIM VON BOGDANDY «Democrakratie, Globalisierung, Zukunft des Völkesrechts – eine Bestandsaufnahme», in «Zeitschrift für Ausländisches öffentliches Rechts und Völkesrecht», nº 853, 2002 páginas 63 e seguintes, SABINO CASSESE, «Global Standards for National Administrative Procedure», 2005 http://law.duke.edu/journals/lcp .

DIREITO ADMINISTRATIVO PORTUGUÊS E EUROPEU NO DIVÃ DA PSICANÁLISE

cional) é que se verificou a criação de uma verdadeira ordem jurídica, simultaneamente própria e comum, que resulta da conjugação de fontes comunitárias com fontes nacionais e que vigora automaticamente na esfera dos Estados membros (através dos mecanismos do "efeito direto" e da "primazia" do Direito Europeu). Uma União europeia que, entre os seus objetivos fundamentais, visa a prossecução de políticas públicas ao nível europeu, através das administrações dos Estados-membros, que assim são "transformadas" em administrações europeias (ao lado das – relativamente reduzidas – administrações comunitárias, propriamente ditas) para a realização dessas tarefas administrativas[13].

Surge, portanto, uma "função administrativa europeia", enquanto elemento essencial da "constituição material europeia"[14], que vai implicar a "integração" das fontes e das instituições administrativas europeias e

[13] Conforme escreve CASSESE, «a ideia dos fundadores da Comunidade europeia era a de instituir um ordenamento jurídico supranacional que se sobrepusesse ao dos Estados, mas que não interferisse com as administrações dos mesmos, das quais se deveria antes servir» (SABINO CASSESE, «Le Basi C.», in SABINO CASSESE, «Trattato di D. A.» – «Diritto A. G.», t. I, , cit., p. 172). Mas esta "indiferença" inicial pela "organização administrativa" cedo vai ser alterada, em razão do alargamento das tarefas (administrativas) comunitárias e da necessidade da sua maior eficácia, conduzindo à atual «integração das administrações nacionais com a administração comunitária», que é realizada «através de três princípios fundamentais: o que decorre da integração normativa, a proibição de discriminação, o princípio da cooperação» (SABINO CASSESE, «Le Basi C.», in SABINO CASSESE, «Trattato di D. A.» – «Diritto A. G.», t. I, , cit., pp. 174 e 175).

[14] Da minha perspetiva – e sem que seja este o momento adequado para aprofundar a questão – o próprio poder constituinte que, nos primórdios do liberalismo, estava indissociavelmente ligado ao Estado, tem assumido também uma dimensão internacional, como sucede no âmbito da União Europeia, em que a existência de regras e de princípios fundamentais acerca da "repartição de poderes" (tanto entre as próprias instituições comunitárias, umas relativamente às outras, como entre aquelas e as instituições dos Estados-membros), assim como relativos à garantia dos direitos fundamentais (vide "A Carta Europeia dos Direitos Fundamentais"), configura uma verdadeira "Constituição Europeia" (pelo menos, em sentido material), sem que se possa (ou deva) falar de um "Estado Europeu" (neste sentido, FRANCISCO LUCAS PIRES, «Introdução ao Direito Constitucional Europeu», Almedina, Coimbra, 1997; FAUSTO DE QUADROS, «Direito da União Europeia», Almedina, Coimbra, 2004; ANA MARIA MARTINS, «Introdução ao Direito Constitucional da União Europeia», Almedina, Coimbra, 2004; PETER FISCHER / H. B. KOECK / M. M. KAROLLUS, «Europarecht – Recht der EU//EG, des Europarates und der wichtigsten anderen europäischen Organisationen», 4ª edição, Linde Verlag, Wien, 2002, páginas 314 e seguintes; KOEN LENAERTS / PIET VAN NUFFEL, «Constitutional Law of the European Union», 2ª edição, Sweet and Maxwell, London, 2005).

DIREITO ADMINISTRATIVO: TRANSFORMAÇÕES E TENDÊNCIAS

dos Estados-membros, originando uma «progressiva comunitarização dos modelos administrativos nacionais», em razão do "corte" das tradicionais "amarras" do Direito Administrativo relativamente ao Estado e o seu «ancoramento na Comunidade [europeia]» ("il disancoraggio del diritto amministrativo dallo Stato e l' ancoraggio nella Comunità")» (CASSESE)[15]. Desta forma, a União Europeia pode ser considerada como «uma comunidade de Direito Administrativo», para usar a sugestiva formulação de SCHWARZE[16], visto que os respetivos objetivos e tarefas são, em grande medida, de natureza administrativa, como administrativa (em sentido material) é também a função concretizadora das políticas públicas europeias, como administrativas (em sentido orgânico) são ainda as "administrações europeias" que desempenham essa função, quer se trate de instituições comunitárias quer de nacionais.

Uma tal dimensão europeia do Direito Administrativo, contudo, para usar de novo a metáfora psicanalítica, se é já hoje uma realidade ao nível do inconsciente – pois todos os publicistas, mesmo sem o saber, aplicam quotidianamente fontes europeias, inserindo-se assim num processo continuado de interação entre Direito Europeu e Direito Administrativo –, o que é facto é que ainda não se verifica ao nível do consciente, ao nível da doutrina e da jurisprudência, não existindo ainda a necessária verbalização ou a suficiente consciencialização dessa realidade. O que origina, «com frequência, fenómenos patológicos de apreensão da realidade, que tornam imperioso "fazer sentar" o Direito e o Processo Administrativos no "divã

Daí que, a meu ver, grande parte da polémica, tanto em Portugal como noutros países europeus, instalada à volta do anterior projeto de "Tratado que Estabelece uma Constituição para a Europa", agora substituído pelo "Tratado Reformador da União Europeia" ou "Tratado de Lisboa" (que, para "fugir à controvérsia", abandona a denominação de "constituição" ou de "tratado constitucional"), não esteja bem colocada. Pois, a questão não é a de saber se a Europa deve ou não ter uma constituição europeia – coisa que, de facto, já possui, e há muito tempo –, mas sim a de saber se deve ou não ser aprovada uma "revisão constitucional", com o conteúdo proposto pela anterior "constituição europeia" ou pelo atual "tratado reformador", ou se, pelo contrário, é preferível manter-se a constituição tal como está (nomeadamente, com a configuração adotada pelo Tratado de Nice). Mas essa é outra discussão e "outra viagem"...

[15] SABINO CASSESE, «Le Basi C.», cit., in SABINO CASSESE, «Trattato di D. A. – D. A. G.», cit., p. 180.

[16] JUERGEN SCHWARZE, «Europäisches Verwaltungsrecht – Entstehen und Entwicklung im Rahmen der Europäischen Gemeinschaft», 1º volume, 1ª edição, Nomos, Baden-Baden , 1988, página 3.

da Europa", de modo a facilitar a saudável conciliação entre as respetivas "facetas" interna e europeia»[17].

Tão forte é este fenómeno de europeização, «na sua dupla vertente de criação de um Direito Administrativo ao nível europeu e de convergência dos sistemas administrativos dos Estados-membros da União» que, à semelhança do entendimento do «Direito Administrativo como Direito Constitucional Concretizado» (FRITZ WERNER)[18], me atrevo a propor «que se passe a entender também o Direito Administrativo como Direito Europeu concretizado»[19]. Aforismo que necessita, também ele, de ser entendido no duplo sentido (explicitado por HAEBERLE[20], no que respeita às relações entre Direito Constitucional e Administrativo, mas que, em minha opinião, é igualmente de estender às ligações entre Direito Europeu e Direito Administrativo) de:

a) "dependência administrativa do Direito Europeu". Pois, o Direito Europeu só se realiza através do Direito Administrativo, já que, por um lado, as políticas públicas europeias correspondem ao exercício da função administrativa, tal como administrativa é também a natureza das normas que as estabelecem, ao nível europeu, por outro lado, a concretização do Direito Europeu é realizada por normas, instituições e formas de atuação de Direito Administrativo, ao nível de cada um dos Estados que integram a União;

b) "dependência europeia do Direito Administrativo". Pois o Direito Administrativo é cada vez mais Direito Europeu, quer pela multiplicidade de fontes europeias relevantes no domínio jurídico-administrativo, criando uma situação de "pluralismo normativo" no quadro dos ordenamentos nacionais[21], quer pela convergên-

---

[17] VASCO PEREIRA DA SILVA, «O Contencioso A. no D. da P. – E. sobre as A. no N. P. A.», cit., p. 103.

[18] FRITZ WERNER, «Verwaltungsrecht als konkretiziertes Verfassungsrecht», in FRITZ WERNER, «Recht und Gericht unser Zeit», Carl Heymanns Verlag, Koeln/ Berlin / Bonn/ Muenchen, 1971, páginas 212 e seguintes.

[19] VASCO PEREIRA DA SILVA, «O Contencioso A. no D. da P. – E. sobre as A. no N. P. A.», cit., pp. 103 e 104.

[20] Vide PETER HAEBERLE, «Auf dem Weg. Zum Allgemeinen Verwaltungsrecht», in «Bayerischen Verwaltungsblätter», nº 24, 15 de dezembro de 1977, páginas 745 e 746..

[21] De acordo com MARIO CHITI, o «pluralismo jurídico» consiste na «presença simultânea, em todos os ordenamentos, de múltiplas fontes de direito e variedade de direito substancial».

cia crescente dos ordenamentos nacionais neste domínio, que tem conduzido a uma aproximação crescente dos direitos administrativos dos Estados-membros, na tripla perspetiva: substantiva, procedimental e processual.

O Direito Administrativo transformou-se, assim, num «direito mestiço», segundo a feliz expressão de MARIO CHITTI [22], dotado de princípios, de normas, de noções, de institutos, de correntes doutrinárias ou jurisprudenciais, tanto de proveniência nacional como comunitária, que se combinam e interagem num processo continuado no tempo e no espaço. O que é particularmente notório, designadamente, em domínios como o da noção de Administração Pública, que se transformou numa noção de "geometria variável", mudando consoante as realidades e os setores a regular; o das formas de atuação administrativa, em especial no que respeita ao ato administrativo e à contratação pública, como se verá já de seguida; o do Processo Administrativo, em especial no que respeita às questões do âmbito da jurisdição, (da plenitude) dos poderes do juiz e das providências cautelares.

2. A Europa e as modernas transformações da noção de ato administrativo

Feito o enquadramento do problema, cabe agora analisar algumas das suas mais importantes configurações, designadamente no que respeita às formas de atuação administrativa, pelo que o segundo momento da nossa sessão de psicanálise cultural vai-se debruçar sobre a noção de ato administrativo. Também aqui, a europeização se, por um lado, vai dar continuidade às transformações sofridas pela noção de ato administrativo decorrentes da passagem da Administração Agressiva ("Eingriffsverwaltung") do Estado Liberal para a Administração Prestadora ("Leistungsverwaltung"[23]) do

---

Mas esse «fenómeno é particularmente evidente na União europeia, onde os Estados membros aplicam, ao mesmo tempo, o Direito Internacional geral, o Direito Internacional "regional", como seja o decorrente do Conselho da Europa e de outras organizações internacionais europeias, o Direito da União europeia (...), e o Direito nacional» (MARIO CHITI, «Monismo o D. in D. A.: V. o F. D.», cit., in «Rivista T. di D. P.», cit., p. 305).

[22] MARIO CHITI, «Monismo o Dualismo in Diritto Amministrativo: Vero o Falso Dilemma?», in «Rivista Trimestrale di Diritto Amministrativo», nº 2, 2000, páginas 305.

[23] Sobre o sentido e os limites da contraposição entre Administração Agressiva e Prestadora vide OTTO BACHOF, Die Dogmatik des Verwaltungsrechts vor den Gegenwartsaufgaben der

Estado Social e para a Administração Infraestrutural ("Infrastruktur-Verwaltung" – FABER[24]) do Estado Pós-Social, e que conduziram à superação dos "traumas" da sua "infância difícil", por outro lado, vai introduzir nessa forma de atuação administrativa novas dimensões conceptuais "mestiças", decorrentes da integração jurídica europeia.

Desde logo, a noção autoritária de ato administrativo como "expressão máxima" do poder estadual, que correspondeu à filosofia da Administração Agressiva do Estado Liberal – e que deu origem às grandes conceções clássicas como a da "decisão executória" de HAURIOU[25], a da "definição do direito imposta aos súbditos" de MAYER[26], ou a do "ato definitivo e executório" de MARCELLO CAETANO[27] –, não faz mais qualquer sentido em nossos dias. Pois, o advento do Estado Social trouxe consigo o novo paradigma do "ato favorável" praticado no âmbito de uma Administração Prestadora, o que significou, por um lado, a perda do caráter "central" do ato administrativo, que passou a ter de ser considerado em "concorrência" com outras formas de atuação administrativa, e integrado no âmbito do procedimento e da relação jurídica; por outro lado, fez deslocar a tónica conceptual dos elementos autoritários para os materiais da criação de direitos e da prestação de bens e serviços aos particulares. Assim como o Estado Pós-social, com a sua nova dimensão de Administração Infraestrutural, trouxe consigo o ato multilateral, produtor de efeitos relativamente a uma multiplicidade de destinatários, noção esta que se encontra já muito distante do paradigma originário clássico do ato administrativo[28].

Verwaltung», in «Veröffentlichungen der Vereinigung der Deutschen Staatsrechtslehrer», nº 30, Walter de Gruyter, Berlin, 1972, páginas 193 e seguintes.

[24] HEIKO FABER, «Vorbemerkungen zu einer Theorie des Verwaltungsrechts in der nachindustriellen Gesellschaft», in «Auf einer Dritten Weg – Festschrift für Helmut Ridder zum siebzigsten Geburtstag», Luchterland, 1989, páginas 291 e seguintes; «Verwaltungsrecht», 3ª edição, 1992, J. C. B. Mohr (Paul Siebeck), Tuebingen, páginas 336 e seguintes.

[25] MAURICE HAURIOU, «Précis Élèmentaire de Droit Administratif », 5ª edição (com a colaboração de A. HAURIOU), Sirey, Paris, 1943, página 340.

[26] OTTO MAYER, «Deutsches Verwaltungsrecht», I volume, 6ª edição (reimpressão de 3ª edição, de 1924), Von Duncker & Humblot, Berlin, 1969, página 93.

[27] MARCELO CAETANO, «Manual de Direito Administrativo», 10ª edição (reimpressão), volumes I e II, Almedina, Coimbra, 1980, maxime páginas 463 e seguintes.

[28] Sobre a evolução conceptual da noção de ato administrativo, vide VASCO PEREIRA DA SILVA, «Em Busca do Ato Administrativo Perdido», Almedina, Coimbra, 1996; «O Contencioso A. no D. da P. – E. sobre as A. no N. P. A.», cit., pp. 304 e ss..

DIREITO ADMINISTRATIVO: TRANSFORMAÇÕES E TENDÊNCIAS

Todas estas transformações do conceito de ato administrativo não apenas são confirmadas como também acentuadas pela europeização, a qual vai contribuir para a consolidação de uma noção aberta desta forma de atuação, correspondente mais ao desempenho da função do que ao exercício do poder administrativo (como outrora). Assim, o efeito da europeização manifesta-se, entre outros, nos seguintes aspetos:

– perda da dimensão estatutária do ato administrativo, decorrente do facto do Direito Europeu regular as atuações administrativas em razão da função que elas realizam e não por corresponderem ao exercício de um qualquer poder, ou de serem provenientes de determinadas entidades. Isto, porque o Direito Europeu se destina a ser aplicado em países com tradições e sistemas jurídicos distintos, valendo tanto para os países de tradição francesa, em que existe uma determinada conceção do ato administrativo, como os de tradição anglo-saxónica, onde tal conceito é desconhecido. Daí que o Direito Europeu, não podendo privilegiar nenhuma das tradições jurídicas em detrimento da(s) outra(s), tenha de procurar um conceito "mestiço", reconstruindo (em termos "neutros") a noção de ato administrativo em razão da natureza da atividade que está a ser desempenhada, independentemente de saber se ele é praticado por entidades públicas ou privadas, ou de saber se aquelas se encontram a exercer poderes públicos ou no uso de poderes privados. Verifica-se, assim, um fenómeno de "dessubjectivação" (CASSESE[29]) do ato administrativo ao nível europeu, uma vez que ele deixa de estar dependente da natureza pública ou privada da entidade que o praticou, ou do estatuto jurídico que ela possua. Esta perda do caráter estatutário do ato administrativo (e, mais genericamente, também do próprio Direito Administrativo), que é determinada pela europeização, corresponde, nomeadamente, à solução consagrada, em Portugal, no art. 4º, nº 1, alínea d), do Estatuto dos Tribunais Administrativos e Fiscais, alargando o âmbito da jurisdição administrativa à atuação de sujeitos privados que praticam "atos administrativos em sentido europeu", pois colaboram no exercício da função adminis-

---

[29] SABINO CASSESE, «Le Basi C.», in SABINO CASSESE, «Trattato di Diritto A. – D. A. G.», vol. I, cit., pp. 159 e ss..

trativa, ficando por isso submetidos a um regime jurídico-público (tanto substantivo como processual);

– esbatimento do caráter regulador do ato administrativo (que era um elemento característico das noções clássicas, que surge agora desvalorizado no quadro europeu). Um tal efeito da europeização é visível a dois níveis: por um lado, os procedimentos administrativos são cada vez mais complexos e faseados (nomeadamente, nos domínios económico e ambiental, v.g. os casos de licenciamento da atividade económica ou da avaliação de impacto e de licenciamento ambientais), pelo que o aspeto decisório da regulação tende a diluir-se e a prolongar-se no tempo, sendo partilhado por distintas entidades públicas e construído com a participação de privados; por outro lado, cada vez mais as formas de atuação administrativa do Direito Europeu assumem uma configuração combinatória (afastando-se da respetiva "pureza originária"), nomeadamente misturando elementos unilaterais e contratuais, dimensões sancionatórias com tentativas de aliciamento e de influência (dos consumidores, do mercado), originando atos administrativos *sui generis* (v.g. os casos da ecoetiqueta, ou da ecogestão no Direito do Ambiente)[30]. O que obriga a pôr em causa as fronteiras conceptuais tradicionais (como as que distinguem atos definitivos e de procedimento, atos em sentido estrito e em sentido amplo, atos principais e instrumentais, auxiliares ou acessórios) e convida à adoção de noções amplas e abertas de ato administrativo (à semelhança, de resto, do que já faz o legislador português do Código de Procedimento Administrativo, no artigo 120º);

– proliferação de atos administrativos provenientes de autoridades administrativas independentes, que necessitam de ser acompanhados de sistemas de controlo judicial mais eficaz e adequado. Originárias dos sistemas anglo-saxónicos, as autoridades administrativas independentes tendem a generalizar-se em todos os países europeus, tanto em fontes comunitárias como nacionais. Ora, é preciso não esquecer que, mesmo no sistema britânico, em que tradicionalmente se considera que estas autoridades independentes ("tri-

---

[30] Sobre as referidas formas de atuação administrativa ambiental vide Vasco Pereira da Silva, «Verde Cor de Direito – Lições de Direito do Ambiente», Almedina, Coimbra, 2002, páginas 173 e seguintes.

bunals") desempenham, em simultâneo, funções administrativas e jurisdicionais, vigora o princípio – imposto tanto pelo Direito Constitucional como pelo Direito Europeu, como é expressamente reconhecido pela jurisprudência e pela doutrina britânicas – segundo o qual os atos praticados por tais entidades se encontram sempre submetidos (para além dos específicos controlos administrativos) a controlo judicial – mediante "judicial review", que é um meio processual "específico" do Contencioso Administrativo, a correr perante um tribunal ("Queen's Bench of the High Court") que, na prática, é de competência especializada em questões administrativas, embora no quadro de uma jurisdição única[31]. Assim, se é de saudar o surgimento destas entidades administrativas independentes, em sistemas como o português, por efeito da europeização, torna-se igualmente necessário garantir o adequado e eficaz controlo das respetivas decisões ("mestiças") perante os tribunais competentes, que devem ser, entre nós, os da jurisdição administrativa (à luz dos artigos 212º, nº 2, e 268º, nº 4, da Constituição e do artigo 4º do ETAF). Não faz, por isso, qualquer sentido (e pode mesmo originar problemas de inconstitucionalidade) que o legislador português tenha estabelecido, em numerosos casos, que o controlo judicial dos atos administrativos praticados por autoridades administrativas independentes esteja a cargo dos tribunais judiciais (v.g. as decisões da Autoridade da Concorrência, que são fiscalizadas pelos tribunais de comércio), os quais, por não serem especializados em matérias administrativas,

---

[31] Sobre a evolução histórica e a atualidade do Direito Administrativo na Grã-Bretanha, vide STEPHEN LEGOMSKY, «Specialized Justice – Courts, Administrative Tribunals, and a Cross-National Theory of Specialization», Clarendon Press – Oxford, Oxford / New York, 1990; MICHAEL HARRIS / MARTIN PARTINGTON, «Administrative Justice in the 21st. Century», Hart Publishing, Oxford, Portland / Oregon, 1999; HOOD PHILIPS/ PAUL JACKSON / PATRICIA LEOPOLD, «Constitutional and Administrative Law», Sweet & Maxwell, London, 2001; PETER LEYLAND / TERRY WOODS, «Textbook on Administrative Law», 4ª edição, Oxford University Press, Oxford, 2002; HILAIRE BARNETT, «Constitutional and Administrative Law», Cavendish Publishing, London / Sidney, 2002; BRADLEY / EWING, «Constitucional and Administrative Law», 13ª edição, Longman, London / New York, 2003; WADE / FORSYTH «Administrative Law», 9ª edição, Oxford University Press, Oxford, 2004; NEIL PARPWORTH, «Constitutional and Administrative Law», Oxford University Press, Oxford / New York, 2006; VASCO PEREIRA DA SILVA, «O Contencioso A. no D. da P. – E. sobre as A. no N. P. A.», cit., pp. 56 e ss..

não estão em condições de proceder a uma fiscalização tão adequada e eficaz como a que deveria ser realizada pelos tribunais administrativos (à semelhança, de resto, do que tende a suceder em países que, como nós, adotam a dualidade de jurisdições, nomeadamente a França e a Alemanha).

2. A Europa e as modernas transformações da contratação administrativa

Por último, há que fazer incidir a nossa análise psicanalítica sobre a contratação pública. Trata-se de um domínio historicamente marcado por uma dualidade esquizofrénica, que remonta aos tempos da "infância difícil" do Contencioso Administrativo de tipo francês, quando o Conselho de Estado não era ainda um Tribunal, mas um órgão da Administração, e os "privilégios de foro" relativos aos atos administrativos vão ser também estendidos a certos contratos considerados mais importantes (v.g. por razões de ordem económica ou política). Surge, então, «no Contencioso Administrativo, a primeira manifestação da dicotomia "esquizofrénica" ao nível dos contratos celebrados pela Administração Pública, que leva a distinguir, de "entre os iguais", aqueles que "eram mais iguais do que os outros", de modo a lhes poder ser atribuído um "foro especial", privativo da Administração, enquanto que os demais ficavam submetidos aos tribunais judiciais, como os acordos celebrados entre simples particulares»[32].

Só que essa primeira dualidade de natureza processual vai transformar-se, depois, também numa esquizofrenia de tipo substantivo, em razão da teoria francesa do contrato administrativo. Segundo essa perspetiva, os "contratos administrativos" são distintos dos "contratos de direito privado da Administração", pois corresponderiam a "privilégios exorbitantes" ou a poderes administrativos "especiais", enquanto que os segundos corresponderiam a acordos celebrados por entidades públicas mas atuando como simples privados, "desprovidas de poderes de autoridade". Ora, esta noção de contrato assentava, ela própria, «numa dualidade "esquizofrénica". Pois, o contrato administrativo é – simultânea e contraditoriamente – visto como um acordo de vontades, ou como um negócio jurídico bilateral, celebrado entre a Administração e os particulares, e como o exercício

---

[32] Vasco Pereira da Silva, «O Contencioso A. no D. da P. – E. sobre as A. no N. P. A.», cit., pp. 437 e 438.

de poderes unilaterais exorbitantes ou autoritários, por parte das autoridades públicas. O contrato administrativo é, pois, um conceito bifronte – à semelhança de um "monstro de duas caras" –, que consegue ser, ao mesmo tempo, bilateral e unilateral, consenso de vontades e supremacia (ou submissão) de uma parte em face da outra, instrumento de cooperação e mecanismo de sujeição»[33].

Ora, a generalização da contratação administrativa em todos os domínios de atuação pública, decorrentes da passagem do Estado Liberal para o Social e deste para o Pós-Social, vai começar a pôr em causa os fundamentos doutrinários desta visão dualista, originando um «movimento de sentido convergente, através do qual se tem vindo a reconhecer que, nem o "contrato administrativo" é tão exorbitante quanto isso, nem os contratos privados da Administração são exatamente iguais aos contratos celebrados entre particulares, o que reflete, desde logo, uma eventual aproximação entre todos os contratos da Administração» (MARIA JOÃO ESTORNINHO)[34].

A nova tendência, no sentido da "unidade" de tratamento de toda a atividade contratual da Administração pública é, por um lado, ação de certos setores da doutrina, por outro lado, do Direito Europeu. No domínio europeu, as exigências da construção de uma união económica e monetária vão dar origem ao estabelecimento de um regime comum da contratação pública, incluindo regras substantivas, de procedimento e de processo. Surge assim uma noção "mestiça" unitária de contrato público, que "salta por cima das fronteiras jurídicas nacionais" – do "contrato administrativo" francês, do "contrato de direito público" alemão ou do "contrato comum" (igual aos demais) anglo-saxónico –, estabelecendo um regime comum para determinados contratos correspondentes ao exercício da função administrativa. Superam-se, assim, clássicas dualidades esquizofrénicas no domínio da contratação pública com a ajuda do "divã" da Europa, mediante a criação de um regime jurídico comum europeu para certos tipos de contratos, ou para certos domínios de atividade, por se considerar que eles correspondem ao exercício da função administrativa, independentemente das questões de qualificação jurídica específicas dos Estados.

---

[33] VASCO PEREIRA DA SILVA, «O Contencioso A. no D. da P. – E. sobre as A. no N. P. A.», cit., pp. 438 e 439.

[34] MARIA JOÃO ESTORNINHO, «Requiem pelo Contrato Administrativo». Almedina, Coimbra, 1990, página 15.

Em Portugal, o fenómeno da europeização tem sido um importante eixo de transformação do Direito Administrativo português da contratação pública. De facto, o movimento unificador da contratação pública ditado pelo Direito Europeu, manifestou-se primeiro na legislação relativa aos procedimentos pré-contratuais e, depois, na legislação do contencioso administrativo, que eliminou, para efeitos processuais, a categoria dos contratos administrativos [art. 4º, 1, b), e), f) CPTA]. Mais recentemente, a necessidade de transpor para a ordem jurídica portuguesa as Diretivas de 2004 (Diretiva 2004/18/CE, do Parlamento Europeu e do Conselho, de 31 de março de 2004, relativa à "coordenação dos processos de adjudicação dos contratos de empreitada de obras públicas, fornecimento público e serviços"; e a Diretiva 2004/17/CE, do Parlamento Europeu e do Conselho, de 31 de março de 2004, relativa à "coordenação dos processos de adjudicação de contratos nos setores da água, da energia, dos transportes e dos serviços públicos") levou à elaboração de um Código da Contratação Pública, que revogou a disciplina geral do contrato administrativo (constante, até aí, dos artigos 178º a 189º do Código de Procedimento Administrativo).

O atual Código da Contratação Pública fica a meio-caminho entre a adoção de um conceito genérico de "contrato público", em sentido europeu, e a manutenção da dualidade esquizofrénica originária. Assim, por um lado, o legislador estabelece, pela primeira vez no Direito Administrativo nacional, uma disciplina geral completa (tanto procedimental como material) de todos os contratos em que intervém a administração, ao mesmo tempo que uniformiza e simplifica a tipologia e a tramitação dos procedimentos pré-contratuais e racionaliza o regime material da contratação pública. Por outro lado, o Código persiste em manter a dualidade conceptual esquizofrénica entre contratos administrativos e outros contratos da administração (art. 1º, 1 CCP), mesmo se a definição do dito contrato administrativo (art. 1º, 6) fornece argumentos para o esbatimento das fronteiras conceptuais ao nível da totalidade da contratação pública, assim como alarga o respetivo âmbito, que passa a incluir os contratos de aquisição de locação de bens e aquisição de bens móveis e serviços (arts. 431º, 437º, 450º CCP)[35].

Em síntese, se é facto que o legislador português estabeleceu já uma regulação da contratação pública conforme ao paradigma europeu, é for-

---

[35] Neste sentido, vide MARCELO REBELO DE SOUSA / ANDRÉ SALGADO DE MATOS, «Contratos Públicos – Direito Administrativo Geral», tomo III páginas 23 a 41.

çoso reconhecer, contudo, que lhe faltou um pouco mais de "psicanálise cultural", já que manteve a dualidade esquizofrénica entre o contrato administrativo e os demais contratos da Administração, mesmo se agora ela perde a sua significação histórica, uma vez que se estabeleceu um regime comum a todos os contratos. Cabendo agora à doutrina e à jurisprudência tirar as devidas conclusões no sentido da unificação do regime jurídico de toda a contratação administrativa.

É tempo de terminar esta nossa breve sessão de psicanálise cultural do Direito Administrativo português e Europeu. Mas isso não deve, contudo, significar o abandono da terapia psicanalítica, numa altura em que é cada vez mais necessário proceder à reconstrução do Direito Administrativo, tendo em conta os fenómenos do passado e as exigências do futuro, no quadro de uma «Nova Ciência do Direito Administrativo» (HOFFMANN--RIEM, SCHMIDT-ASSMANN, VOSKUHLE)[36].

[36] Vide por todos, HOFFMAN-RIEM / SCHMIDT-ASSMANN / VOSSKUHLE, «Grundlagen de Verwaltungsrecht», Band I – «Methoden – Masstäbe – Aufgaben – Organisation», 2ª edição, C. H. Beck, 2012, München.

A NORMA DE RECONHECIMENTO E O CARÁTER PUBLICISTA DO DIREITO ADMINISTRATIVO GLOBAL

HIDEMBERG ALVES DA FROTA

Introdução

O *Direito Administrativo Global* é objeto de crescente interesse acadêmico na comunidade jurídica mundial, a suscitar produção científica, comentários críticos e conferências por pesquisadores do Direito Constitucional, do Direito Administrativo e do Direito Internacional de caldos culturais cada vez mais variados, a exemplo de juristas (em regra, com formação jurídica cosmopolita) dos *Estados Unidos* (Geoffrey P. Miller[1], Michael S. Barr[2] e Richard B. Stewart[3]), da *Argentina* (Agustín Gordillo[4]), do

---

[1] BARR, Michael S.; MILLER, Geoffrey P. Global Administrative Law: the view from Basel. *European Journal of International Law*, Firenze, v. 17, nº 1, 2006, p. 15-46. Disponível em: <http://ejil.oxfordjournals.org/>. Acesso em: 27 jan. 2013.

[2] Ibid., loc. cit.

[3] KINGSBURY, Benedict; KRISCH, Nico; STEWART, Richard B. El surgimiento del Derecho Administrativo Global. Traducción por Gisela Paris y Luciana Ricart. *Revista de Derecho Público*, Bogotá, nº 24, mar. 2010, p. 1-46. Disponível em: <http://derechopublico.uniandes.edu.co/index.php?option=com_revista&view=inicio&idr=12%3ARevista_24&lang=es>. Acesso em: 18 out. 2012; Id. The emergence of global administrative law. *Law and Contemporary Problems*, Durham, v. 68, nº 3-4, sum.-aut. 2005, p. 15-61. Disponível em: <http://law.duke.edu/journals/lcp>. Acesso em: 2 nov. 2012; STEWART, Richard B.; BADIN, Michelle Ratton Sanchez. The World Trade Organization and Global Administrative Law. *New York Public Law and Legal Theory Research Paper Series*, New York, 2009, Working Paper nº 09-71. Disponível em: <http://papers.ssrn.com/sol3/papers.cfm?abstract_id=1518606>. Acesso em: 19 fev. 2013.

[4] GORDILLO, Agustín. Hacia la unidad del orden jurídico mundial. In: *Tratado de Derecho Administrativo: La defensa de usuário y del administrado*. 9. ed. Buenos Aires: F.D.A., t. 2, 2009. Cap. 22, p. 69, 72-73. Disponível em: <http://www.gordillo.com/pdf_tomo2/capitulo22.pdf>. Acesso em: 27 jan. 2013.

DIREITO ADMINISTRATIVO: TRANSFORMAÇÕES E TENDÊNCIAS

Brasil (Diogo de Figueiredo Moreira Neto[5], Eurico Bitencourt Neto[6], Maria de Jesus Rodrigues Araújo Heilmann[7] e Michelle Ratton Sanchez Badin[8]), do *Equador* (Juan Fernando Montalvo[9]), da *Venezuela* (José Antonio Muci Borjas[10]), da *Austrália* (Andrew D. Mitchell[11], John Farnik[12] e Simon Chesterman[13]), da *Nova Zelândia* (Benedict Kingsbury[14] e Janet

[5] MOREIRA NETO, Diogo de Figueiredo. O Direito Administrativo e o policentrismo de suas fontes. Direito Administrativo Global e ordenamento jurídico. In: Id. *Poder, Direito e Estado: o Direito Administrativo em tempos de globalização – in memoriam de Marcos Juruena Villela Souto.* Belo Horizonte: Fórum, 2011. Ens. 7, p. 113-157.

[6] BITENCOURT NETO, Eurico. Direito administrativo transnacional. *Revista Brasileira de Direito Público*, Belo Horizonte, v. 7, nº 24, jan.-mar. 2009, p. 117-122.

[7] HEILMANN, Maria de Jesus Rodrigues Araújo. *Globalização e o novo Direito Administrativo.* Curitiba: Juruá, 2010, p. 83-96, 168-204.

[8] BADIN, Michelle Ratton Sanchez. El proyecto Derecho Administrativo Global: Una reseña desde Brasil. *Revista de Derecho Público*, Bogotá, nº 24, mar. 2010, p. 1-17. Disponível em: <http://www.iilj.org/GAL/documents/2010Spanish.RattonSanchez.pdf>. Acesso em: 18 out. 2012; STEWART, Richard B.; BADIN, Michelle Ratton Sanchez. Op. cit., loc. cit.

[9] MONTALVO, Juan Fernando. *Derecho Administrativo Global: aplicación del arbitraje de inversiones en el Ecuador.* Disponível em: <http://svar-law.com/SvarLaw/Publicaciones_files/D.A.G.%20 Arbitraje%20Inversiones.pdf>. Acesso em: 11 nov. 2012.

[10] MUCI BORJAS, José Antonio. *El Derecho Administrativo Global y los Tratados Bilaterales de Inversión (BITs).* Caracas: Venezolana, 2007, passim.

[11] MITCHELL, Andrew D.; FARNIK, John. Global administrative law: can it bring global governance to account? *Federal Law Review*, Canberra, v. 37, nº 2, may-aug. 2009, p. 237-261. *Georgetown Law: Faculty Working Papers*, New Jersey, Georgetown Business, Economics & Regulatory Law Research Paper nº 1527095, 2009. Disponível em: <http://papers.ssrn.com/sol3/papers.cfm?abstract_id=1527095>. Acesso em: 19 fev. 2013.

[12] Ibid., loc. cit.

[13] CHESTERMAN, Simon. Globalization rules: accoutability, power, and the prospects for Global Administrative Law. *Global Governance: a Review of Multilateralism and International Organizations*, Boulder, v. 14, nº 1, jan.-mar. 2008, p. 39-52. Disponível em: <http://papers.ssrn. com/sol3/papers.cfm?abstract_id=975167>. Acesso em: 19 fev. 2013.

[14] KINGSBURY, Benedict. The concept of 'law' in global administrative law. *European Journal of International Law*, Firenze, v. 20, nº 1, jan.-mar. 2009, p. 23-57. Disponível em: <http://ejil. oxfordjournals.org/>. Acesso em: 3 nov. 2012; KINGSBURY, Benedict; CASINI, Lorenzo. Global Administrative Law dimensions of international organizations (IO). *New York Public Law and Legal Theory Research Paper Series*, New York, 2010, Working Paper nº 10-04. Disponível em: <http://papers.ssrn.com/sol3/papers.cfm?abstract_id=1539564>. Acesso em: 19 fev. 2013; KINGSBURY, Benedict; KRISCH, Nico; STEWART, Richard B. El surgimiento del Derecho Administrativo Global. Traducción por Gisela Paris y Luciana Ricart. Revista de Derecho Público, Bogotá, nº 24, mar. 2010, p. 1-46. Disponível em: <http://derechopublico.uniandes.

McLean[15]), do *Reino Unido* (Carol Harlow[16] e Susan Marks[17]), da *Alemanha* (Karl-Heinz Ladeur[18], Matthias Goldmann[19], Nico Krisch[20] e Stephan

edu.co/index.php?option=com_revista&view=inicio&idr=12%3ARevista_24&lang=es>. Acesso em: 18 out. 2012; KINGSBURY, Benedict; KRISCH, Nico; STEWART, Richard B. The emergence of global administrative law. *Law and Contemporary Problems*, Durham, v. 68, nº 3-4, sum.-aut. 2005, p. 15-61. Disponível em: <http://law.duke.edu/journals/lcp>. Acesso em: 2 nov. 2012; KINGSBURY, Benedict; SCHILL, Stephan. Investor-State arbitration as governance: fair and equitable treatment, proportionality and the emerging global administrative law. *New York University Public Law and Legal Theory Working Papers*, New York, 2009, Paper 146. Disponível em: <http://lsr.nellco.org/nyu_plltwp/146>. Acesso em: 7 nov. 2012; KRISCH, Nico; KINGSBURY, Benedict. Introduction: global governance and global administrative law in the international legal order. *European Journal of International Law*, Firenze, v. 17, nº 1, 2006, p. 1-13. Disponível em: <http://ejil.oxfordjournals.org/>. Acesso em: 27 jan. 2013.

[15] MCLEAN, Janet. Divergent legal conceptions of the State: implications for Global Administrative Law (2005). *International Law and Justice Working Papers*, New York, nº 2, 2005. Disponível em: <http://www.iilj.org>. Acesso em: 18 fev. 2013.

[16] HARLOW, Carol. Global Administrative Law: the quest for principles and values. *European Journal of International Law*, Firenze, v. 17, nº 1, 2006, p. 187-214. Disponível em: <http://ejil. oxfordjournals.org/>. Acesso em: 22 fev. 2013.

[17] MARKS, Susan. Naming global administrative law. *Journal of International Law and Politics*, New York, v. 37, nº 4, 2006, p. 995-1.001. Disponível em: <http://nyujilp.org/>. Acesso em: 27 jan. 2013.

[18] LADEUR, Karl-Heinz. The emergence of Global Administrative Law and transnational regulation. *International Law and Justice Working Papers*, New York, nº 1, 2011. (History and Theory of International Law Series) Disponível em: <http://www.iilj.org/publications/documents/2011-1.Ladeur.pdf>. Acesso em: 28 jan. 2013.

[19] GOLDMANN, Matthias. We need to cut off the head of the king: past, present, and future approaches to international soft law. *Leiden Journal of International Law*, Cambridge, v. 25, nº 2, apr.-jun. 2012, p. 361-366. Disponível em: <http://papers.ssrn.com/sol3/papers.cfm?abstract_id=1885085>. Acesso em: 19 fev. 2013.

[20] KINGSBURY, Benedict; KRISCH, Nico; STEWART, Richard B. El surgimiento del Derecho Administrativo Global. Traducción por Gisela Paris y Luciana Ricart. Revista de Derecho Público, Bogotá, nº 24, mar. 2010, p. 1-46. Disponível em: <http://derechopublico.uniandes. edu.co/index.php?option=com_revista&view=inicio&idr=12%3ARevista_24&lang=es>. Acesso em: 18 out. 2012; Id. The emergence of global administrative law. *Law and Contemporary Problems*, Durham, v. 68, nº 3-4, sum.-aut. 2005, p. 15-61. Disponível em: <http://law.duke. edu/journals/lcp>. Acesso em: 2 nov. 2012; KRISCH, Nico. Global administrative law and the constitutional ambition. *Law, Society and Economy Legal Studies Working Papers*, London, nº 10, 2009. Disponível em: <http://papers.ssrn.com/sol3/papers.cfm?abstract_id=1344788>. Acesso em: 27 jan. 2013; Id. The pluralism of global administrative law. *European Journal of International Law*, Firenze, v. 17, nº 1, 2006, p. 247-278. Disponível em: <http://ejil.oxfordjournals.

DIREITO ADMINISTRATIVO: TRANSFORMAÇÕES E TENDÊNCIAS

Schill[21]), da *Áustria* (Alexander Somek[22]), da *Itália* (Benedetto Cimino[23], Lorenzo Cassini[24], Marco Macchia[25], Mario Savino[26], Sabino Cassese[27] e Stefano Battini[28]), da *Espanha* (Jaime Rodríguez-Arana Muñoz[29] e José

org/>. Acesso em: 27 jan. 2013; KRISCH, Nico; KINGSBURY, Benedict. Introduction: global governance and global administrative law in the international legal order. *European Journal of International Law*, Firenze, v. 17, nº 1, 2006, p. 1-13. Disponível em: <http://ejil.oxfordjournals. org/>. Acesso em: 27 jan. 2013.

[21] KINGSBURY, Benedict; SCHILL, Stephan. Op. cit., loc. cit.

[22] SOMEK, Alexander. The concept of 'law' in Global Administrative Law: a reply to Benedict Kingsbury. *European Journal of International Law*, Firenze, v. 20, nº 4, oct.-dec. 2009, p. 985-995. Disponível em: <http://ejil.oxfordjournals.org/>. Acesso em: 18 fev. 2013.

[23] CIMINO, Benedetto. Il quinto Global Administrative Law Seminar. *Rivista Trimestrale di Diritto Pubblico*, Milano, v. 59, nº 4, ott.-dic. 2009, p. 1.132-1.141.

[24] KINGSBURY, Benedict; CASINI, Lorenzo. Global Administrative Law dimensions of international organizations (IO). *New York Public Law and Legal Theory Research Paper Series*, New York, 2010, Working Paper nº 10-04. Disponível em: <http://papers.ssrn.com/sol3/papers. cfm?abstract_id=1539564>. Acesso em: 19 fev. 2013.

[25] MACCHIA, Marco. La *compliance* al diritto amministrativo global: il sistema di controllo della convenzione di Aarhus. *Rivista Trimestrale di Diritto Pubblico*, Milano, v. 56, nº 3, iug.-set. 2006, p. 639-669.

[26] SAVINO, Mario. Global Administrative Law meets "soft" powers: the uncomfortable case of Interpol red notices. *Journal of International Law and Politics*, New York, v. 43, nº 2, 2012, p. 263-336. Disponível em: <http://nyujilp.org>. Acesso em: 18 fev. 2013.

[27] CASSESE, Sabino. Global Administrative Law: an introduction. Disponível em: <http:// www.iilj.org/GAL/documents/Cassesepaper.pdf>. Acesso em: 7 fev. 2013; CASSESE, Sabino. Il diritto amministrativo globale: una introduzione. *Rivista Trimestrale di Diritto Pubblico*, Milano, v. 55, nº 2, apr.-giu. 2005, p. 331-357; CASSESE, Sabino. Richard B. Stewart e la scienza americana del diritto ammnistrativo. *Rivista Trimestrale di Diritto Pubblico*, Milano, v. 55, nº 3, lug.-set. 2005, p. 617-631.

[28] BATTINI, Stefano. Organizzazioni internazionali e soggetti privati: verso um diritto amministrativo globale? *Rivista Trimestrale di Diritto Pubblico*, Milano, v. 55, nº 2, apr.-giu. 2005, p. 359-388; BATTINI, Stefano. The procedural side of legal globalization: The case of the World Heritage Convention. *International Journal of Constitutional Law*, New York, v. 9, nº 2, apr. 2011, p. 340-368.

[29] RODRÍGUEZ-ARANA MUÑOZ, Jaime. Derecho Administrativo Global y derecho fundamental a la buena administración pública. In: BACELAR FILHO, Romeu Felipe; GABARDO, Emerson; HACHEM, Daniel Wunder (Org.). *Globalização, direitos fundamentais e Direito Administrativo: novas perspectivas para o desenvolvimento econômico e socioambiental: Anais do I Congresso da Rede Docente Eurolatinoamericana de Direito Administrativo*. Belo Horizonte: Fórum, 2011. p. 245-381.

A NORMA DE RECONHECIMENTO E O CARÁTER PUBLICISTA

Luis Meilán Gil[30]), de *Portugal* (Suzana Tavares da Silva[31]), da *Índia* (B. S. Chimni[32]), de *Taiwan* (Ming-Sung Kuo[33]) e do *Quênia* (James Thuo Gathii[34])[35].

À vista da amplitude temática e das inevitáveis limitações de espaço de um capítulo de livro, reflete-se acerca da construção de um DAG *publicista*, em prol de uma visão *prospectiva*[36], de longo prazo, tendo-se em mira

[30] MEILÁN GIL, José Luis. *Una aproximación al Derecho Administrativo Global.* Sevilla: Derecho Global, Global Law, 2011, passim.

[31] SILVA, Suzana Tavares da. *Um novo Direito Administrativo?* Coimbra: Imprensa da Universidade de Coimbra, 2010, p. 19-20, 25-27.

[32] CHIMINI, B. S. Cooption and resistance: two faces of Global Administrative Law. *International Law and Justice Working Papers*, New York, nº 16, 2005. (Global Administrative Law Series) Disponível em: <http://www.iilj.org/GAL/documents/CO-OPTIONANDRESISTANCETWOFACESOF.pdf>. Acesso em: 19 fev. 2013.

[33] KUO, Ming-Sung. Inter-public legality or post-public legitimacy? Global governance and the curious case of Global Administrative Law as a new paradigm of law. *Legal Studies Research Papers*, Coventry, nº 7, 2012. Disponível em: <http://www.ssrn.com/link/U-Warwick-LEG. html>. Acesso em: 18 fev. 2013; KUO, Ming-Sung. Taming governance with legality? Critical reflections upon Global Administrative Law as small-c global constitutionalism. *Journal of International Law and Politics*, New York, v. 44, nº 1, 2011, p. 55-102. Disponível em: <http:// nyujilp.org>. Acesso em: 18 fev. 2013; KUO, Ming-Sung. The concept of 'law' in Global Administrative Law: a reply to Benedict Kingsbury. *European Journal of International Law*, Firenze, v. 20, nº 4, oct.-dec. 2009, p. 997-1.004. Disponível em: <http://ejil.oxfordjournals. org/>. Acesso em: 18 fev. 2013; KUO, Ming-Sung. W(h)ither the idea of publicness? Besieged democratic legitimacy under the extraconstitutional hybrid regulation across the Taiwan Strait. *University of Pennsylvania East Asia Law Review*, Philadelphia, v. 7, nº 2, jul.-dec. 2012, p. 221-255. Disponível em: <http://www.pennealr.com/archive/issues/vol7/EALR7(2)_Kuo. pdf>. Acesso em: 18 fev. 2013.

[34] GATHII, James Thuo. The Financial Action Task Force and Global Administrative Law. *Journal of the Professional Lawyer*, Chicago, v. 10, nº 10, jan.-dec. 2010, p. 197-209. Disponível em: <http://www.americanbar.org/content/dam/aba/migrated/cpr/pdfs/jpl10_09gathii. authcheckdam.pdf>. Acesso em: 28 jan. 2013.

[35] Esse elenco de trabalhos publicados por tais pesquisadores foi mencionado a *título meramente ilustrativo*, sem, portanto, o propósito de especificar toda a produção relacionada ao Direito Administrativo Global escrita pelos referidos autores e já publicada até a presente data (março de 2013).

[36] Compartilha-se do entendimento de Diogo de Figueiredo Moreira Neto, ao predicar que o Direito Administrativo seja dotado de viés *prospectivo*, para que possa responder aos desafios atuais e vindouros, forte em seus instrumentos científicos e no arcabouço jurídico densificado ao longo dos dois últimos milênios e meio de sua evolução. Cf. MOREIRA NETO, Diogo de Figueiredo. O Direito Administrativo e o policentrismo de suas fontes. Direito Administrativo

a relevância da *uniformização principiológica* do Direito Administrativo Global, para que este se consolide como *Direito Público*.

Assim, após planteadas as *noções fundamentais* sobre o Direito Administrativo Global, expõem-se lineamentos sobre o *caráter publicista* do Direito Administrativo Global, tendo-se em mente as *críticas* de que tem sido alvo a formulação *teuto-anglo-saxônica* do DAG e os *desafios* decorrentes de uma opção *publicístico-principiológica*.

Noções Basilares

Atinente a um Direito Administrativo a se forjar pela *repercussão normativa* de relações jurídicas *interpúblicas* e *público-privadas* a desbordarem dos lindes *clássicos* do Direito Administrativo das ordens jurídicas *nacionais* e do Direito Internacional Público, extrapolando as fronteiras dos *territórios*, dos *ordenamentos jurídicos domésticos*, das *populações* e dos Estados nacionais, bem como a moldura dos *tratados internacionais* e o conceito tradicional de *soberania nacional*, quanto a questões de ressonância não apenas *nacional* como também *regional*[37] e *global*, o *Direito Administrativo Transnacional*, na linha de pensamento de Eurico Bitencourt Neto, bifurca-se, na atualidade, na sedimentação do *Direito Administrativo da União Europeia*, no bojo da *integração regional*, de cunho econômico, cultural e jurídico, de parcela expressiva do continente europeu, e do *Direito Administrativo Global*, eco da *globalização jurídica* e da consequente gradual constituição do *espaço jurídico global*, a regular as relações jurídicas entre entes estatais nacionais e, lado outro, entre tais pessoas político-administrativas e os particulares, no palco de *organizações transnacionais* cuja potestade tende a receber gradativa *limitação* de *princípios e regras* emulados dos ordenamentos jurídicos *domésticos*, das fontes jurídicas de *organizações internacionais* e do Direito da *União Europeia*

Global e ordenamento jurídico. In: Id. *Poder, Direito e Estado: o Direito Administrativo em tempos de globalização – in memoriam de Marcos Juruena Villela Souto*. Belo Horizonte: Fórum, 2011. Ens. 7, p. 156-157.

[37] *Regional*, no contexto do parágrafo acima, não no sentido de abranger *parcela do conjunto de Estados, Províncias ou Departamentos* de determinado Estado nacional, e sim de *abarcar parcela do conjunto de Estados nacionais de determinada região de um continente*, tal quais os blocos econômicos da União Europeia, do Mercosul (Mercado Comum do Sul) e do NAFTA (Tratado Norte-Americano de Livre Comércio, mais conhecido como *North American Free Trade Agreement*).

A NORMA DE RECONHECIMENTO E O CARÁTER PUBLICISTA

(com destaque, na conjuntura atual, a *normas procedimentais*, a exemplo do *direito a um processo equitativo* ou ao *devido processo legal*)[38].

Na Faculdade de Direito da Universidade de Nova Iorque (*New York University School of Law – NYU Law*), o Instituto Internacional de Direito e Justiça (*Institute of International Law and Justice*), em parceria com o Centro Frank J. Guarini de Direito Ambiental e do Direito de Uso e Aproveitamento da Terra[39] (*Frank J. Guarini Center on Environmental and Land Use Law*), desenvolve, de forma pioneira, o "Projeto de Pesquisa sobre o Direito Administrativo Global" (*Global Administrative Law Research Project*)[40], de que resulta o trabalho científico preliminar (*working paper*) denominado "A Emergência do Direito Administrativo Global" (*The emergence of global administrative law*), veiculado em 2004[41], na Rede Mundial de Computadores, depois convertido no artigo científico de mesmo título, encartado,

---

[38] BITENCOURT NETO, Eurico. Direito administrativo transnacional. *Revista Brasileira de Direito Público*, Belo Horizonte, v. 7, nº 24, jan.-mar. 2009, p. 109-111, 118, 121.

[39] Neste trabalho jurídico, ao se traduzir para o português brasileiro a locução substantiva anglófona *Land Use Law*, adotou-se a tradução livre *Direito de Uso e Aproveitamento da Terra – DUAT*, reproduzindo-se expressão acolhida pela Lei de Terras da República de Moçambique, a Lei nº 19/97, de 1º de outubro (arts. 1º, nº 2 e nº 17, art. 2º, art. 10, nº 1, nº 2 e nº 3, art. 11, art. 12, *caput*, art. 13, nº 2 e nº 3, art. 14, nº 1 e nº 2, art. 15, art. 16, nº 1, nº 2, nº 4 e nº 5, art. 17, nº 1 e nº 2, art. 18, nº 1 e nº 2, art. 19, art. 20, caput, art. 21, *in fine*, art. 28, nº 1º, *caput*, art. 30 e art. 31, nº 1). Cf. MOÇAMBIQUE. Lei de Terras. Lei nº 19/97, de 1º de outubro. Disponível em: <http://www.portaldogoverno.gov.mz>. Acesso em: 17 out. 2012. Como alternativa a essa tradução inspirada no Direito Positivo moçambicano, reconhece-se a possibilidade de adotar a tradução *Direito do Solo*, termo abraçado pelo estudo de Direito Comparado Europeu levado a efeito pela Direção-Geral do Ordenamento do Território e Desenvolvimento Urbano (DGOTDU) do Ministério do Ambiente e do Ordenamento do Território de Portugal, na alentada *Análise comparativa das Leis de Solos de Países Europeus*. Cf. CARDOSO, Isabel Moraes (Org). Análise comparativa das Leis de Solos de Países Europeus. Estudo de enquadramento para a preparação da Nova Lei do Solo. Documento Técnico DGOTDU 8/2011. Lisboa: Direcção-Geral do Ordenamento do Território e Desenvolvimento Urbano (DGOTDU) do Ministério do Ambiente e do Ordenamento do Território de Portugal, 2011, p. 6, 11, 16, 42, 43, 45, 74, 76, 107, 108, 130, 131, 152, 153, 180, 183. Disponível em: <http://novaleidosolo.dgotdu.pt>. Acesso em: 18 out. 2012.

[40] HEILMANN, Maria de Jesus Rodrigues Araújo. Op. cit., p. 171-172.

[41] KINGSBURY, Benedict; KRISCH, Nico; STEWART, Richard B. The Emergence of Global Administrative Law. *International Law and Justice Working Papers*, New York, nº 1, 2004. (Global Administrative Law Series) Disponível em: <http://www.iilj.org/publications/2004-1Kingsburry..asp>. Acesso em: 11 mar. 2013.

DIREITO ADMINISTRATIVO: TRANSFORMAÇÕES E TENDÊNCIAS

no ano de 2005, no periódico científico interdisciplinar *Law and Contemporary Problems*[42] (publicação vinculada à Faculdade de Direito da Universidade de Duke – *Duke University School of Law* –, situada nos EUA, no Estado da Carolina do Norte), escrito pelo internacionalista batavo-neozelandês Benedict Kingsbury, radicado nos EUA, pelo internacionalista alemão Nico Krisch, radicado no Reino Unido, e pelo administrativista e ambientalista estadunidense Richard B. Stewart (*paper* depois traduzido para o espanhol por Gisela Paris e Luciana Ricart[43]), em que se delineiam as *linhas mestras* da concepção doutrinal do *Direito Administrativo Global – DAG* (*Global Administrative Law – GAL*[44] ou *Derecho Administrativo Global – DAG*[45]), cuja produção dogmática tem sido, passo a passo, reunida no sítio eletrônico <http://www.iilj.org/GAL>.

À luz do pensamento de Kingsbury, Krisch e Stewart, ideólogos da doutrina do Direito Administrativo Global, este seria o fruto da fragmentária[46] formação, ora em andamento, do *espaço administrativo global* (*global administrative espace* ou *espacio administrativo global*), construído, passo a passo, pela alvorada de complexas interações entre os múltiplos atores envolvidos com a *governança regulatória global* (*global regulatory governance* ou *gobernanza regulatoria global*), rol multifacetário a abranger organismos internacionais *formais* e *informais*, redes transnacionais, acordos de coordenação, entes estatais (autoridades regulatórias domésticas), organizações não governamentais, pessoas naturais ou físicas (indivíduos das mais diversas nacionalidades e etnias), sociedades empresárias e outros grupos

---

[42] KINGSBURY, Benedict; KRISCH, Nico; STEWART, Richard B. The emergence of global administrative law. *Law and Contemporary Problems*, Durham, v. 68, nº 3-4, sum.-aut. 2005, p. 15-61. Disponível em: <http://law.duke.edu/journals/lcp>. Acesso em: 2 nov. 2012.

[43] KINGSBURY, Benedict; KRISCH, Nico; STEWART, Richard B. El surgimiento del Derecho Administrativo Global. Traducción por Gisela Paris y Luciana Ricart. *Revista de Derecho Público*, Bogotá, nº 24, mar. 2010, p. 1-46. Disponível em: <http://derechopublico.uniandes. edu.co/index.php?option=com_revista&view=inicio&idr=12%3ARevista_24&lang=es>. Acesso em: 18 out. 2012

[44] KINGSBURY, Benedict. The concept of 'law' in global administrative law. *European Journal of International Law*, Firenze, v. 20, nº 1, jan.-mar. 2009, p. 24. Disponível em: <http://ejil. oxfordjournals.org/>. Acesso em: 3 nov. 2012.

[45] MONTALVO, Juan Fernando. Op. cit., p. 1.

[46] "O Direito Administrativo global se embasa atualmente em uma realidade parcial e fragmentária [...]." Cf. MEILÁN GIL, José Luis. Op. cit., p. 124, tradução livre nossa.

ou representantes de interesses sociais e econômicos, na esfera doméstica ou global[47].

As normas jurídicas e os procedimentos ínsitos ao Direito Administrativo Global teriam como *destinatários* (*a*) Estados revestidos da condição de *sujeitos de Direito Internacional*, assim como (*b*) *pessoas naturais*, (*c*) *sociedades empresárias e grupos econômicos* e (*d*) *organizações não governamentais* cuja esfera jurídica seja alcançada pelos *regimes regulatórios globais* – inclusive de forma *direta*, ou seja, *sem* a intermediação de órgão ou entidade estatal de cunho *nacional* ou *doméstico* –, atividade administrativa cujo desempenho se dividiria entre *cinco* conjuntos de órgãos e/ou entidades[48]:

(1) *Organizações internacionais formais*. Estabelecidas por tratados internacionais ou acordos executivos. Exemplos: o *Conselho de Segurança da Organização das Nacionais Unidas* (no exterior, mais conhecido como *U.N. Security Council – UNSC*) e os Comitês daquele órgão colegiado, bem como as agências da ONU, tais quais o *Alto Comissariado das Nações Unidas para Refugiados – ACNUR* (no exterior, mais conhecido como *United Nations High Comissioner for Refugees – UNHCR*) e a *Organização Mundial de Saúde – OMS* (no exterior, mais conhecida como *World Health Organization – WHO*), além de instituições intergovernamentais situadas *fora* da estrutura administrativa da ONU, como o *Grupo de Ação Financeira Internacional – GAFI* (no exterior, mais conhecido como *Groupe d'Action Financière – GAFI* ou *Financial Action*

---

[47] KINGSBURY, Benedict; KRISCH, Nico; STEWART, Richard B. El surgimiento del Derecho Administrativo Global. Traducción por Gisela Paris y Luciana Ricart. *Revista de Derecho Público*, Bogotá, nº 24, mar. 2010, p. 8, 14-15. Disponível em: <http://derechopublico.uniandes.edu.co/ index.php?option=com_revista&view=inicio&idr=12%3ARevista_24&lang=es>. Acesso em: 18 out. 2012; KINGSBURY, Benedict; KRISCH, Nico; STEWART, Richard B. The emergence of global administrative law. *Law and Contemporary Problems*, Durham, v. 68, nº 3-4, sum.-aut. 2005, p. 18, 25-26. Disponível em: <http://law.duke.edu/journals/lcp>. Acesso em: 2 nov. 2012.

[48] KINGSBURY, Benedict; Krisch, Nico; STEWART, Richard B. El surgimiento del Derecho Administrativo Global. Traducción por Gisela Paris y Luciana Ricart. *Revista de Derecho Público*, Bogotá, nº 24, mar. 2010, p. 9-12. Disponível em: <http://derechopublico.uniandes.edu.co/ index.php?option=com_revista&view=inicio&idr=12%3ARevista_24&lang=es>. Acesso em: 18 out. 2012. Nesse sentido, vide didático quadro delineado por Michelle Ratton Sanchez Badin. Cf. BADIN, Michelle Ratton Sanchez. Op. cit., p. 148.

Task Force – FATF[49]) e o *Banco Mundial – BM* (no exterior, mais conhecido como *World Bank – WB*)[50].

(2) *Redes transnacionais e acordos de coordenação*[51]. Possuem caráter *informal* e são compostas por "funcionários da *regulação doméstica oficial*"[52], esclarece Maria de Jesus Rodrigues Araújo Heilmann. Exemplos: (*a*) o *Comitê de Supervisão Bancária de Basileia – CSBB* ou *Comitê de Basileia* (no exterior, mais conhecido como *Basel Committee on Banking Supervision – BCBS* ou simplesmente *Basel Committee*), a reunir Chefes de Bancos Centrais, à revelia de marcos jurídicos demarcados pelo Direito dos Tratados, e (*b*) a *pressão de especialistas da OMC* "para o reconhecimento mútuo de normas regulatórias e de decisões entre os Estados membros"[53] daquela Organização[54].

(3) A *administração dispersa* (*distributed administration*[55] ou *administración dispersa*[56]). Trata-se da atividade regulatória desempenhada por agências reguladoras *domésticas*[57]. Em outros termos, diz respeito, explica Heilmann,

---

[49] Pablo Fernández Lamela adota classificação ligeiramente diversa, ao enquadrar o GAFI/FATF no rol de redes transgovernamentais, e não no elenco de organizações internacionais formais. Cf. FERNÁNDEZ LAMELA, Pablo. El impacto de las redes transgubernamentales en la evolución del Derecho Administrativo Internacional. In: *El nuevo Derecho Administrativo Global en América Latina*. Buenos Aires: Rpa, IILJ, UdeSA, 2009. p. 155-181. (Cuadernos Res Publica Argentina, v. 2) Disponível em: <http://www.iilj.org/GAL/documents/GALBAbook.pdf>. Acesso em: 28 jan. 2012.

[50] KINGSBURY, Benedict; KRISCH, Nico; STEWART, Richard B. Op. cit., p. 9-10.

[51] Ibid., p. 10.

[52] HEILMANN, Maria de Jesus Rodrigues Araújo. Op. cit., p. 173, grifo da autora.

[53] KINGSBURY, Benedict; KRISCH, Nico; STEWART, Richard B. Op. cit., p. 10, tradução livre nossa.

[54] Ibid., p. 9-10.

[55] KINGSBURY, Benedict; KRISCH, Nico; STEWART, Richard B. The emergence of global administrative law. *Law and contemporary problems*, Durham, v. 68, nº 3-4, sum.-aut. 2005, p. 20-22, 36, 44, 54, 56-57. Disponível em: <http://law.duke.edu/journals/lcp>. Acesso em: 2 nov. 2012.

[56] KINGSBURY, Benedict; KRISCH, Nico; STEWART, Richard B. El surgimiento del Derecho Administrativo Global. Traducción por Gisela Paris y Luciana Ricart. *Revista de Derecho Público*, Bogotá, mar. 2010, p. 10, 39, 41, 42. Disponível em: <http://derechopublico.uniandes.edu.co/index.php?option=com_revista&view=inicio&idr=12%3ARevista_24&lang=es>. Acesso em: 18 out. 2012.

[57] Ibid., p. 9-10.

A NORMA DE RECONHECIMENTO E O CARÁTER PUBLICISTA

às "*autoridades domésticas* que executam no âmbito interno dos governos a regulação global do regime dos tratados, dos acordos de reconhecimento mútuo ou estándares cooperativos"[58]. Exemplos: as agências regulatórias federais brasileiras.

(4) A *administração híbrida privado-intergovernamental*. Concerne ao múnus regulatório exercido pelos órgãos e entidades cujos corpos de integrantes são compostos por agentes governamentais (estatais) e não governamentais (privados). Nesse rol se incluem organismos internacionais cuja atuação se encontra respaldada por tratados. É o caso da Comissão do *Codex Alimentarius* (no exterior, mais conhecida como *Codex Alimentarius Commission*), vinculada a duas agências da ONU, a OMS e a Organização das Nações Unidas para Agricultura e Alimentação – ONUAA (no exterior, mais conhecida como *Food and Agriculture Organization of the United Nations – FAO* ou *L'Organisation des Nations unies pour l'alimentation et l'agriculture – ONUAA*). É o caso também da agência da ONU intitulada *Organização Internacional do Trabalho – OIT* (no exterior, mais conhecida como *Internationl Labor Organization – ILO*). Por outro lado, enquadram-se, ainda, no rol de *administração híbrida privado-intergovernamental* organizações internacionais *não governamentais (privadas)*, tais qual a *Corporação para Atribuição de Nomes e Números na Internet* (no exterior, mais como conhecida como *Internet Corporation for Assigned Names and Numbers – ICANN*).[59]

(5) E os *organismos internacionais* de Direito Privado. Consubstanciam a Administração Privada no ambiente regulatório. Segundo Heilmann, correspondem "à Administração de instituições privadas com *funções regulatórias* (os atores puramente privados)"[60]. Exemplos: a *Organização Internacional para a Padronização* (no exterior, mais conhecida como *International Organization for Standardization – ISO* ou *L'Organisation internationale de normalization*), a *Sociedade para as Telecomunicações Financeiras Interestatais Mundiais* (no Brasil e no exterior, mais conhecida como *Society for Worldwide Interbank Financial Telecommunication – SWIFT*) e a *Agência*

---

[58] HEILMANN, Maria de Jesus Rodrigues Araújo. Op. cit., loc. cit., grifo da autora.
[59] KINGSBURY, Benedict; KRISCH, Nico; STEWART, Richard B. Op. cit., p. 9, 11, 13.
[60] HEILMANN, Maria de Jesus Rodrigues Araújo. Op. cit., loc. cit.

Mundial de Antidoping (no exterior, mais conhecida como *World Anti-Doping Agency – WADA* e *Agence mondiale antidopage – AMA*)[61].

Em suma, o objeto do Direito Administrativo Global concerne ao incipiente *espaço administrativo global*, ressonância da variada gama de relações jurídicas entre indivíduos, grupos (sociais e econômicos) e órgãos e entidades (de âmbito público e privado, estatal e não estatal, formal e informal, doméstico e mundial) cuja esfera jurídica reste afetada pela *governança regulatória global*[62], a qual, na lição de José María Serna de la Garza, "envolve complexas inter-relações entre Estados, organizações intergovernamentais e atores não estatais de distinta índole (como empresas transnacionais e ONGs internacionais)"[63].

Nessa ordem de ideias, incumbiria ao Direito Administrativo Global *modelar* os *regimes regulatórios globais* (*global regulatory regimes* ou *regímenes regulatorios globales*), também denominados *regimes administrativos globais* (*global administrative regimes* ou *regímenes administrativos globales*), regimes jurídicos da *administração global* (*global administration* ou *administración global*), da *regulação administrativa globalizada* (*globalized administrative regulation* ou *regulación administrativa global*) ou da *governança regulatória global* (*global regulatory governance* ou *gobernanza regulatoria global*), por meio de *regras jurídicas* e *procedimentos administrativos* a promoverem (1) o *controle* (*accountability*), (2) a *participação processual* (*procedural participation* ou *participación procesal*), (3) o *princípio da racionalidade* (*principle of rationality*), (4) o *princípio da legalidade*, (5) o *direito à revisão*, (6) a *transparência* e o *acesso à informação* e (7) os *padrões substantivos* (*substantive standards* ou *estándares sustantivos*)[64].

---

[61] Kingsbury, Benedict; Krisch, Nico; Stewart, Richard B. Op. cit., p. 11-12.

[62] Ibid., p. 8, 14-15.

[63] Serna de la Garza, José María. Reflexiones sobre el concepto de "gobernanza global" y su impacto en el ámbito jurídico. In: Díaz Müller, Luis T. (Coord.). *V Jornadas: crisis y derechos humanos*. México, D.F.: UNAM, 2010. p. 26. (Memorias, nº 1) Disponível em: <http://biblio.juridicas.unam.mx/libros/libro.htm?l=2897>. Acesso em: 23 out. 2012, tradução livre nossa.

[64] Kingsbury, Benedict; Krisch, Nico; Stewart, Richard B. El surgimiento del Derecho Administrativo Global. Traducción por Gisela Paris y Luciana Ricart. *Revista de Derecho Público*, Bogotá, mar. 2010, p. 6, 9, 12, 14-15, 18-19, 21-23, 25-27, 30-32, 36, 38, 40-42, 46. Disponível em: <http://derechopublico.uniandes.edu.co/index.php?option=com_revista&view=inicio&idr=12%3ARevista_24&lang=es>. Acesso em: 18 out. 2012; Kingsbury, Benedict; Krisch, Nico; Stewart, Richard B. The emergence of global administrative law. *Law and contemporary*

A NORMA DE RECONHECIMENTO E O CARÁTER PUBLICISTA

Ante a feição fragmentária e, de outra banda, a carência de moldura jurídica e de estrutura organizacional unificadas do espaço administrativo global, inclusive quanto ao exercício das funções *normativa* e *jurisdicional*[65], Benedict Kingsbury aventa a adoção, na seara do Direito Administrativo Global, de uma concepção *positivista* de Direito[66], influenciada pelo magistério do jusfilósofo inglês Herbert Lionel Adolphus Hart (1907-1992), porém untada à noção de *publicness*.

1. A norma de reconhecimento de Hart

Enxergando no *ordenamento jurídico* um "sistema dinâmico e *unitário*"[67], H. L. A. Hart elabora a *norma de reconhecimento*, na qualidade de "norma *última* (ultimate rule)"[68] (a "última [norma] na série"[69]) de uma ordem jurídica amadurecida[70], evoluída[71], moderna[72] ou desenvolvida[73].

A primordial função da *norma de reconhecimento* – discorre Sergio Nojiri, estudioso da obra de Hart – reside em "identificar de forma conclusiva

---

problems, Durham, v. 68, nº 3-4, sum.-aut. 2005, p. 20, 23, 25-26, 30-31, 33, 37, 40, 57. Disponível em: <http://law.duke.edu/journals/lcp>. Acesso em: 2 nov. 2012.

[65] "'Global administrative law' is not an established field of normativity and obligation in the same way as 'international law'. It has no great charters, no celebrated courts, no textual provisions in national constitutions giving it status in national law, no significant long-appreciated history. It is possible over a long period that such a unity will develop. But at present, any claims within GAL to be law do not rest on a rule of recognition, shared among relevant participants, that identifies and delimits a unified legal system of GAL." Cf. KINGSBURY, Benedict. The concept of 'law' in global administrative law. *European Journal of International Law*, Firenze, v. 20, nº 1, jan.-mar. 2009, p. 29-30. Disponível em: <http://ejil.oxfordjournals. org/>. Acesso em: 3 nov. 2012.

[66] Ibid., loc. cit.

[67] FERRAZ JR., Tercio Sampaio. *Introdução ao estudo do direito: técnica, decisão, dominação*. 3. ed. São Paulo: Atlas, 2001, p. 184, grifo nosso.

[68] HART, H. L. A. *O conceito de Direito*. Pós-escrito organizado por Penelope A. Bulloch e Joseph Raz. Tradução de Antônio de Oliveira Sette Câmara. Revisão da tradução por Marcelo Brandão Cipolla. Revisão técnica de Luiz Vergílio Dalla-Rosa. 1. ed. 2. tiragem. São Paulo: WMF Martins Fontes, 2012, p. 136, grifo do autor. (Biblioteca Jurídica WMF)

[69] FERRAZ JR., Tercio Sampaio. Op. cit., loc. cit.

[70] HART, H. L. A. Op. cit., p. 141.

[71] Ibid., p. 123.

[72] Ibid., p. 130.

[73] DINIZ, Maria Helena. *Compêndio de introdução à Ciência do Direito*. 17. ed. São Paulo: Saraiva, 2005, p. 90.

DIREITO ADMINISTRATIVO: TRANSFORMAÇÕES E TENDÊNCIAS

quais são e quais não são as normas pertencentes ao sistema"[74], ao definir "critérios de avaliação de outras normas do sistema"[75], a serem empregados "por agentes públicos (*by officials*)"[76], por meio dos quais se pode distinguir o "que é direito (que coisa *é* o direito) de sua avaliação moral (o que *deve ser* o direito)"[77].

A *norma de reconhecimento* constitui o *fundamento*[78] da ordenação jurídica (sua *fonte da autoridade*[79]). Mostra-se, como tal, *desprovida* do caractere da *validade* ou da *invalidade*. A "norma última de reconhecimento [...] não é válida nem inválida: ela simplesmente *existe*"[80], como "uma questão de fato"[81]. Não exprime uma questão jurídica de (in)validade. A *norma de reconhecimento* não consiste em uma presunção jurídica hipotética. Consubstancia, isto sim, um *fato* da vida social[82].

Hart adota a locução substantiva *norma de reconhecimento*, entre outros motivos, para evitar que ela seja confundida com a *norma fundamental* divisada por Hans Kelsen (1881-1973). Assim, o jurista britânico almeja afastar o arcabouço teorético por ele criado da distinção, tal como delineada pelo jusfilósofo austríaco, entre as esferas do Direito e da Moral[83]. Sem pretender a fusão entre os campos do Direito e da Moral, Hart reconhece que, na seara da "interpretação da lei, sempre há uma escolha entre valores morais"[84].

---

[74] NOJIRI, Sergio. *Neoconstitucionalismo* versus *democracia: um olhar positivista*. Curitiba: Juruá, 2012, p. 167.

[75] Ibid., p. 168.

[76] Ibid., loc. cit.

[77] Ibid., loc. cit., grifo do autor.

[78] HART, H. L. A. Op. cit., p. 375.

[79] Ibid., p. 123.

[80] FERRAZ JR., Tercio Sampaio. Op. cit., p. 184, grifo do autor.

[81] HART, H. L. A. Op. cit., p. 142.

[82] FERRAZ JR., Tercio Sampaio. Op. cit., p. 184. Em similar sentido: FERNANDES, Ricardo Vieira de Carvalho; BICALHO, Guilherme Pereira Dolabella. Do positivismo ao pós-positivismo jurídico: o atual paradigma jusfilosófico constitucional. Revista de Informação *Legislativa*, *Brasília, DF, v. 48, nº 189, jan.-mar. 2011, p. 109. Disponível em: <http://www2.senado.gov.br/bdsf/ item/id/242864>. Acesso em: 25 nov. 2012.*

[83] HART, H. L. A. Op. cit., p. 377.

[84] BERTASO, João Martins. A norma fundamental em Hart: os critérios de reconhecimento. *Revista do Direito: Revista do Programa de Pós-Graduação (Mestrado e Doutorado) da Universidade de Santa Cruz do Sul, Santa Cruz do Sul, v. 6, nº 13, p. 155-161, jan.-jun. 2000, p. 158.*

A NORMA DE RECONHECIMENTO E O CARÁTER PUBLICISTA

Na perspectiva do autor de *O Conceito de Direito*, cabe à *norma de reconhecimento* identificar quer a *unidade*[85] do respectivo sistema jurídico, quer a *validade*[86] das normas jurídicas *primárias* daquele sistema (as normas *primárias* são normas *obrigacionais*[87]: "dizem respeito ao que as pessoas devem ou não fazer, como formas de controle social"[88]), ao firmar os múltiplos[89] *critérios oficiais*[90] e *conclusivos*[91] a exprimirem *características gerais* comuns às normas *primárias* do correspondente ordenamento jurídico[92] e, em regra, a incluírem "uma constituição escrita, a promulgação pelo legislativo e precedentes judiciais"[93].

De acordo com Hart, esses critérios *conclusivos* são *hierarquizados* pela *norma de reconhecimento*, "segundo uma ordem de subordinação e primazia relativas"[94], a exemplo da *prevalência*, no ordenamento jurídico inglês, do Direito Positivo ou Legislado (*statute*) sobre o Direito Consuetudinário (*common law*)[95], e da *exclusão*, na seara do ordenamento jurídico brasileiro, das normas *infraconstitucionais* violadoras de direitos constitucionais *fundamentais*[96].

Estribado em tais critérios, a *norma de reconhecimento*, sob o prisma hartiano, verifica se certa norma *primária* faz jus ou não ao *selo da autoridade*[97], isto é, com arrimo nos referidos critérios, a *norma de reconhecimento* afere se dada norma primária *pertence ou não* ao correspondente sistema jurídico[98], e perscruta se, no tocante ao ordenamento jurídico considerado,

---

[85] FERRAZ JR., Tercio Sampaio. Op. cit., p. 184.

[86] Ibid., loc. cit.

[87] Ibid., p. 122.

[88] FERNANDES, Ricardo Vieira de Carvalho; BICALHO, Guilherme Pereira Dolabella. Op. cit., p. 109.

[89] HART, H. L. A. Op. cit., p. 130.

[90] Ibid., p. 375.

[91] FERRAZ JR., Tercio Sampaio. Op. cit., p. 122.

[92] HART, H. L. A. Op. cit., p. 123. Em mesmo sentido: DINIZ, Maria Helena. Op. cit., p. 90.

[93] HART, H. L. A. Op. cit., p. 130.

[94] Ibid., loc. cit.

[95] Ibid., loc. cit.

[96] FERRAZ JR., Tercio Sampaio. Op. cit., p. 122.

[97] HART, H. L. A. Op. cit., p. 123.

[98] FERRAZ JR., Tercio Sampaio. Op. cit., loc. cit.

ela é *válida* ou não[99], o que passa "por sua *aceitação* como *obrigatória* pelo *grupo* por ela regido"[100].

2. *Publicness*: expressão da publicidade e do publicístico

Kingsbury propõe que o legado jurídico hartiano, na esfera do Direito Administrativo Global, seja *adaptado*, mediante ampliações ou modificações[101] direcionadas a *contemplar* as exigências contemporâneas de *publicness*[102] no exercício do múnus público.

Publicness, nessa tessitura, abarca um dos sentidos correntes de *publicidade* disseminado na linguagem jurídica brasileira, relativo ao desiderato, lembra De Plácido e Silva, de "tornar a coisa ou o fato de *conhecimento geral*, isto é, para que *todos possam saber ou conhecer* o fato a que se refere"[103] ou, na dicção de Kingsbury, de "abertura ao conhecimento por todos"[104] ("openness to all to know"[105]), de publicidade/transparência (*publicity/transparency*)[106].

A *publicness* incensada por Kingsbury recorda, dessarte, a ensinança de Ruy Cirne Lima, ao acentuar o saudoso Professor Catedrático da Faculdade de Direito da Universidade Federal do Rio Grande do Sul que "o característico originário da publicidade"[107] concerne ao "conhecimento individual direto, por difusão generalizada, de tudo quanto, ao povo como povo, lhe é ou possa ser pertinente"[108].

[99] HART, H. L. A. Op. cit., p. 136.

[100] FERNANDES, Ricardo Vieira de Carvalho; BICALHO, Guilherme Pereira Dolabella. Op. cit., p. 108.

[101] KINGSBURY, Benedict. The concept of 'law' in global administrative law. *European Journal of International Law*, Firenze, v. 20, nº 1, jan.-mar. 2009, p. 30. Disponível em: <http://ejil. oxfordjournals.org/>. Acesso em: 3 nov. 2012.

[102] Ibid., p. 57.

[103] SILVA, De Plácido e. *Vocabulário jurídico*. 27. ed. Revista e atualizada por Nagib Slaibi Filho e Gláucia Carvalho. Rio de Janeiro: Forense, 2008, p. 1.135, grifo do autor.

[104] KINGSBURY, Benedict. Op. cit., p. 48, tradução livre nossa.

[105] Ibid., loc. cit.

[106] Ibid., p. 32, 48.

[107] LIMA, Ruy Cirne. Publicística e publicidade. *Revista Jurídica*, Porto Alegre, nº 69, jan.-mar. 1965, p. 5.

[108] Ibid., loc. cit., preservada a pontuação estilística do autor.

A NORMA DE RECONHECIMENTO E O CARÁTER PUBLICISTA

Thiago Marrara[109] *amplia* esse conceito de publicidade para 5 (cinco) vertentes: (1) a *publicidade formal* (referente à *validação jurídica* dos atos da Administração, a fim de que se cumpra *requisito de forma* do ato administrativo[110]), (2) a *publicidade educativa* (pertinente à *divulgação* tanto de *valores*, destinada à "conscientização social", quanto de *políticas públicas*, voltada a promover sua execução bem-sucedida[111]), (3) a *publicidade-transparência* (concernente ao oferecimento de informações necessárias ao exercício dos *direitos* dos cidadãos, assim como ao fortalecimento do *controle da legalidade e da juridicidade* das ações do Poder Público[112]), (4) a *publicidade-participação* (diz respeito à *cooperação*, por meio de *audiências e consultas públicas*, na *tomada de decisões* administrativas socialmente relevantes[113]) e (5) a *publicidade interna* (a abranger a *coordenação interadministrativa e intra-administrativa* de políticas públicas, o *desenvolvimento dos recursos humanos* estatais e a *captação de informações externas estratégicas* para a avaliação de políticas públicas[114]).

Por outro lado, a *publicness* a que se reporta Kingsbury diz respeito também a um Direito imbuído de caráter *publicístico*, caixa de repercussão dos anseios de todo o corpo social, a disciplinar questões afetas a toda a sociedade: "By publicness is meant the claim made for law that it has been wrought by the whole society, by the public, and the connected claim that law addresses matters of concern to the society as such."[115]

Daí por que a *publicness* invocada por Kingsbury guarda afinidade não apenas com o conceito de *publicidade*, mas também com aquela acepção do adjetivo *publicístico* que, na linguagem jurídica pátria, relaciona-se – anota J. M. Othon Sidou – "ao interesse comum de uma coletividade"[116], a expri-

---

[109] MARRARA, Thiago. O princípio da publicidade: uma proposta de renovação. In: MARRARA, Thiago (Org.). *Princípios de Direito Administrativo: legalidade, segurança jurídica, impessoalidade, publicidade, motivação, eficiência, moralidade, razoabilidade, interesse público*. São Paulo: Atlas, 2012. Cap. 14, p. 280-300.

[110] Ibid., p. 282-283, 299.

[111] Ibid., p. 283-287, 299.

[112] Ibid., p. 288-290, 299.

[113] Ibid., p. 291-296, 299.

[114] Ibid., p. 296-298, 299.

[115] KINGSBURY, Benedict. Op. cit., p. 31.

[116] SIDOU, J. M. Othon. Dicionário jurídico: *Academia Brasileira de Letras Jurídicas*. 5. ed. Rio de Janeiro: Forense Universitária, 1999, p. 687.

DIREITO ADMINISTRATIVO: TRANSFORMAÇÕES E TENDÊNCIAS

mir, pois, o que Celso Antônio Bandeira de Mello chama de "interesse público propriamente dito, também denominado interesse primário"[117], atinente "à sociedade como um todo"[118], nominado, pelo administrativista italiano Renato Alessi, de *interesse coletivo primário* (*interesse collettivo primario*[119], em contraponto ao *interesse collettivo secondario*, o interesse da Administração "como aparato organizativo"[120]), a expressar, na perspectiva do Direito Público Global, o *interesse geral da humanidade*, fruto do complexo diálogo entre os interesses gerais dos povos, das nações, das sociedades e das comunidades.

3.3. A norma de reconhecimento no DAG e a Principiologia do Direito Público

A *norma de reconhecimento* de Hart, conjugada com as exigências sociais contemporâneas de *publicness* (na conjuntura em apreço, sintonia da ordem jurídica com o interesse geral da humanidade, inclusive com a crescente demanda popular por transparência), resulta na proposta de construção do Direito Administrativo Global norteado por *prática normativa comum* (*common normative practice*)[121] abraçada pela consciência dos povos como obrigatória e ínsita à práxis e à Principiologia de Direito Público de âmbito nacional, transnacional e internacional[122] ("discernible from the practice of public law in different national systems and in transnational and public-international law arenas"[123]).

A *norma de reconhecimento* serve de *fundamento jurídico* para se acolher no Direito Administrativo Global *tão somente* as normas e os institutos jurídicos *compatíveis* com as características imanentes ao Direito Público[124], deline-

---

[117] BANDEIRA DE MELLO, Celso Antônio. *Curso de Direito Administrativo*. 29. ed. São Paulo: Malheiros, 2012, p. 101.

[118] Ibid., p. 102.

[119] ALESSI, Renato. *Sistema istituzionale del diritto amministrativo italiano*. 3. ed. Milano: Giuffrè, 1960, p. 197.

[120] Ibid., loc. cit., tradução livre nossa.

[121] KINGSBURY, Benedict. Op. cit., p. 30.

[122] Ibid., loc. cit.

[123] Ibid., loc. cit.

[124] "[...] the rule of recognition is understood as including a stipulation that only rules and institutions meeting these publicness requirements immanet in public law (and evidenced through comparative materials) can be regarded as law)". Cf. ibid., loc. cit.

A NORMA DE RECONHECIMENTO E O CARÁTER PUBLICISTA

adas pelos *princípios gerais publicistas*[125] oriundos, com gradações distintas, dos múltiplos sistemas jurídicos de Direito Público em voga[126], ilustrado, *verbi gratia*, pelas balizas principiológicas a preconizarem a atuação administrativa transparente, racional e proporcional, revestida de juridicidade, respeitosa dos direitos humanos, do direito de revisão e da observância das normas processuais e procedimentais aplicáveis[127].

Nesse passo, Andrew D. Mitchell e John Farnik preconizam que os princípios basilares do *Direito Público* dos ordenamentos jurídicos *domésticos* devem alicerçar o desenvolvimento dos mecanismos, procedimentos e normas do Direito Administrativo Global[128], cuja tônica principiológica deve repousar, na visão de José Luis Meilán Gil (jurista galego atento aos aportes, na construção do DAG, a serem extraídos – além dos Direitos Internos – de constructos jurídicos de tribunais e organismos administrativos internacionais ou transnacionais[129]), nos direitos humanos, como corpo jurídico comum[130] e eixo da Principiologia jurídica[131] da ação administrativa global, pautada pela objetividade, transparência, independência e imparcialidade[132] no desempenho de suas atribuições, condicionada pela persecução do *interesse geral* de âmbito global[133] e pela plena sujeição

---

[125] "General principles of public law combine formal qualities with normative commitments in the enterprise of channeling, managing, shapping and constraining political power. These principles provide some content and specificity to abstract requirements of publicness of law." Cf. ibid., p. 32.

[126] Ibid., p. 30, 32.

[127] Ibid., p. 32-33.

[128] MITCHELL, Andrew D.; FARNIK, John. Global administrative law: can it bring global governance to account? *Federal Law Review*, Canberra, v. 37, nº 2, may-aug. 2009, p. 260. *Georgetown Law: Faculty Working Papers*, New Jersey, Georgetown Business, Economics & Regulatory Law Research Paper nº 1527095, 2009. Disponível em: <http://papers.ssrn.com/sol3/papers.cfm?abstract_id=1527095>. Acesso em: 19 fev. 2013.

[129] "El Derecho Administrativo global será de naturaleza fundamentalmente principial. La actuación de Tribunales, el internacional de justicia, los que resuelven controversias aplicando la Convención de las Naciones Unidas, sobre compraventa internacional de mercaderías, así como de muchos de los organismos administrativos examinados con anterioridad, ponen de manifiesto ese fundamento." Cf. MEILÁN GIL, José Luis. *Una aproximación al Derecho Administrativo Global*. Sevilla: Derecho Global, Global Law, 2011, p. 163.

[130] Ibid., p. 163-164.

[131] Ibid., p. 163, 177.

[132] Ibid., p. 132, 140, 165.

[133] Ibid., p. 132.

DIREITO ADMINISTRATIVO: TRANSFORMAÇÕES E TENDÊNCIAS

ao Direito[134], direcionado à efetividade dos direitos da pessoa humana[135] e defluente de conjunto de princípios e regras jurídicas[136] "familiares a *todos os Estados*"[137], unidos pela cooperação internacional e solidariedade universal[138] e comprometidos com o desenvolvimento integral dos povos[139].

É que o plexo normativo do Direito Administrativo Global não existirá dissociado das demais ordenações jurídicas. Gianluigi Palombella ressalta que a edificação da ordem jurídica do Direito Administrativo Global implica a interface e a interação com as demais ordens jurídicas, mediante a cooperação dos Estados nacionais e de outros entes políticos, judiciais e administrativos (*exempli gratia*, a União Europeia)[140].

4. Legalidade, juridicidade e *soft law*

Benedict Kingsbury, Nico Krisch e Richard B. Stewart, ao lançarem as linhas mestras do projeto científico do Direito Administrativo Global[141], salientam a relevância de que sejam concebidos e desenvolvidos mecanismos destinados a "garantir a *legalidade* na governança global"[142]. Qual legalidade? Em verdade, depreende-se que se cuida de uma legalidade *lato sensu*, com sentido de *juridicidade*, em sintonia com a *tendência atual* de se dilatar o *princípio da legalidade*, em favor do controle da atividade administrativa à

---

[134] Ibid., loc. cit.

[135] Ibid., p. 149.

[136] Ibid., p. 131.

[137] Ibid., p. 133, grifo e tradução livre nossos.

[138] Ibid., p. 21, 27, 149.

[139] Ibid., p. 27.

[140] PALOMBELLA, Gianluigi, The (re-)constitution of the public in a global arena. In: MAC AMHLAIGH, C.; MICHELON, C.; WALKER, N (Ed.). *After Public Law?* Oxford: Oxford University Press, 2013. In the press. Disponível em: <http://papers.ssrn.com/sol3/papers.cfm?abstract_id=1872317>. Acesso em: 19 fev. 2013.

[141] MEILÁN GIL, José Luis. Op. cit., p. 175.

[142] KINGSBURY, Benedict; KRISCH, Nico; STEWART, Richard B. El surgimiento del Derecho Administrativo Global. Traducción por Gisela Paris y Luciana Ricart. *Revista de Derecho Público*, Bogotá, nº 24, mar. 2010, p. 17, grifo e tradução livre para o português brasileiro nossos. Disponível em: <http://derechopublico.uniandes.edu.co/index.php?option=com_revista&view=inicio&idr=12%3ARevista_24&lang=es>. Acesso em: 18 out. 2012. Em mesmo sentido: KINGSBURY, Benedict; KRISCH, Nico; STEWART, Richard B. The emergence of global administrative law. *Law and Contemporary Problems*, Durham, v. 68, nº 3-4, sum.-aut. 2005, p. 29. Disponível em: <http://law.duke.edu/journals/lcp>. Acesso em: 2 nov. 2012.

A NORMA DE RECONHECIMENTO E O CARÁTER PUBLICISTA

luz dos *princípios jurídicos*, a concorrer para o exame *mais acurado* da "intimidade dos atos administrativos"[143], reflexiona Liana Chaib. O *princípio da juridicidade*, no sentir de Emerson Garcia, consubstancia *princípio maior*, a aglutinar "os princípios regentes da atividade estatal"[144].

Posto de outra forma: em virtude da (1) *coexistência*, na conjuntura global, de *múltiplos* sistemas jurídicos, da (2) *ausência* de um Estado Mundial[145] (máxime, de Poderes Executivo e Legislativo Mundiais à moda estatal[146]) e (3) da *impossibilidade fática*, mormente *política*, neste estágio da história da humanidade, de primazia *imediata* do *constitucionalismo global fundacional*, revestido da indicada ambição holística de *unificar* o Direito planetário[147], sob a égide de um Tratado Constitucional[148] e de um Direito Legislado de alcance mundial[149] (na Era do Capitalismo Eletrônico, evidencia-se o pro-

---

[143] CHAIB, Liana. *O princípio da proporcionalidade no controle do ato administrativo*. São Paulo: LTr, 2008, p. 26.

[144] GARCIA, Emerson. Dos principios regentes da probidade. In: GARCIA, Emerson; ALVES, Rogério Pacheco. *Improbidade administrativa*. 4. ed. Rio de Janeiro: Lumen Juris, 2008. Cap. 2, p. 50.

[145] No campo das Relações Internacionais e do Direito Internacional, cogita-se a possibilidade de que as globalizações jurídica e econômica desemboquem na gradativa formação do Estado Mundial. Nesse sentido, cf. CHIMINI, B. S. A just world under law: a view from the South. *American University International Law Review*, Washington, DC, v. 22, nº 22, 2007, p. 208. Disponível em: <http://auilr.org/pdf/22/22-2-1.pdf>. Acesso em: 11 mar. 2013; WENDT, Alexander. Why a world state is inevitable. *European Journal of International Relations*, London, v. 9, nº 4, oct.-dec. 2003, p. 491-542. Disponível em: <http://ejt.sagepub.com/content/9/4/491. abstract>. Acesso em: 11 mar. 2013.

[146] MEILÁN GIL, José Luis. Op. cit., p. 27, 119.

[147] KRISCH, Nico. Global administrative law and the constitutional ambition. *Law, Society and Economy Legal Studies Working Papers*, London, nº 10, 2009, p. 8-11. Disponível em: <http:// papers.ssrn.com/sol3/papers.cfm?abstract_id=1344788>. Acesso em: 27 jan. 2013.

[148] "Las diversas maneras de comprender el Derecho, el Ordenamiento juridico plantean algunas dificultades acerca del establecimiento de principios sobre los que levantar el *edificio del Derecho Administrativo Global, pues no hay una Constitución global, ni tampoco poderes públicos a nivel global claramente establecidos*." Cf. RODRÍGUEZ-ARANA MUÑOZ, Jaime. Op. cit., p. 379, grifo nosso. "Falta, pelo menos, ao chamado direito administrativo global, uma *base constitucional* e uma disciplina das fontes do Direito e, nessa medida, falta-lhe uma forma de legitimação do poder [...]." Cf. ANTUNES, Luís Filipe Colaço. *O Direito Administrativo sem Estado: crise ou fim de um paradigma?* Coimbra: Coimbra, 2008, p. 66, grifo nosso.

[149] "La primera dificultad con la que se cuenta para la construcción de un auténtico Derecho global viene sugerida por la diferente naturaleza de organismos que tienen que ver con ese hipotético Derecho a construir o *in fieri*. No existe una Constitución, como sucede en los

DIREITO ADMINISTRATIVO: TRANSFORMAÇÕES E TENDÊNCIAS

blema crucial, frisa Antonello Tarzia, da falta de um constitucionalismo de jaez *supraestatal* ou *extraestatal*[150]), o *princípio da legalidade*, na seara do Direito Administrativo Global, concerne ao princípio da legalidade *lato sensu*, sinônimo de *princípio da juridicidade* (submissão dos agentes, órgãos e entidades do espaço administrativo global ao Direito, e não a um conjunto de diplomas legislativos promanado do Estado Mundial ou não somente a uma determinada ordem legal nacional), em vez do princípio da legalidade *stricto sensu* (a condicionar a ação administrativa ao previsto, de forma expressa, em lei *formal*[151], chancelada pelo *devido processo legislativo*[152]).

Ao se divisar a *legalidade em sentido amplo*, a traduzir *juridicidade*, apregoa-se *conformar* a atuação dos atores do *espaço administrativo global* a um plexo normativo esculpido por uma *matriz principiológica pluralista*, haurida de múltiplos ordenamentos jurídicos (José Antonio Muci Borjas[153] enxerga no vértice do ordenamento jurídico global o conjunto de princípios fundamentais correspondente, na dicção da atual redação do art. 38, nº 4, do Estatuto da Corte Internacional de Justiça, aos "princípios gerais de direito reconhecidos pelas nações civilizadas"[154]).

Conquanto se perceba a *vocação principiológica* do Direito Administrativo Global e a importância desse ramo jurídico, à vista do ambiente regulatório contemporâneo, nota-se, de outra banda, a dificuldade de se definir a *espinha dorsal principiológica* do DAG, não apenas em virtude das mencionadas (1) *ausência* de *consenso mundial* em torno da *universalidade* dos

---

Derechos de los Estados. Tampoco un poder legislativo, y desde luego los entes con poder normativo son muy variados." Cf. MEILÁN GIL, José Luis. Op. cit., p. 25.

[150] TARZIA, Antonello. La constitución doliente. Un derecho constitucional-administrativo para los tiempos de la crisis. *Revista de Direito Administrativo & Constitucional*, Belo Horizonte, v. 11, nº 46, out.-dez. 2011, p. 50.

[151] "No sentido formal ou orgânico, a lei é o ato do órgão investido, constitucionalmente, na função legislativa." Cf. SEABRA FAGUNDES, Miguel. *O controle dos atos administrativos pelo Poder Judiciário*. 7. ed. Atualizado por Gustavo Binenbojm. Rio de Janeiro: Forense, 2005, p. 25.

[152] Na concepção tradicional da legalidade, tomada em sua acepção em sentido estrito, informa Raquel Melo Urbano de Carvalho, condiciona-se a atuação administrativa às "regras expressas nas leis vigentes e na Constituição". Cf. CARVALHO, Raquel Melo Urbano de. *Curso de Direito Administrativo*. Salvador: Juspodivm, 2008, p. 49.

[153] MUCI BORJAS, José Antonio. Op. cit., p. 45.

[154] Cf. CORTE INTERNACIONAL DE JUSTIÇA. Estatuto de la Corte Internacional de Justicia. Disponível em: <http://www.icj-cij.org/homepage/sp/icjstatute.php>. Acesso em: 11 mar. 2013, tradução livre nossa.

A NORMA DE RECONHECIMENTO E O CARÁTER PUBLICISTA

direitos humanos e dos princípios publicistas *democráticos*[155] e (2) *infiltração*, no cenário regulatório, dos *poderes político e econômico* dos países mais desenvolvidos, por vezes a esvaziar, no caso concreto, a atuação de organismos multilaterais[156], mas também por força (3) do complexo manejo do *soft law*.

Soft law é o conjunto de normas jurídicas *internacionais* ou *transnacionais* (no âmbito desta pesquisa, emanadas de *autoridades reguladoras globais*) que, embora desprovidas, sob o prisma *formal*, quer de caráter *cogente* ou *vinculante*[157] (*"formally* non-binding"[158]), quer de cláusula *sancionatória* e da previsão de um *devido processo jurídico-sancionador formal* (voltado à responsabilização dos Estados[159] e de outros atores internacionais ou transnacionais eventualmente descumpridores de tais atos administrativos), mostram *força persuasiva ou suasória* (ora se toma por empréstimo as locuções empregadas por Rodolfo de Camargo Mancuso, ao discorrer, na órbita do Direito Processual brasileiro, sobre a *eficácia natural*, tanto da jurisprudência *predominante* do Poder Judiciário pátrio quanto da parcela *não vinculante* das suas súmulas, apesar de se encontrarem ambas despossuídas de cunho *coercitivo* ou *obrigatório*[160]), *conjugadas* com o temor fundado da imposição, no cenário internacional, de *sanções políticas e econômicas*[161].

Por outro ângulo, no sentir de Mario Savino, o *soft law* apresenta feitio vinculante *não formal*, é dizer, natureza vinculante *substantiva* ou *material*

---

[155] Sobre a ausência de consenso mundial em torno de valores e conceitos democráticos, cf. HARLOW, Carol. Global Administrative Law: the quest for principles and values. *European Journal of International Law*, Firenze, v. 17, nº 1, 2006, p. 204, 207, 209. Disponível em: <http://ejil.oxfordjournals.org/>. Acesso em: 22 fev. 2013; RODRÍGUEZ-ARANA MUÑOZ, Jaime. Op. cit., p. 379.

[156] CHESTERMAN, Simon. Op. cit., p. 48.

[157] Mancuso, ao se debruçar sobre a terminologia do Direito Judiciário anglo-saxônico, prefere traduzir *binding* por "efetivamente vinculante". Cf. MANCUSO, Rodolfo de Camargo. Divergência jurisprudencial e *súmula vinculante*. 2. ed. São Paulo: RT, 2001, p. 197.

[158] SAVINO, Mario. Op. cit., p. 299, grifo do autor.

[159] "On a doctrinal level, the ramifications of non-binding international rules, generically referred to as "soft law", are well understood. Their violation does not entail the same legal consequences as violations of binding international law, commonly referred to as "hard law". In particular, *it does not trigger state responsibility, nor does it give rise to a cause of action before the International Court of Justice.*" Cf. GOLDMANN, Matthias. Op. cit., p. 335-368, grifo nosso.

[160] MANCUSO, Rodolfo de Camargo. Op. cit, p. 77, 138, 375.

[161] MEILÁN GIL, José Luis. Op. cit., p. 68, 177.

("*substantial* binding nature"[162]), decorrente do seu *amplo reconhecimento* ("widespread recognition"[163]), conforme assinala o administrativista italiano, ao trazer para o debate, na seara do Direito Administrativo Global, a questão dos *avisos vermelhos* ("Interpol red notices") expedidos pela Organização Internacional de Polícia Criminal (*International Criminal Police Organization – ICPO*, mais conhecida como *Interpol*), instrumentos *análogos* a verdadeiros *mandados internacionais de prisão*[164], atos administrativos que denotam *alta eficácia*, no seio dos Estados-membros da Interpol[165], e se caracterizam-se, *a priori*, como *soft law*, entretanto, com frequência, em razão da *chancela* aos *avisos vermelhos* por legislações domésticas e/ou tratados internacionais de extradição, revestem-se da estatura de *hard law*[166].

Madian Luana Bortolozzi dilucida que o *soft law* (1) diz respeito a instrumentos *não* vinculativos, que "*não* podem criar uma *obrigação precisa* para os Estados, sob pena de se transformar[em] em *hard law*"[167], (2) encerra "*vários* enfoques, dentre os quais [...] a *política simbólica*, definidora de uma direção comum *sem nenhum comprometimento formal*"[168], e (3) cita os exemplos das "*recomendações* e *resoluções* de *organizações internacionais* e as *declarações* e *atos finais* publicados em época de conclusão de *conferências internacionais*"[169].

---

[162] Savino, Mario. Op. cit., p. 299, grifo do autor.

[163] Ibid., loc. cit.

[164] "*An Interpol Red Notice is the closest instrument to an international arrest warrant in use today.* Interpol (the International Criminal Police Organization) circulates notices to member countries listing persons who are wanted for extradition. The names of persons listed in the notices are placed on lookout lists (e.g., NCIC or its foreign counterpart). When a person whose name is listed comes to the attention of the police abroad, the country that sought the listing is notified through Interpol and can request either his provisional arrest (if there is urgency) or can file a formal request for extradition. [...]" Cf. ESTADOS UNIDOS DA AMÉRICA. United States Attorneys☒ Manual. Title 9. Criminal Resource Manual 611. Disponível em: <http://www.justice.gov/usao/eousa/foia_reading_room/usam/title9/crm00611.htm>. Acesso em: 2 mar. 2013, grifo nosso.

[165] Savino, Mario. Op. cit., p. 295.

[166] Ibid., p. 297-298, 332.

[167] Bortolozzi, Madian Luana. *Soft law*. In: Arnaud, André-Jean; Junqueira, Eliane Botelho (Org.). Dicionário da globalização: Direito; Ciência Política. Rio de Janeiro: Lumen Juris, 2006. p. 422-423, grifo nosso.

[168] Ibid., loc. cit., grifo nosso.

[169] Ibid., loc. cit., grifo nosso.

A NORMA DE RECONHECIMENTO E O CARÁTER PUBLICISTA

Nesse passo, como vertentes ilustrativas de *soft law*, Meilán Gil[170] destaca *recomendações* oriundas da Organização para a Cooperação e Desenvolvimento Econômico – OCDE (*Organisation for Economic Co-operation and Development* ou *Organisation de coopération et de développement économiques*), do Banco Mundial e do Fundo Monetário Internacional – FMI (*International Monetary Fund – IMF*).

A despeito da *ausência de força vinculante* amparada em tratados internacionais, tais *recomendações* da OCDE, do BM e do FMI possuem *considerável força persuasiva*, em função do justificável receio dos Estados nacionais – infere-se do magistério daquele Professor Catedrático de Direito Administrativo da Universidade da Corunha (*Universidade da Coruña*) – de serem alvo de *retaliações políticas e econômicas* pelos organismos internacionais que editam tais atos administrativos (*in exemplis*, por meio da inclusão nas chamadas "listas negras" – *blacklists* ou *black lists*[171])[172], aspecto sensível (sobressai Chesterman) mormente em relação aos Estados de nações sub-

---

[170] MEILÁN GIL, José Luis. Op. cit., p. 68.

[171] Embora seja mais tradicional o termo "blacklists" (elencada no vetusto Dicionário *Merriam-Webster*, assim como no Dicionário *Collins Cobuild*), ambos os vocábulos são acolhidos pela Wikipedia anglófona. Cf. DICTIONARY AND THESAURUS – MERRIAM-WEBSTER ON LINE. Blacklist. Disponível em: <http://www.merriam-webster.com/dictionary/blacklist?show=0&t=1362259819>. Acesso em: 2 mar. 2013; COLLINS COBUILD ADVANCED LEARNER'S ENGLISH DICTIONARY. 5. ed. Glasgow: HarperCollins, 2006, p. 134; WIKIPEDIA. Blacklisting. Disponível em: <http://en.wikipedia.org/wiki/Blacklisting>. Acesso em: 2 mar. 2013.

[172] "[...] Para lo que aquí se está tratando es de interés subrayar que se imponen realmente, aunque no formalmente, a los Estados normas emanadas de la OCDE o del Banco Mundial (BM) o del Fondo Monetario Internacional (FMI) como los modelos de Co'mercio de la OCDE para evitar la doble imposición o las '40 recomendaciones en materia de antiblanqueo' o las diretrices del FMI o del BM al otorgar créditos internacionales. Los Estados se encuentran obligados a reformar sus ordenamientos para adecuarlos a esas 'recomendaciones' (*soft law*) si no quieren sufrir las consecuencias: inclusión en una 'lista negra', sanciones económicas, obstaculización de las operaciones con el país incumplidor o suspensión de pagos de un crédito internacional. Y ha de destacarse que esas *backdoor rules* están dictadas por funcionarios que no actúan con una delegación específica de sus gobiernos. [...] *El régimen jurídico sancionador no puede tampoco faltar, aunque se configure de un modo diferente al que existe en los Estados. Suspender temporalmente la pertenencia al 'club' y sus ventajas puede ser una medida disuasoria de comportamientos contrarios al interés general global que refuerza la eficacia del* soft law *empleado, como también figurar en una* black list." Cf. MEILÁN GIL, José Luis. Op. cit., p. 70, 177.

5. A relevância da uniformização principiológico-publicística do DAG

A propósito da *falta* de *consenso mundial* em torno dos princípios basilares do Direito Administrativo Global e da influência crescente do *soft law*, despontam as reflexões de Carol Harlow, quando rutila que os direitos atinentes ao *devido processo* não possuem universalidade nem a mesma feição ou finalidade em todos os sistemas jurídicos[174].

Preocupa-se aquela Professora Emérita da *London School of Economics and Political Science* com o risco de que o Direito Administrativo Global, por meio de princípios emulados do Direito Ocidental, sirva de instrumento de *colonialismo*[175]. A par de considerar árdua a identificação de princípios *universais* de Direito Administrativo, reputa *indesejável* esse universalismo jurídico-publicista, e prefere a *diversidade* e o *pluralismo*[176].

Mesmo que se *prefira*, tal qual Harlow, a diversidade e o pluralismo à globalização jurídica ou, em sentido diverso, que se *defenda* a globalização jurídica *com* diversidade e pluralismo, o *fenômeno da mundialização*, no estágio atual, acarreta a inevitável *coexistência* de *múltiplos* sistemas jurídicos com um Direito Global *em formação* (característica do DAG resplendida por José Luis Meilán Gil[177] e Jaime Rodríguez-Arana Muñoz[178]).

Disso resulta a inafastável urgência de se organizar o *espaço administrativo global*, perquirindo-se, de plano, seus *princípios comuns*[179] (tendo-se por ponto de partida, propugna Jaime Rodríguez-Arana Muñoz, a Declaração Universal dos Direitos Humanos de 1948 e a cláusula do *Estado de*

---

[173] "In the developing world, however, many governments are now engaged in what Barnett Rubin has called an external social contract, *complying with foreign standards in order to receive official development assistance and gain entry into the global financial system.* This relationship may actively undermine democratic processes." Cf. CHESTERMAN, Simon. Op. cit., p. 48, grifo nosso.

[174] HARLOW, Carol. Op. cit., p. 204.

[175] Ibid., p. 209.

[176] Ibid., p. 207.

[177] MEILÁN GIL, José Luis. Op. cit., p. 176.

[178] RODRÍGUEZ-ARANA MUÑOZ, Jaime. Op. cit., p. 379.

[179] Ibid., p. 131.

Direito[180]) e as *alternativas* para se colmatar a *plêiade de fragilidades* dessa incipiente ambiência jurídica, simbolizada pela ausência de marcos jurídicos sedimentados, de legitimidade democrática, de participação popular, de publicidade-transparência, de segurança jurídica e de isonomia[181].

A despeito da *atividade regulatória global* se ressentir de balizas jurídicas democráticas e publicistas universais *consolidadas*, ela se espraia na ordem internacional, nas relações jurídicas transnacionais e nos ordenamentos jurídicos domésticos, a escapar do *raio de controle* dos Estados nacionais[182], atravessando a *zona de conforto* dos profissionais do Direito Público.

Cuida-se de acontecimento fenomenológico com implicações políticas, socioeconômicas, axiológicas, éticas e culturais tormentosas para os juristas, sob o aspecto científico, filosófico e ideológico, a instigar a comunidade jurídica planetária à formulação de propostas (favoráveis ou contrárias ao pensamento de Kingsbury, Krisch e Stewart[183]) para o enfrentamento desse multifacetado desafio contemporâneo da *"atuação em rede"*[184], na seara dos Direitos Fundamentais, do Direito Internacional Penal, do Direito Internacional dos Direitos Humanos, do Direito Internacional Humanitário e dos Refugiados, do Direito Internacional dos Conflitos Armados, do Direito Sanitário, do Direito Administrativo, do Direito Econômico, do Direito de Concorrência e Antitruste, do Direito Industrial, do Direito da Propriedade Intelectual, do Biodireito e do Direito Ambiental, nas esferas internacional, transnacional, nacional, regional e local, de entes personalizados e despersonalizados, administrativos e jurisdicionais, estatais e não estatais, públicos e privados, formais e informais, cuja presença no mundo fático cresce em nível planetário, anua-se ou não com o projeto científico do Direito Administrativo Global.

---

[180] RODRÍGUEZ-ARANA MUÑOZ, Jaime. Op. cit., loc. cit.

[181] MEILÁN GIL, José Luis. Op. cit., p. 21-22, 29-32, 47, 163.

[182] Ibid., p. 131.

[183] KINGSBURY, Benedict; KRISCH, Nico; STEWART, Richard B. El surgimiento del Derecho Administrativo Global. Traducción por Gisela Paris y Luciana Ricart. *Revista de Derecho Público*, Bogotá, nº 24, p. 1-46, mar. 2010. Disponível em: <http://derechopublico.uniandes.edu.co/index.php?option=com_revista&view=inicio&idr=12%3ARevista_24&lang=es>. Acesso em: 18 out. 2012; KINGSBURY, Benedict; KRISCH, Nico; STEWART, Richard B. The emergence of global administrative law. *Law and Contemporary Problems*, Durham, v. 68, nº 3-4, p. 15-61, sum.-aut. 2005. Disponível em: <http://law.duke.edu/journals/lcp>. Acesso em: 2 nov. 2012.

[184] MEILÁN GIL, José Luis. Op. cit., p. 29, grifo e tradução livre nossos.

Em que pese a premência de que seja *otimizada* a *mecânica* do *controle* da atividade regulatória global e, lado outro, conquanto se reconheçam os *entraves* políticos, culturais, sociais e econômicos, de curto a longo prazos, para a *efetividade* do *constitucionalismo global*, assiste razão a Susan Marks ao ver o potencial do Direito Administrativo Global como *vetor democrático* a "contribuir para a democratização da governança global"[185] e das relações jurídicas florescidas em seu bojo.

Está ciente aquela Professora de Direito Internacional dos Direitos Humanos da *London School of Economics and Political Science* de que a *dispersão* da autoridade política, na atualidade, faz com que o futuro da *democracia nacional* dependa do futuro da *democracia global* e do reconhecimento de que cumpre à *democracia* (vista como, mais do que uma *forma de governo*, um *conceito crítico*, impregnado de *princípios* – a exemplo dos princípios da igualdade, da inclusão e do não paternalismo –, e uma ferramenta de avaliação e reforma de *acordos políticos*) presentificar-se em *todos* os ambientes em que se formulem *políticas* e *agendas públicas*[186].

---

[185] MARKS, Susan. Op. cit., p. 1.001, tradução livre nossa.

[186] "[...] democracy is a descriptive term for a form of government that has been adopted in some countries, referred to accordingly as 'democracies'–a form of government characterized by certain procedures and institutions, and especially the holding of periodic multiparty elections. This, of course, is a very familiar way of speaking about democracy, but equally obviously it is not the only way. We can also use democracy not as a description of a form of government, *but rather as a critical concept, a tool for evaluating and reforming political arrangements by reference to particular principles, among them principles of anti-paternalism, inclusion, and equality.* Behind this alternative usage are three observations worth recalling here. One is that, if we define democracy by reference to institutions and procedures, we beg the question of what it is about those institutions and procedures that makes them distinctively democratic. Only by moving to the level of principles can we adequately explain and evaluate democratic claims. *Linked to this, secondly, there is democracy's function as a critical concept.* While it may sometimes make sense to speak of democracy tout court in contradistinction to highly authoritarian political systems, more commonly democracy is a relative matter, rather than an absolute one. *The key issue is how existing arrangements may be made more democratic.* The third observation, especially pertinent in conditions of intensifying globalization, is that democracy has no privileged site. Whereas modern democracy developed historically in connection with nation-state governance, *the dispersal of political authority in today's world means that the prospects for national democracy depend inescapably on the prospects for global democracy.* Indeed, they depend on the recognition that democracy belongs wherever public agendas are set and policies framed. If we follow an approach informed by these three points, it may well be that the obstacles held to stand in the path of bringing democracy to bear in global affairs will begin to fall away. *In*

É preciso aprofundar em escala mundial a pesquisa sobre a Principiologia do Direito Administrativo Global, de molde que o DAG não seja o reflexo preponderante de uma corrente de pensamento doutrinal teuto-anglo-saxônica, encabeçada – recorde-se – pela pesquisa jurídica e elaboração doutrinária de Kingsbury (Nova Zelândia-EUA), Krisch (Alemanha-Reino Unido) e Stewart (EUA)[187], e adquira maior universalidade, ressoando com mais intensidade os aportes da dogmática de comunidades jurídicas de outras matrizes culturais planetárias, para além da conjuntura jurídica das Américas e da Europa Ocidental, com vistas a evitar tanto uma crise permanente de representatividade do DAG, quanto sua fragilidade diante do argumento de que seria instrumento do colonialismo e dos interesses econômicos euro-americanos.

Caso o Direito Administrativo Global não receba aportes teóricos mais expressivos da comunidade jurídica oriental, enfrentará resistência no Oriente em sentido similar à endereçada por parcela da comunidade jurídica asiática ao Direito Internacional dos Direitos Humanos, ao questionar a legitimidade da pretensão ocidental de propiciar universalidade aos direitos fundamentais gestados na cultura jurídica do Ocidente, conforme registra, *ad latere*, Tarzia[188].

Em síntese, no plano do Direito Administrativo Global, denota-se imprescindível o maior diálogo com a comunidade e as culturas jurídicas orientais, além de maior debate acerca do DAG na comunidade jurídica dos países em desenvolvimento e subdesenvolvidos em geral.

---

their place may come a new appreciation of the possibilities for global administrative law to contribute to the democratization of global governance and a new awareness too of the urgency of that endeavor." Cf. ibid., p. 1.000-1.001, grifo nosso.

[187] KINGSBURY, Benedict; KRISCH, Nico; STEWART, Richard B. El surgimiento del Derecho Administrativo Global. Traducción por Gisela Paris y Luciana Ricart. *Revista de Derecho Público*, Bogotá, nº 24, p. 1-46, mar. 2010. Disponível em: <http://derechopublico.uniandes. edu.co/index.php?option=com_revista&view=inicio&idr=12%3ARevista_24&lang=es>. Acesso em: 18 out. 2012; KINGSBURY, Benedict; KRISCH, Nico; STEWART, Richard B. The emergence of global administrative law. *Law and Contemporary Problems*, Durham, v. 68, nº 3-4, p. 15-61, sum.-aut. 2005. Disponível em: <http://law.duke.edu/journals/lcp>. Acesso em: 2 nov. 2012.

[188] TARZIA, Antonello. La constitución doliente. Un derecho constitucional-administrativo para los tiempos de la crisis. *Revista de Direito Administrativo & Constitucional*, Belo Horizonte, v. 11, nº 46, out.-dez. 2011, p. 53.

DIREITO ADMINISTRATIVO: TRANSFORMAÇÕES E TENDÊNCIAS

Seguindo-se essa linha de raciocínio, robustecer os alicerces teóricos do Direito Administrativo Global significa o amadurecimento do *consenso planetário* em torno dos seus *princípios regentes*. (Nesse sentido, contributo teorético relevante provém da Argentina, em que Agustín Gordillo propõe, na construção da *ordem jurídica mundial*, a *primazia* dos valores jurídicos da *segurança jurídica*, da *justiça*, da *razoabilidade* e da *racionalidade econômica*[189].)

Quanto maior a *indefinição* do conteúdo essencial das *normas principiológicas* do DAG e maior a *margem de liberdade* para cada entidade ou órgão regulatório definir, a seu talante, os princípios ínsitos ao seu regime jurídico, mais vulnerável estará o DAG à crítica de que se trata de verdadeiro *jusnaturalismo*[190] – alcunhado por Alexander Somek, da Faculdade de Direito da Universidade de Iowa (*University of Iowa College of Law*)[191], de *Direito Administrativo Natural* (*Natural Administrative Law – NAL*)[192] –, que fomenta o arbítrio, ainda que de modo não intencional, conferindo um "cheque em branco" ao organismo regulador, "uma carta branca" (*carte blanche*)[193] dissimulada de *positivismo hartiano*[194], a ocasionar contínua *incerteza jurídica* e *desigualdade de tratamento* no espaço administrativo global.

Conquanto *plausível* a propensão do espaço administrativo global a agasalhar uma arquitetura *heterohierárquica* de controle[195], sob o pálio de um

---

[189] GORDILLO, Agustín. Op. cit., p. 110-126.
[190] SOMEK, Alexander. Op. cit., p. 991.
[191] Ibid., p. 985.
[192] Ibid., p. 990.
[193] Ibid., p. 992.
[194] Ibid., p. 991-993.
[195] Compartilhando da visão de Karl-Heinz Ladeur de que a evolução do *Direito Administrativo Doméstico* (o qual se pode nomear também de Direito Administrativo Interno) e do *Direito Administrativo Transnacional* caminha para a alvorada de "novas formas heterohierárquicas de controle" ("new heterarchical forms of accountability"), Nico Krisch propõe que o controle do espaço administrativo global se paute por uma abordagem pluralista (*pluralistic approach*), baseada, não em uma hierarquia, e sim em uma heterohierarquia (*heterarchical order*), em que se reconheçam, como "constituintes da governança global regulatória" (titulares do controle das decisões regulatórias globais), em pé de igualdade, sem a prevalência de nenhum, 3 (três) "grupos arquetípicos abstratos" (*abstract achetypical groups*): (1) o *nacionalista*, (2) o *internacionalista* e (3) o *cosmopolita*. Desse modo, na *abordagem pluralista* de Krisch, o *controle* da atividade regulatória global se baseia em uma *heterohierarquia*, em que o *controle das decisões regulatórias* é compartilhado, de forma *horizontal*, pelos constituintes *nacionais* ou domésticos (via atuação dos Estados nacionais), *internacional* (a *comunidade internacional de Estados*, representada por organismos internacionais *independentes*) e *cosmopolitas* (a *comunidade global de indivíduos*,

Direito Administrativo Multidimensional[196], concernente a uma tessitura em que as relações jurídicas se articulam *em rede jurídica*[197], sob a égide de *pluralidade sistêmica*[198] (pluralidade de fontes[199] e sistemas jurídicos, assim como de instâncias de resolução de conflitos situadas *fora* do território da respectiva ordem jurídica *interna*[200]), a opção do Direito Administrativo Global por uma *estrutura principiológica*[201] (esculpida por princípios publicistas[202]

---

intermediada pela participação de *organizações não governamentais* em *organismos internacionais públicos e privados).* Nesse sentido, Cf. LADEUR, Karl-Heinz. The emergence of Global Administrative Law and transnational regulation. *International Law and Justice Working Papers*, New York, nº 1, 2011. (History and Theory of International Law Series) Disponível em: <http://www.iilj.org/publications/documents/2011-1.Ladeur.pdf>. Acesso em: 28 jan. 2013; KRISCH, Nico. The pluralism of global administrative law. *European Journal of International Law*, Firenze, v. 17, nº 1, 2006, p. 248-249, 251-256, 274. Disponível em: <http://ejil.oxfordjournals.org/>. Acesso em: 27 jan. 2013, tradução libre nossa.

[196] Justo J. Reyna preconiza a *sincronização administrativa (sincronización administrativa)* como técnica de Direito Público a propiciar a atuação conjunta, no caso concreto, delineada de *baixo para cima (abajo hacia arriba)*, ditada pelas especificidades da situação *in concreto*, e, consoante se depreende da própria terminologia empregada pelo jurista argentino, *sincrônica*, em caráter *intergovernamental* e *público-privado*, de organizações públicas e privadas situadas em *dimensões jurídicas* diversas, é dizer, a envolver Administrações Públicas e Privadas vinculadas a sistemas jurídicos *internos* e/ou externas *distintos*, autônomos e que se autolimitam, em face de "competência concorrente" relativa a "bens, valores ou matérias tutelados transversalmente", sob o pano de fundo do que denomina de *Direito Administrativo Multidimensional (derecho administrativo multidimensional)*, palco de relações jurídicas, desenvolvidas *em rede jurídica* (ao influxo da *pluralidade sistêmica*, a pluralidade quer de fontes e de sistemas jurídicos, quer de "âmbitos de resolução de conflitos fora do território correspondente à ordem local ou doméstica"), por meio de *portais dimensionais*, de cunho *multidimensional interno* (portais a conectarem dimensões jurídicas *endonacionais – in exemplis, portais* entre as dimensões jurídicas *nacional* ou *federal, provincial* e *comunal* ou *municipal*, na tessitura jurídica argentina) ou *multidimensional externo* (portais a conectarem dimensões jurídicas não apenas endonacionais como também *supranacionais* ou *internacionais*, "estatais ou não estatais"). Cf J. REYNA, Justo. Op. cit., p. 28-33, 37-39, tradução livre nossa.

[197] Ibid., p. 28, 33-34, 36.

[198] Ibid., p. 24.

[199] Ibid., p. 25.

[200] Ibid., p. 23, tradução livre nossa.

[201] MEILÁN GIL, José Luis. Op. cit., p. 163.

[202] KINGSBURY, Benedict. The concept of 'law' in global administrative law. *European Journal of International Law*, Firenze, v. 20, nº 1, jan.-mar. 2009, p. 32. Disponível em: <http://ejil.oxfordjournals.org/>. Acesso em: 3 nov. 2012.

DIREITO ADMINISTRATIVO: TRANSFORMAÇÕES E TENDÊNCIAS

e pelos direitos humanos[203]) tendente à *universalização*[204], com o anseio de abranger (e expressar os interesses gerais de) *toda* a humanidade[205], torna imperativa a *densificação doutrinária* e a *uniformização normativa*, inclusive com as achegas *jurisprudenciais*, de seus princípios reitores.

A necessidade de proporcionar *coeficientes* aceitáveis de *segurança jurídica*, de *isonomia* e de *legitimidade* no espaço administrativo global – demandas *postergáveis*, em face de questões circunstanciais ou conjunturais (influenciadas, *ad exemplum*, por fatores políticos, culturais e socioeconômicos), porém de *inevitável* enfrentamento – importa, *pari passu*, a mitigação da *heterohierarquia*, da *multidimensionalidade* e do *pluralismo sistêmico*, em prol de que se *compatibilizem* essas facetas do Direito Administrativo Global com a construção de suas pilastras *principiológicas comuns*, ancoradas em *padrões democráticos*, irmanados com o *constitucionalismo global*, sob pena de a evolução do Direito Administrativo Global atingir *ponto de estrangulamento*, ao assumir uma pretensão de *alcance global* sem, todavia, lidar com este *ônus da universalidade em meio à diversidade* (parafraseando-se a célebre frase de Swami Vivekananda[206]): *conciliar* o *pluralismo* de fontes e sistemas jurídicos, bem como de órgãos e entidades de controle planetários com exigências *mínimas* de *uniformidade normativa* mundial.

O desafio reside em *modelar* – sem desnaturar as suas peculiaridades – cada *regime regulatório global*, à luz do *interesse geral da humanidade*, e não permitir que sejam apenas o reflexo das aspirações dos *reguladores* e *regulados* diretamente (e terceiros indiretamente) envolvidos com a correspondente atividade regulatória.

Para que essa finalidade seja alcançada, mostra-se inafastável o projeto de longo prazo de *refundação* da ordem mundial esteada no *constitucionalismo global*, e *não apenas* o gradual aperfeiçoamento do *controle* da atividade regulatória global.

Há de se reconhecer que, consoante enfatiza Carlos Ari Sundfeld, a "permanência do direito administrativo depende [...] da efetividade do controle do tipo jurisdicional"[207]. Mas a longevidade do Direito Adminis-

---

[203] MEILÁN GIL, José Luis. Op. cit., loc. cit.

[204] Ibid., p. 15.

[205] Ibid., loc. cit.

[206] "Unity in variety is the plan of nature [...]." Cf. VIVEKANANDA, Swami. *The complete works of Swami Vivekananda*. Kolkata: Advaita Ashrama, 2003, v. 1, p. 17.

[207] SUNDFELD, Carlos Ari. *Direito Administrativo para céticos*. São Paulo: Malheiros, 2012, p. 192.

A NORMA DE RECONHECIMENTO E O CARÁTER PUBLICISTA

trativo, incluindo-se a do Direito Administrativo Global, não depende tão somente disso. Conforme sobressai Simon Chesterman, o controle jurídico *não* colmata o déficit democrático, mormente no plano das *relações internacionais e transnacionais*, em que *predomina*, segundo se infere do magistério daquele Professor Associado da Universidade Nacional de Cingapura[208] (*National University of Singapore – NUS*), a participação dos *grupos de pressão*[209] situados no *extremo* de cada espectro temático (afinados, portanto, com uma corrente de pensamento de tendência *sectária*, no sentido de estar *distanciada* de uma voz mais *moderada* ou mais *representativa* de toda a humanidade)[210].

[208] Cingapura ou Singapura? Responde Evanildo Bechara: "Nos bons dicionários elaborados no Brasil, Houaiss optou por 'Cingapura', e o Aurélio por 'Singapura'. O Acordo de 1990 registra a escrita com 's', por ser um texto que tomou por modelo o sistema de 1945; mas a verdade é que, neste particular, se antecipou à última palavra a ser dada, futuramente, pelo vocabulário ortográfico da terminologia geográfica e ciências afins. *Enquanto a decisão não vier, são válidas as duas grafias.* Foi a lição que tomou certeiramente, assim o julgamos, a 5ª edição do VOLP da ABL, registrando os gentílicos 'cingapurense', 'cingapuriano', ao lado de 'singapurense'; pois não registra nomes próprios, e, depois dela, o Volp da Porto Editora, sob orientação científica de João Malaca Casteleiro, membro da equipe portuguesa do Acordo de 1990, registrando 'cingapurense', 'cingapuriano', ao lado de 'singapurense'." Cf. BECHARA, Evanildo. Singapura ou Cingapura? (Fim). *O Dia*, Rio de Janeiro, 1. jan. 2012. Disponível em: <http://www.academia.org.br/abl/cgi/cgilua.exe/sys/start.htm?infoid=12786&sid=900>. Acesso em: 1º mar. 2013, grifo nosso.

[209] O grupo de pressão corresponde a dado conjunto de indivíduos imbuídos de anseios comuns, forças sociais que se associam, preleciona Paulo Bonavides, com vistas ao "exercício de influência sobre o poder político para obtenção eventual de uma determinada medida de governo que lhe favoreça os interesses". Cf. BONAVIDES, Paulo. *Ciência política.* 10. ed. 12. tir. São Paulo: Malheiros, 2003, p. 427.

[210] "[...] The participation of non-governmental organizations (NGOs) in decisionmaking forums, for example – ranging from civil society observers at intergovernmental processes to participation as *amicus curiae* in WTO dispute settlement proceedings – in theory ensures greater access. Such access is rarely reflective of a general 'public interest,' however. In reality, *participation rights tend to be exercised by those at the extreme ends of a spectrum of views on a given topic.* In national structures, democratic processes may serve as a check on extreme views that are filtered through an electoral process. At the international and transnational level, a cacophony of unstructured participation is frequently *dominated by the groups that shout the loudest.* [...] The argument here is that such procedures will improve the quality of decision-making and of responsiveness to those affected by decisions. It would be a mistake, however, to assume that all of these problems are technical questions to be resolved by lawyers. Objective implementation of standards is not neutral unless the standards themselves are legitimate.

Embora o Direito Administrativo Global e o Direito Constitucional Global tenham, de início, seus caminhos separados por razões utilitárias, terão de se reencontrar na encruzilhada que definirá a perenidade ou não do DAG.

De modo *análogo* à indispensável comunhão, no plano *nacional*, do Direito Administrativo Regulatório com o Direito Constitucional Principiológico – advogada por Tarzia[211] –, mostrar-se-á imprescindível que o Direito Administrativo Global se *harmonize* com o Direito Constitucional Global. Consolidar o Direito Administrativo Global significará *ombreá-lo* nas vigas mestras do Direito Constitucional Global, cujo desenvolvimento, por conseguinte, também urge, conquanto em marcha mais lenta.

Não se concebe como *publicista* Direito Administrativo Global a entoar, parafraseando-se Ming-Sung Kuo, um *constitucionalismo com "c" minúsculo* ("small-c global constitutionalism"[212]), é dizer, DAG orientado por conceitos de *publicístico* e de *legitimidade* delineados pelo *interesse* do *restrito círculo* de pessoas que possuem *acesso privilegiado* às *esferas de tomada de decisão* do *espaço administrativo global*, ditado, não *pelo interesse geral da humanidade*, mas por "códigos de conduta observados, em regimes regulatórios individualizados, por partes interessadas privilegiadas"[213], em um panorama marcado pelo *casuísmo*, em que se confere *primazia* às práticas regulatórias de *maior peso político* no caso concreto[214].

À semelhança do que acentua Kuo[215], frisa-se: entender que o caráter público (*publicness*) do Direito Administrativo Global se extrai tão só das

---

For this reason, *purely legal forms of accountability will never be sufficient to bridge the democratic deficit frequently cited in the areas described here.* An alternative critique is that formalizing these structures will shape global administrative law according to the interests of the industrialized countries and multinational corporations wielding the greatest influence. It probably will. [...]" Cf. CHESTERMAN, Simon. Op. cit., p. 48-49, grifo nosso.

[211] TARZIA, Antonello. Op. cit., p. 53.

[212] KUO, Ming-Sung. Taming governance with legality? Critical reflections upon Global Administrative Law as small-c global constitutionalism. *Journal of International Law and Politics*, New York, v. 44, nº 1, 2011, p. 77-80. *Disponível em: <http://nyujilp.org>. Acesso em: 18 fev. 2013*

[213] KUO, Ming-Sung. Op. cit., p. 100, tradução livre nossa.

[214] KUO, Ming-Sung. Op. cit., loc. cit.

[215] "To the extent that Kingsbury attributes publicness, the cornerstone of his theory concerning legitimacy, *to the diverse practices in regulatory regimes, his conception of global administrative law reflects a privatized, post-public view of legitimacy.* Paralleling this privatized, post-public legitimacy on its 'special part', global administrative law as an inter-public law is centred on

distintas práticas de *cada* regime regulatório implica esposar uma visão *privatista* (vulnerável ao predomínio *do interesse dos grupos econômicos* sobre o *interesse geral da humanidade*) e *pós-pública* de legitimidade, contrária à *legitimidade democrática*.

O *interesse geral da humanidade* transcende as aspirações dos *atores* e do *público* dos respectivos *ambientes regulatórios*, os quais, consoante resplende o constitucionalista tailandês, mais se parecem com *clubes privados* dedicados a *questões específicas* do que com comunidades *propriamente* públicas[216]. À proporção que se globalizam, mais o Direito Administrativo e o Direito

---

negotiations over the weight of these diverse practices concerning publicness. Again, these negotiations depend on those informed but privileged global actors' views toward individual regulatory regimes. *In sum, Kingsbury's grounding global administrative law in the idea of inter-public legality boils down to making an end run around democracy, pointing to a post-public legitimacy.*" Cf. Kuo, Ming-Sung. The concept of 'law' in Global Administrative Law: a reply to Benedict Kingsbury. *European Journal of International Law*, Firenze, v. 20, nº 4, p. 997-1.004, oct.-dec. 2009. Disponível em: <http://ejil.oxfordjournals.org/>. Acesso em: 18 fev. 2013, grifo nosso.

[216] "[...] As noted above, individual regulatory publics that jointly constitute global administrative space are oriented towards *specific fields of subject*. These *single issue-oriented regulatory publics are closer to private clubs than to real public communities in which the idea of publicness is expected to thrive.* [...] Outside the state arenas, *only those with privileged sources of intelligence concerning global administrative law are able to play the role of informed and active citizens in its generation.* [...] The regulatory publics turn out to be the *clubs of people with privileged access*, contributing to the technocratic nature of global administrative law as small-c global constitutionalism. [...] However, given the *absence of generally applicable regulatory practices*, a global notion of publicness that would guide the steering of the inter-regulatory regime relationship in global governance is *elusive*. Thus, to manage the relationship between power-exercising entities in global administrative space, global administrative law as *small-c global constitutionalism* needs to assess the "weight" that should be given to each power-exercising public entity, amounting to a practice of a *"weighing" of the norms emerging from different regulatory regimes in global administrative space*. However, the practice of weighing at the core of global administrative law as the *small-c constitutionalism* of global governance is *political in nature* but lies *outside of democratic control*. [...] The notion of publicness is thus *not expressive of a public conception of legitimacy* but rather collapses into the *codes of conduct observed by privileged interested parties in individual regulatory regimes*. To sum up, to the extent that publicness is attributed to the diverse practices in regulatory regimes, *the conception of global administrative law laid out thereby reflects a privatized, post-public view of legitimacy*. Moreover, in terms of its steering role in the inter-regime relationship in global governance, global administrative law as *small-c global constitutionalism is centered on negotiations over the weight of these diverse practices concerning publicness.*" Cf. Kuo, Ming-Sung. Taming governance with legality? Critical reflections upon Global Administrative Law as small-c global constitutionalism. *Journal of International Law and Politics*, New York, v. 44, nº 1, 2011,

DIREITO ADMINISTRATIVO: TRANSFORMAÇÕES E TENDÊNCIAS

Constitucional necessitam se apoiar em uma legitimidade de viés *cosmopolita*[217], a traduzir *consenso* da comunidade planetária de homens e mulheres *autônomos e conscientes*[218].

O Direito Administrativo Global terá de escolher, de forma manifesta, sem subterfúgios argumentativos ou retóricos, entre a via privatista, em que preponderam regimes regulatórios *fragmentados*, e a senda publicista, em que os múltiplos regimes regulatórios, ainda que apresentem *particularidades*, sujeitam-se a marcos regulatórios *unificados*.

É *insustentável*, além de *incoerente*, o Direito Administrativo Global se propor a dar vazão ao *interesse geral da humanidade* e, em paralelo, permitir, por meio da demasiada *assimetria normativa* entre os variados regimes regulatórios, isto é, do excesso – parafraseando-se José Luis Meilán Gil – de *setorialismo* de um DAG a se construir[219] ("El marcado sectorialismo de ese Derecho Administrativo global *in fieri*"[220]), a *prevalência de interesses segmentados* de reguladores, de regulados e de terceiros na regência de *regimes regulatórios*, não apenas por ofuscar o *interesse geral da humanidade* como também por contribuir para que o espaço administrativo global propenda à

p. 98-100, grifo nosso. Disponível em: <http://nyujilp.org>. Acesso em: 18 fev. 2013, grifo nosso.

[217] Invoca-se, nessa conjuntura, a *abordagem cosmopolita*, mencionada na seção 2.1 deste trabalho e didaticamente explicada por Nick Krisch. Cf. KRISCH, Nico. The pluralism of global administrative law. *European Journal of International Law*, Firenze, v. 17, nº 1, 2006, p. 255-256. Disponível em: <http://ejil.oxfordjournals.org/>. Acesso em: 27 jan. 2013.

[218] Tomou-se por inspiração esta digressão de Lucio Levi: "Legitimidade designa, ao mesmo tempo, uma situação e um valor de convivência social. A situação a que o termo se refere é a aceitação do Estado por um segmento relevante da população; *o valor é o consenso livremente manifestado por uma comunidade de homens autônomos e conscientes.*" Cf. LEVI, Lucio. Legitimidade. In: BOBBIO, Norberto; MATTEUCCI, Nicola; PASQUINO, Gianfranco (Org.). *Dicionário de política*. Tradução de Carmen C. Varriale, Gaetano Lo Monaco, João Ferreira, Luís Guerreiro Pinto Cacais e Renzo Dini. Coordenação geral da tradução de João Ferreira. Revisão geral de João Ferreira e Luís Guerreiro Pinto Cacais. 13. ed. Brasília, DF: UnB, 2010, v. 2. p. 678, grifo nosso.

[219] Expressão latina empregada por Meilán Gil que significa "em via de se tornar". Cf. INSTITUTO ANTÔNIO HOUAISS. *Dicionário eletrônico Houaiss da língua portuguesa*. Rio de Janeiro: Objetiva, 2009. 1 CD-ROM. Também Professor Catedrático da Universidade da Corunha, Jaime Rodríguez Arana-Muñoz igualmente se vale da mesma locução latina para caracterizar o Direito Administrativo Global. Cf. RODRÍGUEZ-ARANA MUÑOZ, Jaime. Op. cit., 2011. p. 379.

[220] MEILÁN GIL, José Luis. Op. cit., p. 176.

influência dos *grupos econômicos multinacionais e transnacionais*, bem como das *nações industrializadas e pós-industrializadas*, em prejuízo da *igualdade de armas* (aspecto assinalado por Chesterman[221]) e, em consequência, em detrimento da *maioria* dos povos e nações, desprovida de elevado poder econômico, militar e político (o internacionalista indiano B.S. Chimini preocupa-se, a propósito, com o risco de cooptação do DAG pelos Estados nacionais de maior peso no tabuleiro das relações internacionais[222]).

No Brasil, Luiz Fernando Coelho, embora entusiasta da ideologia do *universalismo jurídico* imanente à doutrina do Direito Comparado, como expressão de valores éticos, solidariedade e respeito à diversidade[223], salienta, de outra banda, o perigo de retrocesso dos *direitos sociais* provocado por *normas jurídicas* e *políticas públicas* a espelharem, na esfera global, sobretudo nos organismos multilaterais, a *preponderância do interesse financeiro-mercantil*[224].

Conclusão

1. Kingsbury propõe que a *norma de reconhecimento* de Hart, na esfera do Direito Administrativo Global, seja *adaptada* a tonalidades *publicísticas* harmônicas – depreende-se – com o *interesse geral da humanidade*, inclusive no tocante à crescente demanda popular por *transparência*. Almeja a construção de Direito Administrativo Global norteado por *prática normativa comum* abraçada pela consciência dos povos como obrigatória e ínsita à práxis e à Principiologia de Direito Público nacional, transnacional e internacional.

2. Mitchell e Farnik preconizam que os princípios basilares do Direito Público dos ordenamentos jurídicos *domésticos* devem alicerçar o desen-

---

[221] "[...] If powerful countries such as the United States are able to inscribe domestic rules on foreign actors, precisely the opposite happens in the weakest countries. [...] In the developing world, however, many governments are now engaged in what Barnett Rubin has called an external social contract, complying with foreign standards in order to receive official development assistance and gain entry into the global financial system. This relationship may actively undermine democratic processes. *Inequality of arms may also weaken regimes intended to allow wider participation in global administrative decisionmaking.*" Cf. CHESTERMAN, Simon. Op. cit., p. 48, grifo nosso.

[222] CHIMINI, B. S. Op. cit., p. 23.

[223] COELHO, Luiz Fernando. O renascimento do direito comparado. In: COELHO, Luiz Fernando. *Fumaça do bom direito: ensaios de Filosofia e Teoria do Direito.* Curitiba: Bonijuris/JM Livraria, 2011. Cap. 9, p. 171-199.

[224] Ibid., p. 195.

volvimento dos mecanismos, procedimentos e normas do Direito Administrativo Global. Meilán Gil entende que os direitos humanos devem consistir no *corpo jurídico comum* e *eixo da Principiologia jurídica* da ação administrativa global. Palombella ressalta que a edificação da ordem jurídica do Direito Administrativo Global implica a interface e a interação com as demais ordens jurídicas, mediante a *cooperação* dos Estados nacionais e de outros entes políticos, judiciais e administrativos (*exempli gratia*, a União Europeia).

3. A fisiologia do Direito Administrativo Global se adéqua a uma legalidade *lato sensu*, com sentido de *juridicidade*, em sintonia com a *tendência atual* de se dilatar o *princípio da legalidade*, em favor do controle da atividade administrativa à luz dos *princípios jurídicos*. Ao se divisar a *legalidade em sentido amplo*, a traduzir *juridicidade*, apregoa-se *conformar* a atuação dos atores do *espaço administrativo global* a um plexo normativo esculpido por uma *matriz principiológica pluralista*, haurida de múltiplos ordenamentos jurídicos.

4. Embora se perceba a *vocação principiológica* do Direito Administrativo Global e a importância desse ramo jurídico, à vista do ambiente regulatório contemporâneo, nota-se, de outra banda, a dificuldade de se definir a *espinha dorsal principiológica* do DAG, em virtude (*a*) da *ausência* de *consenso mundial* em torno da *universalidade* dos direitos humanos e dos princípios publicistas *democráticos*, (*b*) da *infiltração*, no cenário regulatório, dos *poderes político e econômico* dos países mais desenvolvidos, por vezes a esvaziar, no caso concreto, a atuação de organismos multilaterais, e (*c*) do complexo manejo do *soft law*, composto por normas jurídicas que, *não* vinculantes sob o prisma *formal* (*ad exemplum*, *recomendações* de organismos internacionais, tais quais a OCDE, o Banco Mundial e o FMI), possuem *alta força persuasiva*.

5. Nesse cenário, urge organizar o *espaço administrativo global*, perquirindo-se, de plano, (*a*) seus *princípios comuns* (tendo-se por ponto de partida, consoante obtempera Rodríguez-Arana Muñoz, a Declaração Universal dos Direitos Humanos e a cláusula do *Estado de Direito*), assim como (*b*) as *alternativas* para se colmatar a *plêiade de fragilidades* dessa incipiente ambiência jurídica (simbolizada pelo déficit de balizas jurídicas sedimentadas, de legitimidade democrática, de participação popular, de publicidade-transparência, de segurança jurídica e de isonomia), (*c*) aprofundando-

-se em escala mundial a pesquisa sobre a Principiologia do DAG (calha evitar que o DAG seja o reflexo preponderante de uma corrente de pensamento doutrinal teuto-anglo-europeia ou ocidental) e (*d*) se enxergando no Direito Administrativo Global *vetor democrático*, irmanado com o *constitucionalismo global* (*refundação* da ordem mundial esteada no *constitucionalismo global*, e *não apenas* o gradual aperfeiçoamento do *controle* da atividade regulatória global), além de se pensar (*e*) como compatibilizar a *heterohierarquia*, a *multidimensionalidade* e o *pluralismo sistêmico* com a construção das pilastras *principiológicas comuns* do DAG, (*f*) como *modelar* cada *regime regulatório global, sem* desnaturar as suas peculiaridades, à luz do *interesse geral da humanidade*, e (*g*) como *depurar* o espaço administrativo global da *primazia* do interesse dos *grupos econômicos multinacionais e transnacionais*, bem como das *nações industrializadas e pós-industrializadas*, em prejuízo da *igualdade de armas* (aspecto assinalado por Chesterman) e, em consequência, em detrimento da *maioria* dos povos e nações, desprovida de elevado poder econômico, militar e político.

PARTE III
PRIVATIZAÇÃO, REGULAÇÃO E AGENCIFICAÇÃO

DIREITO PRIVADO NA ADMINISTRAÇÃO PÚBLICA BRASILEIRA ATUAL: ALGUMAS PERSPECTIVAS

BERNARDO STROBEL GUIMARÃES

I. O objeto

1. Privatização é tema que, no Brasil, tem despertado mais discursos ideológicos do que análises calcadas em nosso direito positivo. No discurso político, não raro, lançam-se verdadeiros anátemas sobre aqueles que defendem privatizações. A especulação política do tema, todavia, se dá usualmente ao largo de toda meditação jurídica acerca do assunto. A questão parece se exaurir em paixões de auditório, dispensando-se assim o exame mais profundo acerca de qual é o sentido e o alcance do Direito Privado para a vida da Administração Pública.

Pior: hoje mesmo certas posições doutrinárias se focam mais em emular o discurso político do que examinar com isenção os conceitos e institutos do Direito Administrativo. Assim, a utilização de vias privadas pela Administração Pública é examinada por um viés que parece ser mais ideológico do que pragmático, deixando largos capítulos da atuação da Administração carentes de um exame mais profundo por parte da doutrina.

Sintoma tradicional desta postura é examinar as alterações levadas a efeito no nosso direito positivo com base nas premissas antigas, buscando anular, pela via interpretativa, o que de novo foi instituído. Assim pretende-se celebrar um Direito Administrativo pretensamente atemporal, que, alheio às mudanças do mundo, continua a repetir: "– meu pai foi à guerra! – Não foi! – Foi! –Não foi!". Esquece-se assim a pertinente advertência de J. J. GOMES CANOTILHO que, reescrevendo a máxima de OTTO MAYER, indicou que *o Direito Constitucional passa; e o Direito Administrativo passa também*.[1]

---

[1] O Direito Constitucional passa; o Direito Administrativo passa também, *Estudos em homenagem ao Professor Doutor Rogério Soares*, Coimbra: Coimbra, p. 705-722.

2. Malgrado esse estado de coisas, fato é que a "administração em ação", isto é, o efetivo exercício das competências administrativas não raro se vale de técnicas de articulação entre agentes administrativos e particulares (*pense-se na re-valoração havida no que se refere às concessões e parcerias, atualmente*), bem como técnicas e métodos de atuação que imaginamos integrar o Direito Privado (*pense-se como a noção de um regime jurídico unitário e exclusivo deixa de ter sentido para explicar o Direito Administrativo contemporâneo*). O Direito Administrativo hoje está bastante longe da sua concepção originária tendo evoluído para dar conta de missões institucionais cada vez mais complexas.

O direito administrativo dos negócios (contraposto ao "dos clipes" como chamou CARLOS ARI SUNDFELD) continua aí dando conta de construir a infraestrutura necessária ao progresso da Nação.[2] E isto sem se preocupar com as sutilezas de uma divisão entre público e privado que tenta criar um modelo de atuação para Administração que é um verdadeiro monólito teórico. A complexidade do mundo contemporâneo, simplesmente, não se amolda a uma concepção liberal de Administração, daí ser inviável celebrar o culto de um Direito Administrativo focado na ideia de autoridade e explicado a partir de um conceito estrito de reserva de lei. Atualmente, ninguém pode pretender, a sério, que a administração seja uma atuação subalterna à lei, que seja explicada apenas pela ideia de execução de ofício dos atos legais.

3. Neste contexto, o presente texto tem o objetivo de examinar quais são os limites e possibilidades de utilização de técnicas de Direito Privado pela Administração Pública contemporânea brasileira. Cuida-se, portanto, de um texto que visa a traçar algumas linha acerca de um panorama. E isto significa, basicamente, examinar a possibilidade da utilização de modos de atuação em que o consenso (entre particular e Administração) seja o elemento definidor da relação administrativa.

O foco não é, portanto, examinar concretamente nenhum dos recentes fenômenos vivenciados no Direito Brasileiro acerca da inter-relação público/privado em específico, mas tentar demonstrar que há um con-

---

[2] O direito administrativo entre os clips e os negócios. *Revista de Direito Público da Economia – RDPE*. Belo Horizonte, ano 5, n. 18. P. 33-39, abr./jun. 2007.

texto comum a todos eles, derivado das atuais exigências que são postas à Administração Pública brasileira.

4. Por outro lado, o tema privatização é polissêmico, impondo-se, portanto, uma explicitação preliminar acerca do seu sentido nesse texto.[3] Nele estão contidas distintas maneiras de o público e o privado interagirem no bojo do Direito Administrativo. Desde à efetiva retirada de uma atividade do hemisfério público da iniciativa econômica até a contratação de pessoas (os hoje tão em voga "colaboradores") por meio de um regime distinto do estatutário: tudo é reunido sob o rótulo "privatização". E essa polissemia é fonte de estéreis debates em que, não raro, por não ter havido uma definição do que se está a discutir, os interlocutores se dedicam mais a bradar com veemência acerca de falsas discordâncias do que compreender acerca do que, efetivamente, estão a debater.

Visando a evitar isso, adverte-se que o que será analisado aqui é a privatização em seu sentido amplo. Isto é qualquer técnica que possibilite à Administração atuar por meio de vias que não são as tradicionalmente associadas à concepção dominante acerca do que seria seu modo próprio de atuação.

5. Para desenvolver o tema, o presente artigo se divide em (i) as premissas referentes à discussão público-privado no Direito Administrativo; (ii) a Administração Pública no Estado brasileiro contemporâneo e (iii) as tendências.

II. As premissas referentes à discussão público-privado no Direito Administrativo

6. Antes de ferir o tema proposto acima, algumas ideias merecem ser expostas. Como o tema das privatizações desperta verdadeiras paixões, não será ocioso retomar certas premissas para bem enquadrar o desenvolvimento do assunto.

---

[3] Sobre esse ponto vale a leitura de PAULO OTERO (*Privatizações, Reprivatizações e Transferências de Participações Sociais no Interior do Sector Público*, Coimbra: Coimbra, 1999). E no Direito brasileiro imprescindível a consulta a Maria Sylvia di Pietro, pioneira no estudo da relação público/privado no Direito Administrativo (*Parcerias na Administração Pública*, 5ª ed, São Paulo: Atlas, 2006, p. 23-26).

DIREITO ADMINISTRATIVO: TRANSFORMAÇÕES E TENDÊNCIAS

7. Uma primeira advertência que parece importante é que *jamais o Direito Administrativo (concebido como um regime de exorbitância do Direito comum e, portanto, de autoridade) teve o monopólio de definir todos os modos pelos quais a Administração se utiliza para exercer sua missões institucionais.*

Quase como um passageiro clandestino, o Direito Privado sempre esteve presente em certas relações travadas pela Administração, desde o tempo em que se atribuiu autonomia didática ao Direito Administrativo. Isto se fez especialmente evidente nas relações de cunho patrimonial travadas pela Administração Pública que, na origem, ficaram alheias a qualquer nota de autoridade. Nelas, sempre se fez necessária uma margem de consenso, salvaguardada das técnicas de autoridade à disposição da Administração.

Neste sentido é interessante destacar as experiências alemã e francesa com a *teoria do fisco* e a divisão entre *atos de império e gestão*, respectivamente. Em ambos os casos o mote era permitir à Administração se engajar em relações jurídicas sujeitas à lógica privada, criando zonas de atuação alheias ao regime que se supunha ser o próprio da Administração. E isto ocorria precisamente no que se refere à gestão patrimonial necessária ao exercício da função administrativa (afinal ninguém exerce autoridade no vácuo) em que, necessariamente, foi preciso se preservar as vias consensuais para permitir a atuação da Administração.

As duas experiências demonstram que mesmo no período mais crítico da afirmação da autonomia do Direito Administrativo foi necessário conceber uma interface que permitisse à Administração utilizar-se de vias distintas daquelas que lhe marcavam a autoridade. Isto é: mesmo quando o Direito Administrativo foi concebido exclusivamente como autoridade nele havia campos de incidência destinados à atuações de natureza consensual, organizadas a partir do apelo ao Direito Privado. Portanto, desde a origem, o Direito Administrativo foi muito menos puro do ponto de vista metodológico do que se supõe à primeira vista.

8. Indo além, com a superação do Estado de Polícia o fenômeno só fez aumentar. Com a emergência do Estado de Bem Estar Social a Administração assumiu efetivo papel de conformadora da realidade com vistas à promoção do progresso social. Surge aqui a feliz expressão *Administração de infraestrutura* ou *prestacional*, que é caracterizada pelo compromisso (firme até hoje) de transformar a realidade com vistas ao progresso social.

DIREITO PRIVADO NA ADMINISTRAÇÃO PÚBLICA BRASILEIRA ATUAL

Esta transformação conduziu a um brutal aumento das competências administrativas e a uma profunda alteração estrutural no que se refere à organização administrativa. Em ambos os casos, o que se viu foi a utilização do Direito Privado tanto no que se refere à criação das estruturas utilizadas pela Administração, quanto ao seu próprio modo de atuar. Surge aí o Estado Empresário que lançou as bases para uma profunda utilização do Direito Privado pela da Administração Pública. Com efeito, ao tornar ordinária sua presença no jogo das relações econômicas, a Administração passou a utilizar-se das mesmas estruturas (empresas) e das mesmas técnicas (direito privado) encontradas usualmente no mercado. Afinal, organizar a produção em regime de mercado exigia vias de atuação mais flexíveis. Se antes a atuação privada era meramente residual, com o Estado de Bem Estar Social a atuação passou a ser ordinária em vastos quadrantes da vida da Administração. Desde então, não se pode mais ignorar o recurso às vias privadas como um modo próprio de atuação da Administração Pública e isso, fundamentalmente, por conta do alargamento do espectro de suas responsabilidades para com a sociedade. Note-se que o incremento da utilização das vias privadas deriva da modificação das responsabilidades da Administração. Foi precisamente o aumento das responsabilidades a cargo da Administração que levou à modificação da tônica do modo de sua atuação. Aqui resta claro que o Direito Privado é um instrumento a serviço da Administração. A depender dos objetivos a serem implementados, ele pode vir a ser um modo legítimo de atuação, como está claro desde a emergência do Estado Social.

Foi neste contexto, inclusive, que começou a se falar em crise da noção de serviço público na França, pois perdeu-se o suposto de autoridade no desenvolvimento dos chamados serviços públicos econômicos e comerciais, bem como se cunhou na Alemanha o termo *daseinsvorsorge*, que retrata a Administração promocional naquele país.[4] Em ambos os contextos, o Direito Privado foi um método de atuação para Administração dar conta de uma maior inter-relação com o mercado, necessária a obtenção dos seus objetivos.

---

[4] Sobre estes conceitos consulte-se MARTIN BULINGER. El "service public" francés y la "daseinsvorsorge" en Alemania, *Revista de Administración Publica*, 166, janeiro-abril 2005, p. 29-49. Sobre a crise do serviço público vale a leitura de GEORGES MORANGE: Le declin de la notion juridique de service public, *Recueil Dalloz*, 1947, p. 45-48.

DIREITO ADMINISTRATIVO: TRANSFORMAÇÕES E TENDÊNCIAS

9. Por outro lado, não se pode deixar de lado o fato bem conhecido de que, na origem, diversos institutos do Direito Administrativo nada mais eram que uma representação das tradicionais categorias do Direito Privado, remoldados à luz da principiologia administrativa. Com efeito, a baixa institucionalidade normativa do Direito Administrativo – especialmente na França – conduziu à jurisprudência do Conselho de Estado a beber diretamente das fontes privadas para elaborar os conceitos elementares desta disciplina (tais como o ato administrativo, o contrato, a responsabilidade extracontratual, o estatutos dos servidores, etc.).

Aliás, o célebre caso *Blanco* é precisamente indicativo desse esforço de consideração das categorias do Direito Privado pelo Direito Administrativo no sentido de superá-las a partir de uma visão principiológica das exigências que se punham à atuação administrativa.[5] Na origem, o Direito Administrativo implicou uma substancial apropriação das categorias privadas e uma remodelagem delas a partir das pautas da Administração Pública. Deste modo, no DNA de várias categorias do Direito Administrativo está o Direito Privado.

Note-se, pois, que a postura de romper com a *rationale* do Direito Privado (por mais radical que fosse) partia dessas categorias e as preservava naquilo que podia ser compatibilizado com os objetivos do Direito Administrativo. Assim, ainda que inconscientemente o Direito Administrativo era marcado pelo Direito Privado, em fenômeno que JEAN RIVERO chegou a comparar com o processo de escravização dos gregos pelos romanos. Segundo o autor, ao tornar os gregos cativos, os romanos tiveram acesso à sofisticação de sua cultura, o que contribuiu decisivamente para a grandeza romana. Da mesma maneira, o Direito Administrativo ao se apoderar de categorias privadas ficou marcado de maneira indelével pela grandeza das construções de Direito Privado, que contribuíram decisivamente para o aprofundamento teórico dessa disciplina.[6]

10. Tais ponderações são uma lembrança inconveniente para os administrativistas que, desde os primórdios, a sua disciplina de trabalho jamais

---

[5] ANDRÉ HAURIOU expõe o fenômeno com clareza: A utilização em direito administrativo das regras e princípios do direito privado. *Revista de Direito Administrativo – RDA*, Rio de Janeiro, ano 1, no 1, abril de 1945, p. 465-473.
[6] Droit Public et Droit Privé: conquête, ou status quo? *Recueil Dalloz*, 1947, p. 69-72.

DIREITO PRIVADO NA ADMINISTRAÇÃO PÚBLICA BRASILEIRA ATUAL

esteve completamente apartada do direito privado, tanto no que se refere ao método de atuação, quanto ao que toca à inspiração dos institutos. E o interessante de analisar o fenômeno sob este ângulo, é constatar que *a afirmação de uma completa superação por parte do Direito Administrativo de categorias do Direito Privado é mais uma afirmação retórica do que algo que, efetivamente, tenha se verificado na prática.*

O ponto a encarecer aqui é: *o Direito Administrativo jamais se separou por completo do Direito Privado.* Deste modo, pode-se dizer que um certo grau de privatização é inerente ao próprio Direito Administrativo. Isto é: a privatização não é uma patologia a ser combatida pelos intérpretes a partir de pautas juspublicistas de caráter eugenista. Pelo contrário, é um fenômeno natural do Direito Administrativo, desde a sua origem.

11. Fixada essa premissa é necessário aprofundá-la ainda mais. Isto porque ao se falar em privatização no âmbito das relações administrativas o que há de estar em causa é, precisamente, se há um sentido e um alcance intrínseco na divisão entre Direito Público e Privado no seio da Administração. O foco aqui é saber se esta distinção encerra dentro de si um valor propositivo ou, pelo contrário, ela representa uma mera cisão didática de cunho meramente operacional.

Isto porque muito das críticas que se fazem à privatização do Direito Administrativo (e se faziam à publicização do Direito Privado) se funda não no exame dos institutos de direito positivo, mas na atribuição de um valor essencial a cada um destes quadrantes do Direito. Nesta linha: o direito privado deveria ser sempre orientado em parâmetros de isonomia e consagrar a plena autonomia dos sujeitos de direito. Por seu turno, seria elementar à atuação administrativa um regime exorbitante em que sempre se fariam presente um grau de restrições superior ao experimentado pelos privados (orientado pelo conceito de legalidade estrita) e haveria o potencial recurso a vias de autoridade, necessárias à preservação dos interesses da coletividade.

Em maior ou menor medida, concepções dessa natureza estão na base do pensamento que atribui um valor propositivo à divisão público/privado, supondo que cada um desses hemisférios esteja sujeito a uma lógica própria. Nesta linha, a divisão encerraria mesmo valores distintos e irreconciliáveis, que conduzem a uma separação absoluta no que se refere aos instrumentos de atuação. Os cultores desse raciocínio o remetem às

DIREITO ADMINISTRATIVO: TRANSFORMAÇÕES E TENDÊNCIAS

fontes romanas que, supostamente, desde sempre, consagraram a *summa divisio*.

A par de a *summa divisio* jamais ter tido no Direito Romano o peso que se pretendeu emprestar a ela posteriormente, conforme anotou MARTIN BULLINGER,[7] fato é que autonomia e a autoridade não são característica capazes de definir o regime público e o privado. Aliás, *nenhuma nota distintiva das tradicionalmente arroladas pela doutrina é capaz de apartar os dois quadrantes em mundos estanques e incomunicáveis.* Há sempre uma inconveniente exceção a impedir a criação de modelos dualistas puros. Uma rápida olhada sobre ambas as disciplinas bastaria para refutar essa pressuposição.[8]

Por outro lado, mesmo a tutela do interesse público não é monopólio do Direito Público, pois são diversas as normas de Direito Privado que protegem interesses que vão além daqueles dos indivíduos. Neste sentido, é inegável a atual tendência do Direito a impor a particulares obrigações em prol da coletividade derivadas do *status* que ocupam. Pense-se, na função social da propriedade e do contrato em que, nitidamente, se busca imputar aos particulares responsabilidades para com a sociedade, sancionando-se eventuais descumprimentos.[9] Assim, dizer que o monopólio da busca do interesse público está associada ao Direito Público é investir contra a realidade, quando menos desde a afirmação do dirigismo contratual. Logo, a busca de um critério de apartação definitivo é vã; é o que afirmou com propriedade CHARLES EISENMANN ao demonstrar que a divisão do Direito entre público e privado tem finalidades eminentemente didáticas sendo

---

[7] Segundo o autor, essa divisão tinha um valor escasso, senão nulo para os juristas romanos (cf. *Derecho Publico y Derecho Privado*, Madri: Instituto de Estudios Administrativos, 1976, p. 21-25).

[8] Quanto às notas elementares do Direito Administrativo, confira-se o próximo tópico que se dedica a indicar no que esta disciplina se faz peculiar.

[9] MARIA SYLVIA ZANELLA DI PIETRO se manifestou da seguinte maneira a propósito da alteração dos referenciais do Direito Privado: "O que ocorreu, na realidade, foi que o direito privado sofreu transformações provocadas pelo crescimento do direito público; alguns de seus princípios e institutos, elaborados sob a influência do individualismo que dominou, durante longo período, todos os setores em que se desenvolve a vida em sociedade, foram afetados a partir do momento em que o interesse coletivo passou a predominar sobre o individual. O direito deixou de ser apenas instrumento de garantia dos direitos do indivíduo e passou a ser visto como meio para consecução da justiça social, do bem comum." (*Do Direito Privado na Administração Pública*, São Paulo: Atlas, 1989, p. 39).

impossível criar a partir dela uma oposição absoluta de regimes jurídicos, fundada em termos propositivos e de valor.[10]

Aliás, do ponto de vista do nosso ordenamento jurídico é interessante destacar que a distinção nestes termos é absolutamente alheia ao Texto Constitucional que, não raro, celebra a responsabilidade compartilhada entre Estado e Sociedade para salvaguardar interesses evidentemente públicos (tal como, *v.g.* se dá com a seguridade social, educação, a proteção ao meio ambiente, etc.).

Daí porque ser um erro buscar separar em absoluto o Direito Privado do Administrativo como se ambos fossem fruto de uma lógica distinta que criasse uma invencível cizânia entre eles. Contra essa pressuposição, aliás, já se manifestara LEÓN DUGUIT ao afirmar:

> "Entretanto nós temos que por o leitor em guarda contra uma doutrina ou mais ainda uma tendência que tem hoje grande crédito: ela consiste em estabelecer uma separacão absoluta, uma espécie de muro inquebrável entre o direito público e o direito privado, a afirmar que as noções que são verdadeiras nas relações entre particulares entre si, deixam de ser verdadeiras quando pretendemos aplicá-las às relações entre os governantes e seus agentes ou entre os governantes e os particulares. (...) Nós não podemos admitir uma distinção assim concebida entre direito público e direito privado".[11]

Assim, um exame imparcial da separação entre público e privado no Direito Administrativo conduz à conclusão de que não há elementos definitivos para amparar um corte radical entre esses quadrantes. Todavia, não raro, se insiste em armar verdadeiros cavalos de batalha contra qualquer flexibilização no que se pretende ser o regime de Direito Administrativo. Isso, sem se perceber que as bases que fundamentam esse discurso são absolutamente fluídas.

12. Outra premissa importante de ser destacada aqui é que a utilização de regimes de direito privado por parte da Administração não tem o

---

[10] Droit Public, Droit Privé (En marge d'un livre sur l'évolution du droit civil français du XIXe au XXe siècle), *Revue du Droit Public et de la Science Politique em France et a l'Étranger*, Paris: LGDJ, 1952, p. 903-979.

[11] *Manuel de Droit Constitutionnel*, 4ª ed., Paris: E. Bocard, 1923, p. 43.

condão de transmudar o Estado em um ente privado. Um dos óbices que geralmente se levantam contra a utilização do Direito Privado por parte da Administração reside na pressuposição que, ao se utilizar de métodos de atuação privados, o Estado se "rebaixaria" ao mesmo plano dos particulares. Todavia, esse raciocínio é amplamente equivocado.

Por um lado, o exercício da função administrativa jamais será capaz de ser reduzido à lógica da atuação privada. Com efeito, administração exige a atuação de uma vontade externa do agente, que deve promover a finalidade da norma independentemente de qualquer elemento de parcialidade. Diversamente de qualquer relação pautada pela autonomia dos agentes como se têm no Direito Privado (em que há liberdade na forma de atuação ou na escolha das finalidades a serem perseguidas), toda a atuação da Administração, seja implementada por vias públicas ou privadas, obedece a uma lógica de impessoalidade.[12] Portanto, o que particulariza a administração pública como atividade jurídica é, de um lado, a definição externa dos objetivos a serem alcançados – sendo eles implementados pelo livre jogo das forças democráticas desde a Constituição – e, de outro, a necessidade de o agente cumprir fielmente os objetivos da norma, desconsiderando por completo suas preferências pessoais. Aqui, a opção da Constituição de definir o regime administrativo por meio dos princípios da Administração (art. 37, *caput*) demonstra toda sua força, pois o que a qualifica não é o modo pelo qual atua, mas sim os princípios que regem sua atuação. E, nitidamente, a utilização do regime privado não guerreia com qualquer um dos princípios constitucionais (é o que se verifica, aliás, no que se refere à atuação estatal por meio de estruturas empresariais).

Compreendida desta maneira, percebe-se que a utilização ou não de vias privadas por parte da Administração em nada compromete a essência do que se reputa ser o elementar do modo de atuação administrativa. É perfeitamente possível que, se utilizando de vias privadas, a Administração implemente fielmente a pauta de valores que, constitucionalmente, conforma sua atuação. Com efeito, não há qualquer antítese entre as exigências que a Constituição coloca à atuação administrativa e a utilização das

---

[12] Nesse contexto foi que já afirmamos que: "*o princípio da impessoalidade é o elemento de definição da própria função administrativa, como atividade orientada à satisfação de interesses públicos*". Reflexões acerca do princípio da impessoalidade, *Princípios de Direito Administrativo* (organizado por Thiago Marrara), São Paulo: Atlas, p. 147.

vias privadas. O modo de produção das decisões administrativas é preservado, mesmo naqueles casos em que a Administração se vale de um regime privado. Bem assim, o controle.

O que é importante assinalar no que toca à utilização de um regime alheio a prerrogativas de autoridade é que isso em nada embaraça a essência da Administração. Seja utilizando de um regime reputado público, seja de um privado, a Administração sempre será um sujeito de direito distinto dos particulares, pois sujeita a uma principiologia alheia à imposta aos particulares. *A administração como atividade de concretização impessoal de objetivos normativos jamais se reduz a uma atividade privada, mesmo que se utilize de vias de Direito Privado para alcançar seus objetivos.* Perceba-se que a própria deliberação de utilizar vias privadas, nos casos em que elas estejam disponíveis para o administrador, implica uma deliberação de caráter público.[13]

13. Feitas essas ressalvas, importa destacar que há outro pressuposto metodológico comum às discussões sobre privatização que deve ser afastado. Ele se refere à pressuposição de que tudo o que seja caracterizado como privado é mais eficiente e melhor.

Como veio de se dizer, o elemento fundamental na discussão é perceber que o regime tido de Direito Privado sempre esteve presente na vida da Administração e, em maior ou menor medida, foi constantemente utilizado como um instrumento a serviço da realização dos objetivos reputados relevantes pelo Estado. E isso decorre de exigências concretas de melhor adequação em certos casos de um regime horizontal para implementar fins públicos (e não de um perverso consenso para fugir do Direito Administrativo).

Disso deriva a constatação de que o Direito Privado é um dos meios pelos quais pode a Administração agir, observados certos pressupostos. Em si, a utilização de um regime com maiores notas de direito privado, não é boa ou ruim. É a efetiva capacidade de prestigiar de modo mais eficiente os objetivos da Administração que legitima a escolha por esse regime. Em estando ele disponível para a Administração (*i.e.* havendo autoriza-

---

[13] Como bem ponderou Pedro GONÇALVES: "(...) o que verdadeiramente distingue o Estado da Sociedade não são, em regra, os meios ou instrumentos de que aquele se serve para agir, mas os papéis e missões que tem de desempenhar para atingir os fins que lhe são acometidos." (*Entidades Privadas com Poderes Públicos*. Coimbra: Almedina, 2005, p. 235).

DIREITO ADMINISTRATIVO: TRANSFORMAÇÕES E TENDÊNCIAS

ção normativa para tanto), a opção em concreto deve ser feita a partir de uma análise que contraponha as vantagens e desvantagens de cada um dos modelos. Nada indica em abstrato que o regime privado é, por definição, melhor que o público. Haverá casos em que mesmo diante da possibilidade de eleger uma forma de atuação privada, a Administração deverá optar pelos instrumentos públicos.

14. Por fim, uma derradeira advertência se faz necessária. Se em outros sistemas a definição de um elemento caracterizador da "natureza administrativa" de determinada relação se reveste de efeitos práticos referentes à atribuição de competência para uma jurisdição especial, no sistema brasileiro não há qualquer efeito prático daí derivado.

Com efeito, dizer se uma relação é de Direito Administrativo ou Direito Privado no sistema brasileiro não implica qualquer efeito concreto. O sentido é, meramente, de classificação. E o risco associado a essa postura é buscar fazer a partir de uma cisão eminentemente didática distinções de tratamento jurídico que não estão contempladas em lei.

Um grave inconveniente da postura de atribuir valor propositivo à distinção público/privado é buscar fazer incidir em bloco as normas que se imaginam ser pertinentes ao âmbito administrativo. Assim, um elemento classificatório torna-se elemento de definição do tratamento jurídico dos instituto sem maiores cogitações acerca do próprio regime legal afeto ao tema. Aliás, este procedimento tem sido fonte constante para atribuição de "prerrogativas implícitas" à Administração nas suas relações com particulares, mesmo nos casos em que o regime legal afasta essas soluções. É o que se dá, por exemplo, em certa medida com as sanções aplicáveis no âmbito das contratações administrativas – em que se busca aplicar o figurino legal sem qualquer atenção à disciplina contida no instrumento, ignorando-se que é necessário que o contrato estipule as hipóteses que autorizam a aplicação das sanções previstas em lei.[14] O mesmo ocorre com as interpretações que tornam o contrato de direito privado celebrado pela Administração (expressamente contemplado em lei) um contrato administrativo próprio, como se a previsão normativa

---

[14] Sobre o tema consulte-se o nosso: As sanções nos contratos administrativos e a inadequação do Poder de Polícia para justificá-las, Fórum de Contratação e Gestão Pública – FCGP, Belo Horizonte, ano 12, n 133, p. 32-39, jan. de 2013.

DIREITO PRIVADO NA ADMINISTRAÇÃO PÚBLICA BRASILEIRA ATUAL

não tivesse qualquer efeito prático. É, ainda, também o caso daqueles que tentam equiparar as atividades que são objeto de autorização de serviços públicos e seu regime (e o setor portuário é o mais emblemático nos dias de hoje) às atividades objeto de concessão. Em todas essas hipóteses, há uma nítida oposição entre o regime efetivamente consagrado em Lei e o projetado a partir das expectativas de um regime ideal de Direito Público.

Com efeito, esse modo de pensar acaba, invariavelmente, a recorrer reservas de autoridade implícita que são a própria antítese da compreensão da legalidade como definidora de um valor de proteção dos cidadãos em face da Administração.

III. A Administração Pública no Estado brasileiro contemporâneo

15. Aquele que se dispuser a compreender o Direito Administrativo moderno deve analisar essa disciplina para além das explicações tipicamente liberais que estão na base da sua emergência como disciplina autônoma. Isso porque desde o surgimento do Estado de Bem Estar Social a Administração assumiu o papel de protagonista nas relações entre Estado e sociedade, cumprindo ao Direito Administrativo preocupar-se em explicar este fenômeno.

Mais do que se preocupar com um regime jurídico pensado a partir de referenciais formais, é necessário ao estudioso que se bate com esta disciplina pensar o modo de concretização das missões institucionais colocadas a cargo da Administração. Nesta linha, o Direito Administrativo deve explicar os instrumentos à disposição da atuação da Administração.

Se antes uma concepção de administração como atividade infralegal implementada de ofício para limitar a liberdade dos indivíduos em prol do bem comum bastava para explicar as chaves teóricas do Direito Administrativo, a progressiva imposição de novas missões promocionais à Administração pública tornou necessário repensar o modo pelo qual o Estado atua no sentido de prover, concretamente, os bens e serviços reputados fundamentais pela sociedade.

E é exatamente por isso que a função administrativa não pode ser tomada por um viés neutro de simples implementação de programas normativos definidos pelo Legislador. Com efeito, de há tempos a lei deixou de ser o produto abstrato e lógico das razões do Parlamento (como razão revelada), para implementar programas de transformação da realidade, negociado entre as diversas classes que integram o Parlamento.[15] Malgrado essa transformação estrutural sobre o conceito liberal de lei, fato é que continuamos pensando que a Administração é um autônomo a quem o Legislador dá corda passando ele a atuar de modo previamente programado pela lei. Isto contrariando toda experiência concreta da atuação administrativa moderna em que o relevante é a efetiva produção de resultados por parte da Administração. Hoje o grosso da atuação administrativa é desenvolver políticas públicas a respeito das quais o Parlamento, quando muito, se limitou a traçar diretrizes gerais. Mais do que isso. Ao fim, o que é relevante é a definição de valores realizadas pela própria Constituição que, a par de vincular a produção dos demais atos jurídicos (abstratos e concretos) quanto à juridicidade, é objeto de um constante escrutínio democrático a respeito de quais são os meios adequados para sua efetiva concretização (*e isso em três níveis federativos*). Deste modo, os objetivos da Constituição – caracterizadores de uma constituição dirigente – são diretrizes de atuação política, ficando a cargo dos titulares de mandados democráticos definir, em concreto, quais são os meios para atender a esses objetivos, bem como quais as prioridades que devem ser atendidas diante de um orçamento escasso. À Administração incumbe promover em concreto tais diretrizes, implementando esses programas em um ambiente absolutamente complexo. Uma teoria do Direito Administrativo que parta da Constituição deve, pois, necessariamente se esmerar em explicar estas relevantes questões.

15. Nesta linha, um breve exame do Texto Constitucional revela de maneira evidente que compete à Administração Pública, nos diversos níveis federativos, promover – junto com a sociedade – o progresso da Nação. Neste contexto as responsabilidades promocionais da Administração são vastas na mesma medida que são vastas as garantias outorgadas aos nossos cidadãos, individual e coletivamente.

Por outro lado, como anotado acima, em momento algum a Constituição cria uma reserva de regime absoluta em favor de um modo de atuação que possa ser descrito como público no que se refere aos instrumentos de atuação. Pelo contrário, a Constituição em certos casos – como a intervenção na ordem econômica privada – exige a adoção de um regime de isonomia,

---

[15] Sobre a transformação radical do conceito liberal de Lei consulte-se CARLOS DE CABO MARTÍN. *Sobre el concepto de ley*, Madri: Trotta, 2000, p. 19.

descrito como de Direito Privado. Mas, mesmo nesses casos, impõe a adoção de certos procedimentos (concursos públicos e licitações, por exemplo) para garantir o atendimento dos valores associados à gestão pública impessoal. Em rigor, há muito pouco de vinculante no que se refere às vias de ação da Administração Pública; o que há, são diversas salvaguardas que visam a proteger os princípios da Administração, sem qualquer cogitação se o modo de atuação é público ou privado. Aliás, isto fica claro quando se põem em mira os meios de controle referentes ao exercício das funções administrativas. Note-se que para fins de ação popular, ação civil pública e ação de improbidade o regime pelo qual a atividade é prestada (se público ou privado) é muito pouco relevante, o que importa é que a atividade tenha se desenvolvido de acordo com a pauta principiológica imputada à Administração.

16. Com efeito, a conjugação de ambas as circunstâncias leva à conclusão de ser possível a utilização de vias de direito privado para o exercício da função administrativa. Mais do que isso, essa utilização sempre se caracterizará por um amálgama de vias privadas contrapostas a certos controles inerentes à atuação da Administração. Daí porque na Europa ser comum a expressão direito privado administrativo para referir-se a esse modo de atuação algo híbrido.

Embora a atuação privada deva observar os controles relativos à formação da vontade administrativa – pois jamais a Administração se torna um sujeito autônomo privado, tal como exposto acima – nada interdita que vias não autoritárias sejam utilizadas no cumprimento dos objetivos do Estado. Se este for o método mais eficiente para implementar um objetivo público, nada embaraça que a Administração de valha de um regime de horizontalidade.

IV. As tendências

17. Firmadas as premissas conceituais expostas acima, e olhando para o atual status do Direito Administrativo pode-se tentar indicar algumas tendências acerca do reforço da utilização de vias de Direito Privado por meio da Administração.

18. Uma primeira tendência que hoje se insinua, e nada obsta que ela seja aprofundada, é a própria colaboração do particular com a definição

do mérito de projetos públicos. Em termos conceituais, sempre se pretendeu que a "fase interna" que antecede a divulgação do edital serviria para a Administração, isoladamente, definir os objetos que ofereceria à iniciativa privada. Desde modo, competiria à Administração sem o concurso direto dos particulares definir não só quais seriam os projetos a ser implementados, mas também definir todas as condições relativas ao seu mérito. O máximo que se admitiria seria a contratação de consultores privados para analisar aspectos técnicos do projeto. Todavia, a efetiva participação da iniciativa privada se daria apenas posteriormente a tais definições, devendo aderir ao projeto da Administração ou questioná-lo por meio de esclarecimentos e impugnações ao Edital.

Hoje, por intermédio de "manifestações de interesse" tem-se admitido no bojo de procedimentos de concessão que particulares apresentem projetos para Administração, bem como que ela indique suas intenções estratégicas e peça contribuição à iniciativa privada para definir o melhor modo para alcançar seus objetivos.[16] Tal postura quebra a lógica tradicional de imputar à Administração a seleção dos projetos prioritários e a definição do mérito do projeto. Aqui, o particular age em uma lógica de articulação na própria definição do projeto, atuando em uma franja que antes era compreendida como sendo exclusivamente pública.

Com efeito, esse processo de diálogo em uma etapa que antes se compreendia como exclusivamente pública indica uma utilização de técnicas privadas em um campo antes infenso a esse modo de atuação. Crê-se que essa seja uma tendência a ser incorporada com maior vigor na práxis administrativa brasileira. Por outro lado, nada obsta que a tendência hoje restrita ao âmbito de projeto de natureza concessionária seja expandida para outros campos da contratação administrativa. Aliás, a institucionalização desse procedimento tem o mérito de trazer para a luz as tratativas entre Estado e iniciativa privada acerca do mérito dos projetos, trazendo para o âmbito procedimental as discussões travadas entre os atores envolvidos.

---

[16] O art. 21 da Lei 8.987/1995, aplicável às Parcerias Público Privadas (por força do art. 3º, caput e § 1º), é a norma que rege a espécie, tendo sido o tema regulamentado no âmbito do Governo Federal pelo Decreto 5.977/2006. De toda sorte, crê-se que para ser aplicados fora do âmbito Federal não haja a necessidade de regulamentação. A previsão legal somada ao direito de petição permite ao particulares dirigirem requerimentos acerca do tema, devendo o Poder Público manifestar-se sobre eles.

DIREITO PRIVADO NA ADMINISTRAÇÃO PÚBLICA BRASILEIRA ATUAL

19. Outra tendência atualmente evidenciada é a revaloração da técnica da gestão de atividades de interesse público por meio de empresas estatais. Nada obstante as estatais sempre tenham sido o lócus preferencial da utilização de vias privadas pela Administração, dois fenômenos parecem representar alguma novidade neste cenário.

O primeiro é buscar utilizar empresas estatais para serem "think tanks" em alguns setores da economia, dotando o setor público de expertise técnica. É o que parece propor o Governo Federal com a Empresa de Planejamento e Logística – EPL recentemente criada para, além de gerir o projeto do trem de alta velocidade, "prestar serviços na área de projetos, estudos e pesquisas destinados a subsidiar o planejamento da logística e dos transportes no País, consideradas as infraestruturas, plataformas e os serviços pertinentes aos modos rodoviário, ferroviário, dutoviário, aquaviário e aeroviário" (cf. art. 3º, II da Lei 12.404/2011).

Segundo se infere o objeto da referida empresa, sua missão precípua não é apenas a exploração direta de uma atividade econômica, mas sim criar um centro de excelência para auxiliar diretamente o Governo Federal na exploração dos diversos modais de transporte no sentido de vencer as dificuldades que existem em matéria de logística. Com efeito, essa atividade de coordenação e de pesquisa usualmente se associa à utilização de órgãos ou autarquias, sendo relevante que o Governo Federal utilize uma estrutura empresarial neste caso. E, como há diversos setores de nossa economia a reclamar uma atuação coordenada por parte do Estado e com a dificuldade de o Governo contar com técnicos em número suficiente para implementar todos os projetos que pretende desenvolver, o modelo da EPL pode ser replicado em outros setores.

Por outro lado, mesmo as empresas que atuam atividades econômicas de interesse público hoje estão se valendo em maior medida de instrumentos tipicamente privados para explorar suas atividades. Neste sentido, merece destaque o modelo de parcerias societárias que por vezes tem se implementado com vistas a exploração de oportunidades negociais junto com a iniciativa privada. Com efeito, essas participações em estruturas contratuais complexas como *joint ventures*, bem como as participações societárias minoritárias trazem uma nova *rationale* de atuação para as empresas estatais.[17]

---

[17] Sobre as participações minoritárias e o contexto abordado nesse tópico recomenda-se o texto de ALEXANDRE SANTOS DE ARAGÃO (Empresa público-privada, *Revista dos Tribunais*,

DIREITO ADMINISTRATIVO: TRANSFORMAÇÕES E TENDÊNCIAS

Mais e mais, elas têm se valido de expedientes típicos da dinâmica privada dos negócios, bem como se aproximando da governança privada. Neste sentido, a utilização mais intensa dessa rede de relacionamentos contratuais é uma das notas características do regime das estatais hoje.

20. Por fim, outra tendência no aprofundamento de utilização de vias privadas são os acordos substitutivos de sanções utilizados no âmbito das relações em que a Administração exerce prerrogativas de controle. Embora o poder sancionatório seja, tradicionalmente, encarado como âmbito em que é impossível afastar as notas de autoridade que se reconhecem tradicionalmente ao agir administrativo, fato é que há um incremento na substituição da aplicação de sanções por soluções negociadas entre a Administração e o particular.[18] Tais procedimentos representam o mais claro exemplo de horizontalização das relações entre Administração e particulares, pois tocam diretamente ao exercício do poder sancionatório reconhecido às autoridades públicas.

Crê-se que os modelos consensuais substitutivos de sanção, na medida que melhor tutelam os objetivos finais da atuação administrativa, especialmente em setores regulados, são também uma tendência na utilização de vias não autoritárias no Direito Administrativo.

21. As tendências arroladas logo acima, são só tendências. Seu incremento pode ser frustrado, afinal como diz à máxima popular – o futuro a Deus pertence. Por outro lado, outras ainda completamente ausentes do nosso cenário podem se fazer presentes. E, certamente, há diversas outras tendências que poderiam ser examinadas, como parcerias com o terceiro setor ou ainda a flexibilização do regime de serviço público. Enfim, o que se quis destacar é que vias tidas como sendo de Direito Privado estão à disposição da Administração, nada embaraçando sua utilização em casos em que seja pertinente sua utilização com vistas a implementação de

---

v. 890, p. 33-68, 2009) e CARLOS ARI SUNDFELD, RODRIGO PAGANI DE SOUZA e HENRIQUE MOTA PINTO (Empresas Semiestatais, *Revista de Direito Público da Economia – RDPE*, v. 36, p. 75-99, out-dez. 2011).

[18] Para aprofundar o tema recomenda-se consultar a dissertação de JULIANA BONACORSI DE PALMA, *Atuação Administrativa Consensual – Estudo dos acordos no processo administrativo sancionador*, defendida perante a Faculdade de Direito da Universidade de São Paulo no ano de 2010, sob a orientacão do Professor Dr. FLORIANO DE AZEVEDO MARQUES NETO.

interesses públicos. É chegada a hora de discutir os pressupostos da utilização de vias não autoritárias no Direito Administrativo a partir não de ideias que são ecos de um Liberalismo tardio. Negar à Administração o acesso a meios de atuação capazes de contribuir com suas finalidades institucionais é celebrar um modelo em que ela não tem responsabilidades com o progresso da sociedade. Certamente, não é esse o modelo da Constituição.

O ATUAL ESTÁGIO DA REGULAÇÃO ESTATAL NO BRASIL

ALEXANDRE SANTOS DE ARAGÃO

1 – Introdução

O presente artigo objetiva retomar temas que já foram por nós tratados em outras oportunidades,[1] a fim de sistematizar, sobretudo, o tratamento dado às agências reguladoras no Brasil, não apenas atualizando a legislação, a doutrina e a jurisprudência judicial e administrativa, como também discutindo novos tópicos tanto para assuntos não anteriormente existentes, a exemplo da ANAC e do Parecer Normativo da AGU que admitiu o recurso hierárquico impróprio contra atos das agências, como para assuntos que aumentaram a sua importância, como a regulação de empresas estatais.

2 – Aspectos Gerais

A regulação é um instituto oriundo da economia, mas que cada vez mais adquire sede jurídica, inclusive constitucional (arts. 21, XI; 172; 174; e 177, § 2º, III; 186, III; 190; 192, CF).

Na verdade, o Estado sempre regulou a economia, mas essa nomenclatura não era muito usada, utilizando-se mais as nomenclaturas tradicionais de poder de polícia, limitações administrativas à liberdade empresarial e as prerrogativas inerentes ao poder concedente dos serviços públicos. A regulação abrange total ou parcialmente todos esses institutos.

O tema adquiriu ainda maior importância no Brasil com a recente instituição de agências reguladoras independentes, apesar de nem toda regulação ser exercida por essa espécie de entidade.

O termo "regulação" tem causado mal-entendidos, menos pela sua suposta novidade e mais pela sua às vezes difícil distinção em relação a

---

[1] Sobretudo em ARAGÃO, Alexandre Santos de. *As Agências Reguladoras e a Evolução do Direito Administrativo Econômico*, Ed. Forense, 2ª edição, Rio de Janeiro, 2003.

outros institutos do Direito Público da Economia, tais como a regulamentação, o poder de polícia, a desregulação e outros.

Se, por um lado, o mercado é decorrência natural e espontânea do dinamismo social, por outro, é uma criação jurídica, vez que apenas pode se desenvolver caso existam os veículos e as garantias jurídicas necessárias.[2]

A relação entre o Estado e a economia é dialética, dinâmica e mutável, sempre variando segundo as contingências políticas, ideológicas e econômicas. Inegável, assim, uma relação de mútua ingerência e limitação: o Direito tem possibilidades, ainda que não infinitas, de limitar e de direcionar as atividades econômicas; e essas influenciam as normas jurídicas não apenas na sua edição, como na sua aplicação, moldando-as, também limitadamente, à lógica da economia.

A regulação da economia é um fenômeno complexo (envolve funções estatais de várias naturezas) e dotado de grande heterogeneidade, não apenas ao longo da história, mas também porque cada Estado pode empregar distintas estratégias regulatórias.

Do conceito de regulação está excluída a atividade direta do Estado como produtor de bens ou serviços e como fomentador das atividades econômicas privadas que, junto com a regulação, constituem espécies do *gênero da intervenção do Estado na economia*. Teríamos, por essa classificação, respectivamente, o Estado-empresário, o Estado-fomentador e o Estado--regulador. As três figuras sempre coexistirão. O que muda é a proporção e importância que cada uma dessas estratégias de intervenção assume em relação às outras em cada momento histórico, havendo uma tendência a se afirmar que atualmente estamos vivendo um momento de predominância do Estado-regulador.[3]

A noção de regulação implica a integração de diversas funções. Primeiramente, pressupõe um quadro normativo (marco regulatório), que deve

[2] Exemplos eloquentes são os títulos de crédito e as sociedades comerciais, fenômenos que preexistiam à sua regulamentação pelo Direito. Todavia, a estabilização e a segurança a eles atribuída pelo Direito Positivo certamente propiciou o desenvolvimento hoje alcançado.

[3] Essa tendência vem, no entanto, sendo recentemente contestada por muitos autores que veem, sobretudo após a crise econômica mundial de 2009 e de alguns governos mais intervencionistas na América Latina, uma retomada da intervenção direta do Estado na economia, sobretudo através de empréstimos e participações societárias em empresas privadas de setores em dificuldade. Resta aguardarmos para ver se estamos diante de algo apenas conjuntural, em momento de crise, ou se passaremos a viver mais um retorno do pêndulo – sempre em movimento – da relação do Estado com a economia.

buscar o equilíbrio dos interesses envolvidos. Esse quadro normativo é estabelecido, em primeiro lugar, por normas constitucionais, gerais para toda a economia (ex.: art. 174) ou específicas de determinada atividade (ex.: art. 177), pelas leis que as regulamentam (ex.: Código de Defesa do Consumidor, Lei do Petróleo) e pelos regulamentos administrativos delas decorrentes.[4]

Posto o marco regulatório, segue-se a aplicação concreta das suas regras; a composição dos conflitos que delas advêm, dando lugar, nessas duas últimas hipóteses, a atos administrativos individuais. Há, portanto, três funções estatais tradicionais inerentes à regulação: aquela de editar a regra, a de assegurar a sua aplicação e a de reprimir as suas infrações.

3 – Regulação e Regulamentação

Alguns, ao verem a mudança da atuação estatal sobre a economia, dão ênfase à migração dos aspectos de controle vertical e coercitivo sobre as empresas para os de indução e consenso (*soft law*), qualificando aqueles como "regulamentação", e esses como "regulação".[5]

Entendemos, no entanto, que, mesmo que o Estado busque muitas vezes soluções indutivas e consensuais, não há como negar que, no exercício das mesmas competências, muitas vezes atua de maneira vertical e coercitiva. Pela sua maior abrangência, utilizaremos o termo "regulação" para designar ambas as formas de exercício da mesma atividade estatal, qual seja, a de adequação da atividade econômica aos interesses da coletividade, competência esta que, substancialmente, não é alterada pelo uso de estratégias mais ou menos coercitivas ou consensuais em relação aos regulados.[6]

---

[4] Nesse aspecto, a regulação pode ter sede administrativa, legal ou até constitucional. Abrange todas as normas jurídicas que disciplinem o exercício de atividades econômicas.

[5] Segundo Claude-Albert Colliard, "antigamente havia o direito e o não direito. Era como o preto e o branco. Havia uma separação absoluta e nenhuma osmose. Hoje se distingue o direito, o pré-direito, o paradireito etc., às vezes até se empregam palavras anglo-saxônicas: se fala de *soft law*, de *hard law*. Tudo isto é intelectualmente muito interessante, mas revela as dificuldades e talvez a riqueza de um mundo que não se adapta bem a classificações muito rígidas" (*Les autorités administratives indépendantes*. Claude-Albert Colliard e Gérard Timsit (Coord.) PUF, 1988. p. 258-259).

[6] "O que identifica a regulação é o fim perseguido e o pragmatismo, não as técnicas concretas que em cada caso sejam utilizadas. (...) O conceito de regulação nos remete a um tipo de atuação administrativa caracterizada por seu fim, a busca do equilíbrio, e pela importância do caso concreto frente à aplicação abstrata de uma norma geral. Atividade reguladora que

A regulação estatal da economia deve, no atual momento histórico, sem perder de vista os valores humanos e sociais do Estado Democrático de Direito, ser eficiente, adotando novas técnicas regulatórias – flexíveis e consensuais –, que, sem excluir as anteriores, a elas se somem para serem mais eficazes e menos onerosas (para a sociedade e para o próprio Estado).

4 – Regulação, Regulação Pública Não Estatal, Autorregulação e Desregulação

Do conceito de regulação propriamente dita deve ser excluída a regulação pelo mercado e pelas regras de autorregulação provenientes de entidades ou empresas privadas (regulamentos de empresa, decisões associativas, códigos privados de conduta etc.), salvo se oriundos de delegação do Poder Público, caso em que estaremos diante da *regulação pública não estatal*, pela qual as entidades sociais, normalmente concernentes a determinado setor profissional (entre nós, por exemplo, os conselhos profissionais e as entidades desportivas), assumem, no seu âmbito, a função de regulação sem que, contudo, sejam transformadas em órgãos do Estado, que, todavia, lhes empresta a sua autoridade por via legislativa ou constitucional (*verbi gratia*, arts. 207 e 217, I, CF).

O mesmo se diga das normas das bolsas de valores, do Operador Nacional do Sistema Elétrico – ONS[7], da Academia Brasileira de Letras[8], da

---

pode ser levada a cabo através de técnicas administrativas de diverso signo. O regulamento, a autorização e a sanção, mas também, e principalmente, os informes, a proposta, a mediação, a arbitragem, o convênio" (MAS, Joaquín Tornos. *Las autoridades de regulación de lo audiovisual*. Madrid: Ed. Marcial Pons, 1999. p. 69-70).

[7] O art. 13 da Lei n. 9.648/1988 dispõe que "as atividades de coordenação e controle da operação da geração e da transmissão de energia elétrica, integrantes do Sistema Interligado Nacional – SIN, serão executadas pelo Operador Nacional do Sistema Elétrico – ONS, pessoa jurídica de direito privado, sem fins lucrativos, mediante autorização do Poder Concedente, fiscalizado e regulado pela ANEEL, a ser integrado por titulares de concessão, permissão ou autorização e consumidores que tenham exercido a opção prevista nos arts. 15 e 16 da Lei n. 9.074, de 7 de julho de 1995, e que sejam conectados à rede básica".

[8] Embora o primeiro ato normativo que tratou da ABL, o Decreto federal n. 726, de 8.12.1900, não tenha cuidado da função regulatória da ABL, leis posteriores o fizeram, como por exemplo a Lei n. 5.765/71, que estabeleceu, em seu art. 2º que a ABI promoveria a atualização do Vocabulário Comum, a organização do Vocabulário Onomástico e a republicação do Pequeno Vocabulário Ortográfico da Língua Portuguesa.

O ATUAL ESTÁGIO DA REGULAÇÃO ESTATAL NO BRASIL

Associação Brasileira de Normas Técnicas – ABNT[9], todas associações privadas que editam normas que, por chancela legal, se impõem coercitivamente aos seus destinatários.

Quando a pessoa se submete voluntariamente à regulação de associações privadas, a questão jurídica não é tão grave, caso em que estamos diante da autorregulação privada, decorrente do exercício associativo da autonomia da vontade. Mas, quando a lei impõe que mesmo os não associados estarão inevitavelmente sujeitos a essa regulação editada por particulares, várias delicadas questões constitucionais se colocam, como a impossibilidade de associações privadas exercerem poderes de autoridade e a vedação de delegação de poderes públicos a particulares. A tendência é que tal delegação de poderes públicos seja admitida desde que sujeita a algum controle do Estado.[10]

Condensando o exposto, podemos enumerar: **(a)** a regulação estatal, feita pelas regras emitidas pelo próprio Estado ou entidades da sua Administração Indireta; **(b)** a regulação pública não estatal ou autorregulação regulada, feita por entidades privadas, da sociedade, mas por delegação do Estado ou por incorporação das suas normas ao ordenamento jurídico estatal (ex.: quando a Lei do Petróleo dispõe que devem ser observadas as boas práticas da indústria do petróleo); **(c)** autorregulação, levada a cabo autonomamente por instituições privadas, geralmente associativas (autorregulação associativa), sem qualquer delegação ou chancela estatal (ex.: os selos de qualidade); e **(d)** a desregulação, consistente na ausência de regulação

---

[9] Em 24.08.1992, o Conselho Nacional de Metrologia, Normalização e Qualidade Industrial – CONMETRO, editou Resolução n. 07 do CONMETRO, estabelecendo a ABNT como foro único de normalização nacional (art. 2º).

[10] Nesse sentido a Ação Direta de Inconstitucionalidade n. 2.832, Relator Min. Ricardo Lewandowski, contra a Lei estadual n. 13.519/02, do Paraná, que cria a imposição de que seja gravado nas embalagens dos produtos um selo de qualidade outorgado pela Associação Paranaense de Cafeicultores: "Não se acatou a apontada violação ao art. 174 da CF, por eventual delegação do poder de fiscalização a particulares, já que o art. 5º da Lei n. 13.519/02 determina que os selos de qualidade sejam emitidos por meio da Associação Paranaense de Cafeicultores – APAC, com a fiscalização da EMATER – Paraná e aprovação técnica, mediante laudo laboratorial a ser fornecido pelo Instituto Agronômico do Paraná – IAPAR, entidades estas vinculadas à Administração Pública do Estado do Paraná" (*Informativo* n. 505 do STF).

institucionalizada, pública ou privada, ficando os agentes sujeitos apenas ao livre desenvolvimento do mercado.[11]

5 – Regulação, Poder De Polícia e Administração Ordenadora

O poder de polícia remonta a épocas em que a Administração Pública possuía uma competência "natural" e genérica para conformar os direitos individuais a um metafísico "interesse público".

Aos necessários ajustes que o poder de polícia deve sofrer em função do Estado Democrático de Direito, somam-se as crescentes e multifacetadas funções que o Estado contemporâneo exerce, com medidas como a fixação de preços, as autorizações em matéria de agricultura, indústria e comércio etc. Compreenderia, enfim, toda a variada gama de técnicas restritivas e moduladoras de atividades econômicas.

Na doutrina brasileira, uma das mais profícuas revisões que o conceito de poder de polícia recebeu deve ser creditada a CARLOS ARI SUNDFELD, que propugnou pela substituição do poder de polícia pela noção de Direito Administrativo Ordenador, em contraposição ao Direito Administrativo Prestacional,[12] e que corresponderia à parcela da função administrativa, desenvolvida com o uso do poder de autoridade, para disciplinar, nos termos e para os fins da lei, os comportamentos dos particulares. De se destacar neste conceito, portanto, dois elementos básicos: 1) por ser função administrativa, não deve ser confundida com a delimitação dos direitos por meio da lei, o que estaria incluído no poder de polícia em sentido amplo; 2) a administração ordenadora incide no campo das atividades privadas, ou seja, num campo de relação genérica com o administrado, e não de relação especial, mantida, por exemplo, entre a Administração e um concessionário de serviço público, que é uma atividade estatal.

A "regulação" assume sentido mais amplo que a "administração ordenadora" e o "poder de polícia". A doutrina do Direito Público Econômico faz uso do termo "regulação" para tratar da mecânica estatal de ordena-

---

[11] Nem sempre que o Estado deixa de se imiscuir no mercado são formados mecanismos institucionais, ainda que privados/associativos, de autorregulação dos agentes econômicos. É possível que, na ausência de normas estatais, a regulação fique (pelo menos em grande parte) submetida apenas aos livres movimentos do mercado, dando-se, então, a desregulação.

[12] SUNDFELD, Carlos Ari. *Direito Administrativo Ordenador*. São Paulo: Ed. Malheiros, 1997.

O ATUAL ESTÁGIO DA REGULAÇÃO ESTATAL NO BRASIL

ção das atividades econômicas em geral, incluindo, portanto, os serviços e monopólios públicos e as atividades econômicas privadas. Sendo assim, o Estado desempenha a regulação tanto quando disciplina externamente atividade que é de titularidade privada (ex.: a regulação sobre os bancos, os planos de saúde, a fabricação de medicamentos etc.), como quando disciplina, através predominantemente de contratos, o exercício por particulares de atividades econômicas *lato sensu* que são de titularidade estatal (ex.: serviços e monopólios públicos concedidos). Nesses casos, não há poder de polícia, mas prerrogativas inerentes à titularidade estatal da atividade (poder concedente): o Estado não está limitando a liberdade privada, pois sobre a atividade não vige a liberdade de iniciativa, já que a atividade em si (circunstancialmente não o seu mero exercício) é estatal.

Sob essa perspectiva, os conceitos de poder de polícia e de administração ordenadora se aproximam do conceito de regulação, apesar de não alcançá-lo *in totum* por não abrangerem a regulação dos serviços e monopólios públicos exercidos por particulares.

6 –Regulação sobre Empresas Estatais

Questão controvertida é saber se a regulação pode incidir sobre atividade econômica exercida não por particulares, mas por empresas estatais. Por um lado, pode-se defender que se trata simplesmente de uma tutela administrativa ou supervisão ministerial, que caracteriza a relação entre a Administração Direta e a Indireta. Esse controle do Executivo central sobre as suas estatais sempre existirá, mas não possui as características da regulação por ser um mecanismo organizacional intra-administrativo (ex.: o Ministério das Minas e Energia supervisiona a ELETROBRAS).

Todavia, além desse tipo de controle – que sempre existirá, até por determinação constitucional (art. 87, parágrafo único, I, CF) –, podem incidir sobre as atividades econômicas das estatais outras modalidades de controle pelo próprio Estado, sem características de mera organização administrativa interna, sobretudo quando a estatal atuar em concorrência com agentes privados ou o controle for exercido por agência independente, não sujeita à interferência direta do Chefe do Poder Executivo. A regulação independente das atividades econômicas exercidas por estatais é não só possível, como mesmo recomendável, para evitar gestões temerárias e deficitárias para acomodar eventuais interesses político-eleitorais de curto prazo.

7 – Classificação das Regulações Estatais da Economia

A regulação estatal da economia é, dada a multiplicidade dos instrumentos utilizados, uma atividade de complexa sistematização. Veremos apenas as classificações mais relevantes para a definição do conceito de regulação.

As regulações estatais da economia podem se valer de instrumentos puramente jurídico-coercitivos, ou combiná-los com mecanismos consensuais, econômicos, financeiros ou meramente materiais (ex.: informes, divulgação de índices de qualidade das empresas reguladas, das que recebem mais reclamações dos consumidores, estoques reguladores, fixação de preços menores por estatais para forçar a diminuição de preços pelos agentes privados etc.), o que faz com que possamos classificá-las, respectivamente, como "regulações diretas", consistentes em ordens juridicamente vinculantes aos particulares para deles se obter uma ação, omissão ou prestação; ou como "regulações indiretas", pelas quais a finalidade pública é atingida, não pela coação, mas por outros meios, alguns deles não jurídicos no sentido tradicional, e sim mercadológicos, mas às vezes dotados de maior efetividade prática.

Cumpre também distinguir, quanto à finalidade, a *regulação imediata da economia*, da *regulação mediata da economia*. Nessa temos a regulação social *lato sensu*, ou seja, a busca da realização das finalidades sociais do Estado, com reflexos na economia (por exemplo, quando a Agência de Vigilância Sanitária veda a presença de certas substâncias nocivas em alimentos, está atendendo à obrigação estatal de velar pela *saúde* da população). Nela "o Estado não intervém *na* economia, mas sim *sobre* a economia".[13] Já a primeira – a *regulação estatal imediata da economia* – se dá quando o Estado visa a objetivos econômicos propriamente ditos, atuando deliberadamente sobre a produção, a circulação ou o consumo de mercadorias (por exemplo, ao coibir a concentração do poder econômico ou ao fixar o valor de tarifas).

Floriano de Azevedo Marques Neto também se refere às regulações setoriais, que incidem sobre as atividades econômicas com determinado objeto (regulação do petróleo, da energia elétrica, dos alimentos etc.), e as regulações transversais, que incidem sobre determinados aspectos de todas atividades econômicas, a exemplo da regulação ambiental das

---

[13] Moncada, Luis S. Cabral de. *Direito Econômico*. 2. ed. Coimbra: Coimbra Ed., 1988. p. 33.

atividades empresariais, dos direitos dos consumidores, das normas trabalhistas e do direito da concorrência.[14]

8 – Conceito de Regulação

Por todo o exposto, já podemos condensadamente definir a regulação da economia como o conjunto de medidas legislativas, administrativas, convencionais, materiais ou econômicas, abstratas ou concretas, pelas quais o Estado, de maneira restritiva da autonomia empresarial ou meramente indutiva, determina, controla ou influencia o comportamento dos agentes econômicos, evitando que lesem os interesses sociais definidos no marco da Constituição e os orientando em direções socialmente desejáveis.

Esse conceito possui algumas alterações em relação ao que havíamos elaborado em edições anteriores de obra específica sobre o tema.[15] Registramos, assim, a evolução da nossa opinião no sentido de expressamente também abranger no conceito de regulação: 1) os comportamentos econômicos (não jurídicos em sentido estrito) do Estado (incluindo as estatais) que visem a ter reflexos sobre o comportamento econômico dos agentes privados, o que mitiga a diferença entre intervenção direta (Estado empresário) e intervenção indireta (meramente normativa) do Estado na economia (ex.: se uma empresa estatal atuante no mercado baixa os seus preços como forma de controlar os preços dos agentes privados atuantes no mesmo setor; os estoques reguladores etc.); e 2) a possibilidade de a regulação incidir também sobre agentes econômicos estatais, caso atuem em concorrência no mercado ou estejam sujeitos às normas de entidades fora da linha da sua tutela administrativa, o que estava apenas implicitamente admitido na nossa obra anteriormente citada.

9 – Agências Reguladoras Independentes

Há inúmeros modelos organizacionais possíveis para o exercício da atividade regulatória do Estado, o qual não exige (apesar de recomendar) a presença de agências reguladoras independentes, já que pode até ser exercida

---

[14] Algumas dessas espécies de regulação transversal, pela generalidade do seu objeto, se autonomizaram didaticamente (Direito Ambiental, do Consumidor etc.), ao contrário do Direito da Concorrência, que pode ser visto também como um capítulo do Direito Administrativo. Todas elas são, claramente, contudo, regulações/disciplinas estatais da economia.

[15] *Agências reguladoras e evolução do Direito Administrativo brasileiro*. 2. ed., Rio de Janeiro: Ed. Forense, 2003.

no âmbito da Administração Direta (ex.: na grande maioria dos municípios brasileiros a regulação dos serviços públicos de transporte rodoviário de passageiros concedidos a particulares é exercida pelas secretarias municipais de transportes).

As agências reguladoras, espécies de autarquias, são apenas um dos modelos organizacionais possíveis para exercício da regulação, mas que por estarem muito em voga nas últimas décadas e por incidirem sobre alguns dos mais relevantes setores da economia brasileira merecem um tratamento específico no presente artigo. Elas possuem vínculos específicos com o Direito Administrativo Econômico, ao contrário das demais entidades e órgãos públicos reguladores, que podem ser satisfatoriamente abordados no âmbito geral do Direito Administrativo Organizacional.

No Brasil as agências reguladoras geralmente são consideradas um instituto novo no Direito Público, surgido apenas a partir das desestatizações da década de noventa. A afirmação, contudo, se não é equivocada, pelo menos não é inteiramente procedente. Se, por um lado, a divisão da Administração Pública em mais de um único centro de poder é um fenômeno muito mais amplo do que o surgimento das recentes agências reguladoras, não há de se menosprezar a importância dessas, principalmente diante do contexto de desestatização e liberalização em que surgiram.

Quanto à estrutura administrativa em si, as agências reguladoras independentes constituem uma novidade no Brasil mais pelo óbice jurisprudencial aposto pelo Supremo Tribunal Federal no passado do que por uma suposta desacolhida do modelo pelo Legislador.

Com efeito, já há muitas décadas começou a ser instituída entre nós, por via legislativa, uma série de autarquias de regime especial a cujos dirigentes a lei restringia o poder de exoneração do Chefe do Poder Executivo ao estabelecer a sua nomeação por mandato determinado.[16] O STF, contudo, à época, considerou inconstitucional esse reforço de autonomia por violar o poder de direção do Presidente da República sobre toda a Administração pública (atualmente previsto no art. 84, II, CF). Essa posição jurisprudencial foi consolidada pela Súmula n. 25, que dispõe: *"A nomeação a termo não impede a livre demissão, pelo Presidente da República, de ocupante de cargo dirigente de autarquia"*. Apenas mais recentemente, no jul-

---

[16] Por exemplo, o Instituto de Aposentadoria e Pensões dos Industriários, criado pela Lei n. 3.807/60.

gamento da liminar requerida na ADIN n. 1.949, esse entendimento foi revertido.

Assim, podemos ver que em termos estritos de organização administrativa a novidade mais relevante que as agências reguladoras independentes trazem para o nosso direito, a partir dessa histórica decisão do STF, é a sua independência, assegurada principalmente pela vedação da exoneração *ad nutum* dos seus dirigentes (autonomia orgânica) e pela inexistência de ingerência hierárquica da Administração Central sobre os seus atos decisórios (autonomia funcional), sendo incabível, por exemplo, o chamado "recurso hierárquico impróprio", pelo qual o Ministro ou outra autoridade do Executivo central poderia revogar ou anular as decisões das autarquias a ele vinculadas.[17]

No *status* legal dos dirigentes das agências reguladoras também devem ser destacados os seguintes dados: a exoneração é condicionada a prévio processo administrativo ou judicial em que seja comprovada a falta do dirigente; os mandatos dos dirigentes não são coincidentes, mas sucessivos, a fim de se evitar a renovação abrupta de toda a direção da agência; e a nomeação (mas não a exoneração) é submetida à prévia aprovação do Senado Federal.

Muito se tem falado na figura da "agência" como um instrumento de modernização da Administração Pública. O termo, no entanto, em si, é vazio de conteúdo (não existe uma lei-quadro das "agências"), e a mera denominação de um órgão ou entidade como tal, sem que a medida venha acompanhada da disciplina jurídica que lhe assegure efetiva autonomia, nada significa.

Poder-se-ia dizer que a qualificação de um órgão como "agência", até por sua origem etimológica (do latim, *agentia*, direção, condução, incitação), denota a especialidade de suas funções e/ou a sua independência funcional. Não discordamos da assertiva, mas, repise-se, mais importam as normas que venham a estabelecer as funções específicas e/ou a autonomia de cada entidade do que a simples denominação ou não como "agência".

É nesse contexto que DIOGO DE FIGUEIREDO MOREIRA NETO nota que "a descentralização autárquica, depois de um certo declínio, ressurgiu restaurada, como a melhor solução encontrada para conciliar a atuação típica de Estado, no exercício de manifestações imperativas, de regulação

---

[17] Os conceitos e controvérsias a respeito serão dissecados em tópicos específicos a seguir.

DIREITO ADMINISTRATIVO: TRANSFORMAÇÕES E TENDÊNCIAS

e de controle, que demandam personalidade jurídica de direito público, com a flexibilidade negocial, que é proporcionada por uma ampliação da autonomia administrativa e financeira, pelo afastamento das burocracias típicas da administração direta e, sobretudo, como se exporá, pelo relativo isolamento de suas atividades administrativas em relação à arena político--partidária."[18]

É digno de nota também que as leis das agências reguladoras estabelecem a obrigação de elas realizarem audiências ou consultas públicas em matérias relevantes como, especialmente, previamente à edição de atos administrativos normativos. Trata-se de instrumento de participação e controle social cada vez mais presente no Direito Administrativo, mitigador do déficit democrático inerente ao fenômeno geral da administrativização do direito público, mas que, nas agências, possui especial presença em razão da relativa imunização que os seus dirigentes possuem em relação aos agentes políticos eleitos.

Com a exposição acima, podemos nesse momento conceituar as agências reguladoras independentes brasileiras como as autarquias de regime especial, dotadas de considerável autonomia frente à Administração centralizada, incumbidas do exercício, em última instância administrativa, do exercício de funções regulatórias e dirigidas por colegiado cujos membros são nomeados por prazo determinado pelo Chefe do Poder Executivo, após prévia aprovação pelo Poder Legislativo, vedada a exoneração *ad nutum*.

9.1 – Autonomia orgânica
Analisando a decisão do STF acima referida (ADIN n. 1949) que, contra a Súmula n. 25, considerou constitucional o modelo organizacional das agências reguladoras, Diogo de Figueiredo Moreira Neto,[19] criticando a "lógica do regime presidencial", comenta: "Quanto à Súmula n. 25, vigente ainda o regime constitucional de 1946, seu teor repudiava quaisquer restrições ao poder, do Chefe do Executivo, de prover e de desprover os cargos públicos, não obstante a decisão que lhe serviu de precedente básico, no Mandado de Segurança n. 8.693, ostentasse a luminosa

---

[18] Moreira Neto, Diogo de Figueiredo. *Agências reguladoras* (descentralização e deslegalização), mutações do Direito Administrativo. Rio de Janeiro: Ed. Renovar, 2000. p. 147.
[19] Moreira Neto, Diogo de Figueiredo. A Independência das Agências Reguladoras. In: *Boletim de Direito Administrativo*. Ed. NDJ, n. 6, p. 417/8, junho/2000.

divergência de Victor Nunes Leal, posta de forma erudita e vanguardeira para sua época, ao reconhecer que a competência administrativa de prover cargos públicos, na forma da lei, admite configurações de investiduras outras, desde que expressamente definidas na lei criadora. Mas é quanto à 'lógica do regime presidencial' que mais radiou a preclara visão de Victor Nunes Leal, ao considerar que essa previsão de investidura por prazo determinado era providencialmente necessária para estabelecer um regime de autonomia administrativa, desenhado por lei, como condição necessária para desenvolver uma *política legislativa* sobre um determinado setor, sem interferência da política partidária, desenvolvida pelo Executivo, à semelhança do que já ocorria abundantemente em outras nações e, destacadamente, nos Estados Unidos da América. (...) À época, o voto vencido não logrou pleno reconhecimento de seus pares, não obstante sua notável antecipação em matéria de administração pública e de direito administrativo, mas, hoje, quase quarenta anos depois, vem de ser restabelecido, em toda a sua meridiana clareza e rica fundamentação, pela pena ilustre do Ministro Nelson Jobim que, na Ação Direta de Inconstitucionalidade n. 1.949, em longo voto proferido na apreciação de liminar, a maioria do excelso pretório no sentido do reconhecimento do novo e autêntico perfil independente das agências reguladoras."[20]

De fato, o principal esteio ao voto do Ministro NELSON JOBIM no ADI n. 1.949 foi o voto vencido de VICTOR NUNES LEAL no Mandado de Segurança n. 8.693-DF,[21] razão pela qual é relevante analisarmos as razões, neste elencadas, favoráveis e contrárias à constitucionalidade da exoneração de dirigentes de autarquias nomeados por prazo determinado. Relatemos, pois, o que ocorreu no julgamento desse mandado de segurança.

Afirmando a inconstitucionalidade da restrição à livre exoneração pelo Presidente da República, o Ministro Relator RIBEIRO DA COSTA a fundamentou, entre os que ainda são aplicáveis, nos seguintes argumentos: (a) necessidade de ajudar o novo Presidente a executar o seu programa de

---

[20] No mesmo sentido, e com ampla fundamentação, já se consolidou a jurisprudência norte-americana, o que para nós é de grande importância em virtude do amadurecimento que a matéria já possui nos EUA, o seu regime presidencial de governo e o caráter até mais rígido da separação de Poderes positivada em sua Constituição, que, no entanto, veio a ser progressivamente atenuada pela Suprema.

[21] STF, MS nº 8693/DF, Tribunal Pleno, Rel. Min. Ribeiro da Costa, jul. 17/11/1962. *Revista Trimestral de Jurisprudência*, 25/55-86.

DIREITO ADMINISTRATIVO: TRANSFORMAÇÕES E TENDÊNCIAS

governo; (b) evitar que um governante vinculasse o sucessor às suas políticas; (c) a inexistência em nosso direito da figura da estabilidade temporária; (d) só existem cargos vitalícios, efetivos e em comissão, não contemplando a Constituição qualquer outra espécie; e (e) uma visão centralizadora da Administração Pública ("Seria então um administrador. Eu quero e mando! Só assim o entendo, e admito."[22] – *sic*).

O Ministro Victor Nunes Leal emitiu erudito e profundo voto vencido,[23] do qual constam os seguintes principais fundamentos da constitucionalidade da vedação de exoneração *ad nutum*: (a) a Constituição dispunha (e dispõe – art. 84, XXV) que incumbe ao Presidente prover os cargos públicos na forma da lei, o que deve ser entendido, não como alusivo a meras formalidades, mas como "na conformidade com a lei, consoante a lei, segundo a lei, segundo o que dispuser a lei...";[24] (b) o exemplo dos EUA, de grande relevância, tendo em vista a "identidade dos regimes políticos em seus traços essenciais, como também pela circunstância de que os americanos têm praticado o presidencialismo, que inventaram, desde mais de cem anos antes de nós";[25] (c) a figura da Presidência da República deve ser considerada impessoalmente, independentemente da pessoa que a estiver exercendo, e, colocada dessa forma, o Chefe do Poder Executivo sempre terá participado da nomeação; (d) o respeito à discricionariedade do Poder Legislativo acerca da melhor estrutura organizacional para implementar as suas políticas; (e) citando o *caso Humphrey*, afirma que "quem exerce o cargo só enquanto agrada a outro não pode, por isso mesmo, manter uma atitude de independência ante a vontade desse outro";[26] (f) "a Constituição não ampara a interpretação napoleônica do Executivo";[27] (g) não se trata de "estabilidade temporária", mas sim de uma restrição legal à exoneração arbitrária, semelhante à que protege os funcionários públicos antes da aquisição da estabilidade (cf. Súmula n. 21[28]); (h) esses dirigentes, nomeados a termo determinado, não exercem propriamente

---

[22] Ibidem. *Revista Trimestral de Jurisprudência*, 25/60.

[23] *A decisão foi por cinco votos a quatro.*

[24] Ibidem. *Revista Trimestral de Jurisprudência*, 25/62.

[25] Ibidem. *Revista Trimestral de Jurisprudência*, 25/64.

[26] Ibidem. *Revista Trimestral de Jurisprudência*, 25/66.

[27] Ibidem. *Revista Trimestral de Jurisprudência*, 25/67, grifamos.

[28] "Súmula n. 21: Funcionário em estágio probatório não pode ser exonerado nem demitido sem inquérito ou sem as formalidades legais de apuração de sua capacidade."

O ATUAL ESTÁGIO DA REGULAÇÃO ESTATAL NO BRASIL

"mandato", sendo inadequada a aproximação com o mandato civil ou com o mandato político; (i) o risco de o Presidente impor ao seu sucessor o prolongamento da sua política se dá apenas na instalação da entidade, já que, decorridos alguns anos, a agência contará com dirigentes nomeados por diversos Presidentes da República; (j) "a cautela tomada pelo Legislador, ao instituir a investidura por prazo certo, não se dirige, especificamente, contra este ou aquele governante, particularmente considerado. É uma garantia de independência do exercício das funções dos dirigentes contra qualquer ocupante da Chefia do Poder Executivo, mesmo contra o Presidente que tiver feito as nomeações";[29] (l) é ao Legislador que compete definir se as suas políticas serão mais bem alcançadas por dirigentes subordinados ao Chefe do Executivo ou dele independentes.

A esses argumentos do Ministro VICTOR NUNES LEAL, o Ministro NELSON JOBIM agregou (a) as lições de GASPAR ARIÑO ORTIZ concernentes à nova posição ocupada pelo Estado regulador na economia após o processo de desestatização; (b) o fato de a CF de 1988 sequer prever, a exemplo da Constituição de 1946, ressalvas apenas constitucionais ao poder do Presidente nomear e exonerar;[30] (c) a criação de agências reguladoras encontra fundamento também nos arts. 21, XI, 174, parágrafo único, I, e 177, § 2º, III, CF; (d) as delegações de serviços públicos não se regem por políticas de Governo, mas sim por políticas legislativas; e (e) a necessidade de segurança jurídica dos agentes regulados.

Na doutrina, CELSO ANTÔNIO BANDEIRA DE MELLO, em monografia específica sobre as autarquias em que encampou expressamente os ensinamentos constantes do voto acima analisado do Ministro VICTOR NUNES LEAL, afirmou que "a livre demissão de administrador de autarquia é cabível desde que não se trate de investidura a prazo certo e a nomeação para o cargo se realize por livre escolha do Chefe do Executivo. É comum, nas autarquias de direção colegial, que o preenchimento destes lugares implique atribuição de mandato a ser exercido por prazo certo. No caso, entendemos que se trata de uma defesa, estabelecida pela

---

[29] Ibidem. *Revista Trimestral de Jurisprudência*, 25/71.

[30] BRASIL. Constituição (1946). "Art. 87. Compete privativamente ao Presidente da República: V – prover, na forma da lei e com as ressalvas estatuídas por esta Constituição, os cargos públicos federais." BRASIL. Constituição (1988). "Art. 84. Compete privativamente ao Presidente da República: XXV – prover e extinguir os cargos públicos federais, na forma da lei."

DIREITO ADMINISTRATIVO: TRANSFORMAÇÕES E TENDÊNCIAS

lei, contra a livre demissibilidade do administrador. Visa à continuidade administrativa e pretende resguardar o administrador da autarquia contra ingerências políticas".[31]

9.2 – Autonomia funcional

É de grande relevância a questão das decisões das agências reguladoras sujeitarem-se ou não a recursos hierárquicos impróprios, isto é, de serem ou não passíveis de revisão pela Administração Central, seja pelo Conselho de políticas públicas do setor, pelo Ministro competente ou pelo Presidente da República.

Examinando o Direito positivo de pronto, podemos afirmar que nenhuma lei prevê a existência de recurso administrativo hierárquico impróprio contra as decisões das agências reguladoras, o que por si só bastaria para eliminar tal possibilidade em razão da vetusta doutrina do *pas de tutelle sans texte, pas de tutelle au-delà du texte*,[32] decorrente da personificação jurídica das entidades da Administração Indireta, que não são meros órgãos despersonalizados.

As leis da ANA e da ANP, por exemplo, silenciam-se quanto a recursos administrativos de qualquer natureza. No caso da ANEEL, há a previsão da sua competência de "dirimir, no âmbito administrativo", os conflitos verificados na regulação do setor (art. 3º, V, Lei n. 9.427/96), o que equivale a afirmar que ela constitui o único âmbito administrativo para fazê-lo. A ANATEL e a ANVISA são expressamente qualificadas como a última ins-

---

[31] BANDEIRA DE MELLO, Celso Antônio. *Natureza e regime jurídico das autarquias*. São Paulo: Ed. RT, 1968. p. 454-455. Todavia, não se deve desconhecer a mudança da opinião do autor, que atualmente, seguindo crítica que já havia sido colocada no voto do Ministro Ribeiro da Costa, sustenta que "a extensão da duração do prazo de duração do mandato além de um mesmo período governamental, em última análise, configura uma fraude contra o próprio povo, ao impedir que o novo Presidente imprima, com a escolha de novos dirigentes, a orientação política e administrativa sufragada nas urnas". Com base nisto sustenta que a exoneração *ad nutum* dos dirigentes das agências só é vedada durante o período governamental em que foram nomeados (BANDEIRA DE MELLO, Celso Antônio. *Curso de Direito Administrativo*. 13. ed. São Paulo: Ed. Malheiros, 2001. p. 136-137). Preferimos, contudo, a posição originária do autor (cf. *supra*).

[32] "O controle administrativo ou tutela administrativa, segundo generalizada lição doutrinária, exerce-se nos limites da lei. Não se presume. Existirá quando, como e na forma prevista em lei" (BANDEIRA DE MELLO, Celso Antônio. *Curso de Direito Administrativo*. 11. ed. São Paulo: Ed. Malheiros, 1999. p. 147. grifamos).

tância administrativa de julgamento de recursos administrativos (art. 19, XXV, Lei n. 9.472/97 e art. 15, VII e § 2º, Lei n. 9.782/99, respectivamente). O que se deve notar é que pouco importa se nesta ou naquela agência está ou não expressamente excluída a interposição de recurso hierárquico impróprio. Como já visto, não é a sua vedação que deve ser expressa, mas sim a sua admissão (*pas de tutelle sans texte*). O próprio Decreto-Lei n. 200/67, aplicável às agências reguladoras no que não contrariar as suas leis específicas, não inclui os recursos hierárquicos impróprios entre os mecanismos de supervisão ministerial disciplinados por seus arts. 19 a 29.[33]

Há, contudo, precedente administrativo no qual, mesmo diante de vedação expressa da interposição de recurso hierárquico impróprio (tratava-se do CADE), o então Ministro da Justiça, NELSON JOBIM, o admitiu.[34] Da sua decisão inferem-se dois argumentos: *(a)* as questões concernentes a políticas públicas relevantes não devem escapar à análise da Administração Central; e *(b)* o fato do art. 5º, LV, CF garantir "o contraditório e a ampla defesa com os meios e recursos a eles inerentes".

Em primeiro lugar, quanto às políticas públicas, a preocupação não se coadunaria com as leis das agências, que já fixaram os mecanismos que julgaram adequados para coordenar as suas ações com a política pública governamental e legislativa do setor, fazendo com que as agências reguladoras atuem como implementadoras das políticas públicas adredemente estabelecidas pelo Presidente da República, Ministro da área ou, em muitos casos, sempre a depender do que dispõe cada lei, por um Conselho setorial.

Quanto à necessária possibilidade de interposição de recursos administrativos, presumindo que isso possa ser extraído do devido processo legal (art. 5º, LV, CF), as leis das agências e os atos regulamentares e regimentais respectivos preveem recursos internos à própria agência (ex.: art. 10,

---

[33] Os arts. 84, II, e 87, parágrafo único, I, da CF também não se prestam para uma suposta constitucionalização dos recursos hierárquicos impróprios, uma vez que a coordenação, direção e supervisão ali previstas devem ser entendidas, em relação às entidades da Administração Indireta, não como hierarquia, mas como tutela administrativa, instituto por definição constrito ao que o legislador expressamente estabelecer. E, mais, em virtude do próprio Princípio da Legalidade, a supervisão e a coordenação da Administração Indireta pelo Presidente da República e pelos Ministros de Estado devem, obviamente, ser entendidas como "a supervisão e a coordenação" na forma da lei.

[34] Despacho n. 266/95 do Ministro da Justiça no Recurso Hierárquico da Siderúrgica Laisa S.A., *DOU* de 14.11.1995, p. 18.223 e segs.

DIREITO ADMINISTRATIVO: TRANSFORMAÇÕES E TENDÊNCIAS

VI e § 2º, Lei n. 9.961/00 e art. 9º, IX, MP n. 2.219/01), atendendo-se a exigência constitucional.

Essencial no ponto é se referir ao Parecer Normativo n. AC – 051, da Advocacia Geral da União – AGU, aprovado pelo Presidente da República, que, apesar dos seus escassos efeitos práticos até o momento, de fato estabelece a possibilidade de os Ministérios reverem os atos das agências reguladoras de ofício ou mediante pedido/recurso da parte interessada sempre que a agência ultrapassar os limites das suas competências ou violar as políticas públicas estabelecidas pela Administração Central.

Para sustentar esses instrumentos extremos de intervenção ministerial nas decisões regulatórias, o Parecer Normativo invoca, basicamente, a competência da AGU para uniformizar a interpretação jurídica e dirimir controvérsias entre órgãos jurídicos no âmbito da União; a supervisão ministerial genericamente prevista no art. 87 da Constituição Federal e no Decreto-Lei nº 200/67; o regime presidencialista da CF/88 e o poder de avocação do Presidente da República previsto no Decreto-Lei nº 200/67.

Porém, o que constitui o núcleo essencial do conceito das agências reguladoras independentes, em relação ao modelo tradicional de Administração Pública dita piramidal, napoleônica ou hierarquizada, é justamente a "autonomia reforçada" em relação ao Poder Executivo central, como visto ao longo de toda esta obra. Dessa forma, o parecer-normativo da AGU coloca em xeque a própria existência das agências reguladoras no Brasil como entidades independentes.

Não há dúvidas de que as agências reguladoras estão adstritas às políticas públicas traçadas na Constituição, nas respectivas leis setoriais e, por derradeiro, nos instrumentos do Executivo central legalmente especificados. A política pública é, portanto, precipuamente, a da lei. Não é fácil, todavia, distinguir a formulação das políticas públicas (atribuição do Poder Executivo central) da sua implementação (atribuição das agências), até porque ambas interagem em uma relação circular e dialética, o que faz com que o parecer-normativo, nos termos em que foi lavrado, seja uma carta-branca em favor do Executivo central, que sempre poderá invocar uma suposta política pública quando quiser intervir na agência, cabendo à AGU – órgão do próprio Executivo central – o papel de juiz supremo desse conflito. Isso porque integra o próprio conceito de política pública uma imensa fluidez e constante adaptação às mudanças da realidade socioeconômica subjacente, fazendo com que "política pública" e a "implementação da política pública" funcionem de forma circular e retro-operativa.[35]

Percebe-se, portanto, que, a prevalecer o entendimento adotado no parecer-normativo, a definição do que sejam políticas públicas, essencial que é para a apreciação da sua violação, será realizada casuisticamente, muitas vezes com base em juízos atécnicos ou até mesmo determinada por interesses políticos e arbitrários, causando uma enorme e injustificada insegurança jurídica, bem como o desvirtuamento do arcabouço institucional das agências reguladoras.

É em vista disso que a doutrina, antecipando os problemas oriundos desse tipo de controle, afirma o caráter excepcional do recurso hierárquico impróprio e da revisão *ex officio*, com a necessidade de previsão expressa do seu cabimento em lei. Com relação ao Decreto-lei nº 200/67, pode ser revogado por Lei federal posterior ou excepcionado em virtude da aplicação da lei especial criadora de cada entidade da Administração Indireta. E não poderia ser diferente, considerando que foi editado há quase 40 anos, em um contexto político e econômico distinto, no qual, inclusive, não existia a figura da autarquia dotada de autonomia reforçada.[36]

---

[35] Em um dos poucos conceitos de política pública elaborados pela doutrina jurídica brasileira, FÁBIO KONDER COMPARATO afirma que "a primeira distinção a ser feita, no que diz respeito à política como programa de ação, é de ordem negativa. Ela não é uma norma nem um ato, ou seja, ela se distingue nitidamente dos elementos da realidade jurídica, sobre os quais os juristas desenvolveram a maior parte de suas reflexões (...) Mas, se a política deve ser claramente distinguida das normas e dos atos, é preciso reconhecer que ela acaba por englobá-los como seus componentes. É que a política aparece, antes de tudo, como uma *atividade*, isto é, um conjunto organizado de normas e atos tendentes à realização de um objetivo determinado. (...) Constitui o cerne da moderna noção de serviço público, de procedimento administrativo e de direção estatal da economia. A política, como conjunto de normas e atos, é unificada pela sua finalidade. Os atos, decisões ou normas que a compõem, tomados isoladamente, são de natureza heterogênea e submetem-se a um regime jurídico que lhes é próprio"(COMPARATO, Fábio Konder. *Juízo de Constitucionalidade das Políticas Públicas*, in *Estudos em Homenagem a Geraldo Ataliba*, Vol. 2, Ed. Malheiros, São Paulo, 1997, pp. 352/3).

[36] No que diz respeito às autarquias, MARÇAL JUSTEN FILHO observa que a sua lei de criação poderá prever um regime jurídico próprio e específico, mesmo que contrário ao previsto no Decreto-lei nº 200/67. Isso porque "toda disciplina do Dec.-lei nº 200, que não tenha sido incorporada constitucionalmente, pode ser modificada por lei federal posterior. Logo, sua organização, as competências a ela atribuídas, os processos de controle, a intensidade e a extensão dos vínculos entre autarquia e Administração direta – tudo isso deverá ser determinado para o caso concreto pela lei instituidora". JUSTEN FILHO, Marçal. *Novos sujeitos na*

DIREITO ADMINISTRATIVO: TRANSFORMAÇÕES E TENDÊNCIAS

Assim, todas as medidas de supervisão previstas no Decreto-lei nº 200/ /67 que contrariarem as leis das agências reguladoras e a própria conceituação constitucional de entidade da Administração Indireta não lhes são aplicáveis. Dessa forma, mesmo que o Decreto-lei nº 200/67 previsse o recurso hierárquico impróprio como um dos instrumentos de controle ministerial sobre as agências reguladoras – o que não faz –, as leis das agências reguladoras teriam o condão de afastá-lo em virtude do critério da especialidade. Conclui-se, portanto, que a previsão genérica de supervisão ministerial e de avocação presidencial constante do aludido decreto não tem o condão de impingir às agências a revisão das suas decisões finais, a uma porque não abrangem a figura do recurso hierárquico impróprio, e a duas porque as leis de criação das agências, especiais em relação ao Decreto-lei nº 200/67, preveem a sua autonomia reforçada frente ao Poder Executivo, autonomia esta incompatível com o recurso hierárquico impróprio, com a avocação presidencial – não prevista na Constituição – e com a revisão *ex officio* de suas decisões.

Nesse sentido, os métodos através dos quais pode ser exercida a tutela sobre as entidades da Administração Indireta devem ser, de acordo com a melhor doutrina, restritos às hipóteses previstas expressamente em lei. Não podem, portanto, ser respaldados em simples previsão genérica de supervisão ministerial, à qual, conforme as lições de JESSÉ TORRES PEREIRA JÚNIOR, "não corresponde um '*nomen juris*' definido"[37] e, consequentemente, dela não se pode extrair a previsão expressa do seu cabimento; tampouco na previsão da avocatória presidencial, incompatível com a natureza desse instituto e com a regulação especial trazida pelas leis das agências reguladoras. Por isso, tanto o recurso hierárquico impróprio quanto a revisão *ex officio* pelo Executivo Central deveriam possuir previsão legal expressa, não sendo um parecer-normativo da AGU a sede adequada para criá-los.

No Brasil, especialmente em âmbito federal, existem leis diferenciadas voltadas à regulação individual dos vários setores da economia brasileira, cada qual com as suas peculiaridades, demandas e expectativas inerentes.

Administração Pública: os consórcios públicos criados pela Lei Federal nº 11.107, In: OSÓRIO, Fábio Medina; VILLELA, Marcos Juruena. (Org.). *Direito Administrativo: Estudos em Homenagem a Diogo Figueiredo Moreira Neto*. Rio de Janeiro: Lumen Juris, 2006, p. 682.

[37] PEREIRA JÚNIOR, Jessé Torres. *Supervisão Ministerial e Tutela Administrativa*, p. 127.

E se estas leis não prevêem o cabimento do recurso hierárquico impróprio, não pode uma interpretação extensiva, arbitrária e sem base legal do que seja supervisão ministerial impor o seu cabimento contra as decisões emanadas das agências.

Do ponto de vista constitucional, também o parecer-normativo não pode subsistir, por duas razões distintas. A primeira, em virtude da violação da distinção constitucional entre Administração Direta e Administração Indireta, igualando organizacionalmente as duas ao prever a ampla e subjetiva possibilidade de intervenção ministerial (por recurso ou de ofício) sobre as suas decisões, equiparando-as fática e juridicamente aos órgãos hierarquicamente subordinados da Administração Direta, equiparação esta que nem o próprio Decreto-lei nº 200/67 faz.[38] Em segundo lugar, o parecer-normativo também é inconstitucional por violar os princípios constitucionais da eficiência, economicidade e celeridade dos processos. Isso porque, na prática, admitir o cabimento do recurso hierárquico impróprio equivale a criar no mínimo mais duas instâncias de julgamento das demandas originárias das agências reguladoras, a saber, os Ministérios ou o Presidente da República, e a AGU, tornando os processos administrativos mais longos, mais caros e, por conseguinte, menos efetivos.

Em seu parecer-normativo, a AGU defende também que a supervisão ministerial nos termos pretendidos, isto é, através da interposição dos recursos hierárquicos impróprios e de revisão ministerial *ex officio*, consubstanciaria "um traço essencial do regime presidencialista vigente" (p. 2 do parecer-normativo). Todavia, ao contrário do sustentado pela AGU, não é a forma de governo genericamente adotada que determina a amplitude das competências do Executivo central, sobretudo de forma tão específica a ponto de atribuir-lhe implicitamente a competência para o julgamento dos recursos hierárquicos impróprios ou para a revisão *ex officio*, mas sim a Constituição Federal, ao enumerar as competências do Presidente da República, e as leis que disciplinam e limitam o seu exercício *ex vi* do Princípio da Legalidade.

---

[38] O próprio Decreto-lei nº 200/67 atribui tratamento distinto entre a Administração Direta e a Indireta. A supervisão ministerial sobre os órgãos da Administração Direta e Indireta, por exemplo, é prevista em artigos distintos. Além disso, o inciso IV do seu art. 26 dispõe que tal supervisão deverá assegurar a autonomia administrativa, operacional e financeira da entidade da Administração Indireta, não fazendo a mesma ressalva para os órgãos da Administração direta.

DIREITO ADMINISTRATIVO: TRANSFORMAÇÕES E TENDÊNCIAS

Assim, muito embora cada forma de governo possua as suas características gerais, estas não são suficientes para que se possa definir, com detalhes, as funções e competências de cada Poder estatal. Não há que se falar, portanto, que o recurso hierárquico impróprio é intrínseco à ideia do presidencialismo, como se, apenas em virtude da adoção desse regime, fosse dado ao Presidente fazer o que bem entender, ao arrepio da Constituição Federal e da legislação ordinária, sobre todas as entidades – dotadas de personalidade jurídica própria e, portanto, também protegidas pelo Princípio da Legalidade (art. 5º, II, CF) – da Administração Indireta. Longe de constituir traço essencial do sistema presidencialista, a supervisão ministerial nos termos vislumbrados pelo parecer-normativo constitui afronta ao Estado Democrático de Direito e ao modelo de agências reguladoras adotado no Brasil, através das respectivas leis criadoras. A pretensão de controlar todas as decisões das agências reguladoras remonta, como visto, a uma ideia totalitária do Poder Executivo, aos moldes do regime napoleônico, este último curiosamente fundamentado na ausência de legitimidade do governo e no receio quanto à perda de poder.[39]

Com relação à competência da AGU para fixar a interpretação de leis e atos normativos, entendemos que essa competência só deve ser exercida excepcionalmente e com toda a cautela para não deturpar a finalidade das leis interpretadas ou para criar, no caso concreto, competências não previstas expressamente em lei, ou, ainda, usurpar competência privativa do Congresso Nacional para legislar sobre processo administrativo, aí inclusa, naturalmente, a matéria recursal. Ademais, se deve atentar para que a solução dos eventuais conflitos entre agências e Poder Executivo central seja conduzida de maneira minimamente razoável do ponto de vista da imparcialidade – jamais pelo advogado do próprio órgão que diz ter a sua competência usurpada.[40]

---

[39] Giglielmo Ferrero ensina que toda a trajetória de Napoleão Bonaparte foi caracterizada pelo medo. Nas palavras do autor, "a onipotência imperial, o patrão da Europa, o super-homem nietzchiano da lastimável literatura do século passado, tremia porque lhe faltava apoio dos dois gênios invisíveis, que unicamente podem dar ao poder a força de ter coragem: a legitimidade monárquica e a legitimidade democrática. Todas duas haviam desertado as Tulherias e o seu senhor, porque nem ele nem o seu governo tomavam a sério uma ou outra. (FERRERO, Giglielmo. *Potere*, Ed. a cargo de Gina Lombroso, Milão, 1959, pp. 155/156).

[40] Luís Roberto Barroso, a respeito da competência jurisdicional da Administração Pública, expõe que "o fato de a própria Administração Pública, muitas vezes, dispor de competência

O ATUAL ESTÁGIO DA REGULAÇÃO ESTATAL NO BRASIL

Resumidamente, não concordamos com o Parecer Normativo da AGU pelas seguintes razões: 1) não é o fato de uma entidade alegadamente violar a competência de outra que legitima que seja a própria entidade parte da disputa (a União, por sua Advocacia) o juiz da sua solução; 2) contraria as leis das agências reguladoras que lhes assegura a posição de última instância administrativa; 3) o recurso hierárquico impróprio não pode ser genericamente extraído da supervisão ministerial ou, muito menos, do regime presidencialista, sendo imprescindível a sua previsão legal expressa e específica; 4) ao julgar a ADIN n. 1.949, que versava justamente sobre as agências reguladoras, o STF expressamente afirmou que o Direito brasileiro não acolheu uma visão imperial ou napoleônica do presidencialismo; 5) é justamente nos EUA, berço do presidencialismo, que as agências mais possuem garantias de autonomia frente ao Executivo central; 6) a AGU pode uniformizar a interpretação na Administração Pública federal, desde que não desvirtue o arcabouço organizacional legal de entidades da Administração Indireta e não comprometa a possibilidade de decisão jurídica em conflito com a União e os órgãos de sua Administração Direta, aí inclusa a AGU.[41]

para decidir disputas com o particular, sempre com possibilidade de revisão pelo Judiciário e no âmbito do contencioso administrativo, não afasta a exigência de imparcialidade do órgão julgador. Aliás, como a própria expressão revela, o contencioso administrativo exige um procedimento específico – em que são asseguradas as garantias decorrentes do devido processo legal –, e órgãos próprios, em geral de formação mista, com competência decisória atribuída por lei. Junte-se a isso o conceito de responsabilidade do julgador, desenvolvido pela doutrina administrativista exatamente para reforçar a imparcialidade das decisões da Administração Pública". BARROSO, Luís Roberto. Impossibilidade de auto-execução dos créditos do Poder Público sem intervenção do Judiciário. Dever de Motivação dos Atos Administrativos Restritivos de Direitos, in *Temas de Direito Constitucional*, Volume II, Ed. Renovar, Rio de Janeiro, 2003.

[41] Também Leila Cuéllar, após observar que há agências reguladoras que, a exemplo da ANEEL, se sujeitam a uma supervisão ministerial mais intensa que as demais, afirma que "não há, contudo, e para nenhuma delas, a possibilidade de haver recursos hierárquicos impróprios para o ente central" (CUÉLLAR, Leila. *As agências reguladoras e seu poder normativo*. São Paulo: Ed. Dialética, 2001. p. 103). Em hipótese análoga pela identidade de *ratio*, o Tribunal de Justiça do Estado do Rio de Janeiro, no Mandado de Segurança n. 1999.004.00436, decidiu: "Transporte Rodoviário Intermunicipal de Passageiro. Fixação de Tarifas. Competência do DETRO/RJ. Avocação pelo Governador. Inadmissibilidade. Cláusulas Financeiras do Contrato Administrativo. Alteração Unilateral. Impossibilidade. Tendo a lei estadual atribuído ao DETRO/RJ a competência para elaborar as planilhas de custos para os cálculos tarifários e autorizar preços, não pode outra autoridade, mesmo em se tratando do Governador do Estado,

DIREITO ADMINISTRATIVO: TRANSFORMAÇÕES E TENDÊNCIAS

Em consonância com o ora defendido, o TRF 1ª Região (AMS 2002.34.00.033475-0/DF)[42] decidiu que a independência das agências reguladoras deve ser afirmada em relação à própria AGU e a seus órgãos, entre eles a Procuradoria-Geral Federal: "Os pareceres da AGU (...) têm o poder de vincular a Administração Federal. Os pareceres da AGU, contudo, não são de observância obrigatória pelo CADE, quer no tocante à aplicação e interpretação de normas (...), quer no que diz respeito à delimitação de sua esfera de atribuições jurídicas. Se assim não fosse, a autarquia antitruste estaria na contingência de sofrer abalos – no que tange à necessária e imprescindível autonomia e independência de seus julgamentos –, que, eventualmente, possam advir de uma indevida ingerência do Poder Executivo", a cujo Chefe o Advogado-Geral da União é direta e hierarquicamente subordinado. Essa decisão veio a ser, contudo, reformada pelo STJ, que legitimou, mas em bem apertada maioria e com fundamentos diferentes em cada voto, nesse julgado, a forma com que a AGU exerceu aquelas suas competências.

Independente da posição que se adote, a decisão administrativa da AGU acerca de interpretações jurídicas (ex.: eventuais conflitos de competências entre autarquias independentes e outros órgãos ou entidades), ainda que chancelada pelo Presidente da República, não impede que as agências pleiteiem judicialmente a preservação da sua autonomia decisória.[43]

---

avocar para si essa competência, pois, no Estado Democrático de Direito 'não é competente quem quer mas sim quem pode, segundo a norma de direito'. Avocação só pode ter lugar onde há subordinação hierárquica administrativa, o que é incompatível com a natureza autárquica do DETRO/RJ, criado por lei, dotado de personalidade jurídica de direito público interno, e com autonomias administrativa e financeira".

[42] TRF1, AMS nº 33475/DF – 2002.34.00.033475-0, Quinta Turma, Rel. Des. Selene Maria de Almeida, jul. 29/08/2007.

[43] A possibilidade de as agências reguladoras, a exemplo de qualquer autarquia, proporem ação judicial contra a entidade que a criou, no caso a União, não deve causar espécie. Como já há muito afirmado pela doutrina, esta possibilidade decorre do fato de serem pessoas jurídicas, isto é, de possuírem personalidade jurídica (*verbi gratia*, BANDEIRA DE MELLO, Celso Antônio. *Natureza e regime jurídico das autarquias*. São Paulo: Ed. RT, 1968. p. 81- 82: "As pessoas que prosseguem a atividade descentralizada podem pleitear em juízo, em nome próprio, até mesmo contra o Estado"). O fato de isto pouco acontecer na prática se deve à possibilidade de exoneração *ad nutum* dos dirigentes da maioria das autarquias, que não proporiam ações contra a União para logo depois serem exonerados pelo Presidente da República.

9.3 – Classificação

As agências reguladoras podem ser agrupadas segundo diversos critérios. Veremos apenas as classificações de maior importância para a compreensão das suas atividades.

Em primeiro lugar, segundo a esfera federativa a qual pertençam, podem ser classificadas como agências federais, estaduais e municipais. As federais atualmente são: Agência Nacional de Energia Elétrica – ANEEL, Agência Nacional de Telecomunicações – ANATEL, Agência Nacional do Petróleo, Gás natural e Biocombustíveis – ANP, Agência Nacional de Vigilância Sanitária – ANVISA, Agência Nacional de Saúde Suplementar – ANS, Agência Nacional de Águas – ANA, Agência Nacional de Transportes Terrestres – ANTT, Agência Nacional de Transportes Aquaviários – ANTAQ, Agência Nacional do Cinema – ANCINE e Agência Nacional de Aviação Civil – ANAC.

Quanto à especialização setorial, podem ser unissetoriais, como a totalidade das agências da União, ou multissetoriais, a exemplo da maioria das agências estaduais (geralmente agências reguladoras de todos os serviços públicos concedidos pelo Estado-membro).

No que diz respeito à autonomia organizacional, temos as agências que podem editar o seu próprio Regimento Interno (ex.: ANATEL), e as que o têm emitido pela Administração Central (ex.: ANEEL e ANP).

Uma das classificações mais relevantes é a que tem como foco a natureza das atividades por elas reguladas. Assim, teríamos as agências reguladoras da prestação de serviços públicos (ex.: as agências estaduais e a ANATEL),[44] as agências reguladoras da exploração de monopólios públicos (ex.: ANP), as agências reguladoras da exploração de bens públicos (ex.: ANA) e as agências reguladoras de atividades econômicas privadas (ex.: ANVISA e ANS).

O enquadramento específico de cada agência dentro dessa classificação é feito tomando-se em consideração as suas atribuições mais relevantes, já que a ANP, por exemplo, além de regular a exploração das jazidas

---

[44] Entre as agências reguladoras de serviços públicos, teríamos uma subclassificação de grande relevância, inclusive para a definição do seu maior ou menor poder normativo, qual seja, a das agências com competências de poder concedente (ex.: ANATEL) e as que não possuem as prerrogativas a ele inerentes, sendo a maioria de suas funções de índole apenas fiscalizatória ou delegada pelo ente federativo (ex.: ANEEL), conforme decidir o Legislador.

públicas – o que constitui atividade monopolizada pela União –, também regula a venda a varejo de combustíveis, que é atividade econômica privada.

Alguns autores se referem às agências reguladoras com sede constitucional e as previstas apenas pelo legislador ordinário. Não anuímos a esse critério classificatório, pois, apesar de os arts. 21, XI e 177, § 2º, III, CF terem previsto a existência de "órgão regulador" das telecomunicações e da exploração do petróleo, não entraram em maiores detalhes, não se referindo a qualquer suposta autonomia desses "órgãos". Do fato de o Legislador ter regulamentado esses dispositivos através da criação de autarquias independentes (a ANATEL e a ANP), não há como se inferir que essa forma organizacional decorra diretamente da Constituição, que, na matéria, foi extremamente vaga.

9.4 – Entidades similares

Já sabemos que, pelo vazio jurídico que o termo "agência" representa, dele não pode ser extraído um regime jurídico determinado. Há, com efeito, agência de correios, de bancos, agências de fomento, agência aeroespacial brasileira etc.

O que realmente caracteriza as agências reguladoras independentes são a competência regulatória e a autonomia reforçada (autonomia orgânica e autonomia funcional, conforme descritas acima) que possuem, se comparadas com a reduzida autonomia da maioria das demais entidades da Administração Indireta, inclusive as demais autarquias.

Sob essa perspectiva, há tanto entidades reguladoras que não são independentes (ex.: Instituto Nacional de Pesos e Medidas – INMETRO, o Instituto Nacional de Propriedade Industrial – INPI) como entidades públicas que são independentes, mas não são reguladoras, como as universidades públicas, que são até mais independentes que as agências reguladoras (o poder de nomeação dos reitores pelo Chefe do Executivo é mais restrito, pela lista tríplice).

Há duas entidades que, independentemente do nome, geram grandes controvérsias sobre a sua inclusão ou não no conceito de agências reguladoras independentes.

A primeira é o Conselho Administrativo de Defesa Econômica – CADE, autarquia criada pela Lei nº 8.884/94, vinculada ao Ministério da Justiça, que posteriormente teve suas definições e competências redefinidas pela Lei nº 12.529, de 30 de Novembro de 2011.

O ATUAL ESTÁGIO DA REGULAÇÃO ESTATAL NO BRASIL

Ao nosso ver, ele pode ser qualificado como agência independente, mas a natureza regulatória das suas competências é controversa. É o que se infere da autonomia orgânica e funcional a ele conferida. Com efeito, os seus Conselheiros são nomeados pelo Presidente da República após autorização do Senado Federal e só podem perder o cargo por justa causa devidamente apurada ou por decisão do Senado Federal após iniciativa do Presidente da República (art. 7º da Lei nº 12.529/2011); apesar da necessária prévia provocação da Secretaria de Direito Econômico – SDE, órgão integrante da estrutura hierárquica do Ministério da Justiça, o CADE constitui a última instância administrativa em relação às decisões por ele tomadas (art. 9º, § 2º da Lei nº 12.529/2011);[45] e ao seu aperfeiçoamento são destinados os valores da Taxa Processual relativa aos processos de sua competência (arts. 9º, § 4º, 23, 24 e 25 da Lei nº 12.529/2011).

Quanto às competências normativas, parte da doutrina não o considera como um ente regulador por não possuir competências normativas, mas apenas de decidir em cada caso concreto quanto à violação ou não da legislação da concorrência. Por outro lado, nos seus regimentos internos, de fato o CADE estabelece regras aplicáveis às atividades privadas, e a própria reiteração de sua jurisprudência, inclusive por meio da edição de súmulas, acaba por ter algum efeito geral e abstrato sobre os agentes econômicos.[46]

A segunda é a Comissão de Valores Mobiliários, entidade autárquica criada pela Lei nº 6.385/76, vinculada ao Ministério da Fazenda, incumbida da implementação da política de funcionamento e organização do mercado de valores mobiliários traçada pelo Conselho Monetário Nacional – CMN (arts. 3º, I e 8º, I e IV da Lei nº 6.385/76, e art. 254, Lei nº 6.404/76).

A CVM possui largo poder regulamentar, condicionado, no entanto, às normas expedidas pelo Conselho Monetário Nacional. Como bem observa FERNANDO A. ALBINO DE OLIVEIRA em lições, a nosso ver ainda aplicáveis, a lei, "ao atribuir ao Conselho Monetário Nacional essa competên-

---

[45] Apesar da expressa disposição legal, ver a decisão do Ministro da Justiça analisada no Item 11.5.2.

[46] Há, contudo, precedente administrativo no qual, mesmo diante de vedação expressa da interposição de recurso hierárquico impróprio, o então Ministro da Justiça, Nelson Jobim, o admitiu: Despacho nº 266/95, do Ministro da Justiça no Recurso Hierárquico da Siderúrgica Laisa S.A., *DOU* de 14/11/95, pp. 18.223 e segs.

DIREITO ADMINISTRATIVO: TRANSFORMAÇÕES E TENDÊNCIAS

cia, estabelece uma hierarquia entre as regras por ele baixadas e aquelas editadas pela Comissão de Valores Mobiliários. Está implícito na lei que ao Conselho Monetário Nacional cabe fixar as diretrizes, enquanto que à Comissão de Valores Mobiliários cabe cumpri-las, editando, se necessário, regras de alcance menor, para tornar eficazes os parâmetros traçados pelo Conselho Monetário Nacional".[47]

A Comissão de Valores Mobiliários era dirigida por um presidente e quatro diretores, nomeados pelo Presidente da República entre pessoas com conhecimentos técnicos em mercados de capitais, sendo por ele "demissíveis *ad nutum*" (art. 6º, Lei nº 6.385/76). O que isto significava? "Na realidade, sinteticamente, que, se o órgão tomar medidas que desagradem ao Presidente da República ou se desvie da orientação da política governamental, este pode, até por motivos caprichosos, demitir seus administradores. Entende-se por independência certa liberdade de ação, sem limitações de um poder superior. Neste caso, claramente não há".[48]

Esta situação foi alterada pela edição da Lei nº 10.411, de 26.2.2002, e do Decreto nº 4.300/02, com o que os dirigentes da CVM passaram a ser nomeados por prazo determinado, vedada a exoneração *ad nutum* e mediante prévia aprovação do Senado Federal (art. 6º, Lei nº 6.385/76).

Ao nosso ver, contudo, este importante reforço da autonomia orgânica da CVM não foi suficiente para transformá-la em agência reguladora independente, uma vez que a sua autonomia funcional continua comprometida pelo fato de contra as suas decisões sancionatórias permanecer cabível recurso administrativo externo para o Conselho de Recursos do Sistema Financeiro Nacional, órgão integrante da estrutura do Ministério da Fazenda,[49] (art. 11, § 4º, Lei nº 6.385/76) e apenas a conjunção da auto-

---

[47] OLIVEIRA, Fernando A. Albino, "Poder Regulamentar da Comissão de Valores Mobiliários", mimeo", Tese de Doutorado apresentada à Faculdade de Direito da Universidade do Estado de São Paulo – USP, p. 84.

[48] MENDES, Conrado Hübner, "Reforma do Estado e Agências Reguladoras: estabelecendo os parâmetros de discussão", obra coletiva coordenada por SUNDFELD, Carlos Ari, *Direito Administrativo Econômico*, Ed. Malheiros, São Paulo, 2000, p. 127.

[49] O Conselho de Recursos do Sistema Financeiro Nacional – CRSFN, conhecido informalmente como o "Conselhinho", foi criado pelo Decreto nº 91.152, de 15.03.85. Transferiu-se do Conselho Monetário Nacional – CMN para o CRSFN a competência para julgar, em segunda e

nomia orgânica com a funcional caracteriza a independência ou autonomia reforçada própria das agências reguladoras independentes. No caso da CVM, embora tenha autonomia orgânica, sua autonomia funcional é deficiente.

9.5 – Poderes do executivo central sobre as agências reguladoras

A autonomia das agências reguladoras é, apesar de especialmente reforçada em relação à autonomia das demais autarquias, limitada – toda autonomia é, por definição, limitada. Ilimitada, só a soberania.

Não poderiam elas representar uma "ilha" dentro do Estado, fazendo-se mister a existência de mecanismos que, sem coarctar a sua especial autonomia, proporcionem a sua integração no conjunto das ações estatais e alguma permeabilidade em relação ao Chefe do Poder Executivo e seus subordinados.

Em primeiro lugar, as agências reguladoras estão adstritas, obviamente, às políticas públicas traçadas na Constituição. Em segundo lugar, devem observar as políticas preconizadas nas respectivas leis. Por derradeiro, devem atender às políticas do Governo para o setor.

Essa última vinculação (para com o Governo – Administração Central) é uma manifestação do poder de tutela/direção sobre a Administração Indireta, que, como já sabemos, só existe quando expressamente prevista em lei, o que, *in casu* (fixação de políticas públicas), se verifica, com maior ou menor intensidade, em relação a todas as agências reguladoras.

De fato, uma característica homogênea dos controles das agências reguladoras pela Administração Central, prevista nas suas respectivas

---

última instância administrativa, os recursos interpostos das decisões relativas à aplicação das penalidades administrativas referidas nos incisos I a IV do art. 1º do referido Decreto. Permanece com o CMN a competência residual para julgar os demais casos ali previstos, por força do disposto no artigo 44, § 5º, da Lei 4.595/64. Com o advento da Lei nº 9.069, de 29.06.95, mais especificamente em razão do seu art. 81 e parágrafo único, ampliou-se a competência do CRSFN, que recebeu igualmente do CMN a responsabilidade de julgar os recursos interpostos contra as decisões do Banco Central do Brasil relativas a aplicação de penalidades por infração à legislação cambial, de capitais estrangeiros, de crédito rural e industrial. O CRSFN tem o seu Regimento Interno aprovado pelo Decreto nº 1.935, de 20.06.96, com a nova redação dada pelo Decreto nº 2.277, de 17.07.97, dispondo sobre as competências, prazos e demais atos processuais vinculados às suas atividades (cf. www.bacen.gov.br/crsfn).

DIREITO ADMINISTRATIVO: TRANSFORMAÇÕES E TENDÊNCIAS

leis instituidoras, é a submissão à política pública traçada pela Administração Central, seja pelo próprio Presidente da República, pelo Ministro de Estado ao qual estão vinculadas, ou por Conselho setorial integrado total ou majoritariamente por agentes hierarquicamente subordinados ao Chefe do Poder Executivo, opção adotada pela maioria das leis das agências.

Assim, por exemplo, à ANEEL compete implementar as políticas e diretrizes do "Governo federal" (art. 2º, Lei n. 9.427/96); a ANATEL deve implementar a política nacional de telecomunicações (art. 19, I, Lei n. 9.472/97), em cuja elaboração são reservadas relevantes competências ao Presidente da República (art. 18, Lei n. 9.472/97); a ANP deve observar a política energética nacional, cujas diretrizes são formuladas pelo Presidente da República mediante proposta do Conselho Nacional de Política Energética – CNPE (arts. 1º, 2º e 8º, I, Lei n. 9.478/97); a ANS deve se ater às políticas públicas do Conselho Nacional de Saúde Suplementar – CONSU (art. 4º, I, Lei n. 9.961/00); a ANA implementará as políticas do Conselho Nacional de Recursos Hídricos (arts. 2º a 4º, Lei n. 9.984/00); a ANVISA executará a política nacional de vigilância sanitária, cuja formulação compete ao Ministério da Saúde (art. 2º, § 1º, I, Lei n. 9.782/99); a ANTT e a ANTAQ deverão atender às políticas adotadas pelo Conselho Nacional de Integração de Políticas de Transporte e pelo Ministério dos Transportes (arts. 1º, I, e 20, I, Lei n. 10.233/01).

9.6 – Autonomia frente aos agentes regulados

Tendo as agências reguladoras sido criadas para propiciar uma regulação mais eficiente de atividades de especial interesse e sensibilidade da sociedade, não faria sentido que elas fossem neutralizadas em relação ao poder político e deixadas livres à influência econômica dos interesses econômicos regulados, com o que teríamos a "captura", sempre colocada como um dos maiores riscos das agências reguladoras independentes e da regulação em geral.

Por isso hão de ser prescritas normas e garantias para que os seus titulares não atuem no interesse de grupos para os quais tenham trabalhado ou para os quais pretendam vir a trabalhar depois de deixarem a direção da entidade reguladora (o chamado efeito da "porta giratória").

O ATUAL ESTÁGIO DA REGULAÇÃO ESTATAL NO BRASIL

Medidas como a imposição da chamada "quarentena"[50] são úteis, mas insuficientes, pois, nas palavras de FÁBIO NUSDEO,[51] por trás da burocracia, "podem estar agindo interesses outros além dos oficialmente invocados como suporte para as decisões. Não é necessário frisar ter sido esta prática bastante encontradiça em agências brasileiras".

Detalhando o problema, observa-se que "os grupos de interesse tendem, desde logo, a capturar as agências reguladoras. Essas nem sempre se destinam a proteger o público, mas podem vir a significar uma defesa e proteção para os empresários do setor e, simultaneamente, a introdução ou elevação de barreiras de entrada para os que estão de fora". Esse quadro é agravado pela necessidade constante de obtenção de informações dos setores regulados e pelo fato desses, com o passar do tempo, possuírem maior interesse específico setorial na agência que os consumidores em geral ou o Poder Público, o que leva "a uma certa identificação entre reguladores e regulados e possível atenuação dos vínculos de fiscalização e controle originariamente previstos."[52]

O problema, certamente, não é específico das agências reguladoras, ocorrendo, em maior ou em menor grau, em toda a Administração Pública, aqui e alhures. Todavia, quando um ordenamento é setorizado, os seus dirigentes, inclusive pela formação técnico-profissional especializada no setor, tendem a ter um contato mais estreito e frequente com os agentes econômicos regulados, o que, se por um lado é positivo, por outro, se não

---

[50] Trata-se da imposição legal de que o servidor passe determinado tempo após o exercício da função pública sem exercer qualquer atividade privada na mesma seara. Além da previsão genérica do art. 14 do Código de Conduta da Alta Administração Federal – CCAA, a quarentena dos dirigentes das agências reguladoras está prevista no art. 8º da Lei n. 9.986/00 e, especificamente, no art. 30 da Lei n. 9.472/97 para a ANATEL; art. 9º da Lei n. 9.427/96 da ANEEL; no art. 14 da Lei n. 9.478/97 para a ANP; art. 59 da Lei n. 10.233/01 nos casos da ANTT e ANTAQ; e o art. 14 da Lei n. 9.782/99 para a ANVISA. Note-se que o art. 58 da Lei n. 10.233/01 vai um pouco mais longe e chega a vedar a nomeação para as diretorias da ANTT e ANTAQ de quem até doze meses antes tenha tido os vínculos ali enumerados com empresas e entidades do setor.

[51] NUSDEO, Fábio. *Fundamentos para uma Codificação do Direito Econômico*. São Paulo: Ed. RT, 1995. p. 204.

[52] NUSDEO, Fábio. *Fundamentos para uma Codificação do Direito Econômico*. São Paulo: Ed. RT, p. 94-95.

forem criados os instrumentos necessários, poderá levar à parcialidade das suas decisões e omissões.[53]

Como sói acontecer em problemas que envolvem a ética no trato da coisa pública, a sua solução se dá, mais do que por meios estritamente jurídicos, pela mobilização e fiscalização cidadã, sobretudo dos grupos de consumidores e usuários interessados, para o que, certamente, as consultas e audiências públicas, cogentes para as agências reguladoras, muito poderão contribuir.

10. Conclusão

Por todo exposto, nota-se que as Agências Reguladoras independentes, autarquias de regime especial, gozam de uma autonomia reforçada em face da Administração Pública direta. Ocorre, porém, que as Agências Reguladoras tem sofrido um enfraquecimento dessa autonomia com a retirada de prerrogativas relacionadas às suas competências. Nesse sentido, a ANEEL, após a crise do setor elétrico, ocorrida em 2001 e 2002, teve retiradas suas competências para promover licitações e outorgar concessões e permissões de serviços, de modo que sua atuação restou-se substancialmente vinculada ao Ministério de Minas e Energia. Outrossim, quanto à ANP, a União, tomando conhecimento da existência de reservas de petróleo e dos baixíssimos riscos de exploração da camada geológica conhecida como "pré-sal", a fim de reter maior controle sob o seu monopólio, transferiu ao Ministério das Minas e Energia ou ao Conselho Nacional de Política Energética a decisão de realizar licitação e elaborar o respectivo edital e anexo contratual, sendo deixado à ANP somente a competência de processar a licitação. Ademais, o supramencionado Parecer Normativo n. AC – 051 que, sem base legal, prevê a possibilidade de Ministérios reexaminarem atos das agências reguladoras de ofício ou mediante requerimento da parte interessada, por meio de recurso hierárquico impróprio, configura outra ameaça à autonomia das agências. Nesse sentido, a competência de traçar políticas públicas setoriais que, ainda que não expressamente autorizada, era outrora exercida, hoje recebeu tratamento que a impede, deixando-a a cargo dos respectivos Ministérios.

---

[53] Há, entretanto, alguns aspectos das agências reguladoras, tais como os requisitos técnicos de nomeação dos seus dirigentes, as audiências públicas e a sua composição colegiada, que são grandes vantagens de transparência comparativamente em relação à Administração centralizada.

Por outro lado, as agências tem melhor se estruturado, promovendo a organização de cargos e concursos, e amadurecido suas decisões por meio do incremento pontual do diálogo com o setor regulado e a sociedade em geral e da consideração das consequências de suas decisões. Contudo, em que pesem esses avanços, as referidas entidades ainda padecem de dois graves problemas relacionados à transparência e à efetividade de suas sanções.

Quanto à primeira questão, nota-se grande assimetria de transparência entre as Agências Reguladoras. Enquanto há agências, como a ANEEL, que televisiona seus julgamentos, outras entidades violam frontalmente o devido processo, inclusive dificultando e, eventualmente, impedindo o acesso de interessados aos autos.

No que tange à segunda, relativa à inefetividade das sanções aplicadas, as agências, nos últimos anos, têm enfrentado grandes dificuldades jurídicas em receber o valor relativo às multas impostas, inclusive em virtude das impugnações por elas sofridas, de maneira que o cumprimento da função institucional das mesmas queda-se prejudicado, fazendo com que o seu poder sancionador perca eficácia. Nessa esteira, Acórdão n. 428/2012, proferido pelo plenário do TCU, apurou a ocorrência relativamente generalizada de diversos problemas relacionados ao baixo percentual de arrecadação das multas administrativas aplicadas pelos órgãos e entidades analisados[54], como o deficiente grau de inscrição de inadimplentes no Cadin[55], a perda de receitas em face de multas não recolhidas, o baixo percentual de ajuizamento de ações de cobrança das multas aplicadas[56], e o elevado grau de cancelamento ou redução de valor de multas,

---

[54] Confira-se, por exemplo, os seguintes casos, em que se indicam os respectivos percentuais de recursos arrecadados em relação ao valor das multas aplicadas: Antaq (45,5%), ANP (36,1%), Susep (31,6%), Aneel (26,0%), ANTT (22,3%), Anac (17,5%), Cade (13,4%), TCU (4,6%), ANS (2,1%), Bacen (1,3%), CVM (1,1%), Ancine (0,9%) e Ibama (0,6%).

[55] Percentuais de inscrições em relação ao total de multas aplicadas no período analisado: Cade (66,2%), Ibama (53,6%), ANP (33,8%), Anatel (30,3%), CVM (16,6%), Anvisa (12,6%), ANA (5,9%), Aneel (3,7%), Ancine (3,3%), ANS (1,4%), Bacen (0,7%), ANTT (0,5%), Anac (0,3%), Susep (0,3%), TCU1 (0,0%) e Antaq (valor não informado)

[56] Destaque-se os seguintes órgãos e entidades com menos de 50% de multas cobradas judicialmente: Bacen (36,4%), Anvisa (31,1%), ANP (27,4%), Cade (24,8%), ANA (22,0%), Anatel (12,1%), CVM (5,6%), ANTT (3,4%), Ibama (2,2%), Aneel (2,0%), ANS (1,9%), Anac (0,9%) e Ancine (0,0%).

em nível administrativo, a exemplo do verificado na CVM, com 51,35% de valores cancelados.

Assim sendo, a fim de fortalecer as agências reguladoras e assegurar à sociedade como um todo previsiblidade e segurança jurídica, é forçoso eliminar as assimetrias entre as diferentes entidades, promovendo-se a uniformização das regras aplicáveis às agências, tanto no que tange à transparência, em especial de seus processos administrativos sancionadores, quanto no que concerne às práticas visando à efetividade das sanções aplicadas de modo a promover-se, em cada setor, os interesses públicos perseguidos.

AGENCIFICAÇÃO NO BRASIL:
CAUSAS E EFEITOS NO MODELO REGULATÓRIO

SÉRGIO GUERRA

1. Introdução

O direito administrativo está mudando. Mais do que antes, é fortemente influenciado pelo direito constitucional e pelo direito econômico.[1] Não é, apenas, o ramo do direito que organiza a máquina estatal; deve ir além e se concretizar tendo o cidadão – e não mais o súdito ou o administrado[2] – como ponto nuclear, figura central. Também deve estar aberto e acoplar às complexidades decorrentes da evolução das categorias econômicas.

Com essa premissa é assinalável que o Brasil vem observando uma transformação na forma de organização administrativa responsável por uma das formas de intervenção estatal: a regulação.[3] Surgiram entidades com características diversas do modelo clássico, piramidal, pelo qual todas as decisões administrativas poderiam passar pelo crivo – e decisão – do Chefe do Poder Executivo.

Implantou-se um modelo alienígena de intervenção estatal em que o regulador deve se desprender de qualquer viés político-partidário quando

---

[1] Cf. BAPTISTA, Patrícia. *Transformações do direito administrativo*. Rio de Janeiro: Renovar, 2003, p. 29: "...a influência do moderno direito constitucional sobre o direito administrativo acabou sendo maior do que em qualquer outro ramo do direito, com importantes reflexos na evolução recente dessa disciplina".

[2] Essa evolução pode ser verificada em nosso GUERRA, Sérgio. *Discricionariedade, regulação e reflexividade*: uma nova teoria sobre as escolhas administrativas. 2. Ed. Belo Horizonte, Fórum, 2013, Cap. I.

[3] Sobre as formas de intervenção estatal, favor dirigir-se ao livro GUERRA, Sérgio. *Agências Reguladoras*: da organização administrativa piramidal à governança em rede. Belo Horizonte: Fórum, 2012, p. 94 ss.

se enquadrar como entidade independente, modelo este aqui denominado de *agencificação*.

Esse modelo requer novas categorias de direito administrativo, de modo a poder engastar as escolhas regulatórias dotadas de maleabilidade e flexibilidade. Desse modo, apresenta-se aos estudiosos do direito administrativo um grande desafio para o enquadramento da nova categoria de escolha e correspondentes figuras regulatórias ao ordenamento jurídico--constitucional nacional. Tudo, como dito, com vistas à realização dos direitos subjetivos dos cidadãos e das garantias fundamentais previstas na Constituição Federal de 1988.

Diante desse quadro indaga-se, de início: o processo brasileiro de agencificação está seguindo o modelo estruturado na década de 90 passada? Quais eram os objetivos no processo de agencificação? As Agências estão cumprindo seu papel? Como o atual governo central tem se comportado diante do processo se agencificação?

Pode-se inferir, de início, que o sistema regulatório brasileiro, como aplicado atualmente, não está totalmente afinando com a ideia de governança pública. O pior é que essa questão afeta a governabilidade. Os efeitos já estão sendo sentidos pelo Governo Dilma Rousseff.

Sabe-se que a governança está associada aos instrumentos que levem à ação pública eficiente. A governabilidade tem um espectro mais amplo e está relacionada às condições adequadas ao ambiente político em que se efetivam as ações da administração e pelo padrão de intervenção econômica e social. Passa pela idéia de credibilidade e imagem pública dos governantes, decorrendo na própria legitimidade do Governo.

Em 2012 as Agências Reguladoras estiveram em evidência nos noticiários por problemas pontuais. Dirigentes foram presos e acusados de montarem esquema de venda de favores a empresas privadas. Esses fatos são graves. No entanto, são casos isolados e podem ocorrer em qualquer instituição estatal. O problema, portanto, é outro. É conjuntural.

As Agências brasileiras podem ser consideradas como um dos fatores que contribuem para a queda recente do aporte de investimentos estrangeiros. Além da forte intervenção estatal do Governo Federal, o abandono do modelo institucional de Agências Reguladoras está por comprometer o âmbiente de negócios.

O assunto é relevante. As Agências estão presentes em setores de peso: telecomunicações, energia elétrica, infraestrutura aeroportuária, aviação civil etc. Foram criadas para serem autônomas e independentes. Foram estruturadas para contribuir na estabilização do mercado e dar segurança jurídica na atração e manutenção de investimentos privados, sobretudo estrangeiros.

A questão que desponta diante desse quadro e que pretende-se investigar neste artigo é entender o modelo de agencificação; verificar quais foram os influxos alienígenas que levaram o Brasil a adotá-lo. Pretende-se perquirir, ainda, a criação de Agências Reguladoras (i) vis-à-vis os preceitos da Constituição Federal de 1988, (ii) sob a ótica da complexidade nas relações administrativas e sua estruturação em rede, (iii) à luz da complexidade tecnológica impositiva de novas formas de atuação estatal, e (iv) com os efeitos da globalização. Com essas informações e reflexões, buscar-se-á trazer algumas sugestões para o apefeiçoamento do processo de agencificação brasileiro.

2. A Agencificação Decorrente do Movimento do New Public Management

A ideia de descentralização diferenciada sob a forma de agencificação advém do movimento estruturado no Reino Unido, denominado *New Public Management* (NPM), adotado a partir da década de 80 visando modernizar a organização administrativa. Esse termo foi utilizado para descrever a onda de reformas do setor público nesse período.

O programa do NPM[4] pode ser resumido, de modo objetivo, nas seguintes medidas: (i) diminuir o tamanho do Estado, inclusive do efetivo do pessoal; (ii) privatização de empresas e atividades; (iii) descentralização de atividades para os governos subnacionais; (iv) terceirização de serviços públicos (*outsorcing*); (v) regulação de atividades conduzidas pelo setor privado; (vi) transferência de atividades sociais para o terceiro setor; (vii) desconcentração de atividades do governo central; (viii) separação de atividades de formulação e implementação de políticas públicas;

---

[4] "Nas décadas de 1980 e 1990, vários movimentos, abrigados sob o guarda-chuva da *New Public Management* (NPM), especialmente nos países anglo-saxões, propunham soluções para a administração pública. Pontos centrais se referiam à adaptação e à transferência dos conhecimentos gerenciais desenvolvidos no setor privado para o público, pressupondo a redução do tamanho da máquina administrativa, uma ênfase crescente na competição e no aumento de sua eficiência" Peci, Alketa *et al*. Governança e New Public Management: convergências e contradições no contexto brasileiro. *Organização e Sociedade – O&S*, v.15, n.46, jul./set., 2008. p. 48.

DIREITO ADMINISTRATIVO: TRANSFORMAÇÕES E TENDÊNCIAS

(ix) estabelecimento de mecanismos de aferição de custos e avaliação de resultados; (x) autonomização de serviços e responsabilização de dirigentes; (xi) flexibilização da gestão orçamentária e financeira das agências públicas; (xii) adoção de formas de contratualização de resultados e (xiii) abolição da estabilidade dos funcionários e flexibilização da relação de trabalho no serviço público.[5]

No bojo das reformas administrativas da NPM trazidas nos governos de Margareth Thatcher e John Major foram criadas diversas entidades regulatórias. Destaque-se a Office of Telecomunication (OFTEL), na área de telecomunicações, criada no ano de 1984; a Office of Gas (OFGAS), para regular o setor de gás, e a Office of Eletricity Regulation (OFFER), regulando o setor de eletricidade. Estas entidades, após fusão no ano de 1999, transformaram-se na Office of Gas and Eletricity Markets (OFGEM), abrangendo os setores de gás e eletricidade.[6]

Foram também criadas a Water Services Regulation Authority (OFWAT)[7] para o setor voltado aos recursos hídricos; a Office of Rail Regulation (ORR),[8] do sistema ferroviário, a Civil Aviation Authority (CAA),[9] para o setor aéreo, a Office of Fair Trading (OFT),[10] atuando na defesa da concorrência, e uma agência responsável por loterias, a Office of the National Lottery (OFLOT), sucedida pela National Lottery Commission.[11]

Com o processo de agencificação seria possível, ao menos na teoria, obter a separação entre a política e a economia, de modo que a economia não permaneça nas mãos do Governo; a garantia de estabilidade e segurança no quadro regulatório (inamovibilidade do mandato dos reguladores), de modo a não depender do ciclo eleitoral, mantendo a confiança dos agentes regulados quanto à estabilidade do ambiente regulatório; o favorecimento do profissionalismo e neutralidade política, mediante o recrutamento de especialistas profissionais, em vez de correligionários políticos

---

[5] COSTA, Frederico Lustosa da. *Reforma do estado e contexto brasileiro*: crítica do paradigma gerencialista. Rio de Janeiro: FGV, 2010, p. 154.

[6] Disponível em: <www.ofgem.gov.uk>. Acesso em: 09 jan. 2013.

[7] Disponível em: <www.ofwat.gov.uk>. Acesso em: 09 jan. 2013.

[8] Disponível em: <www.rail-reg.gov.uk>. Acesso em: 09 jan. 2013.

[9] Disponível em: <www.caa.co.uk>. Acesso em: 09 jan. 2013.

[10] Disponível em: <www.oft.gov.uk>. Acesso em: 09 jan. 2013.

[11] Disponível em: <www.natlotcomm.gov.uk>. Acesso em: 09 jan. 2013.

dos governantes; a separação do Estado-empresário do Estado regulador, com o indispensável tratamento isonômico entre os operadores públicos e privados; a blindagem contra a captura regulatória, mediante a criação de reguladores afastados das constrições próprias da luta partidária e do ciclo eleitoral, proporcionando melhores condições de resistência às pressões dos regulados e a garantia do autofinanciamento, de modo que a entidade reguladora potencialize a sua autonomia em relação ao Governo e aos regulados.[12]

De fato, nas décadas de 80 e 90 vários países – entre eles o Brasil – tentaram reformas que permitissem maior agilidade e flexibilidade à atividade estatal. Os diversos planos de NPM e seus principais enunciados foram sintetizados em relatórios da Organização para Cooperação do Desenvolvimento Econômico – OCDE. Tratava-se de medidas destinadas a dotar a Administração Pública de um comportamento gerencial que aliviasse a máquina ou o aparelho do Estado.[13]

Muitos países avançaram por esse caminho e se registraram melhoras efetivas em muitos deles; contudo, o modelo funcionou melhor nos países de democracias e economias evoluídas e estáveis. Não aconteceu idêntico fenômeno nos países com fortes desigualdades sociais e regionais, com pesados endividamentos e déficits fiscais, ou com sistemas políticos em transição.[14]

3. Os Influxos Estadunidenses de Agencificação do Modelo Norte--Americano

O processo de agencifição não é unívoco. No Brasil houve influência estadunidense quanto à estruturação dos entes regulatórios.[15] Os Estados Uni-

---

[12] MOREIRA, Vital. *Auto-regulação profissional e administração pública*. Lisboa: Almedina, 1997, p. 17.

[13] SARAVIA, Enrique. Governança social no Brasil contemporâneo. *Revista Governança Social* – IGS, ano 3, ed. 7, Belo Horizonte, dez. 2009/mar. 2010, p. 22.

[14] Idem.

[15] Jean-Jacques Daigre, da Universidade de Paris I (Panthéon Sorbonne) leciona que as Agências Reguladoras francesas também tiveram como paradigma as agências norte-americanas. Por suas palavras: "Les autorités de régulation sont nés de la transposition des agences américaines et em particulier, dans le secter financier, de la SEC, la Securities and Exchange Comission, mise en place à la suite de 1929, pour marquer la politique nouvelle engagée par Roosevelt". DAIGRE, Jean-Jacques. Ombres et lumières: examen critique du fonctionnement

dos da América experimentaram um amplo e contínuo desenvolvimento da regulação setorial desde 1887, quando surgiu a *Interstate Commerce Comission*, com competência regulatória do transporte ferroviário interestadual.

A *Independent Regulatory Commission* estadunidense é um ente estatal autônomo, dirigido por um colegiado composto por *Commissioners* eleitos pelo Chefe do Poder Executivo, e investidos para exercer o múnus público por meio de mandato fixo. Desse modo, esses dirigentes só podem ser exonerados em caso de falta grave.

Os mandatos dos *Commissioners* variam, sendo certo que sempre são determinados por prazos escalonados, permitindo que os mandatos não sejam coincidentes. A nomeação do *Chairperson*, que preside o órgão colegiado, compete ao Chefe do Poder Executivo, com prévia aprovação do Senado Federal.

No Brasil, a organização das entidades autárquicas regulatórias também se estruturou de modo que suas decisões definitivas observem, em regra, a forma colegiada. O Conselho Diretor é composto pelo Diretor-Presidente e mais quatro Diretores, com *quorum* deliberativo por maioria absoluta.

As nomeações desses dirigentes pelo Presidente da República, com a aprovação pelo Senado Federal, são feitas por mandatos com prazos certos e não coincidentes, havendo impossibilidade de exoneração *ad nutum*.[16]

Somente por essas características verifica-se que o paradigma estruturante das agências reguladoras brasileiras – e não do processo de agencificação, inspirado no NPM – é a *Independent Regulatory Commission* estadunidense.

4. Aspectos da Realidade Constitucional Brasileira em Termos de Regulação Administrativa que Levaram à Agencificação

O primeiro aspecto a ser examinado acerca da agencificação consiste em examinar o texto constitucional de 1988. A Constituição determina que o modelo de intervenção estatal seja o regulatório? A Constituição determina a criação de órgãos reguladores? A Constituição trouxe as caracterís-

---

des autorités administratives indépendantes. *In: Le contrôle démocratique des autorités administratives independántes à caractère économique*, p. 5.

[16] Veja-se a ADIn 1949-RS, em que essa matéria foi questionada perante o Supremo Tribunal Federal pelo Governador do Estado do Rio Grande do Sul. Vale registrar sobre o tema que a Lei nº 9.986/2000, que dispõe sobre a gestão de recursos humanos das Agências Reguladoras, padronizou a forma de escolha de seus dirigentes.

ticas desses órgãos? E, por último, impõe saber: o modelo de agencificação adotado é constitucional?

A reposta à primeira indagação é positiva. A Constituição Federal de 1988 determina, no capítulo da ordem econômica, que a atuação estatal deve ser normativa e reguladora (Art. 174. Como agente normativo e regulador da atividade econômica, o Estado exercerá, na forma da lei, as funções de fiscalização, incentivo e planejamento, sendo este determinante para o setor público e indicativo para o setor privado).

Atualmente a Constituição apenas faz menção aos órgãos de regulação nas áreas de telecomunicações e indústria do petróleo.

Em relação à primeira, nos termos do art. 21, em que, no âmbito da competência da União compete explorar, diretamente ou mediante autorização, concessão ou permissão, os serviços de telecomunicações, nos termos da lei, que disporá sobre a organização dos serviços, a criação de um órgão regulador e outros aspectos institucionais. Esse texto foi incluído pela redação dada pela Emenda Constitucional nº 8, de 15 de agosto de 1995.

No que se refere à indústria do petróleo, o art. 177 dispõe que a lei definirá a estrutura e atribuições do órgão regulador do monopólio da União. Esse texto também não constava do orginal e foi incluído pela redação dada pela Emenda Constitucional nº 9, de 15 de agosto de 1995.

Quanto a criação de órgãos reguladores no sistema financeiro, a Constituição fazia, ainda, menção a dois órgãos, em textual: Art. 192. O sistema financeiro nacional, estruturado de forma a promover o desenvolvimento equilibrado do País e a servir aos interesses da coletividade, será regulado em lei complementar, que disporá, inclusive, sobre: [...] II – autorização e funcionamento dos estabelecimentos de seguro, previdência e capitalização, bem como do órgão oficial fiscalizador e do órgão oficial ressegurador.

Esse dispositivo foi incluído ao texto constitucional por força da emenda constitucional nº13, de 21 de agosto de 1996 e posteriormente revogado pela emenda constitucional nº 40, de 29 de maio de 2003.

Em que pese a previsão expressa quanto a criação de órgãos reguladores, a Carta de 1988 deixou a sua estruturação à discricionariedade legislativa. Em decorrência, vieram as leis de criação das Agências Reguladoras, trazendo, como dito, o modelo próximo ao estadunidense.

Por fim resta saber se esse modelo é constitucional, vis-à-vis o método concretista de interpretação constitucional.

4.1. A constitucionalidade do modelo de agencificação pelo método concretista de interpretação.

Pelo método concretista de interpretação observam-se três elementos: a norma que vai concretizar, a pré-compreensão e o problema concreto a resolver. Como visto, a Carta Magna de 1988 distingue, na intervenção das atividades econômicas pelo Estado, as funções normativa e regulatória.

A normatividade da Constituição jurídica está positivada nos detalhes necessários a sua compatibilização com a Teoria da Democracia. Quanto à regulação, traduz-se em um comando constitucional a ser contextualizado à luz da tópica[17], isto é, de acordo com os problemas e as situações reais sujeitas à mutação constitucional.

Isso não significa que a Constituição seja um simples pedaço de papel, como caracterizou Lassalle[18], que outorga um "cheque em branco" ao legislador. Nesse caso, as variações e flutuações decorrentes do mercado, a enorme gama de possibilidades bem como as aporias que carecem de uma regulação diferenciada para cada subsistema – e que variam de acordo com cada realidade, cada contexto – são superiores aos elementos puramente normativos.

A forma de regulação prevista no atual sistema brasileiro deve ser considerada constitucional, pois deve-se perseguir, na interpretação do disposto no art. 174 da Constituição Federal de 1988, a maior eficácia possível, preservando-se a vontade da Constituição, que representa sua força normativa.[19]

A regulação de atividades econômicas e sociais não pode ser simplesmente positivada no texto constitucional, explicada em detalhes, pré-compreendida por uma lógica dedutiva. Constituição e realidade, portanto, não podem ser isoladas uma da outra. Há, indisputavelmente, de ser criada,

---

[17] A *tópica* não se refere a um método, mas um modo de pensar a partir do problema. Sobre o tema merece destaque a obra de VIEHWEG, Theodor. *Tópica de jurisprudência*. Trad. Tercio Sampaio Ferraz Jr. Brasília: Departamento de Imprensa Nacional, 1979. p. 17.

[18] A principal obra de Lassalle foi traduzida para o vernáculo: LASSALLE, Ferdinand. *A essência da constituição*. 6.ed. Trad. não identificada. Rio de Janeiro: Lumen Juris, 2001.

[19] O enfoque desse autor foi apresentado na aula inaugural ocorrida em 1959, na Universidade de Freiburg. Ver o texto publicado no Brasil: HESS, Konrad. *A força normativa da constituição*. Trad. Gilmar Ferreira Mendes. Porto Alegre: Sergio Antonio Fabris Editor, 1991 (título original: *Die normative kraft der verfassung*).

construída passo a passo, de acordo com a práxis, de acordo com os *topoi*, ambos mutáveis.

O quadro técnico-regulatório deve deter uma pré-compreensão das questões para depurar as políticas públicas, compreender as aporias e, por fim, regular as atividades econômicas, com visão prospectiva, que, em seu livre exercício, frequentemente afetam direitos e garantias individuais.

Como sustenta Floriano Azevedo Marques, a regulação estatal é um dos meios de intervenção no domínio econômico. Presta-se a um só tempo a assegurar as condições de exploração de dada atividade econômica e à consecução de objetivos públicos consentâneos com os princípios da ordem econômica inscritos na Constituição, especialmente aqueles arrolados no seu art. 170. Pode o Estado exercer regulação sobre atividades consideradas serviço público ou não. Naquelas a regulação é imprescindível e prevalecente. Nas outras há de ser menos intensa, mas nem por isso desnecessária. Ao reservar ao Estado o papel de agente regulador da ordem econômica, a Constituição (art. 174) deixa claro que este papel deve ser exercido sobre todas as atividades econômicas e não apenas sobre aquelas para as quais reserva (art. 175) a incidência do regime de direito público, derrogatório da liberdade de iniciativa.[20]

O Constituinte de 1988 não teria como detalhar o padrão de regulação estatal a ser adotado pelos Poderes Legislativo e Executivo. A intervenção estatal por meio de escolhas regulatórias sobre decisões e atuações empresariais, inerentes à livre iniciativa, deve basear-se em critérios técnicos e científicos, que visam a atender o interesse público, sem, contudo, deixar de ponderar os efeitos dessas escolhas ao subsistema regulado com os interesses de segmentos da sociedade e, até mesmo, com o interesse individual no caso concreto.

No caso da regulação de atividades sociais e econômicas e diante das questões cotidianas plurais, em profunda mutação, não se deve perseguir no atual constitucionalismo aberto uma predeterminação qualitativa ou quantitativa do modelo a ser seguido. O texto aprovado pelos Constituintes de 1988 passou a ser premissa no debate político, restando sempre um permanente processo de fazer a Constituição Federal uma realidade,

---

[20] MARQUES NETO, Floriano de Azevedo. Pensando o controle da atividade de regulação estatal. In. *Temas de direito regulatório*. Sérgio Guerra (Coord.). Rio de Janeiro: Freitas Bastos, 2004. p. 211-212.

DIREITO ADMINISTRATIVO: TRANSFORMAÇÕES E TENDÊNCIAS

interpretando-a e aplicando-a com o emprego de uma teoria e metodologia também renovadas.

Com isso, diante de um termo aberto do art. 174 da Carta de 1988 – o Estado como "agente regulador" –, parece ser plausível considerar constitucional a interpretação eleita pelo Parlamento para a eleição do modelo regulatório adotado em conformação com a práxis.

Ao criar entidades reguladoras independentes, o Parlamento atuou discricionariamente com vistas ao alcance dos *fins* democráticos garantidos na Carta Política. Os arts. 173 e 174 da Constituição Federal definiram, expressamente, os princípios a serem observados pelo Poder Legiferante. Por esses dispositivos constitucionais, o desempenho estatal deve se concentrar nas funções de fiscalização, incentivo e planejamento, permitindo-se, contudo, sua atuação direta mediante a exploração de atividade econômica quando necessária aos imperativos da segurança nacional ou relevante interesse coletivo, conforme definidos em lei.

Esse novo papel do Estado está subsumido ao princípio da subsidiariedade, pelo qual a iniciativa privada tem primazia sobre a investida estatal, e o Estado deve se abster de exercer qualquer atividade que compete à livre iniciativa.[21] Cabe a este o fomento, a coordenação e a fiscalização das atividades desenvolvidas pelo particular.

4.2. *Meios* e *fins* no processo de agencificação

Sob a responsabilidade do Estado devem permanecer as atividades indelegáveis à iniciativa privada, a exemplo de segurança, justiça, relações exteriores e polícia, assim como, em caráter subsidiário, atividades sociais, tais como educação, saúde e cultura.

Os *fins* eleitos pelo Poder Legislativo para restringir o direito individual contido no princípio da livre iniciativa (art. 170) justificam-se diante da necessidade de se ponderar princípios norteadores da ordem econômica nacional por entidades reguladoras autônomas e independentes, criadas para serem infensas à subordinação política inerente à característica *weberiana* da administração pública direta.

A margem para a eleição dos *meios* apresenta-se quando as regras constitucionais não só proíbem certas intervenções legislativas como também

---

[21] FONSECA, João Bosco Leopoldino da. *Direito econômico*. 5. ed. Rio de Janeiro: Forense, 2007, p. 139.

trazem comandos positivos para sua execução. A questão fica complexa quando da escolha do *meio* pelo Parlamento. A decisão do legislador ordinário na escolha do *meio* depende não só da ponderação como também da possibilidade de identificação dos diversos meios e em que medida favorecem ou prejudicam os princípios que entram em jogo.[22]

No campo regulatório estatal brasileiro, o modelo eleito pelo Poder Legislativo – composto por entidades colegiadas, autônomas e independentes,[23] com formação técnica e custeada pelos próprios regulados – levou em consideração experiências e aspectos empíricos de outras sociedades democráticas, como visto acima.[24]

Poder-se-ia cogitar como *meio* que a regulação permanecesse sob a competência da Administração Pública direta, isto é, dos órgãos subordinados ao Chefe do Poder Executivo como ocorre no setor postal. Esse *meio*, contudo, parece não atender aos *fins* da regulação de atividades econômicas. Com efeito, diante do pluralismo pós-moderno impõe-se uma modelagem de intervenção reguladora – equidistante do Governo, dos regulados e dos usuários/consumidores – que deve representar o equilíbrio do subsistema regulado, mediante regras de ponderação dos interesses em espécie.

A assunção de atividades econômicas de relevante compromisso social pelo setor privado deve observar determinados compromissos, tais como a continuidade e a modicidade de tarifas, justificando-se, perfeitamente, a regulação dessas atividades por meio de uma entidade estatal descentralizada, com amplas funções e amplo conhecimento técnico sobre o setor regulado.

Ainda hoje o Poder Executivo utiliza empresas estatais como meio político para atingir metas sociais, econômicas e "eleitoreiras"[25] sem o com-

---

[22] ALEXY, Robert. *Epílogos a la teoría de los derechos fundamentales.* Trad. Carlos Bernal Pulido. Madrid: Fundacion Beneficentia et peritia iuris, 2004, p. 36.

[23] Para deixar claro o nosso pensamento sobre a autonomia e independência, ver GUERRA, Sérgio. *Agências Reguladoras...*, op. cit. p. 119.

[24] MOREIRA, Vital. Por uma regulação ao serviço da economia de mercado e do interesse público: a "declaração de condeixa". *Revista de Direito Público da Economia – RDPE*, Belo Horizonte, n. 01, jan./fev/mar.2003. p. 252-253.

[25] É o que ainda ocorre, por exemplo, com o preço do combustível. Mesmo que o preço do litro da gasolina esteja defasado do preço do barril do petróleo no mercado internacional, é comum a Petrobras não reajustar, por determinação governamental, o preço antes de eleições.

promisso com o indissociável equilíbrio das contas públicas. Essa postura de alguns governantes pode ocorrer mesmo quando tais serviços sejam delegados ao setor empresarial privado, caso a regulação dessa delegação permaneça em suas mãos, ou seja, sob a tutela da Administração Pública direta. Basta que não se permita, por um simples ato executivo, o reajuste de preços e tarifas para se atingir metas inflacionárias, malgrado textos claros das normas e contratos de concessão.

Com o sistema de agencificação com relativo grau de independência e autonomia, com corpo técnico de comprovada capacidade e experiência no setor regulado torna-se mais propício o ambiente de segurança e atratividade dos investidores nacionais e estrangeiros.

Por fim, um terceiro *meio* a ser cogitado seria a regulação por autarquias sem a autonomia e independência diferenciada, isto é, a autarquia clássica cujos atos são submetidos ao Ministério responsável por seu controle e, consequentemente, pelo Chefe do Poder Executivo. Esse *meio* também não se apresenta eficaz, haja vista que, em vez do cunho técnico das decisões regulatórias, o poder de revisão dessas medidas pela Administração direta acabaria por incluir um componente estritamente político-partidário, avesso aos fundamentos da regulação de atividades econômicas.[26]

---

[26] Como já tivemos oportunidade de sustentar doutrinariamente, concorda-se com o pensamento daqueles doutrinadores que não admitem recurso hierárquico impróprio contra decisões finais das Agências Reguladoras (cuja lei de criação disponha que suas decisões se dêem em último grau), quando exercem as funções executivas, normativas ou judicantes dentro dos limites de suas competências técnicas regulatórias, inclusive e notadamente as discricionárias. "É o que Renato Alessi sustenta quando se refere à competência absolutamente exclusiva, pela qual é definitiva a decisão tomada pela entidade administrativa a qual foi atribuída competência absolutamente exclusiva para o tratamento de determinada matéria (no caso, a matéria técnica). No entanto, é plausível sustentar ser cabível o recurso hierárquico impróprio contra as decisões do órgão máximo das Agências Reguladoras quando deliberarem acerca de temas exclusivamente relacionados às políticas públicas do setor regulado, em flagrante ilegalidade e usurpação de competência do Poder Legislativo e do Poder Executivo, aí estando incluída a esfera ministerial com supedâneo no art. 76 da Constituição da República" (GUERRA, Sérgio. Controle das agências reguladoras por meio de supervisão ministerial. *Revista de Direito Público da Economia – RDPE*, p. 218). A questão que envolve o cabimento ou não de recurso hierárquico impróprio foi objeto do Parecer nº AC – 051, originário do Parecer nº AGU/MS 04/2006, aprovado pelo Advogado-Geral da União e pelo Presidente da República, conforme publicação constante da p. 01 da Seção I do D.O.U., de 19.06.2006, concluindo pelo cabimento do recurso hierárquico impróprio nos casos em que a entidade reguladora usurpar competência dos Ministros de Estado. Uma crítica a esse parecer pode ser conferida em ARAGÃO,

A assunção de atividades econômicas de relevante compromisso social pelo setor privado impõe a regulação por meio de entidades estatais descentralizadas, com amplas funções e com conhecimento técnico sobre os setores regulados. Com a criação de entidades reguladoras, com relativo grau de independência, com corpo técnico com comprovada capacidade e experiência no setor regulado, pode-se buscar, com maior chance de êxito, um ambiente de maior segurança jurídica, demonstração de maturidade política, respeitabilidade externa e atratividade dos investidores nacionais e estrangeiros.

4.3. A agencificação sob a ótica do princípio da proporcionalidade

Examinando o tema sob a ótica do princípio da proporcionalidade, impõe-se ressaltar que o subprincípio da necessidade corresponde à medida que não pode exceder os limites indispensáveis à conservação do fim legítimo que se pretenda alcançar, vale dizer: a medida só pode ser admitida quando for necessária, sendo associada à busca do "meio mais suave"[27] e ao "direito à menor desvantagem possível".[28] Exige-se, por esse critério, que, dos *meios* igualmente idôneos, seja escolhido o mais benigno ao direito fundamental afetado.[29]

Nesse vezo, o que deve-se perquirir na compatibilidade do modelo regulatório brasileiro com os direitos fundamentais, à luz do subprincípio da necessidade, é se no sopesamento entre o princípio da livre iniciativa e outros princípios de proteção dos direitos individuais – dignidade da pessoa humana, isonomia, função social da propriedade etc. – poderia ter sido escolhido um outro modelo pelo legislador ordinário que afetasse, na menor medida, a livre iniciativa, sem que isso representasse custos excessivos para os direitos fundamentais dos cidadãos.

Por essa visão, mesmo tendo como regra a liberdade de iniciativa, em que o empresário deve ser o senhor absoluto na determinação do que, como e quanto produzir e por que preço vender, essa liberdade, como todas as outras, não pode ser exercida de modo absoluto. Ela deve ser mitigada. O

Alexandre Santos de. Supervisão ministerial das agências reguladoras: limites, possibilidades e o parecer AGU nº AC-051. *Revista de Direito Administrativo*, p. 237-262.

[27] GUERRA FILHO, Willis Santiago. *A filosofia do direito aplicada ao direito processual e à teoria da constituição*. 2. ed. São Paulo: Atlas, 2002, p. 88.

[28] CANOTILHO, José Joaquim Gomes. *Direto constitucional e teoria da constituição*. 4. Ed. Coimbra: Almedina, 2000. p. 268.

[29] ALEXY. *Epílogos a la teoría de los derechos fundamentales*, p. 41.

DIREITO ADMINISTRATIVO: TRANSFORMAÇÕES E TENDÊNCIAS

padrão brasileiro de agencificação aponta para a busca do equilíbrio entre o Estado, o cidadão e o agente regulado, de modo que a entidade reguladora, descentralizada do Poder central, tenha ferramentas para se manter equidistante dessas três figuras.

Poderia ser cogitado outro *meio* como sendo menos gravoso mediante a autorregulação. Esse modelo consiste na regulação por esquemas organizatórios criados por meio de decisões ou acordos estabelecidos por e entre suas organizações associativas ou representativas. Em suma, esse modo de regulação é implementado pelos próprios interessados. Considerando que uma das funções dos entes reguladores estatais concentra-se na concretização de políticas públicas e seu poder de polícia,[30] esse *meio* não parece ser apropriado ao alcance dos *fins*.[31]

O terceiro aspecto a ser observado refere-se ao subprincípio da proporcionalidade em sentido estrito, cuja premissa consiste em que a maior otimização deve ser perseguida em relação às possibilidades jurídicas. Quanto maior o grau de não satisfação ou de afetação de um dos princípios, tanto maior deve ser a importância da satisfação do outro.[32]

Na visão de Alexy, a técnica da ponderação se divide em três fases. No primeiro passo, deve-se definir o grau de não satisfação ou de afetação de um dos princípios. No segundo estágio, deve-se definir a importância da satisfação do princípio que se julga em sentido contrário. Por fim, deve-se definir se a importância da satisfação do princípio contrário justifica a afetação ou a não satisfação do outro.

---

[30] Essa questão foi reconhecida na jurisprudência do Supremo Tribunal Federal, ao julgar medida cautelar em Ação Direta de Inconstitucionalidade nº 2.310-1-DF, na qual discutia-se a constitucionalidade da previsão, constante da Lei nº 9.986/2000, de contratação de pessoal técnico para as agências reguladoras no regime de emprego público (de acordo com as regras da Consolidação das Leis do Trabalho). Naquele julgado assim manifestou-se o Ministro Marco Aurélio Mello, ao reconhecer a inconstitucionalidade de tal norma: "Inegavelmente, as agências reguladoras atuam como poder de polícia, fiscalizando, cada qual em sua área, atividades reveladoras de serviço público, a serem desenvolvidas pela iniciativa privada [...] Está-se diante de atividade na qual o poder de fiscalização, o poder de polícia, fazem-se com envergadura ímpar, exigindo, por isso mesmo, que aquele que a desempenhe sinta-se seguro, atue sem receios outros, e isso pressupõe a ocupação de cargo público [...] àqueles que desenvolvam atividades exclusivas de Estado".

[31] Sobre autorregulação, direciona-se o leitor para a obra MOREIRA. *Auto-regulação profissional e Administração Pública*, p. 52 *et seq.*

[32] ALEXY. *Epílogos a la teoría de los derechos fundamentales*, p. 48.

No que tange à regulação de atividades econômicas *lato sensu*, exercida atualmente em múltiplos subsistemas por reguladores independentes, a conciliação e convivência harmônica entre normas – princípios ou regras – deve-se concretizar na ponderação de valores e interesses envolvidos. Hodiernamente, com a patente ambivalência, demonstra-se inviável a busca de exaustiva regulação juspositivista, isto é, por regras editadas pelo Parlamento.

A adequação da escolha regulatória, em vista dos diversos interesses abrangidos e diante das circunstâncias ecléticas que se apresentam no cotidiano, exige uma flexibilidade para sua correta apreciação e decisão. A regulação deve ser implementada por meio de uma interpretação prospectiva que deve orientar o agente regulador, ponderando custos e benefícios da ação regulatória – normativa, executiva e judicante – não só à luz dos fatos passados, mas, em especial, voltada para o impacto futuro.[33]

5. A Complexidade nas Relações Administrativas e a Estruturação em Rede

Para tentar esclarecer a agencificação à luz da complexidade presente nas relações administrativas e a sua estruturação em rede é necessário examinar a organizção do Estado moderno.

As funções clássicas do Estado brasileiro dividem-se em Legislativo, Executivo e Judiciário. Foram inspiradas nos moldes preconizados na obra de Montesquieu[34], sendo fracionadas em órgãos públicos (desconcentração) e em entidades (descentralização).

Na desconcentração, os órgãos públicos classificam-se como órgãos independentes, órgãos autônomos, órgãos superiores e órgãos subalternos. Quanto à descentralização, dividem-se em autarquia, sociedade de economia mista, empresa pública, fundações e consórcios públicos.

Tradicionalmente, o Brasil republicano adotou o modelo tripartite, assim está dito no art. 2º, da Constituição Federal de 1988: "São Poderes da União, independentes e harmônicos entre si, o Legislativo, o Executivo e o Judiciário". Contudo, a Constituição Federal de 1988 não estruturou, exatamente, o Estado Brasileiro em apenas três "poderes".

---

[33] SOUTO, Marcos Juruena Villela. *Direito administrativo regulatório*. Rio de Janeiro: Lumen Juris, 2002. p. 359.

[34] Charles-Louis de Sécondat, barón de la Brède y de Montesquieu (MONTESQUIEU. *O espírito das leis*. Trad. Cristina Murachco. São Paulo: Martins Fontes, 1993).

E isso não ocorreu somente no Brasil. A realidade político-institucional e social da segunda metade do século XX apresentou-se muito mais complexa em relação à época de Montesquieu. Muitas instituições que hoje existem em grande parte dos ordenamentos ocidentais são dificilmente enquadráveis em alguns dos três clássicos poderes quanto à vinculação estrutural e hierárquica.[35]

Essa mudança é sensível a partir do início da década de 80, assistindo-se a um movimento de desintegração, que se traduz pela diversificação crescente das estruturas administrativas. A ordem burocrática, fundada sobre a hierarquização, é desestabilizada pela proliferação de estruturas de um novo tipo, colocadas fora do aparelho de gestão clássico e escapando ao poder de hierarquia. *"A figura pós-moderna de rede tende a partir daí a se substituir* àquela *da pirâmide"*.[36]

A carta cidadã de 1988 trouxe, de forma objetiva, órgãos públicos independentes dos três poderes (ou funções) clássicos. Contudo, além daqueles que estruturam as funções inerentes à legislação, à administração e à jurisdição (*v.g.* a Chefia dos Poderes Executivos, nos três níveis da federação), atualmente, são órgãos públicos independentes, por força do texto constitucional, o Ministério Público e o Tribunal de Contas da União.

Ambos, como dito, são órgãos independentes. Na Constituição Federal ambos têm definidas as suas competências e não estão subordinados, hierarquicamente, a qualquer outro órgão.

Além de órgãos independentes, criados pela Constituição Federal de 1988, – e que não se inserem na teoria tripartite – para melhor realizar o feixe de atribuições regulatórias da atividade econômica e social que lhe foi conferido pela Constituição de 1988 o Estado vem instituindo, por lei, outras entidades. São exemplos a Comissão de Valores Mobiliários – CVM, as Agências Reguladoras, o Conselho Administrativo de Defesa Econômica, o Conselho Administrativo de Recursos Fiscais – CARF[37], dentre outros.

---

[35] MEDAUAR, Odete. *O direito administrativo em evolução.* 2. ed. São Paulo: Revista dos Tribunais, 2003. p. 120.

[36] CHEVALLIER, Jacques. *O Estado pós-moderno.* Belo Horizonte: Fórum, 2009. p. 99.

[37] Menos conhecido que os demais, tem sido suscitado o questionamento, inclusive por meio de ações populares, sobre o Conselho Administrativo de Recursos Fiscais – CARF, órgão colegiado paritário do Ministério da Fazenda, ser ou não a última instância nos conflitos entre contribuintes e o fisco federal. A questão mais sensível se resume em ser definido se as suas decisões judicantes podem ou não ser objeto de questionamento pela Procuradoria da

AGENCIFICAÇÃO NO BRASIL: CAUSAS E EFEITOS NO MODELO REGULATÓRIO

Essas entidades se enquadram nessa nova fase da Administração Pública policêntrica, em rede. Criados por lei – não estruturado na Constituição Federal – esses órgãos surgem no âmbito de um movimento de descentralização administrativa (e, não, mera desconcentração).

Diante desse fato, surge a seguinte indagação: qual deve ser o formato desses entes (natureza jurídica) para a estruturação da nova administração em rede? A resposta é de que não há um modelo original, único.

Algumas atividades demandam personalidade jurídica de Direito Público, como no caso do CARF, da CVM e das Agências Reguladoras; outras não, como no caso do Operador Nacional do Sistema Elétrico – ONS. Deve-se contudo, evidenciar a característica comum de serem dotados de ampla autonomia administrativa pelo afastamento das burocracias típicas da administração direta, relativo isolamento de suas atividades em relação à arena político-partidária e representarem a última instância decisória.

Como dito, a característica estrutural de rede (não piramidal), não encontra detalhamento na Carta Constitucional de 1988; nem por isso, deve ser compreendida como sendo ilegítima. Decorre do movimento globalizante que impõe certas transformações do Estado e do Direito.

Impõe-se a compreensão de sua atuação nessa nova fase do Estado brasileiro que, a cada dia, está sendo levado a criação de novos atores públicos e paraestatais, capazes de colaborar nos freios e contrapesos necessários à contenção do poder e do arbítrio.

Fazenda Nacional – PGFN. *O* **CARF** *não tem autonomia por força constitucional. Foi criado pela Medida Provisória nº 449, de 2008, convertida na Lei nº 11.941, de 27 de maio de 2009. O Conselho é formado por* representantes da Fazenda Nacional, escolhidos dentre os nomes constantes de listas tríplices elaboradas pela Secretaria da Receita Federal do Brasil. Também é composto por representantes dos contribuintes dentre os nomes constantes de listas tríplices elaboradas pelas confederações representativas de categorias econômicas de nível nacional e pelas centrais sindicais.

Por sua vez, a PGFN é órgão de direção superior da Advocacia-Geral da União. Suas competências concentram a representação da União em causas fiscais, a cobrança judicial e administrativa dos créditos tributários e não-tributários e o assessoramento e consultoria no âmbito do Ministério da Fazenda. *A situação, portanto, que envolve órgãos federais do Ministério da Fazenda, gera certa confusão institucional e dificulta a compreensão acerca da atual estrutura fiscal do Estado pela sociedade. Além da insegurança jurídica sentida por agentes públicos e pelo setor econômico, também provoca dúvida sobre a atual estruturação do Poder Executivo, composto por órgãos diversos da Presidência da República, que, por vezes, representam a última instância decisória.*

6. A Complexidade Tecnológica Impositiva de Novas Formas de Atuação Estatal

As funções administrativas podem ser divididas, classicamente, em intervenção estatal, fomento, poder de polícia e serviço público. A intervenção estatal e o fomento variam, estando presentes por meio de diversas formas. O poder de polícia pode ser estruturado em quatro partes: ordem, consentimento, fiscalização e sanção.

Com relação ao serviço público, em sentido estrito compreendem as atividades da Administração voltadas a buscar uma utilidade para os particulares, tanto de natureza jurídica, como de ordem econômico-social. Dividem-se em serviços prestados *uti universi*, como o caso da iluminação pública, e *uti singuli*, como é o caso dos transportes públicos.[38]

O serviço público tem característica própria. Por ser estatal e indelegável a sua titularidade não pode ser transferida à iniciativa privada; apenas a sua execução, em determinadas hipóteses, pode ser concedida ou permitida.

O conceito de serviços públicos se apresenta um dos temas mais controvertidos em direito administrativo, existindo pelo menos três correntes distintas para a sua conceituação.[39] A dificuldade na definição exata das características essenciais à classificação de uma determinada atividade estatal como serviço público teve por consequência a chamada "crise do serviço público". Percebeu-se que pelo menos dois elementos que durante longo tempo fizeram parte essencial do núcleo desse conceito, esvaíram-se com o passar dos anos.[40]

---

[38] ALESSI, Renato. *Instituciones de derecho administra*tivo, tomo II, p. 364. Como utilidade de natureza jurídica, o autor exemplifica a inscrição de uma hipoteca sobre um imóvel pela autoridade competente; dentre os serviços de natureza econômico-social, incluem-se os transportes públicos e a iluminação pública.

[39] Pelo critério orgânico (ou subjetivo), o serviço público é aquele prestado por órgãos públicos. Pelo critério formal o serviço público é aquele disciplinado por regime de direito público, por disposição legal; e Pelo critério material o serviço público é aquele que atende direta e essencialmente a interesses da coletividade. Qualquer desses critérios, isoladamente, se apresenta insuficiente para abranger todas as características dos serviços públicos. CARVALHO FILHO, José dos Santos. *Manual de Direito Administrativo.* 15ª ed. Rio de Janeiro: Lumen Iuris, 2006, pp. 265 e 266.

[40] Conforme ressalta Agustín Gordillo, "dois elementos desta noção – a da pessoa que presta o serviço e o regime que o regula – entraram em crise há muito tempo". Questionando a necessidade de uma conceituação doutrinária de serviço público, o autor observa: "A determinação

Se antes os serviços públicos eram prestados quase sempre em regime de monopólio, atualmente ele deve, sempre que possível, sofrer competição e concorrência. A competição deverá estar presente entre diversos prestadores do próprio serviço público ou entre esse serviço público e atividades econômicas reguladas.

Um exemplo dessa nova fase e que traz grande complexidade nas relações estatais encontra-se no sistema de telecomunicações. Se antes o sistema de telecomunicações era prestado exclusivamente sob a natureza de serviço público (telefonia fixa), hoje ele é disciplinado legislativamente como sendo serviço público (telefonia fixa) e serviço privado (telefonia fixa e móvel, TV por assinatura e transmissão de dados), que devem competir entre si.

Todas essas atividades surgidas num permanente ambiente de complexidade tecnológica devem sofrer forte regulação estatal de modo a poder compatibilizar os interesses dos empresários com os dos usuários e consumidores. Nesse aspecto, o processo de agencificação colabora ao poder isolar as atividades regulatórias das considerações políticas de curto prazo e a influência de interesses das empresas reguladas.

7. Efeitos da Globalização e Agencificação

Hoje estamos diante de uma integração econômica mundial, isso sem falar dos aspectos social, cultural, político e ambiental. A globalização passa pela

---

de aplicar um regime de direito público a certa atividade, estatal ou não, é uma decisão que a doutrina não pode estipular livremente, a partir da afirmação que resolva fazer no sentido de chamá-la "serviço público"; essa determinação vem dada pelo ordenamento jurídico, na medida em que efetivamente submeta ou não, em maior ou menor grau, alguma atividade humana ao direito público. Que alguém a chame "serviço público" antes de existir a regulação legal de direito público, expressa somente uma opinião pessoal de que conviria que essa atividade fora objeto de regulação pelo direito público. Que denomine "serviço público" a uma atividade qualquer, depois que o direito público a regulou, não apenas é intranscendente, como também enseja confusões, pois muitos poderão crer, seguindo a tradição conceitual, que se rege pelo direito público porque "é" um serviço público, esquecendo-se de que é chamado convencional de serviço público porque está regido expressamente pelo direito público. Se o jurista encontra determinada atividade regida pelo direito privado, não pode chamá-la de serviço público sem induzir a equívocos. Tampouco efetua com isso alguma classificação juridicamente relevante ou útil. (...) Somente o regime jurídico positivo pode justificar a denominação". GORDILLO, Agustín. *Tratado de derecho administrativo*. 5ª ed. Belo Horizonte: Del Rey, 2003, tomo 2, cap. VI, pp. 37, 40-41.

troca de bens, serviços e informações que aumentaram, significativamente, com o advendo da internet.

No caso das telecomunicações é nítido o aumento do acesso a meios de comunicação graças ao barateamento dos aparelhos celulares e infraestrutura para as operadoras, com aumento da cobertura e incremento geral da qualidade graças a inovação tecnológica.

As empresas, a cada dia, tornam-se multinacionais, inclusive as empresas estatais brasileiras passaram a ter suas ações negociadas em bolsas de valores do exterior, sujeitando-se, portanto, a regras internacionais.

Esse preâmbulo ajuda na compreensão do processo de agencificação como sendo uma exigência do mercado internacional. Independentemente de partido político, as Agências Reguladoras ajudam na atração e manutenção de empresas multinacionais que buscam aportar recursos financeiros em locais em que as regras do jogo são conhecidas e serão mantidas por entidades independentes do jogo político-eleitoral.

Segundo a Organização para Cooperação e Desenvolvimento Econômico – OCDE, a vantagem das Agências é que elas podem isolar as atividades regulatórias das considerações políticas de curto prazo e a influência de interesses especiais, públicos das empresas reguladas. Contribuem para a atração de investimentos estrangeiros, e, sobretudo, visam a demonstração de haver segurança jurídica e compromisso com a manutenção de regras contratuais, sem percalços inerentes aos processos político-partidários.[41]

8. Conclusões

Diante da globalização e da crise do financiamento estatal boa parte dos Estados capitalistas está seguindo o modelo de organização regulatória descentralizada (agencificação). A maioria deles, como o Brasil, se vale de Agências com certa independência frente o Chefe do Poder Executivo.

O fator fundamental para a adoção desse modelo foi, e continua sendo, contribuir para que o Brasil seja escalado para o jogo econômico mundial. Foi assim nos governos Fernando Henrique Cardoso, que criou 9 (nove) Agências Reguladoras e Luis Inácio Lula da Silva, que manteve as 9 (nove)

---

[41] ORGANIZAÇÃO PARA COOPERAÇÃO E DESENVOLVIMENTO ECONÔMICO – OCDE. Relatório sobre a Reforma Regulatória no Brasil: fortalecendo a governança para o crescimento. Paris e Brasília, 2008.

e ainda criou a Agência Nacional de Aviação Civil – ANAC. Também as manteve na Lei de Saneamento Básico.[42]

O modelo de agencificação permanece intacto no atual governo Dilma Rousseff e já se cogita a criação de outras agências, como, por exemplo, mineração, seguros e energia nuclear.

---

[42] BRASIL. (Lei nº 11.445, de 05 de janeiro de 2007). Art. 20.Vetado. Parágrafo único. Incumbe à entidade reguladora e fiscalizadora dos serviços a verificação do cumprimento dos planos de saneamento por parte dos prestadores de serviços, na forma das disposições legais, regulamentares e contratuais.Art. 21. O exercício da função de regulação atenderá aos seguintes princípios: I – independência decisória, incluindo autonomia administrativa, orçamentária e financeira da entidade reguladora; II – transparência, tecnicidade, celeridade e objetividade das decisões. Art. 23. A entidade reguladora editará normas relativas às dimensões técnica, econômica e social de prestação dos serviços, que abrangerão, pelo menos, os seguintes aspectos: I – padrões e indicadores de qualidade da prestação dos serviços; II – requisitos operacionais e de manutenção dos sistemas; III – as metas progressivas de expansão e de qualidade dos serviços e os respectivos prazos; IV – regime, estrutura e níveis tarifários, bem como os procedimentos e prazos de sua fixação, reajuste e revisão; V – medição, faturamento e cobrança de serviços; VI – monitoramento dos custos; VII – avaliação da eficiência e eficácia dos serviços prestados; VIII – plano de contas e mecanismos de informação, auditoria e certificação; IX – subsídios tarifários e não tarifários; X – padrões de atendimento ao público e mecanismos de participação e informação; XI – medidas de contingências e de emergências, inclusive racionamento; XII – Vetado. § 1º A regulação de serviços públicos de saneamento básico poderá ser delegada pelos titulares a qualquer entidade reguladora constituída dentro dos limites do respectivo Estado, explicitando, no ato de delegação da regulação, a forma de atuação e a abrangência das atividades a serem desempenhadas pelas partes envolvidas. § 2º As normas a que se refere o caput deste artigo fixarão prazo para os prestadores de serviços comunicarem aos usuários as providências adotadas em face de queixas ou de reclamações relativas aos serviços. § 3º As entidades fiscalizadoras deverão receber e se manifestar conclusivamente sobre as reclamações que, a juízo do interessado, não tenham sido suficientemente atendidas pelos prestadores dos serviços. Art. 24. Em caso de gestão associada ou prestação regionalizada dos serviços, os titulares poderão adotar os mesmos critérios econômicos, sociais e técnicos da regulação em toda a área de abrangência da associação ou da prestação. Art. 25. Os prestadores de serviços públicos de saneamento básico deverão fornecer à entidade reguladora todos os dados e informações necessários para o desempenho de suas atividades, na forma das normas legais, regulamentares e contratuais. § 1º Incluem-se entre os dados e informações a que se refere o caput deste artigo aquelas produzidas por empresas ou profissionais contratados para executar serviços ou fornecer materiais e equipamentos específicos. § 2º Compreendem-se nas atividades de regulação dos serviços de saneamento básico a interpretação e a fixação de critérios para a fiel execução dos contratos, dos serviços e para a correta administração de subsídios.

DIREITO ADMINISTRATIVO: TRANSFORMAÇÕES E TENDÊNCIAS

Por problemas culturais não é fácil, no Brasil, conviverem lado a lado os representantes dos poderes políticos e esses novos entes. Suas funções tocam aquelas clássicas (normativa, executiva e judicante), surgindo superposições ou omissões; contudo, passados 15 anos da implantação e mesmo sem base constitucional expressa é possível afirmar que o modelo de agencificação e os mecanismos de controle das decisões das Agências passaram pelo teste institucional.

O Legislativo, apesar de alguns conflitos, não vem sustando atos regulatórios normativos. Pode fazê-lo por meio de Decreto Legislativo (art. 49 da Constituição Federal).

O Poder Executivo também não reformou importantes decisões regulatórias, mesmo após o posicionamento da Advocacia Geral da União ao analisar recurso contra Deliberação da Agência Nacional de Transporte Aquaviário – (ANTAQ) e concluir ser cabível a interposição de *recurso hierárquico impróprio* para os Ministérios em caso envolvendo divergência entre políticas públicas e decisões regulatórias.

O Ex-presidente Lula aprovou esse parecer em 13/06/2006, vinculando toda a organização administrativa federal, diante do poder de supervisão ministerial quando os atos e decisões possam suscitar o controle repressivo, quer se tenha por objeto a proteção de direitos subjetivos legítimos, quer o resguardo do interesse público.

Por fim, o Poder Judiciário se curvou à complexidade das escolhas regulatórias, de modo que várias decisões de 1ª e 2ª Instâncias, que substituíam deliberações das Agências, foram reformadas quando chegaram ao Superior Tribunal de Justiça. Prevaleceram, em sua maioria, as escolhas regulatórias à luz da denominada "deferência judicial", em que o Juiz reconhece suas limitações em determinadas questões técnicas complexas.

De fato, como ocorreu no anterior, o Governo atual contingencia recursos e reparte o comando das Agências entre partidos políticos da base governamental, provocando um descasamento entre aquilo que foi planejado e o que se encontra na prática. É hora de mudar. Se é certo que devemos olhar para o modelo original, também é justo concluir que está na hora de aplicarmos uma dose de inovação ao sistema regulatório nacional.

Deve-se, de início, criar um marco legal moderno, com foco na governança das Agências. O caminho está aberto. Desde 2004 tramita no Congresso Nacional o projeto de Lei nº 3.337. O projeto visa uniformizar a legislação para as dez agências federais. Também alcançará aquelas que estão no papel.

Avançou-se em alguns aspectos no referido projeto de lei. Na reformulação do desenho das Agências estão previstas, dentre outras questões, regras sobre gestão e desempenho; ouvidoria independente e mecanismos de controle social.

Mas isso é pouco do ponto de vista da governabilidade. Falta estruturar as Agências para serem órgãos de Estado – e não de um determinado Governo.

Primeiro, é preciso definir o marco legal, com atribuições expressas das funções técnicas a serem exercidas pela Agência, segregando as funções políticas de competência dos Ministérios. Isso, de certo modo, foi feito no setor de telecomunicações.

Todas as Agências devem ter um Conselho Consultivo ativo, composto de pessoas de notório reconhecimento público no setor regulado. É preciso garantir recursos financeiros, sem a possibilidade de contingenciamento. O Conselho deve ter a missão de defender o orçamento da Agência junto ao poder público central. O orçamento deve ser segregado, constituindo unidade orçamentária autônoma.

O preenchimento dos cargos de direção da Agência deve vir do mercado. A identificação dos diretores deve ser feita pelo Conselho Consultivo ou por meio de um "Comitê de Busca", formado por personalidades de notório reconhecimento público. A "busca" deve ser transparente. Por editais públicos de chamadas de candidaturas, amplamente divulgados. O ideal é identificar pessoas capazes dentre integrantes da esfera pública, da comunidade científica e tecnológica e do meio empresarial.

Nesse modelo poderão se candidatar aqueles com formação acadêmica e atuação profissional comprovada, no setor público ou privado. Os candidatos devem possuir experiência gerencial mínima de 10 (dez) anos de exercício profissional em cargos comprovadamente ocupados.

O candidato a dirigente não deve manter qualquer vínculo com entidade do setor regulado. É melhor evitar acionista ou sócio com participação no capital social de empresa coligada, controlada ou controladora. De igual modo, suprimir da lista os membros de conselho de administração, fiscal, diretoria executiva ou órgão gerencial. Também não pode ser empregado, mesmo com contrato de trabalho suspenso, ou prestador de serviço permanente ou temporário, inclusive das empresas controladoras e controladas.

DIREITO ADMINISTRATIVO: TRANSFORMAÇÕES E TENDÊNCIAS

Para reforçar a transparência, deve-se adotar o sistema de lista tríplice pelo "Comitê de Busca". A escolha dos dirigentes pelo Presidente da República deve sofrer uma eficiente sabatina pelo Senado Federal. Este deve checar todos os requisitos acima. E rejeitar quando não atendidos.

Os dirigentes devem permanecer com mandato fixo de quatro anos. Mas deve ser vedada a recondução no cargo. Esses diretores não devem decidir pensando no futuro pessoal. Na manutenção do seu cargo.

As Agências devem ter um "plano de gestão" e um "plano de execução das metas". Só assim, a sociedade em geral poderá exercer um controle efetivo (não meramente formal), sobre seus atos. Todos os dados devem ser disponibilizados, via internet, para legitimar o processo de acompanhamento e controle dos planos.

Em conclusão, os setores regulados não devem sofrer solução de continuidade na governança pública, mesmo diante da alternância decorrente do sufrágio e das ações que afetam a governabilidade. Por isso, no estágio democrático e de estabilidade política atual do Brasil a garantia do processo original de agencificação com os ajustes necessários ao seu aperfeiçoamento deve ser prioridade, retornando à pauta do Governo e do Legislativo com amplo debate nacional.

PARTE IV
PROCESSUALIZAÇÃO, DEMOCRATIZAÇÃO E (DES)BUROCRATIZAÇÃO

A PROCESSUALIZAÇÃO DO DIREITO ADMINISTRATIVO

WALLACE PAIVA MARTINS JUNIOR

1. Proêmio

Decerto um dos movimentos mais importantes do final do século passado no Direito Administrativo brasileiro foi a sua processualização que se coroou com a edição de normas básicas de processo administrativo no âmbito da Administração Pública Federal (direta e indireta) constantes da denominada Lei do Processo Administrativo (Lei n. 9.784, de 29 de janeiro de 1999).

A contemporânea concepção do Estado Democrático de Direito – fundada em baldrames como os princípios democrático e republicano, e da legalidade – transita obrigatoriamente pela adoção de normas atinentes ao modo de produção dos atos da Administração Pública para respeito aos vetores de impessoalidade, moralidade, igualdade, publicidade, motivação, segurança jurídica etc.

A principiologia da administração pública do *caput* do art. 37 da Constituição de 1988 é o marco inicial de um concerto de democratização administrativa, orientando a produção normativa subalterna na qual se inserem relevantes instrumentos de cidadania [como as Leis n. 9.051/95 (Lei de Certidões), n. 9.265/95 (Lei da Gratuidade dos Atos da Cidadania), n. 9.507/97 (Lei do *Habeas Data*) e n. 9.784/99 (Lei do Processo Administrativo), e a Lei Complementar n. 101/00 (Lei de Responsabilidade Fiscal), e que se completou com Lei n. 12.527/11 (Lei de Acesso a Informação)], estabelecendo um padrão de convergência para um conceito de administração pública aberta ao traçarem expressivas regras sobre processualização, publicidade, acesso a informação, motivação, participação popular.[1]

---

[1] Sem olvidar a colaboração decisiva da Lei n. 8.429/92 (Lei da Improbidade Administrativa) à restauração da higiene moral na Administração Pública.

DIREITO ADMINISTRATIVO: TRANSFORMAÇÕES E TENDÊNCIAS

Embora a processualização tivesse maior ênfase no sistema da *common law*[2] [como nos Estados Unidos da América (1946)] a segunda metade do século XX revelou sua expansão no direito continental europeu em países como Suíça (1968), Alemanha (1976), Luxemburgo (1978), Itália (1990), Espanha (1992) e que se conecta com leis esparsas de acesso a documentos públicos [Grã-Bretanha (2000), Irlanda (1997) e França (1978)] ou de motivação das decisões administrativa [França (1979)].[3]

Longe de ser o reflexo de um padrão de burocratização (em sentido vulgar e pejorativo) do exercício do poder, a processualização é medida de sua racionalização e, como averba Carlos Ari Sundfeld, o processo administrativo é "o mecanismo para a realização da Administração Pública impessoal".[4] Portanto, atende aos pressupostos do sistema legal-burocrático concebido por Max Weber.

O processo administrativo é a contrapartida do progressivo condicionamento da liberdade individual pelo progressivo condicionamento do *modus procedendi* da Administração Pública[5], como compensação aos particulares em face das crescentes tarefas políticas e econômicas conduzidas pela burocracia e pela tecnocracia estatais sem qualquer transparência.[6]

A tendência à processualização contribui para a solidificação de um modelo mais racional, objetivo e impessoal, servindo *grosso modo* à renovação do comportamento administrativo pelo condicionamento do uso do poder (sobretudo o discricionário) e consequente diminuição de espaços ao seu desvio.

Concorre a esta noção o abandono da ideia de exclusividade da Administração Pública na definição e consecução do interesse público pela concepção de uma pluralidade de interesses públicos, desempenhando o processo administrativo o meio de realização do interesse público consi-

---

[2] Michel Fromont. *Droit administratif des États européens*, Paris: Presses Universitaires de France, 2006, p. 209.

[3] Há o registro anterior da adoção da processualização na Áustria (1925).

[4] Carlos Ari Sundfeld. "O processo administrativo e seu sentido profundo no Brasil", *in Processo administrativo: temas polêmicos da Lei nº 9.784/99*, São Paulo: Atlas, 2011, pp. 01-12, organização de Irene Patrícia Nohara e Marco Antonio Praxedes de Moraes Filho.

[5] Celso Antônio Bandeira de Mello. *Curso de Direito Administrativo*. São Paulo: Malheiros, 2000, p. 421.

[6] Luis Felipe Colaço Antunes. *A tutela dos interesses difusos em Direito Administrativo – Para uma legitimação procedimental*. Coimbra: Almedina, 1989, p. 80.

A PROCESSUALIZAÇÃO DO DIREITO ADMINISTRATIVO

derado prioritário a partir do confronto com a multiplicidade de interesses ponderados no exercício do poder pela transparência que o informa e os fins que ela visa notadamente seu perfil instrumental em relação aos princípios jurídicos administrativos.[7] A adoção de um procedimento para tomada de decisões administrativas permite que os vários interesses (situados às vezes em regiões nebulosas ou não de conflitos próprias do Estado pluriclasse) sejam avaliados em confronto objetivo que atenda o princípio da imparcialidade na Administração Pública, arrefecendo a rigidez da unilateralidade das suas decisões. Isto não quer dizer que as decisões administrativas não sejam tomadas de maneira unilateral pela Administração, mas, explica a revalorização dada à unilateralidade das decisões administrativas que contam em seu processo formativo com ponderação objetiva dos interesses incidentes e a participação ativa dos administrados.

Para além de o processo administrativo ser formalidade legal e requisito indispensável à validade dos atos da Administração, ele é responsável pela democratização da atividade administrativa e por seu controle, fornecendo outro sentido de legitimidade ao uso do poder ao congregar funções formais e materiais que não se reduzem à sua compreensão inicial relativa ao direito de defesa do administrado em face da Administração Pública.

Decisiva é a funcionalidade que o processo administrativo desempenha em relação ao princípio da transparência administrativa. O processo administrativo é mecanismo do princípio da transparência que congrega com maior eficiência a publicidade, a motivação e a participação e a dúplice finalidade de garantia do bom funcionamento da Administração Pública e de respeito aos direitos dos administrados.

A essência do processo administrativo nos sistemas democráticos é ditada por um procedimento aberto, com direitos expressivos conferidos aos particulares, como os de informação procedimental e acesso aos documentos administrativos. Ele é tido como "ponto de encontro entre a regulação da actividade administrativa e a previsão do acesso à informa-

---

[7] Luis Felipe Colaço Antunes. *A tutela dos interesses difusos em Direito Administrativo – Para uma legitimação procedimental*. Coimbra: Almedina, 1989, pp. 35-38, 120; Rui Chancerelle de Machete. *Código do Procedimento Administrativo e Legislação Complementar*. Lisboa: Aequitas Editorial Notícias, 1992, pp. 10-11; Gustavo Henrique Justino de Oliveira. As audiências públicas e o processo administrativo brasileiro in *Revista de Direito Administrativo*. n. 209, Rio de Janeiro: Renovar, jul. /set. 1997, p. 160.

ção administrativa dentro e fora do procedimento".[8] Pois, ultrapassando o aspecto formal-garantista consubstanciado na cláusula do *due process of law*, proporciona "menor distância entre Administração e cidadãos, legitimação do poder, sistematização das atuações administrativas, melhor desempenho e controle das atividades, além de justiça nas decisões".[9]

É possível arrolar as seguintes contribuições do processo administrativo à consolidação do Estado Democrático de Direito: (a) juridicização da conduta administrativa, erigindo o devido processo legal administrativo; (b) moralização pela diminuição dos espaços propícios ao desvio de poder; (c) imposição de transparência à ação administrativa pelas exigências da motivação, publicidade e participação do administrado; (d) garantia de imparcialidade; (e) alcance de eficiência da atividade administrativa pela ponderação objetiva dos interesses envolvidos, de modo a orientar, sobretudo na competência discricionária, a adoção da solução mais adequada ao interesse público; (f) segurança jurídica em razão da previsibilidade e da uniformidade no modo de produção dos mais variados atos jurídicos da Administração Pública; (g) relação de vinculação substancial entre o procedimento e o ato ou decisão proferidos, com idêntica eficácia à teoria dos motivos determinantes; (f) aperfeiçoamento dos níveis de controle da ação administrativa.

A Constituição Federal de 1988 dedica especial relevo ao devido processo legal, fonte do processo administrativo (art. 5º, XLV a XLVII, LIII a LVI, LX), que se irradia além do catálogo de direitos fundamentais.[10] O processo administrativo como expressão do devido processo legal surge como modo de produção dos atos da Administração Pública para além das situações que envolvam o poder sancionador estatal e colima, em suma, a tomada de decisão que melhor concretize o interesse público, como um padrão da competência administrativa decisória.

---

[8] David Duarte. *Procedimentalização, participação e fundamentação: para uma concretização do princípio da imparcialidade administrativa como parâmetro decisório*. Coimbra: Almedina, 1996, pp. 40-41, 68.

[9] Gustavo Henrique Justino de Oliveira. As audiências públicas e o processo administrativo brasileiro in *Revista de Direito Administrativo*. n. 209, Rio de Janeiro: Renovar, jul. /set. 1997, p. 160.

[10] Como no regramento dos servidores públicos em que, entre as outras hipóteses, a perda da estabilidade é subordinada ao processo administrativo seja pela prática de ilícito administrativo seja pela avaliação periódica de desempenho (arts. 41, § 1º, II e III e 247, Constituição).

A PROCESSUALIZAÇÃO DO DIREITO ADMINISTRATIVO

A estrutura da norma geral de processo administrativo (federal) o predispõe à dúplice finalidade que altera a tradicional dimensão unilateral e autoritária da Administração Pública: o bom funcionamento administrativo e a garantia dos direitos dos administrados pela observância de suas regras procedimentais e dos princípios jurídicos administrativos (arts. 1º e 2º, Lei n. 9.784/99).

A tendência à processualização que antes era acantonada a liturgias específicas para determinados atos foi superada com a introdução de normas basilares de processo administrativo na Lei n. 9.784/99 (com eficácia restrita à União) e a expansão do condicionamento da atividade decisória da Administração Pública a processos típicos em que, não obstante a sua singularidade, impera a subsidiariedade daquele diploma normativo.

A Lei n. 9.784 esclarece que os processos administrativos específicos continuam regidos por suas respectivas leis próprias, com aplicação subsidiária de seus preceitos (art. 69). Suas disposições se aplicam aos demais processos administrativos especiais (e a qualquer atividade jurídica da Administração Pública inclusive as que eventualmente não sejam processualizadas), de modo que todo e qualquer preceito específico de lei processual especial continua prevalecendo naquilo que for peculiar, singular e específico, perdendo eficácia os preceitos específicos de leis processuais especiais que contrariem as normas gerais, e se aplicando estas à ausência de norma específica.

No direito espanhol essa funcionalidade já foi aquilatada. Eduardo Garcia de Enterria e Tomás Ramon Fernandez registram a utilidade da lei genérica pela concentração de princípios que constituem o básico estrutural essencial à instituição jurídica que é o processo administrativo, na medida em que estes princípios constituem o único meio de assegurar o mínimo de unidade, reduzindo a tendência de dispersão ou de particularismo. Somente assim encontra-se uma saída razoável para a permanente e inevitável tensão entre o processo geral ordinário e os múltiplos procedimentos especiais (em razão de matéria, da finalidade especifica ou do ente público atuante). Ademais, afirmam que só assim poderá chegar-se a compreensão da essência última da instituição em sua tríplice dimensão: isto é, do processo administrativo como veículo de participação dos administrados na elaboração das decisões administrativas; mecanismo de garantia dos direitos dos particulares; e causa para pronta e eficácia de satisfação dos interesses gerais.[11] No direito alemão a lei geral de processo administrativo é festejada pelos objetivos de unificação do Direito e de simplificação e racionalização da Administração.[12] Aliás, a doutrina aponta como tendência geral dos códigos de procedimento administrativo não contencioso é de obrigar a Administração Pública a se inspirar, na tomada de decisões, num certo número de regras. [13]

Ainda que possa haver controvérsia, como no direito italiano, sobre a natureza da lei de processo administrativo,[14] as regras gerais do processo administrativo estabelecem preceitos que formam "o mínimo denominador comum da ação administrativa", como assinala Odete Medauar.[15] Eles podem ser resumidos na participação (compreensiva dos direitos de petição e de defesa), no formalismo moderado, na publicidade (inclusiva do direito de acesso), na decidibilidade (compreensiva do dever de decidir e da motivação) e na recorribilidade.

No direito brasileiro vigente, no âmbito federal, a tendência à processualização já era sentida na exigência de sua observância pela jurisprudência[16] e no estabelecimento de processos administrativos específicos. Além do processo administrativo disciplinar delineado na Lei n. 8.112/90 e do processo licitatório pelas balizas gerais (Lei n. 8.666/93) ou especiais (Leis n. 8.987/95, n. Lei n. 9.472/98,[17] n. 10.520/02, n. 11.079/04), registram-se, por exemplo, os processos administrativos de acesso a informações

---

[11] Eduardo Garcia de Enterria e Tomás Ramon Fernandez. *Curso de Derecho Administrativo*, Madrid: Editorial Civitas, 1997 vol. II, p. 452.

[12] Hartmut Maurer. *Direito Administrativo Geral*, Barueri: Manole, 2006, 14ª ed., p. 108, tradução de Luís Afonso Heck.

[13] Charles Debbasch. *Science Administrative*. Paris: Dalloz, 1980, n. 94-2 e 94-3, pp. 107-108.

[14] Na Itália, Sabino Cassese não considera a Lei n. 241, de 07 de agosto de 1990, como lei geral de processo administrativo porque ela não contém a tipologia dos processos singulares nem regula todos os princípios do processo, operando como norma residual (*Le Basi del Diritto Amministrativo*, Milano: Garzanti, 2000, 6ª ed., p. 329).

[15] Odete Medauar. *O Direito Administrativo em Evolução*. São Paulo: Revista dos Tribunais, 1992, pp. 212-213.

[16] "(...) II – O entendimento desta Corte é no sentido de que o princípio do devido processo legal, de acordo com o texto constitucional, também se aplica aos procedimentos administrativos. (...)" (STF, AgR-AI 592.340-PR, 1ª Turma, Rel. Min. Ricardo Lewandowski, 20-11-2007, v.u., DJe 14-12-2007).

[17] As modalidades licitatórias de pregão e consulta (arts. 54 a 58) estão previstas para as contratações da ANATEL – Agência Nacional de Telecomunicações.

A PROCESSUALIZAÇÃO DO DIREITO ADMINISTRATIVO

públicas (Lei n. 12.527/11), apuração de suficiência de desempenho (art. 3º, IV, Lei n. 9.962/00), atribuição, modificação ou extinção de situação jurídica, vantagens ou direitos (arts. 5º a 7º, Lei n. 9.790/99), elaboração de normas por agências reguladoras (art. 42, Lei n. 9.472/97; art. 19, Lei n. 9.478/97)[18], autorização de atividades sujeitas ao controle estatal (art. 136, Lei n. 9.472/97), outorga de uso de bens públicos (art. 8º, Lei n. 9.984/00; arts. 7º a 10, Lei n. 9.636/98) ou de exploração de atividades (arts. 12, I, 13, 28 a 49, Lei n. 10.233/01), realização de despesa pública (Lei n. 4.320/64), imposição de sanções de polícia ou de títulos jurídicos especiais (art. 32, Lei n. 8.884/94; art. 71, Lei n. 9.605/98; arts. 280 a 290, Lei n. 9.503/97; arts. 78 a 88, Lei n. 8.666/93), desfazimento de contratos administrativos (arts. 49 e 59, Lei n. 8.666/93).

Esse sentido de direção de processualização deve se espargir aos outros entes federativos como Estados, Distrito Federal e Municípios à vista da autonomia administrativa. Cita-se o exemplo a Lei n. 10.177, de 30 de dezembro de 1998, do Estado de São Paulo, editada antes da Lei n. 9.784/99, regulando o processo administrativo no âmbito da Administração Pública Estadual e instituindo vários procedimentos administrativos.

Este ensaio tem o propósito de analisar as características do processo administrativo e sua função em relação às prerrogativas da Administrativa Pública e à estrutura de seus atos, dedicando relevo à participação, à decidibilidade, à recorribilidade e à publicidade à luz da Lei n. 9.784/99 e dos princípios constitucionais e, por último, avaliar sua relação com os procedimentos investigatórios.

2. Uma antiga polêmica: processo *versus* procedimento

Processo administrativo é expressão que designa tanto o conjunto de atos coordenados para a solução de uma controvérsia no âmbito administrativo quanto a série de atos preparatórios para a emissão de uma decisão da Administração Pública. Essa abrangência conceitual conduziu à dis-

---

[18] A invocação desse exemplo é proposital porque, salvo as explícitas exceções normativas, carece o direito brasileiro de autêntica democratização (abertura) na elaboração de regulamentos (mormente num sistema onde o poder normativo da Administração Pública é amplo, seja autônomo seja executivo), o que tem a potencialidade de evitar vícios (corporativismo, captura, isolacionismo, favoritismo) mercê de configurar contenção do exercício do poder.

DIREITO ADMINISTRATIVO: TRANSFORMAÇÕES E TENDÊNCIAS

tinção entre processo e procedimento administrativo,[19] radicada na sua litigiosidade ou não entre a Administração Pública e o administrado (ou o servidor público), e pela qual se reservava ao termo "processo administrativo" a atuação administrativa que encerrava um conflito.[20] E não obstante, é frequente a utilização do vocábulo "procedimento administrativo" para designação de processo administrativo em razão da tradição ou praxe administrativa.[21]

Após a edição da Lei n. 9.784/99 (Lei do Processo Administrativo) essa distinção foi superada. A processualização como regra da atividade administrativa a suplanta porque uma lei geral de processo administrativo não regula apenas os chamados processos administrativos em sentido estrito, mas toda a atividade decisória da Administração, sem exceções, independentemente do modo como ela se expressa, conforme ponderou Carlos Ari Sundfeld.[22] A Administração Pública tem o dever de desenvolver o processo administrativo para qualquer atividade decisória (arts. 5º, LIV e LV, e 37, Constituição Federal) como garantia de seu bom funcionamento e de respeito aos direitos dos administrativos.

A distinção pretérita não resiste à compreensão da potencialidade de existência de situações de conflitualidade em qualquer espécie (ou em sua maioria) de atividade decisória da Administração Pública tendo em vista a multiplicidade de interesses que podem ou não gravitar ao seu redor.

---

[19] E que corresponde aos termos "processo administrativo contencioso" e "processo administrativo gracioso", respectivamente. No direito espanhol, italiano e português ainda se usa a expressão "procedimento administrativo" para designar aquilo que, no Brasil, se denomina, em sentido amplo, "processo administrativo". Ao longo deste discurso, as referências da legislação, doutrina e jurisprudência estrangeiras a "procedimento administrativo" como expressões ao "processo administrativo" foram preservadas.

[20] Hely Lopes Meirelles. *Direito Administrativo Brasileiro*, São Paulo: Malheiros, 2009, 35ª ed., p. 691.

[21] José dos Santos Carvalho Filho emprega a expressão procedimento administrativo como "sequencia de atividades da Administração, interligadas entre si, que visa a alcançar determinado efeito final previsto em lei" cuja formalização "se consuma, em geral, através de processo administrativo, este indicativo das relações jurídicas entre os participantes do procedimento", razão pela qual censura a expressão procedimento administrativo como substitutiva de processo administrativo (*Manual de Direito Administrativo*, São Paulo: Atlas, 2012, 25ª ed., pp. 149-150).

[22] Carlos Ari Sundfeld. Processo e Procedimento Administrativo no Brasil in *As Leis do Processo Administrativo*. São Paulo: Malheiros, 2000, p. 19, coordenação Carlos Ari Sundfeld e Guillermo Andrés Muñoz.

A PROCESSUALIZAÇÃO DO DIREITO ADMINISTRATIVO

Também não se ajusta a posição processual que a Administração Pública deve desempenhar (que não é de parte contrária aos interesses de particulares), gizada, entre outros, pelos princípios de impessoalidade e de imparcialidade. Ademais, tecnicamente não é heresia afirmar que processo é um meio para que se atinja um fim, o fim é a emissão de uma decisão, enquanto o procedimento é um modo pelo qual se desenvolve o processo; por isso, é que se tem um processo administrativo com vários modos (ou modalidades com liturgias ou ritos diferenciados) de desenvolvimento, que constituem procedimentos administrativos. Em outras palavras, procedimentos administrativos são modalidades singulares de processo administrativo, o modo pelo qual se realiza o meio (processo) para o alcance de um fim (ato, contrato etc.).[23]

Há espécies de processo administrativo, timbrados em função da relação jurídica ou da finalidade destinada (processo administrativo disciplinar, processo administrativo tributário, processo administrativo de outorga, processo administrativo de concurso público, processo administrativo de licitação, processo administrativo de despesa pública etc.) que podem compreender vários modos diferenciados de desenvolvimento em atenção às necessidades ou utilidades administrativas especificamente consideradas, e que se constituem em procedimentos do processo administrativo (por exemplo, o processo licitatório é composto de modalidades: concorrência, tomada de preços, convite, concurso, leilão, pregão). Se processo administrativo é gênero nem por isso procedimento administrativo é espécie.

Portanto, o uso da expressão "processo administrativo" para designar a série de atos sucessivos e coordenados visando à emissão de uma solução é tecnicamente adequado, reservando-se o termo "procedimento administrativo" para designar as modalidades de processo administrativo ou de suas espécies.

Enfim, o processo administrativo é o instrumento de preparação e formação de uma decisão administrativa (o modo de produção dos atos da Administração Pública), inclusive para solução de controvérsias em seu

---

[23] Assim se expressa Celso Antônio Bandeira de Mello, preferindo o vocábulo "processo" e reservando o termo "procedimento" para a modalidade ritual de cada processo (*Curso de Direito Administrativo*. São Paulo: Malheiros, 2000, p. 418). José Cretella Júnior menciona que "procedimento é uma operação menor dentro da operação maior, o processo. Procedimentos são partes ou operações menores que integram o processo" (*Manual de Direito Administrativo*, Rio de Janeiro: Forense, 2000, 7ª ed., p. 368, n. 304).

DIREITO ADMINISTRATIVO: TRANSFORMAÇÕES E TENDÊNCIAS

âmbito, e que caracteriza requisito de validade (formalidade essencial) com idêntica importância aos processos legislativo e judicial na execução das funções estatais básicas.

2. Processo administrativo: formalidade essencial

Emerge no ordenamento jurídico brasileiro o processo administrativo como elemento integrante da manifestação de vontade do Estado no exercício da atividade jurídico-administrativa. Trata-se de elemento formal cuja imperfeição ou preterição conduz à invalidade do ato da Administração Pública por constituir formalidade [24] essencial na produção desses atos. Conquanto forma seja "o revestimento material do ato" e procedimento "o conjunto de operações exigidas para sua perfeição" [25] adota-se a concepção ampla de forma do ato, inclusiva de formalidade, e cuja inobservância (total ou parcial) redunda em idêntica consequência (anulação) por ser indispensável (art. 2°, *b*, Lei n. 4.717/65 – Lei da Ação Popular).

Abstraída uma prospecção com maior profundidade a abordar as categorias de direito subjetivo e interesse legítimo (que não é desmerecida, mas, escapa ao âmbito deste ensaio), o administrado tem direito à observância e a perfeição do processo administrativo não apenas como elementar ao direito de defesa nos casos em que tenha repercussão desfavorável na sua esfera de direitos e liberdades. Se, nesse sentido, a contribuição da jurisprudência foi decisiva para espargir a exigibilidade do processo administrativo a qualquer decisão administrativa que tenha a potencialidade de repercutir negativa na esfera de direitos e interesses dos administrados – criação, alteração ou extinção de situações jurídicas[26] e imposição de

---

[24] Edmir Netto de Araújo conceitua formalidades como "solenidades, procedimentos ou pressupostos intermediários indispensáveis para a formação da declaração" (*Curso de Direito Administrativo*, São Paulo: Saraiva, 2010, 5ª ed., p. 497).

[25] Hely Lopes Meirelles. *Direito Administrativo Brasileiro*, São Paulo: Malheiros, 2009, 35ª ed., p. 156.

[26] Na doutrina, Sérgio Ferraz e Adilson Abreu Dallari (*Processo Administrativo*. São Paulo: Malheiros, 2001, pp. 44-47). Na jurisprudência, a orientação é assente: "ATO ADMINISTRATIVO – REPERCUSSÕES – PRESUNÇÃO DE LEGITIMIDADE – SITUAÇÃO CONSTITUÍDA – INTERESSES CONTRAPOSTOS – ANULAÇÃO – CONTRADITÓRIO. Tratando da anulação de ato administrativo cuja formalização haja repercutido no campo de interesses individuais, a anulação não prescinde da observância do contraditório, ou seja, da instauração de processo administrativo que enseje a audição daqueles que terão modificada situação já alcançada. Presunção de legitimidade do ato administrativo praticado, que não

A PROCESSUALIZAÇÃO DO DIREITO ADMINISTRATIVO

ônus, sanções e obrigações[27] – limitando e condicionando a autotutela e

pode ser afastada unilateralmente porque é comum à Administração e ao particular" (RTJ 156/1042). A jurisprudência exige o processo administrativo como requisito para anulação de posse de servidores públicos admitidos por concurso público eivado de irregularidade (RSTJ 12/198; RSTJ 08/252; RT 707/153) bem como para o julgamento das contas do Chefe do Poder Executivo após o parecer do Tribunal de Contas: "JULGAMENTO DAS CONTAS DE EX-PREFEITO MUNICIPAL. PODER DE CONTROLE E DE FISCALIZAÇÃO DA CÂMARA DE VEREADORES (CF, ART. 31). PROCEDIMENTO DE CARÁTER POLÍTICO- -ADMINISTRATIVO. NECESSÁRIA OBSERVÂNCIA DA CLÁUSULA DA PLENITUDE DE DEFESA E DO CONTRADITÓRIO (CF, ART. 5º, LV). DOUTRINA. PRECEDENTES. TRANSGRESSÃO, NO CASO, PELA CÂMARA DE VEREADORES, DESSAS GARANTIAS CONSTITUCIONAIS. SITUAÇÃO DE ILICITUDE CARACTERIZADA. CONSEQUENTE INVALIDAÇÃO DA DELIBERAÇÃO PARLAMENTAR CONSUBSTANCIADA EM DECRETO LEGISLATIVO. RECURSO EXTRAORDINÁRIO CONHECIDO E PROVIDO. – O controle externo das contas municipais, especialmente daquelas pertinentes ao Chefe do Poder Executivo local, representa uma das mais expressivas prerrogativas institucionais da Câmara de Vereadores, que o exercerá com o auxílio do Tribunal de Contas (CF, art. 31). Essa fiscalização institucional não pode ser exercida, de modo abusivo e arbitrário, pela Câmara de Vereadores, eis que – devendo efetivar-se no contexto de procedimento revestido de caráter político- -administrativo – está subordinada à necessária observância, pelo Poder Legislativo local, dos postulados constitucionais que asseguram, ao Prefeito Municipal, a prerrogativa da plenitude de defesa e do contraditório. – A deliberação da Câmara de Vereadores sobre as contas do Chefe do Poder Executivo local há de respeitar o princípio constitucional do devido processo legal, sob pena de a resolução legislativa importar em transgressão ao sistema de garantias consagrado pela Lei Fundamental da República" (RE 682.011-SP, Rel. Min. Celso de Mello, 08-06-2012, DJe 13-06-2012).

[27] "RESTRIÇÃO DE DIREITOS E GARANTIA DO 'DUE PROCESS OF LAW'. – O Estado, em tema de punições disciplinares ou de restrição a direitos, qualquer que seja o destinatário de tais medidas, não pode exercer a sua autoridade de maneira abusiva ou arbitrária, descon- siderando, no exercício de sua atividade, o postulado da plenitude de defesa, pois o reco- nhecimento da legitimidade ético-jurídica de qualquer medida estatal – que importe em punição disciplinar ou em limitação de direitos – exige, ainda que se cuide de procedimento meramente administrativo (CF, art. 5º, LV), a fiel observância do princípio do devido processo legal. A jurisprudência do Supremo Tribunal Federal tem reafirmado a essencialidade desse princípio, nele reconhecendo uma insuprimível garantia, que, instituída em favor de qualquer pessoa ou entidade, rege e condiciona o exercício, pelo Poder Público, de sua atividade, ainda que em sede materialmente administrativa, sob pena de nulidade do próprio ato punitivo ou da medida restritiva de direitos. Precedentes. Doutrina" (RTJ 183/371).

"1) ADMINISTRATIVO. MANDADO DE SEGURANÇA. LEGITIMIDADE PASSIVA DE AUTORIDADES INTEGRANTES DO TCU NOS TERMOS DA JURISPRUDÊNCIA DO STF E DO ART. 6º, §3º, DA LEI Nº 12.016. 2) DESCONTO NOS SUBSÍDIOS DE MAGISTRADOS PARA A RECOMPOSIÇÃO DE VALORES PERCEBIDOS INDEVIDAMENTE. A REALIo poder extroverso da Administração Pública, sua atual dimensão avança para a compreensão de uma atuação conforme uma liturgia, que deve ser observada como modo de produção dos atos da Administração Pública sejam eles favoráveis ou desfavoráveis sob o prisma da repercussão sobre a esfera de direitos, liberdades e interesses jurídicos dos administrados.

Como decorrência dos princípios administrativos (art. 37, Constituição Federal; art. 2º, Lei n. 9.784/99), em especial a legalidade (em sentido amplo), e dos pressupostos da indisponibilidade e supremacia do interesse público, a Lei n. 9.784/99 (art. 53) expressa prerrogativas unilaterais especiais do regime jurídico administrativo relacionadas ao desfazimento do ato administrativo por motivo de ilegalidade (anulação) ou de conveniência ou oportunidade (revogação), reproduzindo a fórmula da Súmula 473 do Supremo Tribunal Federal, e que são projeções do princípio da autotutela administrativa. Ela revela tratar-se a anulação de dever administrativo e a revogação de faculdade (art. 53).[28]Para evitar a preponderância da forma sobre o conteúdo, tendo em conta a distinção dos efeitos da anulação e da revogação, conceitua o exercício do direito de anulação qualquer medida de autoridade administrativa consistente na impugnação à validade do

---

ZAÇÃO DO DESCONTO OU A SUA MAJORAÇÃO DEPENDEM DA OBSERVÂNCIA DO CONTRADITÓRIO E DA AMPLA DEFESA. 3) É QUE AS MANIFESTAÇÕES DE VONTADE DA ADMINISTRAÇÃO PÚBLICA DEVEM, À MEDIDA DO QUE FOR POSSÍVEL E VIÁVEL, TAL COMO IN CASU, OBEDECER UM PROCESSO DIALÉTICO QUE CONTE COM A OITIVA DA PARTE INTERESSADA. 4) A PROCEDIMENTALIZAÇÃO DOS ATOS ADMINISTRATIVOS EXIGE O RESPEITO E PRÉVIA CONSULTA AOS ADMINISTRADOS AFETADOS QUANDO DA EDIÇÃO DE UM ATO ESTATAL EXECUTADO NA FUNÇÃO ADMINISTRATIVA. 5) MAJORAÇÃO DE 1% PARA 10% DO DESCONTO POR ATO UNILATERAL DA ADMINISTRAÇÃO OFENDE O ATO JURÍDICO PERFEITO E ULTRAPASSA OS LIMITES DE DISCRICIONARIEDADE DA ADMINISTRAÇÃO PÚBLICA. 6) CONCESSÃO DA SEGURANÇA, A FIM DE IMPEDIR A MAJORAÇÃO DO DESCONTO NOS CONTRACHEQUES DOS ASSOCIADOS DA DEMANDATE PARA 10% DA REMUNERAÇÃO BRUTA, FICANDO MANTIDO O DESCONTO DE 1%, EM RAZÃO DA NECESSIDADE DE PRESERVAÇÃO DO ATO JURÍDICO PERFEITO, AUSÊNCIA DE DISCRICIONARIEDADE DO TCU E POR CONTA DA INOBSERVÂNCIA DO CONTRADITÓRIO E DA AMPLA DEFESA" (STF, MS 27.851-DF, Tribunal Pleno, Rel. Min. Luiz Fux, 27-09-2011, m.v., DJe 23-11-2011).

[28] A conceituação da revogação como faculdade jurídica da Administração Pública é relativa, pois, ela pode assumir a condição de dever jurídico quando o interesse público assim manifestar num juízo de mérito (conveniência e oportunidade).

ato (art. 53, § 2º), pouco importando a denominação que se lhe atribua na situação concreta.

A relação legal não exclui outras formas de desfazimento (ou retirada) do ato administrativo (cassação, caducidade, contraposição). Também não trata da eficácia (retroativa ou não) desses institutos. Nem dos limites da revogação ao empregar apenas a locução "respeitados os direitos adquiridos", pois, ela é considerada inviável em face de atos vinculados, atos de efeitos instantâneos ou exauridos etc., e tem, por exemplo, trato mais restrito em outros diplomas (arts. 49 e 59, Lei n. 8.666/93).

Para fins da autotutela administrativa o exercício do direito de anulação de atos com efeitos favoráveis para os administrados subordina-se a prazo quinquenal de decadência (art. 54, § 1º, Lei n. 9.784/99). A matéria tem sintonia com o tratamento legal da prescrição das obrigações estatais e da ação punitiva estatal (Decreto n. 20.910/32; Decreto-lei n. 4.597/42; Lei n. 9.873/99). Contudo, não se aplica ao controle jurisdicional e aos atos contaminados pela má-fé. A instituição da decadência do direito de anulação administrativa cessou a intensa divergência pretoriana e doutrinária sobre os efeitos da inércia no dever de preservação (recomposição ou restauração) da legalidade.

A anulação exige motivação (art. 50, VIII, Lei n. 9.784/99) e o devido processo legal (processo administrativo), notadamente de ato administrativo cuja formalização tenha repercussão na esfera de direitos ou interesses individuais, sem implicar subtração do dever-poder de anular seus próprios atos maculados por ilegalidade.

O processo administrativo se impõe sempre quando existam interesses contrapostos, abarcando toda atuação estatal em que a esfera de direitos do administrado puder ser de qualquer modo atingida ou afetada. Sendo requisito formal e essencial que proporciona a manifestação do interessado antes da desconstituição ou modificação da relação jurídica ou da imposição de sanção, dever ou ônus,[29] a premissa é absolutamente lógica e é

---

[29] "Nos processos perante o TCU asseguram-se o contraditório e a ampla defesa quando da decisão puder resultar anulação ou revogação de ato administrativo que beneficie o interessado, excetuada a apreciação da legalidade do ato de concessão inicial de aposentadoria, reforma e pensão" (Súmula Vinculante 03, STF).
"I. Tribunal de Contas: competência: contratos administrativos (CF, art. 71, IX e §§ 1º e 2º). O Tribunal de Contas da União – embora não tenha poder para anular ou sustar contratos administrativos – tem competência, conforme o art. 71, IX, para determinar à autoridade

DIREITO ADMINISTRATIVO: TRANSFORMAÇÕES E TENDÊNCIAS

corroborada pela simetria das formas: se a criação do ato deve ser subordinada ao devido processo legal, também o serão a modificação ou extinção. Contudo, e para além, o processo administrativo é o instrumento de transparência estatal que proporciona o controle a qualquer pessoa.

Como a revogação é outra medida do desfazimento do ato administrativo, embora com competência, pressupostos e efeitos diferentes, as exigências da motivação (art. 50, VIII, Lei n. 9.784/99) e do processo administrativo também se impõem.[30]

administrativa que promova a anulação do contrato e, se for o caso, da licitação de que se originou. II. Tribunal de Contas: processo de representação fundado em invalidade de contrato administrativo: incidência das garantias do devido processo legal e do contraditório e ampla defesa, que impõem assegurar aos interessados, a começar do particular contratante, a ciência de sua instauração e as intervenções cabíveis. Decisão pelo TCU de um processo de representação, do que resultou injunção à autarquia para anular licitação e o contrato já celebrado e em começo de execução com a licitante vencedora, sem que a essa sequer se desse ciência de sua instauração: nulidade. Os mais elementares corolários da garantia constitucional do contraditório e da ampla defesa são a ciência dada ao interessado da instauração do processo e a oportunidade de se manifestar e produzir ou requerer a produção de provas; de outro lado, se se impõe a garantia do devido processo legal aos procedimentos administrativos comuns, a fortiori, é irrecusável que a ela há de submeter-se o desempenho de todas as funções de controle do Tribunal de Contas, de colorido quase – jurisdicional. A incidência imediata das garantias constitucionais referidas dispensariam previsão legal expressa de audiência dos interessados; de qualquer modo, nada exclui os procedimentos do Tribunal de Contas da aplicação subsidiária da lei geral de processo administrativo federal (L. 9.784/99), que assegura aos administrados, entre outros, o direito a "ter ciência da tramitação dos processos administrativos em que tenha a condição de interessado, ter vista dos autos (art. 3º, II), formular alegações e apresentar documentos antes da decisão, os quais serão objeto de consideração pelo órgão competente". A oportunidade de defesa assegurada ao interessado há de ser prévia à decisão, não lhe suprindo a falta a admissibilidade de recurso, mormente quando o único admissível é o de reexame pelo mesmo plenário do TCU, de que emanou a decisão" (STF, MS 23.550-DF, Tribunal Pleno, Rel. Min. Sepúlveda Pertence, 04-04-2001, m.v., DJ 31-10-2001).
[30] "RECURSO EXTRAORDINÁRIO. DIREITO ADMINISTRATIVO. EXERCÍCIO DO PODER DE AUTOTUTELA ESTATAL. REVISÃO DE CONTAGEM DE TEMPO DE SERVIÇO E DE QUINQUÊNIOS DE SERVIDORA PÚBLICA. REPERCUSSÃO GERAL RECONHECIDA. 1. Ao Estado é facultada a revogação de atos que repute ilegalmente praticados; porém, se de tais atos já decorreram efeitos concretos, seu desfazimento deve ser precedido de regular processo administrativo. 2. Ordem de revisão de contagem de tempo de serviço, de cancelamento de quinquênios e de devolução de valores tidos por indevidamente recebidos apenas pode ser imposta ao servidor depois de submetida a questão ao devido processo administrativo, em que se mostra de obrigatória observância o respeito ao princípio do

A PROCESSUALIZAÇÃO DO DIREITO ADMINISTRATIVO

Ao prever *a latere* a convalidação (art. 55, Lei n. 9.784/99), o ordenamento jurídico valoriza o dever de preservação (recomposição ou restauração) da legalidade, sob o amparo dos requisitos do saneamento do defeito e da improdutividade de lesão ao interesse público ou prejuízo a terceiros. A lei a apresenta como faculdade, quando, em verdade, é dever afinado com a segurança jurídica e a recomposição da legalidade. Se ela não discrimina as suas modalidades (reforma, conversão e retificação), porém, exige motivação (art. 50, VIII, Lei n. 9.784/99) para aquilatar objetivamente seus limites (inexistência de lesão ao interesse público e prejuízo a terceiros). Ora, sendo a sanatória uma decisão, também a ela se aplica a necessidade de processo administrativo.

3. Princípios

A estrutura normativa do processo administrativo é pontuada por um mínimo denominador comum de regras fundamentais para sua constituição. Elas consistem na participação, no formalismo moderado, [31] na publicidade, na decidibilidade e na recorribilidade que devem estar presentes em qualquer normativa de processo administrativo. Esse conjunto reflete a morfologia basal do processo administrativo, atuando como princípios (específicos) do processo administrativo aos quais são adicionados os próprios princípios (genéricos) da administração pública, todos constantes da Lei do Processo Administrativo Federal.

Nesse ponto, a Lei n. 9.784/99 assume idêntica natureza a da Lei n. 241, de 07 de agosto de 1990, da Itália, que, segundo Guido Landi e Giuseppe Potenza, supriu a lacuna sentida no ordenamento italiano de uma *"normativa intesa a disciplinare in via generale il procedimento amministrativo, con prescrizioni aventi il carattere di principi"*.[32]

---

contraditório e da ampla defesa. 3. Recurso extraordinário a que se nega provimento" (STF, RE 594.296-MG, Tribunal Pleno, Rel. Min. Dias Toffoli, 21-09-2011, v.u., DJe 13-02-2012).

[31] O informalismo (ou formalismo moderado) e a simplicidade formal impõem a suspensão de trâmites desnecessários, a flexibilização de formas, a dispensa de formas não essenciais, e que não é invocável em favor da Administração Pública (Roberto Dromi. *Derecho Administrativo*. Buenos Aires: Ediciones Ciudad Argentina, 1997, pp. 845-846). A simplicidade de formas requer adequado grau de certeza, segurança e respeito aos direitos dos administrados (art. 2º, IX, Lei n. 9.784/99), sendo exigíveis somente as formalidades essenciais a eles (art. 2º, VIII, Lei n. 9.784/99).

[32] Guido Landi e Giuseppe Potenza. *Manuale di Diritto Amministrativo*, Milano: Dott. A Giuffrè, 1997, pp. 224-231.

DIREITO ADMINISTRATIVO: TRANSFORMAÇÕES E TENDÊNCIAS

Além de incorporar os princípios gerais do Direito Administrativo e da Administração Pública, inclusive catalogados no art. 37 da Constituição de 1988 [legalidade, impessoalidade, moralidade, publicidade, proporcionalidade, interesse público, motivação, segurança jurídica, razoabilidade, finalidade, eficiência, e devido processo legal (ampla defesa e contraditório)] no art. 2º, a Lei n. 9.784/99 explicita seus conteúdos de maneira sintética e ainda cunha os princípios de participação, formalismo moderado, gratuidade, impulso oficial, irretroatividade da interpretação normativa (que é uma decorrência do princípio de segurança jurídica), publicidade, recorribilidade, e decidibilidade.

Um princípio que não deve ser olvidado é o da celeridade e da duração razoável do processo. O inciso LXXVIII do art. 5º da Constituição de 1988, acrescentado pela Emenda n. 45/04, enuncia que "a todos, no âmbito judicial e administrativo, são assegurados a razoável duração do processo e os meios que garantam a celeridade de sua tramitação". O preceito se aplica explicitamente aos processos administrativos. Ele traduz garantia fundamental que se conecta ao princípio de decidibilidade, acolhido pela Lei do Processo Administrativo Federal nos arts. 48 e 49 com a obrigação de decidir no prazo após o término da instrução, e que se conecta a simplicidade formal e ao impulso oficial. Ele se irradia também na própria instrução, refutando diligências ou formalidades despiciendas, e exigindo previsão temporal de seu transcurso e de seus atos e fases, compelindo a Administração Pública à adoção de expedientes de agilidade procedimental que visem à resolução, de maneira a impor prazos razoáveis à míngua de previsão específica. Está em seu domínio, ainda, a vedação à solução de continuidade do trâmite processual. Por ele, o administrado tem direito à propulsão e à conclusão processuais, vencendo a inércia, a omissão e a morosidade injustificada.

4. Espécies
São variáveis na doutrina brasileira as espécies de processo administrativo, sendo rica a taxonomia.

Segundo Hely Lopes Meirelles há quatro modalidades de processo administrativo: de expediente, de outorga, de controle e punitivo. O processo de outorga é o que se pleiteia algum direito ou situação individual (licenças, concessões, permissões) e a decisão é vinculante diante de direitos subjetivos, salvo os atos precários; o processo de controle é o que rea-

A PROCESSUALIZAÇÃO DO DIREITO ADMINISTRATIVO

liza verificações e declara situação, direito ou conduta do administrado ou de servidor, com caráter vinculante (prestação de contas, atividades fiscalizadas); o processo punitivo colima a imposição de penalidade prevista em lei, regulamento ou contrato ao administrado ou servidor, iniciado por auto de infração ou representação motivados.[33] Diógenes Gasparini acresce mais espécie: de polícia.[34]

José Cretella Júnior se refere a vários critérios de classificação: (a) raio de ação (externo e interno); (b) objeto (disciplinar ou criminal); (c) desfecho (condenatório ou absolutório); (d) juricidade (contencioso ou gracioso); (e) forma (sumária ou integral). [35]

Lúcia Valle Figueiredo cita os processos administrativos revisivos, sancionatórios ou disciplinares e, de outra parte, os procedimentos (que atingem provimentos declaratórios e constitutivos) concessivos ou ampliativos (atribuição de vantagens particulares), autorizatórios (possibilidade ao indivíduo do exercício de atividades legalmente permitidas sob certos pressupostos) e ablatórios de direito (sacrifício de interesses ou bens). E menciona três espécies de provimentos: autorizatórios, concessivos (atribuição de vantagens particulares) e ablatórios (sacrifício de interesses ou bens).[36]

Celso Antonio Bandeira de Mello considera a natureza do ato almejado sob o ângulo de sua repercussão favorável ou desfavorável na esfera de direitos e interesses dos administrados para distinguir entre processos ampliativos de direitos pela iniciativa (de ofício e mediante provocação) e pela competição (concorrenciais e não concorrenciais ou simples), e processos restritivos (ou ablativos) de direitos (meramente restritivos e sancionadores).[37]

---

[33] Hely Lopes Meirelles. *Direito Administrativo Brasileiro*. São Paulo: Malheiros, 2009, pp. 699-705.

[34] Diógenes Gasparini. *Direito Administrativo*. São Paulo: Saraiva, 1995, p. 567.

[35] José Cretella Júnior. *Manual de Direito Administrativo*, Rio de Janeiro: Forense, 2000, 7ª ed., pp. 371-372, n. 307.

[36] Lúcia Valle Figueiredo. *Curso de Direito Administrativo*. São Paulo: Malheiros Editores, 1995, pp. 98-99, 286-287.

[37] Celso Antonio Bandeira de Mello. *Curso de Direito Administrativo*. São Paulo: Malheiros, 2000, pp. 429-430.

DIREITO ADMINISTRATIVO: TRANSFORMAÇÕES E TENDÊNCIAS

5. Fases

Como o processo é uma série ordenada de atos seu desenvolvimento compreende etapas (que são designadas fases) que emolduram seu transcurso. As linhas básicas do processo administrativo apontam para a existência das seguintes fases: (a) instauração; (b) instrução; e (c) decisão.

Essa concepção não se distancia muito das que são adotadas na literatura nacional, cuja terminologia é rica. Ela se aproxima da classificação de Odete Medauar que denomina as fases de introdutória, preparatória e decisória[38] e de Lúcia Valle Figueiredo que se refere às fases deflagratória (ou propulsiva), instrutória e de decisão.[39] Diógenes Gasparini arrola as fases de instauração, instrução, relatório e decisão[40] enquanto Celso Antônio Bandeira de Mello indica mais duas fases: controladora (ou integrativa) e de comunicação. [41]

6. Participação

Tópico essencial no processo administrativo é a participação do administrado. Tradicionalmente se lhe reconhece na primeira fase (instauração) o direito à ignição do processo administrativo. Se a regra é o impulso oficial em razão da indisponibilidade e da supremacia do interesse público e a instauração condicionada à iniciativa nos casos expressamente previstos em lei, não é possível obliterar a instauração mediante provocação para além de previsão legal (e que tem amplitude considerável se sopesada a potencialidade oferecida pelo direito de petição), de tal sorte que, mesmo cabendo a instauração *ex officio*, a provocação pode, direta ou indiretamente, superar eventuais inércia ou omissão. Em termos de direito à participação processual sobressai, em primeiro lugar, a legitimação do administrado para o processo administrativo, como consta dos arts. 5º e 9º da Lei n. 9.784/99.

Sem embargo da relevância da posterior intervenção procedimental decorrente da própria legitimidade do administrado no processo admi-

---

[38] Odete Medauar. *Direito Administrativo Moderno*. São Paulo: Revista dos Tribunais, 1998, p. 193.

[39] Lúcia Valle Figueiredo. *Curso de Direito Administrativo*. São Paulo: Malheiros, 1995, pp. 284-300.

[40] Diógenes Gasparini. *Direito Administrativo*. São Paulo: Saraiva, 1995, p. 561.

[41] Celso Antonio Bandeira de Mello. *Curso de Direito Administrativo*. São Paulo: Malheiros, 2000, pp. 430-431.

A PROCESSUALIZAÇÃO DO DIREITO ADMINISTRATIVO

nistrativo, o segundo tópico da participação processual do administrado é a sua natureza. O administrado é qualificado como interessado numa fórmula aberta e abrangente que congrega aqueles que são titulares de direitos ou interesses individuais (interesse direto) ou exercentes do direito de petição e os que têm direitos ou interesses que possam ser afetadas pela futura decisão tomada (interesse indireto) além de embalar a tutela de direitos ou interesses difusos ou coletivos por meio de associações, organizações etc. (art. 9º, Lei n. 9.784/99). Essa amplitude perfilha a tendência do direito português (art. 53º, Decreto-lei n. 442/91), italiano (arts. 7º e 9º, Lei n. 241/90) e espanhol (art. 31, Lei n. 30/92) e segue a recomendação doutrinária de abertura a novos sujeitos.[42]

A participação do administrado além de diminuir o espaço para a tomada de decisões arbitrárias ou dissociadas da observância dos princípios da administração pública, transforma o processo administrativo em expoente tanto de uma nova forma de composição dos interesses (que devem ser levados em consideração pela Administração na tomada de suas decisões), quanto um instrumento de nova configuração das relações de poder e liberdade (entre a Administração Pública e os administrados). Não se resume à participação *uti singuli*, pois, conforme Massimo Severo Giannini, o processo é *"aperto a qualunque portatore d'interessi"*.[43]

A abertura predicada na Lei n. 9.784/99 se estenderá inclusive na participação na instrução e na decisão em virtude da previsão de mecanismos de intervenção como audiências e consultas públicas (arts. 31 a 34), reuniões conjuntas com outros entes e órgãos administrativos (art. 35), requerimento de diligências (arts. 37 a 40), oferta de alegações finais (art. 44) etc.

O direito comparado oferece mecanismos que elevariam o grau de participação no processo administrativo, como a ulterior intervenção processual e a publicidade ampla da instauração do processo para efetiva participação dos portadores de interesses indiretos e representantes de interesses coletivos e difusos – úteis para supressão da lacuna legal no direito brasileiro

---

[42] Massimo Severo Giannini ressalta a importância da modificação que experimentou o processo administrativo, decorrente dos temperamentos dos aspectos autoritários da Administração Pública, transformado em um procedimento aberto a qualquer portador de interesse (*Il pubblico potere*. Bologna: Il Mulino, 1986, p. 124).

[43] Massimo Severo Giannini. *L'Amministrazione pubblica nello Stato Contemporaneo in Trattato di Diritto Amministrativo*, Padova: Cedam, 1988, vol. I, p. 125.

DIREITO ADMINISTRATIVO: TRANSFORMAÇÕES E TENDÊNCIAS

e que varia conforme a especificidade da legislação esparsa.[44] O direito espanhol prevê a participação procedimental pela ulterior identificação de interessados [45] e os direitos português[46] e italiano[47] ampliam a publicidade da instauração.

Por último, converge à democratização proporcionada pelo processo administrativo o catálogo exemplificativo de direitos e deveres do administrado (arts. 3º e 4º, Lei n. 9.784/99). Entre os direitos estão arrolados: (a) o tratamento respeitoso por autoridades e servidores (conatural ao dever de urbanidade que lhes compete) que deverão facilitar o exercício de seus direitos e o cumprimento de suas obrigações; (b) a ciência da tramitação dos processos administrativos em que tenha condição do interessado, tendo vista dos autos e obtenção cópias de documentos neles contidos, e conhecimento de decisões proferidas; (c) a formulação de alegações e a apresentação de documentos antes da decisão – as quais serão objeto de consideração pelo órgão competente. São reveladores de uma participação ativa e qualificada e da instituição de uma instrução dialógica e transparente, obrigando a Administração Pública a decisões motivadas,

---

[44] Neste sentido, os pedidos de licenciamento ambiental, sua renovação e a respectiva concessão, deverão ser publicados resumidamente na imprensa oficial e em periódico (regional ou local) de grande circulação, à custa do interessado (art. 10, § 1º, Lei n. 6.938/81; art. 17, § 4º, Decreto n. 99.274/90).

[45] O art. 34 da Lei n. 30/92 determina que se, durante a instrução de um procedimento que não teve publicidade pela forma legal, é descoberta a existência de pessoas que sejam titulares de direitos ou interesses legítimos diretos, cuja identificação resulte do expediente, e que possam ser afetados pela decisão, será comunicada a tais pessoas a tramitação do procedimento.

[46] É obrigatória a comunicação da instauração do procedimento a pessoas cujos direitos ou interesses legalmente protegidos possam ser lesados pelos atos a serem praticados no procedimento e que possam ser desde logo nominalmente identificadas (art. 55º, Código do Procedimento Administrativo).

[47] A participação é assegurada na Lei n. 241/90 mediante a publicidade do início do procedimento aos sujeitos cuja decisão final se destina a produzir efeitos diretos, bem como aqueles que, por lei, devam intervir, mas igualmente ao direito espanhol, a Administração Pública deve estendê-la a terceiros se a decisão tem a potencialidade de causar prejuízo a sujeitos individualizados ou facilmente individualizáveis, além de seus destinatários diretos (art. 7º), porque a regra é a abertura da participação procedimental pela intervenção de qualquer sujeito, portador de interesses públicos ou privados, bem como de organismos de representação de interesses difusos, que possam ser prejudicados pela decisão (art. 9º).

A PROCESSUALIZAÇÃO DO DIREITO ADMINISTRATIVO

pela exigência de ponderação objetiva (mais uma decorrência da imparcialidade) das alegações apresentadas pelos administrados, o que implica considerá-las e respondê-las.

Dentre os deveres são contemplados a veracidade, a lealdade, a urbanidade, a boa-fé, a vedação de atuação temerária, e a prestação das informações solicitadas e colaboração para o esclarecimento dos fatos. A boa-fé é um princípio que informa a moralidade e a probidade administrativas e não se aplica somente à Administração Pública e seus agentes: também aos particulares que com ela mantém relações porque ninguém pode exercer direitos de forma abusiva e torpe (o direito não tolera o seu abuso), não sendo lícito adquirir direitos de situação irregular, cômoda e passivamente, porque seria extrair benefício da própria torpeza já que os bens, direitos e interesses da Administração Pública são comuns a todos, impondo-se o dever de vigilância e seriedade a todos.

7. Decidibilidade

Uma das bases singulares do processo administrativo é o dever de decisão (decidibilidade; resolutividade). Dever esse que é qualificado pela exigência adicional de motivação à decisão e que se encontra radicado nos arts. 48 e 49 da Lei n. 9.784/99.[48]

A inscrição do dever de decisão se predica com a imposição de prazo cuja regra é o de 30 (trinta) dias a partir da conclusão da instrução (prorrogável por igual período em despacho motivado). A previsão do prazo é essencial ao perfil do dever de decisão, sem o qual equivaleria a um sino sem badalo, e rompe com a praxe de inércia ou omissão.

A decidibilidade se relaciona também ao superveniente inciso LXXVIII do art. 5º da Constituição de 1988, acrescentado pela Emenda n. 45/04, estabelecendo que "a todos, no âmbito judicial e administrativo, são assegurados a razoável duração do processo e os meios que garantam a celeridade de sua tramitação".

A contemporânea compreensão da motivação como elemento estrutural das decisões administrativas em geral suplantou pretéritos debates sobre sua exigibilidade ou dispensa à luz da natureza (vinculada ou discricionária) da atividade, do efeito (favorável ou desfavorável) ao admi-

---

[48] Wallace Paiva Martins Junior. *Transparência Administrativa*, São Paulo: Saraiva, 2010, 2ª ed., pp. 261-317.

DIREITO ADMINISTRATIVO: TRANSFORMAÇÕES E TENDÊNCIAS

nistrativo, ou da obrigatoriedade normativa.[49] Salvo os espaços à dispensa de motivação ou à teoria do silêncio eloquente,[50] a regra é a motivação das decisões administrativas, diagnosticada no rol exemplificativo do art. 50 da Lei do Processo Administrativo, decorrente do princípio situado em seu art. 2º, VII.

A motivação é o dever de indicação dos pressupostos de direito e fato determinantes da decisão, devendo observar, entre outros, os princípios da objetividade e da proporcionalidade (art. 2º, III e VI, Lei n. 9.784/99), apresentando-se a obrigação de motivação suficiente como ponderação imparcial e racional de todos os interesses em jogo, das manifestações dos interessados e do resultado da instrução (arts. 2º, VII, 26, § 1º, VI, 38, 47, 48, 50, Lei n. 9.784/99). Ela visa tanto ao bom funcionamento administrativo quanto ao controle e à transparência administrativa. A motivação suficiente é a que contém adequados graus de explicitação, clareza e congruência, ainda que se valha o ato decisório da denominada motivação *in aliunde* (art. 50, § 1º, Lei n. 9.784/99) que deve ostentar as mesmas características dele requisitados.

Matéria conexa é a observância do princípio da autoridade competente (art. 5º, LIII, Constituição Federal)[51] para além de conjecturas sobre os movimentos ascendente (avocação) e descendente (delegação) de deslocamento de atribuição na Administração Pública. O princípio não se articula somente sobre a competência (jurisdicional) decisória: ele se refere tanto à acusação ou instauração do processo administrativo ou judicial pela autoridade competente (administrativa ou judicial) quanto pela emissão

[49] Wallace Paiva Martins Junior. A motivação e a Lei do Processo Administrativo, *in Processo Administrativo: temas polêmicos da Lei nº 9.784/99*, São Paulo: Atlas, 2011, pp. 279-297, organização Irene Patrícia Nohara e Marco Antonio Praxedes de Moraes Filho.

[50] Segundo Michel Fromont há os sistemas que obrigam a motivação somente nos casos legalmente arrolados (francês) e há os que compelem à motivação em geral ressalvadas as exceções expressas (alemão), e quanto à teoria do silêncio eloquente a tendência no direito europeu contemporâneo é a substituição do silêncio-negativa pelo silêncio-aceitação (*Droit administratif des États européens*, Paris: Presses Universitaires de France, 2006, pp. 223, 226-227), diferentemente do direito brasileiro em que a regra é a indiferença do silêncio salvo exceções de seu efeito favorável ou desfavorável.

[51] Essa abordagem, aliás, é relevante nos processos judiciais em que impera o princípio do juiz natural, cuja origem é idêntica, e que veda a designação de julgador de exceção, *ad hoc* ou *post factum*. Também granjeia largo espaço no Ministério Público sob a denominação de "promotor natural" (mais ou menos como uma variação do princípio do juiz natural).

de decisão em processo administrativo ou judicial pela autoridade (administrativa ou judicial) competente. A Lei n. 9.784/99 estabelece que salvo regra de competência legal específica, a atribuição decisória é da autoridade de menor grau hierárquico (art. 17). Ademais, a tendência contemporânea é a desconcentração (ou separação) entre as funções de acusação (instauração), instrução e decisão nos processos administrativos, sobretudo os de natureza punitiva, devendo observância o princípio da autoridade competente.[52]

8. Recorribilidade

Ponto luminoso no processo administrativo é a recorribilidade das decisões administrativas. Na proteção da esfera de direitos dos particulares se desenvolveu o recurso administrativo no direito francês.[53] Decorrência dos direitos de petição e de defesa e dos princípios hierárquico e de autotutela, o Supremo Tribunal Federal já pronunciou que "a regra é da recorribilidade das decisões administrativas, em especial das punitivas. Di-lo a Constituição, art. 5º, LV, 'aos litigantes, em processo judicial ou administrativo, e aos acusados em geral são assegurados o contraditório e ampla defesa, com os meios e recursos a ela inerentes'(...)".[54]

Mesmo diante de ausência de previsão legal, sempre será cabível o recurso administrativo[55] (e, para além, o reexame por impulso oficial onde houver espaço à hierarquia e à autotutela). Radicada no art. 5º, LV, da Constituição Federal, a recorribilidade encontra previsão nos arts. 2º, X, 56 e 57 da Lei n. 9.784/99.

---

[52] A Lei do Processo Administrativo após definir que autoridade é o agente ou servidor público dotado de poder de decisão (art. 1º, § 2º, III), refere-se ao órgão competente para a instrução (arts. 29, § 1º, e 47).

[53] Bernard Stirn. *Le sources constitutionnelles du droit administratif.* Paris: Librairie générale de droit e de jurisprudance, 1995, pp. 69-75.

[54] STF, MS 21.456-SP, Rel. Min. Paulo Brossard, 26-02-1992, DJ 05-03-1992, p. 2.295.

[55] "(...) 2. A circunstância de inexistir previsão específica para a interposição de recurso hierárquico em favor do sujeito passivo não afasta o poder-dever da Administração de examinar a validade do ato administrativo que implica a constituição do crédito tributário, ainda que não provocada, respeitadas a forma e as balizas impostas pelo sistema jurídico (Súmula 4737 /STF). (...)" (STF, Ag-RE 462.136-PR, 2ª Turma, Rel. Min. Joaquim Barbosa, 31-08-2010, v.u., DJe 01-10-2010).

DIREITO ADMINISTRATIVO: TRANSFORMAÇÕES E TENDÊNCIAS

O direito brasileiro filiou-se ao sistema de controle anglo-americano da Administração Pública (unidade de jurisdição), impossibilitando exceção ou supressão do controle judiciário dos atos da Administração Pública (inafastabilidade da jurisdição), e não contemplou a via do contencioso administrativo inerente ao sistema francês (dualidade de jurisdição). A cláusula constante do art. 5º, XXXV, da Constituição de 1988, é histórica (salvo a previsão do contencioso administrativo na Emenda n. 07/77 à Constituição de 1967) e impede a exigência de prévia exaustão da instância administrativa, como debatido em torno do mandado de segurança e do recurso administrativo para inibir a exequibilidade de ato em face da exclusão promovida no art. 5º, I, da Lei n. 12.016/09 (Lei do Mandado de Segurança), que reproduziu o art. 5º, I, da revogada Lei n. 1.533/51.[56] Des-

---

[56] Apesar da norma, não é válida a obrigação de interposição de recurso administrativo como requisito para ulterior exercício do direito de ação. A conformidade da regra legal com a cláusula da inexigibilidade de exaustão da via administrativa foi balizada pela franquia de opção ao administrado: ou ele impetra o mandado de segurança ou interpõe o recurso administrativo dotado de efeito suspensivo sem exigência de caução (Sérgio Ferraz e Adilson Abreu Dallari. *Processo Administrativo*. São Paulo: Malheiros, 2001, p. 178), mas o emprego do mandado de segurança se credencia diante da exequibilidade do ato administrativo, condição que possibilita a ocorrência de lesão a direito. Tanto o mandado de segurança quanto o recurso administrativo sem exigência de caução e dotado de efeito suspensivo inibem a exequibilidade do ato administrativo (Maria Sylvia Zanella Di Pietro. *Direito Administrativo*. São Paulo: Atlas, 2001, p. 630). Falecerá interesse de agir ao mandado de segurança: a) se a exequibilidade da decisão administrativa foi obstada pelo uso do recurso administrativo dotado de efeito suspensivo; b) em face da impetração simultânea do *mandamus* e do recurso administrativo dotado de efeito suspensivo sem caução. Inversamente, cabível a impetração do remédio heroico quando: a) o recurso administrativo não possua efeito suspensivo; b) se possuindo tal efeito, exige caução; c) há omissão administrativa. Nos dois primeiros casos, em tais situações o ato administrativo é exequível; no último caso, não existe manifestação de vontade concretizada em ato (Odete Medauar. *Controle da Administração Pública*. São Paulo: Revista dos Tribunais, 1992, pp. 168-170; Hely Lopes Meirelles. *Mandado de Segurança, Ação Popular, Ação Civil Pública, Mandado de Injunção, Habeas Data*. São Paulo: Malheiros Editores, 1995, pp. 34-35). Sérgio Ferraz e Adilson Abreu Dallari entendem, todavia, que não tendo efeito suspensivo, cabe ao administrado optar entre o recurso administrativo e o mandado de segurança. Nessa linha, professam que a executoriedade da decisão administrativa fica obstada até a denegação do recurso administrativo, a partir da qual se conta o prazo para o mandado de segurança (invocando decisão do Tribunal de Justiça do Rio Grande do Sul, Pleno, MS 240, Rel. Des. Maurílio Daiello, RF 181/253), de maneira a não tornar inútil o recurso administrativo e não frustrar um dos seus fundamentos habituais: prevenção de litígios judiciais (*Processo Administrativo*. São Paulo: Malheiros Editores, 2001, pp. 179/182). Antes da

tarte, embora integrante do devido processo legal, o recurso administrativo não é obrigatório.

A recorribilidade das decisões administrativas é abrangente da revisibilidade (cujo pressuposto é irretratabilidade a decorrente da irrecorribilidade) e é ancorada em providências destinadas a preservação da legalidade e do interesse público, deflagradas oficial (guiadas pelo impulso oficial, geralmente em virtude do princípio hierárquico) ou voluntariamente (dependentes da vontade do administrado). Ela consiste no reexame da decisão pela própria Administração, por razões de legalidade e de mérito. De acordo com Hely Lopes Meirelles compreende as seguintes modalidades: representação administrativa, reclamação administrativa, pedido de reconsideração, recurso hierárquico próprio e recurso hierárquico impróprio. [57]

A representação é uma das decorrências do direito de petição, sendo gratuita (art. 5º, XXXIV, *a*, Constituição Federal) e dispensando a necessidade de interesse direto do administrado em seu objeto ou sua finalidade. Ela aspira à tomada de providências pelo poder público diante de ilegalidade, irregularidade, ou abuso de poder, estando prevista em outros preceitos constitucionais (arts. 58, § 2º, IV e 74, § 2º) e serve ainda para o envio de sugestões e propostas. Com o advento da Lei do Processo Administrativo, o direito de petição foi qualificado pela exigência de resposta da autoridade pública, pois, o dever de decisão se impõe também em face de solicitações ou reclamações (art. 48). O próprio recurso administrativo é uma das espécies decorrentes do direito de petição *a latere* da representação. Esta não é tecnicamente um recurso porque o recurso pressupõe decisão; se há decisão, a representação então é recurso tendo em vista que a legitimidade recursal segue a do processo administrativo, aberta àquele que tenha interesse direto ou indireto ou represente interesses difusos ou coletivos.

A reclamação é oposição expressa a atos praticados pela Administração Pública que afetam direitos ou interesses legítimos dos parti-

---

edição da Lei n. 12.016/09, vide estudo (Wallace Paiva Martins Junior *O mandado de segurança e o Direito Administrativo*, Revista do Advogado nº 64, São Paulo: Associação dos Advogados de São Paulo, out. 2001, pp. 102-110).

[57] Hely Lopes Meirelles. *Direito Administrativo Brasileiro*, São Paulo: Malheiros, 2009, 35ª ed., p. 683.

DIREITO ADMINISTRATIVO: TRANSFORMAÇÕES E TENDÊNCIAS

culares,[58] estando sujeita à prescrição cujo termo *ad quem*, se não houver outra disposição legal, é de um ano a contar da data do ato ou fato (art. 6º, Decreto n. 20.910/32), o que não impede o exercício da autotutela ainda que serôdia a reclamação. Sua raiz também é o direito de petição. Após a edição da Lei n. 9.784/99, a jurisprudência entende que a prescrição passou a ser de cinco anos em razão de esse ser o prazo para a Administração reexaminar seus atos, como previsto no art. 54.[59] Ela suspende a prescrição (art. 4º, Decreto n. 20.910/32), observado esse quinquênio[60] e a exigência de ato desfavorável expresso da Administração Pública[61] com a devida

[58] "(...) 1. O recorrente alega que o requerimento administrativo, protocolizado em 07.10.1997, pelo recorrido, não seria hábil a suspender o curso do prazo prescricional, na forma do art. 4º, parágrafo único, do Decreto n.º 20.910/32, vez que apenas os recursos administrativos com efeito devolutivo e reclamações, interpostos em face de uma decisão específica da Administração Pública, podem suspender ou interromper a prescrição. 2. A reclamação administrativa deve ser entendida, em sentido amplo e genérico, como qualquer requerimento pelo qual o administrado deduz pretensão, diante de conduta comissiva ou omissiva da Administração, sendo instrumento hábil a suspender o curso do prazo prescricional, na forma do art. 4º, parágrafo único, do Decreto n.º 20.910/32 (...)" (STJ, REsp 1.154.134-MG, 2ª Turma, Rel. Min. Castro Meira, 02-09-2010, v.u., DJe 22-09-2010).

[59] "PROCESSUAL CIVIL – AGRAVO REGIMENTAL EM RECURSO ESPECIAL – SUSPENSÃO DO PRAZO PRESCRICIONAL EM DECORRÊNCIA DE RECLAMAÇÃO ADMINISTRATIVA – PRAZO APLICÁVEL. 1. A interpretação do Tribunal de origem foi no sentido de rechaçar a aplicação do art. 6º do Decreto Federal n. 20.910/32, por prevalência do art. 54 da Lei n. 9.784/99. 2. Por lógica, ao recorrer por afronta ao art. 6º do Decreto n. 20.910/32, está-se pretendendo a sua aplicação com prejuízo do art. 54 da Lei n. 9.784/99. Correta, portanto, a insurgência do agravante no sentido de que não se aplica ao caso o verbete 283 da Súmula do STF, por ser desnecessária a alegação de afronta ao art. 54 da Lei n. 9.784/99. 3. Com o advento da Lei n. 9.784/99, que no seu art. 54 prevê o prazo de 5 (cinco) anos para a Administração rever seus atos, outro não pode ser o prazo para o particular reclamar administrativamente. Se a Administração pode anular seus atos, o mesmo prazo deve ser utilizado para o particular reclamar administrativamente, por questão de lógica. Agravo regimental improvido" (STJ, AgRg-REsp 1.052.513-AP, 2ª Turma, Rel. Min. Humberto Martins, 19-11-2009, v.u., DJe 27-11-2009).

[60] "(...) 3. O requerimento administrativo formulado ainda dentro do prazo prescricional de cinco anos suspende a prescrição, nos termos do artigo 4º do Decreto nº 20.910/32, não podendo a parte ser penalizada pela demora da Administração em reconhecer ou não seu pedido(...)" (STJ, EDcl-Ag 1.197.201-RO, 6ª Turma, Rel. Min. Maria Thereza de Assis Moura, 11-10-2011, v.u., DJe 26-10-'2011).

[61] "(...) 2 – Somente com o indeferimento do pleito administrativo, começa a recontagem do lapso temporal, computado o tempo anterior – art. 9º do Decreto nº 20.910/32. (...)" (STJ,

A PROCESSUALIZAÇÃO DO DIREITO ADMINISTRATIVO

publicidade. Havendo omissão continuada em obrigação de trato sucessivo a prescrição não atinge o fundo de direito.[62]

A Constituição de 1988 prevê a reclamação como forma de participação do usuário na Administração Pública direta e indireta, a ser disciplinada por lei, relativa à prestação dos serviços públicos ou contra o exercício negligente ou abusivo de cargo, função ou emprego públicos (art. 37, § 3º, I e III, na redação da Emenda n. 19/98), sem embargo de ela consistir em mecanismo do controle externo parlamentar.[63]

O pedido de reconsideração é o mecanismo de provocação de reexame da decisão pela própria autoridade que a proferiu. Acompanhando a doutrina que infirma a natureza de recurso à reconsideração,[64] com o advento da Lei n. 9.784/99, ela passou a ser fase de retratação da autoridade em face da interposição de recurso contra decisão administrativa (art. 56, § 1º). Como se trata de lei geral, normas precedentes que a preveem como instituto autônomo continuam vigentes pela especialidade, e à falta de previsão aplica-se a norma geral.

O recurso hierárquico impróprio consiste na possibilidade de autoridade do primeiro escalão governamental (Chefe do Poder Executivo ou seus auxiliares diretos como os Ministros e os Secretários) apreciar, mediante pedido expresso do interessado, decisão tomada por entidade da Administração Pública descentralizada. Por se distanciar da ideia de autoadministração desses entes, seu cabimento é restrito à expressa previsão legal. Também se alude à sua existência em face da provocação de autoridade ou órgão alheio àquele que proferiu uma decisão, dotado de competência revisora. É, no mínimo, discutível a possibilidade de recurso hierárquico impróprio em face de decisão de autarquia de regime especial como as agências reguladoras considerando sua maior dose de autonomia.

Revisão administrativa é o reexame de decisão proferida em processo administrativo de que resultem sanções e sobre a qual pesa a "coisa julgada

---

REsp 506.478-CE, 5ª Turma, Rel. Min. Jorge Scartezzini, 13-04-2004, v.u., DJ 28-06-2004, p. 388).

[62] STJ, AgRg-Ag 1.401.688-RN, 1ª Turma, Rel. Min. Benedito Gonçalves, 09-08-2011, v.u., DJe 16-08-2011.

[63] O art. 58, § 2º, IV, da Carta Magna, cunha a competência das comissões do Poder Legislativo para o recebimento de petições, reclamações, representações ou queixas de qualquer pessoa contra atos ou omissões de autoridades ou entidades públicas.

[64] Diógenes Gasparini. *Direito Administrativo*. São Paulo: Saraiva, 1995, pp. 533-536.

DIREITO ADMINISTRATIVO: TRANSFORMAÇÕES E TENDÊNCIAS

administrativa" (ou seja, a irretratabilidade da decisão administrativa [65]) em virtude do transcurso dos prazos recursais. Compreendendo as modalidades voluntária e oficial, ela pode ser exercitada *ad nutum* e demanda fato novo ou circunstância justificável para sua revisão ou inadequação da sanção aplicada (art. 65, Lei n. 9.784/99), vedada a *reformatio in pejus* (art. 65, parágrafo único, Lei n. 9.784/99). O art. 68 da Lei do Processo Administrativo conceitua amplamente sanção além da pecuniária a prestação de atividade devida ou a cessação de atividade nociva, isto é, obrigações de fazer ou não fazer, respectivamente.

O art. 57 da Lei do Processo Administrativo garante a instância recursal. A pluralidade de instâncias decorre do art. 5º, LIV e LV, da Constituição Federal. [66] Salvo disposição contrária, a impugnação pode correr por três instâncias administrativas, no máximo. É uma tendência de revalorização do recurso administrativo, na medida em que confia ao processo administrativo a edição de soluções orientadas pela juridicização e participação na atividade administrativa. A garantia não exclui o exercício do poder de reexame, cuja extensão pode ultrapassar o limite de instâncias em razão da autotutela. [67] A triplicidade de instâncias, todavia, dependerá da competência da autoridade e da organização administrativa.

Tema essencial do recurso administrativo é a sua gratuidade. A Lei do Processo Administrativo estabelece que salvo exigência legal, sua interposição prescinde de caução (art. 56, § 2º). Posteriormente, o Supremo Tribunal Federal editou a Súmula Vinculante 21 fixando que "é inconstitucional a exigência de depósito ou arrolamento prévios de dinheiro ou bens para admissibilidade de recurso administrativo".[68]

Tendo o recurso administrativo fundamento constitucional no devido processo legal e no direito de petição, e sendo este gratuito na previsão constitucional, são despidas de qualquer sustentação normas legais exigentes do depósito de valor para interposição do recurso administrativo. A

---

[65] Diógenes Gasparini. *Direito Administrativo*. São Paulo: Saraiva, 1995, p. 538.

[66] Sérgio Ferraz e Adilson Abreu Dallari. *Processo Administrativo*. São Paulo: Malheiros Editores, 2001, pp. 168-171.

[67] José dos Santos Carvalho Filho. *Processo Administrativo Federal*. Rio de Janeiro: Lumen Juris, 2001, p. 277.

[68] Seguiu-se a esse entendimento a Súmula Vinculante 28 na mesma linha: "É inconstitucional a exigência de depósito prévio como requisito de admissibilidade de ação judicial na qual se pretenda discutir a exigibilidade de crédito tributário".

A PROCESSUALIZAÇÃO DO DIREITO ADMINISTRATIVO

onerosidade do recurso administrativo fomenta o acesso (em sobrecarga) ao crivo jurisdicional, enquanto sua dispensa proporcionaria a tentativa de solução na esfera administrativa, desafogando o controle judiciário. A permissão de exceção à gratuidade (art. 56, § 2º, Lei n. 9.784/99) transita na contramão de direção do ordenamento jurídico. Ela frustra o devido processo legal desvalorizando o recurso administrativo e reforça a desconfiança dos administrados na Administração Pública em cumprir a missão de preservação da legalidade e garantia de direitos, e embora a doutrina tenha apresentado temperamento [69], a verdade é que, corroborado pelo princípio da gratuidade do processo administrativo (art. 2º, XI, Lei n. 9.784/99) e do direito de petição (art. 5º, XXXIV, Constituição), outra conclusão não poderia culminar senão a não onerosidade do recurso administrativo.

A legitimação para o recurso administrativo segue o balizamento da *legitimatio* do processo administrativo (arts. 9º e 58, Lei n. 9.784/99). A lei geral traça os requisitos formais da interposição, inclusive o prazo (arts. 59 e 60). O trâmite do recurso deve observar o contraditório (art. 62).

Em função da autoexecutoriedade do ato administrativo,[70] a Lei n. 9.784/99 adota como regra o efeito devolutivo ao recurso (art. 61), mas

---

[69] Celso Antonio Bandeira de Mello oferece um critério para balizar a incidência do princípio da gratuidade no processo administrativo (art. 2º, XI, Lei n. 9.784/99), restringindo sua obrigatoriedade aos processos restritivos ou ablativos de direitos e ressalvando que nos ampliativos de iniciativa do interessado deve-se preservar a modicidade (*Curso de Direito Administrativo*. São Paulo: Malheiros Editores, 2000, p. 435). Sérgio Ferraz e Adilson Abreu Dallari admitem, em tese, a plausibilidade do estabelecimento de custos retributivos dos ônus impostos ao Estado pelo exercício da via recursal, orientado pela razoabilidade e proporcionalidade, advertindo a inconstitucionalidade da imposição do depósito do *quantum* (total ou parcial) envolvido na discussão, seja por onerosidade excessiva, seja por inexistir qualquer liame entre o peso da tarefa recursal estatal e o valor pecuniário subjacente ao litígio, o que poderia configurar um meio coercitivo de cobrança dos créditos pela Administração Pública (*Processo Administrativo*. São Paulo: Malheiros Editores, 2001, pp. 169, 171).

[70] "DESAPROPRIAÇÃO – REFORMA AGRÁRIA – VISTORIA. Descabe confundir com vistoria simples manifestação de agrônomo em laudo pericial. RECURSO ADMINISTRATIVO – EFEITO. Segundo o artigo 61 da Lei nº 9.784, de 29 de janeiro de 1999, "salvo disposição legal em contrário, o recurso administrativo não tem efeito suspensivo". A regra incide em se tratando de processo administrativo para desapropriação que vise ao implemento da reforma agrária. DESAPROPRIAÇÃO – INTERESSE SOCIAL – DECRETO – OPORTUNIDADE E ALCANCE. A ausência de eficácia suspensiva do recurso administrativo viabiliza a edição do decreto desapropriatório no que apenas formaliza a declaração de interesse social, relativa-

DIREITO ADMINISTRATIVO: TRANSFORMAÇÕES E TENDÊNCIAS

abre a perspectiva de regra em sentido contrário[71] e da concessão do efeito suspensivo mediante juízo da autoridade na presença de prejuízo de difícil ou incerta reparação decorrente da execução do ato (art. 61 e parágrafo único).[72] O efeito suspensivo do recurso administrativo também não permite o curso do prazo decadencial para impetração do mandado de segurança [73] (ao contrário do recurso sem efeito suspensivo), que se inicia a partir da decisão proferida sobre o último recurso interposto ou quando se esgotar o prazo para sua interposição. [74] Com a possibilidade de sua atribuição excepcional, o prazo decadencial para impetração do mandado de segurança só inicia quando negado o efeito suspensivo pela autoridade, pois, somente com sua explícita manifestação se credencia a exequibilidade ou não do ato administrativo recorrido.

As decisões possíveis no recurso administrativo são o não conhecimento, o provimento ou o improvimento, integral ou parcial, observada a indelegabilidade da competência decisória (art. 13, II). A sistemática do não conhecimento orienta-se pela intempestividade, pela ilegitimidade, pela irretratabilidade e pela incompetência. Todavia, neste último caso (incompetência), o art. 63, § 1º, estabelece que ao recorrente será indicada a autoridade competente, com restituição do prazo. De acordo com o § 2º do art. 63, não há impedimento ao reexame *ex officio* mesmo em face do não conhecimento do recurso interposto desde que não ocorrida pre-

---

mente ao imóvel, para efeito de reforma agrária, decorrendo a perda da propriedade de decisão na ação desapropriatória, não mais sujeita, na via recursal, a alteração" (STF, MS 25.477-DF, Tribunal Pleno, Rel. Min. Marco Aurélio, 11-02-2008, v.u., DJe 02-05-2008).

[71] O direito positivo prevê efeito suspensivo aos recursos administrativos na decisão de exoneração por insuficiência de desempenho, como rescisão unilateral de contrato de trabalho de servidor público federal ocupante de emprego público (art. 3º, IV, Lei n. 9.962/00), nas decisões em licitações em certas e determinadas situações, estendido aos demais casos mediante motivação em razões de interesse público (art. 109 § 3º, Lei n. 8.666/93), contra os atos dos dirigentes da agência nacional de saúde suplementar, salvo quando a matéria envolver risco à saúde dos consumidores (art. 10 §§ 1º e 2º, Lei n. 9.961/00).

[72] A Súmula n. 430 do Supremo Tribunal Federal ("Pedido de reconsideração na via administrativa não interrompe o prazo para o mandado de segurança") tem a finalidade de corroborar que somente o recurso dotado de efeito suspensivo impede a exequibilidade do ato administrativo.

[73] Antônio Raphael Silva Salvador e Osni de Souza. *Mandado de Segurança*. São Paulo: Atlas, 1998, pp. 51-53.

[74] Maria Sylvia Zanella Di Pietro. *Direito Administrativo*. São Paulo: Atlas, 2001, p. 637.

A PROCESSUALIZAÇÃO DO DIREITO ADMINISTRATIVO

clusão administrativa, [75] embora a doutrina aponte que essa ressalva não tem pertinência com os incisos I e IV do mesmo dispositivo legal (intempestividade e exaustão da esfera administrativa) porque o pressuposto fático de sua incidência (inocorrência de preclusão administrativa) é de absoluta e impossível configuração, pois, em tais casos sempre terá havido preclusão.[76]

O julgamento de mérito tem amplas coordenadas: confirmação, modificação, anulação e revogação, totais ou parciais (art. 64). Ele compreende não só razões de legalidade como as de mérito (art. 56 *caput*). O art. 64 não estabelece limites à competência revisora, possibilitando provimentos confirmatórios, modificatórios, anulatórios ou revocatórios, totais ou parciais, da decisão recorrida. A única exigência imposta, em virtude do contraditório e da ampla defesa, é que se de sua aplicação houver potencialidade de gravame à situação do recorrente, ele deverá ser cientificado para formulação de alegações antes da decisão (art. 64, parágrafo único). É uma afirmação solene da admissibilidade da *reformatio in pejus*, cuja proibição é adstrita ao pedido de revisão de decisões administrativas impositivas de sanções (art. 65 e parágrafo único) – ou seja, de revisão a partir da coisa julgada administrativa. A admissão da *reformatio in pejus* é expressão conatural da função administrativa no aspecto do controle da legalidade.[77]

---

[75] Coisa julgada administrativa é a irretratabilidade da decisão administrativa para a própria Administração Pública, impedindo-a de alterá-la, e que também é denominada como preclusão administrativa, por pressupor a exaustão de sua impugnação na esfera administrativa. Indiferente, contudo, ao controle jurisdicional da Administração Pública, ela não se confunde com a decadência [que, no processo administrativo, é a interdição à anulação administrativa de atos viciados após certo decurso de tempo (art. 54, Lei n. 9.784/99)] nem com a prescrição administrativa (óbice à execução de medida administrativa em razão do transcurso de um determinado prazo como o da Lei n. 9.873/99 em relação às providências punitivas na polícia administrativa em geral ou outras previstas em leis esparsas) ou com a prescrição das pretensões judiciais em face da Administração Pública (Decreto n. 20.912/32; Lei n. 9.494/97).

[76] Sérgio Ferraz e Adilson Abreu Dallari. *Processo Administrativo*. São Paulo: Malheiros, 2001, p. 46.

[77] Lúcia Valle Figueiredo. *Curso de Direito Administrativo*. São Paulo: Malheiros, 1995, pp. 296--297. Diógenes Gasparini observa que no juízo do recurso administrativo o poder de revisão é amplo (confirmação, desfazimento, modificação), podendo ir além do pedido sem receio de *reformatio in pejus*, não se admitindo, todavia, conforme a jurisprudência (RTJ 108/216) reforma gravosa em razão de recurso *ex officio* (*Direito Administrativo*. São Paulo: Saraiva, 1995, p. 538).

DIREITO ADMINISTRATIVO: TRANSFORMAÇÕES E TENDÊNCIAS

A Lei n. 11.417/06 introduziu algumas mudanças na Lei n. 9.784/99 em razão da adoção da súmula vinculante pela Emenda Constitucional n. 45/04. A súmula vinculante tem eficácia compulsória em face da Administração Pública (art. 103-A, Constituição Federal), inspirando reclamação contra o ato administrativo que a contrarie ou indevidamente a aplique, no Supremo Tribunal Federal, para anulação da decisão (art. 103-A, § 3º, Constituição Federal). As inovações provocadas pela Lei n. 11.417/06 na Lei do Processo Administrativo são as seguintes: (a) suscitando o recurso contrariedade à súmula, a autoridade *a quo* poderá reconsiderar a decisão e, se não o fizer, tem o dever de explicitação das razões de sua aplicabilidade ou inaplicabilidade antes da remessa à autoridade *ad quem* (art. 56, § 3º); (b) suscitando o recurso contrariedade à súmula, a autoridade *ad quem* tem o dever de explicitação das razões de aplicabilidade ou inaplicabilidade da súmula (art. 64-A); (c) a procedência da reclamação aforada no Supremo Tribunal Federal cientificada às autoridades prolatora e revisora da decisão as obriga à adequação de futuras decisões administrativas em casos semelhantes, sob pena de responsabilidade administrativa, civil e penal (art. 64-B). Para além, tem efeito *erga omnes* e vinculante à Administração Pública as decisões definitivas de mérito, proferidas pelo Supremo Tribunal Federal, no contencioso de constitucionalidade (art. 102, § 2º, Constituição Federal), sejam elas oriundas de declaração de constitucionalidade ou de inconstitucionalidade, inclusive aquelas que importem em interpretação conforme à Constituição e em declaração parcial de inconstitucionalidade sem redução de texto.

9. Publicidade

Numa democracia a publicidade é a regra e o sigilo a exceção. A publicidade é a divulgação oficial dos atos administrativos, consubstanciada pelo dever de publicação e intimação e pelo direito de acesso (ciência, vista, obtenção de certidões ou cópias) de atos, dados, documentos, processos e decisões (arts. 2º, V e X, 3º, II, 25 a 28, 46, Lei n. 9.784/99). Também se alcança, para fins diversos, com a ampla divulgação oficial prévia à realização da audiência pública e da consulta pública (arts. 31 a 33, Lei n. 9.784/99).

O art. 46 assegura a publicidade através dos direitos de vista do processo e de obtenção de certidão ou cópia do processo. A ressalva corre por conta de dados os documentos de terceiros protegidos pelo sigilo ou pelo direito à privacidade, à honra e à imagem, o que não inviabiliza o acesso

A PROCESSUALIZAÇÃO DO DIREITO ADMINISTRATIVO

restrito. A regra é a publicidade ampla a qualquer interessado; interessado é qualquer das pessoas físicas ou jurídicas mencionadas no art. 9º da Lei do Processo Administrativo. "O art. 46 da Lei n. 9.784/99 deve ser interpretado amplamente, não se restringindo o acesso aos interessados no processo por força do princípio da publicidade, pois a mera consulta para conhecimento, cópia ou certidão 'independe da condição de 'interessado' em sentido estrito. Para isso, interessado é quem tem interesse, é qualquer pessoa', na conformidade do direito italiano (Lei n. 241/90), isto é, reconhecido ao público em geral".[78] A exceção merece interpretação restritiva afinada com os incisos X, XII, XIV, XXXIII, LX e LXXII do art. 5º da Constituição Federal não impedindo, todavia, o acesso restrito e limitado em favor de um interesse juridicamente protegido mediante cláusulas de uso específico e de preservação da confidencialidade e sucumbindo quando cessada a causa da proteção do interesse público ou privado.

O art. 46 da Lei n. 9.784/99 deve ser conjugado com a Lei de Acesso a Informação (Lei n. 12.527/11). Informação pública é aquela que não legalmente conceituada como sigilosa ou pessoal (art. 4º, III e IV, Lei n. 12.527/11) e que tem como objeto as atividades estatais discriminadas no art. 7º da Lei n. 12.527/11. Essa legislação não foge do perfil adotado no direito alienígena que consagra, de um lado, o direito de acesso a informações públicas de caráter coletivo ou geral e, de outro, tutela restritivamente o sigilo em razão do interesse privado (privacidade e intimidade) ou do público (segurança da sociedade e do Estado). Destarte, é obrigação estatal a divulgação de informação pública independentemente de solicitação (art. 8º, Lei n. 12.527/11).

O exercício do direito de acesso é assegurado a qualquer interessado (art. 10, Lei n. 12.527/11). No caso de informação de interesse público, basta a apresentação de requerimento por qualquer meio legítimo em que constem sua identificação e a especificação da informação requerida, não sendo lícita exigência relativa aos motivos determinantes da solicitação (art. 10, § 3º, Lei n. 12.527/11). A Lei n. 12.527/11 prevê o procedimento (processo) administrativo de acesso, contendo regras sobre decisões e recursos, sem prejuízo do controle jurisdicional, e com aplicação

---

[78] Wallace Paiva Martins Junior. *Transparência Administrativa*, São Paulo: Saraiva, 2010, 2ª ed., pp.109-110, n. 12.

DIREITO ADMINISTRATIVO: TRANSFORMAÇÕES E TENDÊNCIAS

subsidiária da Lei do Processo Administrativo (Lei n. 9.784/99) naquilo que for compatível (art. 20).

A Lei n. 12.527/11 disciplina a restrição de acesso a informação. Após enunciar a impossibilidade de denegação de acesso à informação necessária à tutela judicial ou administrativa de direitos fundamentais (art. 21, Lei n. 12.527/11) e a ostensividade de informações ou documentos que versem sobre condutas que impliquem violação dos direitos humanos praticada por agentes públicos ou a mando de autoridades públicas (art. 21, parágrafo único, Lei n. 12.527/11), ressalva que a disciplina das informações sigilosas e pessoais nela tratadas "não exclui as demais hipóteses legais de sigilo e de segredo de justiça nem as hipóteses de segredo industrial decorrentes da exploração direta de atividade econômica pelo Estado ou por pessoa física ou entidade privada que tenha qualquer vínculo com o poder público" (art. 22, Lei n. 12.527/11).

A ordenação da restrição à publicidade se orienta pela inscrição de graus diferenciados de sigilo e seus respectivos prazos que denotam a classificação da informação. Sua existência demonstra a relatividade da restrição à publicidade. O art. 23 da Lei n. 12.527/11 estabelece rol de informações estatais[79] que tradicionalmente configuram situações de restrição à publicidade administrativa em razão de sua imprescindibilidade à segurança da sociedade e do Estado e à defesa do interesse social, arraigado nos incisos XXXIII e LX do art. 5º da Constituição de 1988. Elas poderão ser classificadas como ultrassecreta, secreta ou reservada (art. 24), variando os prazos de sigilo.[80] Essas classes mencionadas no art. 24 da lei compõem o

---

[79] São aquelas que possam: pôr em risco a defesa e a soberania nacionais ou a integridade do território nacional (inciso I); prejudicar ou pôr em risco a condução de negociações ou as relações internacionais do País, ou as que tenham sido fornecidas em caráter sigiloso por outros Estados e organismos internacionais (inciso II); pôr em risco a vida, a segurança ou a saúde da população (inciso III); oferecer elevado risco à estabilidade financeira, econômica ou monetária do País (inciso IV); prejudicar ou causar risco a planos ou operações estratégicos das Forças Armadas (inciso V); prejudicar ou causar risco a projetos de pesquisa e desenvolvimento científico ou tecnológico, assim como a sistemas, bens, instalações ou áreas de interesse estratégico nacional (inciso VI); pôr em risco a segurança de instituições ou de altas autoridades nacionais ou estrangeiras e seus familiares (inciso VII); comprometer atividades de inteligência, bem como de investigação ou fiscalização em andamento, relacionadas com a prevenção ou repressão de infrações (inciso VIII).

[80] Os prazos máximos de restrição de acesso à informação, conforme a classificação prevista no *caput* do art. 24 e vigoram a partir da data de sua produção, da seguinte maneira (art. 24,

A PROCESSUALIZAÇÃO DO DIREITO ADMINISTRATIVO

conjunto de informações sigilosas. A classificação não pode ser arbitrária, oferecendo a lei parâmetros, orientados pela razoabilidade e pela proporcionalidade: o interesse público da informação e o uso do critério menos restritivo possível, sopesando a gravidade do risco ou dano à segurança da sociedade ou do Estado e o prazo máximo de restrição do acesso ou do evento que defina seu termo *ad quem* (art. 24, § 5º, Lei n. 12.527/11). Além disso, deve ser motivada e só pode se basear em alguns dos pressupostos explicitados na lei.

De qualquer modo, só em face da presença do interesse público é que haverá lugar para a restrição à publicidade, sempre lembrando que ela é relativa, pois, além de sua limitação temporal nos prazos referidos no art. 24 da Lei de Acesso a Informação, será cabível *disclousure* parcial em relação a determinados atos ou pessoas, em sintonia com o preceito do art. 93, IX, *in fine*, da Constituição Federal, por exemplo.

O prazo de sigilosidade não poderá ultrapassar o limite máximo previsto em lei, limitada a possibilidade de prorrogação do sigilo à hipótese do art. 35, § 1º, III, e § 2º, da Lei n. 12.527/11, referente à informação ultrassecreta, pois, transcorrido o prazo de classificação ou consumado o evento que defina o seu termo final, a informação torna-se, automaticamente, de acesso público – ou seja, ostensiva (art. 24, § 4º, Lei n. 12.527/11).

As informações sigilosas, produzidas pelo Estado, estão sujeitas à proteção, sendo seu dever o controle do acesso e da divulgação (art. 25, Lei n. 12.527/11). Sendo classificada como sigilosa a informação o acesso, a divulgação e o seu tratamento são restritos a pessoas que tenham necessidade de conhecê-la e que sejam devidamente credenciadas na forma do regulamento, sem prejuízo das atribuições dos agentes públicos autorizados por lei (art. 25, § 1º). A lei prevê a obrigação de preservação do sigilo (art. 25, § 2º), extensível aos subordinados do agente público.

§ 1º): ultrassecreta [25 (vinte e cinco) anos (inciso I)]; secreta [15 (quinze) anos (inciso II)]; e reservada [05 (cinco) anos (inciso III)]. Consente o § 3º do art. 24 que alternativamente aos prazos previstos no § 1º, poderá ser estabelecido como termo final de restrição de acesso a ocorrência de determinado evento, desde que este ocorra antes do transcurso do prazo máximo de classificação. Informações que puderem colocar em risco a segurança do Presidente e Vice-Presidente da República e respectivos cônjuges e filhos serão classificadas como reservadas e ficarão sob sigilo até o término do mandato em exercício ou do último mandato, em caso de reeleição (art. 24, § 2º).

DIREITO ADMINISTRATIVO: TRANSFORMAÇÕES E TENDÊNCIAS

A Lei n. 12.527/11 prescreve no art. 31 que "o tratamento das informações pessoais deve ser feito de forma transparente e com respeito à intimidade, vida privada, honra e imagem das pessoas, bem como às liberdades e garantias individuais". A reserva dessas informações tem amparo na Constituição (art. 5º, X, XII, LX). Informações pessoais são aquelas referentes à intimidade, vida privada, honra e imagem das pessoas. Elas têm acesso restrito, independentemente de classificação de sigilo e pelo prazo máximo de 100 (cem) anos a contar da sua data de produção, a agentes públicos legalmente autorizados e à pessoa a que elas se referirem (art. 31, § 1º, I), mas, poderão ter autorizados sua divulgação ou acesso por terceiros diante de previsão legal ou consentimento expresso da pessoa a que elas se referirem (art. 31, § 1º, II). O consentimento é dispensado diante de situações previstas no § 3º do art. 31, e que são relacionadas à tutela de direitos alheios ou à proteção do interesse público se as informações (pessoais) forem necessárias: a) à prevenção e diagnóstico médico, quando a pessoa estiver física ou legalmente incapaz, e para utilização única e exclusivamente para o tratamento médico; b) à realização de estatísticas e pesquisas científicas de evidente interesse público ou geral, previstos em lei, sendo vedada a identificação da pessoa a que as informações se referirem; ao cumprimento de ordem judicial; c) à defesa de direitos humanos; d) à proteção do interesse público e geral preponderante. A sigilosidade é inoponível em face do intuito de prejudicar processo de apuração de irregularidades em que o titular das informações estiver envolvido, bem como em ações voltadas para a recuperação de fatos históricos de maior relevância (art. 31, § 4º). O uso indevido dessas informações pessoais empenha responsabilidade (art. 31, § 2º).

10. Investigações e processo administrativo

A processualização da Administração Pública concita a algumas reflexões sobre os procedimentos investigatórios desenvolvidos por organismos públicos, como o inquérito civil, o inquérito policial, a sindicância e outros procedimentos unilaterais, prévios e inquisitivos. Nesse contexto também são incluídas as investigações promovidas por comissão parlamentar de inquérito que têm poderes investigatórios semelhantes ao das autoridades judiciais, mas, que se destinam à apuração de fatos e encaminhamento de suas conclusões ao Ministério Público para promoção da responsabilidade civil ou criminal dos infratores (art. 58, § 3º, Constituição de 1988; Lei n. 1.579/52).

A PROCESSUALIZAÇÃO DO DIREITO ADMINISTRATIVO

Conquanto seja impróprio estender-lhes princípios e regras peculiares ao processo administrativo, isso não significa que essa atividade investigatória esteja à margem da tutela das liberdades públicas. Ela necessariamente empenha o controle, em especial o judiciário. Em linha de princípio, a ela deve ser dispensada a incidência de balizas normativas necessárias à proteção dos direitos fundamentais guiada por sua compatibilidade à própria natureza desses instrumentos investigativos e ao interesse público que preordena sua existência. Portanto, se não há lugar para neles reivindicar, *verbi gratia*, ampla defesa e instrução contraditória [81], tampouco há se denegar a publicidade, a motivação, o controle (interno e externo), exigências que, em última análise, são absolutamente coerentes com o desenvolvimento das atividades administrativas, inclusive as investigativas, segundo os princípios constitucionais da Administração Pública e cuja negativa de incidência teria o deletério efeito de atuações desregradas, descontroladas e desvinculadas, incompossíveis com o Estado Democrático de Direito.

Ainda que se afirme que a cláusula do art. 5º, LV, da Constituição de 1988, se refira exclusivamente a processo em gênero (abrangendo os judiciais e os administrativos expressamente) e, portanto, exclua procedimentos, é necessário frisar que como desses procedimentos investigatórios unilaterais, preliminares e inquisitivos não poderá resultar, *de per si*, medidas que afetem negativamente bens como liberdade e propriedade (e para os quais o ordenamento jurídico pátrio requisita processo administrativo ou judicial), a eles não se aplicam as normas inerentes aos processos administrativos, mas, sim, as que balizam a atividade administrativa. A defesa e o contraditório hão de ser observados nos processos (administrativos ou judiciais) deles decorrentes.

Em matéria de publicidade, a Súmula Vinculante 14 do Supremo Tribunal Federal estabelece que "é direito do defensor, no interesse do representado, ter acesso amplo aos elementos de prova que, já documentados em procedimento investigatório realizado por órgão com competência

---

[81] "AGRAVO REGIMENTAL NO RECURSO EXTRAORDINÁRIO. PROCESSUAL CIVIL E ADMINISTRATIVO. RECURSO EM CONFRONTO COM A JURISPRUDÊNCIA DOMINANTE DO SUPREMO TRIBUNAL FEDERAL: LEGITIMIDADE DA APLICAÇÃO DO ART. 557 DO CÓDIGO DE PROCESSO CIVIL. DESNECESSIDADE DE OBSERVÂNCIA NO INQUÉRITO CIVIL DOS PRINCÍPIOS DO CONTRADITÓRIO E DA AMPLA DEFESA. PRECEDENTES. AGRAVO REGIMENTAL AO QUAL SE NEGA PROVIMENTO" (STF, AgR-RE 481.955-PR, 1ª Turma, Rel. Min. Cármen Lúcia, 10-05-2011, v.u., DJe 26-05-2011).

de polícia judiciária, digam respeito ao exercício do direito de defesa". O entendimento subjacente a esse verbete enuncia que o investigado não tem direito de acesso a diligências em execução na respectiva investigação, pois, "o direito do indiciado, por seu advogado, tem por objeto as informações já introduzidas nos autos do inquérito, não as relativas à decretação e às vicissitudes da execução de diligências em curso",[82] o que atende ao interesse da eficiência da investigação e é harmônico aos incisos XXXIII e LX do art. 5º da Constituição da República.

Embora os termos "sindicância" e "inquérito" possam ter distintos conteúdos na legislação específica, a indicação aqui desenvolvida é àqueles procedimentos unilaterais, preliminares, dispensáveis[83] e inquisitivos destinados à apuração de indícios de autoria e de materialidade de uma infração ao ordenamento jurídico, presidido e conduzido por autoridade ou órgão do Estado, para posterior instauração de processo administrativo ou judicial objetivando a imposição das consequências legalmente estabelecidas, o que proporciona o exercício responsável do poder. O emprego desses vocábulos nem sempre se orienta por essa compreensão: a Lei n. 8.112/90, por exemplo, prevê a sindicância para esse fim (arts. 143, 145, III, e 154) enquanto denomina o processo administrativo como "inquérito administrativo" (art. 153) e admite a imposição de sanções leves (advertência ou suspensão até trinta dias) por sindicância (art. 145, II).

Inquérito ou sindicância que tenha instrução contraditória e ampla defesa é autêntico processo administrativo, pouco importando a denominação atribuída, sendo proficiente para a criação, modificação ou extinção de situação jurídica, imposição de ônus, sanção ou dever (como é o caso de procedimentos destinados à imposição de penalidades leves)[84], dife-

---

[82] RTJ 202/272. Neste sentido, confira-se ainda: "ADMINISTRAÇÃO – PUBLICIDADE. Norteia a Administração Pública a publicidade quanto a atos e processos. INQUÉRITO – DEFESA – ACESSO. Uma vez juntadas aos autos do inquérito peças resultantes da diligência, descabe obstaculizar o acesso da defesa, pouco importando estarem os dados sob sigilo" (RTJ 210/689).

[83] "(...) II. – Sindicância e procedimento administrativo disciplinar: distinção, certo que aquela é, de regra, medida preparatória deste (Lei 8.112/90, artigos 143, 145, 154). Desnecessidade da instauração da sindicância, se já está confirmada a ocorrência de irregularidade no serviço público e o seu autor. (Lei 8.112/90, artigos 143 e 144). (...)" (STF, MS 22.055-RS, Tribunal Pleno, Rel. Min. Carlos Velloso, 20-06-1996, v.u., DJ 18-10-1996, p. 39.848).

[84] "SERVIDOR PÚBLICO. Pena. Demissão. Penalidade aplicada ao cabo de processo administrativo regular. Suposto cerceamento da ampla defesa e do contraditório na sindicância.

rentemente de procedimento (informativo) que vise apenas à apuração de
fato e a deflagração de ulterior processo. [85] De qualquer modo, o processo

Irrelevância teórica. Procedimento preparatório inquisitivo e unilateral. Não ocorrência, ademais. Servidor ouvido em condição diversa da testemunhal. Nulidade processual inexistente. Mandado de segurança denegado. Interpretação dos arts. 143, 145, II, 146, 148, 151, II, 154, 156 e 159, caput e § 2º, todos da Lei federal nº 8.112/90. A estrita reverência aos princípios do contraditório e da ampla defesa só é exigida, como requisito essencial de validez, assim no processo administrativo disciplinar, como na sindicância especial que lhe faz as vezes como procedimento ordenado à aplicação daquelas duas penas mais brandas, que são a advertência e a suspensão por prazo não superior a trinta dias. Nunca, na sindicância que funcione apenas como investigação preliminar tendente a coligir, de maneira inquisitorial, elementos bastantes à imputação de falta ao servidor, em processo disciplinar subsequente" (STF, MS 22.791-MS, Tribunal Pleno, Rel. Min. Cezar Peluso, 13-11-2003, v.u., DJ 19-12-2003, p. 50).
"Servidor público. Aplicação da pena de advertência sem a instauração de sindicância na qual se daria o exercício da ampla defesa dos que vieram a ser punidos. Nulidade.- Do sistema da Lei 8.112/90 resulta que, sendo a apuração de irregularidade no serviço público feita mediante sindicância ou processo administrativo, assegurada ao acusado ampla defesa (art. 143), um desses dois procedimentos terá de ser adotado para essa apuração, o que implica dizer que o processo administrativo não pressupõe necessariamente a existência de uma sindicância, mas, se o instaurado for a sindicância, é preciso distinguir: se dela resultar a instauração do processo administrativo disciplinar, é ela mero procedimento preparatório deste, e neste é que será imprescindível se dê a ampla defesa do servidor; se, porém, da sindicância decorrer a possibilidade de aplicação de penalidade de advertência ou de suspensão de até 30 dias, essa aplicação só poderá ser feita se for assegurado ao servidor, nesse procedimento, sua ampla defesa.- No caso, não se instaurou nem sindicância, nem processo administrativo, e sem se dar, por isso mesmo, qualquer oportunidade de defesa aos impetrantes, foi-lhes aplicada a pena de advertência, por decisão que foi tomada, como se vê da cópia a fls. 10, em processo administrativo contra terceiro e no qual os impetrantes constituíam a comissão de inquérito. Recurso ordinário a que se dá provimento" (STF, RMS 22.789-RJ, 1ª Turma, Rel. Min. Moreira Alves, 04-05-1999, v.u., DJ 25-06-1999, p. 45).
[85] "(...) 1. Esta Corte já pacificou o entendimento de que a sindicância é procedimento preparatório ao processo administrativo disciplinar, não cabendo alegar, em seu decorrer, a violação dos princípios do contraditório e da ampla defesa. (...)" (STF, AgR-RMS 26.274-DF, 1ª Turma, Rel. Min. Dias Toffoli, 22-05-2012, v.u., DJe 11-06-2012).
"(...) 3. Não se deu, no caso, qualquer violação dos princípios do contraditório e da ampla defesa (artigo 5º, LV da CB) na auditoria que levou à instauração do processo administrativo disciplinar. O procedimento que antecedeu a instauração do PAD, independentemente do nome que lhe seja dado, nada mais é do que uma sindicância, cujo objetivo é o de colher indícios sobre a existência da infração funcional e sua autoria. Trata-se de procedimento preparatório, não litigioso, em que o princípio da publicidade é atenuado. A demissão dos impetrantes não resultou da auditoria, tendo sido consumada ao final de processo administrativo disciplinar

DIREITO ADMINISTRATIVO: TRANSFORMAÇÕES E TENDÊNCIAS

administrativo não pode ser substituído, em seu escopo, por mera sindicância à margem da ampla defesa e do contraditório.[86]

regularmente instaurado. (...)" (STF, MS 23.187-RJ, Tribunal Pleno, Rel. Min. Eros Grau, 27-05-2010, v.u., DJe 06-08-2010).

"(...) A sindicância administrativa – enquanto simples procedimento de caráter preparatório – não se reveste de finalidade punitiva, achando-se instrumentalmente vocacionada a subsidiar, com elementos idôneos, a instauração, pela Administração Pública, de procedimento disciplinar contra o servidor estatal.- Nada impede, contudo, que a Administração Pública, dispondo de elementos probatórios idôneos, faça instaurar, desde logo, contra determinado servidor estatal, independentemente de prévia abertura de sindicância, processo administrativo-disciplinar destinado a viabilizar a imposição da sanção legal pertinente, observadas, necessariamente, em tal contexto, as garantias de ordem jurídica decorrentes da cláusula constitucional do 'due process of law'. (...)" (STF, MS 22.122-PA, Tribunal Pleno, Rel. Min. Celso de Mello, 18-10-1995, v.u., DJ 19-12-2006, p. 36).

[86] AGRAVO REGIMENTAL. ADMINISTRATIVO. DEMISSÃO DE SERVIDOR PÚBLICO SEM O DEVIDO PROCESSO LEGAL. VIOLAÇÃO AOS PRINCÍPIOS DO DEVIDO PROCESSO LEGAL, AMPLA DEFESA E CONTRADITÓRIO. SÚMULA 279 DO STF. MATÉRIA INFRACONSTITUCIONAL. 1. O ato de demissão do servidor público deve ser precedido do devido processo legal em que haja oportunidade para o exercício da ampla defesa e contraditório. 2. In casu, o acórdão recorrido entendeu que não houve obediência ao princípio do devido processo legal, sendo que não há notícias nos autos da instauração do processo administrativo, e que a mera abertura de sindicância não o substitui, uma vez que tal procedimento é meramente preparatório. (...)" (STF, AgR-AI 802.357-BA, 1ª Turma, Rel. Min. Luiz Fux, 13-04-2011, v.u., DJe 11-05-2011).

DOS LIMITES DA REPRESENTATIVIDADE À DEMOCRATIZAÇÃO DA ADMINISTRAÇÃO PÚBLICA

MARTA NUNES DA COSTA

1. Introdução

O modelo de democracia representativa, amplamente adoptado pela maioria dos sistemas democráticos ocidentais, tem vindo a sofrer várias críticas, sobretudo pela evidente incapacidade de responder de forma eficaz aos desafios específicos do século XXI, trazidos por novas constelações políticas (como é o caso da Europa), pela globalização e pela clara interferência dos interesses financeiros transnacionais na gestão pública de diferentes nações. Este artigo tem três momentos. No primeiro momento caracterizarei as vantagens e desvantagens do modelo representativo dentro do paradigma democrático, mostrando como a passagem para um modelo participativo de democracia pode responder a alguns – mas não todos – dos problemas estruturais das democracias contemporâneas. Este é o momento normativo. No segundo momento oferecerei uma leitura comparada da forma como novos mecanismos participativos têm vindo a ser incorporados na administração pública de três países – Brasil, Estados Unidos e Portugal – anunciando assim alternativas viáveis que se contrapõem às atuais crises democráticas. Concluo com algumas reflexões sobre a necessidade de reconfiguração do paradigma democrático em geral com base na expansão de mecanismos participativos nos vários sectores da administração pública.

2. Dos limites da representatividade

Hoje, democracia é um conceito familiar que faz parte da constelação geral do pensamento da maioria dos indivíduos que vivem em sociedades pluralistas. Este conceito, porém, tem levantado várias questões do ponto de vista normativo e prático. Por um lado, continua sendo um desafio delimitar os sentidos e significados de democracia; por outro lado, manifesta-se

DIREITO ADMINISTRATIVO: TRANSFORMAÇÕES E TENDÊNCIAS

como desafio real comparar diferentes modelos democráticos e sua respectiva postura face a instituições políticas fundamentais. Quero, neste primeiro momento, dar conta das diferentes camadas inerentes ao conceito de democracia, de ambas as perspectivas: normativa e prática. Para isso começarei por oferecer um breve retrato do desenvolvimento do conceito; depois concentrar-me-ei sobre o paradigma representativo, que tem dominado a forma como a democracia tem sido conceptualizada e aplicada. Por fim, apresentarei argumentos que favoreçem uma redefinição do paradigma democrático à luz da importância crescente da vertente participativa.

O conceito de democracia foi, desde a sua origem, problemático e conflituoso. Já Aristóteles caracterizava a democracia com a degeneração de um sistema político, defendendo que a monarquia era, apesar de tudo, o melhor regime de entre todas as opções possíveis. A democracia seria aceitável apenas se fosse uma versão moderada de si mesma, ou seja, se na prática de traduzisse numa espécie de oligarquia ou república. República foi, afinal, o conceito que monopolizou as forças históricas (através também da mobilização política) no sentido de uma viragem radical de paradigma, passando assim de uma forma de governação monárquica a uma forma de governação mais ampla e extensa no espectro político. Um governo mais progressivo aproximando-se de uma oligarquia representativa, ou seja, de uma oligarquia eleita (e não imposta por berço) mesmo se apenas alguns conseguiam aceder à posição estratégia de serem eleitos. Só com as revoluções Americana e Francesa é que se prepara, progressivamente, a abertura das mentalidades a uma revisão da forma de governação de forma a que esta fosse mais 'democrática'. Porém, até nesta altura o adjetivo 'democrática' era usado marginalmente na esfera pública, tendo uma conotação de radicalidade inimiga da estabilidade política e social desejada.

Com a expansão dos direitos políticos, sobretudo o sufrágio universal, entre o século XVIII e XIX, o termo de democracia começou a ser empregue positivamente, sobretudo a partir da Primeira Guerra Mundial, mas consolidando-se como opção ideológica viável com a Segunda Grande Guerra. Democracia apresentou-se como via de governação capaz de resolver as contradições internas dos regimes em vigor até então. Este uso positivo vestia-se no entanto de diferentes formas, não havendo nunca um consenso acerca do seu conteúdo substantivo nem do seu significado.

328

DOS LIMITES DA REPRESENTATIVIDADE À DEMOCRATIZAÇÃO DA ADMINISTRAÇÃO PÚBLICA

Embora haja muita contestação acerca do conteúdo específico do conceito e seus significados, há porém um consenso sobre o mínimo que a democracia supõe, a saber, a existência de um Estado de Direito; o compromisso com o valor e princípio de igualdade política, entendida como igualdade de voto (cada cabeça, cada voto); o respeito por direitos fundamentais básicos, tais como o direito à vida, liberdade de expressão e propriedade. Subjacente a este núcleo duro do conceito está outro conceito vital da qual a democracia depende, a saber, o conceito de autonomia numa dupla acepção: a) autonomia enquanto autonomia política coletiva, traduzindo a existência de um corpo político que se governa a si mesmo, que aceita as leis que a si próprio se dá; b) autonomia individual, no sentido em que todos os indivíduos veem refletidos nesta espécie de pacto original ou hipotético que garante e suporta a legitimidade das decisões coletivas, apoiadas num consenso implícito ou explicito. No entanto, quando se começa a delinear exatamente como estes conceitos se relacionam entre si, chega-se a modelos democráticos distintos que se refletem em realidades também elas muito distintas. A diferença destas concepções traduz uma diferença primária na forma como as vertentes de representação e participação são pensadas.

Se retornarmos a autores como Rousseau ou John Stuart Mill, a participação política apresenta-se como fator determinante para a saúde do sistema político. Para Rousseau a participação é vista como instrumento fundamental para garantir a proteção dos interesses de todos, sendo também o meio que cada cidadão tem ao seu dispor para se construir a si mesmo enquanto 'cidadão virtuoso e responsável'. (Nunes da Costa, 2013, p. 25) Ou seja, participação política é o conceito a partir do qual a teoria Rousseauudiana de uma Vontade Geral se constrói e se sustenta; participação política traduz a relação dialógica de 'governar e ser governado', apontando para as condições necessárias para que a igualdade política se realize: isto é, não só como igualdade de voto, mas também como necessidade de certa independência econômica como forma de garantir o mínimo de igualdade exigida para uma participação efetiva, com repercussões reais na esfera pública.

John Stuart Mill reflete uma constelação de circunstâncias históricas diferente, que o forçou a reconhecer a necessidade da representatividade das instituições políticas. Para Mill, as instituições participativas cumpriam um papel fundamental para a saúde do sistema político; mas em última análise, com a expansão da sociedade industrializada impunha-se recorrer a novos mecanismos de representatividade, capazes de garantir as condições para a boa governação.

No século XX, porém, há uma viragem na forma como a democracia é conceptualizada. Autores como Schumpeter, Sartori ou Dahl afastam-se radicalmente da conceptualização de democracia assente na vertente participativa, virando-se antes para a representatividade como seu traço determinante. Para Schumpeter, 'democracia é um *método* político, isto é, um certo tipo de arranjo institucional para alcançar decisões políticas – legislativas e administrativas.' (Pateman, 1970, p. 3) e é 'esse arranjo institucional para chegar a decisões políticas nas quais os indivíduos adquirem o poder para decidir através da luta competitiva pelo voto das pessoas.' (Pateman, 1970, p. 4)) Cultivando os perigos inerentes a uma participação estendida às massas, Schumpeter alimenta o mito de que as massas eleitorais são incapazes de ação para lá do voto, e que, portanto, só aos líderes cabe o papel de agir verdadeiramente, de acordo com o método democrático. Neste arranjo Schumpeteriano, a limitação da participação e a passividade dos cidadãos cumprem uma função positiva na sustentação e equilíbrio do sistema.

Sartori, em *Teoria Democrática* (1962) reforça muitas das conclusões de Schumpeter, definindo a democracia como elites que competem entre si. Para Sartori 'hoje a democracia não tem de estar alerta como já esteve antes em relação à aristocracia mas sim em relação à mediocridade e ao perigo que essa possa destruir os seus líderes, substituindo-os por contra-elites não democráticas.' (Sartori 1962, p. 119 em Pateman, 1970, pp. 10-11).

Por último Dahl, reconhecendo que não há uma teoria democrática, mas sim *teorias democráticas* (1956, introdução), propôs uma abordagem da democracia através do conceito de poliarquia, ou seja, o governo por múltiplas minorias. Na sua proposta, Dahl evita a questão da participação, ignorando o seu papel positivo e inovador, e concentra-se na hipótese de que o que torna a competição democrática é a possibilidade de que as minorias possam ser alargadas e diversificadas de forma a trazer vários tipos de influência no momento de tomada de decisões políticas.

Menciono estes autores apenas para realçar que até década de 1960 a maioria das teorias de democracia foram avançadas no sentido diametralmente oposto do que havia sido desenvolvido por Rousseau ou Stuart Mill. Só mais recentemente é que o valor da participação foi recuperado.

DOS LIMITES DA REPRESENTATIVIDADE À DEMOCRATIZAÇÃO DA ADMINISTRAÇÃO PÚBLICA

É por isso importante perceber o contexto em que esta recuperação se deu e as razões que a motivaram.

Década de 1960 e 1970 o estatuto da democracia representativa era bem aceito e quase inquestionável. Ninguém, ou quase ninguém, questionava a possibilidade de abandonar o modelo democrático representativo em prol de um modelo puramente participativo ou deliberativo. A ideia romântica de uma 'democracia direta' era percebida como ideal regulador principalmente utópico, com mínimas possibilidades de concretização, a não ser em casos muito específicos e controlados, com um número reduzido de cidadãos. Se pensarmos em democracias relativamente recentes – Portugal (1976), Espanha (1978), Brasil (1988) – vemos que o modelo democrático representativo foi adoptado como a melhor de entre as opções políticas possíveis. Porém, ao mesmo tempo que nuns países se implementa um modelo democrático representativo, noutros países (como os Estados Unidos) esse modelo começa já a apresentar problemas. Atualmente, os problemas levantados pelo modelo democrático representativo afetam virtualmente todas as democracias e sistemas de governação transnacional, como a União Europeia.

Parte-se de um consenso generalizado de que a democracia está em crise, e de que essa crise é de natureza dupla: por um lado, uma crise que se prende com a incapacidade dos mecanismos representativos tradicionais se ajustarem a novas realidades sociais e económicas; por outro lado, uma crise que se prende com a necessidade de repensar a democracia através das suas virtudes (particularmente, a igualdade política) que se manifestam em espaços públicos de participação e deliberação coletiva. Quer uma quer outra parte da crise das democracias revela algo com clareza: se queremos recuperar o ideal e conceito de democracia, de acordo com os quais pautamos as nossas instituições e vida coletiva, temos de estar dispostos a lutar pela melhor versão possível da democracia, e não por uma versão razoável ou aceitável apenas. Representação enquanto conceito e mecanismo político fundador do próprio contrato social manifesta-se na sua insuficiência e incapacidade de responder a uma nova constelação política: onde os Estados não podem ser pensados (se é que algum dia puderam sê-lo) de forma autónoma e fechada sobre si mesma; os Estados constituem-se progressivamente no tempo na sua relação com os outros Estados – democráticos ou não – e é nesta relação que a sua sanidade se mantém ou se degrada. Assim, não se trata apenas de considerar o olhar que o cidadão tem sobre si e sobre os seus concidadãos; nem considerar apenas o olhar que o cidadão tem sobre o Estado e o Estado sobre ele(s); é preciso também considerar o olhar que os cidadãos têm de si mesmos e uns dos outros num contexto nacional e transnacional. Salvar a democracia hoje significa repensar a forma como as relações a vários níveis se estabelecem; significa também salvar um ideal que se define e demarca de outros diferentes de si pela qualidade que o seu núcleo duro representa. Isto significa que temos de reinventar a forma como a representação tem sido pensada ao longo dos tempos, redefinindo os espaços para uma participação política e deliberação num contexto político mais alargado.

Muitos teóricos viram no paradigma de democracia participativa a esperança para solucionar parte da crise da democracia, sobretudo vista sob o prisma do crescente absentismo eleitoral e falta de engajamento cívico e cidadão. A mudança (ou tentativa de mudança) do paradigma representativo para o paradigma participativo visava alcançar três objetivos principais: em primeiro lugar, recuperar espaços de participação cidadã contrariando a visão agregativa e limitada da democracia, que reduz cada cidadão a um voto; em segundo lugar, recuperar um espaço conceptual e prático para efetivação de igualdade política, isto é, igualdade política só poderia ser realmente concretizada se, aliada à igualdade legal de voto, os cidadãos tivessem igualdade de oportunidades no controle de agenda assim como no processo de tomada de decisão, o que implicaria participar mais (através da sua presença e da sua voz) na esfera pública; em terceiro lugar, transformar o espectro político e espaço ideológico, reinventando a 'esquerda' para lá da ideologia comunista ou socialista que havia alimentado a sua construção durante o século vinte.[1] Embora uma defesa de participação não possa ser equiparada cabalmente com uma orientação política de esquerda, muitos mecanismos participativos foram propostos e implementados por partidos de esquerda – tais como o Partido dos Trabalhadores no Brasil que propôs o orçamento participativo em Porto Alegre em 1989. Tendo dito isto, parece que o valor da participação veio preencher um vazio deixado pela morte de uma ideologia; logo, era crucial redefinir as identidades políticas assim como as alianças partidárias de forma a iniciar uma nova dinâmica

---

[1] De acordo com Talpin (2011) a democracia participativa surgiu assim como solução política válida, simultaneamente moderna e inovadora, capaz de escapar ao beco sem saída onde a ideologia comunista nos havia conduzido, culminando na desintegração da união soviética.

política. Tal como Talpin diz 'mais do que apenas uma resposta à "crise do governo representativo", a participação cidadã era agora um novo produto político, de onde ganhos políticos seriam extraídos.' (Talpin 2011, p. 36)

A guinada conceptual em que se começa a pensar a participação e deliberação como alternativas ou formas complementares numa vida democrática legítima resultou numa reconfiguração estrutural afetando a dinâmica de instituições políticas e económicas e seus princípios reguladores.[2] Podemos dizer com Acemoglu e Robinson (2012), que esta viragem foi possível devido a uma *articulação crítica* onde o *status quo* foi subitamente questionado. A ruptura que hoje é visível em muitas sociedades democráticas deve-se à insustentabilidade de um modelo político assente nas premissas erradas, tais como a especialização e profissionalização dos políticos, o aumento da racionalidade, o aumento da tecnocracia na esfera pública e a importação da ciência para o domínio social e político. Todos estes fatores contribuíram para a crise da representatividade, onde apenas alguns de entre alguns têm realmente a palavra, a voz, e o poder para falar e ser ouvido. Podemos dizer que hoje vivemos num histórico *a priori* onde, numa busca quase subconsciente (por parte da população em geral) por um lado, e consciente (por parte de atores políticos específicos, ativistas sociais e outros) por outro, a democracia começa a reinventar-se através da restruturação ou redefinição da própria administração pública. Na próxima secção quero por isso oferecer algumas leituras das alternativas que têm vindo a ser implementadas na administração pública no Brasil, Estados Unidos e Portugal, mostrando como através delas poderemos encontrar sentidos para uma nova democracia.

3. Democratização da administração pública – o caso do orçamento participativo em São Bernardo do Campo, Nova Iorque e Cascais

Numa altura em que a democracia se encontra num impasse, e nalguns casos suspensa, impera questionar que tipo de democracia queremos no futuro – uma democracia mais responsável e receptiva às necessidades e expectativas dos seus cidadãos, ou uma democracia mais limitada. De qualquer forma, o futuro da democracia depende de abordarmos as condições que este modelo tem para vingar num futuro economicamente incerto,

---

[2] ACEMOGLU, Daron e ROBINSON, James A., 2012, *Why Nations Fail – The origins of Power, Prosperity, and Poverty*, Crown Business, New York

DIREITO ADMINISTRATIVO: TRANSFORMAÇÕES E TENDÊNCIAS

demograficamente mais velho e com outros tipos de desafios que um mundo globalizado e ainda com pouca regulação internacional apresenta.

Se quisermos salvar a concepção da democracia como autonomia na sua dupla acepção como acima mencionei (autonomia coletiva e autonomia individual), então é crucial reformular as instituições representativas existentes e reformular a atual administração pública, de forma a garantir espaços para participação cidadã. Se quisermos também salvar o conceito de bem comum, então mais claro fica de que esses mecanismos participativos são essenciais para garantir que o maior número possível de cidadãos tenha acesso e condições de participação de forma a moldar a agenda pública. É neste contexto que o orçamento participativo se apresenta como exemplo de restruturação na administração pública, criando um balanço entre representatividade, participação e deliberação.

John Stuart Mill costumava dizer que democracias saudáveis precisam de cidadãos ativos, embora os governos prefiram cidadãos passivos. John Dewey, por sua vez, dizia que os males da democracia deveriam ser combatidos com mais, não menos, democracia. O orçamento participativo responde às ânsias ou expectativas dos dois filósofos, dando um novo fôlego ao projeto democrático e mantendo-o como opção viável e preferível a outras. Mas então, o que é o orçamento participativo?

O orçamento participativo (OP) é uma experiência que responde diretamente às preocupações levantadas por Mill, Dewey e Benjamin Barber. Por um lado, o OP traz uma continuidade com o paradigma representativo, tal como o conhecemos, assim como com o ideal de participação que é essencial a uma conceptualização mais robusta e forte de democracia. Por outro lado, o OP cria um espaço onde a participação acontece, mesmo apoiando-se numa estrutura já existente que é essencialmente representativa, contrariando por isso a 'apatia' que tantos comentadores denunciam como mal dos indivíduos e cidadãos democratas de hoje. O grande radicalismo (que será curiosamente um regresso a premissas essenciais da vida política tal como era entendida por Aristóteles ou outros filósofos antigos) trazido pelo OP reside no facto de articular o individuo e a comunidade, representando assim um encontro ou diálogo entre as dimensões política, social e económica que constituem a vida das pessoas normais e do seu dia-a-dia.

De forma breve, o OP tem vários elementos que devem ser identificados: *primeiro*, envolve cidadãos no processo de tomada de decisão relati-

DOS LIMITES DA REPRESENTATIVIDADE À DEMOCRATIZAÇÃO DA ADMINISTRAÇÃO PÚBLICA

vamente à definição das prioridades de um orçamento público. *Segundo*, este processo varia de cidade para cidade, já que tem de se ajustar às especificidades de cada local em questão; i.e., o OP é um processo que revela a capacidade de se ajustar às necessidades locais, assim como ao mapa humano, social e político. *Terceiro*, o OP apela a um 'entendimento iluminado' (Dahl), na medida em que os cidadãos que participam do processo ganham um maior e mais profundo conhecimento sobre os temas que estão a ser debatidos. Este aumento e/ou desenvolvimento de conhecimento por parte dos cidadãos acontece de forma dupla: por um lado, no processo de discussão, processo este que é reflexivo e deliberativo (enquanto espaço público onde os juízos são emitidos); por outro lado, como resultado do próprio processo deliberativo, aceite e reconhecido por todos como legítimo e válido. *Quarto*, o OP, depois das etapas de diagnóstico, deliberação e processo de tomada de decisão, implica igualmente um momento de responsabilização e vigilância de que as decisões tomadas são implementadas na prática.

Há, como disse, várias formas de aplicar os princípios do OP, já que diferentes cidades requerem diferentes modelos, e não há um modelo que satisfaça todos os casos. No entanto, é de notar que desde a sua primeira experimentação podemos observar uma contaminação do OP pelo mundo – desde o Brasil a vários países na América Latina, Europa, África, América do Norte (com experiências recentes em Nova Iorque e Chicago) até ao continente asiático. A expansão dos princípios reguladores do OP reforça o que aqui venho defender, a saber, que é crucial, para que as democracias se possam reinventar e aperfeiçoar, que as instituições nelas existentes se saibam adaptar e incorporar novos mecanismos participativos e deliberativos, atenuando o abismo geralmente existente entre os cidadãos e a classe de políticos eleitos 'representantes'. É neste sentido que o OP se afirma como um dos mecanismos que diretamente contribui para a reformulação do paradigma democrático, transformando a forma como as práticas democráticas acontecem. O OP redefine o papel da cidadania, da participação, da representação e deliberação, oferecendo uma nova perspectiva sobre aqueles que agem, que falam, que reivindicam, que representam e que são representados.

Quero também sublinhar outro aspecto importante, a saber, não só o OP se afirma como mecanismo capaz de reconfigurar o paradigma democrático, como também ele se apresenta como alternativa viável ao modelo de governação geralmente aceite e em vigor, que assenta sobre premissas neoliberais. O OP vem assim trazer uma opção de governação a nível local e urbano, podendo porém crescer e afetar a forma como toda a estrutura de governação e administração acontece, não só a nível regional e estadual mas também a nível federal. Quero por isso olhar para alguns casos de sucesso, São Bernardo do Campo, no Brasil, Nova Iorque, nos Estados Unidos da América, e Cascais, em Portugal. Ao olhar para estes três casos ficaremos mais aptos a julgar se o OP tem o poder de reestruturar a dinâmica das relações de poder, abrindo azo para novos caminhos de governação local e vida democrática.

São Bernardo do Campo, Brasil

São Bernardo do Campo pertence ao estado de São Paulo, com uma população de 765.203 habitantes, 752.414 se encontram em áreas urbanas e apenas 12.789 na área rural.[3]

São Bernardo do Campo é a quarta maior economia do estado de São Paulo, depois de São Paulo, Guarulhos e Campinas. Se olharmos para a estrutura administrativa de São Bernardo do Campo vemos que a Câmara Municipal é responsável pelo domínio legislativo e a Prefeitura é a entidade executora da governação. A Câmara tem 21 vereadores que foram eleitos em 2008 para o período de 2009-2012. O presidente da câmara, na altura da redação deste artigo, era Hiroyuki Minami, eleito pelo PSDB, para um mandato de dois anos (2011-12).

A 24 de Novembro de 2009, a lei 5.982 criava a Secretaria de Orçamento e Planejamento Participativo ou SOPP, com a intenção única de criar e promover iniciativas orçamentais dentro do município através da participação popular.

A SOPP tem as seguintes tarefas: primeiro, promover a participação cidadã na realização do orçamento; segundo, formular direções e providenciar apoio técnico no processo de participação dos cidadãos e implementação das práticas participativas; terceiro, articular as ações participativas e a sociedade civil; quarto, planificar as atividades em articulação com as ações da Administração indireta; quinto, formular e controlar a execução das leis orçamentárias do Plano Plurianual assim como do orçamento anual de acordo com a secretaria das finanças. (PREFEITURA, 2010).

---

[3] De acordo com o sensus de IBGE em 2010.

DOS LIMITES DA REPRESENTATIVIDADE À DEMOCRATIZAÇÃO DA ADMINISTRAÇÃO PÚBLICA

O que é interessante notar é que o conjunto de iniciativas propostas pelo SOPP traduz o processo de aprendizagem face a atividades participativas. Em 1989 o OP de Santo André, também no estado de São Paulo, foi implementado com uma estrutura meramente consultiva; depois de 1993 a 2008 mudou para uma estrutura deliberativa.

O OP em São Bernardo do Campo começou em 2009 quando a administração municipal introduziu um novo processo com o PPA, convidando a população a deliberar sobre as prioridades do município para os anos entre 2010-2013. Houve uma grande mobilização – cerca de 14 000 pessoas nas sessões plenárias, que ocorreram nas 29 regiões pelas quais o município se divide. Em cada sessão foi eleito um representativo dessa mesma região, de forma a que este pudesse acompanhar o processo de construção do PPA.

A divisão do município em regiões seguiu a lógica da população e das condições sócio económicas de cada comunidade. Desta forma tornava--se mais fácil identificar a potencialidade assim como as fragilidades de cada uma delas. Por outro lado, a divisão foi feita de forma a contrariar a lógica exclusivista que rege a atividade política em geral; o objetivo era criar uma rede de incentivos de forma a facilitar e promover a participação dos cidadãos.

A comissão consistia em 29 representantes (1 por região) e 29 representantes do governo local. Criaram-se 144 grupos de trabalho que incidiam sobre diferentes áreas temáticas: saúde, segurança, educação, etc. Notou--se que as populações residentes em áreas mais periféricas e com os indicadores sociais mais baixos eram, curiosamente, as que mais participavam, dando visibilidade às suas demandas. Esta participação obteve resultados concretos, na definição de 88 programas a ser executados entre 2010 e 2013.

O sucesso da experiência de São Bernardo deve-se, porém, à existência de uma vontade política para continuar a estruturar o OP e fazê-lo permanente. É neste sentido que se redefiniram e criaram novas instituições administrativas. No projeto de Lei nº 3/2010, foi promulgada a Lei nº 6.023, de 31 de março de 2010, criando o Conselho Municipal de Orçamento Participativo – CMO, vinculado ao Departamento de Orçamento Participativo da SOPP.

Como e quando acontece o OP? O OP acontece a cada dois anos; no primeiro, identificam-se as demandas; no segundo, implementam-se as decisões e acompanha-se o processo. Este processo suporta-se numa dupla estratégia, a saber, de deliberação e de apoio. Por um lado, é preciso

DIREITO ADMINISTRATIVO: TRANSFORMAÇÕES E TENDÊNCIAS

organizar e criar as condições efetivas para que as reuniões e a definição da própria estrutura do OP aconteçam; por outro lado é preciso definir e implementar as condições para que o momento deliberativo funcione bem, fornecendo assim todas as informações necessárias para que os cidadãos possam refletir, deliberar e decidir. A esta estrutura, que é bem mais complexa do que aqui descrevo, São Bernardo possui ainda outros elementos estruturantes e decisivos para o seu sucesso, a saber, as Caravanas de Prioridades, os Seminários de Detalhamento, as Comissões Regionais de Fiscalização e Acompanhamento de Obras e Serviços e a Secretaria Executiva.[4]

---

[4] "As Caravanas de Prioridades caracterizam-se como comissões compostas por membros da sociedade civil e do governo que auxiliam os conselheiros na definição das ações a serem contempladas quando do processo de construção do OP, que ocorre a cada dois anos, quando são discutidas, nas plenárias, as demandas e prioridades eleitas nas regiões. A sua função básica é a de levar aos conselheiros as informações necessárias sobre a situação do município, da mesma forma, as particularidades das prioridades e ações apresentadas ao CMO.

Os Seminários de Detalhamento são criados para que seus participantes se manifestem sobre assuntos específicos relacionados a diferentes matérias a serem contempladas no orçamento concernente à área de abrangência do município, e envolvem questões, entre outras, relacionadas à educação, saúde, obras etc. A esses Seminários cabem a missão de observar os aspectos técnicos da questão orçamentária, no sentido de especificar, de forma minuciosa, as demandas e ações, verificando se estão compatíveis com o planejamento contido no PPA, como também, a viabilidade técnica e financeira para sua execução. Esses aspectos técnicos são apresentados ao CMO para subsidiar a tomada de decisão. É esse instrumento que fornece qualitativa e quantitativamente as informações sobre as demandas sociais existentes no município, informando ao CMO as tipicidades de cada uma delas.

As Comissões Regionais de Fiscalização e Acompanhamento de Obras e Serviços- CRFAOS são constituídas por representantes de bairros e conselheiros do CMO, o mandato segue o mesmo critério dos conselheiros, de dois anos, sendo permitida uma reeleição de igual período. A eleição dos representantes regionais se dá nas plenárias regionais e sua atuação tem início após a aprovação do orçamento, cuja finalidade básica consiste em fiscalizar a concreta execução das prioridades aprovadas pelas plenárias no processo do OP. As competências são estabelecidas pelo artigo 21 do Regimento Interno, onde estabelece que os representantes devem: I. Acompanhar a execução das prioridades aprovadas no Orçamento Participativo; II. Fiscalizar, acompanhar e encaminhar junto ao conselheiro(a) da região problemas detectados em obras e serviços realizados por meio do Orçamento Participativo; III. Auxiliar na divulgação das Plenárias do Orçamento Participativo; IV. Reunir-se periodicamente com conselheiros e conselheiras na região; V. Realizar reuniões com a presença do(a) Agente de Participação Cidadã. (PREFEITURA 2010, p.8)" in Gomes, Rui Pereira (2011) *OS FATORES CRÍTICOS DE SUCESSO NO PROCESSO DE ELABORAÇÃO DO ORÇAMENTO PARTICIPATIVO DE BRAGA (PORTUGAL) E DE SÃO BERNARDO DO CAMPO (BRASIL).* (Tese de Mestrado). São Paulo.

DOS LIMITES DA REPRESENTATIVIDADE À DEMOCRATIZAÇÃO DA ADMINISTRAÇÃO PÚBLICA

O caso de São Bernardo do Campo é revelador de duas coisas, que são igualmente confirmadas nos casos da América do Norte e em Portugal (entre outros países da Europa). Em primeiro lugar, que a implementação de uma iniciativa tal como a do OP não pode ser meramente consultiva, pois se o for o mais provável é que essa iniciativa se cancele a si própria no tempo e deixe de existir. Uma das condições para o sucesso do OP é que este seja um processo deliberativo, com impacto real. Em segundo lugar, a criação e implementação do OP requerem, essencialmente, uma reorganização da própria administração pública. Por um lado, porque vai exigir respostas do lado dos corpos políticos formais e eleitos, e para que essas respostas possam ser efetivamente ouvidas é geralmente necessário a criação de estruturas administrativas independentes, que funcionam até como 'mediadores' entre a população participativa e os corpos políticos tradicionais. Por outro lado, acredito (embora sejam precisos mais alguns anos para que isto se possa comprovar) que essa reorganização inicial da administração pública possa ter um efeito dominó, ou seja, que o modelo participativo e a restruturação progressiva das instituições representativas atuais se espalhem pelas várias instituições existentes e sectores da administração local. Esta reorganização da administração publica permite promover um diálogo efetivo entre atividades participativas, sociedade civil e âmbito político mais vasto. Olhemos agora para o caso de Nova Iorque.

Nova Iorque, Estados Unidos da América

> "Sounds interesting, but that wouldn't work here"
> "Parece interessante mas isso aqui não iria funcionar"

Esta é a frase com que muitas discussões começam nos Estados Unidos, a propósito do impacto ou até condições de possibilidade para que o OP se possa realizar nesse país. O cepticismo deste depoimento traduz duas tendências opostas, já denunciadas desde Tocqueville, a propósito da América: se por um lado, a democracia nos Estados Unidos abriu caminho para outras democracias no mundo, pela famosa 'igualdade de condições' que permitia que todos os que lá vivessem se considerassem iguais a todos os restantes; por outro lado, impera questionar os limites e condições da

DIREITO ADMINISTRATIVO: TRANSFORMAÇÕES E TENDÊNCIAS

liberdade individual e isso remete-nos, necessariamente, para as considerações acerca da vida em comunidade, procurando saber que condições permitem que essa liberdade se possa concretizar e ser maximizada. Mas para lá destas questões subjaz uma preocupação primária e talvez mais importante, a saber, como entender a relação entre os ideais fundadores democráticos de igualdade e liberdade.

No início deste século criou-se o PBP (Participatory Budgeting Project) no intuito de explorar e implementar o OP na América do Norte – Estados Unidos e Canadá. Depois de alguns anos de estudo e sobretudo de criação de ligações entre o PBP e outras associações cívicas, em 2009 Joe Moore, em Chicago, manifestou a vontade política de se comprometer com os ideais do OP, no entanto a experiência de Chicago tem sofrido algumas limitações, muitas delas relacionadas com o pouco dinheiro implicado na deliberação pública.

Em 2011 o PBP desenvolveu três áreas distintas de trabalho: "*Educação Pública* (palestras, workshops, publicações e conferência anual), *Assistência Técnica* a governos, instituições e organizações que querem desenvolver processos de OP (tais como apoio à concepção do processo, criação de parcerias na comunidade e preparação de materiais educativos), e *Investigação e Avaliação* de processos de OP existentes e emergentes (incluindo estudos de concretização, desenvolvimento de quadros avaliativos e ferramentas, e facilitação de workshops de avaliação e avaliação participativas." (Lerner, 2012, p. 2)

A ideia por detrás deste projeto é a de transformar a democracia no sentido de promover mais inclusão, igualdade e justiça social. Porém, no momento de exploração de condições de implementação do OP na América do Norte, ficou claro que essas mesmas condições são, não só diferentes das do Brasil, como também a dinâmica inerente a esses processos tem de ser abordada de outra perspectiva. Enquanto que no Brasil o OP consegue uma grande mobilização por parte das classes mais desfavorecidas, na América do Norte, tal como na Europa, isso não acontece. Em primeiro lugar, o OP no Brasil tem vindo a afirmar-se como mecanismo participativo importante na forma como as reivindicações dos mais pobres ganham visibilidade, e por isso, se concretizam. No Brasil muito do dinheiro público que está na mesa para deliberação popular tem como destino a satisfação de condições mínimas de dignidade humana, tais como construção de casas, escolas, centros de saúde, estradas e outros tipos de infraes-

DOS LIMITES DA REPRESENTATIVIDADE À DEMOCRATIZAÇÃO DA ADMINISTRAÇÃO PÚBLICA

trutura. Nos Estados Unidos e na Europa, porém, os mais desfavorecidos permanecem à margem do processo de decisão política. Isto acontece por várias razões: por um lado, os mais desfavorecidos parecem não reconhecer nenhuma vantagem em particular em participar politicamente, ou seja, não reconhecem nenhuma razão como suficientemente forte e persuasiva que os faça 'perder' tempo com participação e engajamento político local, apenas pelo prazer ou satisfação de cumprir um direito e/ou dever de cidadão. Por outro lado, apesar das iniciativas do PBP procurarem colmatar os abismos existentes entre representantes e representados, criando e oferecendo espaços de participação e deliberação política com impacto real nas políticas públicas locais, os próprios organizadores deste projeto reconhecem que a participação política em si mesma não é neutra, ou seja, estudos de há várias décadas mostram que quem mais participa nos Estados Unidos continuam a ser homens, brancos, proprietários de pelo menos uma casa e geralmente de classe média e média-alta. (Lerner, 2012, p. 5) O facto de serem os 'suspeitos do costume' a participar, retrata uma imagem do OP como mais um local de negócio ou negociação entre os mais privilegiados, e não como um local onde os mais desfavorecidos podem efetivamente construir uma voz e fazê-la audível para um público mais vasto.

Este obstáculo ao OP como espaço de reconfiguração do debate público obriga a repensar a forma como o próprio processo seja elaborado e implementado.

A experiência de Nova Iorque, iniciada em 2012, tenta colmatar algumas destas falhas, configurando o processo do OP de forma a facilitar a participação de vários grupos, tornando-a também mais apelativa. Lerner menciona cinco fatores críticos nesta nova configuração, a saber: primeiro, a calendarização das reuniões, organizando-as em diversas localidades em diferentes momentos do dia, de forma a ir de encontro à disponibilidade das populações locais; segundo, garantir que essas reuniões têm intérpretes e tradutores, de forma a que as populações imigrantes encontrem um espaço possível de diálogo efetivo; terceiro, existência de facilitadores, ou seja, de pessoas da equipa técnica que ofereçam incentivos (até psicológicos) para que os participantes ganhem coragem para falar em voz alta e dar voz às suas preocupações e reivindicações; quarto, realização das reuniões em espaços seguros, tais como igrejas ou outros espaços públicos locais, indo de encontro aos espaços frequentados pelas populações mais

DIREITO ADMINISTRATIVO: TRANSFORMAÇÕES E TENDÊNCIAS

marginalizadas; quinto, fazer com que essas reuniões tenham uma componente lúdica e apelativa, organizando pequenos concertos ou outras atividades culturais que geralmente mobilizam a população mais jovem. (Lerner, 2012, p. 7)

É óbvio que o fator das quantias implicadas no processo tem um papel determinante. Quanto maior for a quantia de dinheiro sobre a qual a população pode deliberar, maior os incentivos psicológicos para que esta o faça. A experiência de Nova Iorque apresenta, porém, bastante potencial para que se criem espaços de maior inclusão social e participação política alargada e substantiva.

Cascais, Portugal

Cascais é uma vila próxima de Lisboa, com cerca de 206.429 habitantes. O Concelho de Cascais tem 11 vereadores, atualmente dominados pela coligação do Partido Social Democrata e Partido Popular (5-2). A Assembleia Municipal é constituída por 37 deputados, e Cascais tem 6 freguesias: Alcabideche, Estoril, São Domingos de Rana, Carcavelos, Parede e Cascais.

O OP em Cascais começou a ser implementado em 2010-2011. Para 2011 Cascais teve um orçamento de um milhão e meio de euros, sendo que para cada projeto poderia estar destinada a quantia máxima de €300,000.00. Em 2012 o orçamento foi aumentado para € 2,1 milhões.

Cascais, ao contrário da maioria das experiências de OP em Portugal, segue um modelo deliberativo, e não meramente consultivo. O objetivo da Câmara Municipal de Cascais é o de reforçar a participação cidadã e de promover uma sociedade civil mais forte, comprometida com a definição das prioridades da governação local. De forma a fomentar isto, a CMC promove várias atividades que visam aumentar o engajamento político e uma participação informada e responsável.

O OP em Cascais está estruturado de forma a promover três momentos distintos de engajamento cívico: os cidadãos podem participar durante o momento de discussão, apresentação de propostas e votação nos projetos selecionados. As propostas são apresentadas durante as assembleias de participação publica, organizadas em pontos estratégicos do Concelho, tal como na experiência de Nova Iorque. A participação acontece de forma individualizada e durante o momento de votação os cidadãos podem escolher entre a participação presencial ou partici-

DOS LIMITES DA REPRESENTATIVIDADE À DEMOCRATIZAÇÃO DA ADMINISTRAÇÃO PÚBLICA

pação online, via internet. Os projetos votados são realizados durante 2012/2013. [5]

O processo tem cinco fases: *primeiro,* o momento de participação do OP. Isto inclui definição de metodologia, constituição e treino da equipa técnica, criação de mecanismos de participação, determinação do orçamento destinado ao processo do OP, e definição de princípios e regras do processo participativo.

Segundo, o momento das Sessões Participativas. Aqui o objetivo é promover a apresentação de propostas, favorecendo a definição coletiva de prioridades e recuperando assim, do ponto de vista normativo, uma concepção do bem comum que possa ser posta em prática. O objetivo é determinar que propostas são mais adequadas para passar às etapas seguintes.

Terceiro, o momento da análise das propostas. Esta tarefa é realizada por vários serviços do Concelho. As propostas devem estar de acordo com os critérios definidos no artigo 17 das normas de participação. Estas propostas são depois transformadas em projetos nos quais os cidadãos poderão votar. De seguida a CMC torna pública a lista dos projetos aprovados e rejeitados.

Quarto, o momento de participação. Aqui, a CMC oferece três possibilidades de participação: na página da internet da CMC, na carrinha da CMC que circula pelo Concelho ou em diferentes balcões de assistência pública.

Quinto, o momento da apresentação de resultados ao público. Estes serão incorporados na fase seguinte do OP.

O critério para a aceitação de propostas é o seguinte: a) a proposta deve estar no âmbito das competências e alcance da CMC; b) a proposta deve ser especifica no tempo e no espaço; c) a proposta deve apresentar-se na forma de investimento; d) o investimento máximo para cada proposta é de 300 mil euros; f) a proposta deve poder integrar-se em pelo menos um dos eixos reguladores da estratégia de sustentabilidade do Concelho e g) a proposta tem de ser compatível com outros projetos e ações levadas a cabo pelo Concelho.

De 2011 a 2012 a CMC tem vindo a observar um aumento na participação cidadã. No final de 2011, sete mil cidadãos escolheram 12 projetos que foram implementados em 2012; em 2012, foram colocados a votação 32 projetos, contando com a participação de 23.198 cidadãos. Por essa

---

[5] As regras de participação estão disponíveis no seguinte link: http://www.cm-cascais.pt/sites/default/files/anexos/gerais/op_2012_-_normas_de_participacao_2012.pdf

DIREITO ADMINISTRATIVO: TRANSFORMAÇÕES E TENDÊNCIAS

razão, isto é, pela adesão crescente à iniciativa do OP o orçamento disponível para o ano de 2012/2013 aumentou em cerca de um milhão de euros, perfazendo um total de €2,5 milhões. [6]

Fiz apenas uma breve descrição do que está atualmente acontecendo em Cascais e da forma como o OP está evoluindo e está sendo implementado. De seguida farei os comentários finais.

4. Conclusão

A grande questão que animou este artigo foi de saber se o orçamento participativo pode oferecer uma alternativa sustentável e viável na forma como somos obrigados a reconfigurar o atual paradigma democrático em que nos inserimos. Neste momento quero oferecer algumas reflexões sobre os dados que pudemos analisar, inserindo-o no contexto mais vasto do paradigma neoliberal onde as democracias se posicionam, como é o caso do Brasil (cada vez mais), Estados Unidos e Portugal.

À questão 'pode o OP (entre outros mecanismos participativos) oferecer uma saída para as atuais crises da democracia?', a resposta preliminar é 'sim'. É um 'sim' pequeno ainda, na medida em que ao analisarmos as quantias implicadas no processo podemos notar que estas rondam geralmente os 15% do orçamento total disponível; em alguns casos a percentagem é maior, noutros casos é menor. Porém, fica claro que a existência do OP introduz novas dinâmicas na governação local.

Por outro lado, a essa mesma resposta os meus oponentes poderão responder 'não', na medida em que a percentagem da população envolvida é ainda muito pequena. Quão democrática é uma sociedade ou uma instituição em que apenas 1, 2 ou até 10% participam? Quão representativo é o OP? Quais os limites e condições para a legitimidade democrática? Esta questão remete-nos para a velha, mas sempre atual, questão da tirania das maiorias, denunciada desde Tocqueville e John Stuart Mill. Posso

---

[6] Citando o atual presidente da CMC: "De um ano para outro triplicamos o número de votos e aumentamos o valor de orçamento disponível para 2,5 milhões de euros. Em termos de valor real, este é um dos Orçamentos Participativos mais altos do país", afirmou o presidente da Câmara Municipal de Cascais, Carlos Carreiras. "Neste momento podemos afirmar que Cascais é um concelho de todos, mais confiante, mais participante e mais solidário. Dou os parabéns e obrigado a todos os que ousaram fazer a diferença", disponível em: http://www.cm-cascais.pt/noticia/resultados-do-orcamento-participativo-de-cascais-2012-mais--um-milhao-de-euros-para

DOS LIMITES DA REPRESENTATIVIDADE À DEMOCRATIZAÇÃO DA ADMINISTRAÇÃO PÚBLICA

apenas começar a responder a estas questões, dizendo que o OP não é um exemplo típico de experiência democrática, na medida em que a maioria da população *ainda* não participa. Mas o mero facto de que a maioria não participa não nos pode impedir de reconhecer o carácter democrático e de democratização do orçamento participativo em si mesmo. Todos os indivíduos – com mais de 18 anos – *podem* participar. O facto de que eles não o fazem mostra apenas que ainda não encontramos as melhores formas de contrariar a apatia política, mas por outro lado também indica que *só* em democracia os cidadãos podem escolher participar ou não.

Não quero aqui deixar uma visão romanticizada do OP, como se este fosse a resposta a todos os males democráticos. É inegável que o OP pode, nas mãos erradas, tornar-se um instrumento de maximização dos interesses privados de alguns, contrariando todos os seus ideais fundadores de justiça social e inclusão social e política. A vontade política é, como já referi, um dos fatores determinantes para o sucesso do OP. Mesmo que o OP continue hoje nas mãos de alguns, o objetivo futuro é que a esfera desses 'alguns' se possa expandir para incluir progressivamente mais cidadãos. À medida que essa expansão é feita, as próprias relações de representatividade se redefinem, redefinindo com ela o espaço político para a categoria de deliberação.

Se tivermos consciência dos perigos intrínsecos aos mecanismos participativos, ou seja, da tirania das maiorias (que são na verdade minorias disfarçadas de maiorias pela orquestração da sociedade de consumo em que vivemos) estaremos também mais aptos a contrariar esses perigos e a contrabalança-los com atitudes realistas que possam oferecer uma alternativa viável ao paradigma neoliberal atual que nos tem vindo dominando nas últimas três décadas.

Podemos concluir, no entanto, e a partir desta breve análise, que nestas três cidades o orçamento disponível tem vindo a aumentar de ano para ano, assim como o número de cidadãos envolvidos. Nesse sentido, podemos suspeitar que o OP, juntamente com outros mecanismos de restruturação da administração pública, pode representar o ponto de ruptura com o atual modelo de governação local. Quanto mais cidadãos participam, mais demandas são formuladas, mais vozes se constituem e se afirmam, restaurando um espaço público de confiança. O futuro da política depende desta recuperação da vontade comum, do bem comum, assente num diálogo real entre diferentes vontades – a vontade do povo e a vontade dos representantes. O OP dá-nos os instrumentos para fazer essa recuperação.[7] A participação nas reuniões ou assembleias participativas faz com que os cidadãos tenham a oportunidade de conhecer os seus vizinhos e concidadãos, deliberando em conjunto, colocando-se no lugar do outro, revendo as suas posições originais e comprometendo-se com um plano a médio e longo prazo para a sua comunidade. Neste processo recuperamos também o conceito de 'soberania popular' através das práticas.

Assim, podemos dizer que o OP é uma escola de cidadania, no sentido em que os cidadãos aprendem o que é a democracia, através das práticas democráticas concretas. O OP permite criar espaços onde as premissas de Dahl (2000) de participação política, inclusão, entendimento iluminado, controle da agenda e autonomia, são preenchidas. Enquanto escola de cidadania, o OP contribui para que o jogo político mais vasto se torne mais democrático, assegurando as condições para uma redistribuição mais justa de capital social e político.

O OP cria também um espaço onde novas identidades políticas são criadas; permite tornar visível a luta por causas específicas, com implicações concretas; permite também ganhar força política e capaz de pressionar outros centros de decisão, no sentido de contribuir diretamente para a organização da agenda política.

No entanto, para que o OP tenha o impacto que *pode* ter, é necessário que este seja elevado ao estatuto de instituição política formal, na medida em que só aí poderemos criar espaços de autonomia e participação que não estão à mercê da volatilidade das vontades políticas circunstanciais. Se um dos objetivos do OP, tal como descrito pela Câmara Municipal de Cascais, é de recuperar relações de confiança entre representantes e representados, é preciso que os cidadãos saibam que a instituição do OP irá continuar, no tempo e no espaço. Só assim poderemos desenvolver redes de incentivo à participação local que sejam eficientes e capazes de redefinir a forma como a própria política é feita.

Concluindo, o OP é apenas um de entre muitos outros mecanismos que, agindo de forma concertada, tem o potencial de reconfigurar a democracia de baixo para cima, e não de cima para baixo; o OP tem as condições

---

[7] É preciso reconstruir ou restaurar o ideal de bem comum, é preciso que os cidadãos se constituam a si mesmos como cidadãos políticos e para lá dos trajes de consumidores passivos.

DOS LIMITES DA REPRESENTATIVIDADE À DEMOCRATIZAÇÃO DA ADMINISTRAÇÃO PÚBLICA

necessárias (mas ainda não suficientes) para reverter a pirâmide das relações de poder estabelecidas. Por último, o OP é essencialmente um ponto de partida para a reconfiguração das nossas instituições representativas, reavaliando as relações entre elas e a sua própria dinâmica interna.

REFERÊNCIAS BIBLIOGRÁFICAS

ANKERSMIT, Frank. (2002). *Political Representation*. Stanford: Stanford University Press.

AVRITZER, Leonardo (2012). "Democracy beyond aggregation: the participatory dimension of public deliberation," *Journal of Public Deliberation*: Vol. 8: Iss. 2, Article 10. Available at: http://www.publicdeliberation.net/jpd/vol8/iss2/art10

BECK, Ulrich. (1997). *The Reinvention of Politics*. Cambridge: Polity Press.

BOBBIO, Norberto (1999) *Estado, governo, sociedade – para uma teoria geral da política*. 12. ed. São Paulo: Paz e Terra.

BOBBIO, Norberto (1986). *O futuro da democracia*. Rio de Janeiro: Paz e Terra.

BRASIL. Lei Complementar no 101, de 04 de maio de 2000. Estabelece normas de finanças públicas voltadas para a responsabilidade na gestão fiscal e dá outras providências. Brasília: Congresso Nacional, 2000.

DAHL, Robert (1991). *Democracy and Its Critics*. New Haven: Yale University Press

DAHL, Robert (2000). *On Democracy*. New Haven: Yale University Press

FISHKIN, James S. (2005). *Realizing Deliberative Democracy: Virtual and Face to Face Possibilities* W. Maurice Young Centre for Applied Ethics, University of British Columbia.

GUTMANN, Amy, and Thompson, Dennis (2004). *Why deliberative democracy?*, Princeton University Press

GUTMANN, Amy, and Dennis Thompson (1996). *Democracy and Disagreement*. Cambridge, Massachusetts: The Belknap Press of Harvard University Press.

GUTMANN, Amy, and Dennis Thompson (1999). Response to Jane Mansbridge. In *Deliberative Politics. Essays on Democracy and Disagreement*, edited by S. Macedo. New York and Oxford: Oxford University Press.

KELSEN, Hans (1992) *Teoria Geral do Direito e do Estado*. Tradução de Luís Carlos Borges. 2a edição. São Paulo, Martins Fontes.

KRUGER, Sandra and Friedrich, Dawid, (Eds) (2012). 'Political Representation in the EU: A Second Transformation?' in *The Challenge of Democratic Representation in the European Union*, Palgrave-MacMilian

LERNER, Josh and Secondo, Donata (2012). "By the People, For the People: Participatory Budgeting from the Bottom Up in North America," *Journal of Public Deliberation*: Vol. 8: Iss. 2, Article 2. Available at: http://www.publicdeliberation.net/jpd/vol8/iss2/art2

LOCK, Fernando do Nascimento (2004) "Participação Popular no Controle da Administração Pública: um estudo exploratório" em Revista Eletronica de Contabilidade, UFSM, Volume I, n.1, disponível em http://w3.ufsm.br/revistacontabeis/anterior/artigos/vIn01/a07vIn01.pdf (acesso a 23/11/2012)

MACEDO, Aquilino Alves, "A Participação popular na administração pública: um direito constitucional" em http://www.escoladecontas.tcm.sp.gov.br/artigosArquivos/69e9b 4e3ac61bbf9a2cf79a3b3d33edc.pdf (acesso a 23/11/2012)

MANSBRIDGE, Jane (2003). "Rethinking Representation." *American Political Science Review* 97:515-528.

MANSBRIDGE, Jane (1983). *Beyond Adversary Democracy*. Chicago: Chicago University Press.

MANSBRIDGE, Jane (1999). Everyday Talk in the Deliberative System. In *Deliberative Politics. Essays on Democracy and Disagreement*, edited by S. Macedo. New York and Oxford: Oxford University Press.

MANIN, Bernard (1997). *The Principles of Representative Government*. Cambridge: Cambridge University Press

PITKIN, Hanna (1967), *The Concept of Representation*. Berkeley: University of California Press.

PLOTKE, David (1997). "Representation is Democracy." *Constellations* 4:1, 19-34.

SAWARD, Michael (2010). *The Representative Claim*. Oxford University Press.

TALPIN, Julien (2011). *Schools of Democracy: How Ordinary Citizens (Sometimes) Become Competent in Participatory Budgeting Institutions*. ECPR

YOUNG, Iris Marion (2000). *Inclusion and Democracy*. Oxford: Oxford University Press.

ZOLO, Danilo. (1992). *Democracy and Complexity: A Realist Approach*. University Park, Pennsylvania State Press.

http://www.cm-cascais.pt/sites/default/files/anexos/gerais/op_2012_-_normas_de_participacao_2012.pdf

BUROCRACIA REFLEXIVA

IRENE PATRÍCIA NOHARA

1. Considerações Introdutórias

O presente ensaio, escrito para a obra sobre tendências e transformações de Direito Administrativo, organizada pelo estimado Thiago Marrara, objetiva refletir criticamente sobre os propósitos pretensamente *desburocratizadores* da última Reforma Administrativa brasileira (da década de noventa), e simultaneamente defender o arejamento da burocracia com os desafios da pós-modernidade, a partir da construção de uma proposta de *burocracia reflexiva*.

Espera-se contribuir para a análise das complexidades e vicissitudes que o modelo burocrático enfrenta em face dos desafios da sociedade contemporânea e também advertir que muitos dos valores prezados pelo Direito Administrativo jamais serão alcançados com a implosão dos pressupostos burocráticos, mormente àqueles que direcionam as práxis administrativas à especialização, ao profissionalismo e à meritocracia, o que se relaciona ao legado do princípio republicano.

Por conseguinte, haverá o esclarecimento de que existem diversas nuances de propostas por detrás da singela pretensão de "desburocratização", desde proposições afinadas com a noção defendida de *burocracia reflexiva*, como, por exemplo, aquelas que se encontram na doutrina portuguesa, até, no outro extremo, as que se orientam ao desmonte do regime jurídico administrativo e que mascaram, a partir de um discurso supostamente modernizante, a intensão de colonização do público pelo privado, por meio da difusão irrefletida de uma noção de subsidiariedade ou mesmo pela defesa da flexibilização dos controles e consequente *fuga ao direito privado*. Estas últimas concepções são inspiradas em grande parte no gerencialismo (*managerialism*) do *Common Law*.

Apesar de todas as críticas que serão feitas a seguir, acredita-se ser possível adaptar a burocracia às novas demandas de uma sociedade em rápida transformação e também preservar aquilo que ela trouxe de positivo à eficiência das instâncias organizacionais públicas, sendo, portanto, exigido do Estado Democrático de Direito muito mais do que um funcionamento industrial,[1] daí a defesa pela existência de uma *burocracia reflexiva*.

2. Modelo burocrático e Direito Administrativo

O desenvolvimento das economias monetárias e o crescimento e a expansão das tarefas administrativas do Estado moderno foram fatores que demonstraram a superioridade técnica da burocracia em relação às práticas patrimonialistas vigorantes até então.

A formação da burocracia representa um avanço significativo em relação às outras estruturas de poder ou tipos de domínio (*Herrschaft* – Weber) existentes. Dentro da abordagem weberiana, os domínios legítimos subdividem-se em: *carismático, tradicional* e *legal-burocrático*.

O *domínio carismático* seria o legitimado pela suposição de que o líder possuiria poderes ou qualidades excepcionais, o que justificaria a presença de discípulos no aparelho administrativo. É a dominação exercida, por exemplo, pelo profeta, o herói-guerreiro ou o grande demagogo.

Para a continuidade desse tipo de domínio é imprescindível que haja a atuação ininterrupta do quadro no sentido da execução e submissão às ordenações do líder, proclamadas de forma pessoal e geralmente irracional, isto é, não dialogada ou impositiva (não reflexiva).

O *domínio tradicional*, por sua vez, constitui-se pela crença em regras e poderes antigos e imutáveis. O quadro administrativo é composto por servidores públicos comparáveis a súditos, que respeitam deveres, sendo o poder confinado numa área estritamente firmada pela tradição ou pela graça ou arbítrio, na qual o patriarca age de acordo com pontos de vista pessoais, baseados em simpatias ou antipatias. Ele possui uma dimensão patrimonial e a seleção do pessoal não é feita com base em critérios impessoais, tampouco existe a noção de competência objetivamente delimitada.

Já o domínio *racional-legal* é o que obedece à regra estatuída, que submete também quem ordena. Os estatutos contemplam regras de com-

---

[1] Note-se que as prerrogativas pós-fordistas de reestruturação produtiva da economia mundial integrada também inspiraram as propostas gerencialistas, mas a presente abordagem, conforme será exposto, apresenta outras soluções para o problema do "burocratismo".

petência determinadas pela utilidade objetiva ou por especialização nas atividades. As condições de trabalho compreendem a ascensão funcional e a remuneração é feita em função da hierarquia do cargo, com a previsão legal de um sistema de carreiras. Neste modelo, denominado de *burocrático*, a base de funcionamento técnico é a hierarquia do serviço, que deve ser realizado de forma impessoal, segundo regras racionais, objetivando--se afastar o arbítrio ou o capricho.

São atributos da burocracia moderna, conforme ideário weberiano: (1) o caráter legal das normas e regulamentos; (2) o caráter formal das comunicações, baseadas em documentos e atas, cujo original ou rascunho é guardado para controle; (3) a racionalidade e a divisão do trabalho; (4) a impessoalidade nas relações; (5) a hierarquia entre autoridades; (6) as rotinas e procedimentos padronizados; (7) as competências técnicas e meritocráticas; (8) a especialização e profissionalização; e (9) a previsibilidade do funcionamento.

Tais características da burocracia moderna são indissociáveis dos institutos do Direito Administrativo, conforme sua atual conformação; pois a sistemática do Direito Administrativo tradicional contempla: obediência à legalidade administrativa, sendo disseminada a publicidade de atos e contratos que devem ser arquivados em ordem cronológica na repartição; hierarquia, com os poderes dela decorrentes: ordenar, fiscalizar, punir, avocar e delegar atribuições; rotinas e procedimentos padronizados, sendo a competência técnica e meritocrática averiguada principalmente no ingresso por concurso público, o que resguarda especialização e profissionalização das carreiras públicas.

Diferentemente do que é disseminado pelo *senso comum*, a racionalidade burocrática relaciona-se com a adequação dos meios em busca do máximo de *eficiência*, pois, conforme expõe Weber:

A empresa capitalista moderna fundamenta-se inteiramente sobretudo no cálculo. Para sua existência, ela requer uma justiça e uma administração, cujo funcionamento, pelo menos em princípio, possa ser racionalmente calculado por normas gerais fixas, do mesmo modo que se calcula o rendimento provável de uma máquina.[2]

---

[2] WEBER, Max. *Economia e sociedade*: fundamentos da sociologia compreensiva. Tradução de Regis Barbosa e Karen Elsabe Barbosa. Brasília: Universidade de Brasília, 1999. p. 530.

Além das mencionadas *forças*, o modelo burocrático apresenta também algumas *fragilidades*. Primeiramente, pode-se mencionar o evidente **engessamento** que tal visão de rotinas padronizadas[3] provoca, principalmente diante da demanda de celeridade própria da sociedade pós-moderna.

Com o fim da chamada Era Industrial, em que predominou a mecanização da produção e das relações de trabalho, houve a passagem para uma economia mais direcionada aos serviços. É comum a alusão do momento presente como sendo a Sociedade de Informação, em que o conhecimento passa a ser o fator de estruturação das relações econômicas. Assim, tal movimento repercute sobre a própria estruturação das atividades do Poder Público,[4] sendo dele demandada uma nova forma de funcionamento.

Outro aspecto que sofre os impactos destas transformações da Sociedade de Informação é a hierarquia nas relações de trabalho. A rigidez da **hierarquia** nos comandos não permite o pleno desabrochar do consenso e, consequentemente, dos valores democráticos, por isso será proposta a inserção de uma ação mais reflexiva da burocracia, também no sentido de menos autoritária, isto é, mais "dialogada" ou "consensual".

Por fim, existe um aspecto que não foi desprezado por Max Weber, qual seja: a **ausência de transparência**, pois, tendencialmente, a administração burocrática é sempre uma administração que exclui o público: a burocracia oculta, na medida do possível, o seu saber e o seu fazer crítica, uma vez que "toda burocracia procura aumentar mais ainda a superioridade do profissional instruído ao guardar segredos sobre seus conhecimentos e intenções".[5]

---

[3] Em pesquisa empírica realizada para o *Projeto Pensando o Direito*, sob a temática Gestão da Força de Trabalho entre os Entes Federativos da Administração Pública, 15% dos servidores participantes identificam como fator de insatisfação com as condições do trabalho no setor público: "a rotina desestimulante".

[4] Ainda mais porque o Estado brasileiro titularizou serviços, considerados públicos, e, das atividades econômicas de produção, ele acaba ficando com algumas especificadas na Constituição e que desempenha quando há: imperativos da segurança nacional ou relevante interesse coletivo, conforme definidos em lei.

[5] WEBER, Max. Op. cit. p. 225.

3. Vicissitudes do modelo gerencial proposto pela última Reforma Administrativa

O *Plano Diretor de Reforma do Aparelho do Estado* (PDRAE), apresentando no Brasil ao ensejo da Reforma Administrativa da década de 90, objetivou substituir o modelo burocrático pelo gerencial. Procurou-se modificar o papel do Estado de prestador direto de serviços públicos para gerenciador de inúmeras atividades que seriam progressivamente transferidas ao setor privado, num movimento expressivo de privatização ou desestatização.

O modelo gerencial foi tido como uma solução para o dito "esgotamento" do modelo burocrático e, segundo Abrúcio,[6] tomou por base o denominado *managerialism* (gerencialismo[7]) ou *public management*.

Com inspiração no sistema do *Common Law*, a proposta foi repleta de elementos extraídos do vocabulário comum à governança global (*global governance*). O discurso oficial utilizou-se da governança no sentido de "capacidade de governo do Estado", focalizando a burocracia estatal como causa da ineficiência na implementação de políticas públicas.[8]

O PDRAE defendeu a transição programada de "um tipo de administração pública burocrática, rígida e ineficiente, voltada para si própria e para o controle interno, para uma administração pública gerencial, flexível e eficiente, voltada para o atendimento do cidadão".

Uma diferença marcante entre o modelo burocrático e o gerencial é identificada na *forma de controle*, que, conforme proposta do PDRAE, deixa de se basear nos processos, para se concentrar nos resultados. Dentro do vocabulário empregado, objetivou-se mudar o modelo burocrático, centrado em regras (*rule-based accountability*) para uma noção de gestão pelo desempenho/resultado (*performance based accountability*).

Os meios mencionados para o alcance de tal finalidade foram: (1) a definição precisa dos objetivos que o administrador deverá alcançar em sua unidade; (2) a garantia da autonomia do administrador na gestão de recursos humanos, materiais e financeiros que lhe forem colocados à dis-

---

[6] ABRÚCIO, Fernando Luiz. O impacto do modelo gerencial na administração pública. *Cadernos Enap*, Brasília, nº 10, p. 7, 1997.

[7] O gerencialismo teve inequívoca inspiração no ideário defendido pelos governos de Margareth Thatcher, na Inglaterra, e de Ronald Reagan, nos Estados Unidos.

[8] NOHARA, Irene Patrícia. *Reforma Administrativa e Burocracia*: impacto da eficiência na configuração do Direito Administrativo brasileiro. São Paulo: Atlas, 2012. p. 80.

posição, na persecução dos objetivos contratados; e (3) o controle *a posteriori* dos resultados.

No tocante à estrutura organizacional, o plano apregoou a "descentralização" e a redução de níveis hierárquicos, afirmando-se o desejo de que a administração pública fosse permeável à maior participação da sociedade civil, para descolar a ênfase dos procedimentos (meios) para os resultados (fins).

Ora, alguns problemas da burocracia identificados pelo PDRAE estão corretos, isto é, existe mesmo a necessidade de se **repensar a hierarquia**, de refinar também a questão do atendimento das **necessidades coletivas** como a finalidade primordial que justifica a própria existência do Estado; contudo, diversos dos *meios* sugeridos são, a nosso ver, equivocados, uma vez que amesquinham os objetivos maiores do Estado brasileiro, conforme o conteúdo democrático e de cidadania da Constituição de 1988.

Primeiramente, pode-se observar que a proposta foi essencialmente *deslegitimadora* do regime jurídico administrativo, uma vez que propugna conferir autonomia de gestão ao administrador no tocante aos recursos humanos, materiais e financeiros.

Trata-se da própria antítese das noções de legalidade, controle administrativo e também de indisponibilidade dos interesses públicos. A suposta autonomia no tocante à gestão dos recursos humanos pretendia ser viabilizada, basicamente, a partir de três expedientes: (1) a estruturação do *contrato de gestão*, que objetivou aumentar a autonomia gerencial; (2) a tentativa de *flexibilização do regime da estabilidade*, a partir da inserção de duas hipóteses de perda do cargo: em procedimento de avaliação periódica de desempenho, previsto em lei complementar, e no caso de os gastos com o pessoal excederem os limites da Lei de Responsabilidade Fiscal; e (3) o intento fracassado, haja vista o reconhecimento de vício formal de inconstitucionalidade pela ADI 2135-4, de proliferação das *contratações celetistas* (baseadas em regime "privado")[9] na Administração Direta, autárquica e fundacional.

O contrato de gestão acabou não alcançando a aplicabilidade que foi engendrada inicialmente pelo PDRAE. A perda do cargo por procedimento de avaliação periódica de desempenho, de acordo com a lei complemen-

---

[9] Na verdade, não se pode considerar o regime celetista como privado, mas social. Mas é a contratação que permeia as relações privadas, sendo diferente do regime estatutário, que rege as carreiras públicas.

BUROCRACIA REFLEXIVA

tar, distorceu o objetivo mais construtivo da avaliação de desempenho, que é *estimular* o desenvolvimento potencial dos servidores, dentro de uma cultura de avaliação de rendimento e de discussão de metas, porquanto a tônica da previsão constitucional foi o caráter punitivo.

Uma cultura organizacional que prima pela evolução constante deve construir um procedimento de avaliação de desempenho equilibrado e capaz de inserir o servidor dentro dos objetivos institucionais, o que promove sentido de orientação e contextualização, bem como engendrar um sistema de ascensão e progressão funcionais pautado em critérios mais objetivos, estimulando o incremento de habilidades e competências mediante práticas meritocráticas.

No entanto, expõe Emerson Gabardo que o modelo gerencial não se voltou, na prática, à valorização do aparato humano na Administração, pois a real preocupação concentrou-se no ajuste do déficit público com a finalidade de controle inflacionário, sendo todas as outras finalidades meramente acessórias ou simbólicas para legitimar a finalidade principal.[10]

Também não há no Direito Administrativo tal liberdade na utilização dos recursos materiais e financeiros do Poder Público, que são controlados, prévia e concomitantemente, tanto pelos órgãos fiscalizatórios externos como pelo sistema de controle interno. A nosso ver, para que sejam viabilizadas as contemporâneas noções de *prevenção* e *precaução* na ação do Poder Público, faz-se necessário que o controle seja permanente, e não algo localizado tão-somente no final dos procedimentos, o que pode gerar para o Poder Público problemas de mais difícil solução.

A ideia de dar um "voto de confiança" ao gestor e simultaneamente liberdade para utilização de recursos, vinculada a uma prestação de contas no momento final, é mais adequada à atividade pública de *fomento* ou de *desenvolvimento de projetos* com verbas governamentais, mas não se encaixa bem à realidade das atividades típicas, que demandam o exercício de Poderes do Estado, sendo problemático delegar tais atribuições a pessoas que não tenham vínculo estatutário, como já reconheceram os Tribunais Superiores[11] brasileiros.

---

[10] GABARDO, Emerson. *Princípio constitucional da eficiência administrativa*. São Paulo: Dialética, 2002. p. 66-67.

[11] ADI 1717, *DJ* 28.03.2003. p. 61, houve reconhecimento da indelegabilidade do poder de polícia. Na ADIMC 2.310-1, o STF concedeu liminar para suspender a eficácia do art. 1º, da

O problema da sobreposição do modelo alienígena é que os valores presentes na proposta da burocracia não se consolidaram, na prática, no caso brasileiro, e já se fala em seu pretenso "esgotamento".

Basta que se reflita que foi contemporânea da discussão da Reforma Administrativa a criação das leis de processo gerais das Administrações Públicas brasileiras, o que significa que antes do final da década de 90 não havia no Brasil sequer regramentos genéricos sobre os direitos dos administrados diante dos procedimentos administrativos e já se fala na substituição dos controles de procedimentos por um controle focado nos resultados.

Ademais, o calcanhar de Aquiles dessa proposta de mitigação dos controles procedimentais e foco exclusivo nos fins é acreditar que a flexibilização "em si" seja muito positiva.

Se houver a liberdade conferida à figura de um gestor para manejar recursos financeiros, materiais e humanos, havendo a prestação de contas apenas num momento posterior ao desenvolvimento das atividades, ocorrem, no mínimo, as seguintes vicissitudes: (a) os administrados não poderão utilizar os prazos, direitos e recursos previstos nas leis de processo administrativo, que compreendem controles sobre os procedimentos; (b) se o gestor-administrador é o líder que gerencia com liberdade "recursos humanos", pode haver limitações ao consenso dialogado[12] e o retorno de alguns aspectos de pessoalidade pré-burocráticos, abrindo-se espaço maior para as relações irracionais baseadas precipuamente em simpatias e antipatias; e (c) os fins não justificam os meios, pois, conforme conhecida frase de Recaséns Siches: "o emprego de meios perversos a serviço de fins justos, priva os fins de sua bondade originária e os prostitui".[13]

No Direito Administrativo, os meios são, em variadas circunstâncias, importantes *garantias* que asseguram respeito ao cumprimento de

---

Lei nº 9.986/00, reconhecendo que as atividades desempenhadas pelas agências reguladoras são incompatíveis com o regime do emprego público.

[12] Paes de Paula identifica que o modelo gerencial apresenta-se participativo no discurso, mas centralizador no que se refere ao processo decisório e na construção de canais de participação popular. Ver. PAES DE PAULA, A. P. Administração Pública brasileira entre o gerencialismo e a gestão social. *Revista de Administração de Empresas*, São Paulo, v. 45, n. 1, p. 41.

[13] SICHES, Luis Recaséns. *Introducción al estúdio del derecho*. 2. ed. México: Porruá, 1972. p. 257.

BUROCRACIA REFLEXIVA

princípios como igualdade, legalidade e correto emprego das verbas públicas.

O foco nos resultados tem o condão de provocar a tentativa de mascaramento de manejos distorcidos de materiais e receitas que não são disponíveis, pois são verbas e bens públicos.

Vamos supor que haja o inadequado manejo das verbas e bens, no momento da prestação de contas, o gestor tenderá a produzir uma versão final que esconda o emprego errado, com o intuito de se livrar da identificação dos equívocos. Essa possibilidade pode ser evitada ou mitigada caso haja um sistema de controle[14] preventivo e concomitante, pautado na correta e permanente orientação no emprego de bens e receitas públicas.

Ademais, entendemos que os cidadãos-administrados merecem transparência na ação pública. Este também é um dos motivos que fazem com que a ideia de "cidadão-cliente" (aquele que recebe uma prestação final satisfatória) seja bastante superficial. A cidadania é um *status* que envolve não só ser destinatário de uma prestação do Estado, como se fosse mero "consumidor" de um serviço público, mas compreende a possibilidade de participar da formação da vontade estatal e da estratégia de cumprimento das políticas públicas.

Existem, ainda, atividades estatais cuja eficiência jamais poderá ser mensurada a partir da satisfação do destinatário, como, por exemplo, o cumprimento de determinações de poder de polícia, nas quais o indivíduo terá o exercício da propriedade ou da liberdade restringido em nome do bem-estar comum. Logo, nesta seara, quanto *mais eficiente* a ação estatal, muito provavelmente *menos satisfeito* ficará o cidadão-administrado.

Em suma, as soluções simplistas, supostamente pragmáticas, não são, no mais das hipóteses, as mais éticas do ponto de vista: do controle e da evolução das instâncias organizacionais rumo a uma cultura de impessoalidade, moralidade e respeito aos princípios republicano e democrático.

Por conta desta constatação, defendemos que alguns valores da burocracia são bastante compatíveis com a disciplina constitucional da Administração Pública e merecem prosperar, o que não significa que não haja

---

[14] Montesquieu já defendia que o controle é essencial, pois a ação humana tende a ir até o momento que encontra limites, *in verbis*: "é uma experiência eterna a de que todo homem que tem poder tende a abusar dele; ele vai até onde encontra limites". Se os limites forem "encontrados" só *a posteriori*, é muito provável que se multipliquem os abusos.

a necessidade de sofrerem adaptações que calibrem seu funcionamento com as demandas de uma sociedade democrática e Contemporânea, o que será exposto na proposta de *burocracia reflexiva*.

4. Os vários sentidos de uma pretensa "desburocratização"

A expressão "desburocratização" é um conceito polissêmico, que pode traduzir propostas bastante diversificadas sob o mesmo termo. Por isso, sempre que se menciona *desburocratização* é necessário que o emissor da fala especifique o que quer significar quando propugna um discurso favorável ou desfavorável, para evitar compreensões equivocadas.

Rigorosamente falando, deve-se deixar claro que pretender *"modernizar a partir de uma proposta de desburocratização"* acaba sendo, do ponto de vista científico, um contrassenso, pois a modernidade firma-se com a Revolução Industrial, sendo este o pano de fundo weberiano de construção das formulações burocráticas, para que o capitalismo se modifique a partir de estruturas organizacionais mais eficientes e controláveis.

Mesmo que se especifique que a pretensão de modernização não se relaciona propriamente com a Modernidade, mas que significa, por exemplo, "avanço", "progresso" ou "evolução", ainda assim é uma afirmação problemática, pois estas são noções difusas[15], relativas, e que foram postas em xeque nas abordagens contemporâneas dos riscos civilizacionais que o suposto "progresso" provocou em termos de disseminação da barbárie, sobretudo no século XX.

Também vale a pena mencionar, neste ponto, a observação de Gilberto Bercovici, com inspiração em Celso Furtado, segundo a qual a *modernização* pode não implicar em avanço rumo ao desenvolvimento, *in verbis*:

> Quando não ocorre nenhuma transformação, seja social, seja no sistema produtivo, não se está diante de um processo de desenvolvimento, mas da simples modernização. Com a modernização, mantém-se o subdesenvolvimento, agravando a concentração de renda. Ocorre a assimilação do progresso técnico das sociedades desenvolvidas, mas limitada ao estilo de vida e aos padrões de consumo de uma minoria privilegiada. Embora possa haver taxas elevadas de

---

[15] Importante distinguir conceito jurídico indeterminado ou difuso, que é o vago, do conceito ambíguo ou polissêmico, pois este último contempla vários sentidos, que tanto podem ser sentidos precisos como vagos.

BUROCRACIA REFLEXIVA

crescimento econômico e aumentos de produtividade, a modernização não contribui para melhorar as condições de vida da maioria da população.[16]

Outrossim, é necessário combater a indistinção que existe, no senso comum, entre: *burocracia* e *burocratização*. Não se confundem as deturpações patológicas do burocratismo com o modelo burocrático em si, conforme constatação de Raymundo Faoro:

> Há a burocracia, expressão formal do domínio racional, própria do Estado e da empresa modernos, e o estamento burocrático, que nasce do patrimonialismo e se perpetua noutro tipo social, capaz de absorver e adotar as técnicas deste, como meras técnicas. Daí seu caráter não transitório. Na conversão do adjetivo em substantivo se trocam as realidades, num jogo de palavras fértil em equívocos.[17]

A mencionada utilização das técnicas burocráticas para finalidades "pré-burocráticas", isto é, personalistas e patrimoniais de um "estamento burocrático", atribui às organizações apenas uma fachada ou um verniz de burocracia.

Tal fenômeno é também retratado com maestria por Franz Kafka. Na obra *O Castelo*, que completa o "trio de ferro" kafkiano, com *O Processo* e *Metamorfose*, há alusão constante dos valores burocráticos: da formalização, da impessoalidade e da hierarquia funcional, como meras justificativas dadas para a distorção prática dos objetivos da burocracia.

Por meio da ficção, Kafka retrata algo bastante corriqueiro nas repartições (ou, nas palavras de Walter Benjamin, "distorções precisas" kafkianas): ao que o protagonista da trama K. descobre que suas funções não eram necessárias, ele se direciona ao prefeito, buscando esclarecimentos. Entretanto, a dinâmica das organizações do entorno do castelo desenvolve-se de tal forma que, ainda que se descubram erros na comunicação entre repartições, os funcionários preferem *retroalimentar* o sistema por meio de processos absolutamente ineficazes em vez de por em xeque a preci-

---

[16] BERCOVICI, Gilberto. *Constituição Econômica e Desenvolvimento*: uma leitura a partir da Constituição de 1988. São Paulo: Malheiros, 2005. p. 53.

[17] FAORO, Raymundo. *Os donos do poder*: formação do patronato político brasileiro. 3. ed. São Paulo: Globo, 2001. p. 368.

são dos comandos superiores ou mesmo a justeza de funcionamento do "aparelho".

Trata-se de postura que provoca a *multiplicação infinita* do erro administrativo, dando a impressão de que mesmo que se vença a falta de transparência nas instâncias burocráticas, com a investigação laboriosa de documentos oficiais, ainda assim, a autoridade tenderá a resolver a questão de uma forma caprichosa e imprevisível, o que torna a suposta referência a uma normatividade superior algo arbitrário.

Conforme o relato de Olga, uma das personagens, "as pessoas são muito lentas no castelo, e o pior é que nunca se sabe o que significa essa lentidão; pode significar que a coisa está em andamento, mas pode também significar que o trâmite oficial ainda nem começou", "temos aqui um provérbio: *decisões administrativas são tímidas como as jovens*", ao que rebate astuciosamente K.: "e as decisões podem ter ainda outras propriedades em comum com as jovens".[18]

Este sugestivo diálogo é interpretado por Walter Benjamin, no contexto da obra analisada, da seguinte forma: as decisões administrativas são, no fundo, *devassas* como as moças do entorno do Castelo, pois "podem servir a tudo".[19] Trata-se do próprio desvirtuamento da utilização do racionalismo e da abstração, feito para encobrir arbítrios e caprichos concretos, sendo este o contexto em que a *burocracia* se transforma em *burocratismo*, ou seja: quando são deixados de lado valores como previsibilidade, tecnicidade, controle pela normatividade e, consequentemente, meritocracia.

Portanto, entendemos que em vez de fazer ruir o modelo burocrático como um todo, diante das distorções que ocorrem, faz-se necessário aperfeiçoar as práticas burocráticas por meio do combate às suas vicissitudes mais comuns.

Por este motivo, não concordamos com a proposta de desburocratização tal qual formulada pelo modelo gerencial contido no *Plano Diretor de Reforma do Aparelho do Estado*, que teve como pano de fundo as medidas de ajuste fiscal determinadas por organismos financeiros internacionais no período auge da influência neoliberal sobre a América Latina.

---

[18] KAFKA, Franz. *O Castelo*. Tradução de Modesto Carone. São Paulo: Companhia das Letras, 2011. p. 200.

[19] BENJAMIN, Walter. *Magia e Técnica, Arte e Política*: ensaios sobre literatura e história cultural. Tradução de Sérgio Paulo Rouanet. 7. ed. São Paulo: Brasiliense, 1994. p. 141.

O Brasil não completou sua transição para um sistema em que os valores de meritocracia e profissionalismo estão disseminados e incorporados às práticas administrativas.

Ademais, a Constituição de 1988 permanece em vigor, prevendo um regime jurídico público para a ação administrativa no qual há concursos públicos de ingresso tanto em cargos como nos empregos públicos, impessoalidade e indisponibilidade no uso dos bens e recursos públicos, a partir da previsão de controles: preventivos, concomitantes e posteriores, o que é contrário a grande parte das propostas gerenciais, conforme demonstrado.

Por outro lado, existem algumas questões da burocracia que merecem aperfeiçoamentos, por isso, concordamos com o sentido dado por Canotilho e Vital Moreira de "evitar a burocratização".

Para os mencionados autores portugueses, *evitar a burocratização* requer:

(a) eliminação do dualismo entre o Estado (classe política, burocracia e funcionalismo) e a 'sociedade civil', mediante a abertura das estruturas organizatórias aos contatos imediatos, informais e frequentes com os cidadãos que precisem recorrer aos serviços administrativos;

(b) inadmissibilidade de uma 'burocracia administrativa', considerada como entidade substancial, impessoal e hierarquizada, com interesses próprios, alheios à legitimação democrática, divorciados dos interesses das populações, geradoras de vícios imanentes às estruturas burocráticas, como 'mentalidade de especialistas', rotina e demora na resolução dos assuntos do cidadão, compadrio na seleção de pessoal etc.;

(c) transparência no procedimento de atuação e decisão dos serviços administrativos.[20]

Portanto, caso se chame esta última reflexão de "desburocratização", trata-se de proposta com a qual concordamos, o que é muito diferente da formulação de desburocratização presente no modelo gerencial,[21] que pre-

---

[20] CANOTILHO, J. J. Gomes; MOREIRA, Vital. *Constituição da República Portuguesa anotada*. 3. ed. Coimbra: Coimbra Editora, 1991. p. 927.

[21] Já estava presente na época, inclusive da ditadura militar brasileira, a noção de desburocratização, propugnada por Hélio Beltrão, que adiantava uma tendência de ampliar a

DIREITO ADMINISTRATIVO: TRANSFORMAÇÕES E TENDÊNCIAS

tendeu, sem sucesso, transformar autarquias e fundações que possuiriam poder de Estado em agências *autônomas* administradas, com liberdade, por meio de contratos de gestão, disseminando contrações celetistas na Administração Pública Direta, autárquica e fundacional, que foram posteriormente barradas por decisão do Supremo Tribunal Federal.[22]

5. Por uma burocracia reflexiva

Antes de se partir para a proposta de burocracia reflexiva, faz-se necessário contextualizar o cenário de rápidas transformações sociais que demandam das instâncias organizacionais públicas e privadas adaptações. Existem diversas leituras que são feitas do momento atual, chamado de sociedade contemporânea, pós-modernidade, modernidade reflexiva, líquida ou mesmo de sociedade de risco (*Risikogesellschaft*).

O século XXI iniciou-se abalado por grandes incertezas ante a dissolução de pontos de apoio que garantiam segurança às estruturas organizacionais, tais como: a soberania do Estado Nacional, o princípio do desempenho como vetor do desenvolvimento social e a crença no progresso por meio da ciência e da tecnologia.

Diante das modificações provocadas contemporaneamente por meio da indústria química, da microeletrônica, da tecnologia nuclear e das manipulações genéticas, e o maior grau de integração das economias mundiais, o universo do risco foi ampliado e a humanidade confrontada com a necessidade de reflexão acerca de um potencial de ameaça tradicionalmente inimaginável, que desafia as categorias até então utilizadas para o pensamento e a ação.

As noções que circundam o projeto de modernidade de *crença na verdade*, alcançável pela razão, de *linearidade histórica rumo ao progresso* e do *fortalecimento dos Estados nacionais* foram abaladas pelas experiências traumáticas legadas pelo século XX.

Com os avanços científicos e tecnológicos, o indivíduo procurou emancipar-se de relações de poder fundadas em uma ordem metafísica ou tra-

---

contratualização na Administração Pública, por isso alguns identificam no final da década de 60 o germe do modelo gerencial, a partir da defesa de um Estado mais "leve", mas, neste ponto, a alusão constante de Beltrão em prol da "descentralização" afastou-se retoricamente da prática centralizadora e estatizante dos militares.

[22] Cf. ADI 2135-4/STF, Rel. Néri da Silveira, j. 2.8.2004.

dicional, sendo impulsionado a acreditar na razão. O ser humano, com sua ciência e razão, controlaria a natureza rumo ao progresso. Contudo, muitos fatores auxiliaram na desmistificação do narcisismo antropocêntrico que se apoiava na evolução por meio de uma suposta racionalidade humana.

São acontecimentos que auxiliaram para que ocorresse tal "eclipse da razão"[23]: as guerras mundiais, o holocausto e a manipulação da energia atômica para fins bélicos. Ficou claro que o mesmo movimento que serviu ao progresso civilizacional e tecnológico gerou condições para a disseminação da barbárie, ou seja, o aperfeiçoamento técnico andou de mãos dadas com a desumanização.

Em suma, o suposto progresso também teve, paradoxalmente, sua contribuição no aniquilamento do bem-estar da humanidade.

A mesma problemática pode ser observada no desenvolvimento da burocracia como fenômeno associado à modernidade, pois para serem mais eficientes e céleres as organizações foram orientadas à especialização de atividades, à distribuição de competências, à ascensão em postos de hierarquias escalonadas e à profissionalização, mas tal transformação em vez de gerar apenas melhorias, provocou também o crescimento do mencionado *burocratismo*.

A burocracia voltou-se para um movimento (entrópico) de reprodução desfuncional. Por conseguinte, é comum que a burocracia seja referida como "voltada para si mesma", isto é, para os próprios interesses, e não para o bom desempenho de suas legítimas funções primordiais.

O normativismo-legalista, a ausência de transparência requentada por uma cultura que pressupõe a superioridade da decisão tomada por especialistas e o formalismo são ingredientes que, se distorcidos, acabam por provocar esse "distanciamento", que provoca a desfuncionalização burocrática.

Concordamos, portanto, com alguns aspectos da crítica feita ao modelo burocrático, mas, por entendermos, pelos motivos acima expostos, que o modelo gerencial, tal qual propugnado pelo PDRAE, é uma via que não se harmoniza com a proposta de regime administrativo e também com muitos dos objetivos presentes da Constituição de 1988, defendemos, conforme dito, um modelo que objetiva aproveitar o que a burocracia tem de positivo e também combater as vicissitudes do burocratismo, a partir da ênfase aos

---

[23] Vocabulário presente na teoria crítica da Escola de Frankfurt.

valores republicano, democrático e à visão de que o cidadão não é apenas o destinatário de uma prestação de serviços do Estado, mas deve ser considerado protagonista das transformações sociais.

A *burocracia reflexiva* considera o cidadão como um sujeito que deve participar, ou seja, ter voz ativa, e não como "cliente" que deve ter satisfeitas suas necessidades de "consumo" pelo Estado, como se este fosse apenas uma empresa prestadora de serviços ou uma organização que tem por objetivo tão-somente articular em torno de si os setores de regulação, para conduzir um consumo regrado.

Existe, de fato, previsão no art. 174 da Constituição da função normativa e reguladora do Estado na atividade econômica, mas as atividades desempenhadas pelo Estado, pela sistemática constitucional, não se restringem a tais funções. Sua demissão do papel de prestador de serviços públicos, tal qual propugnado, pode ter consequências gravíssimas na realização dos objetivos constitucionais de promoção do desenvolvimento nacional, erradicação da pobreza e marginalização e redução das desigualdades sociais e regionais, presentes no art. 3º da Lei Maior.

Objetiva-se, portanto, com a presente análise alinhar a burocracia com a noção de que um desenvolvimento sustentável é aquele que se orienta democraticamente ao planejamento das políticas públicas, rumo a uma efetiva modificação das estruturas econômicas e sociais, pois somente assim será possível harmonizar a pretensão de *modernização* da Administração Pública com o objetivo constitucional de *desenvolvimento* do País.

Trata-se de proposta pensada para o cenário de países em desenvolvimento, como o Brasil, para evitar que seja identificada com uma possível resposta ao diagnóstico europeu de *modernidade reflexiva* de Giddens, pela questionável noção de terceira via, ou mesmo de Ulrich Beck, o qual, no fundo, mais diagnostica do que propriamente oferece soluções.

Entende-se útil, no entanto, a advertência destes autores quanto às modificações ocorridas, que surtem efeitos diferenciados em variados contextos; mas os desafios que países centrais da Europa enfrentam são distintos daqueles encarados pelos países latino-americanos, que, em sua maioria, constituíram historicamente *Estados Sociais* sem conseguir instaurar sociedades de *bem-estar social*.[24]

---

[24] No vocabulário empregado por BERCOVICI, Gilberto. Op. cit. p. 57.

BUROCRACIA REFLEXIVA

Subsiste um déficit distributivo nas realidades latino-americanas.[25] Assim, os *riscos* dos países em desenvolvimento – com má distribuição de bens, oportunidades sociais e disparidade na qualidade dos serviços disponíveis em razão do poder aquisitivo marcadamente diferenciado – atingem as pessoas de forma muito distinta, sendo as camadas pobres da população ameaçadas mais intensivamente em sua luta pela sobrevivência com: menos saneamento, mais ingestão de poluição nos deslocamentos ao trabalho, alimentos com mais toxinas, menos oportunidades profissionais ou mesmo de lazer e cultura.[26]

Também não nos agrada integralmente o "discurso do medo" provocado em decorrência da reflexão sobre a *sociedade de risco*, pois mesmo que o alarme seja relevante e útil, ele tem potencial de pôr em marcha aspectos retrógrados. Como o próprio Ulrich Beck admite: o medo tem o potencial de levar ao irracionalismo, ao fanatismo e às soluções extremistas[27] (não dialogadas ou mesmo "dialogáveis").

Assim, não é o fato de a humanidade não ter alcançado, no século XX, a emancipação social prometida com a preservação simultânea da autonomia individual, que deve conduzir as pessoas à descrença impotente no futuro da civilização, pois esta postura conduz à alienação.

O mesmo raciocínio vale, a nosso ver, para a crítica ao modelo burocrático, pois não é o fato de a burocracia não ter conseguido efetivamente se voltar a uma ação funcional e que promova, com eficiência, o bem-estar coletivo que deve conduzir as pessoas à defesa da implosão do modelo burocrático e sua substituição por um modelo flexível, sem as amarras e controles do regime jurídico público, voltado à satisfação hedonista do cidadão-cliente, ora despido da responsabilidade de refletir e/ou participar dos rumos da sociedade.

A reflexividade da burocracia implica, portanto, aprofundar o contato com a sociedade civil por meio de uma noção bem compreendida de consensualidade. A consensualidade defendida na presente proposta significa que a Administração Pública deve ampliar os mecanismos de interlocução comunitária existentes para que haja uma ação mais legítima.

---

[25] Também em parcelas das realidades europeias.

[26] Em junho de 2013, o Brasil vivenciou uma primavera de reivindicações que não se via há vinte anos. Houve mobilizações em prol das demandas coletivas, como: redução da tarifa dos transportes públicos, saúde etc.

[27] Op. cit. p. 60.

DIREITO ADMINISTRATIVO: TRANSFORMAÇÕES E TENDÊNCIAS

Há, entretanto, setores que se aproveitam da ambiguidade da expressão consensualidade para fazer valer significações que nem sempre são afinadas com as concepções emancipatórias da cidadania.

Os significados conservadores procuram confundir o intérprete, reputando consensual uma ação do Poder Público acordada diretamente com os setores interessados, o que seria do ponto de vista democrático apenas um "simulacro de consensualidade", pois se toma por pressuposto a adoção de valores consensuais próprios ao universo privado, sem considerar o compartilhamento público deste mesmo consenso.

Por outro lado, significações emancipatórias são as que estimulam o diálogo, que alguns autores chamam de *burocracia dialógica*,[28] abrindo as instâncias organizacionais a maior e melhor participação pública, mediante a realização de audiências, consultas populares ou qualquer outro meio de influência da cidadania "desinteressada" (na verdade: interessada tão--somente na discussão acerca do bem-estar comum, como, por exemplo, a saúde pública ou a preservação do meio ambiente, e não em seus interesses particulares mais imediatos) em assuntos de relevância pública.

Ora, como as medidas tomadas pelo Estado acabam por repercutir no cotidiano dos cidadãos, imprescindível que os debates sejam feitos não apenas no momento das eleições, mas que haja o arejamento das ações administrativas com a participação dialogada e com a consideração pelos argumentos apresentados também pela coletividade.

Note-se, contudo, que a presente burocracia reflexiva preocupa-se com a cidadania e a participação, mas não se equipara à proposta do chamado "modelo societal", pois este último, conforme constatação de Ana Paula Paes de Paula, não aprofunda a questão da organização do aparelho do Estado.[29]

Conforme o atual estágio do progresso científico vivenciado pela sociedade contemporânea, as questões de interesse geral dificilmente se desvinculam da necessidade de intermediação por meio de um conhecimento técnico. Assim, é necessário o esclarecimento científico, para não haver assimetrias nas compreensões.

---

[28] FREITAS, Juarez. *O controle dos atos administrativos*. 3. ed. São Paulo: Malheiros, 2004. p. 34.
[29] PAES DE PAULA, A. P. Administração Pública brasileira entre o gerencialismo e a gestão social. *Revista de Administração de Empresas*, São Paulo, v. 45, n. 1, p. 43.

BUROCRACIA REFLEXIVA

Todavia, neste ponto, cabe a advertência de Ulrich Beck no sentido de que mesmo diante da intermediação técnica, ainda é uma questão afeita à cidadania, ou seja, que deve ser compartilhada com a sociedade: qual o grau de risco que a sociedade concorda em correr em nome do "progresso".

Sempre que tecnocratas, gestores e cientistas procurarem esconder do povo às razões de suas decisões, fingindo não haver escolha possível ante a tecnicidade da questão envolvida, haverá uma ação estatal autoritária e, portanto, não reflexiva.

A necessidade de reflexão advém do fato de que a sociedade em rápida transformação também tem de tomar medidas eficazes e céleres para evitar o alastramento de mazelas, práticas e perigos na sociedade. Com as transformações dos riscos, submergem debates que devem ser permanentemente fomentados, com foco nos princípios da *precaução* e da *prevenção*, que já não mais povoam exclusivamente as preocupações do Direito Ambiental, mas têm aplicação intensiva no âmbito do Direito Administrativo. Por exemplo, numa liberação de produto pela Anvisa ou numa medida para a segurança dos frequentadores de estabelecimentos de entretenimento.

A *burocracia reflexiva* pressupõe romper o engessamento das rotinas padronizadas diante da demanda de celeridade da sociedade pós-moderna, *empoderando* os agentes públicos a tomarem decisões aptas a resolverem questões de maior urgência, desde que haja adequada motivação, sendo este um ingrediente imprescindível ao consenso. Este *empoderamento* é, no entanto, obtido de uma forma distinta da propugnada pelo modelo gerencial.

Mantém-se o respeito à estabilidade[30] como condição para uma ação pública isenta e com maior capacidade de resistir às pressões infundadas de origem privada; no entanto, em vez de o servidor sentir-se sozinho, com o peso da responsabilidade exclusiva pelas decisões tomadas, deve haver o desenvolvimento de um sistema de compartilhamento das informações,

---

[30] Segundo Juarez Freitas, o desenho institucional não contratual das carreiras de Estado tem especial relevo na proteção do funcionalismo também contra atos arbitrários de agentes políticos que encabeçarão a estrutura administrativa por determinado período. *Discricionariedade administrativa e o direito fundamental à boa administração pública.* São Paulo: Malheiros, 2007. p. 117. Ademais, a estabilidade é um dos grandes chamarizes de pessoas qualificadas para o setor público, pois com a volatilidade e arbítrio mais disseminados no setor privado, trata-se de um aspecto estatisticamente muito valorizado na escolha por uma carreira pública. Em pesquisa feita para o *Projeto Pensando o Direito*, a resposta mais comum à pergunta sobre o motivo que levou servidores a escolherem trabalhar no setor público foi justamente a *estabilidade.*

que o auxilie a tomar medidas ponderadas, mesmo que mais rápidas, com atenção aos controles preventivo e concomitante, numa sistemática de orientação permanente, sendo a punição medida voltada aos casos dolosos ou de acentuada gravidade.

Trata-se de uma orientação que, a nosso ver, colabora com a diminuição de parcela da mentira, do medo e da ausência de discussão das decisões, por meio do fomento de uma cultura de *transparência* e de permanente *diálogo*, o que implica, conforme exposto, deslocar a forma como os controles são tradicionalmente feitos no Brasil: da ênfase na repressão para o viés preventivo e orientador, tanto nas políticas de capacitação dos agentes públicos, que devem ser constantes, como nas averiguações das corregedorias e órgãos disciplinares.

Em suma, *empoderar* não seria simplesmente dar poderes a partir da flexibilização dos controles, o que é perigoso e antidemocrático; mas dar condições e apoio/suporte para uma decisão ponderada, estimulando uma ação administrativa mais aberta ao diálogo interno e externo, o que implicará também no desenvolvimento da capacidade de autocrítica ou reflexividade das Administrações Públicas.

Note-se que o formalismo e a impessoalidade, no contexto da *burocracia reflexiva*, não podem ser utilizados como estratégias de distanciamento em relação aos cidadãos-administrados.

Trata-se inclusive de concepção que possui previsão legal no art. 3º da Lei de Processo Administrativo (Lei nº 9.784/99), o qual determina que: o administrado tem direito de ser tratado com respeito pelas autoridades e servidores, que deverão *facilitar* o exercício de seus direitos e o cumprimento de suas obrigações, sendo previsto também na lei o *formalismo mitigado*[31] ou *moderado*, que nada mais é do que o formalismo com razoabilidade.

O agente público deve ser estimulado a apreciar os casos com uso do *bom senso*, isto é, do equilíbrio (da prudência), afastando-se das práticas burocráticas formalismos inócuos que dão maior ênfase ao cumprimento por si só de regras do que ao alcance das finalidades e ao atendimento das necessidades públicas, sendo alcançado o resultado propugnado pelo inciso XIII, do parágrafo único, do art. 2º da Lei nº 9.784/99, que enuncia

---

[31] NOHARA, Irene Patrícia; MARRARA, Thiago. *Processo Administrativo*: Lei nº 9.784/99 Comentada. São Paulo: Atlas, 2009. p. 195.

o critério de "interpretação da norma administrativa da forma que melhor garanta o atendimento do fim público a que se dirige".

Ademais, como a eficiência e a ação concertada dos agentes públicos também dependem do estímulo à liderança e ao comprometimento com uma ação pública eficaz, entendemos que haverá maior resultado na ação do Estado se houver *valorização* das carreiras públicas, o que é feito por investimentos[32] e não simplesmente por meio de medidas de cortes ou ajustes fiscais.

Neste ponto, há a necessidade de revisão de alguns pressupostos da teoria do órgão,[33] que considera o servidor público da perspectiva de uma *longa manus* estatal, que age por imputação dos comandos legais, o que, muito embora seja pragmaticamente recomendável no âmbito da validação dos atos administrativos, para que não haja prejuízos aos particulares de boa fé, do ponto de vista da gestão pública de pessoal acaba sendo violador da *dignidade* dos servidores públicos, que são seres humanos únicos e não meros prolongamentos disformes de um suposto comando abstrato do Estado.

Imprescindível, portanto, alcançar um sentido ponderado da impessoalidade[34] no Poder Público, que não desconsidera características humanas dos servidores públicos, mas que, por outro lado, evite o uso da máquina para finalidades pessoais.

Também é importante rever a forma como são estruturadas muitas das carreiras públicas, de modo a abri-las às transformações sociais, pois como o servidor público pode ficar por *meio século* na repartição, caso se considere que a compulsória no Brasil é de 70 anos, é muito provável que neste

---

[32] Conforme tivemos oportunidade de pesquisar, há um percentual significativo de servidores que está atualmente estudando para trocar de carreira pública e a principal reclamação refere--se à remuneração, seguida de uma rotina desestimulante. Ora, a retenção deste pessoal nas carreiras originárias dependerá de investimentos e de valorização, o que redundará em uma ação pública mais eficiente.

[33] Desenvolvida originariamente por Otto Gierke.

[34] Segundo expõe Roberto Sorbilli Filho, "Dromi, preocupado com os desdobramentos nocivos da teoria organicista, conducentes a uma relação essencialmente vertical entre o Estado e seus agentes, aponta para a necessidade de se separar o elemento objetivo do órgão, relativo ao conjunto de atribuições institucionais da repartição estatal, do elemento pessoal e variável, encarnado na figura humana. In. *Servidor Público*: estudos em homenagem ao Professor Pedro Paulo de Almeida Dutra. Belo Horizonte: Fórum, 2009. p. 394.

interstício haja transformações em relação às suas atribuições provocadas pelas mutações nas relações sociais e tecnológicas.

Mesmo que o seu regime jurídico originário não seja feito de forma a prever todas as transformações que virão nas próximas décadas, ainda assim pela mutabilidade do regime pela via legislativa, é necessário pensar em adaptações nas carreiras para adequá-las às novas necessidades públicas, pois o servidor pode se sentir desestimulado se pelas transformações tecnológicas suas atribuições sejam despidas de maior relevância.

Por fim, outro tema presente na *burocracia reflexiva* diz respeito aos sistemas informatizados, pois é crescente o uso dos processos digitais nas Administrações Públicas. Conforme observou Fábio de Mauro Medeiros,[35] nem sempre aqueles que formulam tais processos, isto é, o pessoal de TI (Tecnologia de Informação), têm consciência do grau de abertura existente nos textos normativos de observância administrativa.

Pode ocorrer, na prática, de os sistemas informatizados não deixarem margem de motivação e de discricionariedade à autoridade administrativa que o maneja, que terá restrições quanto ao uso do *bom senso* e da *ponderação* no seu cotidiano funcional doravante informatizado.

Assim, a burocracia deve se voltar à uma orientação permanente e integrada, com a discussão contínua em todas as searas, o que inclui também a participação intensiva dos operadores da área jurídica na programação dos processos digitais, influenciando a inserção de chaves ou o aperfeiçoamento dos *softwares* a fim de evitar injustiças na aplicação concreta das leis em suas tarefas administrativas cada vez mais informatizadas.

6. Conclusões

Tendo por base o exposto, conclui-se que:

1. é necessário arejar a burocracia, que foi teorizada originariamente para um cenário modernizante e industrial, com uma proposta que responda aos desafios da pós-modernidade;
2. parte da crítica da proposta gerencial da década de 90, contida no *Plano Diretor de Reforma do Aparelho do Estado*, é adequada, mas os *meios* sugeridos subvertem os objetivos e o regime jurídico administrativo da Constituição de 1988;

---

[35] Relato de Fábio Mauro de Medeiros: Diretor do Centro Regional do Centresaf/SP (Mini-Fórum de Escolas de Governo). In. *Gestão Pública dos Entes Federativos*: desafios jurídicos de inovação e de desenvolvimento. São Paulo: Clássica, 2013. p. 196.

BUROCRACIA REFLEXIVA

3. é elaborada, portanto, uma proposta de *burocracia reflexiva*, pois os valores prezados pelo Direito Administrativo não serão plenamente alcançados com a simples implosão dos pressupostos burocráticos, que contemplam aspectos positivos como: profissionalização, especialização e previsibilidade;

4. *desburocratização*, conforme demonstrado, é conceito ambíguo que possui sentidos progressistas ou retrógrados, a depender do contexto utilizado;

5. imprescindível diferenciar *burocracia* de *burocratização*, sendo esta última decorrente de deturpações no uso das técnicas burocráticas para fins personalistas ou patrimoniais;

6. foram identificadas, no entanto, as seguintes *problemáticas* nas práxis burocráticas, em relação aos desafios da Contemporaneidade, que merecem adequações: predomínio da visão normativista-legalista; presença de formalismos estéreis; desfuncionalização das atividades que "se voltam para si" na multiplicação de processos ineficazes; ausência de transparência; suposição de superioridade dos tecnocratas, que acabam não compartilhando com o tecido social dos seus conhecimentos e sobretudo intenções; distanciamento em relação à sociedade civil; engessamento das rotinas; e, consequentemente, ausência de comprometimento com uma ação pública eficaz;

7. A *burocracia reflexiva* é proposta que pretende atacar tais problemas a partir dos seguintes *meios*: tratar o cidadão-administrado não como "cliente" do Estado, mas como "sujeito" que deve influenciar as transformações sociais; disseminar o uso de formas de participação direta dos cidadãos na discussão dos negócios públicos, como audiências públicas e consultas populares; manter a estabilidade como condição para uma ação pública isenta; enfatizar a ação orientadora nos controles preventivo e concomitante; criar procedimentos de avaliação de desempenho equilibrados e capazes de inserir os servidores públicos no contexto das políticas públicas, a partir do estímulo ao incremento de habilidades e competências focadas no desenvolvimento potencial por critérios meritocráticos; deslocar, portanto, o eixo de abordagem do instrumento de avaliação de desempenho da seara *punitiva* para perspectiva *premial*; disseminar o emprego do formalismo moderado, a partir do estímulo ao uso do bom senso; valorizar as carreiras públicas e o reconhecimento da

dignidade dos agentes públicos; e influenciar no processo de informatização dos procedimentos administrativos, para que haja a possibilidade de uma decisão administrativa ponderada tomada também nas ferramentas digitais; e

8. apesar de a proposta de *burocracia reflexiva* enfrentar desafios da pós-modernidade ou da sociedade de risco, exigindo do Estado uma ação mais célere para evitar o alastramento dos perigos em um cenário de rápida transformação social e tecnológica, diferentemente da Alemanha, ela foi pensada para a circunstância de países em desenvolvimento, nos quais subsistem demandas de distribuição de oportunidades sociais, objetivando harmonizar a proposta de modernização do Estado com um modelo sustentável e reflexivo de desenvolvimento.

PARTE V

DIREITO ADMINISTRATIVO, INCLUSÃO E DIREITOS FUNDAMENTAIS

INTERESSE PÚBLICO *LÍQUIDO* E PÓS-MODERNIDADE: A LÓGICA DO INDIVIDUALISMO E OS DESAFIOS DO ESTADO SOCIAL NO SÉCULO XXI

LUIS MANUEL FONSECA PIRES

1. Introdução

Qual o papel do Direito Administrativo junto ao contemporâneo Estado Social?

Uma única, mas suficiente, indagação da qual as perspectivas de abordagem em busca das respostas possíveis são múltiplas. Acredito, no entanto, que há um tema que permeia as diversas análises possíveis – e por isto a sua relevância à compreensão do Estado Social e Democrático que aspiramos ser –, o *interesse público*.

Não é de admirar-se a polêmica há alguns anos encetada, e cada vez mais acalorada, a respeito de ser ou não pertinente, diante do momento histórico que vivemos, dos desafios do Estado Social no século XXI, a permanência do *interesse público* enquanto eixo metodológico do Direito Administrativo.

O que proponho neste artigo é um convite à reflexão da indagação feita acima sob o prisma do interesse público. Qual o papel do interesse público frente ao Estado brasileiro em pleno terceiro milênio, se justifica mantê-lo enquanto fundamento do Direito Administrativo – o que posso adiantar ser positiva a resposta –, mas sob qual leitura, uma abordagem na qual se lhe reconheça, ao interesse público, os ensinamentos da pós-modernidade por ora amealhados.

2. Caminhos Percorridos

São conhecidas as lições.

De um modelo opressor, autoritário, o denominado Estado de Polícia, a Revolução Francesa inaugura uma nova era, a do Estado de Direito. Em sua primeira fase, *liberal*, supostamente se prestigia a *liberdade* pelo império da *lei*, não mais a vontade de um único homem, o Rei, ungido a deliberar sobre a vida dos súditos. Mas a lei do Estado de Direito Liberal revela-se, serve, em grande medida, à substituição dos interesses da nobreza pelos da burguesia; desde o princípio, com a Revolução, e cada vez mais, a soberana titular do poder. Como diz Alysson Leandro Mascaro, produz-se uma "legalidade dos explorados" na qual *"(...) Talvez somente a miséria compreenda a injustiça, posto que a abundância amaina os ímpetos da alteridade"*[1]. A legalidade, afirma com propriedade este jurista, era irmã da liberdade no mercado[2].

As reações populares ao abismo social que se instala são frequentes no século XIX. Pensadores elaboram, tal como os iluministas o fizeram durante o Antigo Regime, arsenal a uma nova revolução. Karl Marx, figura emblemática do período, evidencia a manipulação do poder, a instrumentalização a que se presta o Direito à entronização do capital, e o início do século XX assinala a passagem para outra forma de Estado de Direito, o *social*. Encarece-se nos discursos a necessidade de resgate das diferenças sociais, afirma-se querer realizar-se a *igualdade* – o segundo dístico do emblema revolucionário de 1789. Mas, por outra roupagem, adverte Alysson Leandro Mascaro, a retórica do Direito persiste enquanto "lógica de reprodução econômica"[3]. Mais grave, o Estado Social da primeira metade do século XX serve às ideologias nacionalistas que se infiltram em discursos demagógicos e produzem não mais outro simples regime de autoridade num tipo de governo autocrático, mas um regime *totalitário* que do autoritário diferencia-se, como diz Karl Loewentein[4], porque se caracteriza por sua maior invasão na medida em que avança à modelação da vida privada, de sua alma, do espírito de cada indivíduo, dos costumes da sociedade, tudo conforme a ideologia dominante.

Depois da 2ª Guerra Mundial advém outro paradigma. Por todo o Ocidente os países, gradativamente, aderem ao que se reconhece como a terceira fase do Estado de Direito, *social* e *democrático*: busca-se redescobrir o que se perdeu ao longo do caminho, a liberdade e a igualdade, e seguir adiante, encontrar a fraternidade, a composição integral, portanto, do ideário da Revolução Francesa, *liberdade, igualdade* e *fraternidade* – ainda a ser-

---

[1] *Crítica da legalidade e do direito brasileiro*, p. 15.

[2] Op. cit, p. 21.

[3] Op. cit., p. 30.

[4] *Teoria de la Constitucion*, p. 78.

INTERESSE PÚBLICO *LÍQUIDO* E PÓS-MODERNIDADE

vir esta oração no presente, mais de dois séculos depois do seu anúncio, apenas como aspiração de transformação.

No entanto, como a história não é linear, em meio ao percurso são múltiplas as histórias que se escrevem. De autoritarismo na América do Sul – para alguns países até à década de oitenta do século passado, para outros ainda vivo, pulsante, mas sempre sob discursos demagógicos de democracia, como ocorre na Venezuela –, de socialismo vacilante pelas concessões frequentes ao neoliberalismo, como acontece atualmente na Europa.

Narrativa esta que faço das mazelas do Estado de Direito. Uma trajetória, sumariada nestas poucas linhas, que se amolda à descoberta e à sagração da *razão*. A razão revelada e enaltecida pelos iluministas, que serviu à elaboração teórica do Estado de Direito, razão que perpassa todo o século XIX, potencializada com o positivismo filosófico de Auguste Comte, o que se reflete no Direito na primeira metade do século XX com a teoria pura de Hans Kelsen. Uma *razão instrumental*. Típica da modernidade, intensamente presente no Estado de Direito, tanto o liberal quanto o social do início do século passado.

Todavia, no volver das elaborações e reelaborações da razão humana, sobretudo na primeira metade do século XX, reúnem-se pensadores que sinalizam, cada qual em sua área de conhecimento, campos culturais os mais diversos – filosofia, sociologia, psicologia, artes em geral, ciência política, direito –, novos rumos. A Escola de Frankfurt promove os primeiros roteiros para o abandono da razão instrumental ao encetar em substituição uma *razão crítica*. Como afirma Alysson Leandro Mascaro, *"O princípio da crítica é a totalidade, na medida da compreensão dos fenômenos sociais não como dados brutos isolados, mas como interação dinâmica, dialética, que se constrói historicamente e na história se resolve"*[5]. A razão crítica, prossegue o autor, revela as *"(...) engrenagens, ocultas e visíveis (...)"* presentes em uma sociedade explorada e fortemente demarcada em classes[6].

A razão crítica fomenta a reflexão sobre a modernidade, sobre a falsa impressão de *solidez* que nela se produz, a exemplo da orgulhosa certeza sobre o saber que se encontra no positivismo. A modernidade inicia então a sua fragmentação. Mas, o que é isto que se desconstrói, que tempos são estes de "pós-modernidade"? – se é que por tal deve ser denominada, ou se

[5] *Filosofia do direito,* p. 508.
[6] Op. cit., p. 509.

deve dizer modernidade reflexiva (Ulrich Beck), ou modernidade líquida (Zygmunt Bauman), ou hipermodernidade (Gilles Lipovetsky)?

Um dos expoentes nesta árdua tarefa de tentar explicar o mundo contemporâneo é Zygmunt Bauman. Ele denomina nosso tempo de *líquido*, vivemos uma *modernidade líquida*. A liquidez refere-se a perceber que tal como as substâncias líquidas igualmente as instituições, os fundamentos, as rotinas passaram a ser, ao longo do século XX, realidades que transmitem a impressão de o serem "até segunda ordem"[7]. Provisoriamente. A incerteza e a imprevisibilidade são características da contemporaneidade. Se o "fundir para solidificar" era o paradigma da modernidade, então a "perpétua conversão em líquido" ("estado permanente de liquidez") passa a ser o atual paradigma. Afirma o autor:

> O poder que preside a modernidade (o poder pastoral do Estado) é moldado segundo o papel do jardineiro. A classe dominante pré-moderna era, em um sentido, um guarda-caça coletivo. A passagem para a modernidade foi um processo no decurso do qual o primeiro emergiu e o segundo declinou, sendo no final substituído[8].

A "cultura-jardim" da modernidade, representada por este papel do "jardineiro", centra-se no poder social de controle do tempo e do espaço, em uma palavra, na dominação. Imagem clássica que se edifica ao longo do século XIX e alcança seu zênite no primeiro quartel do século seguinte.

Mas a impressão de ser possível assenhorar-se da cultura e das ciências não mais se sustém. Os tempos são outros, são líquidos.

Outro importante pensador, Gilles Lipovetsky, denomina hipermodernidade a esta nítida afirmação do individual sobre o coletivo, conforme analisa Sébastien Charles em introdução a um dos textos dele[9]. Com o esvaziamento dos princípios sociais reguladores amplia-se a esfera da autonomia subjetiva. Os mecanismos de controle não sumiram, mas são menos reguladores, e a pós-modernidade apresenta então um acentuado paradoxo: duas lógicas, uma que valoriza a autonomia, outra que aumenta a independência; a *lógica do individualismo* e da desagregação das estruturas

---

[7] *Legisladores e intérpretes*, p. 12-13 e seguintes.

[8] Op. cit., p. 79.

[9] *Os tempos hipermodernos*.

INTERESSE PÚBLICO *LÍQUIDO* E PÓS-MODERNIDADE

tradicionais de normatização produzem fenômenos opostos, tanto o auto-controle quanto a abulia, o super-empenho prometeico e a total falta de vontade. Sem os controles sociais há a opção ou de assumir as responsabilidades ou de negá-las. Prevalece a "ideologia individualista hedonista"[10]; vive-se a *era do vazio*, uma época de "sedução à la carte"[11].

Afeta-se, como não poderia deixar de ser, o interesse público. Em palavras de Gilles Lipovetsky:

> É evidente que a sociedade hipermoderna, ao exacerbar o individualismo e dar cada vez menos importância aos discursos tradicionais, caracteriza-se pela indiferença para com o bem público; pela prioridade frequentemente conferida ao presente e não ao futuro; pela escalada dos particularismos e dos interesses corporativistas; pela desagregação do sentido de dever ou de dívida para com a coletividade[12].

Gilles Lipovetsky expressa um sentimento próximo ao de Zygmunt Bauman ao dizer que *"A modernidade se construiu em torno da crítica à exploração do tempo de trabalho; já a época hipermoderna é contemporânea da sensação de que o tempo se rarefaz"*[13]. A noção de pós-modernidade, diz o pensador, ingressou em debates intelectuais para definir o novo estado cultural das sociedades desenvolvidas, e designa *"(...) o abalo dos alicerces absolutos da racionalidade e o fracasso das grandes ideologias da história, ora a poderosa dinâmica de individualização e de pluralização de nossas sociedades"*[14].

Tempos de extrema individualização, enaltecimento do hedonismo e do psicologismo, ausência de fé em um futuro revolucionário, descontentamento com as práticas políticas e as militâncias, ou, em lembrança a Jean-François Lyotard, vive-se a perda de credibilidade dos sistemas progressistas, sobrevaloriza-se a eficiência, promovem-se a mercantilização do saber e a multiplicação dos contratos temporários no cotidiano, um verdadeiro deslocamento do futuro para o presente[15]; uma "primazia do presente" que entroniza o bem-estar, conforto, lazer, consumo máximo

---

[10] Op. cit., p. 18-24.

[11] *A era do vazio*, p. 3.

[12] Op. cit., p. 43.

[13] Op. cit., p. 78

[14] Op. cit., p. 51.

[15] *A condição pós-moderna*, p. 52-59

DIREITO ADMINISTRATIVO: TRANSFORMAÇÕES E TENDÊNCIAS

sem nada renunciar, uma "lógica da brevidade", uma "cultura do 'presente eterno'"[16].

Tempos de riscos simultaneamente vinculados e desvinculados espacialmente em razão de seus alcances universais, como afirma Ulrick Beck[17]; presentes, mas que sinalizam um "componente 'futuro'"[18] que recorda permanentemente as incertezas de nosso mundo.

Estas reflexões perpassam todos os saberes, é evidente. Não se restringem à sociologia, ou à psicanálise, ou a uma roda de filósofos em especulação abstrata sobre a vida. As transformações sentidas, verbalizadas por tantos pensadores, sintetizadas, em tentativa de pô-las em palavras, na expressão *pós-modernidade*, encontra-se no direito. Como afirma Eduardo C. B. Bittar:

> Ao se enfrentar o tema da pós-modernidade, dar-se-á clara importância às diversas crises surgidas em seu contexto, bem como às crises que lhe ocasionaram o surgimento. A crise que mais de perto se estará a discutir é aquela referente à eficácia do direito, pois de nada adianta pensar-se no direito como regra de *dever-ser (Sollen)* isolada do *ser (Sein)*, na medida em que a distância entre os altiplanos das normas protetivas de direitos fundamentais da pessoa humana se encontram impossibilitadas de serem colocadas a serviço da maior parte da população, e na mesma medida em que as próprias políticas públicas se convertem em ações episódicas incapazes de perpetrar seus efeitos práticos, produtores de justiça social, sobre a vida do mais mortal dos homens[19].

Faz-se presente então no Direito Administrativo, em especial na tentativa de compreender o *interesse público*, um anseio pela *efetividade* dos direitos. Noção esta, o *interesse público*, que subsiste, permanece essencial; em verdade, ainda mais fundamental em um Estado de Direito que se anuncia Democrático e Social[20]. Se o interesse público, em tempos pós-modernos, parece impreciso – mas não só o interesse público padece destas incerte-

---

[16] Op. cit., p. 61-66 .
[17] *Sociedade de risco*, p. 33.
[18] Op. cit., p. 39.
[19] *O Direito na pós-modernidade*, p. 8-9.
[20] Arts. 1º e 3º, I, da Constituição Federal.

INTERESSE PÚBLICO *LÍQUIDO* E PÓS-MODERNIDADE

zas –, isto não faz desta ideia algo dispensável à realização da liberdade, igualdade e fraternidade. O que se torna imprescindível é compreendê-lo junto aos desafios contemporâneos.

3. A Pós-Modernidade e o Interesse Público Líquido

Na formação do Direito Administrativo, iniciada, ainda timidamente, com a Revolução Francesa e o advento do Estado de Direito, melhor delineada só a partir do caso *Blanco* julgado pelo Tribunal de Conflitos em 1873 na França, o *interesse público*, supostamente expressado por lei, indiscutivelmente servia à proteção do desenvolvimento de interesses privados, mas, ainda assim, foi uma primeira noção de dimensão social das aspirações pessoais, por isto o Direito Administrativo não pode ser singelamente rotulado por apresentar raízes autoritárias porque foi igualmente, como afirmam Emerson Gabardo e Daniel Wunder Hachen, o "contraponto axiológico" ao regime anterior[21].

Como adiantado linhas acima, a crítica à legalidade de Alysson Leandro Mascaro deve ser refletida. A *liberdade* almejada com a superação do Estado de Polícia desejava ainda a fundação dos privilégios da classe que dominaria o capital, o que serviu, em outras palavras, à mera substituição da nobreza pela burguesia – quem comandou a própria Revolução Francesa movendo as massas por meio do manejo dos discursos dos pensadores iluministas (quase todos mortos à época da Revolução). O imperialismo dos séculos XIX e XX evidencia a dinâmica mundial do capitalismo, tal como assevera o autor: *"O discurso da soberania da lei é na verdade a impossibilidade da autonomia da maioria dos povos, e a prática do poder das classes capitalistas"*[22].

A situação não poderia ser diferente na formação da sociedade brasileira, marcada por seu traço autoritário e centrada na escravidão, de capitalismo dependente do que se convencionou denominar primeiro mundo, como lembra Alysson Leandro Mascaro ao afirmar que a legalidade não efetivou a anunciada universalidade, mas serviu a privilégios; um capitalismo que *"(...) derruba as paredes da legalidade (...)"* e as *"(...) muralhas são da divisão e não da universalidade"*[23].

---

[21] *O suposto caráter autoritário da supremacia do interesse público e das origens do Direito Administrativo*, em *Supremacia do interesse público e outros temas relevantes do Direito Administrativo*, p. 29-31.

[22] *Crítica da legalidade e do direito brasileiro*, p. 217.

[23] Op. cit., p. 218.

DIREITO ADMINISTRATIVO: TRANSFORMAÇÕES E TENDÊNCIAS

Mas com razão advertem Emerson Gabardo e Daniel Wunder Hachen que não se pode simplesmente equiparar a noção de vontade geral da época de formação do Direito Administrativo com a sua atual concepção. Após todas estas predominantes etapas nos últimos dois séculos – Estado Liberal, Estado Social e Estado Social e Democrático –, pode-se divisar, em releitura contemporânea do *princípio da supremacia do interesse público*, que se quer:

> (...) evidenciar a imperatividade da observância dos mandamentos constitucionais e jurídicos em geral na atividade do Estado conferindo prevalência e respeito ao conteúdo das normas jurídicas em detrimento de interesses egoísticos que se encontrem em dissonância com os anseios dos indivíduos enquanto partícipes da coletividade. Impede-se com isso, inclusive, a preponderância de interesses essencialmente privados de determinados administradores públicos (quando colidentes com o interesse público primário), como se públicos fossem, bem como de interesses particulares da entidade pública, quando dissonantes do bem-estar social[24].

Deve-se ter cuidado com as transposições históricas, portanto. A lição de Emerson Gabardo é adequada à reflexão ora proposta:

> Querer igualar, como fazem os 'novos críticos', o momento pré-revolucionário com o momento pós-revolucionário, mediante a mera indicação simplista de uma origem do Direito administrativo em práticas autoritárias, é promover um anacronismo. Não se ignora que a realidade política de antes e depois era igualmente arbitrária, porém seria ingênuo imaginar que seria arbitrária da mesma forma. Os modelos de normatização destas realidades constituem ontologia radicalmente diversa, o que, por si só, resulta na existência de uma realidade distinta. Afinal, a realidade é composta pela junção entre ser e dever ser[25].

Vivemos, hodiernamente, tempos líquidos. Imprecisões, incertezas, a superação da "cultura-jardim", da pretensão de domínio do espaço e do tempo, uma imagem que se revela, atualmente, equivocada. O atual está-

[24] Op. cit., p. 43.
[25] *Interesse público e subsidiariedade*, p. 255.

INTERESSE PÚBLICO *LÍQUIDO* E PÓS-MODERNIDADE

gio de provisoriedade expressa-se na noção de interesse público – o Estado vacila, flutua ao tentar defini-lo, faz escolhas equivocadas. Basta constatar as consequências que grassam pela sociedade europeia com o abandono dos modelos sociais em enaltecimento do neoliberalismo.

Mas ainda e sempre – mesmo com outra conteudística – apenas por meio do *interesse público* (mesmo *líquido*) é que se pode pretender a realização da cidadania (art. 1º, II, da Constituição Federal), da dignidade da pessoa humana (art. 1º, III), dos valores sociais do trabalho e da livre iniciativa (art. 1º, IV), só pelo *interesse público*, por esta *dimensão coletiva do eu*, é que se pode efetivamente construir uma sociedade livre, justa e solidária (art. 3º, I), garantir-se o desenvolvimento nacional (art. 3º, II), pode-se aspirar a erradicar a pobreza e a marginalização e ainda a reduzir as desigualdades sociais e regionais (art. 3º, III).

A clássica lição de Celso Antônio Bandeira de Mello é simultaneamente pós-moderna – são alguns outros *paradoxos* da hipermodernidade, o clássico que se renova na contemporaneidade –:

> É que, na verdade, o interesse público, o interesse do todo, do conjunto social, nada mais é que a dimensão pública dos interesses individuais, ou seja, dos interesses de cada indivíduo enquanto partícipe da Sociedade ('entificada juridicamente no Estado'), nisto se abrigando também o 'depósito intertemporal destes mesmos interesses', vale dizer, já agora, encarados eles em sua continuidade histórica, tendo em vista a sucessividade das gerações de seus nacionais[26].

Em artigo de singular felicidade por sua reflexão, Guillermo Andrés Muñoz, Presidente do Tribunal Superior de Justiça de Buenos Aires, professor de Direito Administrativo da Faculdade de Ciências Jurídicas e Sociais da Universidade de La Plata e da Faculdade de Direito da Universidade de Buenos Aires, diz que o interesse público é como o amor. Pois o interesse público existe, todos sabem, conforma o ordenamento jurídico, mas é *"(...) muito rebelde a toda definição"*[27].

---

[26] *Curso de direito administrativo*, p. 60-61.
[27] *El interés público es como el amor*, em *Direito administrativo e interesse público. Estudos em homenagem ao professor Celso Antônio Bandeira de Mello*, p. 23.

O interesse público, pode-se dizer, e isto a exemplo de tantas outras noções, de diversos outros valores, revela-se, em nossos tempos, *líquido*. Mas não por isto deixa de ser indispensável vivê-lo, redescobri-lo.

Tal como o amor, conforme assevera Guillermo Andrés Muñoz:

> Um pouco com o interesse público passa como com o amor: quem não se anima a dizer que o há sentido, que conhece o que é o amor, que suas veias pulsaram através do amor, que o ritmo de seu pulso moveu-se através desta coisa ancestral que é o amor? Sem embargo, quando o amor quer-se definir, é como se desaparecesse, como se perdesse forças, como se perdesse tudo. Então, é melhor não o definir[28].

4. A Fuga para o Direito Privado

Sinais dos tempos. As falácias da razão instrumental, a insegurança experimentada, levaram o Direito Administrativo a encetar uma fuga para o Direito Privado. A jurista portuguesa Maria João Estorninho anota as sucessões dos modelos adotados desde a formação do Estado de Direito: de uma *administração reguladora* (Estado Liberal), por uma *administração prestadora* (Estado Social), à proposta de uma *administração planificadora* (ou *administração de infraestruturas*) na qual se preconizam planejamento, fomento e controle (Estado pós-Social)[29].

A partir da década de cinquenta na Alemanha a fluidez da pós-modernidade faz-se sentir no Direito Administrativo ao surgir a *teoria dos dois níveis*: a Administração Pública deve atuar em duas etapas sucessivas e distintas entre si, primeiro, sob a exteriorização de um ato administrativo, depois, em forma de negócio jurídico civil. Duas partes procedimentais, a segunda reconduz a relação ao Direito Civil, diz Maria João Estorninho[30]. Mas ainda na Alemanha, pouco depois, desenvolvem-se formulações dogmáticas que se albergam no que se convencionou denominar de *Direito Privado Administrativo*, menos uma fuga definitiva – como o nome parece sugerir – e mais o escopo de conciliar o que parecia inevitável – as intersecções entre o Público e o Privado – com a ponderação e a aplica-

---

[28] Op. cit., p. 30.
[29] *A fuga para o direito privado*, p. 97-102.
[30] Op. cit., p. 109-116.

INTERESSE PÚBLICO *LÍQUIDO* E PÓS-MODERNIDADE

ção simultânea de categorias do Direito Administrativo e do Direito Civil de modo a evitar um "segundo nível" estanque e livre para dispor da coisa pública exclusivamente com apoio em institutos do Código Civil. De todo modo, a teoria seria aplicável, lembra a jurista, apenas à utilização das formas jurídico-privadas[31].

Se estamos distantes dos formatos preconizados no início da fuga, vivemos próximos de novéis modelos que se encadeiam nesta tentativa de privatizar o trato da coisa pública (parcerias que objetivam a alienação do Estado do seu dever de realização do serviço público, instrumentos de solução de conflitos incompatíveis com o regime jurídico-administrativo, a exemplo da arbitragem, ainda recursos públicos contraditórios à simples proposta de fomento de atividades de interesse social, como a possibilidade de repasse simultâneo de bens, servidores e dinheiro público às organizações sociais etc.).

Mas as práticas administrativas contemporâneas não lograram consagrar o fim do interesse público ou o sucesso da fuga para o Direito Privado, apenas certificam a incapacidade de reinvenção cujo desprezo pelo interesse público reflete-se nos fracassos dos escopos alhures anunciados – retomo a lembrança dos notórios insucessos das políticas neoliberais adotadas pela Comunidade Comum Europeia.

A impropriedade do anúncio certeiro de novos e definidos tempos – da suposta suficiência de uma *administração planificadora* –, longe de confirmar a superação da noção de interesse público, comprova os cuidados a serem tomados em tempos de incertezas e paradoxos, tempos líquidos por definição, mais adequados à retomada do próprio interesse público – mesmo líquido – e a investida em sua redescoberta, tal como sempre se fez com o amor, como diz Guillermo Andrés Muñoz.

Sinais dos tempos cuja fuga para o Direito Privado mostra-se tão incerta quando se constata que o próprio Direito Privado simultaneamente foge para o Direito Público.

5. A Fuga do Direito Privado para o Direito Público

A divisão do Direito em Público e Privado é antiga. Diz o jurista português José de Oliveira Ascensão: a *"(...) ordem jurídica é uma, mas o seu estudo impõe*

---

[31] Op. cit., p. 121-127.

a demarcação de sectores. A esses sectores se chama tradicionalmente os 'ramos do direito'"[32].

Ou como esclarece Oswaldo Aranha Bandeira de Mello: *"A distinção do Direito em público e privado não quebra a unidade da ordem jurídica, pois com ela se não pretende dividir o direito em duas ciências em apartado, mas considerar dois aspectos fundamentais de uma mesma ciência"*[33].

Segundo José de Oliveira Ascensão[34] são três os principais critérios em busca de apartar o Público e o Privado: a) conforme o *critério do interesse*: o Direito Público visaria à satisfação de interesses públicos enquanto o Direito Privado à consecução de interesses privados, o que é repudiado pelo autor em razão de não ser possível traçar uma "linha radical de fractura" entre o interesse público e o privado, pois este é protegido em razão daquele que, por sua vez, indiretamente corresponde aos interesses privados; b) *qualidade dos sujeitos*: público é o direito que regula as situações em que intervém o Estado e privado é o direito que trata das relações entre particulares, mas reprova o jurista este critério, e com razão, porque os entes públicos podem atuar como particulares, e vice-versa; c) *posição dos sujeitos*: adotada por ele, o Direito Público é o que regula a atividade do Estado e outros entes quando esta atividade é exercida como *ius imperii*, enquanto o Direito Privado é o que trata das situações em que os sujeitos da relação estão em posição de paridade.

Não é esta a conclusão defendida Tércio Sampaio Ferraz Jr. A melhor distinção, para ele, é a que se orienta em relacionar o Direito Público com o princípio da soberania no sentido de que *"(...) corresponde à efetividade da força, pela qual as determinações de autoridade são observadas e tornadas de observação incontrastável pelo uso inclusive de sanções (...)"*[35] – pondera-se o interesse social –, enquanto no Direito Privado *"(...) vige, supremamente, o princípio da autonomia privada"*[36].

---

[32] *O direito: introdução e teoria geral. Uma perspectiva Luso-Brasileira*, p. 325.

[33] *Princípios gerais de direito administrativo*, p. 18, v. I.

[34] Op. cit., p. 325 a 327.

[35] *Introdução ao estudo do direito*, p. 139. A assertiva condiz com a doutrina de Oswaldo Aranha Bandeira de Mello sobre a distinção que há entre normas de *direito público* e normas de *ordem pública*, estas últimas que assim são denominadas por causa da intervenção do Estado na ordem social por meio da socialização do direito e porque estabelecem o caráter obrigatório de certas normas sem que com isso deixem de ser de direito privado (Op. cit., p. 19, v. I).

[36] Op. cit., p. 140.

INTERESSE PÚBLICO *LÍQUIDO* E PÓS-MODERNIDADE

Evidente que a distinção não é hermética. As lições de Gustav Radbruch permanecem atuais:

> Umas vezes, o Direito público é uma estreita faixa protetora que rodeia o Direito privado como o coração de todo o Direito; outras vezes, o Direito privado é, ao contrário, a margem que se deixa à iniciativa privada num campo cada vez mais extenso do Direito público, margem que tende a diminuir mais e mais, a medida que passa o tempo[37].

Em síntese, acredito que os critérios do *interesse preponderante* e da *posição dos sujeitos*, alinhavados e em permuta de informações, apresentam-se como escoras seguras a orientar o intérprete a qual regime jurídico – se público ou se privado – deve o fato ser avaliado.

Mas em tempos líquidos é inegável a percepção de que o Direito Privado cada vez mais se projeta (foge) para o Direito Público. Referência marcante desta afirmativa na atualidade é a substituição da clássica noção de *direito subjetivo* por *situação jurídica*. Sobretudo por influência do italiano Pietro Perlingieri ao reconhecer que a distinção entre o Direito Privado e o Direito Público encontra-se em crise – perceba-se a perspectiva: a crise é afirmada por parte dos civilistas, de quem cuida de tradicionais relações jurídicas de direito privado. Afirma o jurista: *"(...) em uma sociedade como a atual, torna-se difícil individuar um interesse particular que seja completamente autônomo, independente, isolado do interesse dito público"*[38].

A *situação jurídica*, em refletida análise de Marcelo Benacchio[39], caracteriza-se por ir além dos sujeitos, envolver ainda a própria *relação jurídica* quanto o seu *objeto*. Não se trata mais só de um conjunto de direitos subjetivos. Há direitos, mas também deveres, e não só entre as partes, mas ainda *valores sociais* que devem ser sopesados; deve-se enaltecer, enfim, a *função social* das relações privadas. Na *situação jurídica* albergam-se os direitos do titular da relação, mas ainda os seus deveres, e acolhem-se os direitos pertinentes à sociedade. O Direito Privado passa a ser compreendido sob um *aspecto estrutural dinâmico* de sua eficácia: entre as partes e para com a coletividade. Como diz Alexandre Guerra[40], a situação jurídica busca acomodar

---

[37] *Introducción a la filosofía del derecho*, p. 91.
[38] *Perfis do Direito Civil. Introdução ao Direito Civil Constitucional*, p. 53.
[39] *Responsabilidade civil contratual*, p. 81-88.
[40] *Responsabilidade civil por abuso do direito*, p. 101-104.

DIREITO ADMINISTRATIVO: TRANSFORMAÇÕES E TENDÊNCIAS

o *ser* e o *ter* da relação jurídica, mas permite o ingresso de valores sociais, enaltece a efetividade da norma junto à realidade social.

Um verdadeiro *perfil funcional* retrata a contemporaneidade do Direito Privado, esta é a defesa convicta de Pietro Perlingieri. Isto é, *"(...) a cada situação subjetiva uma função social"*[41]. O ordenamento civil é então visto como um "sistema de relações". A estrutura da relação jurídica dá-se como ligação entre situações subjetivas, ocorre entre centros de interesses, e o sujeito em si é apenas um "elemento externo" porque fora da situação[42]. A relação não é mais entre direito subjetivo e dever, mas, sob o perfil estrutural, entre situações complexas[43].

Um Direito Privado fluido, líquido, enquanto se aproxima do Direito Administrativo serve de alerta à (re)valorização de seu fundamento primeiro, o *interesse público*.

6. Conclusões

Se contemporaneamente se reconhece uma ductilidade constitucional – em lição do italiano Gustavo Zagrebelsky[44] –, se a Constituição é a matriz tanto do Direito Público quanto do Privado, então é preciso guardar reservas ao anúncio prematuro e ingênuo do fim dos tempos do interesse público. Há necessidade de cuidado quanto à reformulação de novas dinâmicas, de fugas para o Direito Privado, como se fossem uma sentença definitiva. Lembra Gustavo Zagrebelsky que *"Os princípios e os valores devem ser controlados para evitar que, adquirindo caráter absolutos, convertam-se em tiranos"*[45].

Em oposição à *lógica do individualismo* (Gilles Lipovetsky) que fragiliza as estruturas tradicionais de normatização, apenas o *interesse público*, ainda *líquido*, pode conter a fragmentação da solidariedade social (art. 3º, I, da Constituição Federal), pois as *situações de risco* às quais nos submetemos na atualidade não podem mais, como afirma Ulrick Beck, ser submetidas em termos de classe. Descurar o interesse público significa aceitar que à *"(...) 'classe' dos afetados não se opõe uma 'classe' dos não afetados. À 'classe' dos afetados opõe-se, na melhor das hipóteses, a 'classe' dos ainda-não-afetados"*[46].

[41] Op. cit., p. 105.
[42] Op. cit., p. 113.
[43] Op. cit., p. 115.
[44] *El derecho dúctil*, p. 14-17.
[45] Op. cit., p.125.
[46] Op. cit., p. 47.

INTERESSE PÚBLICO *LÍQUIDO* E PÓS-MODERNIDADE

É preciso então – e não é pouco – (re)afirmar o *interesse público* diante das novas práticas do Poder Público, dos desafios que atualmente se apresentam em sociedade.

A indagação formulada no início, qual o papel do Direito Administrativo junto ao contemporâneo Estado Social?, desdobra-se em múltiplas análises, mas por todas se deve ter o interesse público – mesmo líquido – como seara ao combate à lógica do individualismo, um recurso então insuperável às descobertas e realizações dos nossos mais atuais anseios por um Estado de Direito simplesmente social e democrático.

REFERÊNCIAS BIBLIOGRÁFICAS

ASCENSÃO, José de Oliveira. *O Direito. Introdução e Teoria Geral. Uma perspectiva Luso-Brasileira.* 11ª ed, Coimbra: Almedina, 2003.

BACELLAR FILHO, Romeu Felipe; HACHEM, Daniel Wunder. *Direito Administrativo e Interesse Público. Estudos em homenagem ao professor Celso Antônio Bandeira de Mello.* Belo Horizonte: Fórum, 2010.

BAUMAN, Zygmunt. *Legisladores e Intérpretes.* Trad. Renato Aguiar. Rio de Janeiro: Zahar, 2010.

BECK, Ulrich. *Sociedade de risco. Rumo a uma outra modernidade.* Trad. Sebastião Nascimento. Rio de Janeiro: 34. 2010.

BENACCHIO, Marcelo. *Responsabilidade Civil Contratual.* Saraiva: São Paulo, 2011.

BITTAR, Eduardo Carlos Bianca. *O Direito na Pós-Modernidade.* 2ª ed. Rio de Janeiro: Forense, 2009.

DI PIETRO, Maria Sylvia Zanella; RIBEIRO, Carlos Vinícius Alves. *Supremacia do Interesse Público e outros temas relevantes do Direito Administrativo.* São Paulo: Atlas, 2010.

ESTORNINHO, Maria João. *A Fuga para o Direito Privado.* Coimbra: Almedina, 1999.

FERRAZ JR., Tércio Sampaio. *Introdução ao Estudo do Direito.* 4ª ed. São Paulo: Editora Atlas S/A, 2003.

GABARDO, Emerson. *Interesse Público e Subsidiariedade.* Belo Horizonte: Fórum, 2009.

GUERRA, Alexandre. *Responsabilidade Civil por Abuso do Direito.* Saraiva: São Paulo, 2011.

HACHEM, Daniel Wunder. *Princípio constitucional da supremacia do interesse público.* Belo Horizonte: Fórum, 2011.

LIPOVETSKY, Gilles; CHARLES, Sébastien. *Os Tempos Hipermodernos.* Trad. Mário Vilela. São Paulo: Barcarolla, 2004.

LIPOVETSKY, Gilles. *A Era do Vazio.* Trad. Therezinha Monteiro Deutsch. Barueri, São Paulo: Moderna, 2005.

LOEWENSTEIN, Karl. *Teoria de la Constitucion.* Trad. Alfredo Gallego Anabitarte. Barcelona: Ariel, 1976.

LYOTARD, Jean-François. *A Condição Pós-Moderna.* 14ª ed. Trad. Ricardo Corrêa Barbosa. Rio de Janeiro: José Olympio, 2011.

MASCARO, Alysson Leandro. *Crítica da Legalidade e do Direito Brasileiro*. 2ª ed. São Paulo: Quartier Latin, 2008.

—. *Filosofia do Direito*. 2ª ed. São Paulo: Atlas, 2012.

MELLO, Celso Antônio Bandeira de. *Curso de Direito Administrativo*. 29ª ed. São Paulo: Malheiros, 2012.

MELLO, Oswaldo Aranha Bandeira de. *Princípios Gerais de Direito Administrativo*. 2ª ed. Rio de Janeiro: Editora Forense, 1979, 2 v.

PERLINGIERI, *Perfis do Direito Civil. Introdução ao Direito Civil Constitucional*. 3ª ed. Trad. Maria Cristina De Cicco. Rio de Janeiro: Renovar, 2007.

RADBRUCH, Gustav. *Introducción a la Filosofia del Derecho*. 3ª ed. México: Fondo de Cultura Economica, 1965.

ZAGREBELSKY, Gustavo. *El Derecho Dúctil. Ley, Derechos, Justicia*. Trad. Marina Gáscon. 10ª ed. Editorial Trotta, 2011.

ADMINISTRAÇÃO PÚBLICA INCLUSIVA, IGUALDADE E DESENVOLVIMENTO: O DIREITO ADMINISTRATIVO BRASILEIRO RUMO À ATUAÇÃO ESTATAL PARA ALÉM DO MÍNIMO EXISTENCIAL

DANIEL WUNDER HACHEM

1. Tendências do Direito Administrativo brasileiro: entre intervenção estatal e subsidiariedade

Não é novidade afirmar que os contornos do Direito Administrativo estão intrinsecamente ligados ao modelo de Estado no qual cada sistema normativo se encontra inserido, de modo que as tendências dos ordenamentos jurídico-administrativos costumam acompanhar as feições assumidas pelos Estados nos quais são forjados. Tampouco é inovadora a constatação de que nos últimos séculos os Estados experimentaram significativas transmutações, notadamente no que tange aos limites de sua intervenção na autonomia do indivíduo e nas relações interprivadas. Por consequência, não será uma grande descoberta concluir que o Direito Administrativo tem passado por constantes mudanças, em um contínuo processo de transformações, marcado por idas e vindas, a depender da organização política que estiver sob exame.

O que releva investigar, no entanto, são as repercussões que essas mudanças na configuração política dos Estados produzem sobre os seus respectivos sistemas de Direito Administrativo. Ainda que se possa, contemporaneamente, identificar traços comuns de caráter geral entre os distintos ordenamentos, a ponto de se cogitar da formação de um "Direito Administrativo Global",[1] não há dúvidas de que cada realidade concreta

---

[1] Sobre o tema, ver: MEILÁN GIL, José Luis. *Una aproximación al Derecho Administrativo Global*. Sevilla: Global Law Press/Editorial Derecho Global, 2011; RODRÍGUEZ-ARANA MUÑOZ, Jaime. El derecho administrativo global: un derecho principial. *Revista Andaluza de Administración Pública*, nº 76, Sevilla, Instituto Andaluz de Administración Pública, p. 15-68, ene./ abr. 2010; e KINGSBURY, Benedict; STEWART, Richard B.; KRISCH, Nico. El surgimiento del

merece análise pormenorizada, por revestir-se de peculiaridades que a caracterizam e a distinguem das demais. O Direito Administrativo brasileiro não escapa à regra.

A tratativa do tema das novas tendências desse ramo jurídico, portanto, reclama no presente caso a especial atenção no tocante à experiência nacional, que nas últimas décadas enfrentou acirrados confrontos político-ideológicos conducentes à reforma do Estado, com expressivas alterações na Administração Pública, impactando diretamente no delineamento do regime jurídico dos seus institutos. Apenas para mencionar um exemplo emblemático, as mudanças deflagradas pela Emenda Constitucional nº 19 de 1998 e impulsionadas pela promulgação de uma série de leis que a sucederam, decorrentes de uma tendência globalizada de enxugamento das atribuições do Estado apelidada de "neoliberalismo", produziu efeitos diretos sobre a conformação jurídica de inúmeros institutos do Direito Administrativo brasileiro. É o caso dos temas do serviço público, dos servidores públicos, da organização administrativa, da gestão fiscal, entre outros.[2]

Essa proposta de transformação do Estado brasileiro, levada a efeito no final da década de 1990, propunha a adoção de uma Administração Pública gerencial, associada a uma redução das funções estatais, relegando-se à iniciativa privada a incumbência de desenvolver atividades de cunho social. O modelo conferia ao Poder Público uma posição subsidiária quanto à realização de atividades de bem-estar.[3] Sem deixar de reconhecer as mazelas existentes nas organizações políticas subdesenvolvidas, esse arquétipo estatal sugeria como solução a conscientização da sociedade civil a respeito de

Derecho Administrativo Global. In: AAVV. *El nuevo Derecho Administrativo Global en América Latina*. Buenos Aires: Ediciones RAP, 2009. p. 21-82.

[2] Os impactos da reforma do Estado empreendida no Brasil no final da década de 1990 sobre a Administração Pública são analisados por NOHARA, Irene Patrícia. *Reforma Administrativa e Burocracia*: impacto da eficiência na configuração do Direito Administrativo Brasileiro. São Paulo: Atlas, 2012.

[3] Consoante explica Irene Nohara, o neoliberalismo "provocou uma reformulação do papel do Estado, a partir do princípio da subsidiariedade, segundo o qual o Estado só deve interferir onde houver incapacidade de o mercado resolver por si só o atendimento do interesse público. Segundo essa noção, o Estado volta a se ocupar com os serviços públicos essenciais e indelegáveis e os demais, sejam eles sociais ou econômicos (industriais, comerciais ou financeiros), passam a ser exercidos em caráter supletivo da iniciativa privada, ou seja, quando ela se mostrar deficiente". NOHARA, Irene Patrícia. *Direito Administrativo*. 3. ed. São Paulo: Atlas, 2013. p. 35.

seus próprios problemas, cabendo-lhe organizar-se para assumir o protagonismo na resolução das dificuldades sociais, sem uma postura paternalista do Estado. A este incumbiria apenas proporcionar o mínimo necessário para possibilitar o exercício das liberdades, a partir do quê os cidadãos deveriam utilizar suas capacidades individuais para alcançar seus objetivos.

Tal proposição produziu reflexos diretos no Direito Administrativo, caminhando para uma fuga do regime de Direito Público, por meio de novas figuras introduzidas pela legislação em matéria de contratação, organização administrativa e serviços públicos,[4] todas relacionadas com uma concepção subsidiária do Estado, acompanhadas de um forte fenômeno de privatização. Tratava-se de uma nítida tendência, proclamada por parte da doutrina e sensivelmente acolhida pelo sistema normativo, à qual se poderia denominar de *Direito Administrativo neoliberal*.

Contra essa perspectiva, insurgiu-se outra parcela dos publicistas brasileiros, como é o caso de Celso Antônio Bandeira de Mello. Segundo o autor, para os Estados subdesenvolvidos "os ventos neoliberais, soprados de países cujos estágios de desenvolvimento são muito superiores, não oferecem as soluções acaso prestantes nestes últimos". Sustenta, em contrapartida, que "nos países que ainda não alcançaram o estágio político cultural requerido para uma prática real da democracia, o Estado tem de ser muito mais que um árbitro de conflitos de interesses individuais".[5] Tal entendimento parte dos próprios postulados incorporados pela Constituição de 1988, que institui um modelo de bem-estar atribuindo expressamente ao Estado, em diversas áreas, o dever de atuação direta em prol da realização de direitos fundamentais econômicos e sociais, tais como educação, moradia, alimentação, saúde, assistência e previdência social. Não competiria ao Poder Público, portanto, apenas a garantia de um auxílio social mínimo, capaz de propiciar a fruição das liberdades individuais. Essa concepção reflete uma tendência diversa, pautada na promoção da igualdade

---

[4] É o caso, apenas para citar algumas, das figuras do contrato de gestão, das agências reguladoras, das "organizações sociais", das "organizações da sociedade civil de interesse público" e das "parcerias público-privadas". Para uma crítica à inclusão desses institutos no Direito Administrativo por decorrência do neoliberalismo, ver: MELLO, Celso Antônio Bandeira de. O neocolonialismo e o Direito Administrativo brasileiro. *Revista Eletrônica de Direito do Estado (REDE)*, nº 17, Salvador, Instituto Brasileiro de Direito Público, p. 1-13, jan/mar. 2009.

[5] MELLO, Celso Antônio Bandeira de. A democracia e suas dificuldades contemporâneas. *Revista de Direito Administrativo*, nº 212, Rio de Janeiro, Renovar, p. 57-70, abr./jun. 1998. p. 61.

material pelo Estado e na ideia de redistribuição por meio da intervenção, à qual se poderia chamar de *Direito Administrativo social*.

Diante do embate de tendências propagadas no Brasil a partir de meados da década de 1990, cumpre pontuar desde logo que este estudo parte do pressuposto, defendido originalmente por Emerson Gabardo, de que inexiste no Direito Público brasileiro um princípio jurídico que determine a atuação subsidiária do Estado.[6] Pelo contrário: a ele compete não apenas o dever de afastar os obstáculos para o alcance dos objetivos fundamentais da República, mas também a incumbência de criar condições reais e efetivas para a sua consecução. E dessa intelecção, que sugere uma postura estatal intervencionista, é possível deduzir uma série de tendências atuais do Direito Administrativo pátrio, entre as quais se encontra aquela que se pretende investigar neste estudo: o delineamento de uma Administração Pública inclusiva, voltada à inserção social dos cidadãos e à redução das injustiças e desigualdades existentes na sociedade brasileira.

Dentro do tema da inclusão social promovida pela Administração Pública, o foco que aqui se objetiva examinar diz respeito aos limites e à extensão dos deveres de atuação administrativa em matéria de implementação de direitos fundamentais econômicos e sociais.[7] A temática é vasta e suscita diversas questões polêmicas. Em razão dos limites de espaço deste artigo, opta-se por se debruçar apenas sobre uma das muitas controvérsias a propósito do assunto. Tendo em vista a ordem jurídico-constitucional vigente, busca-se verificar se: (i) à Administração Pública brasileira incumbe somente assegurar ao cidadão condições mínimas de existência digna, que lhe permitam exercer de forma efetiva suas liberdades, restringindo-se o seu dever de atuação a proporcionar a todos uma igualdade de

---

[6] GABARDO, Emerson. *Interesse público e subsidiariedade*: o Estado e a sociedade civil para além do bem e do mal. Belo Horizonte: Fórum, 2009, especialmente p. 203-250.

[7] Destaque-se, desde logo, que neste texto as expressões "direitos sociais", "direitos econômicos e sociais" e "direitos fundamentais sociais" serão utilizadas indistintamente, para designar os direitos fundamentais que têm por objeto a tutela de bens econômicos, sociais e culturais imprescindíveis para assegurar uma vida digna, que o indivíduo poderia obter também dos particulares, caso ostentasse condições financeiras para adquiri-los e os encontrasse disponíveis no mercado. Sobre a caracterização de tais direitos a partir do conteúdo mencionado, ver: ALEXY, Robert. *Teoría de los derechos fundamentales*. 2. ed. Madrid: Centro de Estudios Políticos y Constitucionales, 2007. p. 443; NOVAIS, Jorge Reis. *Direitos sociais*: teoria jurídica dos direitos sociais enquanto direitos fundamentais. Coimbra: Coimbra Editora, 2010. p. 41.

oportunidades como ponto de partida; ou se, diversamente: (ii) sobre ela recai a obrigação de empreender ações positivas que satisfaçam os direitos fundamentais sociais para além do mínimo existencial, como forma de reduzir as desigualdades existentes entre as diversas posições sociais.

A tentativa de responder a questão proposta será feita em dois passos. Primeiramente, será analisada a polêmica sob o prisma da dogmática do Direito Público brasileiro, verificando as delimitações entre as competências de atuação da Administração Pública e do Poder Judiciário, bem como o conceito, as potencialidades e a utilidade jurídica da noção de "mínimo existencial" para o deslinde do tema. Em seguida, pretende-se buscar fundamentos sociopolíticos, à luz da concepção de justiça social albergada pela Constituição Federal de 1988, para justificar o dever de atuação administrativa para além do mínimo existencial, com supedâneo nas ideias de igualdade e desenvolvimento.

2. Administração Pública inclusiva e os direitos fundamentais econômicos e sociais: alterações dogmáticas do Direito Público brasileiro

A Constituição de 1988 representou verdadeiro marco no Direito brasileiro, operando inúmeras mudanças e inaugurando tendências inovadoras nos mais variados ramos jurídicos. Diante da mudança de um cenário autoritário, construído sob a égide da ditadura militar, para um quadro marcadamente democrático instaurado pela nova ordem constitucional,[8] os estudiosos do Direito Público pátrio, impulsionados pelo movimento da *dogmática constitucional emancipatória*,[9] depararam-se com a necessidade

---

[8] Sobre o processo de construção de uma ordem constitucional democrática no Brasil mediante os trabalhos da Assembleia Nacional Constituinte que elaborou a Constituição de 1988, ver: SALGADO, Eneida Desiree. *Constituição e democracia*: tijolo por tijolo desenho (quase) lógico – vinte anos de construção do projeto democrático brasileiro. Belo Horizonte: Fórum, 2007.

[9] A *dogmática constitucional emancipatória* consiste, nas palavras de Clèmerson Merlin Clève, em uma renovada linha doutrinária que tem por objetivo "estudar o texto constitucional à luz da ideia de dignidade da pessoa humana" e "demonstrar a radicalidade do Constituinte de 1988, tendo em vista que o tecido constitucional passou a ser costurado a partir de uma hermenêutica prospectiva que não procura apenas conhecer o direito como ele é operado, mas que, conhecendo uma mudança teorética capaz de contribuir para a mudança da triste condição que acomete a formação social brasileira". CLÈVE, Clèmerson Merlin. A eficácia dos direitos fundamentais sociais. In: Romeu Felipe Bacellar Filho; Daniel Wunder Hachem (Coords.). *Globalização, Direitos Fundamentais e Direito Administrativo*: novas perspectivas para o

de desenvolver teorias e categorias dogmáticas dedutíveis da nova ordem jurídica que fossem capazes de emprestar efetividade à Constituição então promulgada. Acresça-se a isso o fato de que o novo texto constitucional foi generoso na tratativa dos direitos fundamentais, conferindo aos cidadãos brasileiros a titularidade de uma série de posições jurídicas até então não garantidas pelo sistema jurídico pátrio.

A contradição entre a vasta previsão normativa de direitos fundamentais e o baixo grau de efetivação prática das disposições que os veiculam chamou, como seria natural, a atenção dos juristas, notadamente no campo dos direitos econômicos e sociais enunciados no artigo 6º da Lei Fundamental, tais como educação, saúde, assistência aos desamparados, previdência social, entre outros. A questão tornou-se ainda mais complexa diante da disposição inscrita no §1º do artigo 5º da Constituição Federal, segundo a qual "As normas definidoras dos direitos e garantias fundamentais têm aplicação imediata".

De um lado, não restaram dúvidas quanto ao fato de que a Lei Fundamental adotou o modelo de Estado Social e Democrático de Direito, por atribuir expressamente ao cidadão uma série de posições jurídico-subjetivas de caráter social, e ao Estado uma vasta gama de deveres da mesma natureza dispostos ao longo do texto constitucional, em especial no Título VIII ("Da ordem social"), delineando o perfil de uma *Administração Pública inclusiva*. De outro, a Constituição passou a ensejar debates dou-

---

desenvolvimento econômico e socioambiental. Belo Horizonte: Fórum, 2011. p. 96. Exemplo nítido dessa importante posição, desenvolvida na década de 90 no Brasil, pode ser encontrada na seguinte passagem do mesmo autor, muito conhecida e multicitada pela doutrina comprometida com a efetividade constitucional, extraída de um dos mais representativos textos desse movimento: "Não basta o discurso-denúncia. Não basta o discurso antropologicamente simpático ou amigo (amigo das classes populares, amigo dos pobres, amigo do humanismo, amigo das esquerdas etc.), como diz Canotilho. Mais do que isso, importa hoje, para o jurista participante, sujar as mãos com a lama impregnante da prática jurídica, oferecendo, no campo da dogmática, novas soluções, novas fórmulas, novas interpretações, novas construções conceituais. Este é o grande desafio contemporâneo. Cabe invadir um espaço tomado pelas forças conservadoras, lutando ombro a ombro, no território onde elas imperam, exatamente para, com a construção de uma nova dogmática, alijá-las de suas posições confortavelmente desfrutadas". CLÈVE, Clèmerson Merlin. A teoria constitucional e o direito alternativo (para uma dogmática constitucional emancipatória). In: Carlos Henrique de Carvalho Filho (Org.). *Uma vida dedicada ao Direito. Homenagem a Carlos Henrique de Carvalho*. O editor dos juristas. São Paulo: RT, 1995, p. 37-38.

trinários e jurisprudenciais quanto ao papel institucional e os limites do Poder Executivo e do Poder Judiciário em matéria de direitos fundamentais econômicos e sociais. É dizer: instalaram-se controvérsias a respeito do quanto o cidadão pode exigir diretamente da Administração Pública para ver satisfeitas suas pretensões ligadas a esses direitos, e até onde pode interferir o Poder Judiciário nas escolhas do Poder Executivo para efetivá-los, nos casos em que a atuação deste tiver sido insuficiente.

O objetivo deste tópico é analisar brevemente as tendências verificadas no Direito Público brasileiro a respeito da temática, apontando algumas das alterações dogmáticas produzidas no campo da doutrina e da jurisprudência após a promulgação da atual Constituição.

2.1. Os direitos fundamentais sociais no entrecruzamento das tendências do Direito Constitucional e do Direito Administrativo: entre a insuficiente atuação administrativa e a intervenção judicial excessiva

Uma vez tracejado o perfil da Administração Pública brasileira pelo constituinte, conferindo-lhe uma roupagem expressivamente voltada à promoção da inclusão social, tornou-se necessário averiguar o grau de exigibilidade dos direitos fundamentais econômicos e sociais admitido pelo ordenamento jurídico. E a questão ganha relevo nos casos de inação administrativa: negando-se a Administração, deliberadamente, a conceder determinadas prestações vinculadas a tais direitos, ou omitindo-se em responder o pleito formulado pelo cidadão, até que ponto pode intervir o Poder Judiciário?

Analisando três períodos distintos – (a) anterior à Constituição de 1988; (b) imediatamente posterior à sua promulgação até meados da primeira década de 2000; (c) em torno de 2005 aos dias atuais – é possível identificar, *grosso modo*, tendências do Direito Constitucional e do Direito Administrativo que se entrecruzam, em matéria de direitos fundamentais sociais.

(a) A roupagem do Direito Constitucional brasileiro anterior à Constituição de 1988 ainda ligava-se a uma perspectiva autoritária, que não reconhecia efetivamente a plenitude de sua força normativa. Salvo exceções, cuidava-se de posição dominante na doutrina e na jurisprudência,[10] que

---

[10] Observe-se que tal concepção continuou propagando-se na jurisprudência mesmo após o advento da Constituição vigente. Nesse sentido, a seguinte decisão do Superior Tribunal

DIREITO ADMINISTRATIVO: TRANSFORMAÇÕES E TENDÊNCIAS

negava às disposições constitucionais o caráter normativo, considerando-as "lembretes, recados para o legislador".[11] Os direitos fundamentais, por seu turno, eram encarados como meras declarações que demandavam legislação integrativa para produzir força normativa.[12]

No campo do Direito Administrativo, o apego à superioridade da lei formal como limite e fundamento do agir da Administração Pública, numa óptica restritiva do princípio da legalidade, corroborava com a lógica do Direito Constitucional de então, rejeitando a atuação administrativa *praeter legem*, ainda que fundada diretamente no texto constitucional. Sem a previsão expressa de lei formal, não se admitia a atuação da Administração, ainda que para concretizar comandos constitucionais veiculadores de direitos fundamentais.[13]

---

de Justiça, de 1996, que reputa as disposições constitucionais referentes ao direito à saúde como "normas constitucionais meramente programáticas": "Normas constitucionais meramente programáticas – *ad exemplum*, o direito à saúde – protegem um interesse geral, todavia, não conferem, aos beneficiários desse interesse, o poder de exigir sua satisfação – pela via do *mandamus* – eis que não delimitado o seu objeto, nem fixada a sua extensão, antes que o legislador exerça o *munus* de completá-las através da legislação integrativa. Essas normas (arts. 195, 196, 204 e 227 da CF) são de eficácia limitada, ou, em outras palavras, não tem força suficiente para desenvolver-se integralmente, 'ou não dispõem de eficácia plena', posto que dependem, para ter incidência sobre os interesses tutelados, de legislação complementar. Na regra jurídico-constitucional que dispõe 'todos tem direito e o estado o dever' – dever de saúde – como afiançam os constitucionalistas, 'na realidade todos não têm direito, porque a relação jurídica entre o cidadão e o Estado devedor não se fundamenta em *vinculum juris* gerador de obrigações, pelo que falta ao cidadão o direito subjetivo público, oponível ao Estado, de exigir em juízo, as prestações prometidas a que o Estado se obriga por proposição ineficaz dos constituintes'". (BRASIL. Superior Tribunal de Justiça. Recurso Ordinário no Mandado de Segurança nº 6.564/RS, Rel. Ministro Demócrito Reinaldo, Primeira Turma, julgado em 23.05.1996, DJ 17.06.1996).

[11] A crítica a essa posição é feita por BACELLAR FILHO, Romeu Felipe. *Processo Administrativo Disciplinar*. 4. ed. São Paulo: Saraiva, 2013. p. 152.

[12] CLÈVE, Clèmerson Merlin. *A fiscalização abstrata da constitucionalidade no direito brasileiro*. 2. ed. São Paulo: RT, 2000. p. 22.

[13] Refutando tal posição, Thiago Marrara aceita a possibilidade de atuação da Administração Pública com apoio direto na Constituição, nos casos não cobertos pela lei, desde que observados os seguintes requisitos: "(1) que a existência de regra explícita não seja considerada necessária pelo legislador (principalmente porque a ação não gera prejuízos aos direitos fundamentais do administrado e nem a interesses públicos primários) e (2) que a ação se justifique em princípios da Administração Pública e objetivos estatais reconhecidos na Constituição." MARRARA, Thiago. As fontes do Direito Administrativo e o Princípio da Legalidade. In: Maria

ADMINISTRAÇÃO PÚBLICA INCLUSIVA, IGUALDADE E DESENVOLVIMENTO

Mirando sob essa perspectiva, com foco para a questão da efetivação dos direitos fundamentais sociais, as características mais marcantes das tendências desses dois ramos centrais do Direito Público permitem – com o perdão do reducionismo do rótulo – a referência a um *Direito Constitucional formalista* e a um *Direito Administrativo legalista*. Para o primeiro, importava mais o respeito à forma do que os efeitos do conteúdo das disposições constitucionais, ao passo que para o segundo a lei ostentava maior relevância do que a Constituição.

Em termos de direitos fundamentais sociais, a *primeira tendência*, própria desse período, não podia ser diferente: suas previsões no texto constitucional não poderiam ser demandadas perante o Poder Judiciário. A concepção *formalista* do Direito Constitucional e *legalista* do Direito Administrativo alinhava-se a uma compreensão estrita do princípio da separação de poderes, ainda tributária da Revolução Francesa. Mantinha-se, assim, uma postura receosa quanto à efetivação dos direitos fundamentais sociais pela jurisdição, pois no momento em que o juiz condenasse o administrador a agir de determinada forma, estaria adentrando na esfera de atuação do Poder Executivo, afrontando o princípio da separação dos poderes.[14] Questionava-se a legitimidade democrática do Poder Judiciário para concretizar as normas de caráter mais abstrato[15], pois ainda se entendia que essa função – a de fazer as escolhas políticas e morais da sociedade – cabia aos representantes eleitos pelo povo[16]. Tal linha de raciocínio gerou o problema da inefetividade dos direitos fundamentais sociais.

Sylvia Zanella Di Pietro; Carlos Vinícius Alves Ribeiro (Coords). *Supremacia do interesse público e outros temas relevantes do Direito Administrativo*. São Paulo: Atlas, 2010. p. 233.

[14] O tema foi trabalhado de forma mais detida em HACHEM, Daniel Wunder. *Mandado de injunção e direitos fundamentais*: uma construção à luz da transição do Estado Legislativo ao Estado Constitucional. Belo Horizonte: Fórum, 2012. p. 121-129.

[15] "De maneira geral, quando o poder judiciário assume um papel politicamente mais ativo e particularmente quando faz valer seu poder de controle constitucional, isto é, quando se produz o que se costuma chamar de 'ativismo judiciário', é ele questionado e o argumento usualmente esgrimido é a sua origem 'não democrática'". ZAFFARONI, Eugenio Raúl. *Poder judiciário*: crises, acertos e desacertos. Trad. Juarez Tavares. São Paulo: Editora Revista dos Tribunais, 1995. p. 41.

[16] Fazendo alusão a esse pensamento, explica Robert Alexy: *"Ahora bien, si el derecho carece de pautas suficientes, entonces la decisión acerca del contenido de los derechos sociales fundamentales es un asunto de la política. Sin embargo, esto significa que, de acuerdo con los principios de la división de poderes y de la democracia, la decisión sobre el contenido de los derechos sociales fundamentales no cae dentro de*

DIREITO ADMINISTRATIVO: TRANSFORMAÇÕES E TENDÊNCIAS

(b) A Lei Fundamental de 1988, no entanto, operou verdadeira revolução no Direito Público nacional.[17] Afinado com as transformações experimentadas pelo Direito Constitucional na Europa continental a partir da segunda metade do século XX, em um fenômeno denominado por alguns de "neoconstitucionalismo",[18] o constitucionalismo brasileiro também muda de feição.[19] Da superioridade da lei formal passa-se à supremacia da Constituição, que se converte em parâmetro de validade do conteúdo material de todas as demais normas, por condensar os valores sociais mais importantes, correspondentes aos princípios de justiça compartidos pela sociedade, de observância obrigatória não só ao legislador, mas também ao juiz e à Administração.[20] Forma-se então um novo paradigma, calcado na valorização da dignidade da pessoa humana e dos direitos fundamentais que dela emanam.[21] É possível se falar, a partir daí, de um *Direito Constitucional da efetividade,*[22] cuja preocupação maior residia em reconhecer a eficácia jurídica e assegurar a eficácia social das disposições constitucionais.

Quanto ao Direito Administrativo, a nova ordem constitucional também fez espargir significativas alterações. Aos poucos se abandona a concepção reducionista do Direito herdada do positivismo jurídico, reconhecendo-se como parte integrante do ordenamento jurídico não só a lei formal, mas também os princípios constitucionais expressos e implícitos e os direitos

---

la competencia de los tribunales de justicia sino dentro de la competencia del «legislador directamente legitimado por el pueblo». Por lo tanto, los tribunales pueden decidir preguntas que se enmarcan dentro del ámbito de los derechos sociales fundamentales sólo si el legislador ya ha adoptado sus decisiones". ALEXY, Robert. *Teoría de los derechos fundamentales.* 2. ed. Madrid: Centro de Estudios Políticos y Constitucionales, 2007.p. 450.

[17] Acerca do tema, ver: BACELLAR FILHO, Romeu Felipe. Marco constitucional do Direito Administrativo no Brasil. *Revista Iberoamericana de Derecho Público y Administrativo,* nº 7, San José, p. 35-46, 2007.

[18] A questão é tratada sob diferentes vieses em: CARBONELL, Miguel (ed.). *Neoconstitucionalismo(s).* Madrid: Trotta, 2003.

[19] BARROSO, Luís Roberto. Fundamentos teóricos e filosóficos do novo direito constitucional brasileiro (pós-modernidade, teoria crítica e pós-positivismo). *Interesse Público,* nº 11, Porto Alegre, Notadez, p. 42-73, jul./ago. 2001.

[20] ZAGREBELSKY, Gustavo. *El derecho dúctil.* Ley, derechos, justicia. Madrid: Trotta, 1999. p. 93.

[21] DURÁN MARTÍNEZ, Augusto. En torno al neoconstitucionalismo. *A&C – Revista de Direito Administrativo & Constitucional,* Belo Horizonte, ano 10, n. 40, p. 33-72, abr./jun. 2010. p. 38.

[22] BARROSO, Luís Roberto. A doutrina brasileira da efetividade. In: _____. *Temas de Direito Constitucional.* Rio de Janeiro: Renovar, 2005.

ADMINISTRAÇÃO PÚBLICA INCLUSIVA, IGUALDADE E DESENVOLVIMENTO

humanos dos tratados internacionais. Amplia-se assim o conjunto de deveres jurídicos aos quais a Administração deve obediência. De uma legalidade estrita se passa a uma legalidade ampla. Diz-se, a partir daí, que a Administração encontra-se subordinada ao princípio da juridicidade.[23] Significa que, embora respeitados os trâmites formais exigidos pela lei para a prática do ato, desenvolvimento do procedimento ou celebração do contrato administrativo, sua validade pode ainda ser questionada por ofensa, *v.g.*, aos princípios da moralidade, publicidade, impessoalidade, eficiência,[24] segurança jurídica, entre tantos outros.[25] Se há mais deveres jurídicos, há também, por consequência, uma maior probabilidade de descumprimento. Com isso, a ideia de sujeição do Poder Público à juridicidade – e não só à legalidade estrita – exige uma ampliação significativa da possibilidade de controle judicial da atuação da Administração.

Contudo, ainda que fosse possível ressaltar outros aspectos marcantes do Direito Administrativo desse período, quanto aos direitos fundamentais econômicos e sociais, a característica mais acentuada que merece ser sublinhada consiste na perspectiva *individualista* desse ramo jurídico. Se a Constituição passa a valer realmente, e as normas definidoras de direitos fundamentais sociais vinculam diretamente a Administração Pública, a resposta que passa a ser dada ao problema da inefetividade é a da ampla possibilidade de reivindicação individual, pela via judicial, das prestações estatais necessárias à satisfação de tais direitos. A uma lógica de proteção

---

[23] ROCHA, Cármen Lúcia Antunes. O princípio da juridicidade da Administração Pública. In: _____. *Princípios constitucionais da administração pública*. Belo Horizonte: Del Rey, 1994, p. 69-143; KLOSS, Eduardo Soto. *Derecho Administrativo. Bases fundamentales*. t. II: El principio de juridicidad. Santiago: Jurídica de Chile, 1996. *passim*; OTERO, Paulo. *Legalidade e Administração Pública*: o sentido da vinculação administrativa à juridicidade. Coimbra: Almedina, 2003; GALEANO, Juan José. El principio de juridicidad. Noción, fundamento y caracteres. Su recepción en la jurisprudencia administrativa y judicial. In: Julio Pablo Comadira; Miriam M. Ivanega (Coords.). *Derecho Administrativo:* Libro en homenaje al Profesor Doctor Julio Rodolfo Comadira. Buenos Aires: Ad-Hoc, 2009. p. 23-49.

[24] Acerca do conteúdo jurídico do principio constitucional da eficiência administrativa no Brasil, ver, por todos, GABARDO, Emerson. *Princípio constitucional da eficiência administrativa*. São Paulo: Dialética, 2002.

[25] A temática dos princípios do Direito Administrativo brasileiro é trabalhada amplamente na obra MARRARA, Thiago (Org.). *Princípios de Direito Administrativo:* legalidade, segurança jurídica, impessoalidade, publicidade, motivação, eficiência, moralidade, razoabilidade, interesse público. São Paulo: Atlas, 2012.

DIREITO ADMINISTRATIVO: TRANSFORMAÇÕES E TENDÊNCIAS

de direitos que já se mostrava diferenciada aplicam-se os pressupostos do mesmo Direito Administrativo do século XIX, lastreado em um sistema judicial subjetivista-individualista, no qual o indivíduo singular se insurge contra a Administração perante o tribunal para postular a tutela de suas liberdades. Portanto, na esfera dos direitos econômicos e sociais, ao lado do *Direito Constitucional da efetividade* se situa um *Direito Administrativo individualista*.

Um dos pontos de relevância para a temática reside no fato de que, conforme antes referido, o art. 5º, §1º da Constituição estabeleceu que as normas definidoras de direitos fundamentais desfrutam de aplicabilidade imediata. A literalidade de tal dispositivo, somada ao anseio de extrair plena eficácia das determinações constitucionais em matéria de direitos fundamentais sociais, conduziu parcela da doutrina a sustentar a possibilidade de se postular judicialmente, em face das omissões da Administração Pública, a realização plena desses direitos.[26] Tais ideias lograram acolhida pelos tribunais, que, abandonando uma postura conservadora, reticente em aceitar que com fulcro das disposições definidoras de direitos econômicos e sociais seria possível reclamar atuações estatais positivas,[27] passaram a atestar a fundamentalidade desses direitos (principalmente nos casos da educação e da saúde) e encará-los como direitos subjetivos, prontamente exigíveis perante o Poder Judiciário.

Dentro dos três períodos ora apreciados e em relação ao objeto em análise, pode-se falar então em uma *segunda tendência* do Direito Público pátrio, pós-1988: a expressiva ampliação da intervenção judicial com vistas à concessão de prestações estatais positivas dirigidas à integral efetivação dos direitos fundamentais sociais. Operou-se verdadeira mudança na orientação judicial brasileira no que tange ao reconhecimento de eficácia

[26] GRAU, Eros Roberto. *A ordem econômica da Constituição de 1988*. 12. ed. São Paulo: Malheiros, 2007. p. 318-319.

[27] Era o caso, por exemplo, de decisões como esta: "Mandado de segurança. Impetrantes portadores de insuficiencia renal crônica. Fornecimento de remédio (CELLCEPT) pelo Estado. As normas programáticas estabelecidas na Constituição Federal não conferem ao cidadão o direito subjetivo de exigir do Estado o fornecimento de remédios de alto-custo, em detrimento de outros doentes, igualmente carentes. Na consecução de sua obrigação de saúde pública a administração há que atender aos interesses mais imediatos da população. Impropriedade da via mandamental para atendimento do direito reclamado" (BRASIL. Tribunal de Justiça do Estado do Rio de Janeiro. Mandado de Segurança nº 220/98, Rel. Del. Antonio Lindberg Montenegro, julgado em 17. 12.1998).

jurídica e força normativa cogente às normas constitucionais veiculadoras desses direitos. De decisões que lhes rejeitavam a possibilidade de investir o cidadão em posições jurídico-subjetivas, capazes de serem demandadas judicialmente, passou-se a condenar a Administração – até mesmo de forma indiscriminada e não criteriosa – a conceder as pretensões postuladas perante o Judiciário, sobretudo em matéria de direito à saúde.

É o caso de julgados conhecidos do Supremo Tribunal Federal, que passaram a deferir pedidos de tratamentos de saúde de altíssimo custo, alguns deles no exterior e sem comprovação da eficácia dos seus resultados, destinados à cura de doenças raras, com lastro no art. 6º, que prevê a saúde como direito fundamental social, e no art. 196, que a define como "direito de todos e dever do Estado".

Um dos *leading cases* da matéria foi a decisão monocrática proferida pelo Ministro Celso de Mello na Medida Cautelar proposta na Petição nº 1246-1. Tratava-se, no caso, de ação ajuizada contra o Estado de Santa Catarina, na qual um portador da doença rara *Distrofia Muscular de Duchene* – moléstia degenerativa de células musculares – asseverava existir tratamento em clínica estadunidense capaz de curá-lo. Supedaneado no art. 196 da Constituição, dentre outros, postulou a proteção de seu direito à saúde mediante o custeamento, pelo Poder Público, do aludido tratamento, que importaria o valor de US$ 63 mil. A liminar foi concedida e o Estado de Santa Catarina recorreu ao Tribunal de Justiça. A questão chegou ao STF, no momento em que o Estado-membro postulou à Corte a suspensão da tutela antecipada, sob o argumento de violação aos arts. 37, 100 e 167 da Constituição, por ter havido ordem de pagamento sem base no orçamento, nem em lei que o determinasse. Através de despacho singular, o Ministro negou a suspensão pleiteada, arguindo que:

> Entre proteger a inviolabilidade do direito à vida, que se qualifica como direito subjetivo inalienável assegurado pela própria Constituição da República (art. 5º, *caput*) ou fazer prevalecer, contra esta prerrogativa fundamental, um interesse financeiro e secundário do Estado, entendo – uma vez configurado este dilema – que as razões de índole ética-jurídica impõem ao julgador uma só e possível opção: o respeito indeclinável à vida.[28]

---

[28] BRASIL. Supremo Tribunal Federal. Medida Cautelar na Petição nº 1246, Presidente Ministro Sepúlveda Pertence, Decisão Proferida pelo Ministro Celso de Mello, julgado em 31.01.1997, publicado em DJ 13.02.1997.

Essa passagem tornou-se paradigma para decisões proferidas posteriormente em matéria de direito à saúde, tendo sido reproduzida em diversos outros julgados.[29] Posição semelhante foi adotada na decisão monocrática proferida no Recurso Extraordinário nº 342.413 pela Ministra Ellen Gracie, na qual restou consignado que "obstáculo de ordem burocrática ou orçamentária (...) não podem ser entraves ao cumprimento constitucional que garante o direito à vida"[30], bem como no voto do Ministro Sydney Sanches no Recurso Extraordinário nº 198.263, no qual afirmou que "em matéria tão relevante como a saúde, descabem disputas menores sobre legislação, muito menos sobre verbas, questão de prioridade"[31].

É preciso reconhecer, no entanto, que em alguma medida essa *segunda tendência* implicou a adoção de um caminho que passou "da falta de efetividade à judicialização excessiva"[32], mormente na seara da saúde, resultando na proliferação de provimentos judiciais fundados mais na emoção do que na razão, que determinam ao Poder Executivo o fornecimento de prestações que extrapolam os limites da razoabilidade, seja por sua inacessibilidade no âmbito nacional, seja por sua falta de essencialidade. Tratam-se muitas vezes de decisões desmedidas e incongruentes, que acabam por colocar em xeque o prosseguimento das políticas públicas, atravancando o planejamento regular das ações administrativas voltadas à universalidade da população e prejudicando o emprego racionalizado dos recursos públicos. Ademais, a busca da efetivação dos direitos fundamentais sociais unica-

---

[29] É o caso dos acórdãos prolatados no Recurso Extraordinário nº 267.612, no Agravo de Instrumento nº 570.445, no Agravo Regimental no Recurso Extraordinário nº 271.286, no Recurso Extraordinário nº 198.265, no Recurso Extraordinário nº 248.304, no Agravo Regimental no Recurso Extraordinário nº 273.834 e no Recurso Extraordinário nº 393.175, conforme dá notícia WANG, Daniel Wei Liang. Escassez de recursos, custos dos direitos e reserva do possível na jurisprudência do STF. In: Ingo Wolfgang Sarlet; Luciano Benetti Timm (Coords.). *Direitos fundamentais:* orçamento e "reserva do possível". 2. ed. Porto Alegre: Livraria do Advogado, 2010. p. 354, nota nº 19.

[30] BRASIL. Supremo Tribunal Federal. Recurso Extraordinário nº 342.413, Relatora Ministra Ellen Gracie, julgado em 14.10.2004, publicado em DJ 09.11.2004.

[31] BRASIL. Supremo Tribunal Federal. Recurso Extraordinário nº 198.263, Relator Ministro Sydney Sanches, julgado em 12.02.2001, publicado em DJ 30.03.2001.

[32] BARROSO, Luís Roberto. Da falta de efetividade à judicialização excessiva: direito à saúde, fornecimento gratuito de medicamentos e parâmetros para a atuação judicial. In: Cláudio Pereira de Souza Neto; Daniel Sarmento (Coords.). *Direitos Sociais:* Fundamentos, Judicialização e Direitos Sociais em Espécie. Rio de Janeiro: Lumen Juris, 2008. p. 875-903.

ADMINISTRAÇÃO PÚBLICA INCLUSIVA, IGUALDADE E DESENVOLVIMENTO

mente pela via do Poder Judiciário pode implicar a atribuição de privilégios a alguns poucos indivíduos que têm maiores condições de acesso à jurisdição, em prejuízo dos cidadãos em geral, em especial daqueles desprovidos de informação e meios financeiros suficientes, e que seguem dependendo dos programas e projetos sociais levados a efeito pela Administração.[33]

A simples referência a algumas situações concretas vivenciadas na realidade prática é suficiente para demonstrar essa afirmação. O Município de Campinas gastou em 2009 o valor de R$2.505.762,00 com o pagamento de condenações judiciais de fornecimento de medicamentos, para atender as 86 ações propostas naquele ano, beneficiando com isso 253 pacientes.[34] A totalidade de recursos municipais dispensados com medicamentos para atender aos usuários do Sistema Único de Saúde foi de R$16.929.316,29.[35] Considerando o número de habitantes do Município,[36] os dados demonstram que quase 16% do orçamento municipal reservado para cobrir os custos com medicamentos foram empregados para atender apenas 0,023% da população que ingressou com medidas judiciais.

Situação similar ocorreu no Estado de Minas Gerais em 2010. Dos R$360.029.986,11 despendidos com fornecimento de medicamentos básicos e de alto custo pelo Estado, o valor de R$55.052.215,84 foi destinado ao cumprimento de decisões judiciais dessa natureza, beneficiando um total de 4.762 pacientes[37] em um Estado com 19.595.309 habi-

---

[33] BARROSO, Luís Roberto. *Idem*, p. 876.

[34] FINATTI, Deise Barbieri; VECHINI, Priscila Garbin. O perfil dos gastos destinados ao cumprimento de determinações judiciais no Município de Campinas. In: *XXIV Congresso de Secretários Municipais de Saúde do Estado de São Paulo*, 2010, Campinas – SP. Disponível em: < http://2009.campinas.sp.gov.br/saude/biblioteca/XXIV_Congresso_de_Secretarios_Municipais_de_Saude_do_Estado_SP/Complexidadedaatencaobasica/O_Perfil_dos_gastos_Deise.pdf>. Acesso em: 15 jan. 2013.

[35] BRASIL. Advocacia-Geral da União. *Intervenção judicial na saúde pública. Panorama no âmbito da Justiça Federal e Apontamentos na seara das Justiças Estaduais*. Disponível em: <http://portalsaude.saude.gov.br/portalsaude/arquivos/Panorama.pdf>. Acesso em: 15 jan. 2013.

[36] Em 2009, a população estimada do Município de Campinas era de 1,1 milhão de habitantes. Dados extraídos do site: <http://www.campinascentro.com.br/content/hist%C3%B3ria-de--campinas>. Acesso em 15 jan. 2013.

[37] CASTRO, Sebastião Helvecio Ramos de. *Impacto Desalocativo no Orçamento Público Estadual em Face de Decisões Judiciais*. Concurso IV Prêmio SOF de Monografias. Belo Horizonte, 2011. p. 41-43. Disponível em: <http://www.esaf.fazenda.gov.br/esafsite/premios/SOF/sof2011/arquivos/3_Lugar_Tema_2_Sebastiao_Helvelio_Ramos_de_Castro.pdf>. Acesso em 15 jan. 2013.

tantes.[38] Significa que somente 0,024% dos cidadãos do Estado, que manejaram ações judiciais para garantir o acesso a esses bens, abocanharam aproximadamente 15,3% do total orçamentário gasto com distribuição de medicamentos.

Os dados mencionados demonstram que, embora bem intencionadas, algumas das decisões judiciais dessa natureza deixam de levar em conta aspectos essenciais da satisfação universal dos direitos fundamentais sociais, que não devem ser efetivados apenas individualmente e pela via judicial, comprometendo os recursos de políticas públicas e serviços públicos para o atendimento dos poucos que tiveram condições de requerê-los perante o Judiciário.[39] É preciso, portanto, encarar os direitos fundamentais econômicos e sociais não apenas pelo prisma da *efetividade*, mas também pela perspectiva da *igualdade*. Nem todos têm igual acesso à via judicial. A Administração Pública, por outro lado, tem condições de implementá-los através da alocação planejada e racionalizada dos escassos recursos públicos em ações dirigidas ao atendimento universal e igualitário da população. Eventuais exageros cometidos na esfera judicial podem impedir ou prejudicar a implementação equânime desses direitos pela via administrativa.

Retome-se o exemplo de Minas Gerais. Os gastos totais em saúde com o atendimento de demandas judiciais aumentou em mais de 78% de 2009 para 2010, subindo de R$34.454.995,81 para R$61.551.288,54.[40] Como consequência direta, no ano de 2010 houve uma significativa redução na destinação de recursos públicos para programas sociais e demais atividades do Poder Executivo na área de saúde. Entre outros, podem ser mencionados o "Fortalecimento e Melhoria de Qualidade dos Hospitais do Sistema Único de Saúde – PROHOSP", com redução de 21,38%, o "Complexo Urgência/Emergência", com diminuição de 10,54%, o "Complexo de Hospitais Gerais", com decréscimo de 10,39%, e o programa "Amplia-

---

[38] Dado extraído do site do IBGE: <http://saladeimprensa.ibge.gov.br/noticias?view=noticia &id=1&busca=1&idnoticia=1766>. Acesso em 15 jan. 2013.

[39] CLÈVE, Clèmerson Merlin. A eficácia dos direitos fundamentais sociais... *Op. Cit.*, p. 103.

[40] Desse valor, como dito anteriormente, R$55.052.215,84 (89,44% do total) foi utilizado para o pagamento de medicamentos, sendo que os outros 10,56% foram empregados para custear material médico-hospitalar, serviços médicos, odontológicos e laboratoriais, entre outros. CASTRO, Sebastião Helvecio Ramos de. *Op. Cit.*, p. 41-42.

ADMINISTRAÇÃO PÚBLICA INCLUSIVA, IGUALDADE E DESENVOLVIMENTO

ção da Cobertura populacional do Programa Saúde Família", com subtração de 7,1% dos investimentos.[41]

(c) Frente a essa nova ordem de problemas, e considerando que: (i) o acesso ao Poder Judiciário no Brasil ainda é limitado à classe média e à classe alta da população;[42] (ii) a maior parte das demandas são de cunho individual e não coletivo, o que coloca os cidadãos de baixa renda – que são justamente os que mais necessitam da tutela estatal – em uma situação desprivilegiada quanto à satisfação dos seus direitos;[43] (iii) o planejamento de políticas públicas universais, de caráter coletivo, destinadas à concretização de ofício dos direitos de todos os cidadãos, independentemente de provocação, compete à Administração Pública; exsurge uma *terceira tendência* no campo aqui investigado, em meados da primeira década de 2000.

Parcela da doutrina passou a sustentar a restrição do espectro de legitimidade do Poder Judiciário nessa esfera aos casos em que o direito fundamental social postulado é necessário à garantia de condições mínimas de existência digna ao jurisdicionado – o chamado *mínimo existencial*.[44]

---

[41] CASTRO, Sebastião Helvecio Ramos de. *Idem*, p. 45.

[42] Referindo-se àqueles que não têm acesso ao Poder Judiciário, Paulo Cezar Pinheiro Carneiro observa: "Trata-se de pessoas que não têm condições sequer de ser partes – os 'não-partes' são pessoas absolutamente marginalizadas da sociedade, porque não sabem nem mesmo os direitos de que dispõem ou de como exercê-los; constituem o grande contingente de nosso país". CARNEIRO, Paulo Cezar Pinheiro. *Acesso à justiça:* juizados especiais e ação civil pública. Rio de Janeiro: Forense, 1999. p. 58. Segundo Cláudio Pereira de Souza Neto, em pesquisa realizada no Estado de São Paulo no período de 1997 a 2004, que analisou todas as ações ajuizadas, em 67,7% dos casos a parte autora estava representada por advogados particulares. SOUZA NETO, Cláudio Pereira de. A justiciabilidade dos direitos sociais: críticas e parâmetros. In: _____ ; Daniel Sarmento (Coords.). *Direitos sociais:* fundamentos, judicialização e direitos sociais em espécie. Rio de Janeiro: Lumen Juris, 2008. p. 533-534.

[43] "No Brasil, assiste-se à predação da renda pública pela classe média e pelos ricos, especialmente nos casos de remédios estrangeiros, com o risco de se criar um impasse institucional entre o Judiciário e os poderes políticos, se prevalecer a retórica dos direitos individuais pelos sociais". TORRES, Ricardo Lobo. *O direito ao mínimo existencial.* Rio de Janeiro: Renovar, 2009. p. 134.

[44] Nesse sentido, entre outros: TORRES, Ricardo Lobo. O Mínimo Existencial, os Direitos Sociais e a Reserva do Possível. In: António Avelãs Nunes, Jacinto Nelson de Miranda Coutinho. (Org.). *Diálogos Constitucionais:* Brasil/Portugal. Rio de Janeiro: Renovar, 2004; BARCELLOS, Ana Paula de. *A eficácia jurídica dos princípios constitucionais:* o princípio da dignidade da pessoa humana. 3. ed. Rio de Janeiro: Renovar, 2011.

DIREITO ADMINISTRATIVO: TRANSFORMAÇÕES E TENDÊNCIAS

Afora desse âmbito, a concretização maximizada dos direitos fundamentais sociais de caráter prestacional competiria aos Poderes Legislativo e Executivo, de maneira progressiva, mediante a prestação de serviços públicos e a implementação de políticas públicas. É o posicionamento acolhido por diversas decisões judiciais.[45] Releva ressaltar, no entanto, que essa proposta oriunda do Direito Constitucional destinava-se à restrição da atuação *judicial* na matéria, e não à limitação da atividade dos Poderes Executivo e Legislativo voltada à efetivação dos direitos econômicos e sociais.

Nota-se, pois, uma alteração na dogmática do Direito Constitucional brasileiro, que com vistas à *igualdade* na implementação dos direitos econômicos e sociais passa a restringir parcialmente o campo de legitimidade da atuação judicial. E isso ocorre não mais sob o antigo argumento de que as disposições constitucionais são despidas de força normativa, mas com fundamento na ideia de que a efetivação dos direitos fundamentais não pode se circunscrever àqueles que têm acesso ao Judiciário. Outro fator que demonstra esse caminho em direção a um constitucionalismo igualitário consiste nos instrumentos veiculados pela chamada "Reforma do Judiciário" (Emenda Constitucional nº 45 de dezembro de 2004), tais como a repercussão geral no recurso extraordinário e a súmula vinculante. Entre outros objetivos, um dos principais propósitos de tais institutos era o de conferir uniformidade de tratamento aos jurisdicionados no momento de aplicação da Constituição, privilegiando com isso a isonomia.

Assim, o *Direito Constitucional da efetividade* do período antecedente cede passo a um *Direito Constitucional igualitário*,[46] embora ainda seja possível identificar, tanto na doutrina como na prática jurisprudencial, manifestações filiadas a ambas as vertentes.

Ocorre que, com lastro nessa construção teórica – de acordo com a qual a sindicabilidade judicial da dimensão prestacional dos direitos econômicos e sociais limita-se ao conteúdo do mínimo existencial – alguns autores

---

[45] A título de exemplo, cite-se: BRASIL. Superior Tribunal de Justiça. Recurso Especial nº 811.608/RS, Rel. Ministro Luiz Fux, Primeira Turma, julgado em 15.05.2007, DJ 04.06.2007, p. 314; BRASIL. Supremo Tribunal Federal, Suspensão de Tutela Antecipada no Agravo Regimental nº 175, Relator Min. Gilmar Mendes (Presidente), Tribunal Pleno, julgado em 17.03.2010, DJe-076, divulgado em 29.04.2010, publicado em 30.04.2010.

[46] Essa perspectiva pode ser identificada no subtítulo da obra CLÈVE, Clèmerson Merlin (Coord.). *Constituição, Democracia e Justiça:* aportes para um constitucionalismo igualitário. Belo Horizonte: Fórum, 2011.

ADMINISTRAÇÃO PÚBLICA INCLUSIVA, IGUALDADE E DESENVOLVIMENTO

passaram a defender que a jusfundamentalidade dos direitos sociais estaria restrita a esse mínimo.[47] Vale dizer: os direitos sociais seriam fundamentais apenas e tão-somente no que diz respeito às porções desses direitos necessárias a assegurar condições mínimas de existência digna ao indivíduo. Para além desse mínimo, os direitos econômicos e sociais não usufruiriam da condição de direitos fundamentais, não incidindo sobre eles o seu regime jurídico especial, dotado, entre outros fatores, de aplicabilidade imediata.

O tema ganha relevância sob a óptica do Direito Administrativo pelo fato de que essa concepção minimalista a respeito da jusfundamentalidade dos direitos econômicos e sociais, que restringe a sua aplicabilidade imediata à parcela de seu conteúdo que coincide com o mínimo existencial, sugere que não apenas o Judiciário deve se limitar a conceder esse mínimo (como pretendia parcela da doutrina constitucionalista), mas também o Poder Executivo. Ou seja: o cidadão não poderia exigir da Administração a implementação de políticas públicas e a prestação de serviços públicos voltados à realização do conteúdo pleno de seus direitos fundamentais sociais, mas apenas o mínimo necessário para se viver dignamente. Salvaguardado esse ponto de partida, que permitiria uma *igualdade de oportunidades* a todos e o exercício de suas liberdades, cada indivíduo deveria lutar para conquistar melhores posições sociais, de sorte que, pelo critério do mérito, as desigualdades entre os mais ricos e os mais pobres seriam justas. O papel do Estado – e não apenas do Judiciário – se limitaria a assegurar o essencial para a garantia das liberdades.

Essa compreensão, quando trasladada do Direito Constitucional ao Direito Administrativo dessa forma, mostra-se presa à tendência do pensamento administrativista manifestada principalmente na segunda metade da década de 1990, que embora duramente criticada por parte da doutrina, logrou alterar a realidade normativa brasileira. Cuida-se da linha teórica que se poderia apelidar de *Direito Administrativo neoliberal*. Como visto, propondo um papel subsidiário ao Estado, com o repasse de grande parte de suas incumbências na área social para a iniciativa privada, essa corrente defendia o enxugamento da estrutura e do aparelhamento estatal, com a

---

[47] É o caso de TORRES, Ricardo Lobo. A jusfundamentalidade dos direitos sociais. *Revista de Direito da Associação dos Procuradores do Novo Estado do Rio de Janeiro*, v. 12, Rio de Janeiro, p. 349-374, 2003, e de MAURÍCIO JR., Alceu. *A revisão judicial das escolhas orçamentárias:* a intervenção judicial em políticas públicas. Belo Horizonte: Fórum, 2009. p. 47.

DIREITO ADMINISTRATIVO: TRANSFORMAÇÕES E TENDÊNCIAS

redução de suas funções. A prestação de serviços públicos e demais atividades de caráter assistencial deveria ser prioritariamente desenvolvida pela sociedade civil organizada, competindo ao Poder Público apenas a função de fomentá-las e regulá-las.

Ainda que essa tendência tenha vencido uma importante batalha, fazendo aprovar alterações de relevo no sistema normativo pátrio (tal como a aprovação da Emenda Constitucional nº 19 de 1998 e de diversas leis que seguiam a mesma racionalidade[48]), parece ter perdido a guerra. Insurgindo-se contra a tendência do *Direito Administrativo neoliberal*, contrapôs-se a corrente que se poderia denominar de *Direito Administrativo social*, atenta à necessidade de concretização do Estado Social e Democrático de Direito a partir de uma atuação estatal interventiva nos domínios econômico e social. Os programas sociais e as políticas públicas levados a cabo pelo Governo Federal a partir de 2003, marcados por uma presença estatal atuante na economia e nas relações sociais, lograram realizar significativas transformações nas estruturas socioeconômicas brasileiras, em virtude das quais cerca de 30 milhões de cidadãos passaram das classes D e E para as classes C e B.[49] Com isso, as linhas de pobreza e extrema pobreza no Brasil foram reduzidas, em uma década, em mais de 55%.[50] Acompanhando essas mudanças na esfera política, o Direito Administrativo pátrio foi também mudando de feição.

Essa corrente – aqui batizada de *Direito Administrativo social* – preocupa-se justamente em traçar os contornos de uma Administração Pública inclusiva, afastando-se do *Direito Administrativo legalista* anterior à Constituição de 1988, por priorizar a concretização dos valores constitucionais sem deixar de respeitar a lei formal (primordialmente quanto às atividades administrativas restritivas de direitos, que invariavelmente devem obedecer ao princípio da reserva legal). Aparta-se também do *Direito Administrativo individualista*, por preocupar-se não apenas com a realização dos direitos fundamentais sob o prisma individual, nos moldes liberais atrelados à con-

[48] Cabe citar, como exemplos, a Lei das Organizações Sociais (Lei nº 9.637/98), a Lei das OSCIPs (Lei nº 9.790/99) e a Lei das Parcerias Público-Privadas (Lei nº 11.079/04).

[49] MELLO, Celso Antônio Bandeira de. *Curso de Direito Administrativo*. 30. ed. São Paulo: Malheiros, 2013. p. 50.

[50] Conforme informações divulgadas no site: <http://www.brasil.gov.br/noticias/arquivos/2012/09/26/estudo-mostra-que-pobreza-no-pais-em-uma-decada-caiu-55>. Acesso em 15 de jan. 2013.

cepção de direito subjetivo, mas também com a sua efetivação por meio de ações universalizadas da Administração, que alcancem a todos os cidadãos necessitados, e não apenas aos que detêm condições privilegiadas de recorrer ao Judiciário. De outra parte, ela colide com o pensamento vinculado ao *Direito Administrativo neoliberal*, que propõe a diminuição das incumbências administrativas ligadas à prestação direta de utilidades materiais imprescindíveis à satisfação das necessidades da cidadania, conferindo ao Estado um papel subsidiário.

Portanto, no terceiro período analisado, verifica-se a oposição, no Direito Administrativo pátrio, das tendências *neoliberal* e *social*. O que se busca demonstrar neste estudo é que o entendimento da primeira tendência, no que respeita aos direitos econômicos e sociais, encontra-se vinculado a uma específica concepção de justiça social – a *igualdade de oportunidades* – de uma maneira que acaba por não levar em consideração outra compreensão essencial de justiça que, ao que tudo indica, encontra-se também albergada na Constituição brasileira: a chamada *igualdade de posições*. Ele também parece chocar-se com a noção de *desenvolvimento*, erigida pelo constituinte de 1988 como um dos objetivos fundamentais da República no art. 3º, II da Lei Maior.[51]

Impõe-se, nessa linha, averiguar se é efetivamente possível contemporaneamente restringir a jusfundamentalidade – e, por consequência, o grau de exigibilidade – dos direitos econômicos e sociais ao mínimo existencial. O que se propõe é que, diante das ideias de igualdade e desenvolvimento agasalhadas pela Lei Fundamental de 1988, a tendência atual – de um *Direito Administrativo social* – reclama a instituição de uma *Administração Pública inclusiva*, que proporcione de ofício, mediante políticas públicas universalistas e voltadas ao alcance de todos, a realização máxima dos direitos fundamentais sociais. Com isso, serão reduzidas as desigualdades entre as posições existentes na sociedade brasileira, sem a necessidade de intervenções excessivas e desmesuradas do Poder Judiciário em benefício de alguns poucos jurisdicionados que a ele têm acesso.

---

[51] Constituição da República Federativa do Brasil: "Art. 3º. Constituem objetivos fundamentais da República Federativa do Brasil: (...) II – garantir o desenvolvimento nacional".

DIREITO ADMINISTRATIVO: TRANSFORMAÇÕES E TENDÊNCIAS

2.2. O mínimo existencial como critério de exigibilidade dos direitos fundamentais sociais: *piso mínimo* ou *teto máximo*?

Levando em consideração o terceiro período indicado no tópico anterior, resta a indagação: de acordo com a tendência contemporânea de um *Direito Administrativo social*, o mínimo existencial, quando utilizado como critério de sindicabilidade *judicial* dos direitos econômicos e sociais, deve ser encarado como um *piso mínimo* ou como um *teto máximo*? E quanto à exigibilidade *administrativa* desses direitos, pode o mínimo existencial ser empregado como critério para limitar os deveres de atuação da Administração Pública?

Diante das restrições de espaço deste artigo, não serão avaliados diversos aspectos do direito ao mínimo existencial, pelo que se remete a outros estudos dedicado à temática.[52] O que importa investigar, neste momento, é se ele pode ser empregado como critério de exigibilidade dos direitos fundamentais econômicos e sociais, tanto na via judicial quanto na esfera administrativa. Em outras palavras: tais direitos são fundamentais e imediatamente aplicáveis apenas na medida do necessário para assegurar o mínimo existencial, permitindo-se exigir do Estado somente as prestações imprescindíveis à garantia de condições mínimas de existência digna, ou sua jusfundamentalidade ultrapassa esse patamar mínimo, sendo possível postular ações estatais que o superem e visem a realizar os direitos econômicos e sociais em sua máxima medida?

Diante das divergências doutrinárias e imprecisões teóricas que assombram o tema, para se desenvolver um raciocínio lógico é preciso fazer alguns esclarecimentos prévios, quanto: (a) ao *conteúdo*; (b) à *forma de aplicação*; (c) à *finalidade* do mínimo existencial em termos de reivindicação de direitos sociais.

(a) Primeiramente, impende aclarar qual é o *conteúdo* que se busca imprimir ao conceito em epígrafe. A noção de mínimo existencial pode ser analisada tanto sob o prisma negativo, da defesa do indivíduo contra inter-

---

[52] O tema do mínimo existencial foi apreciado com maior detalhamento em: HACHEM, Daniel Wunder. Mínimo existencial e direitos fundamentais sociais: distinções e pontos de contato à luz da doutrina e jurisprudência brasileiras. In: Romeu Felipe Bacellar Filho; Daniel Wunder Hachem (Coords.). *Direito Público no Mercosul*: intervenção estatal, direitos fundamentais e sustentabilidade. Belo Horizonte: Fórum, 2013.

venções estatais que dele subtraiam os meios essenciais para sua sobrevivência com dignidade, quando sob a óptica positiva, relativa à necessidade de prestações do Poder Público destinadas a propiciar condições materiais de existência digna.[53] Sob o prisma positivo, ele corresponde ao "conjunto de situações materiais indispensáveis à existência humana digna; existência aí considerada não apenas como experiência física – a sobrevivência e a manutenção do corpo – mas também espiritual e intelectual", que permita a participação democrática dos cidadãos nas esferas de deliberação pública, possibilitando-lhes o livre desenvolvimento de sua personalidade.[54]

A concepção de mínimo existencial em um sentido positivo tem sido utilizada pela doutrina constitucionalista brasileira para criar uma barreira contra os argumentos que negam a intervenção judicial em matéria de direitos fundamentais econômicos e sociais. Afirma-se que, se de um lado é verdade que a implementação de tais direitos reclama muitas vezes altos investimentos do Estado, dependendo da disponibilidade orçamentária de recursos públicos, por outro a dignidade da pessoa humana foi erigida como princípio fundamental da República pelo constituinte. Logo, ao menos no que diz respeito ao necessário para proporcionar uma vida *minimamente* digna, é cabível a intervenção judicial para condenar a Administração a fornecer determinadas prestações.

Embora se concorde que o conceito de mínimo existencial varia no tempo e no espaço,[55] neste estudo se rejeita a concepção segundo a qual

---

[53] Enfrentando o tema sob ambas as perspectivas, Ricardo Lobo Torres sintetiza a problemática do mínimo existencial relacionando-a com a questão da pobreza e da cobrança de tributos pelo Estado. Com a superação do Estado Patrimonial, em que a classe pobre da população estava sujeita ao pagamento de tributos, no Estado de Polícia inicia-se a previsão da imunidade do mínimo existencial, afastando do âmbito de incidência fiscal as pessoas destituídas de condições financeiras mínimas para a sua subsistência. No Estado Fiscal de Direito amplia-se a imunidade do mínimo existencial em relação aos impostos, aliada à teoria da tributação progressiva, estendendo-se também às taxas, admitindo-se prestações estatais positivas (educação, assistência médica, etc.) independentemente de contrapartida pecuniária. E no Estado Social Fiscal, correspondente à fase do Estado de Bem-Estar Social, a proteção deixa de limitar-se ao mínimo existencial, alargando-se no sentido de impor ao Estado mecanismos paternalistas de proteção dos direitos sociais. TORRES, Ricardo Lobo. *O direito... Op. Cit.*, p. 3-7.

[54] BARCELLOS, Ana Paula de. *A eficácia jurídica dos princípios constitucionais:* o princípio da dignidade da pessoa humana. 3. ed. Rio de Janeiro: Renovar, 2011. p. 247.

[55] Tal como sustentam SARLET, Ingo Wolfgang; FIGUEIREDO, Mariana Filchtiner. Reserva do possível, mínimo existencial e direito à saúde: algumas aproximações. In: Ingo Wolfgang

esse direito possui um *conteúdo determinável no caso concreto.*[56] Isso porque, conquanto seja evidente que são distintas as condições mínimas para se viver dignamente na Espanha do século XVI e na Suíça contemporânea, no Brasil atual, situado historicamente, é possível deduzir da Constituição de 1988 quais as prestações consideradas imprescindíveis para uma existência minimamente digna. Segue-se, pois, a corrente doutrinária que identifica o conteúdo do mínimo existencial a partir de um *rol constitucional preferencial,* aprioristicamente fixado com base em elementos extraídos da Constituição vigente.

Acolhe-se essa posição por entender-se que aceitar um conceito completamente aberto de mínimo existencial, suscetível a variações indiscriminadas da sua especificação ao sabor do intérprete, a depender do caso concreto, prejudica a funcionalidade operacional do instituto. A potencialidade e utilidade jurídica do reconhecimento desse direito consiste em funcionar como um obstáculo contra a negativa do Judiciário de conceder, pelo menos em padrões mínimos ligados ao núcleo essencial da dignidade humana, as pretensões vinculadas aos direitos econômicos e sociais. Não se pode, portanto, conferir ao mínimo existencial um conteúdo demasiadamente amplo, nele inserindo tudo o quanto for necessário para efetivar plenamente todos os direitos sociais, sob pena de se acabar rejeitando a possibilidade de sempre poder-se exigir judicialmente toda e qualquer prestação a ele relacionada. Uma concepção demasiadamente elastecida

---

Sarlet; Luciano Benetti Timm (Coords.). *Direitos fundamentais:* orçamento e "reserva do possível". 2. ed. Porto Alegre: Livraria do Advogado, 2010. p. 21; KRELL, Andreas J. *Direitos sociais e controle judicial no Brasil e na Alemanha.* Os (des)caminhos de um Direito Constitucional "Comparado". Porto Alegre: Sergio Antonio Fabris Editor, 2002. p. 63; LEAL, Rogério Gesta. *Condições e possibilidades eficaciais dos direitos fundamentais sociais:* os desafios do Poder Judiciário no Brasil. Porto Alegre: Livraria do Advogado, 2009. p. 93; FRANCISCO, José Carlos. Dignidade humana, custos estatais e acesso à saúde. In: Cláudio Pereira de Souza Neto; Daniel Sarmento (Coords.). *Direitos sociais:* fundamentos, judicialização e direitos sociais em espécie. Rio de Janeiro: Lumen Juris, 2008. p. 860; BITTENCOURT NETO, Eurico. *O direito ao mínimo para uma existência digna.* Porto Alegre: Livraria do Advogado, 2010. p. 119.

[56] É a linha adotada por: TORRES, Ricardo Lobo. *O direito... Op. Cit.,* p. 13; SARLET, Ingo Wolfgang; FIGUEIREDO, Mariana Filchtiner. *Op. Cit.,* p. 26-27; BITTENCOURT NETO, Eurico. *Op. Cit.,* p. 121; FRANCISCO, José Carlos. *Op. Cit.,* p. 860; HONÓRIO, Cláudia. *Olhares sobre o mínimo existencial em julgados brasileiros.* Curitiba, 2009. 306 f. Dissertação (Mestrado em Direito) – Programa de Pós-Graduação em Direito, Universidade Federal do Paraná. f. 261--266; LEAL, Rogério Gesta. *Op. Cit.,* p. 93.

ADMINISTRAÇÃO PÚBLICA INCLUSIVA, IGUALDADE E DESENVOLVIMENTO

resultaria num retrocesso justamente em relação àquilo que a formulação desse conceito pretende avançar: formar uma categoria jurídica capaz de potencializar a exigibilidade imediata da parcela dos direitos sociais essencial à garantia de uma vida minimamente digna, afastando com isso a lógica de refutação generalizada da justiciabilidade dos direitos sociais e de negação da sua jusfundamentalidade.

Parece ser necessário, portanto, extrair da sistemática constitucional de cada Estado, em um momento histórico determinado, o conjunto de elementos que se reputa essencial para assegurar uma vida minimamente digna a *todos os cidadãos*, independentemente das agruras e mazelas eventuais que possam acometer a apenas uma parcela de indivíduos.

Adota-se aqui a proposta elaborada por Ana Paula de Barcellos. A autora reúne sistematicamente as disposições constitucionais da Lei Fundamental de 1988 consistentes no mínimo existencial em quatro grupos, três de natureza material e um de caráter instrumental: a educação básica, a saúde básica, a assistência aos desamparados e o acesso à Justiça.[57] Sua explicação assenta-se em um raciocínio lógico. A saúde e a educação ensejam um primeiro momento da dignidade humana, garantindo condições iniciais para que o indivíduo possa desenvolver sua personalidade de forma autônoma. Ademais, a educação configura um pressuposto para a participação do cidadão no Estado e para o exercício da cidadania. A assistência aos desamparados, prestada concomitantemente com os outros dois, tem por escopo

---

[57] O importante dessa concepção é compreender em que extensão cada um desses direitos encontra-se protegido pelo mínimo existencial. Por não haver espaço para desenvolver o tema, basta indicar que a "educação básica" engloba, de acordo com o art. 21, I da Lei de Diretrizes e Bases da Educação (Lei nº 9.394/1996), a educação infantil, o ensino fundamental e o ensino médio; a "saúde básica" compreende prioritariamente as prestações de saúde de que todos os indivíduos necessitaram (como o atendimento no parto e no pós-natal), necessitam (como o saneamento básico e o atendimento preventivo em clínicas especializadas, como cardiológica e ginecológica), ou provavelmente irão necessitar (como o acompanhamento e controle de doenças características da terceira idade, tal qual a hipertensão); a assistência aos desamparados, por seu turno, é composta pelas pretensões que visam a impedir a indignidade em termos absolutos, compreendendo os institutos já estabelecidos pela Constituição com essa finalidade (*v.g.*, "garantia de um salário mínimo de benefício mensal à pessoa portadora de deficiência e ao idoso que comprovem não possuir meios de prover à própria manutenção ou de tê-la provida por sua família" – art. 203, V), bem como a alimentação, o vestuário e o abrigo; e o acesso justiça reclama o fornecimento de assistência judiciária gratuita, por meio da institucionalização de Defensorias Públicas e da criação de Juizados Especiais Cíveis.

DIREITO ADMINISTRATIVO: TRANSFORMAÇÕES E TENDÊNCIAS

evitar a indignidade absoluta, proporcionando condições materiais essenciais ao indivíduo, tais como vestuário, alimentação e abrigo, caso ele não possa assegurá-las por si mesmo. O acesso à justiça, finalmente, revela-se como instrumento fundamental para proporcionar a garantia dos outros três, quando deixarem de ser observados pelo Estado.[58]

Feitas essas breves considerações sobre as duas correntes acerca da delimitação do mínimo existencial – *conteúdo determinável no caso concreto* e *rol constitucional preferencial* – e manifestada a adesão à segunda pelas razões já expendidas, cumpre traçar as linhas de separação entre o mínimo existencial e os direitos sociais. Como visto, aquele não se confunde integralmente com estes. O direito fundamental ao mínimo existencial é composto por porções dos direitos sociais necessárias a proporcionar ao seu titular condições materiais de existência minimamente digna. Ele é um *minus* em relação aos direitos sociais, os quais são providos de um conteúdo mais amplo, que engloba outros deveres – não só de prestação, mas também de abstenção – que ultrapassam a circunscrição do mínimo existencial. Os direitos econômicos e sociais, portanto, não têm por única e exclusiva função a satisfação do mínimo existencial.[59] Enquanto este último visa a "erradicar a pobreza e a marginalização", aqueles, em sua dimensão máxima, têm por objetivo a "redução das desigualdades sociais e regionais" e "garantir desenvolvimento nacional" na sua dimensão humana.[60] O mínimo existencial dirige-se ao combate da miséria ou pobreza absoluta, ao passo que os direitos econômicos e sociais destinam-se à promoção da igualdade material entre os indivíduos.[61]

Como antes mencionado, o estabelecimento dessa diferenciação entre o conteúdo do mínimo existencial e os direitos econômicos e sociais em sua integralidade tem se prestado à definição de um critério de justiciabilidade de condutas estatais positivas. Ocorre que, assim como a questão da

[58] BARCELLOS, Ana Paula de. *A eficácia jurídica... Op. Cit.*, p. 302-303.

[59] PULIDO, Carlos Bernal. Fundamento, conceito e estrutura dos direitos sociais: uma crítica a 'Existem direitos sociais?' de Fernando Atria. In: Cláudio Pereira de Souza Neto; Daniel Sarmento (Coords.). *Direitos sociais:* fundamentos, judicialização e direitos sociais em espécie. Rio de Janeiro: Lumen Juris, 2008. p. 149; SARLET, Ingo Wolfgang; FIGUEIREDO, Mariana Filchtiner. *Op. Cit.*, p. 25.

[60] Os termos entre aspas referem-se aos objetivos fundamentais da República Federativa do Brasil, previstos no art. 3º, II e III da Constituição Federal.

[61] TORRES, Ricardo Lobo. *O direito... Op. Cit.*, p. 14-17.

definição de conteúdo do mínimo existencial, há também divergências em relação à utilização dessa categoria jurídica como critério de exigibilidade judicial das referidas prestações.

O ponto consensual nessa seara está na aceitação da possibilidade de se postular judicialmente condutas do Poder Público destinadas a suprir necessidades básicas e garantir condições mínimas de existência digna ao cidadão.[62] Vale dizer: se a pretensão jurídica oposta ao Poder Judiciário tratar-se da imposição de comportamentos estatais que integram o conjunto abarcado pelo mínimo existencial, o indivíduo poderá pleiteá-la.[63] Derrubou-se com isso, na dogmática do Direito Público brasileiro, a concepção segundo a qual todas as disposições constitucionais atinentes a direitos econômicos e sociais são normas programáticas, que não outorgariam ao cidadão um direito subjetivo sindicável judicialmente e limitar-se-iam a apontar fins a serem realizados progressivamente pelo Estado, dentro de sua esfera de discricionariedade.

---

[62] Foi dito ponto de "consenso" e não "unanimidade" porque, da bibliografia consultada, a única posição aparentemente dissonante foi a de José Carlos Vieira de Andrade. O autor, em que pese reconheça sem qualquer reticência a existência do direito a condições mínimas de existência digna na Constituição Portuguesa, limita a sua aplicação imediata à dimensão negativa: ainda que não esteja legalmente regulamentado, esse direito pode ser invocado desde logo apenas para proibir a intervenção estatal no mínimo existencial, seja proibindo execuções (*v.g.*, proibição da penhora para satisfação de créditos), seja vedando tributação sobre o rendimento necessário a uma vida minimamente digna. No entanto, parece não aceitar que o indivíduo possa exigir, positivamente, prestações estatais voltadas a propiciar condições materiais de existência com dignidade, enquanto não estiverem regulamentadas pela legislação. ANDRADE, José Carlos Vieira de. *Os direitos fundamentais na Constituição Portuguesa de 1976*. 3. ed. Coimbra: Almedina, 2004. p. 404.

[63] Nesse sentido: CLÈVE, Clèmerson Merlin. A eficácia dos direitos fundamentais sociais... *Op. Cit.*, p. 106-107; TORRES, Ricardo Lobo. O direito... *Op. Cit.*, p. 84 e 87-89; SARLET, Ingo Wolfgang. *A eficácia...* *Op. Cit.*, p. 321-322 e 350-351; BARCELLOS, Ana Paula de. *A eficácia jurídica...* *Op. Cit.*, p. 243; SARMENTO, Daniel. A proteção judicial dos direitos sociais: alguns parâmetros ético-jurídicos. In: Cláudio Pereira de Souza Neto; _____ (Coords.). *Direitos sociais:* fundamentos, judicialização e direitos sociais em espécie. Rio de Janeiro: Lumen Juris, 2008. p. 578-579; LEAL, Rogério Gesta. *Op. Cit.*, p. 100 e 103; AMARAL, Gustavo. *Direitos, escassez e escolha:* em busca de critérios jurídicos para lidar com a escassez de recursos e as decisões trágicas. Rio de Janeiro: Renovar, 2001. p. 211-216; LEIVAS, Paulo Gilberto Cogo. *Teoria dos direitos fundamentais sociais*. Porto Alegre: Livraria do Advogado, 2006. p. 133; BITTENCOURT NETO, Eurico. *Op. Cit.*, p. 130-131; MAURÍCIO JR., Alceu. *Op. Cit.*, p. 76-77; HONÓRIO, Cláudia. *Op. Cit.*, p. 58 e 61.

DIREITO ADMINISTRATIVO: TRANSFORMAÇÕES E TENDÊNCIAS

As divergências, por outro lado, centralizam-se em duas polêmicas. A primeira diz respeito à sua (b) *forma de aplicação* (se definitiva, em termos absolutos, ou se relativa, sujeita à ponderação), o que deriva diretamente da identificação de sua estrutura normativa (se *princípio* ou *regra*). A segunda concerne à (c) *finalidade* do mínimo existencial como critério de justiciabilidade de prestações positivas: para alguns, ele serve para definir apenas o mínimo exigível pela via judicial, devendo-se reconhecer a sindicabilidade de direitos sociais para além do seu campo de abrangência; para outros, ele se presta a determinar o máximo que se pode postular perante o Judiciário, devendo-se negar a concessão de prestações de direitos sociais que o extrapolem.

(b) Em relação ao primeiro foco de dissenso, ligado à *forma de aplicação* e estrutura normativa do mínimo existencial, há autores que lhe imprimem a natureza de *regra* jurídica, aplicável consoante a lógica do "tudo ou nada" (corrente que se chamará de *mínimo existencial definitivo*), ao passo que outros lhe emprestam o caráter de *princípio* jurídico, entendendo que o seu comando impõe a sua realização na máxima medida possível, conforme as circunstâncias fáticas e jurídicas existentes (vertente que se denominará de *mínimo existencial prima facie*).[64]

Para o primeiro grupo, do *mínimo existencial definitivo*,[65] a aplicação do mínimo existencial impõe-se à maneira das *regras* jurídicas, nos termos pro-

---

[64] A distinção entre *princípios* e *regras* aqui referida baseia-se na adoção do critério da *estrutura lógico-normativa*, na esteira de Ronald Dworkin e Robert Alexy, uma vez que é essa a concepção compartilhada pela vastíssima maioria dos autores analisados que enfrentam o tema do mínimo existencial. Registre-se, no entanto, que há autores que distinguem os *princípios* das *regras* com base em outros critérios (tal como o do *grau de fundamentalidade* da norma), o que conduz a conclusões distintas. Para uma análise dos diferentes sentidos que a doutrina brasileira confere aos princípios jurídicos, ver: SILVA, Virgílio Afonso da. Princípios e regras: mitos e equívocos acerca de uma distinção. *Revista Latino-Americana de Estudos Constitucionais*, nº 1, Belo Horizonte, Del Rey, p. 607-629, jan./jun. 2003; CRUZ, Álvaro Ricardo de Souza. Regras e princípios: por uma distinção normoteorética. *Revista da Faculdade de Direito da UFPR*, nº 45, Curitiba, SER/UFPR, p. 37-73, 2006; e HACHEM, Daniel Wunder. *Princípio constitucional da supremacia do interesse público*. Belo Horizonte: Fórum, 2011. p. 136-144.

[65] Composto, entre outros, por: TORRES, Ricardo Lobo. *O direito... Op. Cit.*, p. 84 e 87-89; BARCELLOS, Ana Paula de. *A eficácia jurídica... Op. Cit.*, p. 243; BITTENCOURT NETO, Eurico. *Op. Cit.*, p. 130-131; HONÓRIO, Cláudia. *Op. Cit.*, p. 58 e 61.

418

ADMINISTRAÇÃO PÚBLICA INCLUSIVA, IGUALDADE E DESENVOLVIMENTO

postos por Ronald Dworkin, isto é, conforme a lógica do "tudo-ou-nada".[66] Nesse sentido, por compor a noção de dignidade da pessoa humana de um modo tão fundamental, a exigibilidade do mínimo existencial não poderia ser afastada num embate com outros argumentos jurídico-normativos. Sua aplicação deve ser feita em termos absolutos, independentemente das circunstâncias fáticas e jurídicas do caso concreto. Desta sorte, quando postulado perante o Judiciário, mesmo diante de outras normas jurídicas que apontem no sentido contrário à concessão da demanda pleiteada – tais como o princípio da separação de poderes, o princípio democrático, o princípio da legalidade orçamentária, e o argumento da reserva do possível – o mínimo existencial deverá prevalecer.

A corrente compreende o direito ao mínimo existencial como uma "exceção à clássica distribuição de funções em um Estado democrático", no qual o estabelecimento de prioridades e a tomada de decisões políticas acerca da distribuição de recursos compete primariamente à função legislativa. Ele se apresenta como o "trunfo principal" capaz de fazer ceder a legitimidade democrática das escolhas políticas do legislador, em favor da legitimidade constitucional da ação jurisdicional.[67] Sua incidência dá-se pelo método da subsunção, não podendo ser objeto de ponderação, uma vez que seu conteúdo coincide com o núcleo essencial irredutível dos direitos fundamentais, insuscetível de sopesamento.[68] Não se trata, na verdade, de efetiva blindagem contra qualquer ponderação: o que se entende é que esta já foi previamente realizada pelo constituinte – tornando-o, assim, um direito definitivo e não mais *prima facie* – ao erigir como fundamento da República Federativa do Brasil a dignidade da pessoa humana, de sorte

---

[66] Essa forma de aplicação das normas-regra, segundo Dworkin, funciona da seguinte maneira: se presente no mundo dos fatos a situação descrita na regra, de duas uma: ou a regra é válida, e aquilo que ela determina deve ser cumprido, ou ela é inválida, e, nesse caso, será irrelevante para a decisão. Havendo conflito entre duas regras, que descrevam a mesma situação fática e imponham ordens diversas, uma delas será inválida, de modo que o embate deverá ser resolvido pelos métodos previstos pelo próprio sistema jurídico para resolução de antinomias (*v.g.*, norma superior derroga a norma inferior, norma posterior derroga a norma anterior, norma especial derroga a norma geral). As regras possuem, portanto, apenas a *dimensão de validade*. DWORKIN, Ronald. *Levando os direitos a sério*. 3. ed. São Paulo: Martins Fontes, 2010. p. 39.

[67] BITTENCOURT NETO, Eurico. *Op. Cit.*, p. 130.

[68] TORRES, Ricardo Lobo. *O direito... Op. Cit.*, p. 84 e 87-89.

DIREITO ADMINISTRATIVO: TRANSFORMAÇÕES E TENDÊNCIAS

que ao menos o seu núcleo essencial, exibido através do mínimo existencial, deve sempre ser tutelado.

Essa posição faz com que a categoria jurídica do mínimo existencial se torne extremamente útil e funcional como critério de justiciabilidade do conteúdo essencial dos direitos sociais. Ela estabelece uma nítida linha demarcatória da extensão da legitimidade do Poder Judiciário para a efetivação desses direitos: estando dentro do âmbito de abrangência do mínimo existencial, a pretensão jurídica deve ser concedida pelo juiz, independentemente da reserva do financeiramente possível.[69] Nessa toada, Cláudia Honório acentua a relevância do instituto para afastar as objeções utilizadas contra a efetivação dos direitos sociais, ao salientar que ele "reforça a proteção e realização dos direitos fundamentais, principalmente daqueles caracterizados pela sua dimensão prestacional, contornando obstáculos colocados à efetivação dessas normas".[70]

Os adeptos da outra corrente – do *mínimo existencial prima facie* – questionam como seria possível explicar, dentro dessa lógica, a ausência fática de recursos disponíveis nos cofres públicos para atender ao mínimo existencial de todos os cidadãos. Os defensores do *mínimo existencial definitivo* dão a resposta. Se é certo que em sociedades com baixo índice de desenvolvimento humano e econômico o atendimento ao mínimo existencial de todos os que necessitam poderia gerar uma situação de insuficiência de recursos capazes de fazer frente a todas as necessidades, tal fato não é capaz de obstar a natureza de *regra* do direito em apreço. É justamente nesses casos que se impõe uma proteção reforçada ao mínimo existencial. Se não há recursos suficientes sequer para assegurar as condições mínimas de existência digna da população de uma determinada sociedade, é porque houve eleição equivocada na ordem de prioridades de emprego dos recursos públicos, sendo, pois, fundamental conceder ao direito em referência uma proteção tal que o erija como prioridade máxima na promoção e manutenção dos meios imprescindíveis a uma existência digna, "em detrimento de outras escolhas feitas pelo legislador democrático".[71]

---

[69] TORRES, Ricardo Lobo. *O direito... Op. Cit.*, p. 53-54 e 105-106; BITTENCOURT NETO, Eurico. *Op. Cit.*, p. 98 e 131; HONÓRIO, Cláudia. *Op. Cit.*, p. 58.

[70] HONÓRIO, Cláudia. *Op. Cit.*, p. 61.

[71] BITTENCOURT NETO, Eurico. *Op. Cit.*, p. 131.

É certo, também, que em matéria de prestações que integram o mínimo existencial, a determinação judicial pode implicar, dependendo do direito envolvido, não apenas custos financeiros como também, muitas vezes, a existência de normas organizatórias e procedimentais e de instituições públicas habilitadas a promover as ações judicialmente fixadas (*v.g.*, escolas, no caso do direito à educação; hospitais públicos, no caso do direito à saúde). Como, então, resolver a questão? Muito embora grande parte das normas referentes a direitos sociais já estejam regulamentadas no plano infraconstitucional, a falta absoluta de aparatos institucionalizados necessários para a satisfação dos direitos ao mínimo existencial implicará a determinação de uso de serviços privados, às custas do Estado, até que ele disponha de meios materiais para tanto.[72]

Em sentido contrário, encontram-se os autores da vertente ora batizada de *mínimo existencial prima facie*, que enquadram o direito ao mínimo existencial na categoria normativa dos *princípios* jurídicos, compartindo, em sua maior parte, da construção de Robert Alexy sobre o tema.[73] Entendem que esse direito, como os demais direitos fundamentais, decorre de norma jurídica *prima facie* (e não definitiva), que impõe a sua realização na máxima medida possível, de acordo com as circunstâncias fáticas e jurídicas do caso concreto. É possível que surjam argumentos contrários à satisfação das prestações atinentes ao mínimo existencial pela via judicial, tal como ocorre com os direitos sociais em geral. Os princípios acima referidos – separação de poderes, democrático, reserva legal orçamentária, reserva

---

[72] BITTENCOURT NETO, Eurico. *Idem*, p. 124.

[73] Consoante as lições de Robert Alexy, os *princípios* são normas que impõem ordens *prima facie*, isto é, determinam que algo seja realizado na maior medida possível, dentro das condições fáticas e jurídicas presentes no caso concreto. São, por isso, *mandamentos de otimização*, caracterizados por poderem ser aplicados em diferentes graus, a depender das circunstâncias de cada situação. A colisão entre princípios, de acordo com o autor, deve ser solucionada mediante a técnica da ponderação. Se dois princípios, num determinado caso, indicarem caminhos opostos a serem seguidos, não há que se declarar a invalidade de um deles, nem incluir uma cláusula de exceção. Um irá ceder passo ao outro, conforme o peso exercido por cada um deles naquelas circunstâncias. Através da ponderação se determinará qual princípio deve possuir um peso maior na situação específica, de sorte que o conteúdo de ambos os princípios colidentes seja realizado na maior medida possível, produzindo um resultado ótimo. Daí porque os princípios serem conceituados pelo autor como *mandamentos de otimização*. Cf.: ALEXY, Robert. *Teoría de los derechos fundamentales*. 2. ed. Madrid: Centro de Estudios Políticos y Constitucionales, 2007. p. 67-71.

do possível, entre outros – podem ser invocados contra a sua realização, fazendo-o ceder no jogo de ponderação.[74]

Essa concepção compreende o mínimo existencial, sob o ponto de vista abstrato, como um direito *prima facie*, que pode ou não prevalecer, a depender do caso concreto. Ele só se tornaria um direito *definitivo* após a ponderação, pelo magistrado, com as demais normas envolvidas, que poderão, em uma dada situação, revestir-se de peso maior e afastá-lo. O resultado seria o indeferimento do pleito formulado pelo titular do direito. Aceitam, por conseguinte, que condições financeiras desfavoráveis possam ser arguidas para negar prestações voltadas à satisfação do mínimo existencial.[75]

Tais autores situam o direito em questão na mesma seara dos demais direitos sociais: a arena da ponderação. A diferença, no entanto, estaria no fato de que, por vincular-se ao núcleo essencial da dignidade da pessoa humana e dos direitos sociais em geral, o direito ao mínimo existencial beneficia-se de um peso reforçado quando submetido ao sopesamento com princípios contrários, notavelmente maior do que aquele desfrutado pela parcela de direitos sociais que excede esse mínimo. O ônus argumentativo para fazê-lo ceder, no caso concreto, será bem maior. Aí residiria o ponto distintivo entre o direito ao mínimo existencial e os direitos sociais em geral: aquele ostenta uma dimensão peso de maior do que estes frente a argumentos como a reserva do possível, mas todos eles estão sujeitos ao processo ponderativo.[76]

Entre esses dois posicionamentos, assiste razão ao primeiro (*mínimo existencial definitivo*). Ainda que o direito ao mínimo existencial seja um direito fundamental como qualquer outro, e, se concebida a teoria dos direitos fundamentais como uma teoria dos princípios, tal qual o faz Robert Alexy, inexistem direitos absolutos, isso não significa que ele esteja na mesma condição dos direitos fundamentais sociais em geral e se sujeite à ponderação.[77] Isso porque, em uma perspectiva mais atenta, ainda que se credite

---

[74] SARLET, Ingo Wolfgang. *A eficácia... Op. Cit.*, p. 321-322 e 350-351; LEAL, Rogério Gesta. *Op. Cit.*, p. 100 e 103; SARMENTO, Daniel. A proteção judicial... *Op. Cit.*, p. 578-579; AMARAL, Gustavo. *Op. Cit.*, p. 211-216; LEIVAS, Paulo Gilberto Cogo. *Teoria dos direitos fundamentais sociais... Op. Cit.*, p. 133; MAURÍCIO JR., Alceu. *Op. Cit.*, p. 76-77.

[75] LEIVAS, Paulo Gilberto Cogo. *Teoria... Op. Cit.*, p. 133.

[76] SARMENTO, Daniel. A proteção judicial... *Op. Cit.*, p. 579.

[77] Sobre a caracterização da teoria dos direitos fundamentais de Robert Alexy como uma teoria dos princípios, ver: ALEXY, Robert. *Op. Cit.*, p. 63-149.

ADMINISTRAÇÃO PÚBLICA INCLUSIVA, IGUALDADE E DESENVOLVIMENTO

autonomia ao direito sob exame, o mínimo existencial já é o produto de uma ponderação operada previamente pelo constituinte, composto por um conjunto formado de parcelas de outros direitos fundamentais. Ele nasce justamente do resultado do processo ponderativo entre as diversas normas-princípio que impõem *prima facie* a realização maximizada dos direitos fundamentais sociais por elas veiculados. Diante do bloco de outros princípios, acima citados, que, também *prima facie*, restringem a realização otimizada desses direitos, opera-se um sopesamento para verificar quais fatias de cada um dos direitos fundamentais sociais em jogo sobrevive ao teste da proporcionalidade em suas três dimensões,[78] para então chegar-se ao mínimo existencial, já como um direito definitivo.

O que ocorre, portanto, é uma verificação dos seguintes critérios: (i) *adequação*: quais medidas restritivas da potencialidade máxima dos direitos fundamentais sociais são adequadas para garantir o respeito aos princípios da separação dos poderes, democrático, reserva legal orçamentária, entre outros; (ii) *necessidade*: quais limitações são efetivamente necessárias e menos restritivas do conteúdo dos direitos fundamentais sociais para garantir o resultado adequado; (iii) *proporcionalidade em sentido estrito*: quais são as prestações inerentes aos direitos fundamentais sociais que podem, dentro de um juízo de razoabilidade, ser exigidas do Estado.[79] Tem-se, como fruto dessa prévia ponderação, após a aplicação do princípio da proporcionalidade em suas três vertentes, o direito *definitivo* ao mínimo existencial.[80] Quando se chega no âmbito judicial, já não há mais espaço para se ponderar a esse respeito.

---

[78] Consoante Clèmerson Merlin Clève e Alexandre Reis Siqueira Freire, é a partir da proporcionalidade "que se opera o 'sopesamento' (...) dos bens jurídicos quando se encontram em estado de contradição, oferecendo ao caso concreto solução ajustadora de coordenação e combinação dos bens em colisão". CLÈVE, Clèmerson Merlin; FREIRE, Alexandre Reis Siqueira. Algumas notas sobre colisão de direitos fundamentais. In: Sérgio Sérvulo da Cunha; Eros Roberto Grau (Orgs.). *Estudos de Direito Constitucional em homenagem a José Afonso da Silva.* São Paulo: Malheiros, 2003. p. 239.

[79] Sobre a aplicação do princípio da proporcionalidade através dos critérios de *adequação, necessidade* e *proporcionalidade em sentido estrito* no caso de colisão entre direitos fundamentais, ver: ALEXY, Robert. *Op. Cit.*, p. 91-95.

[80] Para uma análise intensamente aprofundada do princípio da proporcionalidade em matéria de direitos fundamentais, ver: PULIDO, Carlos Bernal. *El principio de proporcionalidad y los derechos fundamentales.* Madrid: Centro de Estudios Políticos y Constitucionales, 2003.

DIREITO ADMINISTRATIVO: TRANSFORMAÇÕES E TENDÊNCIAS

Some-se isso o fato de que, aceitando-se a debilidade desse direito fundamental por conta dos comumente evocados princípios da separação dos poderes e da legalidade orçamentária, bem como do argumento da reserva do financeiramente possível, não haverá verdadeira proteção reforçada do núcleo essencial da dignidade humana, capaz de justificar a criação de uma categoria jurídica distinta, tal como o mínimo existencial. Asseverar simplesmente que o seu afastamento no caso concreto faz recair um ônus maior sobre a argumentação judicial significa inquiná-lo de inutilidade. Torna-se nebulosa, se acolhida tal intelecção (*mínimo existencial prima facie*), a diferença, em termos práticos, entre o mínimo existencial e a parcela de direitos fundamentais sociais que o extrapola. E mais obscura ainda se adotada a vertente – aqui já rejeitada – do *conteúdo determinável no caso concreto*, para a qual o conteúdo do mínimo existencial é totalmente aberto e variável e, ainda que calcado em indicativos e parâmetros mínimos, deve ser definido na situação concreta conforme as necessidades vitais e ocasionais do cidadão envolvido.

Caso abraçadas essas duas posições que foram aqui refutadas – de variabilidade total do mínimo existencial e de sujeição desse direito à ponderação – chega-se à seguinte conclusão: ninguém sabe, com precisão, o que é mínimo existencial, e a referência a ele, em termos de exigibilidade judicial, também não significa nada em concreto, pois cada juiz definirá as prestações por ele abarcadas, de modo distinto em cada caso, e a certificação de que o pedido do autor está incluído nesse mínimo tampouco significa coisa alguma, visto que ele poderá ser rejeitado mesmo assim. Por conseguinte, essas duas compreensões não contribuem para a resolução do problema da sindicabilidade judicial dos direitos sociais.

É preferível, pelos motivos até agora alinhavados, determinar o conteúdo do mínimo existencial *a priori*, traçando um elenco preferencial identificável a partir das prioridades fixadas no texto constitucional em um determinado momento histórico, que envolvam prestações necessárias a todos os cidadãos, e não apenas acidentalmente a alguns (*rol constitucional preferencial*), e enquadrá-lo na categoria normativa de regra, imprimindo-lhe a natureza de direito definitivo, infenso à ponderação (*mínimo existencial definitivo*).

(c) No que toca à *finalidade* do conceito mínimo existencial em matéria de exigibilidade judicial de comportamentos estatais positivos, existem

ADMINISTRAÇÃO PÚBLICA INCLUSIVA, IGUALDADE E DESENVOLVIMENTO

também dois entendimentos, que serão aqui rotulados de *mínimo existencial como teto máximo* e de *mínimo existencial como piso mínimo*.

O primeiro deles, mais restritivo, emprega o mínimo existencial como *teto máximo*, vale dizer, como o critério que determina o ponto culminante da sindicabilidade da dimensão prestacional dos direitos fundamentais. Sendo imprescindíveis para uma existência minimamente digna, as prestações do Poder Público estarão incluídas no seu campo de abrangência, sendo prontamente postuláveis perante o Judiciário, independentemente de previsão legislativa. Porém, para além desse limite, que indicaria o ápice da exigibilidade judicial, as prestações atinentes a direitos sociais estariam sujeitas à implementação progressiva pelo legislador, dependendo das escolhas políticas determinadas pelo processo democrático de deliberação pública.[81]

Em que pese nem todos os adeptos dessa corrente neguem a jusfundamentalidade dos direitos sociais no que extrapolam o mínimo existencial,[82] ela está intimamente ligada com a posição capitaneada no Brasil por Ricardo Lobo Torres, de acordo com a qual os direitos sociais só são fundamentais em relação ao seu conteúdo essencial, necessário a garantir o mínimo existencial. Por se revestirem de jusfundamentalidade, essas parcelas dos direitos sociais desfrutariam da aplicabilidade imediata disposta no art. 5º, §1º da Constituição Federal. A justificativa seria de que a atuação judicial excedente ao mínimo existencial ameaça a democracia e a ordem financeira, além de ter como efeito nefasto a apropriação particular de recursos públicos pelas classes mais abastadas, frente à incapacidade de informação e econômica dos mais pobres de conhecer os seus direitos, saber como exercitá-los e dispor de meios para reivindicá-los pela via judicial. Haveria, pois, um prejuízo às políticas universais que atingem a população mais carente e necessitada.[83]

O segundo posicionamento utiliza o *mínimo existencial como piso mínimo*, indicando-o como critério para definir aquilo que, sem dúvida, pode ser pleiteado perante os juízes em matéria de direitos fundamentais prestacionais sem maiores questionamentos. Isso não significa, porém, que

---

[81] São adeptos dessa posição: TORRES, Ricardo Lobo. *O direito... Op. Cit.*, p. 84 e 87-89; BARCELLOS, Ana Paula de. *A eficácia jurídica... Op. Cit.*, p. 292.

[82] Como tem-se a impressão de ser o caso de Ana Paula de Barcellos.

[83] TORRES, Ricardo Lobo. *O direito... Op. Cit.*, p. 121-135.

o cidadão só possa requerer condutas positivas do Poder Público que se encontrem protegidas por esse mínimo: é possível pleitear a satisfação das parcelas dos direitos sociais que desbordam do mínimo existencial, desde que, num processo ponderativo com os demais princípios constitucionais envolvidos, sua prevalência encontre-se justificada.[84]

Nessa senda, Ingo Wolfgang Sarlet esclarece, expressamente, que muito embora advogue a tese de que as prestações necessárias à garantia do mínimo existencial são judicialmente exigíveis, isso não afasta a possibilidade de se reconhecer a exigibilidade judicial de outros direitos a prestações dedutíveis diretamente da Constituição, que ultrapassem esse mínimo. Pontua, no entanto, que nessa seara, que supera os limites do mínimo existencial, haverá um espaço maior para ponderação diante dos argumentos que importam objeções à satisfação dos direitos sociais.[85] Em sentido similar, sustenta Daniel Sarmento que a fronteira de intervenção do Judiciário irá depender do sopesamento realizado em cada situação, figurando em uma das balanças o direito social vindicado e, na outra, "os princípios concorrentes, como a democracia, a separação de poderes e os direitos de terceiros que seriam atingidos ou economicamente inviabilizados caso fosse universalizada a prestação demandada".[86]

Uma vez que aqui se reconhece a jusfundamentalidade integral dos direitos sociais, não a restringindo ao mínimo existencial, não parece ser possível acolher a tese do *mínimo existencial como teto máximo*. Ele deve ser considerado um *piso mínimo*, sendo aceitável a demanda judicial de parcelas de direitos fundamentais sociais que o extrapolem, desde que observada uma importantíssima ressalva: deve ser possível deduzir diretamente do texto constitucional os contornos das prestações que se pretende postular. Não se defende, por conseguinte, que qualquer pretensão vinculada a um direito fundamental social possa ser satisfeita pelo juiz, como se lhe competisse ponderar caso a caso acerca da razoabilidade do pedido. O critério proposto para as parcelas de direitos fundamentais sociais que não estão incluídas no mínimo existencial é: se – e somente se – já houver normatiza-

---

[84] É o caso dos seguintes autores: CLÈVE, Clèmerson Merlin. A eficácia dos direitos fundamentais sociais... *Op. Cit.,* p. 106-107; SARLET, Ingo Wolfgang. *A eficácia... Op. Cit.,* p. 350; SARMENTO, Daniel. A proteção judicial... *Op. Cit.,* p. 579; LEIVAS, Paulo Gilberto Cogo. *Teoria... Op. Cit.,* p. 133; BITTENCOURT NETO, Eurico. *Op. Cit.,* p. 144.

[85] SARLET, Ingo Wolfgang. *A eficácia... Op. Cit.,* p. 350.

[86] SARMENTO, Daniel. A proteção judicial... *Op. Cit.,* p. 579

ção da Constituição a respeito, ainda que ultrapasse os limites do mínimo, essa prestação do direito fundamental social poderá ser requerida em face do juiz por gozar de aplicabilidade imediata, nota característica do regime jurídico dos direitos fundamentais.

Como consequência, tratando-se de prestações estatais positivas em matéria de direitos fundamentais sociais, ainda que inexistente lei regulamentadora, poderá ser postulado judicialmente o conteúdo especificado pelo texto constitucional, mesmo que desborde do mínimo existencial, e sem a necessidade de impetração de mandado de injunção. Ainda que carentes de regulamentação legislativa, os direitos fundamentais sociais desfrutam de um conteúdo pré-estabelecido pelo constituinte. E como a posição aqui adotada credita jusfundamentalidade aos direitos sociais para além do mínimo existencial, impõe-se a aceitação de justiciabilidade desses direitos não limitada ao conjunto de prestações que o compõem.

Essa compreensão do conteúdo jusfundamental dos direitos sociais – dotado de aplicação imediata – para além do mínimo existencial não é tarefa difícil em Constituições como a brasileira, generosa em disposições regulamentadoras desses direitos. Ela adianta "na maior parte dos casos, normas organizatórias, deveres e posições ativas que decorrem das disposições jusfundamentais".[87] No contexto pátrio atual, a Constituição encontra-se recheada de disposições normativas que disciplinam o conteúdo dos direitos fundamentais sociais. Conquanto os enuncie abstratamente no art. 6º – "São direitos sociais a educação, a saúde, a alimentação, o trabalho, a moradia, o lazer, a segurança, a previdência social, a proteção à maternidade e à infância, a assistência aos desamparados, na forma desta Constituição" – a Lei Fundamental de 1988 retoma a regulação jurídica dos direitos sociais no seu Título VIII – "Da Ordem Social".

A saúde é tratada pelos arts. 196 a 200, e ganhou maior detalhamento com a Emenda Constitucional nº 29/2000, que incluiu parágrafos e incisos no art. 198, vinculando receitas da União, dos Estados e dos Municípios para ações e serviços públicos de saúde.[88] A educação é regulamentada

[87] BITTENCOURT NETO, Eurico. *Op. Cit.*, p. 146.
[88] Sobre a disciplina constitucional e infraconstitucional do regime jurídico do direito fundamental à saúde, ver, por todos: PIVETTA, Saulo Lindorfer. *Direito fundamental à saúde:*

DIREITO ADMINISTRATIVO: TRANSFORMAÇÕES E TENDÊNCIAS

pormenorizadamente nos arts. 205 a 214, contendo inclusive a concessão, já mencionada, de gratuidade do acesso à educação básica, que envolve a educação infantil, o ensino fundamental e o ensino médio, reconhecendo-a como direito público subjetivo do cidadão. Também há a previsão de vinculação de receitas públicas para atividades voltadas à educação, inserida pela Emenda Constitucional nº 14/1996.

A especificação constitucional de conteúdos ocorre, igualmente, com os direitos à previdência social – arts. 201 e 202 e seus diversos parágrafos, que estabelecem, inclusive, os critérios para a garantia da aposentadoria no regime geral da previdência – e à assistência social (arts. 203 e 204, reconhecendo-se expressamente no inciso V do primeiro a garantia de um salário mínimo de benefício mensal à pessoa portadora de deficiência e ao idoso que comprovem não possuir meios de prover à própria manutenção ou de tê-la provida por sua família).

Todas essas delimitações dos contornos dos direitos fundamentais sociais operadas diretamente pela Constituição podem ser reclamadas em juízo, ainda que não regulamentadas por lei e por mais que ultrapassem as prestações necessárias para garantir uma existência minimamente digna. É desnecessário, nesses casos, o mandado de injunção,[89] porque se tratam de decisões políticas fundamentais empreendidas pelo constituinte, que sequer estão na esfera de disponibilidade do legislador ordinário. Logo, são também prontamente exigíveis.

A dimensão prestacional dos direitos fundamentais não disciplinados pela legislação só será plenamente justiciável pelos meios processuais comuns se for possível extrair diretamente da Constituição os traços que compõem o seu conteúdo, permitindo a identificação precisa das prestações específicas que ensejam direitos subjetivos a prestações materiais. Exemplifique-se com o direito dos idosos maiores de 65 anos à gratuidade do transporte coletivo urbano, situado fora do catálogo de direitos fundamentais (art. 230, §2º, CF), mas a ele reconduzível por meio da cláusula de abertura material do art. 5º, §2º da CF. Embora não se

---

regime jurídico-constitucional, políticas públicas e controle judicial. Curitiba, 2013. 270f. Dissertação (Mestrado em Direito) – Programa de Pós-Graduação em Direito, Universidade Federal do Paraná.

[89] Assim entende: CLÈVE, Clèmerson Merlin. A eficácia dos direitos fundamentais sociais... *Op. Cit.*, p. 107.

ADMINISTRAÇÃO PÚBLICA INCLUSIVA, IGUALDADE E DESENVOLVIMENTO

considere, aqui, que essa pretensão jurídica esteja incluída no mínimo existencial,[90] julga-se possível reclamá-la jurisdicionalmente diante da sua violação. Não se cuida de disposição que exige lei ordinária para ser postulada.

Diante do exposto, manifesta-se aqui discordância em relação à segunda e à terceira *tendências* do Direito Público brasileiro apresentadas no item 2.1: tanto aquela que admite a exigibilidade judicial absoluta de toda e qualquer pretensão ligada a um direito fundamental social, pois viu-se que tal estratégia prejudica a alocação racional de recursos e a implementação universalizada desses direitos pela Administração, quanto aquela que só admite a sindicabilidade judicial no que diz respeito às pretensões necessárias à satisfação do mínimo existencial, pelos motivos acima expostos.

De todo modo, a compreensão do *mínimo existencial como piso mínimo* e não como *teto máximo* de realização dos direitos fundamentais econômicos e sociais não se limita a uma questão de dogmática jurídica. Ela está atrelada a uma fundamentação sociopolítica, subjacente à concepção de justiça social delineada pela Constituição de 1988 e intrinsecamente vinculada ao perfil de uma Administração Pública inclusiva. É nesse sentido que se buscará, no próximo tópico, identificar as bases que justificam uma atuação da Administração Pública brasileira para além do mínimo existencial.

3. Igualdade e desenvolvimento como fundamentos para a atuação maximizada de uma Administração Pública inclusiva

Observadas as alterações dogmáticas experimentadas pelo Direito Público pátrio em matéria de direitos fundamentais econômicos e sociais, bem como algumas das tendências da doutrina e da jurisprudência quanto à sua exigibilidade judicial, cumpre agora investigar qual é a extensão dos deveres de atuação da Administração Pública com vistas à satisfação desses direitos. É preciso avaliar se de acordo com a concepção de justiça

---

[90] O Supremo Tribunal Federal manifestou entendimento diverso. Apesar de haver concordância no sentido de que essa prestação é sindicável judicialmente, a Ministra Cármen Lúcia Antunes Rocha entendeu que ela estava incluída no mínimo existencial. Cf.: BRASIL. Supremo Tribunal Federal. Ação Direta de Inconstitucionalidade nº 3768, Relatora Ministra Cármen Lúcia Antunes Rocha, Tribunal Pleno, julgado em 19.09.2007, DJe-131, divulgado em 25.10.2007, publicado em 26.10.2007.

social presente na atual Constituição, a Administração Pública brasileira deve limitar-se a conceder ao cidadão o mínimo necessário para o exercício de suas liberdades, bastando conferir a todos iguais oportunidades como ponto de partida, ou se, mais do que isso, a ela incumbe fornecer--lhes prestações maximizadas para a plena efetivação dos seus direitos econômicos e sociais, reduzindo as distâncias entre as posições sociais existentes.

Pretende-se sustentar que as noções de igualdade material e de desenvolvimento, que presidem a principiologia da Constituição de 1988, impõem um dever de atuação otimizada à Administração, conferindo ao Estado um papel protagonista e não subsidiário, distintamente do entendimento propagado pela tendência do *Direito Administrativo neoliberal*, que avultou no cenário brasileiro no final do século XX. As bases da fundamentação que será adiante alinhavada representam a tendência contemporânea do *Direito Administrativo social*, a qual aponta para uma atuação estatal para além do mínimo existencial.

3.1. Administração Pública e cidadão em uma dança das cadeiras: para alcançar a igualdade a atuação administrativa deve superar o mínimo existencial

O primeiro fundamento que parece abalizar o dever de atuação maximizada da Administração Pública brasileira consiste na ideia de igualdade material. E para alcançá-la, em consonância com a concepção global de justiça social que permeia a Constituição vigente, é necessário priorizar a igualdade de posições sobre a igualdade de oportunidades. Explica-se.

De acordo com François Dubet, existem, contemporaneamente, duas grandes concepções de justiça social: (a) a *igualdade de posições* e (b) a *igualdade de oportunidades*. O que elas têm de comum é a pretensão de reduzir a tensão existente entre a afirmação de igualdade de todos os indivíduos e a realidade marcada por profundas desigualdades sociais. No entanto, elas se diferenciam na medida em que a primeira enfoca o conjunto de posições ocupadas pelos indivíduos na sociedade, buscando reduzir as distâncias entre elas (salários, condições de vida, acesso aos serviços, etc.), aproximando-as dentro da estrutura social, ao passo que a segunda objetiva oferecer a todos a possibilidade de ocupar as melhores posições sociais, com lastro na meritocracia. Ilustra o autor afirmando que, enquanto a *igualdade*

ADMINISTRAÇÃO PÚBLICA INCLUSIVA, IGUALDADE E DESENVOLVIMENTO

de oportunidades visa a permitir aos filhos de operários que eles tenham as mesmas oportunidades de se tornarem executivos que os próprios filhos de executivo, a *igualdade de posições* preocupa-se mais reduzir as distâncias entre as condições de vida e de trabalho dos operários e dos executivos.[91]

Embora ambas sejam legítimas e não sejam completamente incompatíveis entre si, é necessário distingui-las e estabelecer uma ordem de prioridades em matéria de políticas públicas e programas sociais voltados a uma ou à outra,[92] isto é, faz-se necessário determinar quais são as ações prioritárias do Poder Público: a redução das distâncias entre as posições sociais existentes, ou a diminuição das discriminações que figuram como obstáculo à equitativa competição pela ocupação das posições sociais mais elevadas. Insta analisar cada uma delas.

(a) O primeiro modelo, de *igualdade de oportunidades*, foi impulsionado pelas burguesias e elites que ansiavam pela eliminação do sistema estamentário do Antigo Regime. Com a Revolução Francesa, foram abolidos os estamentos, permitindo a todos o acesso aos empregos segundo o critério do mérito, independentemente do seu nascimento. Não se questionava a existência de desigualdades sociais, desde que cada um tivesse a possibilidade de alcançar a todas as posições sociais. Essa perspectiva não considera injusta a existência de diferenças significativas entre as rendas e as condições de vida dos indivíduos, porque parte do princípio de que todos tiveram iguais oportunidades de escapar das posições menos favorecidas. Baseia-se na produção de desigualdades sociais justas, por conta do mérito de cada indivíduo em aceder às posições sociais mais elevadas.[93]

Cuida-se de um arquétipo que se impõe quando as melhores posições em uma dada sociedade se tornam mais escassas: "quando a vida social começa a parecer-se com o jogo das cadeiras, discute-se menos sobre o número de cadeiras do que sobre as maneiras de ocupá-las e sobre a equidade do árbitro".[94]

---

[91] DUBET, François. *Repensar la justicia social*: contra el mito de la igualdad de oportunidades. Buenos Aires: Siglo XXI Editores, 2011. p. 11-12.

[92] DUBET, François. *Op. Cit.*, p. 13-14.

[93] DUBET, François. *Idem*, p. 53 e 55.

[94] DUBET, François. *Idem*, p. 57-58.

DIREITO ADMINISTRATIVO: TRANSFORMAÇÕES E TENDÊNCIAS

Há duas maneiras complementares de se promover a *igualdade de oportunidades*. A primeira delas consiste em garantir igualdade de acesso aos bens e serviços dos quais os mais discriminados estão excluídos. Impõe-se, nesses casos, permitir o acesso a todos, assegurar a equidade nos processos de seleção e munir os indivíduos de condições iguais de existência, de modo que cada um possa cuidar da sua saúde, instruir-se e locomover-se da mesma forma que os demais. A segunda orientação funda-se na ideia de compensação: afora as desigualdades gerais, devem ser levadas em conta as discriminações específicas e propor políticas dirigidas a elas com o propósito de fixar condições equitativas de competição (políticas de discriminação positiva).[95] Seria o caso, por exemplo, da reserva de vagas para deficientes físicos em postos de trabalho, os quais, vítimas da discriminação, encontram sérias dificuldades em conquistar um espaço do mercado de trabalho, ou de cotas em universidades para alunos provenientes de escolas públicas, que não tiveram as mesmas oportunidades de concorrer a uma vaga no vestibular.

Sua pretensão não é, propriamente, a de reduzir a iniquidade entre as distintas posições sociais, mas sim combater as discriminações que impedem os indivíduos de competirem em igualdade de condições iniciais para alcançar as melhores posições. Essas distinções entre as posições sociais são consideradas, dentro dessa concepção, como justas, uma vez que todas as posições estão abertas a todos, e todos ostentam iguais oportunidades de aceder a elas.[96]

Resumidamente, o modelo pode ser explicado da seguinte maneira: (i) no ponto de partida, eliminam-se as desigualdades, equilibrando as posições entre os indivíduos; (ii) em seguida, como as desigualdades produzidas dependem apenas dos indivíduos e do seu livre-arbítrio, elas são perfeitamente justas.[97] Na bem formulada síntese de Júlia Ávila Franzoni e Juliana Pondé Fonseca: "De acordo com essa concepção, a partir desse ponto de partida equânime, a meritocracia funcionaria perfeitamente: cada agente galgaria diferentes posições sociais de acordo com o seu mérito, independentemente de sua origem social ou fatores biológicos. A partir

---

[95] DUBET, François. *Idem*, p. 59.
[96] DUBET, François. *Idem*, p. 12.
[97] DUBET, François. *Idem*, p. 63.

disso, as desigualdades sociais que permanecessem seriam perfeitamente justificáveis".[98]

(b) Por sua vez, a *igualdade de posições* surge como uma tentativa de combate à situação de miséria proporcionada pelo capitalismo desenfreado decorrente do liberalismo econômico no século XIX, originando-se nos movimentos operários e reformistas sociais que reivindicavam o reconhecimento de direitos sociais. Foram desenvolvidas políticas dirigidas à diminuição das desigualdades existentes entre as distintas posições por meio das *transferências sociais*. Essas políticas de redistribuição operavam-se notadamente através dos tributos, de modo que, no decorrer do século XX, nos Estados que adotaram o modelo de Bem-Estar Social, verificou-se uma expressiva redução das iniquidades sociais. Embora tais regimes não tenham logrado erradicar totalmente a pobreza, nem impedir que alguns poucos entesourassem grandes fortunas, eles tiveram o condão de inserir a classe trabalhadora no seio da sociedade através da consagração de um amplo rol de direitos sociais, relacionados à promoção da saúde, ao combate ao desemprego, à previdência e às condições melhores de trabalho.[99]

Esse modelo de justiça social centrado na redução das distâncias entre as posições sociais não se trata de uma filosofia abstrata, apenas. Ele pode ser identificado nas lutas operárias presentes nos séculos XIX e XX, que por meio de greves, manifestações e relações de força, propagaram a ideia de que a redistribuição das riquezas era legítima, e que a justiça social não era somente uma questão moral e de compaixão com os mais pobres. Essas conquistas dos trabalhadores se fizeram perceptíveis, uma vez que os direitos sociais conquistados por alguns eram generalizados e aproveitados por todos, inclusive por aqueles que não tinham condições de lutar por eles.[100]

Uma das consequências da luta pela instalação de um modelo de justiça social baseado na *igualdade de posições* consistiu na desmercantilização do acesso a certos bens, de modo que alguns deles, durante muito tempo

---

[98] FRANZONI, Júlia Ávila; FONSECA, Juliana Pondé. *Igualdade de posição e de oportunidades*: considerações em torno do princípio da diferença em John Rawls. Trabalho apresentado no evento "'Uma teoria da justiça' 40 anos depois: Razão, Democracia e Constituição no legado político e filosófico de John Rawls". Rio de Janeiro, 20 de outubro de 2011. p. 8.

[99] DUBET, François. *Idem*, p. 17-20.

[100] DUBET, François. *Idem*, p. 20-21.

reservados a poucos, foram colocados à disposição de todos. Assim, a ampliação do acesso aos transportes públicos e a consagração de várias atividades como serviços públicos, de prestação obrigatória pelo Estado, tais como saúde e educação, encontra-se inserida nesse contexto, tendo o seu custo repartido por todos os contribuintes. A facilitação do acesso a esses bens torna-se, pois, uma contribuição "à igualação progressiva das posições, já que todos podem se beneficiar deles".[101]

Em suma, a *igualdade de posições* caracteriza-se pela tensão entre duas grandes tendências: de um lado, reduzir as distâncias entre as posições sociais, e, de outro, fixar as posições e assegurá-las, o que é uma maneira indireta de produzir a igualdade.[102]

Dubet tece uma crítica ao modelo de *igualdade de oportunidades*, não dirigida aos princípios que a fundamentam, mas antes aos efeitos reais que ela produz. Sustenta que ela aprofunda as desigualdades, por não se preocupar com a redistribuição e com a garantia das posições sociais, e resulta no aumento da pobreza.[103] E considera que a *igualdade de posições*, por sua vez, permite uma melhor igualdade de oportunidades do que o próprio modelo da *igualdade de oportunidades*. Isso se deve ao fato de que quanto mais se reduzem as desigualdades entre as posições sociais, mais se eleva a igualdade de oportunidades. Permite-se, mais facilmente, a mobilidade social, visto que é mais simples mover-se na escala social quando as posições estão mais próximas umas das outras, de modo que "o elevador social não sobe nem desce muito, mas muito mais pessoas podem usá-lo".[104]

A *igualdade de posições* é rechaçada pelas elites justamente porque, para alcançá-la, é necessário recorrer a uma política de redistribuição, de transferências sociais, que se baseia na elevação de tributos, como pressuposto para fornecer a satisfação universal de direitos sociais a todos. Quanto maior a extensão do conteúdo dos direitos sociais, maior a carga tributária.[105]

Conclui o autor pela necessidade de se priorizar o modelo de *igualdade de posições*, já que ele é melhor, inclusive, para proporcionar a

---

[101] DUBET, François. *Idem*, p. 24.
[102] DUBET, François. *Idem*, p. 26.
[103] DUBET, François. *Idem*, p. 73-74.
[104] DUBET, François. *Idem*, p. 95-97 e 99.
[105] DUBET, François. *Idem*, p. 105.

ADMINISTRAÇÃO PÚBLICA INCLUSIVA, IGUALDADE E DESENVOLVIMENTO

igualdade de oportunidades entre os indivíduos, já que quanto mais próximas entre si estiverem as posições sociais, maiores serão as oportunidades de se ascender socialmente. Por essa razão, a igualdade de posições deve ser algo prioritário.

Transplantando os modelos brevemente analisados à temática desta pesquisa, parece ser possível relacionar a tese da redução da jusfundamentalidade dos direitos sociais ao mínimo existencial com a *igualdade de oportunidades*, e a posição de submissão integral desses direitos ao regime jurídico jusfundamental à noção de *igualdade de posições*. E concordando com a conclusão de François Dubet, manifesta-se aqui pela necessidade de priorização das políticas que visam atender à *igualdade de posições*, não apenas pelo fato de que esse modelo realmente parece ser mais adequado a proporcionar iguais oportunidades a todos do que a própria racionalidade da *igualdade de oportunidades*, mas também porque parece ser essa a solução adotada pela Constituição Federal de 1988, sobretudo na quadra atual da conjuntura socioeconômica nacional.

A posição teórica que objetiva reduzir a jusfundamentalidade dos direitos ao mínimo existencial encontra-se intimamente vinculada com o modelo de justiça social da *igualdade de oportunidades*.

Como se viu, a *igualdade de oportunidades* propugna que deve ser garantido idêntico estágio inicial para todos, possibilitando com isso a chance de se aceder às posições sociais mais avantajadas. Se não houver essa igualização do ponto de partida, os que largaram antes por conta de benefícios naturais ou sociais terão maiores oportunidades de conquistar as posições mais privilegiadas, ao passo que aqueles que iniciaram o seu caminho em piores condições terão extrema dificuldade, ou mesmo impossibilidade, de alcançar os mesmos fins.[106]

O que o mínimo existencial pretende proporcionar é justamente isso: condições iniciais iguais para todos, de vida minimamente digna, capazes de permitir o exercício das liberdades por cada indivíduo, que, conforme o seu mérito e em virtude da igual oportunidade de chances conferida aos demais, irá buscar os seus objetivos dentro de um quadro social considerado justo. Alguns autores, como Ana Paula de Barcellos[107] e Federico Sag-

---

[106] FRANZONI, Júlia Ávila; FONSECA, Juliana Pondé. *Op. Cit.*, p. 8.

[107] A autora relaciona claramente o mínimo existencial à igualdade de oportunidades, embora contrapondo esta última à *igualdade de resultados* (que a jurista reputa vinculada a um modelo

DIREITO ADMINISTRATIVO: TRANSFORMAÇÕES E TENDÊNCIAS

gese[108], chegam a mencionar expressamente a fundamentação do mínimo existencial na noção de *igualdade de oportunidades*. Outros, de modo implícito, acabam remetendo a essa ideia quando fundamentam o mínimo existencial na noção de liberdade fática ou liberdade real.[109]

Costuma-se argumentar, dessa maneira, que nos Estados Democráticos contemporâneos, é necessário reconhecer o direito dos cidadãos a receberem do Estado prestações positivas que possam lhe assegurar as condições iniciais da liberdade. A concepção de liberdade fática ou de liberdade real pode ser expressada da seguinte forma: "Sem que tenha satisfeitas suas necessidades básicas, dificilmente o indivíduo terá condições de usufruir de sua liberdade e construir os caminhos para o seu desenvolvimento como ser humano e como parte da sociedade"[110].

Do ponto de vista dogmático, percebe-se claramente que os adeptos da redução da jusfundamentalidade dos direitos sociais ao mínimo existencial – tais como Ricardo Lobo Torres e Alceu Maurício Jr.[111] – assentam a nota de fundamentalidade dos direitos constitucionais no valor *liberdade*. Para esses autores, o escopo da categoria jurídica do mínimo existencial

de "Estado totalitário, ou, no mínimo, paternalista") e não à *igualdade de posições*: BARCELLOS, Ana Paula. *A eficácia jurídica... Op. Cit.*, p. 226-227.

[108] SAGGESE, Federico. *El derecho a un nivel de vida adecuado*. Discurso jurídico y dimensión judicial. Perspectivas desde el Derecho Constitucional y Administrativo. La Plata: Librería Editora Platense, 2009. p. 92.

[109] Sobre a parcela de doutrina que vincula o mínimo existencial à liberdade real ou fática, conferir as referências feitas em: SARMENTO, Daniel. A proteção judicial... *Op. Cit.*, p. 574-57 e HONÓRIO, Cláudia. *Op. Cit.*, p. 116-130. Cristina Queiroz explica a ideia de liberdade real acentuando a relação fática de dependência entre os direitos sociais e os de liberdade. Cf.: QUEIROZ, Cristina. *Direitos fundamentais sociais*: funções, âmbito, conteúdo, questões interpretativas e problemas de justiciabilidade. Coimbra: Coimbra Editora, 2006. p. 33-34. Ingo Wolfgang Sarlet, ao analisar as propostas teóricas de três autores alemães (Christian Starck, Rüdiger Breuer e Robert Alexy) acerca do reconhecimento de direitos subjetivos a prestações extraídos diretamente da Constituição, constata que todos eles, nada obstante as distinções teóricas de suas formulações, baseiam-se na noção de "um padrão mínimo segurança material a ser garantido por meio de direitos fundamentais, que têm por objetivo evitar o esvaziamento da liberdade pessoal", assegurando-se com isso a chamada "liberdade real". SARLET, Ingo Wolfgang. *A eficácia... Op. Cit.*, p. 345. Entre os autores que remetem o fundamento do mínimo existencial à ideia de liberdade real, veja-se: SOUZA NETO, Cláudio Pereira de. A justiciabilidade... *Op. Cit.*, p. 38; TORRES, Ricardo Lobo. *O direito... Op. Cit.*, p. 139-143.

[110] BITTENCOURT NETO, Eurico. *Op. Cit.*, p. 105.

[111] TORRES, Ricardo Lobo. *O direito... Op. Cit.*, p. 41-43; MAURÍCIO JR., Alceu. *Op. Cit.*, p. 47.

ADMINISTRAÇÃO PÚBLICA INCLUSIVA, IGUALDADE E DESENVOLVIMENTO

está em definir quais são as parcelas dos direitos sociais representativas de condições necessárias ao exercício efetivo da *liberdade*, compreendida como autonomia. Em face disso, "os direitos sociais não são considerados *prima facie* direitos fundamentais: sua fundamentalidade é derivada da liberdade, esta sim, por si só, fundamental".[112] Há no pensamento desses autores, inquestionavelmente, uma priorização da *igualdade de oportunidades*: consideram que a parcela dos direitos sociais que faz parte do mínimo existencial é dotada de jusfundamentalidade e é judicialmente demandável por ser imprescindível para proporcionar um estágio inicial igualitário a todos, permitindo-lhes partir de iguais condições mínimas de existência digna, para então exercitar suas liberdades e buscar os seus objetivos.

Essa adoção do mínimo existencial como critério de justiciabilidade dos direitos sociais revela uma priorização da *igualdade de oportunidades* em detrimento da *igualdade de posições*, embora não se negue expressamente esta última. A principal (embora não única) diferença entre os dois modelos, conforme já dito, está nas prioridades de cada um. A corrente do *mínimo existencial como teto máximo* aceita que o Estado proporcione direitos sociais aos cidadãos para além desse mínimo. Mas nessa medida, eles não serão direitos fundamentais e não poderão ser postulados em juízo. Em outros termos: não são prioritários.

A ideia fica mais clara à luz de uma apreciação de considerações constantes na obra de Ricardo Lobo Torres. Para o autor, o debate acerca do mínimo existencial liga-se ao problema da pobreza, que é por ele separada em duas espécies: a *pobreza absoluta* (= miséria), obrigatoriamente combatida pelo Estado, e a *pobreza relativa*, vinculada a causas de produção econômica ou de redistribuição de bens, que será reduzida conforme as possibilidades orçamentárias. O conceito de *pobreza absoluta* é variável no tempo e no espaço. No Brasil contemporâneo, o plano *Brasil Sem Miséria* considera miserável o indivíduo que tenha renda domiciliar *per capita* abaixo de R$70,00 mensais.[113]

O combate à *pobreza absoluta* ou *miséria*, que para o autor é imperativo ao Estado, deve ser feito através dos instrumentos de garantia do mínimo

---

[112] SOUZA NETO, Cláudio Pereira de. Fundamentação e normatividade dos direitos fundamentais: uma reconstrução teórica à luz do princípio democrático. In: Celso de Albuquerque Mello; Ricardo Lobo Torres (Orgs.). *Arquivos de direitos humanos*. Rio de janeiro: Renovar, 2002. p. 38.

[113] Informações sobre o plano podem ser acessadas em: <http://www.brasilsemmiseria.gov.br>.

existencial, compreendido com um conjunto de prestações estatais aptas a prover condições mínimas de existência digna ao cidadão, ao passo que a erradicação da *pobreza relativa* deve ser feita através de políticas públicas progressivas que atendam os direitos sociais na máxima medida possível. A linha tênue entre quais prestações satisfazem estritamente o mínimo existencial e quais ações estatais estão voltadas a atender aos direitos sociais em um padrão mais elevado faz com que o Estado, muitas vezes, adote políticas públicas que não fazem essa diferença, permitindo que a classe média e os pobres recebam tratamento preferencial diante dos miseráveis, o que é criticado pelo jurista.[114]

Vistas essas compreensões, não há como deixar de reconhecer que a concepção de justiça social agasalhada pelo tecido constitucional brasileiro de 1988 realmente compreende a noção de *igualdade de oportunidades*. Ela pode ser deduzida de alguns dos princípios fundamentais do Título I da Lei Maior, tal como a adoção da dignidade da pessoa humana e da livre iniciativa como fundamentos da República Federativa do Brasil (art. 1º, III e IV), e da determinação, entre os seus objetivos fundamentais, de construção de uma sociedade livre e de erradicação da pobreza e da marginalização (art. 3º, I e III). Não há dúvidas, pois, que o Estado brasileiro deve assegurar condições iniciais igualitárias a todos os cidadãos, eliminando a *pobreza absoluta* (miséria) que constitui obstáculo ao livre desenvolvimento da personalidade dos indivíduos. Impõe-se, assim, a implementação de políticas assecuratórias do mínimo existencial, como se extrai, entre outros, dos dispositivos do Título VIII ("Da Ordem Social") que versam sobre a seguridade social, em especial da Seção IV, dedicada à assistência social. E, dada a sua fundamentalidade, mesmo na ausência dessas políticas ou de previsão legislativa, a igualdade de oportunidades exigida pela Constituição impõe a aceitação de sindicabilidade judicial de prestações necessárias ao atendimento do mínimo existencial.

Até aqui não há maiores divergências com a posição sob exame. O problema surge quando se propõe limitar o reconhecimento de fundamentalidade dos direitos sociais às porções imprescindíveis à garantia desse mínimo. A *igualdade de oportunidades*, como meio para se alcançar justiça social, é sim requerida pela Constituição. Mas não é o único modelo por ela albergado. Não se pode, a pretexto de realizá-la, olvidar-se da inclusão

---

[114] TORRES, Ricardo Lobo. *O direito... Op. Cit.*, p. 14-17.

da *igualdade de posições* entre as exigências de justiça social dispostas pelo texto constitucional.

Se por um lado a concepção anterior apoia-se na priorização da *igualdade de oportunidades*, a posição defendida neste estudo, de sujeição integral dos direitos sociais ao regime jurídico dos direitos fundamentais (e não só no que toca ao mínimo existencial), arrima-se na prioridade da *igualdade de posições*. Isso não quer dizer que não se repute prioritário propiciar condições iguais de chances aos indivíduos. Pelo contrário: significa buscar um modelo de justiça social que atenda mais a esse propósito – de igualar para todos o ponto de partida – do que o próprio paradigma da *igualdade de oportunidades* é capaz de oferecer. Além de se entender que a justiça social não será alcançada apenas mediante o fornecimento de efetiva liberdade e de uma real autonomia privada aos indivíduos, necessitando também da diminuição das distâncias entre as díspares posições existentes na sociedade, considera-se que a *igualdade de oportunidades*, por si só, não é hábil a corresponder à verdadeira equalização dos estágios iniciais de busca pelos projetos individuais de vida.

O escopo do modelo de *igualdade de posições* de reduzir as disparidades entre as posições sociais e permitir com isso a maior mobilidade dos indivíduos entre elas encontra-se nitidamente estampado na arquitetura constitucional brasileira. Ele se faz transparecer na enunciação dos valores sociais do trabalho como fundamento do Estado Brasileiro (art. 1º, IV, CF), na determinação que erige como objetivos fundamentais da República a construção de uma sociedade não apenas livre e justa, mas também *solidária*, a garantia do desenvolvimento nacional (quando analisado em sua perspectiva humana e social) e a redução das desigualdades sociais e regionais (art. 3º, I, II e III, CF). O mesmo se percebe quando a Lei Maior funda a ordem econômica nacional na valorização do trabalho humano e, novamente, incorpora como princípio a diminuição das desigualdades regionais e sociais, bem como a busca do pleno emprego (art. 170, *caput*, VII e VIII, CF).

Esses valores juridicizados pela ordem constitucional na forma de princípios jurídicos, tais como a solidariedade, o desenvolvimento humano e social, a igualdade material e o trabalho digno não são satisfeitos somente com a igualização das condições iniciais de vida dos indivíduos. Esse ponto de partida é necessário, porém insuficiente. Sua concretização requer uma aproximação entre as posições distribuídas no seio da sociedade, mediante

DIREITO ADMINISTRATIVO: TRANSFORMAÇÕES E TENDÊNCIAS

a redução de disparidades entre as rendas, as condições de vida, o grau de valorização dos empregos e postos de trabalho, etc. E essa eliminação das posições sociais injustas, por meio da diminuição dos espaços entre elas, encontra-se presente do espírito constitucional brasileiro, quando se verifica, por exemplo, a previsão do imposto sobre grandes fortunas (art. 153, VII, CF), cuja finalidade é, precisamente, evitar a formação de posições sociais exageradamente dessemelhantes e empreender a redistribuição de recursos. A realização desses escopos clama pelo modelo de *igualdade de posições*, o qual só será implementado se reconhecida a jusfundamentalidade plena dos direitos sociais.

Conforme observam Júlia Ávila Franzoni e Juliana Pondé Fonseca, a *igualdade de oportunidades*, em sua vertente aqui analisada, é obstaculizada por fatores práticos que impedem a sua concretização, eis que a igualdade do ponto de partida dentro da lógica desse modelo é inatingível. Se a diferença entre as classes é admitida como algo justo e aceitável – como o é no arquétipo da *igualdade de oportunidades* – torna-se dificílimo assegurar com plenitude que todos os indivíduos logrem alcançar iguais pontos de partida. Sublinham as autoras o fato de que o princípio meritocrático (cada indivíduo merece alcançar os seus objetivos de acordo com o seu esforço), para funcionar equitativamente, demandaria uma eliminação de todas as variáveis que afetam as oportunidades dos indivíduos de conquistar as posições sociais mais privilegiadas. E disso se infere que "enquanto existirem não somente classes sociais, como também qualquer tipo de estrutura familiar, o princípio de oportunidades equitativas só pode ser realizados de forma imperfeita", pois fatores como a existência de posições extremamente desfavorecidas e a possibilidade de alguns se beneficiarem, *v.g.*, de riquezas herdadas de seus familiares, impedem que se chegue a um ponto de partida equânime a todos.[115]

Essa problemática, no cenário brasileiro, é metaforicamente comparada pelas autoras com uma enorme dança das cadeiras, que envolve toda a população nacional. As cadeiras da brincadeira infantil – compreendidas como as posições existentes na sociedade – são escassas diante da numerosa quantidade de pessoas querendo brincar – isto é, ocupar cada uma delas. Ocorre que alguns sequer têm condições de lutar por um assento e, ademais, há gritante diferença entre elas: enquanto algumas se asseme-

---

[115] FRANZONI, Júlia Ávila; FONSECA, Juliana Pondé. *Op. Cit.*, p. 9.

ADMINISTRAÇÃO PÚBLICA INCLUSIVA, IGUALDADE E DESENVOLVIMENTO

lham a confortáveis e imponentes tronos, outras consistem em banquetas estropiadas. Nessa brincadeira, não basta conquistar um assento qualquer; o ideal é conseguir os melhores deles, para receber os maiores prêmios, que variam conforme a qualidade da cadeira. As injustiças são muitas, porque não envolvem apenas a (im)possibilidade de brincar. Elas englobam, igualmente, o problema da disparidade das cadeiras, e das condições de cada participante de lograr as paragens mais privilegiadas.[116]

As formas de resolução do problema da desigualdade ínsita à brincadeira (e, paralelamente, à realidade brasileira) são expostas mediante dois caminhos distintos: pela *igualdade de oportunidades*, seria mais justo proporcionar aos participantes idênticas condições de concorrer às melhores cadeiras, sendo irrelevante a existência de disparidades entre os assentos e os prêmios a eles associados, pois pressupõe-se que, partindo de iguais posições, o esforço e o mérito de cada um é que definirão o resultado; pela *igualdade de posições*, o ideal seria diminuir as discrepâncias entre as cadeiras e seus prêmios respectivos, por compreender-se que, do contrário, não haverá efetiva igualdade de chances entre os disputantes.[117]

A aderência à proposta da *igualdade de oportunidades* ainda é majoritária, não só no Brasil, como também em outros países.[118] A população parece aceitar que assegurando um mínimo de recursos capaz de possibilitar a todos um igual ponto de partida, somado à possibilidade, a partir daí, de exercício igualitário das liberdades, seria possível minimizar as discriminações existentes entre os indivíduos no que toca à oportunidade de aceder às melhores posições. Mais do que *possível*, julgam que isso seria *suficiente* para se chegar a uma solução justa. O discurso da garantia universal da educação aos cidadãos como panacéia para os males da sociedade funda-se nessa concepção.[119]

Acontece que o modelo da *igualdade de oportunidades* não é capaz de atingir o seu intuito principal, pois sem minimizar as disparidades entre as diversas posições sociais – condições de vida, renda, trabalho, etc. – não se consegue acabar com as discriminações que afetam as posições sociais mais prejudicadas, nem permitir aos ocupantes das banquetas mais surradas a

[116] FRANZONI, Júlia Ávila; FONSECA, Juliana Pondé. *Idem*, p. 4.
[117] FRANZONI, Júlia Ávila; FONSECA, Juliana Pondé. *Idem, Ibidem*.
[118] DUBET, François. *Op. Cit.*, p. 12.
[119] FRANZONI, Júlia Ávila; FONSECA, Juliana Pondé. *Op. Cit.*, p. 9.

DIREITO ADMINISTRATIVO: TRANSFORMAÇÕES E TENDÊNCIAS

conquista dos mais avantajados tronos (e de seus respectivos prêmios). Veja-se o caso da educação: proporcionar igualdade de acesso às escolas, por mais positivo que seja, não faz com que as dificuldades sociais experimentadas pelos alunos mais pobres deixem de prejudicar o seu rendimento acadêmico,[120] de sorte que, ao final, ele não desfrutará necessariamente das mesmas chances de conquistar os melhores postos de trabalho. E isso não depende apenas do mérito de cada um. Logo, a desigualdade extrema inviabiliza que providências pontuais, tal qual a educação gratuita, bastem para igualar o estágio inicial a partir do qual cada um deve prosseguir com apoio no seu próprio esforço. Enquanto perdurarem as discrepâncias entre as classes sociais, persistirão as desigualdades de oportunidades.[121] A conclusão a que se chega é a de que "Não há como falar em iguais chances se existem posições flagrantemente discrepantes na sociedade. Não há como equalizar oportunidades numa realidade desigual sem reduzir a distância entre as posições".[122]

O cotejo dessas ilações com a temática central desta investigação conduz as algumas significativas considerações. A primeira delas é que a garantia do mínimo existencial, por si só, não produz como resultado final uma efetiva igualdade de chances entre os cidadãos de alcançar as melhores posições na sociedade. Embora imprescindível, ele não é o bastante, já que os cidadãos que forem contemplados apenas com esse piso mínimo estarão a uma distância tão estratosférica dos sujeitos mais abastados da sociedade que eles jamais poderão, por maiores que sejam os seus méritos e esforços, galgar os postos mais elevados. Aos indivíduos "agraciados" somente com o mínimo existencial, o "elevador social" de que fala Dubet[123] não concede acesso aos andares mais altos. Destarte, insistir no modelo de *igualdade de oportunidades* reduzindo a jusfundamentalidade dos direitos sociais a um patamar mínimo não leva à real igualdade de chances entre os cidadãos.

Por esse motivo, mesmo que a Constituição Federal de 1988 propugnasse apenas pela tutela da autonomia privada dos indivíduos, tendo como foco de proteção único as liberdades, ele não seria alcançado com base nessa racionalidade. Mas o fato é que, como visto, a concepção de justiça

[120] FRANZONI, Júlia Ávila; FONSECA, Juliana Pondé. *Idem,* p. 9-10.
[121] FRANZONI, Júlia Ávila; FONSECA, Juliana Pondé. *Idem,* p. 20.
[122] FRANZONI, Júlia Ávila; FONSECA, Juliana Pondé. *Idem,* p. 22.
[123] DUBET, François. *Op. Cit.,* p. 99.

ADMINISTRAÇÃO PÚBLICA INCLUSIVA, IGUALDADE E DESENVOLVIMENTO

social inscrita na Lei Fundamental brasileira é mais ampla. Ela se compromete com a construção de uma sociedade que, para ser *justa*, não basta ser *livre*: deve também ser *solidária* (art. 3º, I, CF). Como bem observa Clèmerson Merlin Clève, os direitos sociais tutelados pela Constituição de 1988 não se prestam somente a oferecer ao cidadão um mínimo, pois ela sinaliza para a ideia de máximo.[124]

A segunda constatação, derivada da primeira, é que para se atingir a *igualdade de posições*, diminuindo os largos espaços entre as classes, os direitos sociais devem ser guindados à dignidade constitucional de direitos fundamentais, em sua plenitude, e não apenas em sua dimensão mínima. É claro que esse máximo dos direitos sociais irá depender "do comprometimento da sociedade e do governo e da riqueza produzida pelo país".[125] Aceitar a jusfundamentalidade integral dos direitos sociais não significa bradar, inconsequentemente, a possibilidade jurídica ou fática de se reclamar pela via judicial a sua plena satisfação. Mas implica reconhecer a potencialidade expansiva do seu conteúdo, que se espraia também sobre o legislador e a Administração Pública, além de permitir, mesmo na esfera do Judiciário, o reconhecimento de outras gradações da aplicabilidade imediata dos comandos que o veiculam, para além do mínimo existencial.

Admitindo-se esse nível maior de exigibilidade dos direitos sociais, decorrente da sua condição de direitos fundamentais e da sua submissão total ao regime jurídico jusfundamental, em especial do traço que lhes confere incidência imediata, ampliam-se as condições individuais de aceder a melhores posições sociais, minimizando-se as discrepâncias entre elas e impulsionando a eliminação dos postos mais desfavorecidos e injustos. A tendência com isso é de, por um lado, proporcionar maiores chances aos participantes da dança das cadeiras de conquistar os melhores assentos (como pretendia o modelo da *igualdade de oportunidades*), e, por outro, substituir as banquetas mais surradas por cadeiras melhores e possibilitar a cada participante condições de assegurar os lugares por eles alcançados (finalidades próprias da *igualdade de posições*).

Apenas para dar um exemplo, os avanços conquistados na última década em matéria de desenvolvimento social decorreram não apenas de políticas de redução da miséria e da extrema pobreza. Eles derivaram, também, da

---

[124] CLÈVE, Clèmerson Merlin. A eficácia dos direitos fundamentais sociais... *Op. Cit.*, p. 106.
[125] CLÈVE, Clèmerson Merlin. *Idem, Ibidem.*

criação de milhões de novos postos de trabalho, com carteira assinada e da ampliação do pagamento de benefícios pela previdência social, os quais, diferentemente dos auxílios da assistência social, destinam-se apenas aos contribuintes, dotados de renda suficiente para contribuir com o sistema previdenciário. De acordo com dados da Pesquisa Nacional por Amostra de Domicílios do IBGE, no ano de 2011 pouco mais de 51 milhões de brasileiro recebiam menos de meio salário mínimo. Caso não houvesse os benefícios da previdência, o número aumentaria para quase 75 milhões. Logo, a implementação do direito fundamental à previdência social, composto por desdobramentos que extrapolam o mínimo existencial (distintamente dos benefícios da assistência, por exemplo, que se integram ao mínimo), foi responsável por retirar mais de 23 milhões de cidadãos da linha da pobreza.[126]

As construções teóricas relacionadas ao mínimo existencial são úteis para identificar um núcleo abaixo do qual o cidadão não pode viver com dignidade, fato que eleva sobremaneira a força do argumento em prol da sua satisfação e do afastamento de outros argumentos jurídica e faticamente relevantes que possam obstar a sua efetivação. Dada a sua imprescindibilidade para a manutenção de um dos mais importantes bens protegidos pelo Direito – a vida digna – ele se torna um mecanismo argumentativo de inquestionável relevância para sobrepor a sua realização sobre qualquer outro fundamento tendente a refutá-la, ou, ao menos, para aqueles que negam a sua natureza de *regra* ou de *direito definitivo*, para elevar ao teto o ônus argumentativo do intérprete que objetive negá-lo.

Mas no quadro constitucional brasileiro, a concepção de justiça social nele pintada exibe a evidência de que, tanto quanto o mínimo existencial, as parcelas dos direitos sociais que o excedem são imprescindíveis para fornecer aos cidadãos iguais oportunidades de acesso às melhores posições sociais, e necessárias tanto para diminuir as desigualdades entre elas, quanto para permitir estabilidade aos indivíduos nas posições por eles obtidas. Sem níveis otimizados de saúde, educação, moradia, alimentação, trabalho, etc., é inviável lograr acesso às melhores condições de vida, bem como manter as conquistas alcançadas.

[126] Dados consultados no site: <http://www.anfip.org.br/informacoes/artigos/Previdencia--Social-90-anos-combatendo-a-pobreza-e-reduzindo-as-desigualdades-sociais-Alvaro-Solon--de-Franca_24-01-2013>. Acesso em 28 jan. 2013.

Reconhecer os direitos econômicos e sociais como direitos integralmente fundamentais, submetidos plenamente ao regime jurídico reforçado que lhes é conferido pela Constituição Federal, e imprimir-lhes aplicabilidade imediata na maior medida possível sem descurar da diferença de natureza entre os variados deveres que eles impõem ao Estado, é mais do que uma questão de mera querela acadêmica: é construir uma *dogmática constitucional emancipatória* dos direitos fundamentais que, de um lado, não seja míope às limitações da realidade brasileira, e, de outro, guarde afinada sintonia com a complexa e plural concepção de justiça social abrigada pelo tecido constitucional.

3.2. Do desenvolvimento como liberdade ao desenvolvimento como igualdade: a insuficiência do mínimo existencial para uma efetiva inclusão social

Um segundo fundamento que oferece sustentáculo para a prevalência de um *Direito Administrativo social* em detrimento de um *Direito Administrativo neoliberal* consiste no direito ao desenvolvimento, quando compreendido de forma conjugada com a igualdade, nos termos apresentados no apartado anterior. Até porque, uma concepção de desenvolvimento apoiada basicamente no viés econômico e vinculada essencialmente à liberdade, se tomada esta última em uma acepção restritiva, poderia coincidir com a proposta de uma atuação meramente subsidiária de Estado. Aliás, o discurso do desenvolvimento econômico encontrava-se intrinsecamente relacionado com o movimento do neoliberalismo. Apenas para dar um exemplo nacional, Luiz Carlos Bresser Pereira, um dos principais pivôs da reforma neoliberal do Estado brasileiro na década de 1990, foi também um dos grandes autores sobre o tema do desenvolvimento.[127] É preciso, portanto, definir bem a que espécie de *desenvolvimento* se está referindo, à luz do regime adotado pela Constituição de 1988, haja vista a polissemia e a pluralidade de conteúdos que se pode imprimir a essa expressão.

O primeiro aspecto que merece destaque é o fato de o desenvolvimento ser um fenômeno dotado de historicidade. Seu significado varia no tempo e no espaço.[128] De um lado, a concepção que se tinha de desenvolvimento ao longo da década de 1960, por exemplo, distingue-se da compreensão

---

[127] PEREIRA, Luiz Carlos Bresser. *Desenvolvimento e crise no Brasil*. São Paulo: Brasiliense, 1977.
[128] PEREIRA, Luiz Carlos Bresser. *Idem*, p. 23.

difundida a partir dos anos 1990, a qual, entre outros pontos de diferença, insere a proteção ambiental como elemento constitutivo desse fenômeno.[129] De outro, mesmo em um período historicamente situado, cada realidade econômico-social experimenta dificuldades que lhe são peculiares, sendo descabido tentar identificar, de forma generalizada, etapas de desenvolvimento pelas quais todos os Estados necessariamente deverão passar, tomando uma experiência específica como paradigma.[130] Daí porque dizer-se que o subdesenvolvimento não se trata de um momento naturalmente prévio ao desenvolvimento, mas sim de uma condição particular de determinadas sociedades, com características próprias.[131]

A definição contemporânea de desenvolvimento leva em consideração diversas dimensões, não se restringindo à seara econômica. A interdependência desta com a esfera humana e social é justamente um dos pontos cruciais do conceito, que o diferenciam da noção de crescimento. O chamado "crescimento econômico" diz respeito à elevação do produto nacional em um determinado período, notadamente pelo incremento da eficiência no sistema produtivo.[132] Ele se verifica, portanto, em termos meramente *quantitativos*.[133] O desenvolvimento pressupõe a ocorrência de crescimento econômico, mas não se limita a isso. Para ser alcançado, deve-se "ir muito além da acumulação de riqueza e do crescimento do Produto Interno Bruto e de outras variáveis relacionadas à renda".[134] Além do aumento quantitativo do produto nacional, ele reclama transformações estruturais socioeconômicas que importem a melhora *qualitativa* dos padrões de vida dos cidadãos, proporcionando a elevação do bem-estar social.[135]

---

[129] GABARDO, Emerson. *Interesse público e subsidiariedade... Op. Cit.*, p. 243.

[130] BERCOVICI, Gilberto. *Constituição Econômica e Desenvolvimento*: uma leitura a partir da Constituição de 1988. São Paulo: Malheiros, 2005. p. 52.

[131] Assim manifesta-se Celso Furtado, alertando que "o subdesenvolvimento é, portanto, um processo histórico autônomo, e não uma etapa pela qual tenham, necessariamente, passado as economias que já alcançaram grau superior de desenvolvimento". FURTADO, Celso. *Desenvolvimento e subdesenvolvimento*. Rio de Janeiro: Contraponto/Centro Internacional Celso Furtado, 2009. p. 161.

[132] GABARDO, Emerson. *Interesse público e subsidiariedade... Op. Cit.*, p. 243.

[133] RISTER, Carla Abrantkoski. *Direito ao desenvolvimento*: antecedentes, significados e conseqüências. Rio de Janeiro: Renovar, 2007. p. 2.

[134] SEN, Amartya. *Desenvolvimento como liberdade*. São Paulo: Companhia das Letras, 2000. p. 28.

[135] Nesse sentido, entre outros: PEREIRA, Luiz Carlos Bresser. *Desenvolvimento... Op. Cit.*, p. 22; BERCOVICI, Gilberto. *Constituição Econômica e Desenvolvimento... Op. Cit.*, p. 53-54.

ADMINISTRAÇÃO PÚBLICA INCLUSIVA, IGUALDADE E DESENVOLVIMENTO

Por essas razões, uma definição de desenvolvimento limitada ao crescimento econômico, que utilize como único parâmetro de aferição o acréscimo do PIB e que torne o seu aumento como principal objetivo das políticas públicas nacionais, permitiria tranquilamente que os direitos humanos e fundamentais fossem violados ou relegados a um segundo plano para a consecução desse objetivo. O emprego do PIB *per capita* como único indicador para avaliar o desenvolvimento de um país consiste em medida inadequada, por ignorar questões da mais alta relevância para averiguar a qualidade de vida da população – elemento chave do atual conceito de desenvolvimento – tais como condições adequadas de alimentação, acesso à água potável, ao saneamento básico e aos serviços de educação e saúde.[136]

As alterações estruturais necessárias para se caracterizar o fenômeno em apreço devem ser capazes não apenas de modificar a realidade socioeconômica, mas também de conferir-lhe o atributo da sustentabilidade, possibilitando com isso a manutenção do incremento da qualidade das condições de vida da população, e a consequente continuidade do processo desenvolvimentista.[137] A sustentabilidade consiste, consoante Juarez Freitas, em "assegurar, hoje, o bem-estar físico, psíquico e espiritual, sem inviabilizar o multidimensional bem-estar futuro".[138]

Inexistindo tais transformações de fundo nos âmbitos econômico e social, mas apenas o crescimento produtivo e a incorporação, em determinada sociedade, do progresso técnico e científico experimentado por Estados desenvolvidos, restrita ao estilo de vida e padrões de consumo de uma elite privilegiada, estar-se-á frente à simples modernização.[139] O Estado prossegue subdesenvolvido, eis que não se opera a melhoria das condições existenciais gerais da população, contrapondo-se, de um lado, um grupo minoritário com ampla concentração de renda usufruindo de um elevado padrão de consumo, e de outro, a maior parte dos cidadãos, privados de

---

[136] FUKUDA-PARR, Sakiko; GUYER, Patrick; LAWSON-REMER, Terra; RANDOLPH, Susan; DANIELS, Louise Moreira. Assessing State compliance with obligations to fulfill economic and social rights – A methodology and application to the states of Brazil. In: Flávia Piovesan; Inês Virgínia Prado Soares (Coords.). *Direito ao desenvolvimento.* Belo Horizonte: Fórum, 2010. p. 425-426.

[137] RISTER, Carla Abrantkoski. *Direito ao desenvolvimento... Op. Cit.,* p. 36.

[138] FREITAS, Juarez. *Sustentabilidade:* direito ao futuro. Belo Horizonte: Fórum, 2011. p. 41.

[139] BERCOVICI, Gilberto. *Constituição Econômica e Desenvolvimento... Op. Cit.,* p. 53.

uma qualidade de vida satisfatória, excluídos do acesso aos caríssimos bens e serviços importados dos países desenvolvidos.[140]

A atual noção de desenvolvimento, portanto, pressupõe a interdependência do aspecto econômico com outros elementos, tais como o social e o político, e a ocorrência de transformações estruturais que permitam, para além das mudanças qualitativas, a sua manutenção de forma sustentável. Ele não se confunde com o mero *crescimento*, circunscrito à elevação produtiva em termos quantitativos, nem com a *modernização*, que não acompanha a melhoria generalizada das condições de bem-estar social da maioria populacional. Em razão disso é que se considera que a expressão "desenvolvimento econômico" não é a mais adequada, haja vista a inexistência de desenvolvimento apenas de natureza econômica.[141]

Um exemplo de conceito de desenvolvimento que abrange essa complexidade é o fornecido por Fábio Konder Comparato. Para o autor, trata-se de um "processo de longo prazo, induzido por políticas públicas ou programas de ação governamental em três campos interligados: econômico, social e político". O *econômico* manifesta-se por um acréscimo da produção de bens e serviços derivado predominantemente de fatores produtivos internos, e não oriundos do exterior, e alcançado sem o extermínio de bens insubstituíveis integrantes do ecossistema. O *social* é marcado pela conquista gradativa da igualdade de condições existenciais básicas, mediante a efetivação generalizada dos direitos humanos sociais, econômicos e culturais, tais como saúde, educação, moradia, trabalho, previdência e assistência sociais. E o *político* pressupõe, para que haja o desenvolvimento, que os cidadãos possam assumir efetivamente seu papel de sujeito político, participando ativamente da vida democrática.[142]

A compreensão do desenvolvimento como um direito formado por múltiplas dimensões[143] não se trata, apenas, de entendimento doutrinário. Ela

---

[140] RISTER, Carla Abrantkoski. *Direito ao desenvolvimento... Op. Cit.*, p. 37.

[141] GABARDO, Emerson. *Interesse público e subsidiariedade... Op. Cit.*, p. 245.

[142] COMPARATO, Fábio Konder. *A afirmação histórica dos direitos humanos.* São Paulo: Saraiva, 1999. p. 363.

[143] Nessa linha, Melina Girardi Fachin se refere ao direito ao desenvolvimento como "um trevo de muitas folhas", destrinchando as diversas dimensões que compõem o seu conteúdo. FACHIN, Melina Girardi. *Direito humano ao desenvolvimento: universalização, ressignifcação e emancipação.* São Paulo, 2013. 484 f. Tese (Doutorado em Direito) – Programa de Pós-Graduação em Direito, Pontifícia Universidade Católica de São Paulo. f. 180-228.

passou a integrar expressamente, desde finais do século XX, documentos jurídicos destinados a promover a sua consagração normativa. Observa--se assim que o direito ao desenvolvimento tem sido, nas últimas décadas, objeto de reconhecimento e regulamentação nos planos internacional,[144] constitucional e legislativo.

A sua positivação decorre da necessidade, identificada pela comunidade internacional, de se adotar nos diversos países providências aptas a assegurar a promoção do desenvolvimento e uma distribuição equânime de riquezas,[145] sem os quais os direitos humanos civis, políticos, sociais, econômicos, culturais e ambientais não podem ser exercitados.

A Declaração Universal dos Direitos do Homem de 1948, ao prever em seu artigo XXVIII que "Toda pessoa tem direito a uma ordem social e internacional em que os direitos e liberdades estabelecidos na presente Declaração possam ser plenamente realizados", inspirou a comunidade internacional a editar a Carta Africana de Direitos Humanos e dos Povos, aprovada na 18ª Conferência de Chefes de Estado e Governo, no Quênia em 1981. Esta última, em seu artigo 22º, estabelece que "1. Todos os povos têm direito ao seu desenvolvimento econômico, social e cultural, no estrito respeito da sua liberdade e da sua identidade, e ao gozo igual do patrimônio comum da humanidade. 2. Os Estados têm o dever, separadamente ou em cooperação, de assegurar o exercício do direito ao desenvolvimento".

Posteriormente, em 1986, foi promulgada a Declaração sobre o Direito ao Desenvolvimento, a qual determina em seu artigo 1 que: "O direito ao desenvolvimento é um direito humano inalienável em virtude do qual toda pessoa humana e todos os povos estão habilitados a participar do desenvolvimento econômico, social, cultural e político, a ele contribuir e dele desfrutar, no qual todos os direitos humanos e liberdades fundamentais possam ser plenamente realizados". Tal documento acaba por redimensionar, formalizar e reforçar a ideia de desenvolvimento como um direito "interdependente e indivisível dos demais direitos humanos".[146]

---

[144] Sobre o tema, ver: ANJOS FILHO, Robério Nunes dos. Fontes do direito ao desenvolvimento no plano internacional. In: Flávia Piovesan; Inês Virgínia Prado Soares (Coords.). *Direito ao desenvolvimento*. Belo Horizonte: Fórum, 2010. p. 117-151.

[145] SOARES, Inês Virgínia Prado. Direito ao desenvolvimento e justiça de transição – conexões e alguns dilemas. In: PIOVESAN, Flávia; SOARES, Inês Virgínia Prado (Coords.). *Direito ao desenvolvimento*. Belo Horizonte: Fórum, 2010. p. 469.

[146] SOARES, Inês Virgínia Prado. *Idem*, p. 470.

DIREITO ADMINISTRATIVO: TRANSFORMAÇÕES E TENDÊNCIAS

Na Constituição de 1988 é possível, de forma implícita, reconhecer a existência do direito fundamental ao desenvolvimento. Isso se dá por meio da cláusula de abertura material do catálogo de direitos fundamentais (art. 5º, §2º, CF), que admite a existência de outros direitos materialmente fundamentais, decorrentes do *regime* e dos *princípios* adotados pela Lei Maior, e dos tratados internacionais de direitos humanos dos quais o Brasil seja parte.[147] A atribuição de *status* de direito fundamental a posições jurídicas não inseridas formalmente no rol do Título II ("Dos Direitos e Garantias Fundamentais") da Constituição (arts. 5º a 17), nem expressamente em outras partes do texto constitucional, exige que elas ostentem conteúdo e importância que as aproximem dos direitos formalmente fundamentais, e que derivem diretamente dos princípios enumerados do art. 1º ao 4º do Título I ("Dos Princípios Fundamentais").[148]

Nessa esteira, ainda que se pudesse aludir também a uma série de outros elementos integrantes do *regime* democrático e social que permeia a Lei Fundamental brasileira,[149] o direito em referência encontra-se umbilicalmente ligado a uma série de valores albergados nos *princípios* inseridos no Título I da Lei Maior. A cidadania e a dignidade da pessoa humana (art. 1º, II e III) representam, como antes mencionado, um dos escopos principais da noção de desenvolvimento, em sua vertente humana e social. É exatamente a maximização das condições de existência digna e a possibilidade de participação ativa dos cidadãos na esfera política, realizando plenamente a democracia, que se objetiva com os elementos *social* e *político* do conceito de desenvolvimento acima referido. E os objetivos funda-

---

[147] Nesse sentido, posicionam-se: FACHIN, Melina Girardi. Direito fundamental ao desenvolvimento: uma possível ressignificação entre a Constituição Brasileira e o Sistema Internacional de Proteção dos Direitos Humanos. In: Flávia Piovesan; Inês Virgínia Prado Soares (Coords.). *Direito ao desenvolvimento.* Belo Horizonte: Fórum, 2010. p. 193, e GABARDO, Emerson. *Interesse público e subsidiariedade... Op. Cit.,* p. 246.

[148] SARLET, Ingo Wolfgang. *A eficácia... Op. Cit.,* p. 92-93.

[149] Apenas para citar alguns, o direito ao desenvolvimento guarda estreita sintonia com os direitos sociais (art. 6º), com a ordem econômica disciplinada pelos ditames da justiça social para assegurar uma existência digna (art. 170), com a ordem social fundada no primado do trabalho e com o intuito de propiciar bem-estar e justiça sociais (art. 193), com a proteção aos direitos culturais (art. 215), com o dever estatal e social de proteção do meio-ambiente (art. 225), com o direito ao desenvolvimento tecnológico (art. 218), entre outros. Nessa linha: SOARES, Inês Virgínia Prado. Direito ao desenvolvimento e justiça de transição... *Op. Cit.,* p. 472.

ADMINISTRAÇÃO PÚBLICA INCLUSIVA, IGUALDADE E DESENVOLVIMENTO

mentais da República, enunciados nos quatro incisos do art. 3º, não deixam dúvidas quanto à vinculação intrínseca desse direito ao regime e aos princípios acolhidos pelo constituinte de 1988.

Erigiu-se de maneira explícita em tais dispositivos, como finalidade última e primordial do Estado brasileiro, a construção de uma sociedade livre, *justa e solidária*, a garantia do *desenvolvimento* nacional, a erradicação da pobreza e da marginalização, a *redução das desigualdades* sociais e regionais e a promoção do *bem de todos*. Todos esses objetivos consubstanciam decisão política deliberada do constituinte nacional de compelir a atuação de todos os Poderes Públicos à otimização da qualidade de vida da população, extirpando não apenas as condições miseráveis de larga parcela dos cidadãos brasileiros, mas também a desigualdade social existente entre eles, tal como se analisou no tópico anterior. Consistem, portanto, em marcos jurídicos do desenvolvimento, de patamar constitucional, que desfrutam de caráter imperativo e obrigam o legislador, o juiz e a Administração Pública a concretizá-los. É nesse influxo que se pode identificar o art. 3º do texto constitucional como a "cláusula transformadora" da realidade brasileira, cuja finalidade consiste na superação do subdesenvolvimento.[150]

É preciso pontuar, na linha proposta por Melina Girardi Fachin, que o conceito de desenvolvimento que permeia a Constituição de 1988 pode ser encarado sob um viés *extrínseco* e outro *intrínseco*. O primeiro deles, presente em passagens como o art. 3º, II e o art. 174, §1º (que aludem a desenvolvimento *nacional*), diz respeito ao plano estatal, relacionando-se com o crescimento da produção econômica e o equilíbrio da estruturação organizacional e financeira do Estado. O segundo, de caráter subjetivo, concerne à implementação de condições materiais de existência digna, que permitam a cada cidadão o livre desenvolvimento de sua personalidade.[151]

A conjugação dessas duas perspectivas revela que a conceituação complexa de desenvolvimento que aqui se adota, nos termos da conformação previamente apresentada, encontra respaldo no sistema constitucional pátrio. Trata-se de uma compreensão que confere ampla relevância aos

---

[150] BERCOVICI, Gilberto. *Constituição Econômica e Desenvolvimento... Op. Cit.*, p. 37 e 105.

[151] FACHIN, Melina Girardi. Direito fundamental ao desenvolvimento: uma possível ressignificação entre a Constituição Brasileira e o Sistema Internacional de Proteção dos Direitos Humanos. In: Flávia Piovesan; Inês Virgínia Prado Soares (Coords.). *Direito ao desenvolvimento.* Belo Horizonte: Fórum, 2010. p. 180 e 193.

DIREITO ADMINISTRATIVO: TRANSFORMAÇÕES E TENDÊNCIAS

elementos humano e social. É a posição de Celso Furtado, quando, ao discorrer sobre as dimensões que integram o conceito de desenvolvimento, sustenta que além do aumento da eficácia do sistema produtivo e do alcance dos fins pretendidos pelos grupos sociais dominantes que concorrem na fruição de recursos escassos, encontra-se a satisfação das necessidades elementares da população. E sublinha que esta última dimensão não é obtida, automaticamente, em razão do incremento da eficácia da produção.[152]

É precisamente esse aspecto – de agregar a satisfação das necessidades humanas como uma faceta primordial do conceito – que modifica o enfoque tradicional emprestado à temática, o qual se orientava basicamente pela questão da eficiência econômica.[153] E é também esse ponto que torna o tema do desenvolvimento como peça chave para a análise do objeto de investigação deste trabalho: o grau de exigibilidade dos direitos fundamentais econômicos e sociais, no marco de uma Administração Pública inclusiva, em meio ao embate entre as tendências do *Direito Administrativo neoliberal* e do *Direito Administrativo social*.

A dimensão humana e social do desenvolvimento, representada pela satisfação das necessidades básicas dos cidadãos, só pode ser alcançada mediante um sistema adequado de implementação, por parte da Administração Pública, de prestações voltadas à realização dos direitos fundamentais sociais,[154] tais como educação, moradia, alimentação, saúde, previdência e assistência sociais, entre outros.[155] Um exemplo da conexão inafastável entre desenvolvimento e os direitos econômicos e sociais revela-se no fato de que antigamente o cálculo do índice de desenvolvimento humano (IDH) se limitava a indicadores econômicos (PIB *per capita*), e atualmente engloba também indicadores sociais (educação e longevidade, diretamente ligada à saúde). Logo, o grau de satisfação desses direitos em determinado Estado reflete imediatamente no seu índice de desenvolvimento humano.

---

[152] FURTADO, Celso. *Introdução ao desenvolvimento:* enfoque histórico-estrutural. 3. ed. Rio de Janeiro: Paz e Terra, 2000. p. 22-23.

[153] RISTER, Carla Abrantkoski. *Direito ao desenvolvimento... Op. Cit.,* p. 19.

[154] GABARDO, Emerson. *Interesse público e subsidiariedade... Op. Cit.,* p. 246.

[155] Seguindo tal raciocínio, Carla Rister relaciona o conceito de desenvolvimento com diversas passagens do Título VIII da Constituição brasileira, que versa sobre a Ordem Social. RISTER, Carla Abrantkoski. *Direito ao desenvolvimento... Op. Cit.,* p. 389-437.

A partir dessa lógica é possível avaliar quão desenvolvida se encontra cada sociedade com supedâneo em indicadores do nível de realização dos direitos fundamentais sociais. Uma demonstração disso é a pesquisa empreendida por Sakiko Fukuda-Parr, Patrick Guyer, Terra Lawson-Remer, Susan Randolph e Louise Moreira Daniels, pautada em dados fornecidos pelo Instituto Brasileiro de Geografia e Estatística (IBGE) e pelo Instituto de Pesquisa Econômica Aplicada (IPEA). O estudo foi feito com base em uma complexa fórmula utilizada para medir o grau de cumprimento de direitos econômicos e sociais, que leva em consideração os direitos à alimentação adequada, à moradia digna, ao trabalho decente e ao mais alto padrão possível de saúde. Foram analisados todos os Estados da federação brasileira. Nos resultados da pesquisa, concluiu-se que os Estados-membros que fazem o maior esforço para cumprir suas obrigações relativas aos direitos fundamentais econômicos e sociais são aqueles que conseguem, de forma mais efetiva, manter baixo o número de pessoas vivendo abaixo na linha da pobreza e reduzir as desigualdades de renda. Tendem também a ser mais intensamente urbanizados e ter um número menor de pessoas socialmente marginalizadas.[156]

Essa correlação entre os altos níveis de satisfação dos direitos fundamentais sociais e a manutenção de um estágio de desenvolvimento elevado aponta para a impossibilidade de se conceber o desenvolvimento apenas como *liberdade*, e para a imprescindibilidade do papel interventor do Estado como promotor da *igualdade*, elemento nodal da concepção de desenvolvimento que se pode deduzir da Constituição de 1988. Como visto no tópico precedente, a mera *igualdade de oportunidades*, supostamente atingida quando fornecidas as condições mínimas de existência digna necessárias para o exercício das liberdades, é insuficiente para reduzir efetivamente as desigualdades entre as posições sociais, e assegurar assim a possibilidade de manutenção das melhorias obtidas em termos de qualidade de vida. E como assinalado há pouco, essa permanência das condições de bem-estar social alcançadas por conta do desenvolvimento – relacionada com

---

[156] FUKUDA-PARR, Sakiko; GUYER, Patrick; LAWSON-REMER, Terra; RANDOLPH, Susan; DANIELS, Louise Moreira. Assessing State compliance with obligations to fulfill economic and social rights – A methodology and application to the states of Brazil. In: Flávia Piovesan; Inês Virgínia Prado Soares (Coords.). *Direito ao desenvolvimento*. Belo Horizonte: Fórum, 2010. p. 450.

DIREITO ADMINISTRATIVO: TRANSFORMAÇÕES E TENDÊNCIAS

a noção de *sustentabilidade* – consiste em um dos elementos que integra o próprio conceito.

Tome-se como referência a já clássica tese de Amartya Sen, que compreende o desenvolvimento como *liberdade*. O autor assevera que o fenômeno sob exame tem por objetivo eliminar as diversas formas de privação da liberdade, tais como "pobreza e tirania, carência de oportunidades econômicas e destituição social sistemática, negligência dos serviços públicos e intolerância ou interferência excessiva de Estados repressivos"[157]. Com isso, defende que as liberdades se manifestam simultaneamente como finalidades do desenvolvimento e como meios para atingi-lo. Mas o conceito de liberdade por ele manejado é muito mais alargado do que a acepção comum emprestada a essa expressão.[158] Ele engloba entre as chamadas liberdades substantivas (*freedoms*) as capacidades básicas do indivíduo, tais como as condições para se evitar carências como a fome, a subnutrição e a morte prematura, e as liberdades relacionadas com as aptidões como ler, expressar-se, fazer cálculos e participar da política. Portanto, o termo liberdade em sua obra adquire conotação extremamente ampla, não se limitando (embora incluindo) às liberdades formais (*liberties*), comumente relacionadas aos direitos dos indivíduos de não sofrerem intervenções restritivas ao exercício dos seus direitos e faculdades legais.[159]

Daí se percebe que se ao Estado competisse assegurar apenas a liberdade, quando concebida em um sentido mais restrito do que o empregado por Amartya Sen (como geralmente ocorre), não se alcançaria de forma efetiva o desenvolvimento, em razão da continuidade das *desigualdades* sociais. A abordagem de Sen só consegue identificar o desenvolvimento com a ideia de liberdade quando estende radicalmente essa noção,[160] nela inserindo garantias que tradicionalmente não são consideradas como liberdades.

Nessa linha, embora a proposta do autor utilize o rótulo da *liberdade,* não há como negar que "esta, pura e simples, não vinculada à busca da efetividade dos mencionados direitos econômicos e sociais, poderá levar a uma

---

[157] Sen, Amartya. *Desenvolvimento como liberdade... Op. Cit.,* p. 18.

[158] O autor se refere a cinco tipos de liberdades: as liberdades políticas, as facilidades econômicas, as oportunidades sociais, as garantias de transparência e a segurança protetora. Sen, Amartya. *Desenvolvimento como liberdade... Op. Cit,* p. 25.

[159] Sen, Amartya. *Desenvolvimento como liberdade... Op. Cit.,* p. 52.

[160] Gabardo, Emerson. *Interesse público e subsidiariedade... Op. Cit.,* p. 329.

sociedade fortemente inigualitária, mediante a concessão de direitos apenas do ponto de vista formal". Por isso, torna-se necessário "aprofundar a abordagem da liberdade, associando-a à busca da igualdade".[161] É exatamente por isso que se propõe, neste trabalho, que o desenvolvimento seja associado à noção de *igualdade*, e não de *liberdade*.

A crítica a uma concepção de desenvolvimento como liberdade e a proposta substitutiva de compreendê-lo como igualdade guardam estreita relação com as ideias lançadas no tópico anterior. Ainda que a tese de Amartya Sen inclua as "oportunidades sociais" entre as *freedoms*, a opção pela liberdade como rótulo para explicar o desenvolvimento produz efeitos significativos em termos simbólicos, pois deixa transparecer uma ideologia liberal pautada em uma postura que embora considere o Estado relevante para o desenvolvimento, reputa-o subsidiário. É nesse sentido a crítica tecida por Emerson Gabardo à concepção desenvolvimentista de Sen, por entender que ela reflete "uma espécie de liberalismo fraco em que o desenvolvimento acaba muito mais ligado à ideia de que os homens devem possuir 'condições mínimas de satisfação' do que 'condições máximas de satisfação'". Ou seja, a posição pressupõe que o Estado desenvolvido será "aquele que conseguir oferecer o mínimo necessário para que a sociedade exerça plenamente sua liberdade".[162]

Note-se, pois, que entender o desenvolvimento como liberdade implica aceitar a noção de *igualdade de oportunidades* como fator determinante dos fins do Estado, entendimento já refutado no tópico anterior. Tal ideário reputa como justas as desigualdades existentes entre as posições sociais, desde que a todos tenham sido proporcionadas as condições minimamente necessárias para exercer suas liberdades, por considerar que os ocupantes de postos desprivilegiados não lutaram para conquistar patamares mais altos na escala social, embora, em tese, pudessem fazê-lo. Essa racionalidade, como bem adverte Emerson Gabardo ao rechaçá-la, "esconde uma mentalidade elitista em que se justificam os privilégios a partir da categorização dos sujeitos como *winners* ou *losers*", com base na qual, por muito tempo, justificou-se "que os pobres eram em regra imorais, alcoólatras, corrompidos ou no mínimo preguiçosos; agora seriam basicamente estú-

---

[161] RISTER, Carla Abrantkoski. *Direito ao desenvolvimento... Op. Cit.*, p. 130.
[162] GABARDO, Emerson. *Interesse público e subsidiariedade... Op. Cit.*, p. 330.

pidos ou pouco inteligentes – o que deve excluí-los naturalmente a partir da concorrência social".[163]

Em um Estado Social e Democrático como o brasileiro, o desenvolvimento reclama a sua associação a uma concepção material de igualdade, que não limite a incumbência do Poder Público a propiciar igualdade de condições no ponto partida, mas que também lhe outorgue o dever de agir em prol da redução das desigualdades da sociedade. E isso só é possível mediante uma atuação maximizada da Administração Pública com vistas à plena realização dos direitos fundamentais econômicos e sociais. Não se ignora que a garantia do mínimo existencial é imprescindível. Ela se trata de condição necessária, mas insuficiente.[164]

No modelo estatal perfilhado pela Constituição de 1988, é indispensável uma atuação interventiva do Estado com vistas à distribuição. Trata-se do conceito-chave do Estado Social.[165] E essa função primacial do Poder Público ganha relevo na realidade brasileira, marcada por acentuadíssimas desigualdades que só podem ser solucionadas através de uma repartição mais igualitária.

Na situação nacional, a grande causa que subjaz a esse cenário não repousa sobre uma ausência de recursos financeiros, especialmente diante do crescimento econômico vivenciado na última década. O problema principal consiste na grave crise de distribuição, demonstrada pelo fato de o Brasil ser um dos países dotado de maior desnível entre os mais ricos e os mais pobres da população,[166] situando-se entre os 12 países mais desiguais.[167] Ainda que na última década tenha havido reiteradas quedas dos índices de desigualdade de renda no país, informações do Censo 2010 demonstram que os 10% mais ricos no País têm renda média mensal trinta e nove vezes maior que a dos 10% mais pobres. Para que estes consigam reunir a renda média mensal daqueles (R$5.345,22), teriam que juntar a sua remuneração mensal total (R$137,06) durante três anos e três meses.[168]

---

[163] GABARDO, Emerson. *Idem*, p. 330.

[164] GABARDO, Emerson. *Idem*, p. 341 e 344.

[165] BERCOVICI, Gilberto. *Constituição Econômica e Desenvolvimento... Op. Cit.*, p. 106.

[166] GABARDO, Emerson. *Interesse público e subsidiariedade... Op. Cit.*, p. 337.

[167] Dado extraído do site: <http://oglobo.globo.com/economia/desigualdade-social--cai-pelo-12-ano-consecutivo-diz-fgv-4246915>. Acesso em 15 jan. 2013.

[168] As informações foram colhidas no site: <http://www.sedufsm.org.br/index.php?secao=noticias&id=351>. Acesso em 15 jan. 2013.

É nessa conjuntura que a tendência atual do Direito Administrativo pátrio caminha para o rechaço da corrente do *Direito Administrativo neoliberal* (que ganhou corpo na década de 1990) e para a consolidação contemporânea de um *Direito Administrativo social*. A formulação de uma política nacional de desenvolvimento reclama uma postura ativa e coordenadora do Estado, a qual "desapareceu das considerações governamentais com o neoliberalismo".[169] O Poder Público não pode restringir-se a regular e fomentar os agentes econômicos privados. O art. 174 da Constituição impõe o dever de instituir um planejamento, mediante a conjugação de esforços entre os Poder Executivo e Legislativo, que logre concretizar os objetivos previstos no texto constitucional, vinculando as previsões orçamentárias à sua consecução.[170]

Concorda-se com Emerson Gabardo, quando afirma não ser "apropriada a idéia de que o Estado deve ser subsidiário, muito menos de que deve se restringir à garantia de dignidade (ou seja, do mínimo para ser livre – mesmo que numa concepção elastecida de liberdade)", competindo-lhe, pelo contrário, "oferecer o máximo para os indivíduos".[171] E não se trata aqui de mera opção teórica ou orientação ideológica, mas de decisões políticas do constituinte brasileiro, traduzidas em normas jurídicas, conforme já demonstrado até aqui. A realização do bem-estar social, nos termos da Constituição Federal, reclama uma atuação estatal intervencionista. Por meio do planejamento, o Estado figura como o principal propulsor do desenvolvimento, através da coordenação dos agentes públicos e privados com vistas à transformação das estruturas socioeconômicas, à distribuição e descentralização da renda, e à integração social e política dos cidadãos.

Os diversos dispositivos do Título VIII, "Da Ordem Social", que disciplinam as incumbências e competências quanto à concretização dos direitos fundamentais sociais, não estabelecem em momento algum uma atuação secundária ou acessória do Estado. Eles apenas permitem uma ação concertada entre Estado e sociedade civil, dirigindo a esta, em algumas matérias, deveres concomitantes àqueles encomendados ao Poder Público, sem conferir prioridade de atuação à iniciativa privada. Verifica-se em diversas passagens, como no campo da seguridade social (art. 194), da saúde

---

[169] BERCOVICI, Gilberto. *Constituição Econômica e Desenvolvimento... Op. Cit.*, p. 66.
[170] BERCOVICI, Gilberto. *Idem*, p. 76-77.
[171] GABARDO, Emerson. *Interesse público e subsidiariedade... Op. Cit.*, p. 331.

DIREITO ADMINISTRATIVO: TRANSFORMAÇÕES E TENDÊNCIAS

(art. 196, *caput*, 198, II e 199, §1º), da assistência social (arts. 203, 204, *caput* e II) e da educação (arts. 205, 208, 209, 213 e 227), que o constituinte confere ao Estado "uma inafastável competência própria e direta para gerir o processo de desenvolvimento", atribuindo à sociedade e à comunidade deveres de ação complementar.[172]

Nos campos do Direito Administrativo e do Direito Constitucional, a rejeição de um caráter subsidiário ao Estado conduz a significativas repercussões, mormente quanto ao dever de efetivação dos direitos fundamentais econômicos e sociais. Como se viu, no período imediatamente posterior à promulgação da Constituição até os primeiros anos do século XXI, difundiu-se a tendência que aqui se chamou de *Direito Constitucional da efetividade*. O casamento dessa corrente com um *Direito Administrativo individualista*, herança da construção liberal desse ramo jurídico, levou a uma postura muitas vezes excessiva do Poder Judiciário, que apesar de bem intencionada e preocupada com a concretização dos direitos sociais acabou, muitas vezes, atrapalhando a sua realização universalizada pelo Poder Executivo. Essa tendência encontra-se orientada para a proteção dos direitos individuais contra o Estado, e "não para a implementação dos princípios e políticas consagrados na Constituição".[173]

Esse descompasso entre as formas e institutos clássicos do Direito Administrativo liberal, forjados no século XIX, e as necessidades prestacionistas do Estado Social[174] revela-se de maneira evidente quando se investiga o tema em apreço. E é neste ponto que aquele modo de encarar o Direito Administrativo colide com a atual tendência de um *constitucionalismo igualitário*. A consolidação de um *Direito Administrativo social*, que possa caminhar de forma harmonizada com a nova roupagem do Direito Constitucional, reclama o repensar de alguns dos dogmas da doutrina e da jurisprudência administrativistas, buscando-se um modelo dinâmico de Administração Pública inclusiva que, de um lado, assegure a realização efetiva dos direitos econômicos e sociais, e, de outro, aja com respeito ao princípio da igualdade. Não basta a concessão de tais direitos de forma individualizada pelo Judiciário. É preciso uma atividade administrativa racionalmente planejada.

---

[172] GABARDO, Emerson. *Interesse público e subsidiariedade... Op. Cit.*, p. 247.
[173] BERCOVICI, Gilberto. *Constituição Econômica e Desenvolvimento... Op. Cit.*, p. 77.
[174] BERCOVICI, Gilberto. *Idem*, p. 59-60.

E aqui entram as figuras do planejamento e das políticas públicas como instrumentos de promoção universalizada do desenvolvimento, contrapondo-se ao casuísimo judicial. No modelo de Estado Social, o governo não pode se limitar a gerenciar fatos conjunturais. A Constituição impõe o planejamento das ações futuras, por meio da formulação de políticas a serem implementadas a médio e a longo prazo. Para a execução destas, pressupõe-se uma racionalização técnica dos recursos disponíveis, que levem em conta, globalmente, os objetivos e programas sociais traçados pelo constituinte.[175] É essa a lição de Thiago Marrara, ao pontuar que "para atingir objetivos complexos e, simultaneamente, para lidar com os problemas de escassez de recursos das mais diversas ordens, o Estado, assim como o indivíduo, é obrigado a agir de modo racional e estratégico, fazendo considerações sobre o futuro".[176]

A promoção do desenvolvimento e a efetivação plena dos direitos fundamentais econômicos e sociais, requisitos essenciais para o atingimento dos objetivos da República descritos no art. 3º da Constituição, não serão alcançados somente pela postura ativista do Poder Judiciário. Conquanto esta seja, muitas vezes, realmente necessária entre as diversas engrenagens postas à disposição do cidadão para a satisfação de suas necessidades constitucionalmente tuteladas, a realização de tais propósitos demanda a atuação programada de uma Administração Pública inclusiva. E isso se dá por meio do planejamento, que "coordena, racionaliza e dá uma unidade de fins à atuação do Estado, diferenciando-se de uma intervenção conjuntural ou casuística".[177]

Essa questão deve se tornar, dentro da tendência sob discussão, uma pauta prioritária do Direito Administrativo. A temática da concretização dos direitos econômicos e sociais não pode ser debatida apenas pelo Direito Constitucional, pois como visto até aqui, ela deve caminhar *pari passu* com a questão do desenvolvimento. Do contrário, haverá apenas uma implementação eventual e pontual de determinados direitos, sem que se

---

[175] BERCOVICI, Gilberto. *Idem*, p. 57-58.
[176] MARRARA, Thiago. A atividade de planejamento na Administração Pública: o papel e o conteúdo das normas previstas no anteprojeto da Nova Lei de Organização Administrativa. *Revista Brasileira de Direito Público – RBDP*, Belo Horizonte, ano 9, n. 34, p. 9-45, jul./set. 2011, p. 10.
[177] BERCOVICI, Gilberto. *Constituição Econômica e Desenvolvimento... Op. Cit.*, p. 69-70.

alcance de forma igualitária e universalizada a elevação dos padrões de vida da população de forma duradoura e sustentável.

Nunca é demais lembrar que alguns dos primeiros passos para a busca do desenvolvimento no ordenamento jurídico nacional se deu com o Decreto-Lei nº 200/67.[178] Em seu art. 7º, o diploma prevê que "A ação governamental obedecerá a *planejamento que vise a promover o desenvolvimento econômico-social do País* e a segurança nacional, norteando-se segundo planos e programas elaborados, na forma do Título III, e compreenderá a elaboração e atualização dos seguintes instrumentos básicos: a) plano geral de govêrno; b) programas gerais, setoriais e regionais, de duração plurianual; c) orçamento-programa anual; d) programação financeira de desembôlso".

O tema do desenvolvimento e dos direitos fundamentais econômicos e sociais deve, portanto, integrar a agenda do *Direito Administrativo social* hodierno, impactando sobre os tópicos essenciais desse ramo jurídico, tais como a organização administrativa, os serviços públicos, as políticas públicas e a intervenção do Estado na atividade econômica. Somente assim será possível transformar efetivamente as estruturas socioeconômicas da realidade brasileira, propiciando uma atuação estatal que não se limite a assegurar um mínimo necessário para o exercício das liberdades. Por imposição constitucional, impende que a Administração Pública assuma um perfil *inclusivo* e vá além, reduzindo as desigualdades sociais e regionais e construindo, nos termos do art. 3º da Constituição, não apenas uma sociedade *livre*, mas também *justa* e *solidária*.

---

[178] OLIVEIRA, Katia Cristine Santos de. O direito ao desenvolvimento, à assistência social e a Constituição da República de 1988. In: Flávia Piovesan; Inês Virgínia Prado Soares (Coords.). *Direito ao desenvolvimento*. Belo Horizonte: Fórum, 2010. p. 548.

ADMINISTRAÇÃO PÚBLICA INCLUSIVA E OS INSTRUMENTOS JURÍDICO-ADMINISTRATIVOS DE CONCRETIZAÇÃO DO PRINCÍPIO DA IGUALDADE

SAULO LINDORFER PIVETTA

1. Considerações iniciais

As transformações por que passou o Direito a partir da segunda metade do século XX, com a conformação do chamado "neoconstitucionalismo", fez que muitos institutos jurídicos fossem repensados, como é o caso do princípio da igualdade.[1] Contemporaneamente, não há qualquer novidade em se afirmar que a igualdade jurídica, ou isonomia, corresponde à exigência de se tratar igualmente os iguais, e desigualmente os desiguais. Como há muito já leciona Celso Antônio Bandeira de Mello, tal assertiva exige um aprofundamento teórico maior, afinal "qual o critério legitimamente manipulável – sem agravos à isonomia – que autoriza distinguir pessoas e situações em grupos apartados para fins de tratamentos jurídicos diversos?"[2] A resposta, evidentemente, não é automática. Ou seja, embora seja até mesmo intuitivo compreender que a igualdade meramente formal (perante a lei) não é capaz de esgotar o conteúdo do princípio da isonomia, muitas outras questões permanecem em aberto para se delinear quais discriminações são abolidas e quais são autorizadas, ou mesmo impostas, pelo ordenamento jurídico.

A questão assume um contorno especial quando se analisa tal problemática a partir da ótica da Administração Pública. De início, estaria o administrador público imediatamente vinculado ao princípio da igualdade?

---

[1] Sobre o tema, cf. BARROSO, Luís Roberto. Neoconstitucionalismo e constitucionalização do direito. In: CLÈVE, Clèmerson Merlin; BARROSO, Luís Roberto (Org.). In: *Doutrinas essenciais*: Direito Constitucional. Vol. I. São Paulo: Editora Revista dos Tribunais, 2011.

[2] MELLO, Celso Antônio Bandeira de. *O conteúdo jurídico do princípio da igualdade*. 3ª ed. atual. São Paulo: Malheiros, 1993, p. 15.

Ou àquele caberia tão somente dar concretude aos mandamentos previamente estabelecidos pelo legislador infraconstitucional? O princípio da impessoalidade, consignado no art. 37, *caput*, da Constituição Federal, atribuiria significação diferenciada à isonomia no âmbito administrativo? Estas questões descortinam o pano de fundo teórico-normativo sobre o qual a temática se desenvolve contemporaneamente. A partir de seu enfrentamento, o presente trabalho buscará identificar, ainda que de maneira não exauriente, alguns instrumentos jurídicos que viabilizam a concretização do princípio da isonomia por meio do agir administrativo.

2. O princípio da igualdade jurídica e a Administração Pública

A Constituição Federal de 1988, no art. 5º, *caput*, assevera expressamente que "Todos são iguais perante a lei, sem distinção de qualquer natureza". No entanto, para se compreender a fundo o significado histórico e jurídico daquela assertiva é necessário fazer alguns breves apontamentos. De início, merece destaque que, historicamente, a noção de igualdade sempre esteve bastante próxima à de *liberdade*. Na ambiência do final do século XVIII, especialmente nos Estados Unidos da América e na França, os movimentos revolucionários, fortemente influenciados pela filosofia iluminista e jusnaturalista, colocaram na ordem do dia reivindicações por *direitos*, que pertenceriam indistintamente a todos os homens.[3] Era o contexto de superação do Estado Absolutista, com a afirmação do Estado de Direito em sua primeira vertente substancial, de matriz liberal-burguesa.[4] A Declaração de Direitos do Povo da Virgínia, de 1776 (contexto da Revolução Americana), e a Declaração de Direitos do Homem e do Cidadão, de 1789 (contexto da Revolução Francesa) são marcos históricos de grande valor para a cultura jurídico-política ocidental.

Os primeiros direitos *fundamentais* reconhecidos eram de cunho fortemente individualista, especialmente aqueles consagrados em solo norte--americano, e visavam garantir aos cidadãos uma esfera de liberdade *contra* o Estado, encarado como potencial agressor da autonomia individual.[5] Por

---

[3] Perez Luño, Antonio Enrique. *Los derechos fundamentales*. 6ª ed. Madrid: Tecnos, 1995, p. 36.

[4] Zagrebelsky, Gustavo. *El derecho dúctil: ley, derechos, justicia* (trad. Marina Gascón). 7ª ed. Madrid: Trotta, 2007, p. 23.

[5] Há que se destacar que o contexto revolucionário francês foi permeado por preocupações mais sociais. Como aponta Hannah Arendt, a "questão social" acompanhou os revolucionários,

ADMINISTRAÇÃO PÚBLICA INCLUSIVA E OS INSTRUMENTOS JURÍDICO-ADMINISTRATIVOS

isso esses direitos (à liberdade, à propriedade, à igualdade, etc.) ficaram conhecidos como "direitos de liberdade", ou "direitos de defesa", que impunham principalmente deveres de abstenção ao Poder Público – este não poderia violar a liberdade dos cidadãos. Neste momento, a igualdade entre os indivíduos, assim como a sua liberdade, eram considerados dados *a priori*: todos os homens são livres e iguais, de modo que assim que deveriam ser encarados pela Lei e pelo Estado. Tratava-se, pois, de uma concepção eminentemente *formal* de igualdade.

No entanto, os problemas econômicos e sociais do século XIX mostraram que não bastava assegurar uma igualdade formal para que os cidadãos pudessem ser, de fato, livres. As doutrinas socialistas apontaram o profundo grau de exploração em que viviam os trabalhadores da cidade, e a enorme miséria que se espalhava no campo. Ou seja, restou patente que a garantia de igualdade e liberdade perante a Lei não era suficiente para que os cidadãos pudessem viver autonomamente.[6] É com os movimentos reivindicatórios do século XIX, portanto, que se torna evidente a insuficiência das antigas liberdades formais abstratas – estas deveriam ser complementadas por outros direitos (que vieram a receber a denominação de "sociais"), como a assistência social, a saúde, a educação, o trabalho etc., que consubstanciam as condições necessárias para o efetivo gozo de liberdades materiais concretas.

Não se tratava, pois, apenas de garantir liberdade *frente ao* Estado, mas sim de assegurar que ela será alcançada também *por intermédio* de sua atuação. Desse modo, os direitos sociais são encarados de uma perspectiva positiva, de imposição de deveres ao Estado, que deverá promover ações concretas para efetivar a igualdade material dos cidadãos. Assim, não há mais que se considerar a igualdade como um dado *a priori*, mas sim como objetivo a ser alcançado inclusive pelo próprio Estado – que ao longo do século XX, notadamente após a II Guerra Mundial, passa a assumir os contornos de um Estado social e democrático de Direito.[7] A defesa dos ideais

que objetivavam superar um estado de "miséria aguda" que afligia grande parte da sociedade francesa. Sobre a problemática da "questão social" no contexto da Revolução Francesa, cf. ARENDT, Hannah. *Da revolução*. Brasília: Ática, 1988, p. 47 e ss.

[6] CLÈVE, Clèmerson Merlin. *Atividade legislativa do Poder Executivo*. 3ª ed. atual. e ampl. São Paulo: Revista dos Tribunais, 2011, p. 39.

[7] BONAVIDES, Paulo. *Curso de direito constitucional*. 27ª ed. São Paulo: Malheiros, 2011, p. 388-389.

DIREITO ADMINISTRATIVO: TRANSFORMAÇÕES E TENDÊNCIAS

de solidariedade, de igualdade e de justiça social era somada à garantia da liberdade e da autonomia individual. É dessa maneira, portanto, que a *questão social* passa a fazer parte dos problemas político-jurídicos dos Estados ocidentais, sendo recepcionados pela ordem constitucional como objetivos inarredáveis.[8]

As transformações políticas, transbordadas para a linguagem do Direito, modificam profundas mudanças na seara da Administração Pública e do Direito Administrativo. Nesse sentido, nota-se que já na ambiência da Revolução Francesa, quando passam a ser inicialmente forjados os institutos do Direito Administrativo, este se revela como importante instrumento para a proteção do cidadão ante eventuais investidas arbitrárias do Poder Público. Igualmente, a passagem do Antigo Regime para o Estado de Direito ilustra o anseio de se conformar uma estrutura de Administração Pública que se afaste das concepções autoritárias que regiam o exercício do poder político. Sintomático, assim, é o desenvolvimento do princípio da legalidade, sujeitando o agir administrativo às decisões tomadas pelos representantes do povo, consubstanciadas na Lei.[9]

Há, pois, uma certa correspondência entre a postura encampada pela Administração Pública e a geração de direitos fundamentais que então se desenvolvia – os chamados "direitos de liberdade". Com efeito, constatava--se no contexto revolucionário francês uma valorização extrema da figura do legislador: este, por expressar a vontade geral do povo, seria incapaz de produzir lesões sobre os direitos. Desse modo, "juízes e administradores públicos deveriam basear-se sempre nas previsões legislativas gerais e abstratas, como forma de impedir um tratamento personalizado e privilegiar a igualdade no sentido formal."[10]

A recepção, pelo ordenamento jurídico, de novos direitos fundamentais, de índole *social*, exigiu uma reformulação da Administração Pública e de muitos institutos do Direito Administrativo. A perspectiva de con-

---

[8] NOVAIS, Jorge Reis. *Direitos sociais: teoria jurídica dos direitos sociais enquanto direitos fundamentais*. Coimbra: Coimbra, 2010, p. 20.

[9] GABARDO, Emerson; HACHEM, Daniel Wunder. *O suposto caráter autoritário da supremacia do interesse público e das origens do Direito Administrativo – uma crítica da crítica*. In: BACELLAR FILHO, Romeu Felipe; HACHEM, Daniel Wunder (Coord.). *Direito Administrativo e Interesse Público: estudos em homenagem a Celso Antônio Bandeira de Mello*. Belo Horizonte: Fórum, 2010, p. 160-161.

[10] GABARDO, Emerson; HACHEM, Daniel Wunder. **Idem**, p. 168.

cretização de uma igualdade material não se faz, contudo, em menosprezo à liberdade: "os direitos econômicos e sociais, que gravitam sobre o valor igualdade, desempenham uma função que se encontra ao serviço da dignidade da pessoa e do livre desenvolvimento de sua personalidade. É dizer, o polêmico binômio liberdade-igualdade não se encontra em franca oposição."[11]

Nessa esteira, o ambiente jurídico-político do Estado social exige uma Administração Pública que não se mantenha inerte: pelo contrário, as liberdades fundamentais do cidadão apenas poderão ser plenamente gozadas se houver uma intervenção direta do Poder Público em assegurar o acesso às condições materiais indispensáveis à vida digna. Por outro lado, o próprio conceito de igualdade assume uma nova feição. Isso significa admitir que nem todos os cidadãos são iguais, e que o tratamento jurídico desigual é muitas vezes o único caminho para se concretizar a igualdade material. A questão se torna, pois, em refletir "que espécie de igualdade veda e que tipo de desigualdade faculta a discriminação de situações e de pessoas, sem quebra e agressão aos objetivos transfundidos no princípio constitucional da isonomia?"[12]

Celso Antônio Bandeira de Mello leciona que três fatores devem ser considerados em relação ao estabelecimento de diferenciações jurídicas: (i) em primeiro lugar, o elemento de *discrímen* adotado pela norma; (ii) em segundo, a correlação lógica entre aquele elemento juridicizado e a desigualdade que se promove a partir dele; (iii) por fim, deve-se verificar se há correspondência entre aquela disparidade criada normativamente e as finalidades albergadas pela Constituição.[13] A análise desses três fatores permite identificar se a desigualdade operada é legítima, ou seja, se está em consonância com a ordem constitucional. Em suma, faz-se necessário

---

[11] Tradução livre. No original: "Los derechos econômicos y sociales, que gravitan sobre el valor igualdad, tienen una función que se encuentra AL servicio de la dignidad de la persona y Del libre desarrollo de su personalidad. Es decir, el polémico binômio libertad-igualdad no se encuentra en franca oposición." RODRÍUEZ-ARANA MUÑOZ, Jaime. *El interés general como Categoría Central de la Actuación de las Administraciones Públicas*. In: BACELLAR FILHO, Romeu Felipe; HACHEM, Daniel Wunder (Coord.). *Direito Administrativo e Interesse Público: estudos em homenagem a Celso Antônio Bandeira de Mello*. Belo Horizonte: Fórum, 2010, p. 55.

[12] MELLO, Celso Antônio Bandeira de. *O conteúdo jurídico... Op. Cit.*, p. 15-16.

[13] MELLO, Celso Antônio Bandeira de. *Idem.*, p. 28.

DIREITO ADMINISTRATIVO: TRANSFORMAÇÕES E TENDÊNCIAS

identificar se existe uma justificativa racional para a escolha do traço distintivo e, ainda, se o tratamento jurídico diferenciado é capaz de promover a equiparação pretendida, nos termos das finalidades constitucionais.

Uma concepção substancial da igualdade, assim, exige por vezes a destinação de tratamentos jurídicos diferenciados aos cidadãos, bem como a concretização de alguns pressupostos indispensáveis à existência digna. No entanto, se cabe primordialmente à Lei e à Constituição estabelecer aqueles níveis e fatores de desnivelamento, qual o papel a ser cumprido pela Administração Pública nesse mister? Quais os fundamentos normativos que obrigam o administrador público a adotar medidas voltadas à conformação da igualdade material? Estas e outras questões serão abordadas nos próximos tópicos do trabalho.

Neste momento, no entanto, releva destacar que o princípio da igualdade e o princípio da impessoalidade, consignado no art. 37, *caput* da Constituição Federal, não possuem rigorosamente o mesmo conteúdo.[14] Isso porque, embora o princípio da igualdade, de fato, oriente significativa parcela do conteúdo do princípio da impessoalidade, ambos não se confundem. É possível vislumbrar duas facetas principais do princípio da impessoalidade, conforme ensinamento de Romeu Felipe Bacellar Filho: (i) de um lado, ele impõe que o administrador público, ao exercer sua função, não personalize a Administração Pública – vale dizer, a coisa pública não pode ser associada à figura de seu gestor;[15] (ii) de outro, determina que a Administração Pública seja imparcial, de modo que as ações admi-

---

[14] Celso Antônio Bandeira de Mello alega que o princípio da impessoalidade determina que a Administração trate todos os indivíduos sem discriminações, em benefício ou prejuízo do administrado. Nessa esteira, aduz o insigne administrativista que "o princípio em causa [da impessoalidade] não é senão o próprio princípio da igualdade ou isonomia." MELLO, Celso Antônio Bandeira de. *Curso de Direito Administrativo*. 28ª ed., rev. e ampl. São Paulo: Malheiros, 2011, p. 114. No entanto, associando-se esta assertiva com o teor do livro "O Conteúdo Jurídico do Princípio da Igualdade", conclui-se naturalmente que, para Mello, apenas as discriminações autorizadas ou determinadas por Lei justificam uma atuação administrativa diferenciadora, desde que tal medida esteja em compasso com as finalidades constitucionais. Assim, não haveria qualquer violação ao princípio da igualdade e da impessoalidade em atuações administrativas que destinassem tratamentos diferenciados a cidadãos distintos, havendo justificativa constitucional ou legal para tanto.

[15] Este conteúdo da impessoalidade pode ser identificado no art. 37, § 1º da Constituição Federal, segundo o qual "publicidade dos atos, programas, obras, serviços e campanhas dos órgãos públicos deverá ter caráter educativo, informativo ou de orientação social, dela não

nistrativas jamais constituam privilégios ou perseguições aos administrados – com a ressalva de que, havendo previsão legal ou constitucional, será plenamente legítimo o tratamento discriminatório positivo, ou seja, com o objetivo de se alcançar alguma finalidade da Constituição.[16]

Quanto a este segundo ponto, o princípio da impessoalidade não determina que todo e qualquer cidadão receba exatamente o mesmo tratamento da Administração Pública se estiverem na mesma situação, mas sim que será terminantemente vedado ao administrador estabelecer diferenciações a partir de sua apreciação subjetiva – proíbem-se, pois, subjetivismos no agir administrativo, de modo que tratamentos diferenciados serão autorizados ou obrigados somente se houver fundamento jurídico que os justifiquem.[17]

Evidentemente, o princípio da igualdade orienta de maneira mais intensa a segunda faceta do princípio da impessoalidade acima apresentada. No entanto, a igualdade possui acepção mais ampla, não se restringindo àquele conteúdo assinalado em relação à impessoalidade (da mesma forma que esta não se resume ao princípio da igualdade).[18] Realmente, se por um lado o princípio da igualdade impõe a obrigação de a Administração Pública atuar de maneira isonômica perante os cidadãos, sem discriminá-los a partir de critérios subjetivos do próprio administrador, por outro não há que se reduzir o princípio a tal conteúdo. Isso porque, a partir do princípio da igualdade, em sua feição substancial, são extraídos deveres que recaem sobre a Administração Pública, compelindo-a a adotar as

---

podendo constar nomes, símbolos ou imagens que caracterizem promoção pessoal de autoridades ou servidores públicos."

[16] Bacellar Filho, Romeu Felipe. *Processo Administrativo Disciplinar*. 3ª ed. São Paulo: Saraiva, 2011, p. 192-193. Também nesse sentido, cf. Rocha, Carmen Lúcia Antunes. *O princípio constitucional da igualdade*. Belo Horizonte: Lê, 1990, p. 85.

[17] Com aduz Bacellar Filho, "O princípio da impessoalidade implica, para a administração pública,
o dever de agir segundo regras objetivas e controláveis racionalmente. Dessa forma, acentua-se a funcionalidade do agir administrativo e concretiza-se o princípio da igualdade." Bacellar Filho, Romeu Felipe. *Idem*, p. 193.

[18] Também nesse sentido, cf. Ramos, Dora Maria de Oliveira. *Notas sobre o princípio da impessoalidade e sua aplicação no direito brasileiro*. In: Marrara, Thiago (Org.). *Princípios de Direito Administrativo: Legalidade, Segurança Jurídica, Impessoalidade, Publicidade, Motivação, Eficiência, Moralidade, Razoabilidade, Interesse Público*. São Paulo: Atlas, 2012, p. 123.

DIREITO ADMINISTRATIVO: TRANSFORMAÇÕES E TENDÊNCIAS

medidas necessárias a garantir aos indivíduos o acesso aos bens jurídicos fundamentais, indispensáveis para se alcançar um patamar satisfatório de isonomia na sociedade. Nesse ponto, especial destaque merece a reflexão atinente aos direitos fundamentais sociais, cuja concretização em patamares satisfatórios representa verdadeira pré-condição para a edificação de um país isonômico, do ponto de vista do acesso às condições essenciais de vida digna.

3. Fundamentos jurídicos da Administração Pública inclusiva: eficácia objetiva dos direitos fundamentais e princípio da eficiência administrativa

O princípio da igualdade efetivamente vincula o agir da Administração Pública, haja vista que, por se tratar de princípio constitucional, submete todos os Poderes à sua observância.[19] Por isso se fala em "Administração Pública inclusiva": a atuação da esfera administrativa não se resume a cumprir friamente os comandos legais que lhe são impostos pelo legislador, exigindo-se muitas vezes uma intervenção a partir da própria Constituição.[20] A ordem constitucional tratou de delinear de maneira mais concreta não só as finalidades que devem ser atingidas para o alcance da igualdade, mas também outros deveres que orientam a ação administrativa no exercício de suas competências. Neste cenário, dois fundamentos sobressaem quanto ao dever de edificação de uma Administração Pública inclusiva:

[19] A temática da vinculação dos Poderes da República aos princípios e demais normas constitucionais remete ao estudo do neoconstitucionalismo, movimento que, como já assinalado, intensificou-se no pós-segunda guerra mundial e, dentre outros, culminou no reconhecimento da juridicidade das normas constitucionais (normas-princípio e normas-regra) – estas deixaram de ter natureza meramente programática, passando a irradiar efeitos normativos desde logo. Sobre o tema, cf. BARROSO, Luís Roberto. *Neoconstitucionalismo e constitucionalização do direito... Op. Cit.*, p. 148-150.

[20] Veja-se que inclusive se admite a possibilidade de agir administrativo com amparo direto na Constituição. Thiago Marrara assevera que, para isso, deverão ser observados dois requisitos: "(1) que a existência de regra explícita não seja considerada necessária pelo legislador (principalmente porque a ação não gera prejuízos aos direitos fundamentais do administrado e nem a interesses públicos primários) e (2) que a ação se justifique em princípios da Administração Pública e objetivos estatais reconhecidos na Constituição." MARRARA, Thiago. *As fontes do Direito Administrativo e o Princípio da Legalidade*. In: DI PIETRO; Maria Sylvia Zanella; RIBEIRO, Carlos Vinícius Alves. *Supremacia do interesse público e outros temas relevantes do Direito Administrativo*. São Paulo: Atlas, 2010, p. 233.

ADMINISTRAÇÃO PÚBLICA INCLUSIVA E OS INSTRUMENTOS JURÍDICO-ADMINISTRATIVOS

a eficácia objetiva dos direitos fundamentais e o princípio da eficiência administrativa.

Embora não seja o tema deste trabalho aprofundar a análise sobre o regime jurídico dos direitos fundamentais,[21] é relevante destacar como a positivação de tais direitos na ordem jurídica repercute sobre as funções a serem desempenhadas pela Administração Pública. O Título II da Constituição Federal é dedicado justamente aos "direitos e garantias fundamentais", compreendendo os "direitos e deveres individuais e coletivos" (Capítulo I), os "direitos sociais" (Capítulo II), a "nacionalidade" (Capítulo III) e os "direitos políticos" (Capítulo IV). A Carta Magna não apenas reconheceu expressamente uma série de direitos e garantias como *fundamentais*, como também, em seu art. 5º, § 1º, assegurou que "as normas definidoras dos direitos e garantias fundamentais têm aplicação imediata." Ou seja, tais normas não representam meras promessas constitucionais, sendo dotadas de verdadeiro conteúdo jurídico.

Insta salientar que a eficácia dos direitos fundamentais, independentemente de se tratar de direitos de liberdade ou direitos sociais,[22] pode ser analisada a partir de uma dupla perspectiva: jurídico-subjetiva e jurídico-objetiva. A perspectiva jurídico-subjetiva denota que os direitos fundamentais geram, para seus titulares, posições jurídicas individualmente tuteláveis (ou seja, a depender do contexto, o direito fundamental pode consubstanciar direito subjetivo do cidadão). Por outro lado, a perspectiva jurídico-objetiva explicita que os direitos fundamentais irradiam sua eficácia por todo o ordenamento jurídico, constituindo vetores de atuação para todas as instâncias do Estado.[23]

---

[21] Sobre o tema, cf. SARLET, Ingo Wolfgang. *A eficácia dos direitos fundamentais: uma teoria geral dos direitos fundamentais na perspectiva constitucional*. 10ª ed., rev. atual. e ampl. Porto Alegre: Livraria do Advogado, 2009.

[22] Segue-se o entendimento de Jorge Reis Novais e Ingo Sarlet, que defendem uma teoria unitária dos direitos fundamentais. Assim, embora se reconheça que, na realidade concreta, direitos de liberdade e direitos sociais possam assumir uma dimensão de eficácia preponderante (positiva ou negativa), a estrutura normativa de ambos é a mesma: tanto direitos de liberdade como direitos sociais podem desempenhar função de defesa ou prestacional (em sentido amplo e em sentido estrito), bem como deles exsurgem deveres de respeito, de proteção e de promoção. Cf. NOVAIS, Jorge Reis. *Direitos sociais... Op. Cit.*, p. 36 e ss.; SARLET, Ingo Wolfgang. *A eficácia dos direitos fundamentais... Op. Cit.*, p. 166 e ss.

[23] PÉREZ LUÑO, António Enrique. *Los derechos fundamentales... Op. Cit.*, p. 20.

DIREITO ADMINISTRATIVO: TRANSFORMAÇÕES E TENDÊNCIAS

Desse modo, compreende-se que aqueles direitos não representam apenas garantias acerca de posições jurídicas individuais, apresentando-se também como um conjunto de valores institucionalizados, cuja observância é obrigatória para os poderes públicos. É de se notar, igualmente, que a perspectiva objetiva é de caráter autônomo em relação à perspectiva subjetiva. Assim, cada direito fundamental, pelo fato de guardar um bem ou uma posição jurídica de importância essencial, reconhecida pelo legislador constituinte, espraia conteúdos normativos que não se resumem à esfera individual do cidadão, exsurgindo deveres específicos aos poderes constituídos, vinculando sua atuação.[24]

Jorge Reis Novais distingue três categorias de deveres estatais que decorrem da positivação dos direitos fundamentais: dever de respeitar, dever de proteger e dever de promover. De maneira sintética, os deveres de respeito impõem condutas eminentemente negativas, de não intervenção do Estado na esfera de autonomia dos cidadãos. Os deveres de proteção assinalam a obrigação de que, por medidas eminentemente positivas (através de normas ou de atuação material) o Poder Público assegure que os direitos fundamentais dos cidadãos não serão violados, por agentes públicos ou por outros indivíduos. Finalmente, os deveres de promoção impõem que o Estado entregará aos cidadãos as prestações normativas e fáticas necessárias à realização concreta do direito.[25]

Embora os referidos deveres recaiam sobre todos os Poderes do Estado, para os fins deste artigo merece destaque a repercussão da dimensão objetiva dos direitos fundamentais na esfera de atuação da Administração Pública. Assim, na seara administrativa, a dimensão objetiva dos direitos fundamentais traduz-se essencialmente no dever de formular políticas públicas, destinadas ao respeito, à proteção e à promoção daqueles direitos. A imposição de tais deveres caracteriza, pois, a superação de uma Administração Pública *de agressão*, rumo a uma Administração Pública *de prestação*.[26] Nessa esteira, políticas públicas correspondem aos instrumentos de ação do Estado através dos quais é articulada a atividade admi-

---

[24] CLÈVE, Clèmerson Merlin. *A eficácia dos direitos fundamentais sociais... Op. Cit.*, p. 100.

[25] NOVAIS, Jorge Reis. *Direitos sociais... Op. Cit.*, p. 41 e ss.

[26] BACELLAR FILHO, Romeu Felipe. *Direito Administrativo e o novo Código Civil*. Belo Horizonte: Fórum, 2007, p. 112-113.

nistrativa para a realização dos objetivos constitucional e legalmente traçados.[27]

O dever constitucional de concretização de direitos fundamentais guarda íntima conexão com o princípio da eficiência administrativa. Ora, estando a Administração Pública vinculada aos objetivos traçados pela Constituição, notadamente o de efetivar os direitos fundamentais, deverá o administrador público adotar as medidas necessárias para que tal incumbência seja realizada de maneira ótima. É a partir desta perspectiva que deve ser analisado o princípio da eficiência administrativa previsto no art. 37, *caput*, da Constituição.

Como aponta Emerson Gabardo, a positivação de tal princípio no texto constitucional brasileiro, por meio da Emenda Constitucional nº 19/98, ocorreu em período histórico fortemente influenciado pelo ideário neoliberal (década de 1990), marcado pela tentativa ideológica de se atribuir ao regime jurídico-administrativo a causa para os problemas do Estado.[28] No entanto, sua inclusão no ordenamento jurídico não teve o condão de subverter ou substituir o regime jurídico-administrativo estatuído pela Constituição Federal, fundado na supremacia do interesse público sobre o privado.[29] Isso se conclui em razão de uma análise sistemática da Carta Magna: "Sendo coerente com um discurso enaltecedor de uma interpretação constitucional do princípio da eficiência administrativa, obviamente que, de pronto, denota-se descartada a hipótese de resumi-lo a uma verificação econômica da relação custo-benefício ou, *a priori*, flexibilizadora da legalidade."[30] Ou seja, o princípio da legalidade, bem como outros princípios e dispositivos referentes à Administração Pública, permanecem incólumes no texto da Constituição, assim como permanece inalterado o modelo administrativo pátrio,

---

[27] Nesse sentido, cf. BUCCI, Maria Paula Dallari. *Direito administrativo e políticas públicas*. 1ª ed., 2ª tir. São Paulo: Saraiva, 2006, p. 252.

[28] GABARDO, Emerson. A eficiência no desenvolvimento do Estado brasileiro: uma questão política e administrativa. In: MARRARA, Thiago (Org.). *Princípios de Direito Administrativo: Legalidade, Segurança Jurídica, Impessoalidade, Publicidade, Motivação, Eficiência, Moralidade, Razoabilidade, Interesse Público*. São Paulo: Atlas, 2012, p. 339.

[29] Sobre o tema, cf. HACHEM, Daniel Wunder. *Princípio constitucional da supremacia do interesse público*. Belo Horizonte: Fórum, 2011.

[30] GABARDO, Emerson. *A eficiência no Estado brasileiro... Op. Cit.*, p. 341.

de modo que é em sintonia com eles que o princípio da eficiência deve ser lido.[31]

Compreende-se, pois, que o conteúdo jurídico do princípio da eficiência, de maneira sintética, consiste no dever imposto à Administração Pública para que esta exerça suas competências jurídicas de modo a conferir o maior grau de concretização aos fins constitucionais que sobre ela recaem, utilizando-se dos meios mais adequados, e sem descuidar dos direitos fundamentais e normas jurídicas que a vinculam.[32] Nessa esteira, o ato eficiente é aquele que se aproxima do ideal de "ato ótimo", que evidentemente não se resume à sua quantificação econômica – a eficiência engloba a economicidade (princípio ligado à valoração econômica do ato), além de outros conceitos próximos, como a eficácia, a efetividade, a racionalização, a produtividade e a celeridade.[33]

Constata-se, pois, que a ordem constitucional brasileira vincula o agir administrativo à concretização das finalidades encartadas na Carta Magna. Nesse compasso, merece especial relevo a vinculação aos direitos fundamentais sociais, cuja eficácia objetiva impõe à Administração Pública o dever de organizar a atividade administrativa de maneira a implementá-los na realidade concreta, notadamente através da formulação e execução de políticas públicas. Por outro lado, o princípio da eficiência administrativa denota que as competências administrativas devem ser executadas de maneira ótima. Assim, não basta formular políticas públicas para que esteja cumprido o dever de concretizar direitos fundamentais: aquelas deverão orientar-se por um ideal de eficiência, o que implica no dever de serem adotados os melhores meios para a consecução das finalidades constitucionais.

---

[31] Nesse sentido, cf. DI PIETRO. Maria Sylvia Zanella. *Discricionariedade administrativa na Constituição de 1988.* 2ª ed. São Paulo: Atlas, 2001, p. 64-65.

[32] GABARDO, Emerson; HACHEM, Daniel Wunder. *Responsabilidade civil do Estado,* faute du service *e o princípio constitucional da eficiência administrativa.* In: GUERRA, Alexandre Dartanhan de Mello; PIRES, Luis Manoel Fonseca; BENACCHIO, Marcelo (Coord.). *Responsabilidade civil do Estado.* São Paulo: Quartier Latan, 2010, p. 245.

[33] Para uma análise detalhada sobre o conteúdo do princípio da eficiência administrativa, cf. GABARDO, Emerson. *Princípio constitucional da eficiência administrativa.* São Paulo: Dialética, 2002, p. 23-30.

4. Instrumentos jurídico-administrativos de concretização do princípio da igualdade

Como já assinalado, o conteúdo do princípio da igualdade encontra-se diretamente conectado ao dever de serem asseguradas aos cidadãos as condições materiais básicas para uma existência digna. Os direitos sociais, nesta esteira, têm sua importância realçada, haja vista que por meio deles se busca justamente garantir os meios indispensáveis a uma vida digna. Cabe à Administração Pública, portanto, adotar os mecanismos mais eficientes: (i) para a realização dos direitos sociais em nível satisfatório; (ii) para a identificação, na realidade concreta, das prestações materiais que são albergadas pelos direitos sociais em relação a cada indivíduo.

O primeiro ponto destacado assinala a relevância de, em termos gerais, serem concretizados os direitos fundamentais sociais como forma se construir uma sociedade mais isonômica. O segundo ponto realça o dever de a Administração Pública estabelecer mecanismos que permitam operar, na realidade concreta, o princípio da igualdade em sua feição substancial. Vale dizer, é necessário que, além de políticas públicas eficientes em relação à generalidade das pessoas, seja o Estado equipado de instrumentos que viabilizem a identificação de situações que demandam uma atuação diferenciada em relação a cada indivíduo. Em outras palavras, o Poder Público deve ser capaz de reconhecer as diferentes necessidades dos cidadãos, de modo que a padronização do agir administrativo não signifique uma absoluta equalização dos indivíduos, com a consequente exclusão daqueles que não se amoldem àqueles parâmetros. A Administração, portanto, deve ser sempre *inclusiva*, de maneira que as diferenciações operadas entre os indivíduos sejam sempre amparadas pelo Direito, e não por uma atuação ineficiente do Poder Público.

Destaque-se, de qualquer modo, que não é toda e qualquer necessidade ou pretensão que deverá ser satisfeita pelo Estado: a análise deve partir do próprio ordenamento jurídico-positivo, que em regra delineia o conteúdo jurídico albergado pelos direitos fundamentais sociais. E, a partir disso, entabular mecanismos que permitam uma atuação eficiente e inclusiva da Administração Pública. Na sequência serão analisados, de maneira bastante sintética, alguns instrumentos jurídico-administrativos que podem colaborar para aquele intento. Não se trata, evidentemente, de esgotar a matéria, mas apenas de apontar alguns caminhos que podem

DIREITO ADMINISTRATIVO: TRANSFORMAÇÕES E TENDÊNCIAS

colaborar para a concretização do princípio da igualdade a partir do agir administrativo.

(a) Planejamento

A temática do planejamento no âmbito da Administração Pública tem sua importância destacada em contextos marcados pela presença de Constituição *dirigente*, como é o caso da ordem constitucional brasileira.[34] Assim, conclui-se de início que planejamento não se reduz à organização da atividade estatal de natureza econômica: pelo contrário, o planejamento do Estado está diretamente vinculado a uma concepção democrática, que orienta o Poder Público a perseguir as finalidades inscritas na Carta Magna.[35] Para o objeto específico deste trabalho, impende analisar a relevância do planejamento especificamente no que diz respeito à necessidade de formular políticas públicas destinadas à concretização de direitos fundamentais sociais, como saúde, moradia e educação, como maneira de se garantir níveis satisfatórios de proteção social e, consequentemente, conformar uma sociedade mais isonômica.

O planejamento, em sede de políticas públicas, constitui o elemento através do qual os diversos fins estatais têm sua realização coordenada pela Administração Pública. Planejar, nessa esteira, mostra-se essencial para que as ações do Poder Público sejam dotadas de previsibilidade e transparência. Previsibilidade e transparência são elementos que remetem diretamente à chamada organização burocrática da Administração Pública, a partir da concepção weberiana de burocracia. Max Weber denominou de dominação racional-legal aquela exercida de maneira impessoal, que é realizada a partir de normas válidas, e que conferem ao agir estatal previ-

---

[34] Consoante nomenclatura utilizada por Canotilho. Cf. CANOTILHO, José Joaquim Gomes. *Constituição dirigente e vinculação do legislador: contributo para a compreensão das normas constitucionais programáticas.* 2ª ed. Coimbra: Coimbra, 2001, p. 149 e ss. sobre o poder "dirigente" da Constituição brasileira, cf. CLÈVE, Clèmerson Merlin. *A fiscalização abstrata da constitucionalidade no Direito brasileiro.* 2ª ed., rev. atual. e ampl. São Paulo: Revista dos Tribunais, 2000, p. 313-318.

[35] MARRARA, Thiago. *A atividade de planejamento na Administração Pública: o papel e o conteúdo das normas previstas no anteprojeto da Nova Lei de Organização Administrativa. Revista Brasileira de Direito Público – RBDP,* Belo Horizonte, ano 9, n. 34, p. 9-45, jul./set. 2011, p. 9.

sibilidade e eficiência.[36] No contexto do novo constitucionalismo, é certo que o esquema racional-legal ganhou novos contornos, sobretudo com a superação da ideia de que o agir estatal é disciplinado a partir de um legalismo estrito – o reconhecimento de juridicidade aos princípios impõe novos desafios e novas formas de se estabelecer a vinculação do Poder Público ao ordenamento jurídico.[37] Nesse sentido, "para atingir objetivos complexos e, simultaneamente, para lidar com os problemas de escassez de recursos das mais diversas ordens, o Estado, assim como o indivíduo, é obrigado a agir de modo racional e estratégico, fazendo considerações sobre o futuro."[38]

A execução de uma política pública, portanto, pressupõe a realização de um adequado planejamento para que a Administração Pública possa concretizar os objetivos a que se vincula. Planejar envolve uma dimensão prospectiva: não se trata mais de conceber apenas o presente enquanto plano temporal de ação do Poder Público. Não basta ao administrador gerir a coisa pública com a visão voltada aos problemas cotidianos, às questões ordinárias que se colocam perante a Administração. O dever de planejamento, imposto pela Carta Magna (art. 174, *caput*, da Constituição Federal), traduz a necessidade de serem organizados programas de ação que incorporem os efeitos futuros das condutas que são realizadas presentemente.[39] Como adverte Comparato, o planejamento exige não apenas uma análise temporal que supere a cotidianidade, mas também uma visão glo-

---

[36] Weber faz a distinção de três formas de legitimação da dominação (ou seja, de formas através das quais os indivíduos reconhecem em outro como detentor de autoridade): (i) a legitimação tradicional (a autoridade do "ontem eterno", que remonta a tempos passados), domínio exercido pelo patriarca; (ii) a legitimação carismática, que decorre de carisma (graça) extraordinário e pessoal; (iii) a legitimação legal, que se origina da crença na validade do regime legal estatuído e da repartição da competência através de regras criadas racionalmente. WEBER, Max. *A política como vocação*. In: *Ensaios de sociologia política*. Rio de Janeiro: Zahar editores, 1963, p. 94-152. Ainda, cf. WEBER, Max. *Economia e sociedade*. Vol. I. 3ª ed. Brasília: UNB, 1994, p. 31.

[37] Sobre o modelo racional-burocrático de Administração Pública, cf. GABARDO, Emerson. *Princípio constitucional da eficiência administrativa... Op. Cit.*, p. 31-44.

[38] MARRARA, Thiago. *A atividade de planejamento na Administração Pública: o papel e o conteúdo das normas previstas no anteprojeto da Nova Lei de Organização Administrativa. Revista Brasileira de Direito Público – RBDP*, Belo Horizonte, ano 9, n. 34, p. 9-45, jul./set. 2011, p. 10.

[39] VALLE, Vanice Regina Lírio do. *Políticas públicas... Op. Cit.*, p. 77.

bal e integrada dos fatos sociais com que tem que lidar o administrador público.[40]

Planejar, assim, consiste basicamente em coordenar as ações administrativas, o que pode ser analisado a partir de duas frentes: quanto às relações internas e quanto às relação externas. Como assevera Thiago Marrara, o dever de cooperação administrativa pode ser extraído diretamente do princípio da moralidade, encartado no art. 37, *caput*, da Constituição, impondo ao Estado o dever de adequado funcionamento e de promover o respeito mútuo nas relações jurídico-administrativas. Nesse sentido, a cooperação pode ser de caráter intra-administrativo e inter-administrativo, incidindo, ainda, na relação entre Administração Pública e cidadão. [41] Quanto ao plano interno (*cooperação intra-administrativa*), a coordenação aponta para a necessidade de a Administração Pública estruturar-se de maneira que seus órgãos e entes estejam orquestrados para que, ao desempenharem suas funções, sejam capazes de concretizar as finalidades constitucionais que pesam sobre eles. Trata-se, em suma, de articular os vários segmentos da estrutura administrativa para que suas ações sejam executadas em consonância com os objetivos pretendidos pela política pública em questão.[42]

Com relação ao plano externo, o planejamento das ações estatais envolve, por um lado, a forma como os entes federados coordenam políticas de comum interesse a todos eles – são estabelecidas questões como repartição de recursos, unidades gestoras de cada atividade, divisão de responsabilidades, etc. (*cooperação inter-administrativa*).[43] Por outro lado,

---

[40] COMPARATO, Fábio Konder. *A organização constitucional da função planejadora*. In: CAMARGO, Ricardo Antônio Lucas (Org.). *Desenvolvimento Econômico e intervenção do Estado na ordem constitucional: estudos jurídicos em homenagem ao Professor Washington Peluso Albino de Souza*. Porto Alegra: Sergio Antonio Fabris, 1995, p. 87. Ainda sobre o tema, cf. BERCOVICI, Gilberto. *Planejamento e políticas públicas: por uma nova compreensão do papel do Estado*. In: BUCCI, Maria Paula Dallari. *Políticas públicas: reflexões sobre o conceito jurídico*. São Paulo: Saraiva, 2006, p. 158-161.

[41] MARRARA,Thiago. *O conteúdo do princípio da moralidade: probidade, razoabilidade e cooperação*. In: MARRARA, Thiago (Org.). *Princípios de Direito Administrativo: legalidade, segurança jurídica, impessoalidade, publicidade, motivação, eficiência, moralidade, razoabilidade, interesse público*. São Paulo: Atlas, 2012, p. 174-177.

[42] VALLE, Vanice Regina Lírio do. *Políticas públicas... Op. Cit.*, p. 75.

[43] MARRARA,Thiago. *O conteúdo do princípio da moralidade... Op. Cit.*, p. 175.

o planejamento deve ser capaz de articular todos os atores que poderão integrar o plano de execução da política pública.[44] Este segundo aspecto do plano externo do planejamento chama a atenção para a atuação de agentes, públicos ou privados, que tomarão parte em todo o procedimento de gestão da política pública, que engloba, basicamente, quatro momentos: formulação, execução, controle e avaliação.[45]

A expressão do planejamento ocorre através de planos, que se aprovados pelo Poder Legislativo, adquirem o *status* normativo de Lei. Podem assumir feição geral (como o Plano Nacional de Desenvolvimento), regional ou setorial, quando abarcam uma finalidade mais bem delimitada (como o Plano Nacional de Saúde e o Plano Nacional de Educação), e estabelecem quais objetivos deverão ser alcançados pelo Poder Público, quais mecanismos institucionais serão utilizados bem como outras disposições pertinentes à execução das metas.[46] Ainda, o plano permite materializar, juridicamente, uma visão prospectiva da realidade social, adequando o agir estatal ao alcance das prioridades previamente definidas.[47] Igualmente, o planejamento financeiro para a consecução dos objetivos do plano não é realizado apenas anualmente, através da Lei Orçamentária Anual (LOA), exigindo-se também a elaboração do Plano Plurianual (PPL) e da Lei de Diretrizes Orçamentárias (LDO) – todas de iniciativa do Poder Executivo (art. 165 da Constituição). O Plano Plurianual se destina a assegurar a execução de metas relacionadas a despesas de capital e a programas de duração continuada.

Por meio do planejamento, portanto, pode a Administração Pública equacionar as diversas finalidades a que se vincula, de modo a articular a atividade administrativa de maneira eficiente com vistas à sua concretização. Trata-se, pois, de mecanismo indispensável à realização dos direitos sociais em nível satisfatório.

---

[44] VALLE, Vanice Regina Lírio do. *Idem*, p. 75-76.

[45] MASSA-ARZABE, Patrícia Helena. *Dimensão jurídica das políticas públicas*. In: BUCCI, Maria Paula Dallari. *Políticas públicas: reflexões sobre o conceito jurídico*. São Paulo: Saraiva, 2006, p. 70.

[46] BUCCI, Maria Paula Dallari. *Direito administrativo e políticas públicas... Op. Cit.*, p. 259.

[47] GRAU, Eros Roberto. *Planejamento econômico e regra jurídica*, p. 74.

b) Processo administrativo eficiente para a análise de pretensões e para a resolução de conflitos no âmbito da Administração Pública

Se o planejamento tem por objetivo assegurar a concretização de direitos fundamentais sociais em níveis satisfatórios, de uma maneira geral, o desenvolvimento de procedimentos eficientes no âmbito da Administração Pública visa impedir que situações individuais, ou mesmo coletivas, sejam indevidamente excluídas da esfera de tutela administrativa. Como assevera Emerson Gabardo, no contexto do Estado social, em que se exige uma intensa atuação positiva do Estado, "o procedimento torna-se um instrumento de garantia dos direitos fundamentais, rumo à realização dos outros dois ideais revolucionários: igualdade e fraternidade (...)."[48]

De início, insta salientar a relevante distinção existente entre os conceitos de processo e procedimento. O *procedimento* é a forma através da qual se exterioriza uma competência, ou seja, uma série de atos concatenados logicamente que convergem para determinado fim.[49] Por outro lado, há *processo* quando ao procedimento é "adicionada a cooperação de sujeitos, sob a ótica do contraditório."[50] Complementando, Bacellar Filho esclarece que "todo processo é procedimento, porém a recíproca não é verdadeira: nem todo procedimento converte-se em processo."[51] Assim, procedimento pode ser considerado gênero, do qual processo é espécie.

---

[48] GABARDO, Emerson. *O princípio constitucional... Op. Cit.*, p. 117.

[49] BACELLAR FILHO, Romeu Felipe. *Processo Administrativo Disciplinar.* 3ª ed. São Paulo: Saraiva, 2012, p. 47.

[50] BACELLAR FILHO, Romeu Felipe. *Idem*, p. 46.

[51] BACELLAR FILHO, Romeu Felipe. *Idem*, p. 51. Ainda, Odete Medauar aponta dois tipos de procedimento, do ponto de vista subjetivo: o *procedimento em sentido estrito* (sucessão de atos, realizados pelo responsável pela edição do ato) e o *processo* (marcado por uma atuação de sujeitos diversos daquele a quem compete a edição do ato); do ponto de vista objetivo, o que os diferencia é a sua estrutura: *processo* é visto a partir de uma estrutura dialética, em que as diversas faculdades, poderes, deveres são distribuídos entre os participantes, possibilitando uma participação equilibrada de todos. Para a autora, portanto, dois critérios diferenciam processo de procedimento: (i) colaboração dos interessados; (ii) presença do contraditório. MEDAUAR, Odete. *A processualidade no direito administrativo.* São Paulo: Editora Revista dos Tribunais, 1993, p. 35-41.

Este esclarecimento não tem relevância meramente conceitual, pois decorre de orientação insculpida no próprio ordenamento jurídico brasileiro, sobretudo na Constituição Federal.[52]

Verifica-se não só do art. 5º, inciso LV – que assegura o contraditório e a ampla defesa aos litigantes e aos acusados em *processo* administrativo –, mas também de outros dispositivos que a Constituição adotou o termo processo na esfera da processualidade administrativa.[53] Ainda, anote-se que Código de Processo Civil adotou essa perspectiva na medida em que reservou à jurisdição voluntária a nomenclatura "procedimento" ("Dos Procedimentos Especiais de Jurisdição Voluntária" – Título II do Livro IV do CPC).[54]

Compreende-se, pois, que a violação de direitos fundamentais dos cidadãos por vezes ocorre por uma atuação administrativa ineficiente, seja em processos ou procedimentos administrativos. A problemática dos procedimentos administrativos de concessão de benefício previdenciário, pelo Instituto Nacional do Seguro Social (INSS), e da chamada "judicialização" de questões envolvendo o direito à saúde são emblemáticas neste contexto. Em relação à autarquia previdenciária, é nítido que a ausência de um procedimento eficiente faz com que gigantesco contingente de cidadãos tenha que recorrer ao Poder Judiciário para ver tutelado seu direito: dados apurados pelo Conselho Nacional de Justiça (CNJ) revelam que o INSS é o maior litigante do país.[55] Por outro lado, na área da saúde pública, sequer existem procedimentos institucionalizados capazes de solucionar impasses entre o cidadão e a Administração Pública, quando aquele se encontra

---

[52] Bacellar Filho faz análise detalhada sobre as posições adotadas por diversos autores, cabendo ressaltar que compartilham do entendimento ora apresentado Cândido Rangel Dinamarco, Odete Medauar, Luiz Guilherme Marinoni, Paulo Celso Bergstrom Bonilha e Álvaro Ricardo de Souza Cruz. BACELLAR FILHO, Romeu Felipe. *Processo Administrativo Disciplinar... Op. Cit.*, p. 46.

[53] Odete MEDAUAR refere-se às seguintes disposições constitucionais: art. 37, XXI (que estabelece como regra a contratação de obras, serviços, compras e alienações através de *processo* licitatório), art. 41, § 1º, II (servidor público estável só poderá ser demitido após *processo* administrativo que lhe garanta ampla defesa). MEDAUAR, Odete. *Direito Administrativo Moderno.* 16ª ed. atual. e ampl. São Paulo: Revista dos Tribunais, 2012, p. 194.

[54] BACELLAR FILHO, Romeu Felipe. *Processo Administrativo Disciplinar... Op. Cit.*, p. 50.

[55] Os dados podem ser conferidos em: < http://www.cnj.jus.br/A2129030-6086-48E5-97DF-931DF1CA203E/FinalDownload/DownloadId-2C85EE9B7C0C80AB1C94C630149F7033/A2129030-6086-48E5-97DF-931DF1CA203E/images/pesquisas-judiciarias/pesquisa_100_maiores_litigantes.pdf> Acesso em 15/03/2013.

privado de determinada prestação sanitária. Com isso, muitos administrados são obrigados a recorrer ao Poder Judiciário para pleitear tratamentos de saúde que poderiam ser concedidos pelo Estado sem a necessidade de intervenção da via judicial.[56]

Consoante ensinamento de Egon Bockmann Pereira, um processo administrativo eficiente é marcado por ser célere, simples, com finalidade pré-definida, econômico e efetivo. Ressaltando alguns aspectos analisados pelo autor, o procedimento deverá: ser dotado de formalidades compreensíveis à população que não tenha formação jurídica (processo "simples"); ser estruturado para o atendimento de fins específicos (evitando-se processos genéricos); viabilizar a concretização dos direitos reconhecidos ao cidadão pelo ordenamento jurídico (processo "efetivo").[57]

Nessa esteira, a doutrina tem aludido a interessantes instrumentos processuais que poderiam incrementar a atuação administrativa na apreciação de pleitos dos cidadãos (como no caso de pedido de concessão de benefício previdenciário) e na resolução de conflitos (quando, por exemplo, a Administração Pública se nega a conceder determinada prestação de saúde), notadamente quando se tratar de assuntos envolvendo direitos fundamentais sociais. É o caso, por exemplo, de Luciane Moessa de Souza, que defende a criação de processo administrativo simplificado, passando obrigatoriamente por instância conciliatória e contando com a intervenção de profissional com formação jurídica para análise técnica do pedido relacionado a direito fundamental, dentre outros.[58]

Assim, verifica-se que a estruturação de procedimentos administrativos eficientes no âmbito da Administração Pública é de enorme relevância

---

[56] Para uma análise específica do conteúdo jurídico protegido pelo direito à saúde e a gestão administrativa das políticas sanitárias, cf. PIVETTA, Saulo Lindorfer. *Direito fundamental à saúde: regime jurídico-constitucional, políticas públicas e controle judicial.* Curitiba, 2013. 270 f. Dissertação (mestrado) – Programa de Pós-graduação em Direito da Universidade Federal do Paraná.

[57] MOREIRA, Egon Bockmann. *Processo administrativo: princípios constitucionais e a Lei 9.784/1999.* 4ª ed. atual., rev. e aument. São Paulo: Malheiros, 2010, p. 209 e ss. Ainda, do autor, cf. MOREIRA, Egon Bockmann. Processo Administrativo e Princípio da Eficiência. In: SUNFELD, Carlos Ari; MUÑOZ, Guillermo Andrés (Coord.). *As Leis de Processo Administrativo: Lei Federal 9.784/99 e Lei Paulista 10.177/98.* São Paulo: Malheiros, 2000, p. 334-337.

[58] SOUZA, Luciane Moessa de. *Meios consensuais de solução de conflitos envolvendo entes públicos: negociação, mediação e conciliação na esfera administrativa e judicial.* Belo Horizonte: Fórum, 2012, p. 232.

para a concretização do princípio da igualdade. Em primeiro lugar, porque permite a identificação de insuficiências pontuais das políticas públicas existentes (como no caso de pedido de prestação de saúde não fornecida pelo SUS), bem como a superação de falhas identificadas na prestação dos serviços públicos (por exemplo, quando a prestação requerida, mesmo estando prevista em política pública, não foi concedida por algum lapso da Administração Pública).

Em segundo lugar, ao assim proceder a Administração Pública viabiliza a concessão de tratamento isonômico aos cidadãos, assegurando que todos, ou ao menos um grande contingente, tenham seus conflitos satisfatoriamente resolvidos nas instâncias administrativas, mesmo aqueles que não possuem condições técnicas e financeiras de postularem judicialmente seus pedidos. Como leciona Romeu Felipe Bacellar Filho, "o procedimento administrativo visa permitir à Administração Pública a valoração, de forma coordenada, de uma pluralidade de interesses, públicos ou privados, envolvidos na elaboração da decisão administrativa. Representa, portanto, um mecanismo de coordenação de interesses para a obtenção do interesse coletivo primário (interesse público) com o menor sacrifício dos interesses secundários (estatais ou dos sujeitos privados)."[59]

(c) Controle externo e controle social

O controle externo da Administração Pública, de competência do Poder Legislativo, e exercido com o auxílio do Tribunal de Contas (art. 71 da Constituição), configura importante instrumento, não só para reprimir as condutas dos agentes públicos que estejam em descompasso com as determinações constitucionais e legais, mas principalmente para acompanhar e identificar falhas nas políticas públicas desenvolvidas pela Administração Pública. Nota-se a própria vocação do Tribunal de Contas para o desempenho de tal atividade, visto que possui competência e estrutura adequada, dispondo de servidores qualificados e instrumentos jurídicos para identificar os equívocos e acertos da gestão administrativa dos entes federados, controlando aspectos relativos à legalidade, legitimidade e economici-

---

[59] BACELLAR FILHO, Romeu Felipe. A noção jurídica de interesse público no Direito Administrativo brasileiro. In: BACELLAR FILHO, Romeu Felipe; HACHEM, Daniel Wunder (Coord.). *Direito Administrativo e Interesse Público: estudos em homenagem a Celso Antônio Bandeira de Mello.* Belo Horizonte: Fórum, 2010, p. 102.

dade dos gastos públicos.[60] Com isso, as Cortes de Contas, ao proporem e cobrarem a implementação das mudanças necessárias para a adequação das políticas públicas ao ordenamento jurídico, contribuem de maneira preventiva, de modo a evitar que direitos dos cidadãos sejam lesados em razão de atuação ineficiente, ilegal ou imoral da Administração.

Da mesma forma, o controle social, aquele realizado diretamente pela sociedade civil sobre os atos da Administração Pública, apresenta-se como importante mecanismo de salvaguarda das garantias e direitos fundamentais reconhecidos pela Constituição. Isso porque ninguém melhor do que o próprio cidadão, destinatário imediato das políticas públicas executadas pela Administração, para avaliar a eficiência da atividade administrativa, apontando falhas e debatendo novas perspectivas de atuação, que poderão culminar na reprogramação do agir estatal. Trata-se de mecanismo adequado não apenas ao controle do Poder Público, mas também à democratização do Estado brasileiro.[61]

A Constituição Federal de 1988 estabelece um verdadeiro projeto democrático para o Brasil, que se materializa por diversos instrumentos, que buscam garantir uma intervenção ativa por parte dos cidadãos na gestão e nas decisões sobre os rumos do aparelho público.[62] Veja-se como exemplo, em relação ao direito à saúde, a criação dos Conselhos de Saúde e as Conferências de Saúde (disciplinados pela Lei nº 8.142/1990), espaços institucionais que são de enorme relevância para a construção de um efetivo controle social, bem como para a concretização de uma sociedade

---

[60] Consoante a competência constitucionalmente reconhecida aos Tribunais de Contas, nos termos dos artigos 70 e 71 da Constituição: Art. 70. A fiscalização contábil, financeira, orçamentária, operacional e patrimonial da União e das entidades da administração direta e indireta, quanto à legalidade, legitimidade, economicidade, aplicação das subvenções e renúncia de receitas, será exercida pelo Congresso Nacional, mediante controle externo, e pelo sistema de controle interno de cada Poder.

(...)

Art. 71. O controle externo, a cargo do Congresso Nacional, será exercido com o auxílio do Tribunal de Contas da União, ao qual compete: (...)

[61] Ademais, como leciona Jaime Rodriguez-Arana Muñoz, uma Administração Pública fechada em si mesma, que não se abre à cidadania participativa, se torna incapaz de captar e servir aos interesses da população. RODRÍGUEZ-ARANA MUÑOZ, Jaime. La participación en el Estado social y democrático de Derecho. *Revista de Direito Administrativo & Constitucional – A&C,* Belo Horizonte, ano 12, n. 48, p. 13-40, abr./jun. 2012, p. 28.

[62] Sobre o tema, cf. SALGADO, Eneida Desiree. *Constituição e democracia... Op. Cit.,* p. 202 e ss.

mais democrática. Com isso, são fortalecidos foros públicos de debate que viabilizam a canalização das demandas populares, que deverão integrar o processo decisório da Administração Pública no âmbito da formulação, execução, controle e avaliação das políticas públicas.

Nesse cenário, merece destaque a frutífera experiência do Tribunal de Contas do Estado do Paraná, que a partir do ano de 2011 passou a formatar um mecanismo de controle que articula a estrutura física e operacional da Corte (controle externo) e vários segmentos da sociedade, como universidades, conselhos municipais e estaduais, entidades de classe, entre outros (controle social). O projeto denomina-se "Plano Anual de Fiscalização Social" (PAF Social), que busca erigir uma rede de diálogo permanente entre o Poder Público, o próprio Tribunal de Contas e a comunidade, de modo a diagnosticar as necessidades de cada região e a estabelecer, juntamente com a Administração Pública, planos de trabalho e indicadores de qualidade que visem à melhoria da atividade administrativa.

Com essas ferramentas, aprimora-se não só a participação popular na gestão da coisa pública, como também são fornecidos novos e eficazes instrumentos de fiscalização à Corte de Contas, que além de ampliar significativamente sua inserção social, desenvolve parâmetros mais concretos para a aferição da eficiência da atuação do Poder Público. No ano de 2012, foram realizadas auditorias sociais em nove Municípios do Paraná, sendo que em cada um deles foi auditada uma área específica (aquisição de medicamentos, transporte escolar ou resíduos sólidos). O trabalho envolveu 350 alunos e professores universitários, que entrevistaram 3.500 cidadãos daquelas localidades. Ainda, foram desenvolvidos novos projetos nas áreas da saúde e educação, e o Relatório Final de cada auditoria está seguindo, no Tribunal de Contas, o trâmite previsto legalmente. A implementação das recomendações nele propostas será acompanhada pelo próprio Tribunal, em conjunto com os cidadãos que participaram de todo o processo de auditoria. Assim, espera-se que as próprias políticas públicas sejam modificadas, de modo a racionalizar a utilização dos recursos públicos, com a melhoria da prestação dos serviços públicos naquelas comunidades.[63] Medidas como

---

[63] Para um estudo detalhado do Projeto PAF Social do Tribunal de Contas do Estado do Paraná, cf. ALPENDRE, Ricardo; LAPORTE JR., Arnaldo; MARCELINO, Carolina Wunsch; RIESEMBERG JR., Djalma. Auditoria social e o Projeto PAF Social: um relato de experiência sobre novos espaços para formação de redes de controle e cidadania. *Revista Digital do Tribunal de Contas do Estado do Paraná*, Curitiba, n. 2, maio/ago, 2012, p. 14-25.

essas, portanto, colaboram para se incrementar uma atuação eficiente da Administração Pública no que diz respeito à efetivação de direitos fundamentais sociais, garantindo uma vida mais digna e isonômica a grande contingente de cidadãos.

5. Considerações finais

O princípio da igualdade não constitui mera previsão retórica inserta na Carta Constitucional. Pelo contrário, ele se irradia por todo o ordenamento jurídico, repercutindo na esfera do Direito Administrativo e da Administração Pública. A própria Constituição densifica o conteúdo da igualdade em vários dispositivos, estatuindo deveres específicos dos quais não pode se furtar o Estado. A concretização dos direitos fundamentais sociais, nesse contexto, aparece como elemento essencial para se edificar uma sociedade mais isonômica, em termos substantivos. Ao lado disso, o princípio da eficiência impõe que o administrador público, ao exercer suas competências, tenha sempre como norte a escolha da opção ótima a dar cumprimento às finalidades constitucionais. Assim, no presente texto buscou-se apresentar, ainda que brevemente, alguns instrumentos jurídico-administrativos capazes de viabilizar a satisfação adequada dos direitos fundamentais sociais, bem como de tornar a Administração Pública mais permeável às demandas existentes na sociedade.

PARTE VI

CONTRATUALIZAÇÃO E CONSENSUALIZAÇÃO DA FUNÇÃO ADMINISTRATIVA

RESOLUÇÃO DE CONFLITOS ENVOLVENDO O PODER PÚBLICO: CAMINHOS PARA UMA CONSENSUALIDADE RESPONSÁVEL E EFICAZ

LUCIANE MOESSA DE SOUZA

1. Introdução

Muito se tem defendido a ampliação da utilização dos meios consensuais de resolução de conflitos em nosso país, seja na esfera privada, onde ela nasce, seja na esfera pública, onde se tem presenciado um forte movimento, por exemplo, no seio da Justiça Federal, pela celebração de acordos para encerrar litígios em juízo, sejam eles obtidos pela negociação direta, pela mediação ou pela conciliação. Se este movimento, por um lado, enfatiza a redução de tempo e custos para a resolução do conflito, também pode e deve apontar as vantagens qualitativas que a solução consensual apresenta para as partes, as quais não teriam como ser alcançadas mediante a prolação pura e simples de uma decisão judicial ou administrativa unilateral.

Não obstante, segundo dados do Conselho Nacional de Justiça (CNJ), o Poder Público seja parte em mais da metade dos processos judiciais em curso em nosso país, pouco ainda se produziu, seja em nível normativo (vide a Resolução 125, de 2010, do próprio CNJ), seja em nível doutrinário, seja em nível jurisprudencial, sobre as peculiaridades da resolução consensual de conflitos **na esfera pública**. E esta necessidade é evidente em face do regime jurídico diferenciado da Administração Pública em face dos particulares, o qual lhe coloca limites muito claros e relevantes no momento de negociar para resolver conflitos.

Por tal razão, este trabalho, para além de defender, como tantos vêm defendendo, a possibilidade de resolução consensual de conflitos na esfera pública, bem assim de refutar os argumentos daqueles que a ela se opõem, se propõe a sintetizar quais são as peculiaridades que a presença de um ou mais entes públicos em pelo menos um dos polos do conflito traz para a sua resolução – e qual a metodologia adequada para dar conta de tais peculiaridades.

2. Fundamentos para a adoção de métodos consensuais de resolução de conflitos na esfera pública

2.1. Fundamentos constitucionais

Os três grandes fundamentos jurídico-constitucionais para a adoção de métodos consensuais na resolução de conflitos em que se vê envolvido o Poder Público, seja na esfera administrativa, seja na esfera judicial, são: a) o princípio do acesso à justiça (art. 5º, XXXV, da Const. Federal), que exige a disponibilização de métodos **adequados (sob os aspectos temporal, econômico e de resultados)** de resolução de conflitos, não se subsumindo a uma simples garantia de **acesso** formal ao sistema judicial – princípio do qual decorre o também positivado princípio da razoabilidade na duração do processo administrativo e judicial (art. 5º, LXXIV); b) o princípio da eficiência (art. 37, *caput*), que demanda sejam os conflitos resolvidos da forma que apresente a melhor relação entre custo e benefício, ou seja, menores custos, menos tempo, menos desgaste para a relação entre as partes e melhores resultados para ambas; c) o princípio democrático, fundamento de nossa ordem constitucional (art. 1º), que decorre de o Estado não ser um fim em si mesmo e reclama portanto que, quando o Poder Público se veja envolvido em conflitos com particulares, ele se disponha, em primeiro lugar, a dialogar com estes para encontrar uma solução adequada para o problema.

Por tais razões, entendo – e defendi tal posicionamento em minha Tese de Doutoramento[1] – que o Poder Público deve necessariamente disponibilizar métodos de resolução consensual de conflitos para as situações em que estiver litigando com particulares – não sendo, todavia, os particulares, por evidente, obrigados a tomar parte nestes processos consensuais, podendo optar, se assim entenderem mais apropriado, pelo processo contencioso tradicional. Da mesma forma, nos conflitos que envolvem entes

---

[1] A Tese em questão, defendida perante a UFSC, resultou na publicação de duas obras de minha autoria pela Editora Fórum em 2012: "Meios consensuais de resolução de conflitos envolvendo entes públicos: negociação, mediação e conciliação nas esferas administrativa e judicial" e "Mediação de conflitos coletivos: a aplicação dos meios consensuais à solução de controvérsias que envolvem políticas públicas de concretização de direitos fundamentais".

RESOLUÇÃO DE CONFLITOS ENVOLVENDO O PODER PÚBLICO

públicos entre si, a solução consensual deve ser buscada até que se tenha sucesso, por decorrência lógica do princípio da eficiência.

2.2. Fundamentos infraconstitucionais

A par dos fundamentos constitucionais, nosso ordenamento infraconstitucional conta, desde 1990[2], com diversas previsões de resolução consensual de conflitos envolvendo o Poder Público, a maioria, inclusive, versando sobre direitos indisponíveis.

A primeira grande inovação neste sentido foi feita pelo Código de Defesa do Consumidor (Lei 8.078, de 1990), ao alterar a Lei da Ação Civil Pública (Lei 7.347, de 1985) e acrescentar o parágrafo 6º ao seu artigo 5º, o qual prevê a celebração de "ajustes de conduta" em todos os temas que podem ser objeto da referida ação, vale dizer, meio ambiente, patrimônio cultural, histórico e paisagístico, ordem econômica, defesa do consumidor, entre outros. Muito embora haja quem afirme que não existe autêntica negociação na celebração de termo de ajustamento de conduta, o ideal é que ela exista, sim, até porque o mais comum é que diferentes direitos fundamentais colidam entre si nos conflitos de natureza coletiva, devendo-se buscar a solução que seja capaz de compatibilizá-los de forma ótima.

No mesmo ano de 1990, o Estatuto da Criança e do Adolescente (Lei 8.069) também previu, em seu artigo 211, a possibilidade de celebração de ajuste de conduta.

Tal exemplo foi seguido pela legislação de defesa da concorrência (Lei 8.884, de 1994), cujo artigo 53 admitiu a celebração de compromisso de cessação de conduta para suspender processo administrativo sancionador. Este modelo segue sendo adotado pela nova lei que disciplina o assunto (Lei 12.519, de 2011), cujos artigos 9º, V, e 85 continuam a dispor sobre o compromisso de cessação de conduta lesiva à concorrência.

Em 1997, a Lei 6.385, de 1976, que disciplinou o mercado de capitais e criou a Comissão de Valores Mobiliários para regulá-lo, foi alterada pela Lei 9.457, que incluiu os parágrafos 5º a 12 em seu artigo 11, que trata do processo administrativo sancionador. Os novos parágrafos 5º a 9º tratam da possibilidade de suspensão do processo punitivo mediante celebração de

---

[2] Isto se não se incluir o Código Tributário Nacional, de 1966, que já admitia a extinção do crédito tributário por meio de transação – norma que, por seu turno, demanda detalhamento por lei específica.

termo de compromisso de ajustar a conduta às prescrições legais. Alguns destes parágrafos tiveram sua redação alterada pelo Decreto 3.995, de 31 de outubro, mas a tônica foi mantida. Tais dispositivos foram regulamentados pelas Deliberações CVM 390, de 2001, e 486, de 2005. Na prática, somente após a regulamentação, que criou o Comitê de Termo de Compromisso, é que a norma passou a efetivamente ser levada a efeito, produzindo-se percentuais altíssimos de cumprimento de acordos.

Em matéria ambiental, a Lei 9.605/1998 (art. 79-A), o Decreto 99.274/1990 (art. 42) e o Decreto 6.514/2008 (arts. 139 a 148) também admitem a celebração de compromisso de ajuste de conduta, reforçando e detalhando o permissivo já contido na Lei da Ação Civil Pública.

O Estatuto do Idoso (Lei 10.741, de 2003) também contém, em seu artigo 74, X, previsão de possibilidade de celebração de ajuste de conduta.

A Lei de Diretrizes e Bases da Educação Nacional, igualmente, admite procedimento desta natureza no exercício das atividades de fiscalização das instituições de ensino superior (Lei 9.394/1996, art. 46, § 1º; Decreto 5.773/2006, arts. 47 a 50).

No mesmo compasso, a Consolidação das Leis do Trabalho foi alterada em 2001, com acréscimo do artigo 627-A e alteração do artigo 876, para se prever a possibilidade de celebração de termo de compromisso ou de ajuste de conduta em matéria de saúde e segurança do trabalho. Tais regras foram regulamentadas pelo Decreto 4.552/2002 (art. 28).

A legislação de quase todas as agências reguladoras contém norma semelhante: a) ANEEL – artigo 3º, V, da Lei 9.427, de 1996, e Resolução ANEEL 333, de 2008; b) ANATEL – artigo 19, XVII, da Lei 9.472, de 1996; c) ANP – artigo 20 da Lei 9.478, de 1997 e Portaria ANP 69/2011, art. 54; d) ANTT – Resolução 442/2004; e) ANTAQ – Resolução 987/2008; f) ANS – Lei 9.656, de 1998, art. 29, § 1º e Lei 9.961, de 2000, art. 4º, XXXIX; g) PREVIC – Lei 12.154, de 2009, art. 2º, VIII; Instruções PREVIC 3 e 7/2010[3].

Vê-se, assim, que quase todas as normas referidas tratam de direitos indisponíveis – o que não é grande novidade, já que o Código de Processo

---

[3] Uma observação à parte merece ser feita ao cabo desta descrição de tantas normas que admitem a resolução consensual de conflitos em temas sensíveis: nem sempre a previsão normativa tem sido acompanhada da devida implementação de programas pelos entes públicos competentes. A pesquisa de campo que realizei no Brasil revela que são ótimos programas, que já produziram excelentes resultados, os do CADE, o da CVM e o da ANEEL. Muitas destas normas, infelizmente, ainda não "saíram do papel".

Civil (artigo 447, parágrafo único), a Lei de Divórcio e outros diplomas sempre admitiram a celebração de acordos em conflitos na área de direito de família, onde abundam os direitos indisponíveis (guarda e visita a filhos, por exemplo). Da mesma forma, a transação já é admitida em matéria de infrações penais leves desde a Lei 9.099, de 1995, que criou os Juizados Especiais Criminais, tendo sido ampliada com a edição da Lei 10.259, que criou os Juizados Especiais Federais (a pena máxima para os crimes cuja persecução pode ser "negociada", que era de um ano, passou a dois anos).

Não se pode, portanto, de forma alguma **confundir indisponibilidade com intransigibilidade**, pois esta somente se afigura nas situações em que a lei expressamente veda a transação – como se vê do artigo 17, parágrafo 1º, da Lei 8.429, de 1992, que versa sobre improbidade administrativa.

Constituem ainda fundamentos legais para a utilização de meios consensuais no curso do processo administrativo o princípio da proporcionalidade, previsto no artigo 2º, VI, da Lei 9.784, de 1999, e a previsão do artigo 2º, IV, da Lei 9.873, de 1999, no sentido de que a instauração de alguma espécie de conciliação interrompe o curso da prescrição para fins de processo administrativo na esfera federal.

Ainda na esfera administrativa, vale registrar que a previsão constante na legislação de diversas agências reguladoras, de realização de consultas e audiências públicas, para a elaboração de seus atos normativos, e que é adotada mesmo por entes que não dispõem de tal previsão legal (como o Banco Central do Brasil, cuja legislação básica é a Lei 4.595/1964), é um reforço muito importante para a ideia de consensualidade na tomada de decisões na Administração Pública. Muito embora no direito brasileiro as manifestações apresentadas não vinculem a Administração, nos EUA, a partir desta previsão, em muitos casos se adota o procedimento do "negotiated rulemaking", buscando-se alcançar um consenso entre os setores regulados e os usuários dos serviços regulados, que é levado em conta pelo ente regulador competente ao elaborar a norma[4].

Já na esfera judicial, temos, além da já citada legislação dos Juizados Especiais Federais, a lei que criou os Juizados Especiais da Fazenda Pública,

---

[4] Eu trato do assunto na obra "Meios consensuais...", já referida (no item "elaboração negociada de regulamentos administrativos", e também Sérgio Varella Bruna, na obra "Agências reguladoras: poder normativo, consulta pública, revisão judicial", publicada pela Editora Revista dos Tribunais.

dispondo sobre o processamento especial dos litígios de pequena monta envolvendo os Estados, Distrito Federal e Municípios – Lei 12.153, de 2009. Note-se que esta lei necessita de complementação por legislação de cada Unidade da Federação, nos termos de seu artigo 8º. Na esfera federal, a legislação básica sobre transações é a Lei 9.469, de 1997, que admite transação sem diferenciar ou restringir a matéria, para os litígios que envolvem a União ou outro ente federal. Esta norma está regulamentada por diversas Portarias da Advocacia-Geral da União e de seus órgãos vinculados. Da mesma forma, vale mencionar que o Código Tributário Nacional admite a transação como forma de extinção do crédito tributário (artigo 156, III).

3. Os princípios constitucionais que regem a atuação do Poder Público e suas consequências na resolução consensual de conflitos

A defesa das possibilidades que a resolução consensual de conflitos oferece não implica, naturalmente, negar as cautelas adicionais que esta requer em face das especificidades atinentes ao regime jurídico da Administração Pública. Estas especificidades acarretam limitações ao poder/dever de transigir e decorrem basicamente dos princípios da legalidade (ou da juridicidade), da isonomia e da publicidade.

O **princípio da legalidade** é um dos primeiros argumentos apresentados por aqueles que se opõem à utilização da consensualidade na esfera pública. Pretende-se extrair do princípio da legalidade a consequência de que o ordenamento jurídico não deixa nenhum espaço para a negociação no momento de aplicação da lei ao caso concreto. Ora, não é necessário sequer ter conhecimentos jurídicos especializados para se ter ouvido falar das múltiplas interpretações possíveis acerca de cada norma. Também é fato notório e frequente (embora evidentemente indesejável) a presença de lacunas e contradições em nossa ordem jurídica, nem todas solucionáveis pelos critérios hierárquico, temporal e de especialidade. A isto pode se acrescentar o fenômeno inelimível da colisão entre direitos fundamentais, da qual decorre a potencial colisão entre políticas públicas. Forneço exemplos: pense-se na presença de recursos minerais estratégicos e valiosos em terras indígenas ou territórios quilombolas. Ora, a Constituição Federal assegura, a um só tempo, o reconhecimento de territórios a tais comunidades, e o interesse público na exploração de nossos recursos minerais. Pense-se ainda na coincidência geográfica parcial (e tais exemplos não são exercícios de imaginação, mas sim extraídos de minha atuação como Con-

RESOLUÇÃO DE CONFLITOS ENVOLVENDO O PODER PÚBLICO

ciliadora na Câmara de Conciliação e Arbitragem da Advocacia-Geral da União em 2010 e 2011) entre territórios de populações remanescentes de quilombos e os limites de unidades de conservação, cuja proteção também é um mandamento constitucional. O potencial de conflitos é imenso – e o recurso à legalidade pura e simples não fornece nenhuma solução. É preciso encontrar maneiras criativas de compatibilizar tais direitos fundamentais e as políticas públicas que devem garanti-los. Para este fim, a verificação das normas jurídicas aplicáveis ao caso é apenas o ponto de partida da negociação, a moldura que lhe traça os limites.

Uma segunda "limitação" igualmente relevante é o **princípio da isonomia**. O Poder Público, quando firma um acordo, assim como se dá em qualquer outro ato administrativo, está estabelecendo um precedente – ou seja, todo aquele que se veja em conflito com ente público na mesma situação ou em outra muito similar terá pleno direito de invocar para si a mesma solução, por decorrência evidente do princípio da isonomia. Por tal razão, antes de firmar um determinado acordo, é natural que o Poder Público busque averiguar e levar em conta se o conflito em questão é uma situação única ou um conflito repetitivo no qual milhares de pessoas também se enquadram. E deve levar isso em conta não apenas por saber que terá que firmar o mesmo acordo em situações semelhantes, mas também para verificar se será viável, técnica e financeiramente, o cumprimento de tais acordos.

Por fim, a terceira peculiaridade da resolução consensual de conflitos na esfera pública se deve à incidência do **princípio da publicidade**. Quando se analisa, por exemplo, a doutrina, seja brasileira, seja alienígena, sobre mediação de conflitos, muito se ouve falar sobre ser a confidencialidade essencial ao desenvolvimento da mediação. Assim não me parece, nem sequer na esfera privada. Na realidade, o que se busca com a confidencialidade é que as partes fiquem mais à vontade para negociar – e a confidencialidade não é o único fator relevante para chegar a este resultado. Todavia, o que nos interessa aqui é a esfera pública. Não se pode negar que, havendo um terceiro como facilitador da negociação (no caso, o mediador), é fundamental que as partes envolvidas no conflito nele confiem e é também bastante salutar para o progresso da negociação que ele tenha sessões separadas com cada uma das partes – de cuja existência todas elas devem ter conhecimento. Neste espaço (sessões privadas), é eventualmente possível que entes públicos ou os particulares revelem ao mediador alguma informação que não desejem que chegue ao conhecimento da outra parte, normalmente por enfraquecer sua posição na negociação. Admite--se, nestes casos, que o mediador mantenha sigilo sobre tais informações – desde que elas não se enquadrem nas exceções à confidencialidade da mediação que são reconhecidas inclusive na esfera privada (intenção de praticar um crime, revelação da violação a direitos de menores ou outras normas de ordem pública, etc.).

Não se pode admitir, contudo, a ideia de confidencialidade para as sessões conjuntas de mediação, muito menos para a documentação produzida durante o procedimento de resolução consensual do conflito, a menos que se trate de informação acobertada por sigilo comercial, industrial, bancário, que coloque em jogo a intimidade ou a vida privada de particulares ou, ainda, que se trate de algum segredo de Estado. Vale dizer, quando se pensa em resolução consensual de conflitos envolvendo o Poder Público, a publicidade é a regra; a confidencialidade é a exceção e precisa ser juridicamente justificada.

Vale registrar que esta diferenciação (não aplicação da confidencialidade) é tão relevante que, justamente por conta dela, defendo que não existe, na esfera pública, como existe na esfera privada, a necessidade de separação das figuras do terceiro que facilita o diálogo (o mediador) e do terceiro julgador (que decidirá o conflito se o acordo não for alcançado). Por tal razão, se forem devidamente capacitados, entendo que também os magistrados podem conduzir o processo de resolução consensual de conflito que envolva entes públicos, sendo de certa maneira artificial aqui a distinção que se costuma fazer entre mediação e conciliação[5].

---

[5] Existem várias diferenças apontadas pela doutrina brasileira entre os dois métodos, sendo uma das mais comuns a de que o mediador não pode sugerir soluções para o conflito, ao passo que o conciliador pode. Esta distinção já caiu claramente por terra nos EUA, já que um estilo mais ativo de mediação (conhecido como "mediação avaliativa") e que é muito utilizado admite claramente que o mediador desempenhe um papel de condutor do acordo, sendo que, na prática, nem sequer se registra (aqui ou nos EUA) de onde partiram as propostas de solução – pois isto é irrelevante. A distinção mais relevante é a que diz respeito à abordagem, mais rasa ou mais aprofundada, do conflito e suas razões. Enquanto na conciliação esta abordagem é mais superficial, na mediação, deve ser mais profunda, valorizando-se seu papel pedagógico, pois esta deve ser usada quando as partes têm um relacionamento entre si que querem preservar (exemplo: sócios de uma empresa, Fisco e contribuinte, indústria e órgão ambiental), ao passo que aquele serve para os conflitos em que não há relacionamento entre elas (exemplo: acidente de trânsito).

4. Os (falsos) argumentos contrários à consensualidade na esfera pública

Além do já mencionado (e refutado) argumento atinente à incidência do princípio da legalidade, aqueles que resistem à aplicação da consensualidade para a resolução de conflitos na esfera pública costumam invocar também outros argumentos: a) a desigualdade nas relações de poder; e b) a suposta indisponibilidade do interesse público.

Quanto à desigualdade nas relações de poder, notadamente nos casos em que está envolvido um ente público federal ou estadual e um indivíduo (o exemplo clássico pode ser o segurado e o INSS), ela é de fato evidente e não pode ser ignorada quando se pensa em resolução consensual de conflitos. Não se trata porém de obstáculo incontornável. De fato, a desigualdade torna inadequada a negociação direta entre as partes, mas torna altamente recomendável a utilização da mediação, que é a negociação facilitada por um terceiro.

Um dos deveres elementares do mediador é buscar amenizar a eventual desigualdade entre os envolvidos no conflito, indicando ao lado mais fraco a necessidade de buscar um advogado ou outro perito técnico para aconselhá-lo, quando for o caso, buscando certificar-se de que ele compreendeu as questões técnicas e jurídicas que estão em jogo, buscando assegurar que informações essenciais para a resolução do conflito sejam compartilhadas entre as partes. Também é dever ético do mediador buscar garantir que os interesses legítimos daqueles que não estão presentes à mesa de negociação (por impossibilidade) sejam respeitados (é o caso de filhos menores, por exemplo, na seara privada).

O melhor argumento para se buscar uma decisão a respeito da adequação da mediação de conflitos à resolução de conflitos na seara pública consiste em realizar a sua comparação com o processo adversarial tradicional, seja ela na esfera administrativa ou em juízo. Será que o processo contencioso, com seu formalismo e rigoroso sistema de preclusões, oferece maiores condições de igualdade? Será que o processo judicial, em que tantas e tantas vezes a questão de direito material é esquecida em prol de discussões processuais, e em que é comum que o "vencedor" seja quem melhor manipula o procedimento, por ter o melhor advogado, é um processo baseado em maior equilíbrio de poder? É evidente que não. As possibilidades de enfrentar o desequilíbrio de poder, em realidade, são muito mais profícuas na mediação.

DIREITO ADMINISTRATIVO: TRANSFORMAÇÕES E TENDÊNCIAS

Quanto ao segundo argumento, o da indisponibilidade e supremacia do interesse público, em primeiro lugar, é preciso esclarecer de que interesse público se está tratando: o primário ou o secundário? Quando se trata do interesse público secundário, aquele meramente patrimonial, como bem distinguiu Renato Alessi e Celso Antonio Bandeira de Mello nos ensinou, não existe nem indisponibilidade nem supremacia.

Quando se trata de interesse público primário, este sim indisponível, pensar numa ideia de supremacia somente resolve o problema quando ele está em confronto com interesses individuais não consistentes em direitos fundamentais. Como já demonstraram bastante bem Gustavo Binenbojm e outros publicistas de escola, não existe supremacia de interesses titularizados pelo Estado e direitos titularizados por particulares quando ambos gozarem de proteção constitucional. De outra parte, como já demonstrei nos exemplos citados no item anterior, interesses públicos primários, portanto indisponíveis, frequentemente colidem entre si (como também acontece com direitos fundamentais), havendo uma necessidade inadiável de harmonização entre eles, razão pela qual o nosso legislador já reconheceu implicitamente, inúmeras vezes, que indisponibilidade não se confunde com intransigibilidade, ao admitir a utilização da negociação em um uma série de conflitos que envolvem direitos indisponíveis, de natureza pública e difusa inclusive, como visto no item 2.2.

Enfrentados estes relevantes argumentos, passo a enfrentar a mais complexa questão de como se pode viabilizar a resolução consensual de conflitos envolvendo o Poder Público, primeiramente os individuais e, em seguida, os de dimensão coletiva.

5. As medidas necessárias para a viabilização da resolução consensual de conflitos individuais envolvendo o Poder Público

A primeira etapa para se avaliar, inclusive, se é o caso de resolução consensual de conflitos na seara pública reside na avaliação de risco jurídico nas ações judiciais e representações administrativas em face do Poder Público. Vale dizer, é necessário um exame sério e abrangente da consistência dos argumentos fáticos e jurídicos invocados por cada cidadão, empresa ou entidade que esteja a questionar um ato do Poder Público ou a pleitear algo em face deste. Algumas vezes, se poderá concluir preliminarmente que não é caso de contestar o pedido, porque assiste razão ao particular, no todo ou em parte. E se a ele assiste razão, a medida mais econômica (porque evita gastos maiores posteriores, inclusive com a utilização da máquina administrativa e/ou jurisdicional) e a única admissível juridicamente para um ente público, vinculado que está ao princípio da legalidade, é atender ao pleito. Não se tem, aqui, espaço para a resolução consensual do conflito, mas sim para o reconhecimento total ou parcial da procedência do pedido.

Outras vezes, a conclusão que deflui desta análise, ainda que preliminar, é de que o pleito do particular não tem fundamento fático e/ou jurídico, de modo que tampouco resta outra alternativa senão contestá-lo, protegendo assim tanto ao interesse público primário, de que as regras sejam cumpridas, quanto ao secundário, de que o patrimônio público não seja afetado por pleitos abusivos.

Outras tantas vezes, porém, se verificará que existe algum grau de probabilidade de que o particular tenha razão, mas ainda não existe certeza fática (por ser eventualmente necessária a instrução ou as provas não serem contundentes) ou jurídica, por serem admitidas diversas interpretações das normas jurídicas aplicáveis e/ou porque a própria jurisprudência está dividida acerca do tema. E aí reside o espaço para a utilização da resolução consensual de conflitos.

Quando se verifica a incerteza, deve-se proceder a uma avaliação de risco, de modo que se verifiquem quais são as chances de o particular ter êxito em seu pleito num processo adversarial, à luz das provas e do direito aplicável. Se estas chances forem significativas, valerá a pena buscar uma solução consensual.

Para viabilizar a adoção deste caminho, entretanto, é desejável que existam **parâmetros prévios estabelecidos em normas legais ou administrativas**, que estipulem critérios para a celebração de acordos ou transações, bem como as autoridades encarregadas de realizar a análise de risco e, por fim, de autorizar os acordos em cada caso. Convém que tais decisões sejam tomadas de forma colegiada, com a participação de pessoas ligadas à área jurídica bem como à área técnica afetada.

De outra parte, em consonância com o princípio da isonomia, como já dito, este colegiado deverá verificar a eventual ocorrência de conflitos repetitivos, de maneira a analisar de forma plena a viabilidade técnica e financeira de cumprir acordos com outros que se encontrem em situação semelhante (por conta do efeito precedente), inclusive, se for o caso, para propor regras para eventuais pagamentos parcelados.

DIREITO ADMINISTRATIVO: TRANSFORMAÇÕES E TENDÊNCIAS

6. As medidas necessárias para a viabilização da resolução consensual de conflitos coletivos envolvendo o Poder Público

Como foi visto, normalmente, será necessária a utilização de mediadores para viabilizar a negociação entre particulares e Poder Público, dada a desigualdade de poder. Tal necessidade é ainda maior em conflitos multipartes, nos quais existem diversos entes públicos envolvidos, e grupos distintos também na sociedade civil, nem sempre organizados. A primeira necessidade que se coloca, assim, é a de que exista um quadro de mediadores previamente capacitados a que o Poder Público possa recorrer. Também é necessário definir de onde virão os recursos para pagar pelos serviços de mediação, quando os mediadores já não sejam servidores remunerados pelos cofres públicos para tal fim, bem como para pagar por eventuais estudos técnicos.

Existente este quadro, a escolha do mediador (ou equipe de mediadores, como é mais comum em se tratando de conflitos coletivos) deve ficar ao encargo das partes envolvidas. Se se tratar de um conflito judicializado, admite-se que o juiz da causa faça a escolha, mas é evidente que mediadores poderão ser recusados por razões de suspeição e há que se sopesar se vale a pena o ganho de tempo decorrente da escolha unilateral, com a perda de autonomia e confiança das partes no(s) mediador(es) escolhido(s) sem a sua participação. Nos EUA, costuma-se permitir às partes que façam esta escolha, sempre havendo, contudo, uma proposta inicial de nomes que se sabe serem imparciais e experientes na matéria.

Escolhidos os mediadores, devem estes proceder ao diagnóstico do conflito, com a identificação de todos os interessados e/ou afetados, bem assim de todos os atores necessários para a resolução efetiva do problema. Este conjunto de atores envolverá até os órgãos do Poder Executivo com competência para atuar na matéria, representantes do Legislativo, quando for o caso (por exemplo, nos conflitos acima referidos envolvendo limites de unidades de conservação ou mineração em terras indígenas, a participação do Poder Legislativo é essencial para viabilizar o acordo), o Ministério Público, a Defensoria Pública (quando houver pessoas hipossuficientes), o(s) empreendedor(es), quando for o caso, a comunidade diretamente afetada, quando for possível identificá-la, as entidades do terceiro setor que atuem na matéria naquela região, quando existentes.

Nesta fase, os mediadores deverão buscar entender os antecedentes do conflito, conversar com as partes sobre o funcionamento do processo de

RESOLUÇÃO DE CONFLITOS ENVOLVENDO O PODER PÚBLICO

resolução consensual de conflitos, entender suas principais preocupações, expectativas e receios quanto ao mérito do conflito, bem assim verificar quais são as informações já disponíveis sobre o problema, quais os pontos de convergência e de divergência. Também deverão ajudar cada uma das partes a eleger seus representantes à mesa de negociação, já que estes deverão ser o elo permanente entre os demais participantes do processo e o grupo representado. Da mesma forma, deve-se investigar como funciona e quanto tempo levará o processo de ratificação de eventual acordo no seio de cada órgão público, empresa ou grupo de pessoas representado na mediação.

Com este quadro desenhado, devem os mediadores traçar um planejamento do processo, com cronograma de sessões privadas e conjuntas de mediação, local e datas para sua realização, proposta de duração e horário das sessões, bem assim de protocolo de conduta das partes, e até mesmo formas de dar publicidade ao processo, incluindo-se o relacionamento com a imprensa. Este planejamento poderá, eventualmente, já incluir formas de participação e interação com a sociedade em geral, mediante realização de audiências públicas, recebimento de sugestões, críticas e informações, etc. Também poderá incluir a identificação da necessidade de compartilhamento de informações entre os envolvidos, bem assim da realização de estudos técnicos conjuntos durante o procedimento de mediação. Estes estudos devem envolver uma deliberação conjunta das partes sobre a sua abrangência (aspectos fáticos e técnicos a serem investigados), sobre quem dispõe de imparcialidade e competência para realizá-los, sobre a metodologia a ser adotada e sobre como seus resultados serão utilizados.

Este planejamento (e suas adaptações posteriores) deve ser submetido a todos os participantes da mediação na primeira sessão conjunta de mediação, realizando-se as alterações que se reputarem adequadas após ouvidos todos os interessados.

Aprovadas as regras do jogo, devem ter início as sessões de mediação privadas e conjuntas, assegurando-se sempre a maior transparência possível, e construindo-se gradualmente acordos parciais, notadamente quando houver questões urgentes que não possam aguardar o fim do processo. Naturalmente, quando não houver consenso acerca de questões urgentes, o juiz competente é que deverá decidir, prosseguindo-se a mediação sobre os demais pontos, inclusive com a possibilidade de as partes chegarem a um consenso diverso sobre a questão já decidida.

DIREITO ADMINISTRATIVO: TRANSFORMAÇÕES E TENDÊNCIAS

Ao final das negociações, quando as partes e os mediadores avaliarem que já foram exploradas as alternativas possíveis de consenso, ainda que ele não tenha sido plenamente alcançado, deve-se proceder à redação conjunta do acordo, sempre conduzida pelos mediadores. Este deve conter um relato de quem participou do processo, das informações levantadas e uma justificativa (jurídica e técnica) do consenso alcançado, as quais servirão como fundamentação do acordo, bem como uma descrição resumida do processo, a fim de que o juiz competente para homologá-lo possa assegurar-se de que o "contraditório" foi observado ou, melhor dizendo, de que oportunidades idênticas foram dadas às partes para expressarem seus interesses legítimos e preocupações relevantes, sempre dando-se maior atenção aos grupos hipossuficientes. Além disso, deve conter, naturalmente: a descrição de cada uma das obrigações assumidas, quem deverá cumpri-las, em que prazo, e quem ficará responsável pelo seu monitoramento; também convém que estejam previstas sanções específicas para o descumprimento de cada uma das obrigações, de modo que seja mais econômico para o responsável pela obrigação cumpri-la do que descumpri-la.

Ainda que o conflito não esteja judicializado, a homologação judicial do acordo pode ser recomendável para dar mais segurança jurídica a todas as partes envolvidas. Notadamente quando se trata de conflitos envolvendo o Poder Público, em razão da alternância periódica no comando dos poderes políticos, por decorrência do sistema democrático (e subsequente alteração na titularidade de cargos comissionados), é fundamental garantir eficácia executiva ao acordo celebrado, coroando, assim, todos os esforços realizados para a obtenção do consenso.

7. Conclusões

A intenção deste trabalho foi mostrar como, reconhecendo a peculiaridade dos conflitos envolvendo o Poder Público, ainda assim, o caminho da consensualidade se revela, em muitos casos – e aí eu saliento a situação daqueles conflitos que envolvem políticas públicas – a solução mais adequada para o problema, para não dizer a única possível, notadamente em situações em que os impasses criados geram autênticas paralisações do aparato estatal.

A complexidade técnica e os desafios democráticos que se colocam para os poderes políticos nem sempre têm sido adequadamente enfrentados por eles em nosso país. Daí o fenômeno da judicialização de políticas públicas, que é consequência do problema – não é o problema em sua origem. O Judiciário tem sido muito criticado por sua incapacidade de dar soluções adequadas a estes conflitos, seja por conta de seu déficit democrático, seja por conta de seu déficit técnico – problemas que também existem, ademais, na esfera dos poderes políticos.

A resolução consensual de conflitos propõe dar conta destas duas limitações inegáveis que, na realidade, acometem não os Poderes do Estado em si, mas sim seus processos decisórios: acometem o processo administrativo ou judicial em sua feição contenciosa, mas acometem igualmente a formulação e implementação de políticas públicas quando elas ocorrem de forma centralizada e/ou arbitrária – ou quando sequer ocorrem.

Estes mesmos métodos podem ser utilizados seja para prevenir conflitos, seja para resolvê-los, tudo a depender do momento em que se está na escalada do problema. Não podem, contudo, ser manejados sem consideração com os princípios constitucionais mais caros ao funcionamento de um Estado Democrático de Direito.

Espero, com estas reflexões, ter trazido algumas luzes sobre como a consensualidade pode contribuir, de forma segura e democrática, para aprimorar o sistema de prevenção e resolução de conflitos em que se vê envolvido o Poder Público.

O CONTRATO ADMINISTRATIVO COMO INSTRUMENTO DE GOVERNO

EGON BOCKMANN MOREIRA

1. Introdução

Este breve ensaio pretende apresentar uma forma diferenciada de se ver (e se tentar entender) o contrato administrativo, com a finalidade de instigar outro ângulo de abordagem na compreensão de tema de tamanha importância para o Direito Administrativo contemporâneo.[1]

Como se sabe, os anos que se seguiram à década de 1990 foram especialmente intensos para as transformações do Direito Administrativo (brasileiro e mundial). Inicialmente, surgiu o frisson oriundo dos desafios da regulação pública da economia – o *american style regulation* (ou, como preferem os franceses, *l'américanisation du droit*). Discutiam-se as autoridades administrativas independentes e sua competência normativa; a autorregulação; os mecanismos de *soft law*; a mutação regulatória; a teoria da captura e outros temas que hoje já se incorporaram ao nosso cotidiano. Enfim, a Economia, as Finanças e os avanços tecnológicos estavam a se sentar à mesa e a desenvolver tratativas com o Direito, sobretudo com o Direito Administrativo da Economia.

Constatação que envolve com maior intensidade as relações contemporâneas entre o Direito e a Economia – as quais atingem de frente as noções de tempo (presente, passado e futuro). Aliás, a própria ideia de tempo, cuja marcação e interpretação foram consolidadas na Idade Média (quando surgiram e se desenvolveram os primeiros relógios totalmente mecânicos), não encontra a mesma representatividade no Direito e na Eco-

---

[1] O tema é pouco tratado na produção acadêmica brasileira. Destaque-se, recentemente, o precioso artigo de autoria da Professora Odete Medauar, "Notas sobre a contratualização na atividade administrativa", *RCP* 1/241-249, Belo Horizonte, Fórum, mar/ago 2012.

nomia (nem na política e muito menos nas finanças – como será a seguir pontuado). O tempo dos operadores do Direito (e das normas jurídicas) não é o mesmo daquele em que se desenvolve a economia contemporânea (onde o conceito medieval tornou-se quase que supérfluo em razão das conquistas tecnológicas).

Por outro lado, e à parte das coincidências que podem existir, fato é que a Ciência Econômica é mais veloz, pois goza de liberdade criativa muito maior do que a da Ciência do Direito (mesmo no Direito Econômico). As atribuições e o desenvolvimento da economia vinculam-se a escolas edificadoras de teorias dinâmicas, a propor constantes e renovadas soluções aos diuturnos problemas concretos – que têm como ponto de partida e são diretamente aplicadas no mundo do ser. A economia vê o presente à luz do exame do passado, mas tem por objeto projetar o futuro e propor inovações. As teorias são consolidadas e diversificadas com o passar dos anos. Já o Direito é de usual mais lento, fechado e reacionário. Baseia-se no que já foi positivado em princípios e regras, depois de longo processo de elaboração que tem por lastro uma visão pretérita (o mundo dos fatos, como existia ao tempo em que as normas foram elaboradas). Como não poderia deixar de ser, suas propostas são precipuamente de estabilidade e segurança das relações jurídicas. A aplicação do Direito entende e cria o presente pensando no passado; o futuro é "inovado" em obediência aos limites de um passado supostamente ideal (pois positivado em normas jurídicas).

Ao seu modo, até pouco tempo atrás, o Direito dos contratos públicos ainda tentava se manter imune a tais complexas variações do mundo dos fatos. Os contratos administrativos permaneciam a funcionar como represas da estabilidade jurídica, carregados de subjetividade e fortes em previsibilidade (exceção feita à "teoria da imprevisão", ao fato do príncipe ou da Administração – e outras exceções criadas no passado já distante). Até recentemente, portanto, ainda eram fortes os ecos de um Direito Administrativo criado e consolidado nos séculos XVIII, XIX e início do século XX, a refletir a compreensão estática de um mundo muito mais simples, em que a cronologia dos contratos administrativos correspondia à das necessidades neles estampadas. Havia uma só medida de tempo – a contratual – e só uma necessidade a ser satisfeita, o objeto do contrato, tudo isso a gerar a correspondente estabilidade dos pactos. Em suma, o Direito dos contratos administrativos ainda não havia recebido a visita cruel do tempo.

Esta constatação permite uma reflexão inicial, que servirá de ponto de apoio, de referência, a toda a exposição: a de que hoje – de modo bem mais intenso do que há dez ou vinte anos – existem várias formas de se ver e de se compreender o tempo. Ou, melhor dizendo: há diferentes medidas de tempo, com diversos efeitos e a funcionar em paralelo, as quais não podem ser desprezadas pelo Direito dos contratos públicos.

A bem da verdade, fato é que isso desde sempre existiu: nunca houve uma cronologia idêntica para todos os fenômenos sociais, mas meras convenções que se buscava fazer cumprir. Mas igualmente é veraz que o Direito dos contratos pretendeu ser imune aos efeitos do tempo: por um lado, buscou normatizá-lo, vendo o seu transcurso como apenas outro fato regulado pelo Direito (um a mais, dentre tantos outros). São exemplos dessa compreensão unidimensional as grandes codificações, com sua pretensão de eternidade; o princípio da legalidade; os prazos contratuais; a prescrição e a decadência. O tempo era aquele regido pelo Direito e assim podia ser compreendido como um objeto a mais na Ciência Jurídica.

Por outro lado, o Direito dos contratos públicos sempre pretendeu desenvolver técnicas as quais impedissem que outros tempos – o das finanças, o da política, o da economia, o das inovações tecnológicas, dentre outros – a ele se sobrepusessem. A teoria da imprevisão e o fato do príncipe são representativos dessa tentativa de se domar os tempos da economia e da política, submetendo-os à racionalidade cronológica restritiva da contratação pública.

Pois fato é que, hoje, as coisas não se passam exatamente assim.

Nós convivemos com vários tempos, simultâneos e assimétricos, e não possuímos qualquer imunidade a essas medidas extrajurídicas. O Direito não mais se relaciona com um só tempo, o jurídico, que efetivamente deixou de ter a proeminência que outrora o caracterizou.

Quais, dentre os acima elencados (o das finanças, o da política, o da economia, o das inovações tecnológicas), são mais nítidos para este ensaio? Talvez três deles se prestem a demonstrar a pequena tese abaixo exposta: o financeiro; o político e o econômico. Poderiam ser também mencionados o tempo tecnológico; o diplomático; o das competições esportivas mundiais e o da globalização – mas vou me deter nos três primeiros.

Hoje, a medida cronológica financeira é a de um tempo instantâneo, *on line*, sem quaisquer fronteiras e, portanto, sem limites. É um tempo desmedido que, de tão veloz que é, torna os outros quase irrelevantes.

DIREITO ADMINISTRATIVO: TRANSFORMAÇÕES E TENDÊNCIAS

Mais ainda, é um tempo internacional, célere, que lida com avaliações relativas a pessoas, instituições e países – e assim nem sequer distingue o dia da noite. Esta medida de tempo implica a alta volatilidade dos fluxos financeiros e a irradiação das respectivas crises. O Brasil experimentou com especial intensidade a força desse tempo em 2008 – a Europa sente isso agora, como reflexo da crise. Basta que nos lembremos das curtas seis horas de felicidade vividas pela Grécia na última semana de fevereiro de 2012 (depois da aprovação do segundo pacote de socorro da UE e FMI). Foram seis horas nas quais se pensou que o país estaria a salvo das intempéries financeiras internacionais – até os mercados reagirem e as perspectivas negativas terem falado mais forte. Em seis horas, tudo mudou: foi-se do alfa ao ponto ômega. Aqui, portanto, vale o instante, o nanosegundo, o piscar d'olhos – medidas, enfim, que de tão curtas que são na nossa vida diária, não conseguimos definir com precisão.

Já o tempo político é mais lento do que o financeiro, normalmente condicionado pela territorialidade das instituições e respectivos calendários eleitorais. São períodos em que se cogita da percepção de demandas populares e da respectiva definição e implementação por meio de políticas públicas, tal como em tese definidas nas eleições. Nos países europeus, esse tempo é agravado pela Comunidade Europeia, que instala tempos políticos em paralelismo assimétrico; o que no Brasil ocorre devido a exigências do equilíbrio federativo. Este tempo é voltado para dentro dos países e é regido pelos calendários das eleições, interesses dos partidos e ambições de suas lideranças. Neste cenário, o tempo é contado em anos (eleições, a cada quatro ou cinco anos, orçamento público anual e plurianual etc.), mas não se desenvolve numa linha evolutiva clara e uniforme.

Por sua vez, o tempo econômico é aquele que envolve ciclos de prospecções, investimentos, produção e distribuição. Ele é bem mais lento do que o financeiro e não é regido pelo calendário eleitoral (quem sabe, como ponto de partida para a economia pública). É um tempo que requer prazos longos, projeções e estimativas, pois não conta com instantaneidades. Basta que pensemos no lapso estimado para a realização dos lucros e amortização de investimentos numa usina nuclear – algo em torno de 40 anos – para que constatemos algumas das peculiaridades desse tempo. Pois aqui, se pensarmos nos contratos públicos de longo prazo, que envolvem investimentos de longa maturação, estamos a falar de 10, 20 – ou até mais de 30 anos (muito embora a Lei 11.019/2004, a Lei das PPPs, tente aprisionar tal tempo aos 35 anos).

Estas compreensões das várias medidas de tempo que habitam o nosso cotidiano instalam aquele que talvez seja um dos grandes desafios que nós, juristas do Direito Público, hoje nos deparamos: o de conviver com diferentes racionalidades cronológicas e tentar sincronizar esses tempos diversos. E o que é mais desafiador: fazer com que dessa sincronização resulte a condução de políticas públicas juridicamente consistentes, muitas delas implementadas por meio de contratos administrativos.

Isto é, o contrato administrativo como uma forma, uma técnica de sincronizar as diversas medidas de tempo – quando menos o financeiro, político e o econômico – que já não mais se submetem, com tamanha facilidade, ao tempo jurídico. Em síntese, o contrato administrativo como instrumento de governo, a permitir a consciência de que é preciso sincronizar os tempos, sentar-se à mesa também com eles – e com isso permitir a compreensão contemporânea dos contratos, que não seja refém do que se passou no "longo século XIX".

Feita esta introdução, posso passar à exposição propriamente dita, que será assim estruturada: em primeiro lugar, tratarei rapidamente do funcionamento tradicional da Administração Pública oitocentista e o que isso nos importou; depois, dos contratos administrativos de longo prazo para, a seguir, mencionar o contrato administrativo como instrumento de governo e, por fim, a mutabilidade contratual como garantia de sua eficácia.

2. O Funcionamento Tradicional da Administração Pública

Tanto na Europa como no Brasil, a visão jurídica da Administração Pública foi construída de forma eminentemente estática. Ela, Administração, era fonte produtora de atos e contratos, ambos instruídos pela compreensão tradicional do Direito Administrativo francês do século XIX. Tempos mais simples, a instalar problemas menos complexos em sociedades tipicamente monoclasse.

Pois a Administração que nasceu do Direito Administrativo oitocentista foi fortemente reativa, pontual e cronologicamente estática. Atuava-se pensando-se no momento; administrava-se em curto prazo. Estou a falar da Administração do ato administrativo, com toda a arrogância a ele inerente: hierárquico, imperativo, auto-executório, com presunção de legitimidade.

Nem mesmo os atos regulamentares traziam consigo a pretensão do futuro distante – eram, sempre, passíveis de revogação ou simples supressão.

Dúvida não pode haver, por conseguinte, de que essa racionalidade contaminou o Direito dos contratos públicos. Afinal, em seu alvorecer, houve quem dissesse que não havia algo juridicamente qualificável como "contrato administrativo", vez que se tratava de mais uma espécie de "ato administrativo" (basta que pensemos em Otto Mayer, que tanto influenciou os franceses e, depois, os brasileiros).

Desta forma, também nos contratos raciocinava-se em curto prazo. Os negócios administrativos eram vistos como contratos de desembolso, que deveriam obedecer a previsões orçamentárias e lapsos relativamente curtos. Contratos pagos pelo contribuinte, usufruísse ele ou não das vantagens decorrentes. Estou a descrever estradas pagas por quem não tem automóvel; ferrovias por quem nunca viu um trem e aeroportos por quem tem medo de avião. (Atualmente, no Brasil, estádios de futebol pagos por quem não aprecia o esporte bretão.)

O tempo dos contratos administrativos, de usual, correspondia ao dos mandatos dos governantes. Havia uma quase-sincronia entre o tempo político e o jurídico-contratual, que dificilmente ultrapassava meia dezena de anos. O que se dava era a utilização dos contratos como instrumentos de políticas públicas reativas, de curto prazo.

Este era o cenário tradicional. Mas fato é que algo começou a mudar de alguns anos para cá. Não se trata de alterações absolutas, nem alterações ideais – e muito menos de alterações perfeitas.

O que se passou foi a definição de alguns setores estratégicos e a implementação de políticas públicas através de técnica diferenciada, a envolver a extensão cronológica dos contratos administrativos.

3. Os Contratos Administrativos de Longo Prazo

No Brasil, quando e como se deu isto? A partir de meados da década de 1990, quando a economia brasileira passou a se tornar legível. Até então, o tempo financeiro era desmesurado e o econômico, impraticável. A estagflação impedia que se pensasse na semana seguinte, quando mais em períodos mais extensos. Simplesmente não fazia sentido cogitar-se de contratos administrativos de longo prazo, pois este não existia.

Depois de 1994, com a estabilização da moeda, foram promulgados alguns diplomas legais que passaram a permitir que se pensasse no longo

O CONTRATO ADMINISTRATIVO COMO INSTRUMENTO DE GOVERNO

prazo. O mais importante deles é a Lei 8.987/1995 (Lei Geral de Concessão de Serviços Públicos). Depois, vieram as leis setoriais – telecomunicações, transportes, portos, energia, aeroportos etc. Mais recentemente, foi editada a Lei de Parcerias Público-Privadas, a Lei 11.079/2004. Aqui, pensa-se antes no longo prazo e altera-se a pessoa que arcará com os custos oriundos do contrato, invertendo-se a lógica até então vigente.

Isto significa dizer que os contratos estampados nessas leis desafiam a racionalidade tradicional dos contratos administrativos de desembolso. Igualmente, estabelecem vínculos imediatos entre o benefício obtido e os custos arcados pelo usuário. Para além disso, e o que é muito mais importante, eles também permitem a instalação de políticas públicas setoriais. Isto é, desde 1995, a legislação brasileira de contratos de longo prazo autoriza que determinado planejamento estatal da economia seja concretizado por meio de contratos administrativos. Os governantes estão autorizados, portanto, a definir como se dará a política pública de determinado setor econômico por prazos muitíssimo superiores ao do próprio mandato.

Mas o que se passa – ou deveria se passar, ao menos num plano ideal? Os contratos de concessão de serviços públicos e aqueles de parceria público-privada permitem a definição estratégica de políticas de longo prazo em específicos setores da economia. Por meio da técnica contratual é possível fixar algumas das prioridades de governo – e assim blindá-las por 10, 20 ou até 35 anos.

E como isso se dá? Quando menos, ao estabelecer metas para que tais prioridades sejam atingidas; ao definir os setores a ser direta e indiretamente beneficiados (pense-se nas externalidades positivas); ao fixar modos de integração – regional e nacional – e ao fixar critérios que podem implicar distribuição de riqueza. Eu já estou a falar do próximo item da exposição: o contrato administrativo como instrumento de governo.

4. O Contrato Administrativo como Instrumento de Governo

Logo, estamos diante de novo modelo de definição, concretização e controle de políticas públicas de longo prazo. Estou a descrever contratos administrativos que já existem – referentes a obras públicas (portos, estradas, aeroportos), a serviços públicos (água e saneamento, lixo, energia) e a instalações e serviços do Estado (hospitais, secretarias de Estado, penitenciárias).

No caso brasileiro, contratos com prazo mínimo de 5 e máximo de 35 anos e valor não inferior a 20 milhões de reais. Contratos esses definidos pelo poder executivo (nos termos das leis) e submetidos a audiências, consultas, debates e controle público. Muito embora não explorados a contento pelos governantes, desde 1995 tais negócios jurídicos efetivamente definem algumas das principais políticas públicas do Estado brasileiro: portos, ferrovias, rodovias e aeroportos a serem desenvolvidos e mantidos; telecomunicações e energia a serem universalizadas; serviços administrativos e de saúde a serem efetivamente prestados. A depender da sofisticação técnica de sua modelagem, tais contratos podem se prestar à real e concreta distribuição de riqueza; a configurar, portanto, políticas distributivas de longo prazo.

Note-se bem: trata-se de contratos administrativos que envolvem temas importantíssimos – tanto em termos financeiros como econômicos e políticos. Assuntos os quais, portanto, exigem a compatibilização entre os respectivos tempos, a qual instala desafios que o estatuto contratual oitocentista não consegue vencer. Ou melhor: em que se torna quase imprestável a lógica binária "previsível" *vs.* "imprevisível". Afinal, o futuro é naturalmente imprevisível (e o mesmo se diga da política, das finanças e da economia).

Porém, isto traz consigo outro detalhe, importante demais para ser deixado de lado. Nós estamos diante de escolhas de governo que perduram no tempo; escolhas públicas contratualizadas: o tempo da política a se contratualizar e a perdurar para além do calendário eleitoral.

Até pouco tempo atrás, ao falarmos em governo e política, muitas vezes pensávamos no que o governante poderia fazer no seu mandato (o tempo das eleições), se ele cumpriria o programa de governo que sedutoramente nos apresentou e se conseguiria enfrentar os desafios das finanças públicas e da economia. Afinal, é no prazo do mandato que o governo satisfaz suas promessas eleitorais. Mais ainda: é devido ao cumprimento (ou não) delas que os governos se sucedem.

Pois ao estabelecer políticas públicas por meio de contratos administrativos de longo prazo (que, no Brasil, podem chegar a quase nove períodos de mandato), está-se a tornar perenes determinadas políticas públicas. Está-se a se criar estratégias políticas as quais refletem escolhas que transcendem a temporalidade política, pois ultrapassam o período do mandato (para o bem ou para o mal, gostemos ou não disso). O atual governante pode definir, por exemplo, como se dará a política de transporte público em determinada cidade nos próximos 35 anos – fazendo com que os seus sucessores submetam-se ao contrato original e que aquele setor econômico gire em torno das escolhas positivadas no contrato administrativo. O governante pode, assim, definir qual a racionalidade econômica e social que orientará os principais setores da economia pelas próximas décadas – e isso de modo vinculante, pois blindada pela técnica do contrato administrativo.

O contrato como instrumento de governo faz com que específicas políticas públicas assumam outra dimensão temporal – para além do calendário eleitoral e orçamentário –, a exigir a convivência e sincronização com os tempos financeiro e econômico. Afinal, são decisões que persistirão por longo prazo. Além disso, são instaladas em alguns dos principais setores da vida contemporânea (tanto em termos econômicos como sociais). Para alterar a política definida em contrato, há de se alterar o contrato – o que nem sempre é fácil.

Portanto, existem variações e problemas para os quais o antigo e tradicional Direito Administrativo não oferece soluções. Ou, melhor dizendo, fornece soluções opacas e pouco úteis, que não enfrentam o colorido dos atuais desafios: trata-se das autoritárias limitações às alterações contratuais e o equilíbrio econômico-financeiro fechado dos contratos. Respostas que talvez fossem adequadas às perguntas do século XIX, mas que não satisfazem a complexidade deste século XXI.

A rigor, hoje é imperativo que se vá além e que sejam refeitas as perguntas postas ao Direito Administrativo. O problema está antes nas perguntas. Isto porque existem dilemas que o Direito Administrativo tradicional não resolve, pois decorrentes, sobretudo, da natural incompletude dos contratos de longo prazo. Veja-se bem: contratos de longo prazo são essencialmente incompletos. Estou a descrever, portanto, algo próprio de qualquer contrato de longo prazo. Basta que pensemos no exemplo do casamento: celebrado para durar "até que a morte os separe", o matrimônio é um contrato incompleto que é revelado aos nubentes quando de sua execução (a convivência diária revela os hábitos e os vícios ocultos durante o namoro e o noivado; a exigir adaptações, novas compreensões e maturidade para enfrentar o inédito).

Pois nos contratos administrativos de longo prazo os tempos – financeiro, econômico, global – são inclementes em seus efeitos. Caso o Direito

Administrativo pretenda ignorá-los, fingir que não existem, será certamente vergado por eles. Isto é exatamente o que se dá – queiramos ou não, gostemos ou não.

Nos contratos administrativos de longo prazo é errado carregar na subjetividade, supondo-se viável existir, para sociedades complexas como as em que vivemos, coisas como a previsão e a imprevisão. A pergunta "– O que é previsível?" é pior do que um pecado, é um erro. Assim, também é enganoso cogitar-se dos assim denominados fatos imprevistos ou de consequências imprevisíveis e da álea extraordinária (como se riscos quantificáveis, objeto de seguro e alocação contratual pudessem ser qualificados como aleatórios: a *contradictio in terminis* que resultaria de uma "álea extraordinária" não-aleatória). Mais ainda: como se falar em reequilíbrio pelo "fato do príncipe" se o risco político compõe o percentual da Taxa Interna de Retorno – TIR do investimento? Situação agravada pela certeza de que não vivemos num mundo onde as partes podem efetivamente prever o que se passará daqui a 10, 20 ou 35 anos.

Para que confirmemos quão impossível é a futurologia contratual, um tema mais próximo dos astrólogos do que propriamente de nós, juristas, basta pensar como foi a inflação brasileira nos últimos 30 anos. O IPCA – Índice de Preços ao Consumidor amplo, coletado, calculado e divulgado pelo Instituto Brasileiro de Geografia e Estatística – IBGE, teve as seguintes variações: em janeiro de 1982, foi de 6,97% (anual = 95,65%); em janeiro de 1992, de 25,94% (anual = 1.119,09%); em janeiro de 2002, de 0,52% (anual = 12,53%); em janeiro de 2011, de 0,83% (anual = 6,50%) e, em janeiro de 2012, 0,56% (isso sem se falar da variação de 1993, quando a inflação brasileira anual bateu os 2.477,15%!). Isto é, 30 anos atrás, a inflação mensal brasileira equivalia à atual inflação anual: em 2012, o tempo inflacionário de um ano equivale a um mês de 1982. Por conseguinte, se, em 1982, alguém ousasse prever que, 30 anos depois, a desvalorização da moeda brasileira seria de 6,50% anuais, com certeza seria taxado de louco. Se alguém instalasse essa projeção como a remuneração ideal num contrato administrativo de longo prazo, seria demitido e processado por fraude.

Indo avante, pense-se no que se passou no Brasil há 30 anos e o que então ocorria nos EUA e na União Europeia. Basta uma rápida comparação para se demonstrar o óbvio: não temos como prever como se comportarão nos próximos 35 anos os contratos públicos de longo prazo. Não existe previsibilidade – logo, tampouco a imprevisibilidade – nos contratos de

O CONTRATO ADMINISTRATIVO COMO INSTRUMENTO DE GOVERNO

longo prazo de energia, de telecomunicações, de transporte público, de água e saneamento, de lixo etc. Setores de tamanha importância, com alta capilaridade social, são alguns dos mais imprevisíveis. Pode-se fazer estimativas e alocações de riscos, mas não previsões exatas. O futuro é sempre definido de modo precário.

Pode-se concluir que os instrumentos do Direito Administrativo tradicional (os latinos *pacta sunt servanda* c/c *ius variandi* e *rebus sic stantibus* – língua morta, a revelar quão distantes tais paradigmas estão da nossa realidade), a representar um Direito reativo e retrospectivo, carregado de subjetividade (o imprevisível supõe a capacidade de previsão) e avesso à convivência com os tempos que hoje regem a nossa vida – o financeiro, o econômico e o político –, não se prestam a resolver os problemas dos contratos públicos como instrumento de governo.

Aqui se exige uma dinâmica contratual-regulatória, combinada com a capacidade de detectar as variações dos contratos – o que eu chamo de capacidade de aprendizagem dos contratos públicos: aprender com a prática, negocialmente, de forma bilateral e harmônica, prestigiando os deveres laterais de conduta das partes contratantes e assim tentar novas soluções de interesse público, próprias às alterações das circunstâncias; adequadas à base objetiva do negócio.

Pois fato é que os contratos administrativos devem estar prontos a enfrentar os desafios da força do mundo dos fatos e da pujança dos seus múltiplos tempos. Tais desafios podem ser sintetizados numa só frase: a realidade é sempre mais forte do que a imaginação humana. Ela, realidade, pode se dar ao luxo de ser tão veloz quanto inacreditável, inexplicável, desproporcional. A obra criada pelo Homem não tem esse direito.

O mesmo se diga do Direito Administrativo, máxime ao disciplinar relações socioeconômicas tão sensíveis, que exigem grande volume de investimentos em setores de alta capilaridade social. Setores esses submetidos a contratos administrativos que possuem metas de performance, riscos quantificáveis e previamente alocados, ao lado das incertezas de impossível previsão. Mais ainda, são contratos orientados por intensas demandas políticas e submetidos a tempos tão naturalmente diferentes entre si, mas que precisam aprender a conviver e se harmonizar reciprocamente.

Por isso que, nestes tempos pós-modernos, é adequado afirmar que a *segurança contratual advém da certeza de mudança*. A estabilidade dos contratos de longo prazo não decorre da imutabilidade monolítica, mas sim da dinamicidade/plasticidade contratual. Este aparente contrassenso é essencial nos contratos públicos de longo prazo, sobretudo naqueles que se destinam a ser instrumentos de governo.

A toda evidência, não estou a falar de degeneração contratual nem de rompimento de cláusulas essenciais. O objeto do contrato (o verbo nele estampado, a definir qual é a prestação devida); o seu conteúdo (o vínculo normativo que une as partes) e as qualidades dos seus sujeitos permanecem incólumes, havendo sim a adaptação legítima – e legal – aos novos tempos que não param de chegar.

A garantia da mutação contratual reforça a segurança jurídica em setores tão sensíveis a demandas populares e inovações tecnológicas, bem como aos reveses das finanças, da política e da economia. Por conseguinte, hoje é equivocado pensar em estabilidade como sinônimo de imutabilidade, nos moldes em que se dava nos séculos XIX e XX. Isto é, então se subestimava a realidade econômica e a financeira; imaginando-se-as mais fracas que a previsibilidade humana. Pretendia-se criar contratos para durar da mesma forma, para todo o sempre, com eventuais e excepcionais alterações limitadas às áleas ordinárias e extraordinárias.

De fato, isso apenas não mais existe, pois a realidade tornou-se muitíssimo mais forte do que a imaginação humana. Na atualidade, para ser estável e perene, é necessário ser mutável. Constatação que se torna evidente no campo dos contratos administrativos que instrumentalizam decisões de governo: pode tornar-se necessário alterar o momento ou a forma de execução das obrigações; prorrogar ou diminuir o tempo do contrato ou do objeto da contratação; incorporar ou excluir serviços. Exigências que serão reveladas na execução da atividade, no exato momento em que o governo e/ou o regulador se depararem com o obstáculo ou vicissitude que até então não teve como ser previsto. Afinal, para que duplicar uma rodovia se o território por ela beneficiado experimentou forte migração de seus habitantes? Não seria melhor diminuir o valor da tarifa? Por que se indenizar com dinheiro público um concessionário de ferrovias, se o prazo contratual pode ser prorrogado e assim promover diferentes alocações de custos (privados e públicos)? Como se subordinar as concessões de telecomunicações à tecnologia existente quando do lançamento dos editais? Afinal, em que mundo pretendemos viver: no do passado, que, muito embora confortável, já não mais existe, ou no do presente e do futuro, a exigir esforços para que os espíritos sejam trazidos à realidade?

Daí porque a contratação pública dos nossos dias exige a convivência aberta com o novo, a sensibilidade técnica quanto à necessidade de mutação jurídica, a rapidez nas soluções e a certeza de sua precariedade. A certeza da precariedade vista não como um dado negativo, mas sim na condição de premissa positiva – a de acolher com segurança o futuro que não para de chegar.

5. Considerações Finais

Mas o que podemos cogitar? Quais as soluções para estes novos desafios? Proponho que pensemos em dois planos. O primeiro: o Direito Administrativo efetivamente precisa libertar-se de fórmulas abstratas construídas no século XIX e início do XX, próprias para as exigências e racionalidade daquela época, mas impróprias para os desafios do presente (como se a compreensão do Direito do futuro fosse determinada, em termos absolutos, pelo que se pensou há mais de 100 anos). Este é um encargo – um desafio – que nós, juristas, devemos de fato enfrentar. As novas perguntas estão ansiosas para serem formuladas.

O segundo plano é o de que os contratos públicos contemporâneos – sobremodo os de longo prazo que funcionam como instrumento de governo – são mutáveis. Ou melhor, reitere-se: a segurança contratual advém da certeza da sua mudança. Consideração que está intimamente ligada à primeira, pois exige que o estudioso se liberte daquilo que o passado pretende lhe impor como verdade absoluta, atemporal e universal. Estas pseudossoluções não mais existem.

É importante que todos nós reflitamos a respeito destes desafios da contemporaneidade, que efetivamente precisam ser enfrentados – às claras e o quanto antes.

CONTRATAÇÃO PÚBLICA E SUSTENTABILIDADE

RAFAEL VALIM

I. Introdução

1. O Direito Administrativo, em seu constante processo de mutação, é propício aos modismos e as chamadas "licitações públicas sustentáveis" constituem exatamente uma das modas atuais do Direito Administrativo brasileiro.

2. Com esta observação introdutória não pretendemos amesquinhar a importância do tema, senão que, ao contrário, procuramos evitar os perigos que uma visão açodada e axiomática, resultado frequente dos modismos na ciência jurídica, pode proporcionar a um tema de tão invulgar relevo[1].

3. Devidamente advertidos, debrucemo-nos sobre a sustentabilidade nas contratações públicas.

II. Sustentabilidade: Origem e Evolução

4. Em termos históricos, é recentíssimo o debate acerca da sustentabilidade.

5. Até o final da década de 1970, o adjetivo "sustentável" era tão-somente um jargão técnico de que se valiam algumas comunidades cien-

---

[1] A propósito, merecem citação as palavras do Professor Javier Barnés Vázquez: "Las modas no suelen ser buenas aliadas del análisis jurídico ni, menos aún, de la serena y fundada construcción dogmática, pues inducen a la tentación de convertir a su objeto en axioma y a su concreción en simple afirmación tautológica, mera expresión de una ideologia en boga revestida de técnica" (Procedimientos administrativos y nuevos modelos de gobierno. Algunas consecuencias sobre la transparencia. *In*: MACHO, Ricardo García (ed.) *Derecho administrativo de la información y administración transparente*. Madri: Marcial Pons, 2010, p. 51).

DIREITO ADMINISTRATIVO: TRANSFORMAÇÕES E TENDÊNCIAS

tíficas para designar a possibilidade de um ecossistema não perder a sua resiliência, malgrado a agressão humana recorrente[2].

6. Apenas nos anos 1980 o termo passou a qualificar o desenvolvimento, firmando-se, a partir daí, a expressão "desenvolvimento sustentável"[3], compreensiva de um *desenvolvimento que harmonize, sob uma perspectiva transgeracional, o respeito ao meio ambiente (dimensão ambiental), a justiça social (dimensão social) e o progresso econômico (dimensão econômica)*[4]. Aliás, segundo José Eli da Veiga, tudo indica que esta expressão foi publicamente empregada pela primeira vez em agosto de 1979, no Simpósio das Nações Unidades sobre as inter-relações entre recursos, ambiente e desenvolvimento, realizado em Estocolmo[5].

7. A consolidação e difusão da expressão são atribuídas ao famoso relatório da Comissão Mundial sobre o Meio Ambiente e Desenvolvimento, denominado "O Nosso Futuro Comum"[6], de 1987, conhecido também como Relatório Brundtland[7], cuja atualidade, sobretudo pela visão de conjunto e de longo prazo, é inegável[8]. Nas palavras do relatório, "o desenvolvimento sustentável é aquele que atende às necessidades do presente sem comprometer a possibilidade de as gerações futuras atenderem às suas próprias necessidades"[9].

---

[2] VEIGA, José Eli da. *Sustentabilidade: a legitimação de um novo valor*. São Paulo: Editora Senac São Paulo, 2010.

[3] Ecodesenvolvimento e desenvolvimento sustentável. Alguns entendem como sinônimos, outros como sendo o segundo evolução do primeiro. O próprio Ignacy Sachs não se preocupa com a distinção SACHS, Ignacy. *Caminhos para o desenvolvimento sustentável*. Rio de Janeiro: Garamond, 2002, p. 54.

[4] MARRARA, Thiago. Regulação sustentável de infraestruturas. In: *Revista Brasileira de Infraestrutura – RBINF*, nº 1, p. 101.

[5] VEIGA, José Eli da. *Desenvolvimento sustentável: o desafio do século XXI*. Rio de Janeiro: Garamond, 2010, p. 191.

[6] VEIGA, José Eli da. *Desenvolvimento sustentável: o desafio do século XXI*. Rio de Janeiro: Garamond, 2010, p. 191.

[7] CNUMAD (Comissão das Nações Unidas para o Meio Ambiente e o Desenvolvimento). *Nosso Futuro Comum*, 2ª ed. FGV: Rio de Janeiro, 1991.

[8] *Democracia econômica: alternativas de gestão social*. Petrópolis: Vozes, 2008, pp. 124 e 125. Inovação, direitos e sustentabilidade. *In*: MALHEIROS, Antonio Carlos; BACARIÇA, Josephina; VALIM, Rafael (org.). *Direitos humanos: desafios e perspectivas*. Belo Horizonte: Fórum, 2011.

[9] Op. cit., p. 46.

CONTRATAÇÃO PÚBLICA E SUSTENTABILIDADE

8. A partir deste momento, portanto, escancara-se a ideia que Kenneth Boulding traduziu em termos insuperáveis: "para acreditar em crescimento ilimitado num mundo limitado, é preciso ser um bobo ou um economista".[10]

9. Atualmente, é notória a banalização do substantivo "sustentabilidade", convertido em supremo legitimador dos discursos formulados pelo Poder Público e pela inciativa privada.

10. Interessa-nos examinar, entretanto, a sustentabilidade enquanto uma categoria jurídica, ou seja, verificar o tratamento emprestado ao tema pela ordem jurídica brasileira. Saliente-se, oportunamente, que *o Direito confere sentido próprio à realidade fática*, convindo anotar, a este respeito, a lição do eminente Professor Pontes de Miranda: "(...) a própria morte não é fato que entre nu, em sua rudeza, em sua definitividade, no mundo jurídico (...)".[11]

III. O Desenvolvimento Sustentável na Constituição de 1988

11. A Constituição Federal de 1988 é, induvidosamente, uma antítese do neoliberalismo[12]. Nela se consagram, de forma cogente, objetivos a serem alcançados pelo Estado brasileiro, outorgando-lhe, nesta medida, o protagonismo na organização dos domínios social e econômico.

12. Seja-nos permitido reproduzir o art. 3º da Constituição, do qual constam os objetivos fundamentais da República Federativa do Brasil:

Art. 3º Constituem objetivos fundamentais da República Federativa do Brasil:

I – construir uma sociedade livre, justa e solidária;

II – garantir o desenvolvimento nacional;

III – erradicar a pobreza e a marginalização e reduzir as desigualdades sociais e regionais;

IV – promover o bem de todos, sem preconceitos de origem, raça, sexo, cor, idade e quaisquer outras formas de discriminação.

---

[10] "In order to believe in unlimited growth in a limited world, one has to be either a fool or an economist". In "Göran Backstrand and Lars Ingelstam, *Global challenges and responsible lifestyles*, What Next?, Development Dialogue, June 2006, p. 125

[11] *Tratado de Direito Privado*, vol. I, 1954, p. 20.

[12] BANDEIRA DE MELLO, Celso Antônio. *Curso de Direito Administrativo*, 30ª ed. São Paulo: Malheiros, 2013, p. 88.

DIREITO ADMINISTRATIVO: TRANSFORMAÇÕES E TENDÊNCIAS

13. O Professor Gilberto Bercovici, servindo-se da expressão de Pablo Lucas Verdú, denomina acertadamente esse dispositivo constitucional de *"cláusula transformadora da Constituição"*, mediante a qual se explicita o contraste entre a iníqua realidade social e a necessidade inadiável de superá-la[13]. Deveras, isto nada tem de inovador, visto que as proposições jurídicas nascem para alterar o estado de coisas que lhes é subjacente, segundo determinadas pautas valorativas, nunca para reproduzi-lo[14].

14. Se ao referido art. 3º agregarmos o conteúdo dos artigos 170[15] e 225, *caput*[16], da Constituição, teremos então uma síntese do desenvolvimento[17] almejado pela Constituição: *nacional, socialmente inclusivo, redutor das desigualdades sociais e regionais, obediente à dignidade humana, defensor do meio ambiente e de feição transgeracional.*

15. Ora, ocioso dizer, portanto, que *o princípio do desenvolvimento nacional sustentável, ainda que implicitamente, está estampado em nossa Carta Magna*[18]. Em rigor, afigura-se-nos que o princípio constitucional do desenvolvimento

---

[13] BERCOVICI, Gilberto. *Constituição econômica e desenvolvimento: uma leitura a partir da Constituição de 1988.* São Paulo: Malheiros, 2005, pp. 36 e 37.

[14] VILANOVA, Lourival. *As estruturas lógicas e o sistema do Direito positivo.* São Paulo: Noeses, 2005, p. 110.

[15] Art. 170. A ordem econômica, fundada na valorização do trabalho humano e na livre iniciativa, tem por fim assegurar a todos existência digna, conforme os ditames da justiça social, observados os seguintes princípios:

(...)

VI – *defesa do meio ambiente, inclusive mediante tratamento diferenciado conforme o impacto ambiental dos produtos e serviços e de seus processos de elaboração e prestação;*

VII – *redução das desigualdades regionais e sociais;*

VIII – *busca do pleno emprego;*

[16] Art. 225. *Todos têm direito ao meio ambiente ecologicamente equilibrado, bem de uso comum do povo e essencial à sadia qualidade de vida, impondo-se ao Poder Público e à coletividade o dever de defendê-lo e preservá- lo para as presentes e futuras gerações.*

[17] O preâmbulo já faz alusão ao desenvolvimento: "Nós, representantes do povo brasileiro, reunidos em Assembléia Nacional Constituinte para instituir um Estado Democrático, destinado a assegurar o exercício dos direitos sociais e individuais, a liberdade, a segurança, o bem-estar, *o desenvolvimento*, a igualdade e a justiça como valores supremos de uma sociedade fraterna, pluralista e sem preconceitos, fundada na harmonia social e comprometida, na ordem interna e internacional, com a solução pacífica das controvérsias, promulgamos, sob a proteção de Deus, a seguinte CONSTITUIÇÃO DA REPÚBLICA FEDERATIVA DO BRASIL".

[18] O Professor Juarez Freitas encarece a estatura constitucional do princípio da sustentabilidade (*Sustentabilidade: direito ao futuro*, 2ª. ed. Belo Horizonte: Fórum, 2012, pp. 133 e 134).

CONTRATAÇÃO PÚBLICA E SUSTENTABILIDADE

nacional sustentável é uma tradução eloquente do conteúdo transformador da Constituição Federal.

16. Embora hoje constitua uma obviedade, importa realçar que *crescimento não se confunde com desenvolvimento*[19] e ninguém melhor que o saudoso Professor Celso Furtado para esclarecer tal distinção:

> "(...) o *crescimento econômico*, tal qual o conhecemos, vem se fundando na preservação dos privilégios das elites que satisfazem seu afã de modernização; já o *desenvolvimento* se caracteriza pelo seu projeto social subjacente. Dispor de recursos para investir está longe de ser condição suficiente para preparar um melhor futuro para a massa da população. Mas quando o projeto social prioriza a efetiva melhoria das condições de vida dessa população, o crescimento se metamorfoseia em desenvolvimento"[20].

17. Assentada, pois, a dignidade constitucional do princípio do desenvolvimento nacional sustentável, analisemos o que a doutrina vem apelidando de "licitações públicas sustentáveis", "contratações públicas verdes"[21] e quejandos.

IV. As Contratações Públicas e o Desenvolvimento Nacional Sustentável

18. A licitação pública e o contrato administrativo dela decorrente, enquanto resultados do exercício da função administrativa, estão rigorosamente atrelados à satisfação do interesse público *primário*[22]. Embora tal

---

[19] GRAU, Eros Roberto. *A ordem econômica na Constituição de 1988*, 13ª ed. São Paulo: Malheiros, 2008, pp. 216 e 217.

[20] FURTADO, Celso. Os desafios da nova geração. *In: Revista de Economia Política*, vol. 24, nº 4, p. 484.

[21] Rótulo empregado pelo eminente Professor Juan José Pernas García (Apuntes introductorios sobre la contratación pública verde en Europa y en España. In: BACELLAR FILHO, Romeu Felipe; GABARDO, Emerson; HACHEM, Daniel Wunder (org.). *Globalização, Direitos Fundamentais e Direito Administrativo: novas perspectivas para o desenvolvimento econômico e socioambiental*. Belo Horizonte: Fórum, 2011, p. 126).

[22] Deve-se ao Professor Celso Antônio Bandeira de Mello a divulgação no Brasil da distinção entre interesse público primário e interesse público secundário (*Curso de Direito Administrativo*, 30ª ed. São Paulo: Malheiros, 2013, pp. 73 e 73).

DIREITO ADMINISTRATIVO: TRANSFORMAÇÕES E TENDÊNCIAS

afirmação possa soar demasiadamente acaciana, ela é fundamental para a compreensão do tema da sustentabilidade nas contratações públicas.

19. *As licitações e contratos administrativos, à semelhança de todo e qualquer ato administrativo, para serem válidos, devem respeitar toda a ordem jurídica, a começar, naturalmente, pela Constituição Federal*[23]. Por isso, a título exemplificativo, não é lícito ao Estado pretender adquirir algum bem pelo menor preço com completo menoscabo dos custos indiretos envolvidos ou de suas implicações ambientais, porquanto isto configuraria a persecução do interesse público secundário do Estado em descompasso com o interesse público primário. Como leciona o ilustre Professor Celso Antônio Bandeira de Mello, "(...) os interesses públicos secundários não são atendíveis senão quando coincidirem com interesses primários, únicos que podem ser perseguidos por quem axiomaticamente os encarna e representa"[24].

20. Com essa brevíssima observação, sentimo-nos autorizados a incursionar no cerne de nosso estudo.

21. Nos últimos anos assiste-se a uma tendência de densificação, *mas, sobretudo*, de *proclamação* do princípio do desenvolvimento nacional sustentável no plano infraconstitucional. Provas disso são, por exemplo, a Lei 12.187/2009, que institui a Política Nacional sobre Mudança do Clima[25]; a Lei 12.305/2010, dedicada à Política Nacional de Resíduos Sólidos[26];

---

[23] Merecem reprodução as palavras do Professor Juan José Pernas: "Partiendo de esa premissa la contratación pública debe contribuir a la realización de los objetivos de las políticas públicas. No es un fin en sí mismo, sino una herramienta jurídica al servicio de los poderes públicos" (Apuntes introductorios sobre la contratación pública verde en Europa y en España. In: BACELLAR FILHO, Romeu Felipe; GABARDO, Emerson; HACHEM, Daniel Wunder (org.). *Globalização, Direitos Fundamentais e Direito Administrativo: novas perspectivas para o desenvolvimento econômico e socioambiental*. Belo Horizonte: Fórum, 2011, p. 126).

[24] Op. cit., p. 73.

[25] Art. 3º A PNMC e as ações dela decorrentes, executadas sob a responsabilidade dos entes políticos e dos órgãos da administração pública, observarão os princípios da precaução, da prevenção, da participação cidadã, *do desenvolvimento sustentável* e o das responsabilidades comuns, porém diferenciadas, este último no âmbito internacional, e, quanto às medidas a serem adotadas na sua execução, será considerado o seguinte:

[26] Art. 3º Para os efeitos desta Lei, entende-se por:

(...)

XI – gestão integrada de resíduos sólidos: conjunto de ações voltadas para a busca de soluções para os resíduos sólidos, de forma a considerar as dimensões política, econômica, ambiental, cultural e social, com controle social e sob *a premissa do desenvolvimento sustentável;*

CONTRATAÇÃO PÚBLICA E SUSTENTABILIDADE

e a Lei 12.587/2012, que versa sobre a Política Nacional de Mobilidade Urbana[27].

22. Nesse contexto, no final de 2010 alterou-se o art. 3º da Lei 8.666/93 para o fim de acrescentar a "promoção do desenvolvimento nacional sustentável"[28] ao elenco das finalidades da licitação[29]. De repente, "descobriu-se" a sustentabilidade nas contratações públicas, não obstante, conforme veremos, seja ela impositiva à Administração Pública há algumas quadras.

23. Do ponto de vista estritamente dogmático-jurídico, desperta a atenção a eficácia do princípio do desenvolvimento sustentável e das regras que lhe dão concretude no *cabimento da licitação, em suas etapas e na execução do contrato administrativo.*

24. O ângulo de análise que propomos integra o diagnóstico elaborado pelo Professor Juan José Pernas García, o qual, registre-se, é inteiramente aplicável ao Brasil:

> "En primer lugar, el desconocimiento de los beneficios económicos y una percepción errónea de la magnitud de los costes. *En segundo lugar, la falta de claridad jurídica sobre las posibilidades de integración de las consideraciones ambien-*

(...)

XIII – *padrões sustentáveis de produção e consumo*: produção e consumo de bens e serviços de forma a atender as necessidades das atuais gerações e permitir melhores condições de vida, sem comprometer a qualidade ambiental e o atendimento das necessidades das gerações futuras;

[27] Art. 5º A Política Nacional de Mobilidade Urbana está fundamentada nos seguintes princípios:

(...)

II – *desenvolvimento sustentável* das cidades, nas dimensões socioeconômicas e ambientais;

Art. 7º A Política Nacional de Mobilidade Urbana possui os seguintes objetivos:

I – reduzir as desigualdades e promover a inclusão social;

(...)

IV – *promover o desenvolvimento sustentável* com a mitigação dos custos ambientais e socioeconômicos dos deslocamentos de pessoas e cargas nas cidades;

[28] Importante mencionar o advento do Decreto nº 7.746/2012 que, a título de regulamentar o art. 3º da Lei 8.666/93, estabeleceu práticas e diretrizes gerais para a promoção do desenvolvimento nacional sustentável por meio das contratações realizadas pela administração pública federal direta, autárquica e fundacional e pelas empresas estatais dependentes, e instituiu a Comissão Interministerial de Sustentabilidade na Administração Pública – CISAP.

[29] FERREIRA, Daniel. *A licitação pública no Brasil e sua nova finalidade legal.* Belo Horizonte: Fórum, 2012.

DIREITO ADMINISTRATIVO: TRANSFORMAÇÕES E TENDÊNCIAS

tales. Los órganos de contratación no gozan de la seguridade jurídica suficiente a la hora de integrar los critérios ambientales en los procedimientos de preparación y adjudicación. En tercer término, la ausência de información y herramientas para a la CPV [contratación pública verde], de estructuras de formación adecuadas y de conocimiento, así como la inexistência de critérios de CPV fáciles de aplicar" (grifos nossos).[30]

25. Passemos ao exame da influência da sustentabilidade nos diversos aspectos das contratações públicas.

IV.1. Cabimento da Licitação: Dispensa e Inexigibilidade
26. Na esteira da sistematização engendrada pelo Professor Celso Antônio Bandeira de Mello, a licitação depende da ocorrência de determinados pressupostos, quais sejam: *pressuposto lógico, pressuposto jurídico e pressuposto fático*[31].

27. O *pressuposto lógico* consiste na existência de pluralidade de objetos e ofertantes. À falta deles, é inexigível a licitação. *O pressuposto jurídico*, por sua vez, traduz-se na avaliação da utilidade da licitação. Se ela, perante uma certa situação, não servir à finalidade a que a Administração Pública está obrigada a prover, *deverá ser dispensada, por meio de lei, ou ser considerada inexigível*. Por fim, é *pressuposto fático* da licitação a existência de interessados em disputá-la. Sem interessados é impossível, obviamente, realizar o certame, resultando, portanto, inexigível.

28. Calha observar que da natureza excepcional da contratação direta em face do princípio constitucional da licitação dessume-se inarredavelmente a incidência do preceito clássico: *excepciones sunt strictissimoe interpretationis* (interpretam-se as exceções estritissimamente)[32]. Significa dizer que os casos de inexigibilidade e dispensa de licitação merecem interpretação restritiva[33].

---

[30] Apuntes introductorios sobre la contratación pública verde en Europa y en España. In: BACELLAR FILHO, Romeu Felipe; GABARDO, Emerson; HACHEM, Daniel Wunder (org.). *Globalização, Direitos Fundamentais e Direito Administrativo: novas perspectivas para o desenvolvimento econômico e socioambiental*. Belo Horizonte: Fórum, 2011, p. 127.

[31] Op. cit., p. 550.

[32] MAXIMILIANO, Carlos. *Hermenêutica e aplicação do direito*, 19ª ed. Rio de Janeiro: Forense, 2003, p. 183.

[33] DALLARI, Adilson Abreu. *Aspectos jurídicos da licitação*, 7ª ed. São Paulo: Saraiva, 2006, p. 54.

CONTRATAÇÃO PÚBLICA E SUSTENTABILIDADE

29. Vislumbra-se o princípio do desenvolvimento nacional sustentável como fundamento legítimo tanto para a dispensa quanto para a inexigibilidade de licitações públicas.

30. No tocante à *dispensa de licitação*, é possível que a instauração da licitação colida com a concretização das dimensões ambiental, social e econômica abrigadas no princípio do desenvolvimento nacional sustentável. Perante tal situação, restaria subtraído o pressuposto jurídico do certame e, portanto, estaria justificada a previsão legislativa de um caso de dispensa de licitação.

31. Duas hipóteses de dispensa de licitação, em nosso modo de ver, encontram fundamento no princípio do desenvolvimento nacional sustentável.

32. A primeira consta do art. 24, inc. XXVII, da Lei nº 8.666/93[34], por meio do qual, em nome de um interesse de indiscutível relevância social, autoriza-se a contratação direta da coleta, processamento e comercialização de resíduos sólidos urbanos recicláveis ou reutilizáveis, em áreas com sistema de coleta seletiva de lixo, desde que realizadas estas atividades por associações ou cooperativas formadas exclusivamente por pessoas físicas de baixa renda reconhecidas pelo poder público como catadores de materiais recicláveis.

33. Já a segunda hipótese figura no art. 14 da Lei Federal nº 11.947/ /2009[35], mediante o qual se permite a aquisição, sem licitação, de gêne-

---

[34] Art. 24. É dispensável a licitação:

(...)

XXVII – na contratação da coleta, processamento e comercialização de resíduos sólidos urbanos recicláveis ou reutilizáveis, em áreas com sistema de coleta seletiva de lixo, efetuados por associações ou cooperativas formadas exclusivamente por pessoas físicas de baixa renda reconhecidas pelo poder público como catadores de materiais recicláveis, com o uso de equipamentos compatíveis com as normas técnicas, ambientais e de saúde pública.

[35] Art. 14. Do total dos recursos financeiros repassados pelo FNDE, no âmbito do PNAE, no mínimo 30% (trinta por cento) deverão ser utilizados na aquisição de gêneros alimentícios diretamente da agricultura familiar e do empreendedor familiar rural ou de suas organizações, priorizando-se os assentamentos da reforma agrária, as comunidades tradicionais indígenas e comunidades quilombolas.

§ 1º A aquisição de que trata este artigo poderá ser realizada dispensando-se o procedimento licitatório, desde que os preços sejam compatíveis com os vigentes no mercado local, observando-se os princípios inscritos no art. 37 da Constituição Federal, e os alimentos atendam às exigências do controle de qualidade estabelecidas pelas normas que regulamentam a matéria.

DIREITO ADMINISTRATIVO: TRANSFORMAÇÕES E TENDÊNCIAS

ros alimentícios diretamente da agricultura familiar e do empreendedor familiar rural ou de suas organizações, priorizando-se os assentamentos da reforma agrária, as comunidades tradicionais indígenas e comunidades quilombolas.

34. Já no que respeita à *inexigibilidade de licitação*, é possível cogitar situações em que razões de ordem ambiental conduzam à inviabilidade de competição, dada a exclusividade de fornecimento ou de produção do bem pretendido pela Administração Pública.

IV.2. Fase Interna da Licitação

35. Agora debrucemo-nos sobre a *fase interna* da licitação, momento em que a Administração Pública, basicamente, *(i) expõe os motivos da contratação; (ii) define objetivamente o objeto contratual; (iii) apresenta a estimativa pormenorizada dos custos da contratação; e, finalmente, (iv) indica os recursos orçamentários que assegurarão o pagamento das obrigações.*

36. A própria decisão de contratar sofre o influxo da sustentabilidade no sentido de que, antes de instaurar a licitação, *impõe-se à autoridade a demonstração minuciosa da necessidade da contratação, com a indicação de que não existem bens ociosos ou soluções alternativas menos dispendiosas*[36]. Conclui-se, pois, que a sustentabilidade contribui para a redução da discricionariedade da Administração Pública.

37. Anote-se que a Instrução normativa nº 01/2010, emitida pelo Secretário de Logística e Tecnologia da Informação do Ministério do Planejamento, Orçamento e Gestão[37] e voltada aos critérios de sustentabilidade ambiental na aquisição de bens, contratação de serviços ou obras pela

---

[36] FREITAS, Juarez. *Sustentabilidade: direito ao futuro*, 2ª ed. Belo Horizonte: Fórum, 2012, p. 250.

[37] Art. 7º. Os órgãos e entidades da Administração Pública Federal direta, autárquica e fundacional deverão disponibilizar os bens considerados ociosos, e que não tenham previsão de utilização ou alienação, para doação a outros órgãos e entidades públicas de qualquer esfera da federação, respeitado o disposto no Decreto nº 99.658, de 30 de outubro de 1990, e suas alterações, fazendo publicar a relação dos bens no fórum de que trata o art. 9º.

§ 1o Antes de iniciar um processo de aquisição, os órgãos e entidades da Administração Pública Federal direta, autárquica e fundacional deverão verificar a disponibilidade e a vantagem de reutilização de bens, por meio de consulta ao fórum eletrônico de materiais ociosos.

§ 2o Os bens de informática e automação considerados ociosos deverão obedecer à política de inclusão digital do Governo Federal, conforme estabelecido em regulamentação específica.

CONTRATAÇÃO PÚBLICA E SUSTENTABILIDADE

Administração Pública Federal direta, autárquica e fundacional, em seu art. 7º, estatui exatamente o que estamos a propugnar, ao dispor que "antes de iniciar um processo de aquisição, os órgãos e entidades da Administração Pública Federal direta, autárquica e fundacional deverão verificar a disponibilidade e a vantagem de reutilização de bens, por meio de consulta ao fórum eletrônico de materiais ociosos".

38. Demais disso, assinale-se que a tempestiva e suficiente motivação jogará um papel decisivo no controle da deflagração procedimento licitatório, merecendo censura, nas vias administrativa e judicial, eventuais violações a este dever inescusável do Poder Público.

39. Também na fase interna tem-se a importantíssima incumbência de *definição do objeto licitado*. É de rigor a descrição objetiva e suficiente do objeto, interditando-se especificações impertinentes, desarrazoadas ou irrelevantes[38].

40. A lei nº 8.666/93 *sempre exigiu*, para efeito de definição do objeto licitado, a consideração do "impacto ambiental", conforme podemos observar no art. 6º, inc. IX[39], e art. 12, inc. VII[40].

---

[38] Estabelece, a propósito, o art. 3º, § 1º, da Lei 8.666/93:

§ 1º É vedado aos agentes públicos:

I – admitir, prever, incluir ou tolerar, nos atos de convocação, cláusulas ou condições que comprometam, restrinjam ou frustrem o seu caráter competitivo, inclusive nos casos de sociedades cooperativas, e estabeleçam preferências ou distinções em razão da naturalidade, da sede ou domicílio dos licitantes ou de qualquer outra circunstância impertinente ou irrelevante para o específico objeto do contrato (...)

[39] Art. 6º Para os fins desta Lei, considera-se:

(...)

IX – Projeto Básico – conjunto de elementos necessários e suficientes, com nível de precisão adequado, para caracterizar a obra ou serviço, ou complexo de obras ou serviços objeto da licitação, elaborado com base nas indicações dos estudos técnicos preliminares, que assegurem a viabilidade técnica e *o adequado tratamento do impacto ambiental do empreendimento*, e que possibilite a avaliação do custo da obra e a definição dos métodos e do prazo de execução, devendo conter os seguintes elementos:

[40] Art. 12. Nos projetos básicos e projetos executivos de obras e serviços serão considerados principalmente os seguintes requisitos:

(...)

VII – impacto ambiental.

DIREITO ADMINISTRATIVO: TRANSFORMAÇÕES E TENDÊNCIAS

41. Um último elemento da fase interna, indissociável da definição do objeto, é marcado pela sustentabilidade, a saber: *a estimativa dos custos da contratação.*

42. *Forçoso advertir, entretanto, que o custo da contratação não se esgota no exame imediatista e simplista do menor preço,* que na avaliação dos custos e benefícios, diretos e indiretos, de natureza econômica, social ou ambiental, contemplando-se os custos relativos à manutenção, ao desfazimento de bens e resíduos, à depreciação econômica, entre outros fatores relevantes.

43. A Lei nº 12.462/2011, instituidora do Regime Diferenciado de Contratações Públicas[41], andou bem neste particular. Reconstruiu a noção de "vantagem para a Administração Pública" segundo os parâmetros acima descritos[42], os quais, como adiante veremos, deverão ser considerados no julgamento pelo critério do menor preço, desde que objetivamente mensuráveis[43].

IV.3. Fase Externa da Licitação

44. Estão compreendidos na fase externa dois momentos fundamentais da licitação: o *exame da habilitação dos interessados* e o *julgamento das propostas.*

---

[41] Sobre este novo regime de contratações: CAMMAROSANO, Márcio; DAL POZZO, Augusto; VALIM, Rafael (org.). *Regime Diferenciado de Contratações Públicas – RDC: aspectos fundamentais,* 2ª ed. Belo Horizonte: Fórum, 2012; JUSTEN FILHO, Marçal; GUIMARÃES PEREIRA, César A. (org.). *O Regime Diferenciado de Contratações Públicas (RDC): Comentários à Lei nº 12.462 e ao Decreto nº 7.581.* Belo Horizonte: Fórum, 2012; MOTTA, Carlos Pinto Coelho; BICALHO, Alécia Paolucci Nogueira. *RDC: contratações para as Copas e Jogos Olímpicos.* Belo Horizonte: Fórum, 2012.

[42] Art. 4º Nas licitações e contratos de que trata esta Lei serão observadas as seguintes diretrizes

(...)

III – busca da maior vantagem para a administração pública, considerando custos e benefícios, diretos e indiretos, de natureza econômica, social ou ambiental, inclusive os relativos à manutenção, ao desfazimento de bens e resíduos, ao índice de depreciação econômica e a outros fatores de igual relevância;

[43] Art. 19. O julgamento pelo menor preço ou maior desconto considerará o menor dispêndio para a administração pública, atendidos os parâmetros mínimos de qualidade definidos no instrumento convocatório.

§ 1º Os custos indiretos, relacionados com as despesas de manutenção, utilização, reposição, depreciação e impacto ambiental, entre outros fatores, poderão ser considerados para a definição do menor dispêndio, sempre que objetivamente mensuráveis, conforme dispuser o regulamento.

CONTRATAÇÃO PÚBLICA E SUSTENTABILIDADE

45. O exame da habilitação se destina à comprovação da idoneidade e da aptidão do licitante, sob os aspectos jurídico, técnico, econômico-financeiro e de regularidade fiscal, para a regular execução do contrato administrativo.

46. Em vista do art. 37, inc. XXI, da Constituição Federal, que permite apenas requisitos "indispensáveis à garantia do cumprimento das obrigações"[44], grande celeuma se instalou acerca dos limites da habilitação. Para Luciana Mariana Junqueira Terra, Luciana Pires Csipai e Mara Tieko Uchida, por exemplo, critérios de natureza ambiental poderiam ser estabelecidos na *habilitação jurídica* (ato de registro ou autorização para funcionamento expedido pelo órgão competente, quando a atividade assim o exigir, a teor do que dispõe o art. 28, inc. V, da da Lei nº 8.666/93) e na *qualificação técnica* (comprovação de aptidão para desempenho de atividade pertinente e compatível em características, quantidades e prazos com o objeto da licitação, e indicação das instalações, do aparelhamento e do pessoal técnico adequados e disponíveis para a realização do objeto da licitação, bem como da qualificação de cada um dos membros da equipe técnica que se responsabilizará pelos trabalhos, de acordo com o art. 30, inc. II, da Lei nº 8.666/93, e prova de atendimento de requisitos previstos em lei especial, quando for o caso, nos termos do art. 30, inc. IV, da Lei nº 8.666/93)[45].

47. Ainda a propósito da habilitação, vale notar que no art. 14, parágrafo único, inc. II, do Regime Diferenciado de Contratações se prevê a possibilidade de exigência de requisitos de sustentabilidade ambiental.[46]

---

[44] Prescreve o aludido artigo: (...) XXI – ressalvados os casos especificados na legislação, as obras, serviços, compras e alienações serão contratados mediante processo de licitação pública que assegure igualdade de condições a todos os concorrentes, com cláusulas que estabeleçam obrigações de pagamento, mantidas as condições efetivas da proposta, nos termos da lei, o qual somente permitirá as exigências de qualificação técnica e econômica indispensáveis à garantia do cumprimento das obrigações.

[45] Formas práticas de implementação das licitações sustentáveis: três passos para a inserção de critérios socioambientais nas contratações públicas. In: SANTOS, Murillo Giordan; BARKI, Teresa Villac Pinheiro (org.). *Licitações e contratações públicas sustentáveis*. Belo Horizonte: Fórum, 2011, p. 236.

[46] Art. 14. Na fase de habilitação das licitações realizadas em conformidade com esta Lei, aplicar-se-á, no que couber, o disposto nos arts. 27 a 33 da Lei nº 8.666, de 21 de junho de 1993, observado o seguinte:

(...)

DIREITO ADMINISTRATIVO: TRANSFORMAÇÕES E TENDÊNCIAS

48. Já no âmbito do *julgamento das propostas*, poder-se-ia conceber nas licitações por melhor técnica ou por técnica e preço a estipulação de requisitos de sustentabilidade para efeito de pontuação técnica. Como todo e qualquer critério de pontuação, a sustentabilidade deve estar definida em termos estritamente objetivos, de modo a evitar favoritismos ou perseguições.

49. Não se olvide, todavia, que, conforme já tivemos a oportunidade de consignar, mesmo sobre as licitações sob o critério do menor preço incide a sustentabilidade, na medida em que o menor dispêndio da Administração é alcançado por meio da apreciação dos custos indiretos, relacionados com as despesas de manutenção, utilização, reposição, depreciação e impacto ambiental, entre outros fatores, sempre que objetivamente mensuráveis. É o que prescreve o citado art. 19, § 1º, do Regime Diferenciado de Contratações Públicas.

IV.4. Execução do Contrato Administrativo

50. Na execução do contrato administrativo a sustentabilidade se expressa no *conteúdo das obrigações contratuais* e nos *critérios para aferição da remuneração variável do contratado*.

51. Quanto ao primeiro aspecto, é curial reconhecer que as preocupações de ordem ambiental e social, se devidamente justificadas do ponto de vista técnico, devem ser convertidas em obrigações contratuais. Para tanto, serão de grande valia as normas expedidas por órgãos técnicos como o CONAMA (Conselho Nacional do Meio Ambiente).

52. Finalmente, cumpre anotar que, nos casos de remuneração variável de contratos de obras e serviços, inclusive de engenharia, a sustentabilidade pode servir como critério de avaliação do desempenho do contratado, a teor do que dispõe o art. 10 do Regime Diferenciado de Contratações Públicas[47].

Parágrafo único. Nas licitações disciplinadas pelo RDC:

(...)

II – poderão ser exigidos requisitos de sustentabilidade ambiental, na forma da legislação aplicável.

[47] Art. 10. Na contratação das obras e serviços, inclusive de engenharia, poderá ser estabelecida remuneração variável vinculada ao desempenho da contratada, com base em metas, padrões de qualidade, critérios de sustentabilidade ambiental e prazo de entrega definidos no instrumento convocatório e no contrato.

V. Conclusão

53. À vista destas brevíssimas notas, conclui-se que a sustentabilidade, nos confins da ordem jurídica brasileira, permeia todos os momentos das contratações públicas, desde a deflagração do procedimento licitação até a execução do contrato administrativo.

54. Resta à Administração Pública empenhar-se na inadiável tarefa de conferir efetividade às contratações públicas sustentáveis.

ÍNDICE

NOTAS BIOGRÁFICAS   5

PREFÁCIO
Maria Sylvia Zanella Di Pietro   11

PARTE I
TRANSFORMAÇÕES E TENDÊNCIAS
DO DIREITO ADMINISTRATIVO

DIREITO ADMINISTRATIVO BRASILEIRO:
TRANSFORMAÇÕES E TENDÊNCIAS
Thiago Marrara   17

UM DIREITO MAIS QUE ADMINISTRATIVO
Carlos Ari Sundfeld   47

TRANSFORMAÇÃO E EFETIVIDADE DO DIREITO ADMINISTRATIVO
José dos Santos Carvalho Filho   71

TRANSFORMAÇÕES DO DISCURSO ADMINISTRATIVISTA:
A ASSIMILAÇÃO DAS FORMAS ARGUMENTATIVAS "PÓS-POSITIVISTAS"
E AS TENTATIVAS DE REDEFINIÇÃO DE INSTITUTOS-CHAVE
DO DIREITO ADMINISTRATIVO
Luiza Ferreira Campos e Gustavo Just   89

DIREITO ADMINISTRATIVO: TRANSFORMAÇÕES E TENDÊNCIAS

L'ÉVOLUTION DES INVARIANTS OU LES PARADOXES
DU DROIT ADMINISTRATIF FRANÇAIS
Frédéric Colin 123

PARTE II
GLOBALIZAÇÃO DO DIREITO ADMINISTRATIVO

DIREITO ADMINISTRATIVO PORTUGUÊS
E EUROPEU NO DIVÃ DA PSICANÁLISE
Vasco Pereira da Silva 147

A NORMA DE RECONHECIMENTO E O CARÁTER PUBLICISTA
DO DIREITO ADMINISTRATIVO GLOBAL
Hidemberg Alves da Frota 165

PARTE III
PRIVATIZAÇÃO, REGULAÇÃO E AGENCIFICAÇÃO

DIREITO PRIVADO NA ADMINISTRAÇÃO PÚBLICA BRASILEIRA ATUAL:
ALGUMAS PERSPECTIVAS
Bernardo Strobel Guimarães 207

O ATUAL ESTÁGIO DA REGULAÇÃO ESTATAL NO BRASIL
Alexandre Santos de Aragão 227

AGENCIFICAÇÃO NO BRASIL:
CAUSAS E EFEITOS NO MODELO REGULATÓRIO
Sérgio Guerra 261

PARTE IV
PROCESSUALIZAÇÃO, DEMOCRATIZAÇÃO
E (DES)BUROCRATIZAÇÃO

A PROCESSUALIZAÇÃO DO DIREITO ADMINISTRATIVO
Wallace Paiva Martins Junior 287

DOS LIMITES DA REPRESENTATIVIDADE
À DEMOCRATIZAÇÃO DA ADMINISTRAÇÃO PÚBLICA
Marta Nunes da Costa   327

BUROCRACIA REFLEXIVA
Irene Patrícia Nohara   349

PARTE V
DIREITO ADMINISTRATIVO,
INCLUSÃO E DIREITOS FUNDAMENTAIS

INTERESSE PÚBLICO *LÍQUIDO* E PÓS-MODERNIDADE:
A LÓGICA DO INDIVIDUALISMO E OS DESAFIOS
DO ESTADO SOCIAL NO SÉCULO XXI
Luis Manuel Fonseca Pires   375

ADMINISTRAÇÃO PÚBLICA INCLUSIVA, IGUALDADE
E DESENVOLVIMENTO: O DIREITO ADMINISTRATIVO BRASILEIRO
RUMO À ATUAÇÃO ESTATAL PARA ALÉM DO MÍNIMO EXISTENCIAL
Daniel Wunder Hachem   391

ADMINISTRAÇÃO PÚBLICA INCLUSIVA E OS INSTRUMENTOS
JURÍDICO-ADMINISTRATIVOS DE CONCRETIZAÇÃO DO PRINCÍPIO
DA IGUALDADE
Saulo Lindorfer Pivetta   461

PARTE VI
CONTRATUALIZAÇÃO E CONSENSUALIZAÇÃO
DA FUNÇÃO ADMINISTRATIVA

RESOLUÇÃO DE CONFLITOS ENVOLVENDO O PODER PÚBLICO:
CAMINHOS PARA UMA CONSENSUALIDADE RESPONSÁVEL E EFICAZ
Luciane Moessa de Souza   487

O CONTRATO ADMINISTRATIVO COMO INSTRUMENTO DE GOVERNO
Egon Bockmann Moreira   503

CONTRATAÇÃO PÚBLICA E SUSTENTABILIDADE
Rafael Valim   517